TASCABILI BOMPIANI   380

Dello stesso autore nei Tascabili Bompiani

COME OTTENERE IL MEGLIO DA SÉ E DAGLI ALTRI
SOLDI. DOMINA IL GIOCO

ANTHONY ROBBINS
COME MIGLIORARE
IL PROPRIO STATO MENTALE,
FISICO, FINANZIARIO
MANUALE DI PSICOLOGIA DEL CAMBIAMENTO

Traduzione di Tilde Riva e Nicoletta Rosati

I GRANDI TASCABILI
BOMPIANI

Titolo originale
AWAKEN THE GIANT WITHIN

Traduzione di
TILDE RIVA e NICOLETTA ROSATI

ISBN: 978-88-452-9494-5

www.giunti.it
www.bompiani.eu

© 1991 by Anthony Robbins
Pubblicato nel 1991 da Simon & Schuster, New York
© 2017 Giunti Editore S.p.a.
Via Bolognese 165 - 50139 Firenze - Italia
Piazza Virgilio 4 - 20123 Milano - Italia

Prima edizione italiana a marchio Bompiani: 1991
Prima edizione Giunti Editore S.p.a.: luglio 2017

Bompiani è un marchio di proprietà di Giunti Editore S.p.a.

RINGRAZIAMENTI

Quando comincio a pensare alle dimensioni di questo progetto, mi viene in mente il famoso quarterback che entra in campo all'ultimo quarto della partita, si consulta con i compagni sulla tattica di gioco da seguire, corre con sicurezza oltre la linea di mischia, tira un perfetto lancio a spirale a cinquanta iarde sul fondocampo e segna il touchdown della vittoria. I tifosi esultano, gli allenatori sono eccitati e il quarterback si gode allegramente la gloria di avere vinto la partita. Ma in realtà è stato un lavoro di squadra. Il quarterback è l'eroe pubblico; ma in ogni partita della vita ci sono moltissimi giocatori che sono gli eroi nascosti, i veri artefici della vittoria finale. E anche per questa impresa, molti hanno lavorato con me dietro le quinte. Per la verità, non sono certo uno cui facciano difetto le parole, però quando voglio mettere nero su bianco i sentimenti che provo verso i fedeli e generosi membri della mia famiglia, gli amici e i collaboratori, mi sento un po' sgomento. È difficile stabilire una gerarchia tra tutte queste persone, visto che fin dall'inizio è stato un vero lavoro di squadra.

A mia moglie Becky, a mia madre e ai miei quattro figli – Jairek, Josh, Jolie e Tyler: il vostro amore è la mia forza. Non c'è niente di più importante per me.

Alle mie assistenti, Deena Tuttle e Karen Risch, due persone dotate di straordinaria energia, che hanno sempre creduto in questo libro, anche quando ciò significava restare alzate a lavorare tutta la notte, lontane da figli e mariti, o seguirmi nei miei viaggi in giro per gli Stati Uniti, mantenendo sempre un atteggiamento allegro e di grande collaborazione e aiuto. Senza la loro fede incrollabile, oggi questo libro non ci sarebbe.

Ai miei rappresentanti e ai manager della Field Sales, che lavorano quotidianamente sul campo, perché quando arrivo in qualche città a tenere un seminario possa trovare sempre sale gremite di gente; e ai miei Personal Development Consultants, che mi hanno aiutato a dimostrare l'importanza dei seminari a base di videocassette, un ringraziamento per il loro coraggio e la loro dedizione. Ai Customer Service Representatives della Robbins Research International, che sanno indurre i clienti a entrare in azione e a raggiungere nuovi livelli, tutta la mia gratitudine.

Un saluto particolare a tutta l'équipe degli uffici della Robbins Research International di San Diego, che lavora mantenendo orari pazzeschi per promuovere le mie idee e salvaguardare l'integrità della visione.

Ai miei partner e soci di tutte le Anthony Robbins Companies, specie ai miei carissimi amici di Fortune Management: la vostra comprensione per i miei incredibili ritmi di lavoro mi ha veramente toccato il cuore.

A tutti coloro che hanno partecipato ai miei seminari un ringraziamento per quello che mi hanno insegnato e per il contributo attivo che hanno dato a questo libro. Un ringraziamento particolare alla classe di *Certification* del 1991, che mi ha sostenuto quando per oltre due settimane ho dovuto lavorare anche di notte, per consegnare in tempo il libro.

Un grazie a Earl Strumpel, che con il suo amore, la sua amicizia e il suo impegno a procurarmi per ventiquattro ore al giorno qualsiasi cosa potesse servirmi, mi ha garantito la serenità mentale per creare.

Al dottor Robert Bays, mio carissimo amico, che con saggezza e amore incondizionati mi ha aiutato a superare strade irte di difficoltà e il cui input tengo sempre in grande considerazione, vada la mia eterna gratitudine. A Vicki St. George, un tesoro d'amico, grazie!

A Michael Hutchison, che con costanza mantiene un alto

standard di vita, un grazie per la gioia del nostro rapporto. Al mio grandissimo amico, Michael Keyes, grazie per il suo spirito e il suo humor, la sua comprensione e il suo sostegno. Ad Alan, Linda e Josh Hahn, grazie per la vostra ispirazione e amicizia. Prevedo per voi un lungo e avventuroso futuro.

All'"équipe del Castello", specie a Theresa Lannon e a Elizabeth Calfee, grazie per prendervi cura di me e della mia casa.

Ai miei buoni amici della Guthy-Renker Corporation, Greg Renker, Bill Guthy, Lenny Liberman, Jon Schulberg e John Zahody, che con lo staff di Cassette Productions mi hanno aiutato a distribuire più di sette milioni di audiovisivi solo negli ultimi due anni, per diffondere la mia filosofia di *Personal Power* alla gente di tutto il mondo, un grazie particolare.

A Peter Guber, un ringraziamento per le sue stimolanti telefonate e il suo sostegno: attribuisco un profondo valore al nostro rapporto.

A Ken e Marge Blanchard: i nostri incontri trimestrali sono per Becky e per me fonte di reciproco rispetto che aumenta sempre più.

A Martin e Janet Sheen, straordinario esempio di passione, integrità e impegno, grazie per la luce che irraggiate.

A tutti i volontari della *Anthony Robbins Foundation*: grazie al vostro generoso impegno e contributo, per senzatetto, detenuti, bambini e anziani le cose non saranno mai più le stesse.

A Stu Mittleman, Phil Maffetone, Paul Pilzer e John Robbins: il vostro contributo a questo libro influirà sulla qualità della vita di tanta gente.

Al *tae kwon do* Gran Maestro Jhoon Rhee, mi inchino rispettosamente: il suo amore, la sua lealtà e la sua saggezza mi spingono a sempre maggiori risultati.

All'incredibile staff della nostra impresa delle Fiji, il Namale Plantation Resort, e agli abitanti dei vicini villaggi di Viville e di Nadi, un ringraziamento per avermi veramente insegnato con l'esempio che la vita è un dono e una gioia, che la felicità è l'unico modo di vivere.

A Jan Miller e alla sua valida équipe, voglio fare tanto di

cappello. A Dick Snyder, Bob Asahina e Sarah Bayliss, ancora tante grazie per la fiducia che avete riposto in me.

Ai giganti sulle cui spalle mi reggo, gli insegnanti che hanno forgiato gran parte della mia filosofia, delle mie strategie e della mia abilità e che avevo già ringraziato nel mio primo libro, voglio rivolgere nuovamente il mio saluto.

E infine grazie a tutta la gente che ha lavorato dietro le quinte e che mi ha dato il suo sostegno, compresi Kathy Moeller, Suzy Gonzales, Joan Meng, Nancy Minkus, Shari Wilson, Mary Kent, Valerie Felts, Leigh Lendzian, Dave Polcino, Cherrel Tarantino, Mark Lamm, Robert Mott per il lavoro artistico e grazie anche ai ragazzi della Franklyn Type di New York.

Tutte queste persone non hanno mai accettato l'idea che qualcosa fosse impossibile. Tutti noi, in questa odissea, abbiamo atteso e abbiamo ricevuto miracoli e lungo la strada siamo cresciuti e diventati migliori. Siete tutti giganti nella mia vita.

PREFAZIONE

In qualità di primario di psicologia al Bellevue Hospital di New York, vedo moltissima miseria umana, non solo nei malati di mente che ospitiamo, ma anche nel personale "normale" e "sano" che li cura. E vedo la stessa infelicità nelle persone di un certo successo che vengono a farsi curare privatamente nel mio studio. Spesso l'infelicità e la miseria non sono affatto necessarie e scompaiono quando la gente si fa carico delle proprie convinzioni, dei propri sentimenti e delle proprie azioni per modificare il processo della propria vita. Purtroppo, in genere ciò non avviene. Di solito la gente temporeggia, cerca di alterare i cattivi risultati, oppure va dallo psicanalista solo per lagnarsi delle proprie terribili disgrazie o per farsi "sistemare" da qualcun altro.

Dare alle persone la capacità di rendersi conto che sono loro stesse a determinare il risultato della loro vita non è sempre facile. Anzi, di solito è un compito molto arduo. Di conseguenza ho sempre cercato nuovi metodi e tecnologie sia per i miei pazienti privati sia per quelli dell'ospedale. Circa cinque anni fa ho sentito per la prima volta parlare del lavoro di Tony Robbins e ho partecipato a uno dei suoi seminari a New York. Mi aspettavo una serata insolita e venni accontentato. Quello che invece non mi aspettavo era la genialità di Tony nel campo del comportamento e della comunicazione. Quella sera capii che Tony condivide con me la convinzione che qualsiasi persona sana di mente può assumere il controllo della propria vita. Subito dopo, ho seguito un suo corso di due settimane e ho poi trasmesso a colleghi e pazienti gran parte di quanto vi ho imparato. Chiamai quel corso "un training essenziale per la vita". Dopo di che, ho cominciato a raccomandare la serie di audio-videocassette di Tony Robbins e il suo primo libro, *Come ottenere il meglio da sé e dagli altri*.

Anche se certi miei colleghi si indignano o si stupiscono quando mi sentono raccomandare le opere di un uomo tanto giovane e senza credenziali accademiche, chi legge o ascolta veramente Tony finisce per darmi ragione. Oltre a una vasta e buona informazione, Tony ha un talento e uno stile accattivanti, che facilitano la comprensione di quanto dice e scrive.

Infine, mia moglie e io abbiamo frequentato il seminario "Date with Destiny" che contiene molti concetti esposti in quest'ultimo libro di Tony. Durante quel weekend abbiamo acquisito i mezzi per operare dei cambiamenti di valori, regole e controlli, che ci hanno dato modo in questi ultimi due anni di condurre una vita molto più produttiva e soddisfacente.

Vedo Tony come un grande coach nel gioco della vita. Le sue esatte intuizioni, la sua intelligenza, la sua passione e il suo impegno sono sempre presenti e stimolanti. Leggere questo libro è come stare seduti di fronte a Tony e tenere con lui un'affascinante e divertente conversazione. A questo libro bisognerebbe fare continuamente riferimento, quasi come a un manuale di istruzioni, ogni volta che la vita presenta una nuova sfida o richiede un cambiamento di rotta. Questo volume fornisce un intero arsenale di strumenti per il cambiamento duraturo, come pure valide lezioni per arricchire la qualità della vita. In realtà, se un numero sufficiente di persone leggesse questo libro e ne applicasse attentamente gli insegnamenti, io e molti miei colleghi psicologi ci troveremmo ben presto senza lavoro.

Dott. Frederick L. Covan

Sveglia il gigante che c'è in te.
Nel profondo dell'uomo albergano sopiti poteri,
poteri che lo stupirebbero
e che egli non ha mai sognato di possedere;
forze che rivoluzionerebbero la sua vita, se destate
e messe in azione.

ORISON SWETT MARDEN

PARTE PRIMA
SCATENA IL TUO POTERE

1
SOGNI DEL DESTINO

L'uomo coerente crede nel proprio destino, l'uomo instabile nel caso.

BENJAMIN DISRAELI

Tutti abbiamo dei sogni... Tutti siamo convinti, nel profondo del nostro cuore, di avere qualche dote speciale, di poter influire in un modo particolare sul mondo, di poter toccare gli altri in un modo speciale, di poter cambiare il mondo in meglio. A un certo punto della nostra esistenza, tutti abbiamo avuto una visione della qualità di vita che vogliamo e meritiamo. Eppure, per molti di noi, questi sogni sono finiti sepolti sotto un mucchio di frustrazioni e di abitudini quotidiane, al punto che non facciamo più nessuno sforzo per tentare di realizzarli. Per troppi di noi, il sogno è svanito e, con il sogno, anche la volontà di plasmare il nostro destino. Molti hanno perduto quel senso di sicurezza che crea il margine di vantaggio del vincente. Scopo della mia vita è tentare di ricreare questo sogno e realizzarlo, fare in modo che ciascuno di noi riprenda e usi il potere illimitato che giace sopito dentro tutti.

Non dimenticherò mai il giorno in cui mi sono realmente reso conto di avere realizzato il mio sogno. Mi stavo trasferendo con il mio elicottero da un meeting di Los Angeles, attraverso la Orange County, a un mio seminario. Mentre sorvolavo la città di Glendale, a un tratto riconobbi un grosso edificio e mi ci fermai sopra con l'elicottero. Mentre guardavo giù, mi resi conto che era l'edificio in cui solo vent'anni prima lavoravo come portiere!

A quei tempi, la mia preoccupazione era che i pezzi della mia vecchia Volkswagen del 1960 rimanessero insieme per tutto il tragitto di mezz'ora fino al posto di lavoro. La mia vita si concentrava su come sopravvivere. Mi sentivo spaventato e solo. Ma quel giorno, mentre indugiavo nel cielo con il mio elicottero, pensai: "Che differenza possono fare dieci anni nella vita di un uomo!" Anche allora avevo dei sogni, ma sembrava che non si sarebbero realizzati mai. Oggi invece sono arrivato a credere che tutti i miei fallimenti e le mie frustrazioni del passato abbiano in realtà gettato le fondamenta dei concetti che hanno poi creato il nuovo livello di vita di cui godo ora. Mentre proseguivo il viaggio, sorvolando la strada costiera, vidi dei delfini che giocavano con i surfisti tra le onde del mare. Questo è uno spettacolo che tanto io quanto mia moglie Becky consideriamo un dono speciale della vita. Arrivai infine sopra Irvine. Guardando verso il basso, provai una leggera inquietudine, vedendo che la rampa d'uscita in direzione del luogo dove avrei tenuto il mio seminario era gremita di macchine, una in coda all'altra, per quasi due chilometri. Pensai fra me: "Speriamo che, qualunque sia l'avvenimento che provoca tanto traffico stasera, cominci presto, in modo che la gente riesca ad arrivare in tempo al mio seminario."

Ma mentre scendevo verso l'eliporto, vidi un altro spettacolo: migliaia di persone venivano trattenute dal servizio di sicurezza perché non invadessero il punto in cui stavo per atterrare. E di colpo mi resi conto che l'ingorgo del traffico era causato dalla gente che stava andando alla *mia* conferenza! Benché avessimo previsto circa duemila partecipanti, ora mi trovavo di fronte a una folla di almeno settemila persone (in un auditorio che ne conteneva al massimo cinquemila!). Quando lasciai la zona d'atterraggio, mi trovai circondato da centinaia di persone che volevano abbracciarmi o dirmi quanto positivamente la mia opera aveva influito sulla loro vita.

La gente mi raccontava storie incredibili. Una madre mi presentò il figlio che era stato definito "iperattivo" e "inabile ad apprendere". Servendosi dei principi di controllo degli stati d'animo, insegnati in questo libro, non solo la donna era riuscita a farlo uscire dalla dipendenza dal Ritalin, ma dopo che si erano trasferiti in California, il figlio era stato sottoposto a nuovi test e giudicato un genio! Avreste dovuto vedere la faccia di quel ragazzo, mentre la madre mi raccontava dei suoi exploit! Un signore mi disse di essere riuscito a liberarsi dalla cocaina usando alcune tecniche di condizionamento del successo che potrete apprendere leggendo questo libro. Una coppia sulla cinquantina mi confidò che dopo quindici anni di matrimonio erano stati sul punto di divorziare, finché non avevano appreso le regole personali. Un commesso viaggiatore mi raccontò che le sue entrate mensili erano passate da duemila a dodicimila dollari in soli sei mesi e un imprenditore mi disse di essere riuscito ad aumentare il fatturato della sua azienda di oltre tre milioni di dollari applicando i principi della domanda di qualità e del controllo emozionale. Una bella e giovane donna mi mostrò una sua foto di qualche tempo prima, rispetto alla quale ora aveva perduto circa venticinque chili di peso applicando i principi della motivazione spiegati in questo libro.

Ero così commosso da tutte le emozioni che si agitavano in quella sala che mi sentivo quasi soffocare e sulle prime non riuscii a parlare. Mentre guardavo il mio pubblico e vedevo cinquemila visi sorridenti e festosi, mi resi conto che il mio sogno si era proprio avverato. Che magnifica sensazione sapere che, al di là di ogni ombra di dubbio, avevo le informazioni, le strategie, la filosofia, le capacità per aiutare tutta quella gente ad avere la forza di apportare nella propria vita i cambiamenti che più desideravano! Un'ondata di ricordi e di emozioni mi travolse. Cominciai a ricordare un'esperienza avuta soltanto qualche anno prima, quando, seduto nel mio appartamentino da scapolo di quaranta metri quadri scarsi, a Venice, California, piangevo ascoltando le parole di una canzone di Neil Diamond, che diceva: "Io sono, dissi a nessuno. E nessuno mi ascoltava, nemmeno la sedia. Sono, gridai, sono. E sono perduto e non so nemmeno perché mi sento tanto solo." Ricordo che a quel tempo avevo la sensazione che la mia vita non contasse, che gli avvenimenti esterni mi controllassero. E ricordo anche il momento in cui la mia vita cambiò, il momento in cui finalmente mi dissi: "Basta! So di valere molto più di quanto non abbia dimostrato finora sia mentalmente, sia emotivamente e fisicamente." In quel momento presi una decisione che avrebbe cambiato per sempre tutta la mia vita. Decisi di cambiare tutto. Decisi che da quel momento in poi non mi sarei mai più accontentato di essere meno di quello che potevo essere. Chi avrebbe detto allora che questa decisione sarebbe stata tanto importante?

Quella sera diedi tutto me stesso nella conferenza e, quando me ne andai, una grande folla mi seguì e mi accompagnò fino all'elicottero. Dire che mi sentivo profondamente commosso è dir poco. Una lacrima mi scivolò rapida sulla guancia, mentre ringraziavo il Creatore per tutti quei doni meravigliosi. Mentre mi staccavo con l'elicottero dal prato e salivo verso il cielo nel chiaro di luna, dovetti pizzicarmi per convincermi che era tutto vero, che non sognavo. Mi domandavo: "Ma è proprio vero? Sono davvero lo stesso uomo che solo otto anni fa lottava, frustrato, solo e incapace di dare un senso alla propria vita? Grasso, senza un soldo, incerto perfino della sopravvivenza?" Come aveva fatto un ragazzo semplice come me, che aveva fatto solo studi secondari, a realizzare tutti quei cambiamenti sensazionali?

La risposta è semplice: ho imparato a sfruttare il principio che ora chiamo concentrazione di potere. La maggior parte della gente non ha idea dell'enorme capacità di cui possiamo immediatamente disporre quando concentriamo tutte le nostre risorse sul controllo di un singolo aspetto della nostra vita. La concentrazione è come un raggio laser che può passare attraverso qualsiasi ostacolo. Quando ci concentriamo intensamente sul miglioramento di un determinato aspetto dell'esistenza, sviluppiamo capacità uniche per rendere migliore quell'aspetto. Uno dei motivi per cui così pochi riescono a ottenere quello che vogliono è che non focalizzano mai la loro attenzione, non concentrano la loro forza. Molti girano a vuoto, senza mai decidersi a dedicarsi a qualche cosa di preciso. Anzi, sono convinto che la maggior parte della gente fallisce nella vita semplicemente perché si specializza in cose minori. Credo che una delle più importanti lezioni di vita sia imparare a capire che cosa ci spinge a fare quello che facciamo. Che cosa determina il comportamento umano? La risposta a questa domanda vi darà chiavi importantissime per plasmare il vostro destino.

Tutta la mia vita è stata continuamente guidata da un'unica, incalzante domanda: che cosa determina la differenza di "qualità" nella vita della gente? Come mai avviene così spesso che persone di umile estrazione sociale e provenienti da ambienti deleteri riescano a dispetto di tutto ciò a crearsi una vita esemplare? E al contrario, come mai tante persone nate in ambienti privilegiati, con tutti gli elementi del successo a portata di mano, finiscono invece grasse, frustrate e spesso drogate? Che cosa fa sì che la vita di alcuni sia un esempio da seguire e quella di altri un monito? Qual è il segreto che rende la vita di alcuni appassionata, ricca e felice, mentre per altri il ritornello potrebbe essere: "È tutto qui?"

La mia personale, magnifica ossessione cominciò con qualche semplice domanda: come posso assumere subito il controllo della mia vita? Che cosa posso fare oggi per cambiare le cose, per aiutare me stesso e gli altri a mutare il proprio destino? Come posso ampliare, approfondire e condividere questa conoscenza con gli altri, in modo utile e piacevole?

Fin da ragazzino, ho sempre avuto l'intima convinzione che ciascuno di noi si trovi qui sulla terra per dare un suo personale e unico contributo e che nel profondo di ciascuno di noi ci sia una dote speciale. Perché, vedete, io sono veramente convinto che dentro ciascuno di noi sonnecchi un gigante. Ciascuno di noi ha una dote, una qualità, un pizzico di genialità che aspetta solo di essere liberata. Potrebbe essere il talento per la musica o per l'arte. Potrebbe essere un modo speciale di trattare con le persone che amiamo. Potrebbe essere la disposizione a vendere o innovare o espandersi nel proprio lavoro o nella propria carriera. Preferisco pensare che nostro Signore non abbia fatto favoritismi, che ciascuno di noi sia stato creato come un essere unico, ma con pari opportunità di sperimentare la vita al massimo. Molti anni fa ho deciso che il modo migliore di spendere la vita fosse investire in qualcosa che durasse al di là della vita stessa. E ho deciso che dovevo in qualche modo dare un contributo al mondo che continuasse a esistere anche dopo che me ne fossi andato.

Oggi ho l'incredibile privilegio di dividere le mie idee e i miei sentimenti letteralmente con milioni di persone attraverso i miei libri, le cassette e gli spettacoli televisivi. Solo in questi ultimi anni ho personalmente lavorato con almeno duecentocinquantamila persone. Ho dato la mia assistenza a membri del Congresso, executive, presidenti di società e di paesi, manager, madri, venditori, ragionieri, avvocati, dottori, psichiatri, consiglieri e atleti professionisti. Ho lavorato con persone affette da fobie, clinicamente depresse, gente dalla personalità molteplice e gente convinta di non avere personalità. Ora ho la grande fortuna di dividere con voi il meglio di quanto ho imparato e di questa opportunità sono sinceramente grato e felice.

In tutto questo tempo, ho continuato a riconoscere il potere che gli individui hanno di cambiare praticamente tutto nella propria vita, in un istante. Ho imparato che le risorse di cui abbiamo bisogno per realizzare i nostri sogni sono dentro di noi, semplicemente in attesa del giorno in cui ci decideremo a svegliarci e a reclamare il nostro diritto innato. Ho scritto questo libro per una ragione: per essere una specie di sveglia, per sfidare tutti coloro che si impegnano a vivere e a migliorare, a sfruttare la forza che Dio ha dato loro. In questo libro ci sono idee e strategie per insegnarvi a realizzare cambiamenti specifici, importanti e durevoli in voi e negli altri.

Vedete, io credo di sapere chi voi siete realmente. Penso che voi e io dobbiamo essere anime gemelle. Il vostro desiderio di migliorare vi ha spinto a leggere questo libro. So che dovunque voi siate arrivati nella vostra vita, volete di più. Non importa quanto già stiate bene e quanto già possiate sentirvi stimolati; nel profondo di voi c'è la segreta convinzione che la vostra esperienza di vita può essere ancora più grande di quanto non sia ora. Ciascuno di voi è destinato a una propria unica forma di grandezza, siate voi un professionista di primo piano, un insegnante, un uomo d'affari, una madre o un padre. Ma, soprattutto, non solo ne siete convinti, ma siete anche entrati in azione. Non solo avete acquistato questo libro, ma in questo momento state anche facendo qualcosa che purtroppo non è da tutti: lo state leggendo. Le statistiche dicono infatti che meno del 10 per cento della gente che acquista un libro arriva a leggerlo oltre il primo capitolo. Che incredibile spreco! Questo è un libro gigantesco, che potete usare per realizzare giganteschi cambiamenti nella vostra vita.

Certo non siete il tipo di persona che si prende in giro perdendo il proprio tempo. Traendo concretamente vantaggio da ciascun capitolo di questo libro, vi garantirete la capacità di sfruttare al massimo il vostro potenziale.

Vi invito quindi non solo a leggere questo libro fino in fondo (diversamente dalla massa che abbandona quasi subito il campo), ma anche a mettere in pratica ogni giorno quello che imparerete. Questo è un passo importantissimo, necessario perché possiate raggiungere i risultati che vi siete prefissati.

Come operare un cambiamento duraturo

Perché siano validi, i cambiamenti devono essere duraturi e coerenti. Abbiamo provato tutti a fare qualche cambiamento temporaneo, solo per poi sentirci alla fine ancora più depressi e delusi. Anzi, molti affrontano i cambiamenti con un senso di timore e riluttanza, perché inconsciamente sono convinti che saranno solo temporanei. Il classico esempio è la persona che deve mettersi a dieta, ma continua a rimandare perché sa inconsciamente che qualsiasi sofferenza patirà per operare questo cambiamento, alla fine otterrà solo un risultato temporaneo. Per buona parte della mia vita, ho perseguito quelli che chiamo i principi organizzativi del cambiamento duraturo: ora, in queste pagine, potrete conoscerne molti e imparare a metterli in atto. Per ora vorrei tuttavia limitarmi a dividere con voi tre principi fondamentali di cambiamento che possiamo usare subito per modificare la nostra vita. Sono principi molto semplici, ma anche estremamente efficaci, se applicati con intelligenza. Sono esattamente gli stessi principi, sia che si tratti di un individuo che vuole operare un miglioramento personale o di una grossa azienda che intende portare al massimo il suo potenziale o di un intero paese teso a ricavarsi un posto nel mondo. Anzi, sono i cambiamenti che tutti noi, in quanto comunità mondiale, dobbiamo operare per preservare la qualità della vita sulla terra.

PRIMO PASSO
Alzate il livello dei vostri valori

Ogni volta che intendete sinceramente operare un cambiamento la prima cosa da fare è alzare il livello dei vostri valori. Quando la gente mi chiede che cosa abbia realmente cambiato la mia vita otto anni fa, io rispondo che il fattore essenziale è stato esigere di più da me stesso. Presi una penna e scrissi su un pezzo di carta tutto quello che non avrei mai più accettato nella mia vita, tutte le cose che non avrei più tollerato e tutte quelle cui invece aspiravo.

Pensate agli enormi risultati conseguiti da uomini e donne che a un certo punto della loro vita hanno deciso di alzare il livello dei propri valori e agito in conformità, stabilendo di non tollerare mai più di restarne al disotto. La storia ci suggerisce luminosi esempi di persone come Leonardo da Vinci, Abramo Lincoln, Helen Keller, il Mahatma Gandhi, Martin Luther King, Rosa Parks, Albert Einstein, César Chávez, Soichiro Honda e molti altri che, a un certo punto, hanno preso l'importantissima decisione di guardare più in alto. Lo stesso potere che era a disposizione di queste persone è anche a vostra disposizione, basterà che abbiate il coraggio di esigerlo. Cambiare un'organizzazione, un'azienda, un paese – o un mondo – comincia dal primo semplice passo di cambiare voi stessi.

SECONDO PASSO
Cambiate le vostre convinzioni limitatrici

Se alzate il livello dei vostri valori, ma non siete veramente convinti di poterli soddisfare, avete già sabotato in partenza le vostre possibilità di successo. Non ci proverete nemmeno, vi mancherà quel senso di sicurezza, di fiducia in voi stessi, che vi permette di tirare fuori dall'intimo le capacità che sono già in voi, anche ora mentre leggete questo libro. Le nostre convinzioni sono come ordini assoluti, che ci dicono come stanno le cose, che cosa è possibile e che cosa non lo è, quanto possiamo e non possiamo fare. Determinano ogni nostra azione, ogni nostra idea e perfino ogni sensazione che proviamo. Di conseguenza, è indispensabile cambiare i nostri sistemi di credenze per operare qualche cambiamento reale e duraturo nella nostra vita. Dobbiamo sviluppare in noi la sicurezza di potere e volere essere all'altezza dei nuovi valori che ci siamo imposti, prima ancora di provare veramente.

Se non prenderete il controllo dei vostri sistemi di credenze, potrete alzare i vostri valori finché vorrete, ma non riuscirete mai ad avere la convinzione per sostenerli. Che cosa pensate sarebbe riuscito a fare Gandhi se non avesse creduto con ogni fibra del proprio essere nell'efficacia dell'opposizione non violenta? Era la coerenza delle sue convinzioni a fargli attingere alle più intime risorse e a fargli affrontare sfide che avrebbero scoraggiato un uomo meno impegnato. Le convinzioni che infondono energia, cioè senso di sicurezza, sono la forza che sta dietro ogni grande successo della storia.

TERZO PASSO
Cambiate strategia

Per mantenere il vostro impegno avete bisogno delle migliori strategie per ottenere i risultati. Una delle mie intime convinzioni è che, se si stabilisce un livello di valori più alto e si ha fiducia in se stessi, allora si riesce senz'altro a trovare la strategia giusta. Semplicemente si trova il modo. In definitiva è questo l'argomento di cui parla tutto il libro. Vi indica le strategie per arrivare allo scopo e vi posso assicurare che la migliore, in quasi tutti i casi, è quella di trovarsi un modello, qualcuno che abbia già raggiunto i risultati cui voi aspirate e poi attingere alle sue conoscenze. Guardate come agiscono le persone che ammirate, imparate quali sono le loro intime convinzioni e il loro modo di pensare. Non solo questo vi renderà più efficienti, ma vi farà anche risparmiare molto tempo, perché non dovrete partire da zero, non dovrete reinventare la ruota. Potrete modificarla, adattarla e magari anche migliorarla.

Questo libro vi darà le informazioni necessarie e l'impulso a impegnarvi in tutti questi principi prioritari di cambiamento di qualità: vi aiuterà ad alzare i vostri standard, rivelandovi quali sono attualmente e facendovi capire come vorreste invece che fossero. Vi aiuterà a cambiare le intime convinzioni che vi impediscono di arrivare dove vorreste e a rafforzare invece quelle che già vi sono utili. E vi aiuterà a sviluppare una serie di strategie per ottenere nel modo più disinvolto, rapido ed efficace i risultati che desiderate.

Vedete, al mondo c'è moltissima gente che sa che cosa deve fare, ma pochissimi lo fanno veramente. Sapere non basta! Bisogna entrare in azione. Se me ne vorrete concedere l'occasione, io diventerò il vostro allenatore, il vostro coach personale. Che cosa fa in genere un allenatore? Be', per prima cosa deve prendersi cura di voi. In genere i coach hanno passato tutta una vita a specializzarsi in una determinata area di competenza e hanno continuato a fare scoperte chiave su come ottenere più rapidamente i risultati. Utilizzando le strategie che il vostro allenatore vi suggerisce, potrete immediatamente e sensibilmente cambiare la vostra prestazione. A volte l'allenatore non vi dice niente di nuovo, si limita a ricordarvi qualcosa che voi già sapete e poi vi porta a farlo. Questo, con il vostro permesso, sarà il mio compito nei vostri confronti.

Ma in che cosa, in particolare, vi allenerò? Vi offrirò i mezzi per operare miglioramenti duraturi nella vostra vita. Insieme ci concentreremo (senza oziose perdite di tempo) sul controllo delle cinque aree della vita che, secondo me, influiscono maggiormente su di noi. Esse sono:

1. *Controllo emotivo.* Imparare bene questa prima lezione vi porterà già oltre la mezza strada per imparare le altre quattro! Riflettete: perché volete dimagrire? Solo per avere meno grasso sul corpo? O forse perché pensate che se vi libererete di quegli indesiderati chili in più vi sentirete pieni di energia, di vitalità, avrete un aspetto più gradevole di fronte agli altri e solleverete alle stelle la vostra fiducia in voi stessi e la vostra autostima? In pratica, tutto quello che facciamo è cambiare quello che proviamo. Eppure la maggior parte di noi ha poca o nessuna preparazione su come farlo in fretta e bene. È stupefacente quanto

spesso usiamo l'intelligenza a nostra disposizione per ridurci in uno stato emotivo assolutamente sterile, dimenticando la quantità di doti, di talenti innati che ciascuno di noi già possiede. Troppi di noi si abbandonano alla mercé degli eventi esterni, sui quali non possono avere il controllo, mancando di farsi carico delle proprie emozioni sulle quali hanno tutto il controllo possibile, e affidandosi invece a rapidi palliativi a breve scadenza. Come ci si potrebbe spiegare altrimenti che mentre negli Stati Uniti vive meno del 5 per cento della popolazione mondiale, gli americani consumano oltre il 50 per cento della cocaina di tutto il mondo? O che il budget della difesa nazionale americana, che attualmente arriva a vari miliardi di dollari, è pari alla cifra che negli Stati Uniti si spende in bevande alcoliche? O che ogni anno quindici milioni di americani vengano diagnosticati clinicamente depressi e vengano stilate ricette che prescrivono farmaci antidepressivi per oltre cinquecento milioni di dollari?

In questo libro scoprirete che cosa vi spinge a fare quello che fate e che cosa scatena le emozioni che più frequentemente provate. Quindi vi verrà dato un piano dettagliato e graduale per insegnarvi a distinguere le emozioni che infondono forza da quelle che indeboliscono e come usare le une e le altre a vostro vantaggio, in modo che le emozioni non siano per voi un ostacolo ma un potente strumento per aiutarvi a raggiungere il vostro potenziale più alto.

2. *Controllo fisico.* Vale la pena di avere tutto quello che avete sempre sognato se vi manca la salute fisica per goderne? Al mattino, svegliandovi, vi sentite attivi, energici, pronti ad affrontare il nuovo giorno? Oppure vi svegliate stanchi come la sera prima di coricarvi, afflitti da mille doloretti e seccati dall'idea di dover ricominciare tutto daccapo? Il vostro attuale stile di vita tende a fare di voi un dato statistico? Un americano su due muore di coronaropatia, uno su tre muore di cancro. Per parafrasare Thomas Moffett, un medico del Seicento, possiamo dire che "ci scaviamo la fossa con i nostri denti", mentre ci appesantiamo di chili in eccesso, mangiando cibi ad alto contenuto di grassi e privi di valore nutritivo, ci avveleniamo l'organismo con le

sigarette, l'alcool e i farmaci e ce ne stiamo passivamente seduti davanti al televisore. Questa seconda lezione vi insegnerà a controllare la vostra salute fisica, in modo che non solo abbiate un bell'aspetto, ma vi sentiate veramente bene e abbiate la consapevolezza di avere la vostra vita sotto controllo, in un corpo che emana vitalità e vi permette di raggiungere le vostre mete.

3. *Controllo dei rapporti.* Oltre a imparare a controllare le vostre emozioni e la vostra salute fisica non c'è niente di più importante che imparare a controllare i vostri rapporti: sentimentali, familiari, di affari e mondani. Dopo tutto, chi ha voglia di imparare, crescere, avere successo ed essere felice sempre da solo? La terza lezione di questo libro vi rivelerà i segreti che vi permetteranno di stabilire buoni rapporti, prima di tutto con voi stessi e poi con gli altri. Comincerete cercando di capire a quali cose attribuite più valore, quali sono le vostre aspettative, le regole in base alle quali giocate la partita della vita e come tutto questo stia in rapporto con gli altri giocatori. Quindi, quando avrete raggiunto il controllo di questo importantissimo aspetto della vita, imparerete ad avere rapporti con la gente al più profondo livello e a ricevere in cambio qualcosa che tutti vorremmo provare: il senso di dare un contributo, la consapevolezza di avere influito in modo determinante sulla vita degli altri. Per quanto mi riguarda, ho scoperto che la risorsa più grande è una relazione, perché apre le porte a tutte le potenzialità di cui ho bisogno. Questa lezione vi fornirà quindi infinite risorse per crescere e dare il vostro contributo.

4. *Controllo finanziario.* Arrivati a sessantacinque anni, in genere gli americani sono o completamente in bolletta, o morti. Non è certo questa l'immagine felice che le persone hanno di quello che dovrebbe essere il dorato periodo della pensione. Eppure, senza la ferma convinzione che avete diritto al benessere finanziario, sostenuta da un efficiente piano d'azione, come farete a realizzare le vostre idilliache fantasie? La quarta lezione vi insegnerà ad andare oltre l'obiettivo della pura sopravvivenza nel periodo autunnale della vostra vita e anche nell'immediato

presente. Visto che abbiamo la fortuna di vivere in una società capitalista, ognuno di noi ha la possibilità di realizzare i propri sogni. Eppure siamo quasi sempre tutti oberati dai problemi finanziari e ci immaginiamo che avere più denaro servirebbe a eliminare ogni ossessione. Questa è una grande illusione culturale. Infatti più quattrini avrete, maggiori saranno le vostre preoccupazioni finanziarie. La chiave non sta nel perseguire semplicemente la ricchezza, ma nel cambiare idee e atteggiamenti nei confronti del denaro, in modo da capire che i soldi sono solo un mezzo per contribuire a raggiungere, e non per ottenere, la suprema assoluta felicità.

Per crearvi un destino finanziario di ricchezza, dovrete prima imparare a cambiare la causa del vostro stato di indigenza e poi sperimentare su una base concreta i valori, le credenze e le emozioni che sono essenziali a conquistare la ricchezza, a conservarla e ad aumentarla. A questo punto stabilirete i vostri obiettivi e farete i vostri sogni avendo come scopo di raggiungere il livello più alto di benessere, concedendovi la serenità mentale e la libertà di aspettare con gioia tutte le possibilità che la vita ha da offrirvi.

5. *Controllo del tempo.* I capolavori richiedono tempo. Eppure, quanti di noi sanno veramente utilizzarlo? Non sto parlando dell'organizzazione del tempo, sto parlando di prendere il tempo e alterarlo, manipolarlo fino a farne il vostro alleato invece che il vostro nemico. Le cinque lezioni principali di questo libro vi insegneranno che le valutazioni a breve termine portano spesso a sofferenze a lungo termine. Imparerete a prendere veramente delle decisioni e a controllare il vostro desiderio di gratificazioni immediate, in modo da concedere alle vostre idee, alle vostre creazioni e anche al vostro stesso potenziale, il tempo di maturare, di poter essere sfruttati appieno. Poi imparerete a fare piani e a stabilire strategie per portare a termine la vostra decisione, realizzandola con la volontà di agire decisamente, la pazienza di saper aspettare le dilazioni di tempo e la flessibilità necessaria per cambiare il vostro comportamento ogni volta che sarà opportuno. Quando avrete il controllo del

tempo, capirete quanto sia vero che la gente in genere sopravvaluta quello che può fare in un anno e sottovaluta quello che può invece ottenere in dieci anni!

Non voglio impartirvi queste cinque lezioni dicendovi che io ho tutte le risposte o che la mia vita è stata sempre perfetta e liscia come l'olio. Anch'io ho avuto la mia parte di difficoltà. Ma sono comunque riuscito a imparare, a perseverare e ad avere successo nel corso degli anni. Ogni volta che mi sono trovato davanti a un ostacolo, a una sfida, mi sono servito di quanto avevo imparato per portare la mia vita a un nuovo livello. E, come voi, anch'io devo continuamente accrescere e migliorare la mia capacità di controllo di queste cinque aree.

Inoltre, vivere secondo il mio stile di vita potrebbe non essere la risposta giusta per voi. I miei sogni e i miei obiettivi non sono necessariamente uguali ai vostri. Però credo che le lezioni mediante le quali ho imparato a realizzare i miei sogni, a rendere reale l'intangibile, siano essenziali per raggiungere qualsiasi livello di successo personale o professionale. Ho scritto questo libro perché sia una guida pratica che vi insegni a migliorare la qualità della vostra vita e ad accrescere la quantità di piacere che potete trarne. Mentre sono ovviamente molto fiero del mio primo libro, *Come ottenere il meglio da sé e dagli altri*, e dell'effetto che ha avuto sulla gente di tutto il mondo, sono convinto che questo vi darà qualche indicazione nuova e unica del potere che può aiutarvi a far salire la vostra vita a un livello più alto.

Torneremo su qualche concetto fondamentale, visto che la ripetizione è la madre della scienza. Perciò spero che questo sia un testo che leggete e rileggerete, un libro sul quale tornerete e che userete come uno strumento che vi induca a trovare le risposte che già stanno dentro di voi. Comunque, mentre lo leggete, ricordate che non dovrete credere in tutto quello che c'è scritto o realizzarlo integralmente. Prendete solo gli spunti che vi sembrano utili e metteteli subito in pratica. Non dovrete sfruttare tutte le strategie, o utilizzare tutti gli strumenti che questo libro offre per ottenere degli importanti cambiamenti. Tutti individualmente possiedono un potenziale di cambiamento di vita: ma, se usati insieme, questi potenziali avranno un effetto esplosivo.

Questo libro contiene le strategie per ottenere il successo che desiderate, i principi organizzativi che ho desunto, prendendo esempio da alcuni fra i più importanti e interessanti rappresentanti della nostra cultura. Ho avuto l'occasione unica di conoscere, intervistare e osservare un'enorme quantità di persone (persone influenti e con un carattere unico) da Norman Cousins a Michael Jackson, dal coach John Wooden al mago della finanza John Templeton, dai capitani d'industria agli autisti di taxi. Nelle pagine seguenti troverete non solo i frutti della mia esperienza personale, ma anche delle migliaia di libri, cassette, seminari e interviste che ho accumulato nei miei ultimi dieci anni di vita, mentre proseguo nella mia eccitante ed eterna ricerca per imparare a crescere ogni giorno di più.

Scopo di questo libro non è semplicemente aiutarvi a cambiare la vostra esistenza: esso vuole piuttosto essere un punto cardinale, che possa aiutarvi a portare tutta la vostra vita a un livello più alto. Obiettivo di questo libro è insegnarvi a creare cambiamenti globali. Che cosa intendo dire con questo? Be', potrete imparare a cambiare la vostra vita, per esempio a superare una paura o una fobia, a migliorare la qualità di una relazione o a vincere la vostra abitudine a rimandare in eterno le cose da fare. Tutte queste sono abilità di un valore incredibile e se avete letto *Come ottenere il meglio da sé e dagli altri* ne avete già imparate molte. Tuttavia, proseguendo la lettura di questo libro, scoprirete che ci sono punti chiave nella vostra vita che, con qualche piccolo cambiamento, trasformeranno letteralmente ogni aspetto della vostra esistenza.

Questo libro intende offrirvi le strategie che possono aiutarvi a realizzare, vivere e godere la vita che ora forse state solo sognando.

In questo libro imparerete una serie di semplici e specifiche strategie per andare alla radice di ogni ostacolo e cambiarla con il minimo sforzo. Per esempio, potrebbe essere difficile per voi credere che cambiando una sola parola che fa parte del vostro abituale vocabolario potreste modificare immediatamente il vostro modulo emozionale di vita. O che cambiando le continue domande che consciamente o inconsciamente vi ponete potreste variare immediatamente l'obiettivo su cui concentrarvi e quindi le azioni che fate ogni giorno. O che operando un cambiamento di credenza, potreste mutare il vostro grado di felicità. Eppure nei capitoli seguenti imparerete a controllare queste tecniche, e molte altre, per ottenere i cambiamenti che desiderate.

Ed è quindi con grande rispetto che inizio questo mio rapporto con voi poiché stiamo per partire insieme per un viaggio alla scoperta e alla realizzazione del vostro più profondo e vero potenziale. La vita è un grande dono e ci offre il privilegio, l'opportunità e la responsabilità di restituire qualcosa migliorandoci.

Perciò partiamo insieme per questo viaggio esplorando...

2
LE DECISIONI:
LA STRADA PER IL POTERE

L'uomo è nato per vivere, non per prepararsi a vivere.
Boris Pasternak

Ricordate quando Jimmy Carter era presidente degli Stati Uniti e Yoda e Pac Man facevano furore nel mondo dei videogiochi, l'ayatollah Komeini era al potere in Iran e teneva prigionieri gli ostaggi americani? In Polonia, un elettricista dei cantieri navali di Danzica di nome Lech Wałęsa faceva una cosa inconcepibile: decideva di tenere testa al regime comunista. Si mise a capo di uno sciopero con i compagni di lavoro e, quando cercarono di chiuderlo fuori della officina ai cantieri navali, lui semplicemente scavalcò un muro. Da allora, ne sono caduti parecchi di muri, non è vero?

Ricordate quando venne data la notizia che avevano sparato a John Lennon? Ricordate quando il vulcano Mount Saint Helen eruttò e distrusse quasi quattrocento metri quadri di terreno? Ricordate che gioia quando la squadra di hockey degli Stati Uniti sconfisse i sovietici e arrivò a vincere la medaglia d'oro alle Olimpiadi? Era il 1980, poco più di dieci anni fa.

Riflettete un attimo. Dove eravate a quel tempo? Che tipo di persona eravate? Chi erano i vostri amici? Quali erano i vostri sogni e le vostre speranze? Se qualcuno vi avesse chiesto: "Dove sarai fra dieci o quindici anni?" che cosa avreste risposto? Oggi siete riusciti ad arrivare dove avreste voluto allora? Dieci anni passano in fretta, non è vero?

Ma soprattutto dovremmo forse chiederci: "Come vivrò i miei prossimi dieci anni? Che cosa intendo fare oggi per crearmi il domani verso il quale sono proiettato? Per che cosa mi batterò d'ora in avanti? Che cosa è importante per me in questo momento e che cosa sarà importante per me a lungo termine? Che cosa posso fare oggi per influire sul mio futuro?"

Vedete, fra dieci anni di certo da qualche parte arriverete. Il problema è: dove? Chi sarete diventati? Come vivrete? Che cosa avrete fatto per l'umanità? È adesso il momento di fare piani per i vostri prossimi dieci anni, non quando saranno passati. Dovete cogliere il momento. Siamo entrati in un nuovo decennio e stiamo per vivere gli ultimi anni del ventesimo secolo! Tra poco saremo nel 2000! Badate, il 2000 arriverà prima che ve ne accorgiate e fra dieci anni ripenserete a questo giorno, così come oggi pensate a un giorno degli anni ottanta. Sarete contenti, ripensando agli anni novanta, o sarete inquieti? Soddisfatti o scontenti?

All'inizio degli anni ottanta io ero un ragazzo di diciannove anni. Mi sentivo solo e frustrato. Non avevo praticamente risorse finanziarie. Non avevo nessuno che mi insegnasse ad avere successo, non avevo amici o protettori, non avevo obiettivi precisi. Ero un ragazzo grasso e indeciso. Eppure, nel giro di pochi anni, ho scoperto un potere che ho usato per trasformare praticamente ogni aspetto della mia vita. E quando sono riuscito a controllare questo potere, l'ho usato per rivoluzionare la mia vita in meno di un anno. È stata l'arma che ho usato per aumentare in modo sensazionale il grado di fiducia in me stesso e quindi la mia capacità di agire e ottenere risultati concreti. E che ho usato anche per riprendere il controllo del mio benessere fisico ed eliminare una volta per tutte i diciotto chili che avevo di troppo. In questo modo sono riuscito a farmi amare dalla donna dei miei sogni, a sposarla e a crearmi con lei la famiglia che desideravo. Ho usato questo potere per portare le mie entrate da un livello di pura sopravvivenza a un milione di dollari l'anno. Grazie a questo potere, ho lasciato il mio appartamento da scapolo (dove mi toccava lavare i piatti nella vasca da bagno perché non c'era la cucina) per trasferirmi in quella che è attualmente la mia dimora, il Castello Del Mar, in California. Grazie a questo cambiamento, oggi non mi sento più solo e insignificante, ma pieno di gratitudine per le nuove occasioni che ho di dare una mano a milioni di persone in tutto il mondo. È lo stesso potere che uso tutti i giorni della mia vita, per determinare il mio destino personale.

In *Come ottenere il meglio da sé e dagli altri* ho spiegato abbondantemente che il modo più efficace per determinare la nostra vita è agire. La differenza tra i risultati che le varie persone ottengono dipende da quello che alcune hanno fatto di diverso da altre in situazioni simili. Azioni diverse producono risultati diversi. Perché? Perché ogni azione è una causa messa in moto e il suo effetto si somma agli effetti precedenti per spingerci in una precisa direzione. Ogni direzione porta a un'estrema destinazione che è il nostro destino.

In definitiva, se vogliamo dirigere la nostra vita, dobbiamo assumere il controllo delle nostre azioni. Non è quello che facciamo una volta ogni tanto che può determinare la nostra vita, ma quello che facciamo con costanza e coerenza. La domanda più importante perciò è: che cosa sta alla base di tutte le nostre azioni? Che cosa determina le azioni che compiamo e quindi quello che diventiamo e la nostra destinazione ultima nella vita? Che cosa genera l'azione?

La risposta è, naturalmente, quello di cui non ho fatto che parlare fin dall'inizio: il nostro potere decisionale. Tutto quello che vi accade nella vita, sia che si tratti di qualcosa che vi fa fremere di gioia o che rappresenta per voi una sfida, comincia con una decisione. Credo sia nel momento della decisione che si determina il nostro destino. Le decisioni che state prendendo ora, ogni giorno, determinano come vi sentite oggi e che cosa diventerete negli anni novanta e oltre.

Se guardate indietro agli ultimi dieci anni, potete dire che ci sono state occasioni in cui una decisione diversa avrebbe reso radicalmente diversa la vostra vita da quella che è oggi, sia in meglio sia in peggio? Forse, per esempio, avete preso una decisione per la vostra carriera che ha cambiato la vostra vita. O forse non siete riusciti a prenderla. Forse negli ultimi dieci anni avete deciso di sposarvi o di divorziare. Avreste potuto acquistare una videocassetta, un libro o partecipare a un seminario e, di conseguenza, cambiare le vostre idee o le vostre azioni. Forse avete deciso di avere dei figli o, invece, vi avete rinunciato in nome della carriera. Forse avete deciso di investire in una casa o in un'impresa. Forse avete deciso di cominciare a fare ginnastica o di rinunciare all'esercizio fisico. Potreste avere deciso di smettere di fumare. Forse avete deciso di trasferirvi in un'altra parte del paese o di fare un viaggio intorno al mondo. Dove vi hanno portato fino a oggi queste decisioni?

Avete mai provato un senso di tragedia e di frustrazione, di ingiustizia o di disperazione, nell'ultimo decennio della vostra vita? Io sicuramente sì. E, in caso affermativo, come avete deciso di reagire? Vi siete impegnati oltre ogni limite oppure avete semplicemente rinunciato? E come hanno influito sulla vostra vita attuale queste decisioni?

> *L'uomo non è la creatura delle circostanze; sono le circostanze, le creature dell'uomo.*
>
> BENJAMIN DISRAELI

Penso che a determinare il nostro destino siano essenzialmente le nostre decisioni e non le circostanze della nostra vita. Sappiamo bene che c'è gente che nasce con dei vantaggi: vantaggi genetici, ambientali, familiari o sociali. Eppure sappiamo anche benissimo che ogni giorno incontriamo persone, o ne sentiamo parlare, che a dispetto delle circostanze avverse sono esplose al di là dei limiti delle loro condizioni, grazie alle decisioni che hanno preso a proposito di quello che potevano fare della propria vita. Queste persone sono diventate esempi del potere illimitato dello spirito umano.

Se vogliamo, possiamo fare della nostra vita uno di questi esempi luminosi. Come? Semplicemente prendendo oggi delle decisioni su come vivremo negli anni novanta e oltre. Se non prendete delle decisioni su come intendete vivere, allora avete già preso comunque una decisione, non vi pare? Vuol dire che avete deciso di lasciarvi condizionare dall'ambiente esterno, invece di plasmare da soli il vostro destino. Tutta la mia vita è cambiata in un solo giorno, non quello in cui ho deciso quanto mi sarebbe piaciuto avere o quello che sarei voluto diventare nella vita, ma il giorno in cui ho deciso chi ero impegnato a

Ascoltatemi un attimo!...
Non dobbiamo essere sempre delle pecore!

essere e che cosa ero impegnato ad avere. La differenza è semplice, ma essenziale.

Riflettete un attimo. C'è differenza tra interessarsi a qualcosa e impegnarvisi? Sicuro, c'è una bella differenza! Spesso si sente la gente dire: "Perdinci, quanto mi piacerebbe avere più soldi!" Oppure: "Vorrei tanto stare di più con i miei figli." O anche: "Lo sai, vorrei davvero poter fare qualcosa di buono a questo mondo." Ma affermazioni di questo genere non sono affatto un impegno. Si tratta solo di affermare una preferenza, di dire: "Mi piacerebbe che questo accadesse a patto di non dover muovere un dito." Questa non è forza! Questa è solo una debole preghiera, fatta senza nemmeno la fede di esprimerla veramente.

Non solo dovete decidere quali risultati vi impegnate a raggiungere, ma anche che tipo di persona vi impegnate a diventare. Come abbiamo già detto nel primo capitolo bisogna che stabiliate dei livelli, degli standard che ritenete compatibili con il vostro comportamento e decidiate che cosa potete aspettarvi dai vostri cari. Se non stabilite uno standard, un livello base per quello che siete disposti ad accettare nella vita, finirete per scivolare fatalmente in comportamenti, atteggiamenti e qualità di vita molto al disotto di quanto vi spetta. Dovete fissare dei livelli e vivere in base a essi, qualunque cosa vi accada nella vita. Anche se tutto va male, anche se piove sulla vostra testa, anche se la Borsa crolla, anche se il vostro partner vi lascia, anche se nessuno vi dà l'appoggio di cui avete bisogno, dovete restare fermamente attaccati alla vostra decisione di vivere la vita al massimo livello.

Purtroppo, in genere, le persone non lo fanno, perché sono troppo occupate ad accampare scuse. Se non riescono a raggiungere i loro obiettivi, o a vivere come vorrebbero, è colpa del modo in cui sono stati trattati dai genitori, o del fatto che in gioventù sono mancate loro le occasioni giuste, o che non hanno potuto studiare, o che sono troppo vecchi, o che sono troppo giovani. Tutte queste scuse non sono altro che sistemi di credenze e non sono soltanto limitanti, ma addirittura distruttive.

L'uso del potere decisionale vi dà la possibilità di andare oltre qualsiasi scusa per cambiare in un istante tutta, o in parte, la vostra vita. Può cambiare le vostre relazioni, il vostro ambiente di lavoro, il vostro livello di forma fisica, le vostre entrate e il vostro stato emotivo. Può determinare se sarete felice o triste, frustrato o eccitato, schiavo delle circostanze o capace di affermare la vostra libertà. È la fonte di ogni cambiamento, in un individuo, in una famiglia, in una comunità, in una società, nel mondo. Che cosa ha cambiato tutto quanto in Europa orientale negli ultimi anni? La gente, la gente comune, come voi e come me, ha preso delle nuove decisioni, ha stabilito per che cosa voleva battersi, che cosa era accettabile o inaccettabile e quindi che cosa non avrebbe più tollerato. Certo, le decisioni di Gorbačëv hanno contribuito a spianare la strada, ma la decisione di Wałęsa e il suo impegno a un più alto livello di vita hanno aperto la strada al grande cambiamento politico ed economico.

Spesso chiedo a chi si lamenta del proprio lavoro: "Perché sei andato a lavorare oggi?" E immancabilmente la risposta è: "Perché dovevo farlo." Voi e io dobbiamo ricordare una cosa: non c'è praticamente niente che siamo obbligati a fare nel nostro paese. Non siete certo obbligati ad andare a lavorare. Non qui, non negli Stati Uniti! E non siete nemmeno obbligati a lavorare in un certo posto e a una certa ora. Non siete obbligati a continuare a fare quello che avete fatto negli ultimi dieci anni. Potete decidere di fare qualcos'altro, qualcosa di nuovo, oggi. In questo stesso momento potete prendere una decisione: tornare a scuola, imparare a ballare o a cantare, prendere il controllo delle vostre finanze, imparare a pilotare un elicottero, fare del vostro corpo un tempio della salute, cominciare a meditare, iscrivervi a una sala da ballo, entrare in un campo di addestramento spaziale della NASA, imparare il francese, leggere più libri ai vostri figli, passare più tempo in giardino o anche volare alle Fiji e vivere su un'isola. Se decidete veramente, potete fare qualsiasi cosa. Perciò se non vi va la relazione che avete, decidete ora di cambiarla. Se non vi va il lavoro che fate, cambiatelo. Se non vi piace il modo in cui vi sentite, cambiatelo. Se volete un migliore livello di energia fisica e di salute, cambiatelo subito. In un momento, potete afferrare quello stesso potere che ha fatto la storia.

Ho scritto questo libro per sfidarvi a svegliare la gigantesca potenzialità di decisione che c'è in voi e ad affermare il vostro innato diritto a un illimitato potere, alla radiosa vitalità e alla felice passione che vi spettano. Dovete sapere che in questo stesso momento potete prendere una decisione che cambierà radicalmente la vostra vita (una decisione a proposito di un'abitudine da cambiare o di una capacità da acquistare, o del modo di trattare la gente o a proposito di una telefonata da fare ora a una persona che non sentite da anni). Forse c'è qualcuno che dovreste contattare per migliorare la vostra carriera. Forse potreste decidere in questo stesso momento di godere e coltivare le emozioni più positive, quelle che meritate di provare ogni giorno. Potreste scegliere di avere più gioia, più divertimento, più fiducia in voi stessi o più serenità mentale. Ancor prima di girare questa pagina, potrete fare uso del potere che già sta dentro di voi. Prendete ora la decisione che può spingervi in una direzione nuova, forte e positiva di crescita e di felicità.

> *Niente può resistere alla volontà umana, che metterà in gioco anche la sua stessa esistenza sulla propria dichiarata intenzione.*
>
> BENJAMIN DISRAELI

La vostra vita cambierà nel momento in cui prenderete una decisione nuova, coerente e impegnativa. Chi avrebbe mai detto che la decisione e la convinzione di un uomo tranquillo e modesto, avvocato di mestiere e pacifista per principio, avrebbero avuto il potere di rovesciare un grande impero? Eppure l'indomita decisione del Mahatma Gandhi di liberare l'India dal giogo inglese è stata la miccia che ha messo in moto una catena di avvenimenti che avrebbero cambiato per sempre l'equilibrio di potere nel mondo. La gente non capiva come Gandhi potesse raggiungere i suoi scopi, ma lui non s'era concesso altra scelta che agire secondo la propria coscienza. Semplicemente non accettava nessun'altra possibilità.

La decisione fu la fonte della forza di John F. Kennedy quando affrontò Nikita Chruščëv, durante la pericolosa crisi dei missili a Cuba ed evitò la terza guerra mondiale. La decisione fu la fonte della forza di Martin Luther King, quando espresse con tanta efficacia le frustrazioni e le aspirazioni di un popolo che non voleva più essere ignorato e costrinse il mondo a prenderne atto. La decisione è stata la base della meteorica ascesa di Donald Trump fino alla vetta del mondo finanziario e anche la fonte della sua rovinosa caduta. È il potere che ha permesso a Pete Rose di spingere al massimo le sue capacità fisiche e, alla fine, di distruggere il sogno della sua vita. Le decisioni sono fonte tanto di problemi quanto di incredibili gioie e occasioni. Questo è il potere che accende la scintilla del processo che rende visibile l'invisibile. Le vere decisioni sono l'agente catalitico per trasformare in realtà i nostri sogni.

La cosa più eccitante, a proposito di questa forza, di questo potere, è che l'avete già in voi. L'impulso prorompente alla decisione non è appannaggio solo di pochi eletti che abbiano le credenziali, il denaro e l'ambiente familiare giusti. È a disposizione sia del comune operaio sia del re. Ed è anche a vostra disposizione, in questo stesso momento, mentre tenete in mano questo libro. Esattamente nel prossimo istante potrete fare uso di questa grande forza che, dentro di voi, aspetta solo che abbiate il coraggio di affermarla. Sarà oggi finalmente il giorno in cui deciderete che come persona valete molto di più di quanto non abbiate mai dimostrato finora? Sarà oggi il giorno in cui vi deciderete una volta per tutte a rendere la vostra vita coerente con la qualità del vostro spirito, affermando: "Questo sono io. Questa è la mia vita. E questo è quello che farò. Niente mi impedirà di compiere il mio destino. Non mi lascerò negare."

Pensate a una giovane donna di colore di grande fierezza personale, Rosa Parks, che un giorno del 1955 salì su un autobus a Montgomery, in Alabama, e si rifiutò di cedere il posto a un bianco come sarebbe stato suo dovere per legge. Il suo semplice atto di disobbedienza civile fu la scintilla che scatenò un'infuocata tempesta di polemiche e divenne un simbolo da seguire per generazioni. Fu quello l'inizio del movimento per i diritti civili, un momento culminante, capace di risvegliare le coscienze, cui ancora oggi facciamo riferimento quando riaffermiamo il senso di uguaglianza, pari opportunità e giustizia per tutti gli uomini, a prescindere dalla razza, dal credo religioso e dal sesso. Rosa Parks pensava forse al futuro quando quel giorno rifiutò di cedere il suo posto a sedere? Aveva forse un progetto divino per cambiare la struttura della società? Può darsi. Ma è più probabile che la sua decisione a mantenersi a un livello più alto l'abbia spinta ad agire. Pensate all'enorme effetto che ha avuto la semplice decisione di quella donna!

Se state pensando: "Mi piacerebbe prendere decisioni del genere ma io ho vissuto delle vere tragedie," lasciate che vi faccia l'esempio di Ed Roberts. È un uomo comune, costretto su una sedia a rotelle, diventato straordinario grazie alla sua decisione di agire al di là delle sue palesi limitazioni. A quattordici anni è rimasto paralizzato dal collo in giù. Durante il giorno usa un respiratore per condurre, nonostante le avversità, una vita normale e passa la notte in un polmone d'acciaio. Avendo dovuto combattere una terribile battaglia contro la poliomielite, rischiando più volte di perdere la vita, Ed Roberts avrebbe potuto decidere di concentrarsi sulle sue sofferenze, invece di scegliere di fare qualcosa per gli altri.

E sapete che cosa è riuscito a fare? Negli ultimi quindici anni la sua decisione di lottare contro un mondo che spesso trovava indifferente ha provocato molti miglioramenti nella qualità di vita dei disabili. Combattendo contro una serie di pregiudizi sulle capacità delle persone fisicamente menomate, Ed ha educato la gente e ha cominciato da zero, partendo dalle rampe d'accesso per le sedie a rotelle e dagli spazi riservati nei parcheggi fino ad arrivare alle sbarre per aggrapparsi. È diventato il primo tetraplegico laureato della University of California a Berkeley e, alla fine, ha ottenuto il posto di capo del Dipartimento di Stato per la Riabilitazione in California, aprendo anche in questo campo la strada ai disabili.

Ed Roberts è la dimostrazione vivente che non importa da dove partite: quello che conta sono le decisioni che prendete su dove volete andare a parare. Tutte le sue azioni si sono basate su un unico, forte e impegnato momento di decisione. Che cosa potreste fare della vostra vita, se decideste veramente di farlo?

Molta gente dice: "Sì, mi piacerebbe prendere una decisione del genere, ma non so proprio come potrei cambiare la mia vita." Queste persone sono paralizzate dalla paura di non sapere esattamente come trasformare i loro sogni in realtà. Il risultato è che non prendono mai quelle decisioni che potrebbero fare della loro vita il capolavoro che merita di essere. Voglio dirvi che all'inizio non è importante sapere come otterrete un risultato. Quello che conta è che decidiate di trovare una strada, qualunque essa sia. In *Come ottenere il meglio da sé e dagli altri* ho tracciato quella che chiamo "la formula fondamentale del successo", che è un processo elementare per condurvi dove volete: 1. decidete che cosa volete; 2. agite; 3. osservate che cosa funziona e che cosa non va; 4. cambiate comportamento finché non ottenete quello che volete. Decidere di ottenere un risultato mette in moto una serie di avvenimenti. Se decidete semplicemente che cosa volete, entrate in azione, imparate da questa esperienza e correggete il vostro comportamento; allora creerete la spinta per raggiungere il vostro obiettivo. Appena vi impegnerete seriamente a far succedere qualcosa, il "come" farlo si rivelerà da solo.

> *Riguardo a tutte le azioni di iniziativa e di creazione, c'è una verità elementare: appena uno si impegna a fondo, anche la Provvidenza si muove.*
> JOHANN WOLFGANG GOETHE

Se prendere decisioni è così semplice ed energizzante, allora come mai non tutti seguono il consiglio della Nike: "Fallo e basta"? Penso che una delle ragioni più semplici sia che la maggior parte di noi non sa nemmeno che cosa significhi prendere veramente una decisione. Non ci rendiamo conto della forza di cambiamento che può essere scatenata da una decisione impegnata e coerente. Il fatto è che in genere molti di noi hanno sempre usato la parola "decisione" in modo così impreciso che essa ha finito per indicare una specie di lista dei desideri. Invece di prendere decisioni, ci limitiamo ad affermare delle preferenze. Prendere una vera decisione, per esempio, non è dire "mi piacerebbe smettere di fumare", ma escludere ogni altra possibilità. In realtà la parola "decisione" deriva dal latino *de* (che significa da) e *caedere* (che significa tagliare). Prendere una vera decisione significa impegnarsi a ottenere un risultato e poi escludersi, tagliarsi fuori da ogni altra possibilità.

Quando decidete veramente di non fumare mai più una sigaretta è fatta. È finita. Non prendete più nemmeno in considerazione la possibilità di fumare. Se siete una persona che ha già esercitato il potere decisionale in questo modo, sapete esattamente di che cosa sto parlando. Un alcolizzato sa che anche dopo anni di sobrietà, se inganna se stesso pensando di potere bere anche un solo bicchiere, dovrà ricominciare tutto daccapo. Dopo avere preso una vera decisione, pur dura che sia, in genere proviamo un senso di sollievo. Finalmente abbiamo saltato la barricata! E sappiamo tutti come è bello avere un obiettivo chiaro e preciso.

Questa chiarezza vi infonde forza. Con la chiarezza, sarete veramente in grado di ottenere quello che volete dalla vita. Il fatto è che molti di noi non prendono decisioni da così tanto tempo da essersi perfino dimenticati che cosa voglia dire. Gli si è atrofizzato il muscolo della decisione! C'è gente che fa perfino fatica a decidere che cosa mangiare per cena.

E, allora, come possiamo ridare tono a questi muscoli? Fateli lavorare! Il modo migliore per prendere delle buone decisioni è prenderne di più. State certi che imparerete qualcosa da queste decisioni, anche da quelle che a breve termine non sembrano funzionare. Convincetevi che saper prendere delle decisioni, come ogni abilità che cercate di migliorare, diventa più facile quante più ne prenderete. Più spesso prendete una decisione, più vi renderete conto di controllare la vostra vita. Aspetterete con gioia le nuove sfide e le considererete occasioni per fare nuove distinzioni e portare la vostra vita a un livello più alto.

Non potrò mai enfatizzare abbastanza il potere e il valore di ottenere anche una sola distinzione, una sola informazione, che possa essere usata per cambiare il corso della vostra vita. L'informazione è potere quando si agisce in base a essa e uno dei miei criteri per distinguere la vera decisione è che ne deve immediatamente scaturire l'azione. La cosa eccitante è che non sapete mai quando la prenderete! La ragione per cui ho letto settecento libri, ho ascoltato un'infinità di cassette e ho frequentato tanti seminari, è che capivo il potere di una semplice distinzione. Potrebbe essere nella prossima pagina o nel prossimo capitolo di questo libro. Potrebbe anche essere qualcosa che già sapete. Ma per qualche motivo, questa è la prima volta che vi si imprime nella mente e cominciate a usarla. Ricordate che la ripetizione è la madre delle capacità. Le distinzioni ci danno la forza di prendere decisioni migliori e quindi di ottenere risultati migliori. Non fare certe distinzioni può causarvi molti guai. Per esempio, molti famosi personaggi della nostra cultura hanno raggiunto il loro sogno, ma non hanno ancora imparato a goderne. Spesso si danno alla droga perché provano un senso di incompiutezza. Questo perché non sanno fare la distinzione tra raggiungere i propri scopi e vivere in base ai propri valori, cosa che imparerete nelle prossime pagine. Un'altra distinzione che molta gente non fa e che causa sempre molta sofferenza nei rapporti personali, è la distinzione delle regole, altro elemento chiave che studieremo in questo viaggio alla scoperta di noi stessi. A volte, non saper fare certe distinzioni può costarvi tutto. Le persone che corrono strenuamente, ma continuano a mangiare cibi troppo grassi, ostruendosi le arterie, stanno solo facendo la corte a un infarto.

Per la maggior parte della mia vita ho perseguito quello che il famoso esperto d'affari W. Edward Deming chiama profonda conoscenza. Per me, profonda conoscenza è ogni semplice distinzione, strategia, opinione, capacità o strumento che, una volta capiti, possono essere subito applicati per migliorare la vita. Questo libro e la mia vita sono consacrati a perseguire la profonda conoscenza di un'applicazione universale per migliorare la nostra vita personale e professionale. Non faccio che cercare di immaginare come trasmettere questa conoscenza agli altri, in modo da infondere loro veramente la forza di migliorare il loro destino mentale, emozionale, fisico e finanziario.

È nei momenti di decisione, che si forgia il vostro destino.
ANTHONY ROBBINS

Tre decisioni che prendete in ogni momento della vostra vita controllano il vostro destino. Queste tre decisioni determinano che cosa noterete, che cosa proverete, che cosa farete e, in definitiva, in che misura darete il vostro contributo all'umanità e chi diventerete.

Se con controllate queste tre decisioni, semplicemente non controllate la vostra vita. Quando le controllate, state cominciando a plasmare la vostra esperienza. Le tre decisioni che controllano il vostro destino, sono:

1. La decisione su che cosa concentrarvi.
2. La decisione sul senso che le cose hanno per voi.
3. La decisione a proposito di che cosa fare per ottenere i risultati che volete.

Come vedete, non è quello che vi sta succedendo ora, o che vi è successo in passato, a determinare chi diventerete. A determinare il vostro destino ultimo sono piuttosto le vostre decisioni su che cosa concentrarvi, su che senso hanno le cose per voi e su che cosa intendete fare. Sappiate che se qualcuno ha più successo di voi in qualsiasi campo, vuol dire che sta operando queste tre decisioni diversamente da voi in qualche contesto o situazione. Evidentemente Ed Roberts scelse di concentrarsi su qualcosa di molto diverso da quello su cui si sarebbe concentrata la maggior parte delle persone nella sua stessa situazione. Lui si è focalizzato sull'idea di come poter fare qualcosa di buono al mondo. Le sue difficoltà fisiche erano una sfida per lui. Quello che lui ha deciso di fare era chiaramente qualcosa che potesse rendere migliore la qualità della vita per altri nelle sue stesse condizioni. Si è impegnato in modo assoluto a plasmare l'ambiente, in modo da migliorare la qualità della vita di tutti i disabili.

> *Non conosco niente di più incoraggiante che l'innegabile capacità dell'uomo a elevare la sua vita con uno sforzo consapevole.*
> HENRY DAVID THOREAU

Troppi di noi non prendono consapevolmente la maggior parte delle proprie decisioni, specie le tre di cruciale importanza. In questo modo si paga un prezzo molto alto. Molti infatti vivono quella che io chiamo "la sindrome del Niagara". Secondo me la vita è come un fiume e la maggior parte degli uomini si lancia in questo fiume senza sapere esattamente dove vuole andare a finire. Così, in breve tempo, si lascia prendere dalla corrente: dagli eventi correnti, dalle paure correnti, dalle sfide correnti. E quando arriva a una biforcazione del fiume, non riesce a decidere consapevolmente da che parte andare, o qual è la direzione giusta. Si limita ad "andare con la corrente". Entra a far parte della massa di persone che si lasciano guidare dall'ambiente invece che dai loro valori. Di conseguenza, sente di avere perso il controllo. E resta in questo stato d'incoscienza fino al giorno in cui il fragore dell'acqua la sveglia e si rende conto di stare a un paio di metri dalle cascate del Niagara, in una barca senza remi. A questo punto, esclama: "Accidenti!" Ma ormai è troppo tardi. Finirà per precipitare. A volte il crollo è emozionale. A volte fisico. A volte finanziario. È probabile che, qualsiasi sfida incontriate nella vostra vita, avreste potuto evitarla con una migliore decisione presa più a monte.

Come possiamo capovolgere la situazione se siamo presi nel vortice della corrente? Abbiamo due possibilità: o decidiamo di mettere tutt'e due i remi in acqua e ci mettiamo a remare in direzione opposta, come pazzi, oppure decidiamo di pianificare prima. Stabilite la rotta verso dove volete arrivare veramente e procuratevi una mappa, in modo da poter prendere decisioni di qualità lungo il percorso.

Anche se forse non ci avete mai pensato, il vostro cervello si è già creato un suo sistema interno per prendere decisioni. Questo sistema agisce come una forza invisibile, guidando tutti i vostri pensieri, azioni e sentimenti, buoni o cattivi che siano, in tutti i momenti della vostra vita. Esso controlla il vostro modo di valutare le cose ed è in gran parte guidato dal vostro subconscio. Il tragico è che la maggior parte delle persone non organizza mai coscientemente questo sistema. Esso viene piuttosto determinato nel corso degli anni da fattori diversi, come i genitori, gli amici, gli insegnanti, la televisione, la pubblicità e la cultura in genere. Questo sistema consta di cinque elementi: 1. le credenze intime e le regole inconsce; 2. i valori di vita; 3. i riferimenti; 4. le domande abituali che vi ponete; 5. gli stati emozionali che sperimentate in ogni momento. Il rapporto sinergico tra questi cinque elementi esercita una forza che vi spinge all'azione o vi trattiene, vi fa anticipare il futuro o desta in voi ansie e preoccupazioni, vi fa sentire amato o respinto e stabilisce il vostro livello di successo e di felicità. Determina perché fate certe cose e perché non ne fate altre, che pure sapete di dover fare.

Cambiando uno qualsiasi di questi elementi (cioè un'intima credenza o una regola, un valore, un riferimento, una domanda o uno stato emozionale), potrete determinare immediatamente un grande cambiamento nella vostra vita. Ma, soprattutto, comincerete a combattere la causa invece degli effetti. Ricordate: se mangiate abitualmente troppo, la vera causa, di solito, è un problema di valori o un problema di convinzioni più che un problema di cibo. In tutto questo libro, passo per passo, vi guiderò alla scoperta di come funziona il vostro sistema principale di controllo decisionale e potrete così fare semplici cambiamenti per renderlo adeguato ai vostri desideri, invece di continuare a farvi controllare dal condizionamento d'un tempo. State per partire per un viaggio affascinante alla scoperta di chi siete veramente e di che cosa vi spinge ad agire come agite. Con queste distinzioni di potere, sarete in grado di capire il sistema decisionale che usano i vostri soci in affari, vostra moglie (o vostro marito) e gli altri vostri cari. Sarete finalmente in grado di capire anche il loro comportamento che ci appare tanto "affascinante"!

Il bello è che possiamo superare questo sistema prendendo decisioni consapevoli in ogni momento della nostra vita. Non dobbiamo permettere che la programmazione del passato controlli anche il presente e il futuro. Con questo libro vi potrete reinventare, organizzando sistematicamente le vostre credenze e i vostri valori in modo che vi spingano nella direzione del vostro progetto di vita.

> *Non mi scoraggio, perché ogni tentativo sbagliato scartato è un altro passo avanti.*
>
> THOMAS EDISON

C'è un ultimo impedimento all'uso del potere decisionale. Cioè dobbiamo superare il timore di prendere decisioni sbagliate. Indubbiamente vi capiterà di prendere qualche decisione sbagliata nella vostra vita. Combinerete di certo dei guai! Io stesso so di non avere preso sempre la decisione giusta. Ben lungi da ciò. Ma non me l'aspettavo nemmeno. E anche in futuro, di certo sbaglierò. Ma ho deciso che qualsiasi decisione io prenda, sarò flessibile, elastico, baderò alle conseguenze, ne farò tesoro e userò tutte queste lezioni per prendere in futuro decisioni migliori. Ricordate: il successo è effetto del buon giudizio. Il buon giudizio è il risultato dell'esperienza e l'esperienza è spesso il risultato del giudizio sbagliato. Le esperienze apparentemente sbagliate o penose sono a volte le più importanti. Quando la gente ottiene un successo, in genere festeggia; quando fallisce, tende a meditare e comincia a operare nuove distinzioni che migliorano la qualità della vita. Dobbiamo impegnarci a imparare dai nostri sbagli, invece che batterci il petto, altrimenti siamo destinati a ripetere lo stesso errore in futuro.

Per importante che sia l'esperienza personale, pensate quanto prezioso sia avere anche un modello di comportamento, qualcuno che abbia navigato le stesse rapide prima di voi e possa fornirvi una buona mappa da seguire. Potete avere un modello per le finanze, un modello per i rapporti personali, un modello per la salute, un modello per la professione, insomma un modello per ogni aspetto della vita che state imparando a dominare. Questi modelli possono farvi risparmiare anni di sofferenze e impedirvi di precipitare dalla cascata.

A volte potrete trovarvi a navigare sul fiume in solitario e dovrete prendere qualche importante decisione da soli. Il lato positivo della faccenda è che, se volete imparare dall'esperienza, allora anche le occasioni che possono sembrarvi difficili diventano positive perché ci forniscono informazioni preziose, distinzioni chiave, che userete per prendere decisioni migliori in futuro. Anzi, qualsiasi persona di successo vi capiterà di incontrare, vi dirà, se sarà onesta con voi, che il motivo per cui ha più successo di voi è che ha preso più decisioni sbagliate di voi. Spesso la gente ai miei seminari mi chiede: "Quanto tempo crede che mi ci vorrà per padroneggiare perfettamente questa particolare capacità?" E la mia risposta immediata è: "Quanto tempo vuole impiegarci?" Se agite dieci volte al giorno (e traete insegnamenti in proporzione) mentre gli altri esercitano una nuova capacità una volta al mese, allora farete dieci mesi di esperienza in un giorno e sarete ben presto in grado di dominare perfettamente questa capacità; anzi, per colmo d'ironia, verrete probabilmente considerato "di talento e fortunato".

Sono diventato un buon oratore perché mi prenotavo per parlare tre volte al giorno, a chiunque volesse ascoltarmi, invece che una volta alla settimana. Mentre gli altri colleghi nella mia organizzazione tenevano una cinquantina di discorsi all'anno, io ne tenevo lo stesso numero in due settimane. Così in un mese facevo l'esperienza di due anni. E in un anno avevo una crescita pari a dieci anni degli altri. I miei colleghi non facevano che dire quanto ero fortunato ad avere il dono innato dell'oratoria. Cercavo di spiegare loro quello che vi sto dicendo ora: la padronanza di una certa abilità richiederà il tempo che vorrete voi. Tra l'altro, non crediate che tutti i miei discorsi fossero buoni. Tutt'altro! Ma cercavo di imparare ogni volta dall'esperienza e di migliorare tanto da poter ben presto entrare in sale di qualsiasi dimensione a parlare a gente di qualsiasi estrazione.

Per quanto siate preparati, posso garantirvi una cosa: se vi trovate a navigare sul fiume della vita, prima o poi vi capiterà di sicuro di urtare qualche roccia. Questo non è essere pessimisti, è essere precisi. Il trucco è, quando vi incagliate, invece ai battervi il petto e rammaricarvi di essere un totale fallimento, ricordare che nella vita non ci sono fallimenti. Ci sono solo risultati. Se non avete ottenuto i risultati che volevate, imparate dall'esperienza in modo che la prossima volta avrete dei punti di riferimento per prendere decisioni migliori.

O troveremo una vita o la costruiremo.
ANNIBALE

Una delle decisioni più importanti da prendere per garantirvi una felicità durevole, è quella di usare qualunque risorsa la vita vi offra al momento. La verità è che non riuscirete a niente se: 1. non decidete chiaramente che cosa vi impegnate assolutamente a ottenere; 2. non intendete entrare decisamente in azione; 3. non osservate che cosa funziona e che cosa no;

4. non continuate a cambiare comportamento finché non otterrete quello che volete, servendovi di tutto quello che la vita vi offre lungo la strada.

Chiunque abbia raggiunto un grosso successo, ha fatto questi tre passi e ha applicato la formula fondamentale del successo. Una delle storie di persone di grande successo che preferisco è quella di Soichiro Honda, fondatore della società che porta il suo nome. Come tutte le aziende, non importa quanto grandi, la Honda Corporation è iniziata con una decisione e un forte desiderio di produrre un risultato.

Nel 1938, quando andava ancora a scuola, Soichiro Honda prese tutto quello che possedeva e lo investì in un piccolo laboratorio dove cominciò a elaborare una sua idea di anello elastico. Voleva vendere la sua opera alla Toyota Corporation, perciò lavorava giorno e notte, immerso nel grasso fino ai gomiti, dormendo in officina, sempre convinto di poter raggiungere un risultato. Per restare in affari impegnò perfino i gioielli della moglie. Ma quando finalmente riuscì a fabbricare i suoi anelli elastici e li offrì alla Toyota, gli dissero che non si adattavano agli standard dell'azienda. Dovette perciò tornare a scuola, dove gli toccò sopportare le risate ironiche degli insegnanti e dei compagni quando parlavano dei suoi assurdi progetti.

Ma, invece di soffermarsi sul lato spiacevole di quell'esperienza, Honda decise di continuare a concentrarsi sul suo obiettivo. E infine, dopo altri due anni, la Toyota offrì a Soichiro Honda il contratto che lui sognava. La sua passione e la sua costanza erano state premiate perché Honda sapeva quello che voleva, aveva agito, aveva notato che cosa non funzionava e aveva continuato a cambiare approccio, finché non aveva ottenuto quello che voleva. A questo punto, però, dovette affrontare un altro problema.

Il governo giapponese stava accelerando la produzione per la guerra e rifiutò di fornire a Honda il cemento armato necessario per costruire la fabbrica. Credete forse che lui abbia rinunciato? Nemmeno per idea. Credete che si sia concentrato sull'ingiustizia che aveva subito? Che abbia pensato che questo avrebbe messo fine al suo sogno? Assolutamente no. Di nuovo, egli decise di servirsi dell'esperienza e sviluppò una nuova strategia. Con la sua équipe inventò un nuovo sistema per produrre cemento armato e poi costruì la sua fabbrica. Durante la guerra questa venne bombardata due volte e buona parte dei macchinari di produzione andò distrutto. La reazione di Honda? Radunò subito la sua équipe e insieme raccattarono i bidoni della benzina di riserva che i bombardieri americani avevano gettato via. Honda li chiamava "i doni del presidente Truman", perché gli fornivano le materie prime di cui aveva bisogno per il processo di fabbricazione (materiali a quel tempo introvabili in Giappone). Alla fine, dopo avere superato tutte queste difficoltà, un terremoto gli rase al suolo la fabbrica. Honda allora decise di vendere il brevetto del suo anello elastico alla Toyota.

Ecco un uomo che aveva evidentemente preso importanti decisioni per riuscire. Aveva una grande passione e grande fiducia in quello che faceva. Aveva una grande strategia. Agiva con decisione e cambiava continuamente approccio, ma ancora non aveva ottenuto i grandi risultati cui era destinato. Eppure decise di perseverare.

Dopo la guerra il Giappone non aveva più una goccia di carburante: il signor Honda non poteva nemmeno andare in auto a comperare il cibo per la sua famiglia. Per la disperazione applicò un motorino alla sua vecchia bicicletta. Subito i vicini cominciarono a chiedergli di fare anche per loro quelle "biciclette a motore". L'uno dopo l'altro, li imitarono tutti, tanto che a un certo punto il signor Honda rimase a corto di motorini. Allora decise di mettere in piedi un'officina per fabbricare motori per la sua nuova invenzione, ma purtroppo gli mancavano i fondi necessari.

Come già aveva fatto prima, decise di trovare un modo, a qualsiasi costo. Pensò di rivolgersi ai diciottomila proprietari di negozi di biciclette del Giappone, scrivendo a ciascuno di loro una lettera personale in cui spiegò che potevano contribuire alla rinascita del Giappone attraverso la mobilità che la sua invenzione poteva fornire e convinse cinquemila rivenditori ad anticipargli il capitale necessario. Tuttavia la sua motocicletta si vendeva solo ai grandi appassionati, perché era troppo grossa e voluminosa. Perciò fece qualche aggiustamento e ottenne una versione ridotta molto più leggera del modello originale. La battezzò Superclub. Da un giorno all'altro, la moto ottenne un grande successo e gli valse persino un'onorificenza da parte dell'imperatore. In seguito, il signor Honda cominciò a esportare la sua moto e a venderla ai ragazzini d'Europa e degli Stati Uniti, per poi arrivare negli anni settanta a fabbricare anche le automobili che sono diventate così popolari.

Oggi la Honda Corporation dà lavoro a centomila persone, tra Stati Uniti e Giappone, ed è considerata uno dei più grossi imperi automobilistici del Giappone, secondo solo alla Toyota per le vendite negli Stati Uniti. E questo perché un uomo ha capito il potere di una decisione veramente impegnata e ha agito con coerenza e continuità, indipendentemente dalle condizioni.

LA SFERA DI CRISTALLO SI È ROTTA...

Ecco alcune stroncature ricevute da libri famosi e di straordinario successo.

La fattoria degli animali, di George Orwell
"È impossibile vendere storie di animali, negli Stati Uniti."
Il diario di Anna Frank, di Anna Frank
"Secondo me la ragazzina non ha nessuna particolare intuizione o sentimento che possa sollevare il libro al disopra del livello di semplice 'curiosità'."
Il signore delle mosche, di William Golding
"Ci pare che lei non sia pienamente riuscito a elaborare un'idea certamente promettente."
L'amante di Lady Chatterley, di D.H. Lawrence
"Per il tuo stesso bene, non pubblicare questo libro."
Brama di vivere, di Irving Stone
"Un lungo, noioso romanzo sulla vita di un artista."

Honda certo sapeva che, a volte, quando si prende una decisione e si agisce, sulle prime può anche sembrare che la cosa non funzioni. Per avere successo, bisogna puntare su obiettivi a lunga scadenza. Quasi tutti i problemi che abbiamo nella nostra vita, come mangiare troppo, bere, fumare, sentirsi sopraffatti e rinunciare ai propri sogni, provengono dal fatto che ci concentriamo su obiettivi a breve termine. Il successo e il fallimento non sono esperienze che si fanno da un giorno all'altro. Sono tutte le piccole decisioni che non si prendono lungo il cammino quelle che portano al fallimento. È l'incapacità ad andare fino in fondo. È l'incapacità ad agire, a perseverare. Il non sapere controllare il nostro stato mentale ed emozionale. Il non sapere controllare quello su cui ci concentriamo. Al contrario, il successo è il risultato del prendere tante piccole decisioni: decidere di tenersi a un livello più alto, decidere di dare il proprio contributo al mondo, decidere di nutrire la mente invece di lasciarsi controllare dall'ambiente. Queste piccole decisioni creano l'esperienza di vita che chiamiamo successo. Nessun individuo e nessuna organizzazione che abbia avuto successo l'ha ottenuto con una concentrazione a breve termine.

Su scala nazionale, quasi tutti i problemi che oggi ci affliggono derivano dal fatto che non si è riflettuto sulle potenziali conseguenze delle decisioni che abbiamo preso. Le varie crisi degli Stati Uniti (lo scandalo delle casse di risparmio, il problema della bilancia commerciale, il deficit del budget, il malessere della scuola, i problemi di droga e alcool) sono tutti la conseguenza di una riflessione a breve termine. È la "sindrome del Niagara" spinta al massimo. Mentre navigate faticosamente lungo il fiume, concentrandovi di volta in volta sulla prossima roccia contro cui potete andare a sbattere, non vedete o non potere vedere abbastanza lontano davanti a voi, per evitare la cascata.

In quanto società, ci concentriamo talmente sulla gratificazione immediata che le nostre soluzioni a breve termine spesso diventano problemi a lungo termine. I nostri ragazzi a scuola fanno fatica a trovare la concentrazione necessaria per pensare, memorizzare e imparare, anche perché sono stati abituati alla gratificazione immediata dalla continua esposizione a realtà quali videogame e pubblicità televisive. Come nazione, gli americani hanno il più alto numero di ragazzi sovrappeso della storia, in conseguenza della loro continua ricerca della soddisfazione immediata: fast food, budini istantanei e dolci cotti nel forno a microonde.

Anche negli affari questo tipo di concentrazione a breve termine può risultare micidiale. Tutta la controversia a proposito del disastro della *Valdez*, provocato dalla Exxon, poteva essere evitata semplicemente prendendo una piccola decisione a monte: la Exxon avrebbe potuto dotare le sue navi-cisterna di un doppio scafo, evitando così la fuoriuscita di petrolio in caso di collisione. Ma la compagnia petrolifera ha deciso di badare più ai proventi immediati che a quelli a lunga scadenza. In seguito allo scontro e alla fuoriuscita in mare di petrolio, la Exxon dovrà pagare la considerevole cifra di circa un miliardo di dollari (o forse anche più) per compensare in parte il danno economico provocato dall'incidente, per non parlare dell'incalcolabile disastro ecologico subito dall'Alaska e zone limitrofe.

Stabilire di impegnarvi in obiettivi a lungo termine, invece che in gratificazioni a breve scadenza, è una decisione importante quanto tutte le altre decisioni che prenderete nella vostra vita. Non farlo potrebbe causarvi non solo un grosso danno finanziario e societario, ma in definitiva anche personale.

Un ragazzo di cui avete forse sentito parlare ha abbandonato il liceo perché aveva deciso di non poter aspettare più oltre per dedicarsi al suo sogno di diventare un musicista famoso. Però i suoi sogni non si sono avverati tanto in fretta. Così, a ventidue anni questo ragazzo ha cominciato a temere di avere preso una decisione sbagliata e che la sua musica non sarebbe mai piaciuta a nessuno. Aveva finito con il suonare nei piano-bar e dormire nelle lavanderie perché non aveva più una casa. L'unica cosa che ancora lo teneva insieme era la sua relazione sentimentale. Ma poi anche la sua ragazza decise di lasciarlo e questo lo ridusse veramente all'orlo della disperazione. Il ragazzo cominciò subito a fissarsi sull'idea che non sarebbe mai più riuscito a trovarsi una fidanzata altrettanto carina. Questo per lui significava che la vita era finita, perciò pensò di suicidarsi. Per fortuna, dopo una breve riflessione, questo ragazzo decise invece di entrare in un istituto di terapia mentale. Qui trovò qualche nuovo riferimento, capì quali erano i problemi reali e disse: "Ah, non mi ridurrò mai più così in basso." Oggi egli afferma: "È stata una delle cose migliori che abbia mai fatto in vita mia, perché non sono mai più arrivato a compatirmi, qualsiasi cosa mi capitasse. Da allora, ogni problema mi sembra niente in confronto a quello che ho visto passare agli altri." Rinnovando il suo impegno e perseguendo il suo sogno a lunga scadenza, alla fine questo ragazzo ha ottenuto quello che voleva. Il suo nome? Billy Joel.

Potreste mai immaginare che un tempo quest'uomo, adorato da milioni di fan e sposato con la top model Christie Brinkely, abbia potuto dubitare della qualità della sua vita o di poter mai trovare una ragazza bella come la sua ex fidanzata? L'elemento chiave da ricordare è che quello che a breve termine pareva impossibile, alla fine si è rivelato un fenomenale esempio di successo e di felicità a lungo termine. Billy Joel è riuscito a tirarsi fuori dalla depressione grazie alle tre decisioni che noi tutti controlliamo in qualsiasi momento della nostra vita: su che obiettivo concentrarsi, che senso hanno le cose e che cosa fare a dispetto degli ostacoli che sembrano limitarci. Billy Joel ha alzato il tiro delle sue aspirazioni, le ha sostenute con nuove convinzioni e ha messo in atto le strategie che sapeva di dover utilizzare.

Un'idea che mi ha spesso aiutato a tenere duro nei tempi difficili è che Dio rimanda ma non nega. Spesso quello che a breve termine sembra impossibile, diventa possibilissimo a lunga scadenza, se non vi date per vinti. Per riuscire, bisogna imporsi di pensare a lungo termine. Per ricordarmene spesso uso una metafora, paragonando gli alti e bassi della vita con l'alternarsi delle stagioni. Nessuna stagione dura per sempre, perché c'è un tempo per seminare, uno per raccogliere, uno per riposare e un altro per rinnovare. L'inverno non è infinito: anche se oggi vi si presentano molte sfide da superare, non rinunciate all'idea che presto arriverà la primavera. Per alcuni inverno significa ibernazione, per altri sciare! Potete aspettare che la brutta stagione passi, ma nel frattempo perché non cercate di trasformarla in un periodo da ricordare?

Riassumendo, permettetemi di aiutarvi a sfruttare il vostro potere decisionale, il potere che plasma la vostra esperienza di vita ogni momento che vivete.

1. *Ricordate il vero potere di prendere decisioni.* È uno strumento che potete usare in qualsiasi momento per cambiare tutta la vostra vita. Appena prendete una nuova decisione, mettete in moto una nuova catena di causa, effetto, direzione e meta della vostra vita. Cominciate letteralmente a cambiare la vostra vita, nel momento stesso in cui prendete una nuova decisione. Ricordate che quando cominciate a sentirvi sopraffatti, o quando avete la sensazione di non avere scelta, o ritenete che le cose vi accadono al di là del vostro controllo, potete cambiare tutto quanto se solo decidete di farlo. Ricordate che una vera decisione la si misura in base al fatto che siete entrati in azione. Se non c'è azione, non si tratta di una vera decisione.

2. *Rendetevi conto che il passo più difficile per ottenere qualcosa è impegnarsi veramente*, cioè prendere una vera decisione. Tenere fede a un impegno spesso è molto più facile della decisione stessa, perciò prendete le vostre decisioni con intelligenza ma anche con rapidità. Non state a rimuginare in eterno come o se attuarla. Gli studi ci dicono che le persone che hanno più successo, prendono rapidamente le loro decisioni perché hanno ben chiari quali sono i loro valori e che cosa vogliono veramente per la loro vita. Questi stessi studi, inoltre, ci insegnano che tali persone sono invece lente nel cambiare le loro decisioni. D'altro canto, le persone che di solito fanno fiasco, decidono lentamente e cambiano rapidamente idea, saltando continuamente avanti e indietro. Decidetevi!

È necessario rendersi conto che decidere è un tipo di azione in se stessa, perciò una buona definizione della decisione potrebbe essere: *informazione in base alla quale si agisce*. Saprete di avere veramente preso una decisione quando ne scaturirà l'azione. Diventa una causa messa in moto. Spesso l'effetto di prendere una decisione aiuta a raggiungere un obiettivo maggiore. Una regola importante che mi sono imposto è non lasciare mai la scena d'una decisione senza prima avere intrapreso una specifica azione verso la sua realizzazione.

3. *Prendete spesso decisioni.* Più decisioni prenderete meglio sarà. La funzione sviluppa l'organo, i muscoli si rinforzano con l'esercizio e lo stesso accade ai vostri muscoli per prendere decisioni. Mettete subito in azione il vostro potere, prendendo una decisione che rimandate da tempo. È incredibile quanta energia ed eccitazione questo vi infonderà.

4. *Imparate dalle vostre decisioni.* A volte sbaglierete, non c'è scampo. Quando accade l'inevitabile, invece di disperarvi, imparate qualcosa. Chiedetevi: "Che cosa c'è di buono in questo? Che insegnamento posso trarne?" Così uno smacco può diventare un dono prezioso se lo userete per prendere decisioni migliori in futuro. Invece di concentrarvi sul fallimento immediato, cercate piuttosto di trarne una lezione per il futuro, in modo da risparmiare tempo, denaro e sofferenze; questo vi darà modo di riuscire in futuro.

5. *Restate attaccati alle vostre decisioni, ma siate elastici nell'approccio.* Una volta che avete deciso che persona volete essere non siate rigidi sul modo di raggiungere il vostro scopo. È il fine quello che conta. Spesso, nel decidere quello che vogliono, le persone scelgono la strada che sul momento sembra la migliore, tracciano una mappa ma poi non restano aperti a percorsi alternativi. Non siate rigidi nel vostro comportamento. Coltivate l'arte della flessibilità, dell'elasticità.

6. *Divertitevi a prendere decisioni.* Dovete sapere che in qualsiasi momento una vostra decisione può cambiare per sempre il corso della vostra vita. La persona che sta davanti a voi nella fila, o quella seduta accanto a voi in aereo, o la prossima telefonata che farete o che riceverete, il prossimo film che vedrete o il prossimo libro che leggerete o la prima pagina che girerete,

potrebbero essere il piccolo elemento che fa aprire le cateratte e andare al loro posto tutte le cose che stavate aspettando.

Se volete davvero che la vostra sia una vita appassionante dovete vivere con questo tipo di aspettativa. Anni fa, presi quella che allora pareva una piccola decisione che però poi ha finito per influire moltissimo sulla mia vita. Decisi di partecipare a un seminario a Denver, nel Colorado. Quella decisione mi permise di conoscere una certa signora di nome Becky. Ora il cognome di questa signora è Robbins ed è senz'altro uno dei doni più grandi della mia vita. Sempre in occasione di quel seminario, decisi di scrivere il mio primo libro che ora è pubblicato in undici lingue in tutto il mondo. Pochi giorni dopo, decisi di tenere un seminario nel Texas e, dopo aver lavorato una settimana per completare il mio programma, ebbi la sgradita sorpresa di non essere pagato: il promotore se l'era filata con la cassa. Naturalmente l'unica cosa da fare era mettersi in contatto con l'agente di pubbliche relazioni che quel tale aveva assunto e che ora si trovava come me nei guai. Quella donna è in seguito diventata la mia agente letteraria e mi ha aiutato a far pubblicare il mio primo libro. Il risultato è che oggi ho il privilegio di raccontarvi questa storia.

A un certo punto, decisi di prendere un socio d'affari. Non mi diedi la pena di indagare prima un po' sul suo carattere e questo fu un grosso errore da parte mia. Nel giro di un anno questo socio si appropriò indebitamente di un quarto di milione di dollari e indebitò la mia azienda per circa ottocentomila dollari, mentre io ero in giro per il paese a tenere più di duecento seminari. Tuttavia feci tesoro di quella mia decisione sbagliata e ne presi una che si rivelò molto migliore. Benché tutti gli esperti non facessero che ripetermi che l'unico modo per cavarmela sarebbe stato dichiarare fallimento, decisi di trovare il modo di rivoltare la situazione e ottenni uno dei più grossi successi della mia vita. Portai la mia società a un nuovo livello e quello che avevo imparato da quell'esperienza non solo determinò il successo a lunga scadenza della mia azienda, ma mi fornì anche molte informazioni per il condizionamento neuroassociativo e per le tecnologie del destino che voi potrete imparare in questo libro.

> *La vita o è un'audace avventura o non è niente.*
> HELEN KELLER

Quindi qual è l'informazione più importante da trarre da questo capitolo?

Sappiate che *sono le vostre decisioni e non le vostre condizioni a determinare il vostro destino*. Prima di imparare le tecniche per cambiare il modo in cui pensate e sentite ogni giorno della vostra vita, voglio ricordarvi che in ultima analisi tutto quello che avete letto in questo libro è inutile... che qualunque altro libro abbiate letto, o qualsiasi cassetta abbiate visto o a qualsiasi seminario abbiate partecipato, sarà tutto inutile, a meno che non *decidiate* di servirvene. Ricordate che una decisione veramente impegnata è la forza che cambia la vostra vita. È una forza, un potere che sta a vostra disposizione, in qualsiasi momento decidiate di usarlo.

Dimostrate a voi stessi di avere deciso adesso. Prendete un paio di decisioni che da tempo rimandate: una facile e una un po' più difficile. Dimostrate a voi stessi che cosa sapete fare. In questo stesso momento, "fermatevi". Prendete almeno una precisa decisione che da tempo rimandavate, fate il primo passo per realizzarla e tenete duro! In questo modo creerete quel muscolo che vi darà la volontà di cambiare la vostra intera vita.

Tanto voi quanto io sappiamo bene che ci saranno delle difficoltà nel vostro futuro. Ma come Lech Wałęsa e i popoli dell'Europa orientale hanno imparato, se avete deciso di superare dei muri, potete scavalcarli, potete sfondarli, potete scavarci un tunnel sotto, oppure potete trovare una porta da aprire. Non importa da quanto tempo è stato eretto quel muro, niente ha il potere di resistere alla forza ostinata degli esseri umani che hanno deciso di farlo cadere a tutti i costi. Lo spirito umano è davvero indomabile. Ma la volontà di vincere, di riuscire, di determinare la propria vita, di prendere il controllo, può essere sfruttata solo quando avete deciso che cosa volete e siete convinti che nessun ostacolo, nessun problema, nessuna sfida potrà tenervene lontani. Quando deciderete che la vostra vita verrà plasmata non dalle condizioni in cui vi trovate, ma dalle vostre decisioni, allora, in quello stesso momento, la vostra vita cambierà per sempre e avrete la capacità di assumere il controllo de...

3
LA FORZA CHE PLASMA LA VOSTRA VITA

> *Negli intervalli della ragione, gli uomini vivono sotto la sovranità dell'umore e della passione.*
>
> Sir Thomas Brown

La ragazza stava facendo jogging da una mezz'oretta, quando all'improvviso una dozzina di ragazzi la circondarono. Prima che lei riuscisse a rendersi conto di che cosa stesse succedendo, le si buttarono addosso, la trascinarono tra i cespugli e cominciarono a picchiarla con una sbarra di ferro. Un ragazzo continuò a darle calci in faccia, finché il sangue non cominciò a uscire a fiotti. La violentarono e la sodomizzarono, quindi la lasciarono credendola morta.

Di certo avrete sentito parlare di questo tragico, incredibile episodio di violenza successo qualche anno fa a New York, in Central Park. Io mi trovavo in quella città la sera in cui accadde. Ricordo che rimasi inorridito, non solo per la ferocia dell'aggressione, ma soprattutto perché venni a sapere chi erano gli autori del reato. Erano ragazzini tra i quattordici e i diciassette anni. Contrariamente agli stereotipi, non erano poveri e non provenivano da famiglie violente. Erano studenti di scuole private, giocavano a football nella Little League e prendevano lezioni di musica. Non avevano agito per effetto di una droga e nemmeno per motivi razziali. Avevano assalito e quasi ucciso quella giovane donna per una sola e unica ragione: per divertimento. Avevano perfino una parola per definire quello che avevano deciso di fare: lo chiamavano "sfrenarsi".

A circa quattrocento chilometri di distanza, a Washington, un aereo di linea precipitò poco dopo il decollo dal National Airport, in un'accecante tempesta di neve. L'aereo urtò il ponte sul fiume Potomac nell'ora di punta. Il traffico si bloccò e mezzi di soccorso vennero subito inviati sul posto. Il ponte divenne un incubo di caos e panico. Pompieri e paramedici rimasero sbigottiti davanti a quel disastro e più volte si immersero nelle acque gelide del Potomac per tentare di salvare le vittime dell'incidente.

Un uomo passò ripetutamente il gancio di salvataggio agli altri. Salvò molte vite, ma non riuscì a salvare la propria. Quando finalmente l'elicottero di salvataggio tornò a prendere anche lui, l'uomo era ormai scivolato sotto la crosta di ghiaccio che copriva il fiume. Quest'uomo diede la sua vita per salvare quella di persone a lui perfettamente estranee. Che cosa lo spinse ad attribuire tanto valore alla vita degli altri, persone che nemmeno conosceva, al punto da sacrificare la propria?

Che cosa spinge un individuo di "buona estrazione sociale" a comportarsi in modo così selvaggio e feroce, mentre un'altra persona dà la propria vita per salvare degli estranei? Che cosa fa di un uomo un eroe o uno sbandato, un criminale o un essere generoso? Che cosa determina la differenza nelle azioni umane? Per tutta la vita ho cercato con passione la risposta a queste domande. Una cosa mi è chiara: gli esseri umani non sono creature che agiscono a caso; tutto quello che facciamo è determinato da un motivo. Forse non ne siamo consapevoli, ma dietro ogni comportamento umano c'è sicuramente un'unica forza motrice. Questa forza investe tutti gli aspetti della nostra vita, dalle relazioni sentimentali alle finanze, al nostro corpo e al nostro cervello. Che cos'è questa forza che ci sta controllando in questo momento e continuerà a farlo per il resto della vita? *Dolore e piacere!* Tutto quello che voi e io facciamo, lo facciamo o per il bisogno di evitare un dolore o per il desiderio di procurarci un piacere.

Sento spesso qualcuno che parla dei cambiamenti che vorrebbe operare nella propria vita. Però non riesce mai a decidersi a compierli veramente. Queste persone si sentono frustrate, sopraffatte, irate con se stesse perché sanno che dovrebbero entrare in azione, ma non ci riescono. La ragione è semplice: continuano a cercare di cambiare il proprio comportamento, che è l'effetto, invece di preoccuparsi della causa che vi sta dietro.

Capire e utilizzare le forze del piacere e del dolore vi permetterà una volta per tutte di operare i cambiamenti e i miglioramenti durevoli, che desiderate per voi e per i vostri cari. Non capire questa forza vi condanna in futuro a una vita di reazione, come un animale o una macchina. Forse vi sembrerà un'eccessiva semplificazione, ma provate un po' a pensarci. Perché non fate certe cose che sapete di "dovere" fare?

D'altra parte, che cos'è rimandare? È quando sapete che dovreste fare qualcosa, e non vi decidete a farlo. Perché? La risposta è semplice: a un certo livello siete convinti che agire in questo momento per voi sarebbe più penoso che, semplicemente, rimandare. Ma non avete mai provato a rimandare tanto una cosa, da sentire a un tratto il forte impulso a farla, ad agire? Che cosa è successo? Avete cambiato quello che associavate con il piacere e con il dolore. Di colpo, non agire è diventato più penoso che rimandare. Questa è una situazione che per gli americani si verifica spesso verso il 14 aprile, il giorno cioè in cui si pagano le tasse.

> *Un uomo che soffre prima del necessario, soffre più del necessario.*
>
> SENECA

Che cosa vi impedisce di avvicinare l'uomo o la donna dei vostri sogni? Che cosa vi impedisce di intraprendere quel nuovo affare che state progettando da anni? Perché continuate a rimandare il momento di cominciare quella famosa dieta? Perché non completate la vostra tesi? Perché non avete assunto personalmente il controllo dei vostri investimenti finanziari? Che cosa vi impedisce di fare tutto quello che serve a rendere la vostra vita esattamente come ve la siete immaginata?

La risposta è semplice. Anche se sapete che queste azioni vi gioverebbero, che in definitiva potrebbero solo apportare piacere alla vostra vita, non entrate in azione semplicemente perché in quel momento associate più dolore all'idea di fare quello che è necessario, che all'idea di perdere l'occasione. Dopo tutto, che cosa accadrebbe se tentaste di avvicinare quella persona e veniste respinto? O se cercaste di iniziare quel nuovo affare e finiste solo per perdere la sicurezza del vostro attuale posto di lavoro? O se cominciaste una dieta e finiste solo per affrontare la sofferenza di patire la fame, per poi ingrassare subito di nuovo? E se faceste un investimento e perdeste il vostro denaro? E allora, perché tentare?

Per molti, il timore di perdere è assai più forte del desiderio di vincere. Che cosa vi attirerebbe di più: impedire a qualcuno di rubarvi centomila dollari che rappresentano i risparmi di cinque anni, oppure la possibilità di guadagnare centomila dollari nei prossimi cinque anni? Il fatto è che in genere la gente è più disposta a darsi da fare per tenersi quello che ha, piuttosto che a correre gli inevitabili rischi per ottenere quello che vuole davvero dalla vita.

> *Il segreto del successo è imparare a usare il piacere e il dolore, invece che lasciarsi usare dal piacere e dal dolore. Se ci riuscirete, avrete raggiunto il controllo della vostra vita. Altrimenti, sarà la vita a controllare voi.*
>
> ANTHONY ROBBINS

Spesso, quando si discute di piacere e di dolore, sorge una interessante domanda su queste due forze gemelle che ci motivano: "Perché la gente, anche se prova dolore, tuttavia non riesce a cambiare?" La risposta è semplice: "Non ha ancora sofferto abbastanza." Non ha ancora toccato quella che io chiamo la "soglia emozionale". Se vi è capitato di trovarvi coinvolti in una relazione distruttiva e alla fine avete deciso di usare il vostro potere personale, di agire e di cambiare vita, probabilmente è stato perché avevate raggiunto un grado di dolore al quale non vi volevate più adattare, che vi era diventato insopportabile. Chi di noi non ha mai pronunciato frasi come: "Basta, così non posso più andare avanti, adesso bisogna cambiare." Questo è il momento magico in cui il dolore diventa il nostro alleato. Ci induce ad agire e a ottenere nuovi risultati. La motivazione ad agire è ancora più forte se nello stesso momento possiamo prevedere che i cambiamenti porteranno grande piacere alla nostra vita.

Questo non avviene solo nell'ambito delle relazioni sentimentali. Forse avete provato a raggiungere quella famosa soglia emozionale anche a proposito del vostro stato fisico. Siete arrivati al punto che non ne potete davvero più, perché non riuscite più a infilarvi nel sedile dell'aereo, non entrate più negli abiti e vi basta salire un paio di rampe di scale per ritrovarvi sbuffanti e senza fiato. Alla fine dite: "Basta!" e prendete una decisione. Che cosa ha motivato questa decisione? Il desiderio di allontanare il dolore dalla vostra vita e ristabilire il piacere: il piacere dell'orgoglio, della comodità, dell'autostima, di vivere la vita come ve l'eravate immaginata.

Certo sono molti i gradi di piacere e di dolore. Per esempio, l'umiliazione è una forma di sofferenza emozionale piuttosto intensa. Anche la scomodità può essere penosa. E così pure la noia. Certo queste ultime due sensazioni sono meno intense, ma sono sempre un fattore importante nell'equazione della decisione. Anche il piacere, ovviamente, ha il suo peso in questo processo. Buona parte del nostro spirito di iniziativa nella vita viene dalla capacità di prevedere che quelle date azioni ci condurranno a un futuro più piacevole, che il lavoro di oggi vale la pena di essere fatto, che le ricompense del piacere sono vicine. Eppure ci sono diversi livelli anche di piacere. Per esempio, il piacere dell'estasi, per quanto sia intenso, a volte può contare meno del piacere della comodità. Tutto dipende dalla prospettiva individuale.

Per esempio, ammettiamo che stiate facendo la pausa del pranzo e passiate davanti a un parco, dove stanno suonando una sinfonia di Beethoven. Vi fermate ad ascoltare? Dipende, prima di tutto, dal significato che attribuite alla musica classica. Certe persone lascerebbero perdere qualsiasi cosa pur di ascoltare le travolgenti note dell'*Eroica*: per loro, Beethoven equivale al piacere puro. Per altri, invece, ascoltare la musica classica è eccitante quanto stare a guardare la vernice asciugare. Sopportare la musica, per loro, sarebbe una sofferenza, perciò si affrettano ad allontanarsi dal parco e a tornare al lavoro. Però anche chi ama la musica classica potrebbe decidere di non fermarsi ad ascoltare. Forse il timore di arrivare tardi al lavoro, per questa persona conta più del piacere che trarrebbe dall'ascoltare la famosa melodia. O forse ha l'impressione che fermarsi in pieno giorno ad ascoltare musica sia uno spreco di tempo prezioso e la sofferenza di fare qualcosa di frivolo e inappropriato è più forte del piacere che potrebbe ricavare dalla musica. Ogni giorno la nostra vita è piena di questa specie di patteggiamento psichico. Continuiamo a soppesare le nostre azioni future e l'impatto che avranno su di noi.

La più importante lezione della vita

Donald Trump e madre Teresa di Calcutta sono spinti esattamente dalla stessa forza. Qualcuno potrebbe dirmi: "Tony, sei forse uscito di testa? Non potrebbero esserci due persone più diverse!" Verissimo: i loro valori stanno esattamente agli antipodi, però sono ambedue spinti dal piacere e dal dolore. Ambedue hanno plasmato la propria vita in base a quello da cui hanno imparato a trarre piacere e a quello che sanno potrà solo procurare dolore. La lezione più importante della vita è imparare che cosa ci dà piacere e che cosa ci dà dolore. Naturalmente la lezione sarà diversa per ciascuno di noi e di conseguenza diverso sarà anche il nostro comportamento.

Che cosa ha spinto Donald Trump in tutta la sua vita? Egli ha imparato a trarre piacere dal fatto di possedere gli yacht più grandi e costosi, di acquistare le case più lussuose, di concludere gli affari più scaltri (insomma, accumulando i giocattoli più grandi e più costosi). E che cosa ha invece imparato a connettere al dolore? In un'intervista, Trump ha rivelato che per lui il massimo della sofferenza nella vita è arrivare secondo in qualsiasi cosa, perché per lui arrivare secondo equivale a perdere. Quindi il suo maggiore impulso a ottenere qualcosa viene proprio dalla sua coazione a evitare questo dolore. È una motivazione molto più forte del suo desiderio di ottenere piacere. Molti suoi rivali hanno tratto enorme piacere dal crollo di buona parte dell'impero finanziario di Trump. Invece di giudicare lui (o chiunque altro, voi compresi) sarebbe molto più utile capire che cosa lo spinge ad agire e provare compassione per la sua evidente sofferenza.

Ora pensate a madre Teresa di Calcutta. Ecco una donna che ama tanto il prossimo che, quando vede gli altri soffrire, soffre a sua volta. Vedere l'ingiustizia del sistema delle caste in India le infligge il dolore di una profonda ferita. E ha scoperto che quando si dava da fare per aiutare l'umanità alleviandone le sofferenze, alleviava anche il proprio dolore. Per madre Teresa il vero senso della vita sta in una delle zone più misere di Calcutta, la Città della Gioia, che trabocca letteralmente di milioni di rifugiati, malati e affamati. Per lei, il piacere è sguazzare fino al ginocchio in mezzo a letame, scoli di fogna e sporcizia per raggiungere una povera capanna e assistere i bambini che vi abitano, prendere tra le braccia i loro poveri corpicini devastati dal colera e dalla dissenteria. Questa donna è profondamente spinta dalla sensazione che aiutare gli altri a uscire dalla miseria la aiuti a sua volta ad alleviare anche il proprio dolore. Sa che se dà una mano a queste persone perché abbiano una vita migliore, procurando loro piacere, anche lei proverà gioia. Ha imparato che dedicarsi con abnegazione agli altri per lei è il massimo della felicità, perché le dà la sensazione che la sua vita abbia veramente senso.

Anche se può risultarvi difficile accostare la sublime umiltà di madre Teresa di Calcutta al materialismo di Donald Trump, è importante ricordare che queste due persone hanno plasmato il proprio destino basandosi su quello che ambedue associavano al piacere e al dolore. Certo l'ambiente e l'estrazione sociale diversa dei due individui hanno avuto un peso notevole nelle loro scelte, ma in definitiva ambedue hanno consapevolmente deciso che cosa era per loro una ricompensa e che cosa una punizione.

Quello che associate al dolore e al piacere
determina il vostro destino

Una decisione che ha influito in modo determinante sulla qualità della mia vita è che fin da giovanissimo ho cominciato ad associare un piacere incredibile all'apprendimento. Avevo capito che scoprire idee e strategie che potessero aiutarmi a plasmare il comportamento e le emozioni degli uomini poteva darmi praticamente tutto quello che volevo dalla vita. Poteva farmi passare dal dolore al piacere. Imparare a svelare i segreti che stanno dietro le nostre azioni poteva aiutarmi a diventare più sano, a sentirmi fisicamente meglio, ad avere rapporti più profondi con quelli che amavo. Imparare mi dava qualcosa da offrire agli altri, l'opportunità di offrire qualche elemento veramente valido a tutti coloro che mi circondavano. Mi dava un senso di gioia e di soddisfazione. Allo stesso tempo scoprii una forma di piacere ancora più forte, che proveniva dal dividere con gli altri quello che avevo imparato con tanta passione. Quando cominciai a capire che questo aiutava la gente a migliorare la loro qualità di vita, scoprii davvero il massimo del godimento per me. E lo scopo della mia vita cominciò a evolversi.

Quali sono alcune delle vostre esperienze di dolore e di piacere che hanno plasmato la vostra vita? Il fatto che abbiate associato la droga al piacere oppure al dolore deve avere avuto un effetto determinante sul vostro destino. E così pure le emozioni che avete imparato ad associare al fumo o all'alcool, ai rapporti con le persone o anche al concetto di donare o di fidarvi.

Se siete medico, la decisione di intraprendere questa carriera non è forse stata motivata anni fa dalla convinzione che diventare medico vi avrebbe fatto sentire bene? Tutti i medici con i quali ho parlato associano grande piacere al fatto di dare aiuto alle persone: alleviare il dolore, guarire la malattia e salvare delle vite. Spesso l'orgoglio di essere un membro rispettato della società era una motivazione in più. I musicisti si dedicano alla loro arte perché poche cose al mondo possono dare loro lo stesso grado di piacere. E i dirigenti di importanti società hanno imparato ad associare il piacere al fatto di prendere decisioni che hanno l'enorme potenziale di creare qualcosa di unico e di contribuire in modo duraturo alla vita di molte persone.

Pensate per esempio alle riduttive associazioni con il dolore e con il piacere che hanno messo in atto John Belushi, Freddie Prinze, Jimi Hendrix, Elvis Presley, Janis Joplin e Jim Morrison. La loro associazione alla droga come mezzo di fuga, di scampo, di gratificazione immediata o come mezzo per alleviare il dolore e provare piacere temporaneo, è stata la causa della loro rovina. Hanno pagato un prezzo altissimo per non aver saputo dirigere la propria mente e le proprie emozioni. Pensate all'esempio che questi personaggi rappresentano per milioni di loro fan. Io non ho mai fatto uso di droghe o di alcool. Perché? Forse perché sono tanto intelligente da non cascarci? No, solo perché sono stato molto fortunato. Una ragione per cui non ho mai bevuto alcolici è che, quando ero piccolo, nella mia famiglia c'erano due persone che quando erano ubriache si comportavano in modo così odioso che io avevo finito per associare al bere il massimo della sofferenza. In particolare ricordo la madre del mio migliore amico. Era enorme, obesa, pesava circa centoquaranta chili e beveva in continuazione. E ogni volta, voleva abbracciarmi e sbaciucchiarmi. Ancora oggi l'odore di alcool nel fiato della gente mi dà la nausea.

Quanto alla birra, invece, è tutta un'altra storia. Quando avevo circa undici o dodici anni, non la consideravo una bevanda alcolica. Dopo tutto, mio padre beveva birra eppure non diventava mai "odioso" o disgustoso. Anzi, quando aveva bevuto un paio di birre diventava più allegro e divertente. Inoltre, a quel tempo associavo il piacere all'atto di bere birra, perché volevo essere come mio padre. Bere birra mi avrebbe davvero fatto somigliare a papà? Ovviamente no, ma spesso creiamo delle false associazioni nel nostro sistema nervoso (neuroassociazioni) a proposito di quello che può darci pena o piacere.

Un giorno chiesi a mia madre di lasciarmi bere una birra. Lei ribatté che non era adatta a me. Ma non era facile riuscire a convincermi, dato che io avevo già deciso e dato che, osservando mio padre, mi ero convinto dell'esatto contrario di quello che mia madre diceva. Non crediamo in quello che sentiamo dire, siamo piuttosto convinti che le nostre intuizioni siano esatte, e quel giorno io ero convinto che bere birra fosse il primo passo della mia crescita personale. Alla fine, mia madre si rese conto che io sarei andato a bere una birra da qualche altra parte se lei non mi avesse fatto provare un'esperienza indimenticabile. In un certo qual modo, doveva avere capito che bisognava farmi cambiare l'idea che io associavo alla birra. Perciò mi disse: "D'accordo, vuoi bere la birra ed essere come papà? Allora devi berne veramente come papà." E io dissi: "Bene, e questo che cosa vuol dire?" "Vuol dire che ne devi bere una confezione da sei lattine." Io ribattei: "Nessun problema."

Lei concluse: "Devi berle qui, subito." Quando bevvi il primo sorso mi parve disgustosa, assai diversa da come me l'ero immaginata. Ma naturalmente mi guardai bene dall'ammetterlo, visto che ne andava del mio orgoglio. Bevvi ancora qualche sorso. Finita una lattina, dissi: "Adesso sono proprio pieno, mamma." Ma lei rispose: "Eh, no, eccotene un'altra." E la stappò. Alla terza o quarta lattina cominciai a provare nausea. Potete immaginare che cosa successe dopo: mi vomitai tutto addosso e sul tavolo da cucina. Era disgustoso, e ancora più disgustoso fu ripulire tutta quella schifezza. Subito associai l'odore di birra al vomito e a una sensazione orribile. Non avevo più associazioni mentali con l'idea del bere birra. Ora avevo solo un'associazione emozionale nel sistema nervoso, una neuroassociazione a livello dello stomaco: un'associazione che avrebbe certo guidato le mie decisioni future. Come risultato, da allora non ho mai più toccato un sorso di birra.

Le nostre associazioni di piacere e di dolore possono produrre un effetto a catena sulla nostra vita? Potete scommetterci. Questa neuroassociazione negativa che io facevo con la birra influì su molte decisioni della mia vita. Per esempio determinò il tipo di compagni che frequentavo a scuola. E determinò il modo in cui imparai a provare piacere. Non mi andava l'alcool, ma mi piaceva imparare, ridere, fare sport. Inoltre imparai che aiutare gli altri mi faceva sentire incredibilmente bene, così a scuola divenni il tipo a cui tutti si rivolgevano quando avevano un problema e risolvere i loro guai faceva stare bene tanto loro quanto me. Certe cose non sono davvero cambiate, con il passare degli anni!

Non ho mai fatto uso di droga per via di un'esperienza particolare che ora vi racconterò. Quando ero in terza o in quarta elementare, il Dipartimento di polizia mandò qualcuno nella mia scuola a proiettare dei filmati sulle conseguenze che poteva avere il lasciarsi coinvolgere nell'ambiente della droga. Vidi gente che si bucava, perdeva i sensi, sballava e saltava giù dalle finestre. Da ragazzino, quindi, associavo la droga alle brutture e alla morte, così non l'ho mai provata. La mia fortuna fu che la polizia mi aveva aiutato a formare neuroassociazioni dolorose con la sola idea di drogarsi. Perciò non ho mai preso in considerazione nemmeno la possibilità di farlo.

Che cosa possiamo imparare da tutto ciò? Semplicemente questo: se associamo una grave sofferenza a un comportamento o a un modulo emozionali, eviteremo di indulgervi, a qualsiasi costo. Possiamo usare questa consapevolezza per sfruttare la forza del dolore e del piacere per cambiare praticamente qualsiasi cosa nella nostra vita, dall'abitudine a rimandare all'uso della droga. E come? Supponiamo, per esempio, che vogliate tenere i vostri figli lontano dalla droga. A questo scopo bisogna intervenire prima che la provino e prima che qualcun altro insegni loro la falsa associazione della droga al piacere.

Mia moglie Becky e io abbiamo deciso a suo tempo che il modo migliore per essere certi che i nostri figli non facessero mai uso di droga fosse indurli ad associare la droga a un forte dolore. Sapevamo che se non avessimo insegnato loro che cos'è esattamente la droga, qualcun altro avrebbe potuto convincerli che la droga è un modo per sottrarsi al dolore.

A questo scopo, mi rivolsi a un vecchio amico, il capitano John Rondon, dell'Esercito della salvezza. Per anni ho dato il mio sostegno a John nel South Bronx e a Brooklyn per aiutare la gente di strada a cambiare la propria vita alzando i propri standard di valori, cambiando le proprie convinzioni limitatrici e sviluppando le proprie capacità. Becky e io siamo molto fieri di tutti quelli che hanno usato i nostri insegnamenti per togliersi dalla strada e migliorare la loro qualità di vita. Ho sempre considerato le mie visite in questi quartieri come un modo per restituire qualcosa e per ricordarmi quanto sono fortunato. Un modo per apprezzare la vita che ho il privilegio di condurre. Inoltre mi fa vedere le cose nella giusta prospettiva e dà equilibrio alla mia vita.

Spiegai quindi il mio scopo al capitano John e lui organizzò per i miei figli un giro che non avrebbero mai più dimenticato e che avrebbe fatto capire loro veramente che cosa fa la droga all'animo umano. Cominciò con una visita a un casermone cadente e infestato di topi. Appena entrati, i miei figli vennero assaliti dalla puzza dei pavimenti sporchi di urina, dalla vista di tossicomani che si iniettavano la droga noncuranti di chi li stesse guardando, dalle prostitute bambine che adescavano i passanti e dal pianto dei bambini abbandonati a se stessi. La devastazione mentale, emozionale e fisica è quanto i miei figli hanno imparato ad associare alla droga. Questo avvenne quattro anni e mezzo fa. Anche se da allora si sono trovati spesso esposti al pericolo della droga, sono sicuro che non l'hanno mai toccata. Queste forti neuroassociazioni hanno influito in modo determinante sul loro destino.

> *Se siete afflitti da qualcosa di esterno, il dolore non è dovuto alla cosa in sé, ma alla valutazione che voi ne fate; valutazione che avete il potere di revocare in qualsiasi momento.*
>
> MARCO AURELIO

Siamo gli unici esseri sulla faccia della terra ad avere una vita interiore così ricca che non sono gli avvenimenti esterni a contare maggiormente per noi, ma è piuttosto il modo in cui interpretiamo tali avvenimenti a determinare quello che pensiamo di noi stessi e quello che faremo in futuro. Una cosa che ci rende tanto speciali è la nostra meravigliosa capacità di adattare, trasformare, manipolare gli oggetti o le idee per creare qualcosa che sia più piacevole o più utile per noi. La prima fra le nostre doti di adattamento è la capacità di prendere la nuda esperienza della nostra vita, metterla in rapporto ad altre esperienze e creare così un arazzo caleidoscopico di significati, diverso per ciascuno di noi. Solo gli esseri umani possono, per esempio, cambiare le loro associazioni in modo che il dolore fisico risulti un piacere e viceversa.

Pensate a un detenuto che fa lo sciopero della fame. Digiunando per una causa riesce a resistere per trenta giorni senza mangiare. Il dolore fisico che prova è notevole, ma è compensato dal piacere e dalla sicurezza di attirare l'attenzione del mondo sulla sua causa. Su un piano più personale e quotidiano, le persone che seguono un severo regime per modellare il proprio corpo hanno imparato a collegare un fortissimo senso di piacere al "dolore" della privazione fisica. Hanno tramutato il disagio della disciplina nella soddisfazione del miglioramento personale. Per questo il loro è un comportamento costante, con risultati duraturi.

Mediante la nostra forza di volontà possiamo quindi valutare qualcosa come il dolore fisico della fame in confronto al dolore psichico di rinunciare ai nostri ideali. Possiamo crearci un significato più alto, possiamo uscire dalla "gabbia di Skinner" e assumere il controllo della situazione. Ma, se non riusciamo a guidare le nostre stesse associazioni con il dolore e con il piacere, viviamo né più né meno come animali o macchine, reagendo continuamente all'ambiente, permettendo a qualunque cosa si presenti di determinare la qualità e la direzione della nostra vita. Siamo tornati nella gabbia. È come se fossimo dei computer pubblici, con un facile accesso per un sacco di programmatori dilettanti.

Il nostro comportamento, conscio e inconscio, è stato manipolato dal dolore e dal piacere provenienti da varie fonti: i compagni d'infanzia, mamma e papà, insegnanti, allenatori, sportivi, eroi del cinema e della televisione; e la lista potrebbe continuare. Potete sapere o ignorare in che momento è avvenuto il condizionamento. Potrebbe essere stato qualcosa che qualcuno ha detto, un incidente a scuola, una gara sportiva, un momento imbarazzante, un bel voto sulla pagella o una bocciatura agli esami. Tutto questo ha contribuito a fare di voi quello che siete oggi. Non sottolineerò mai abbastanza il fatto che quello che associate con il dolore e con il piacere modellerà il vostro destino.

Ripensando alla vostra vita, ricordate qualche esperienza che abbia provocato in voi una neuroassociazione e quindi messo in moto la catena causa ed effetto che vi ha portato al punto in cui siete ora? Che senso attribuite alle cose? Se siete single, guardate al matrimonio come a una bella avventura con la compagna (o il compagno) della vostra vita oppure temete che sarà una tremenda palla al piede, una catena? Quando la sera vi sedete a tavola, consumate il vostro pasto in modo naturale, come una semplice occasione per alimentare il vostro corpo, oppure divorate il cibo come se fosse la vostra unica fonte di piacere?

> *Gli uomini e le donne si lasciano spesso guidare più dal cuore che dalla mente.*
>
> LORD CHESTERFIELD

Anche se vorremmo negarlo resta il fatto che a guidare il nostro comportamento è la reazione istintiva al piacere e al dolore, non il calcolo razionale. Razionalmente possiamo anche pensare che mangiare cioccolato ci faccia male, però lo mangiamo ugualmente. Perché? Perché non siamo guidati tanto da quello che sappiamo razionalmente, quanto da quello che abbiamo imparato ad associare con il piacere e con il dolore nel nostro sistema nervoso. Sono le nostre neuroassociazioni, le associazioni che abbiamo stabilito nel nostro sistema nervoso, a determinare quello che facciamo. Anche se ci piacerebbe pensare che è la nostra mente a guidarci, spesso sono le emozioni, le sensazioni che associamo alle nostre idee, a guidarci realmente.

Spesso cerchiamo di scavalcare il sistema. Per un po' ci atteniamo a una dieta. Ci siamo finalmente decisi a saltare la barricata perché soffriamo troppo. Avremo così risolto il problema, per il momento, ma, se non eliminiamo la causa del problema, esso si ripresenterà quanto prima. In definitiva, perché un cambiamento sia duraturo dobbiamo associare il dolore al nostro vecchio comportamento e il piacere a quello nuovo e condizionarlo finché non diventa costante. Ricordate, siamo tutti disposti a fare di più per evitare la sofferenza, che per ottenere il piacere. Cominciare una dieta e superare il dolore con la vera forza di volontà sono azioni che non durano a lungo semplicemente perché continuiamo ad associare il dolore alla rinuncia ai cibi che ingrassano. Perché il cambiamento sia a lungo termine dobbiamo associare il dolore all'idea di mangiare questi cibi al punto di non desiderarli più, e associare invece il piacere a mangiare cibi che ci "nutrano". Le persone che sono in forma e in salute pensano che non ci sia niente di più bello della sensazione di essere magri. E "amano" i cibi che li nutrono senza ingrassare. Anzi, spesso associano il piacere al gesto di respingere il piatto con ancora un po' di cibo. Questo è infatti per loro il simbolo del fatto che hanno il controllo della loro vita.

La verità è che possiamo apprendere a condizionare la nostra mente, il nostro corpo e le nostre emozioni ad associare piacere a qualsiasi cosa scegliamo. Cambiando quello cui associamo piacere o dolore, cambieremo immediatamente anche il nostro comportamento. Per quanto riguarda il fumo, per esempio, tutto quello che dovete fare è associare abbastanza dolore al fumo e abbastanza piacere a smettere di fumare. Avreste la capacità di farlo ora, subito, ma non sfruttate questa capacità perché avete abituato il vostro corpo ad associare piacere al fumo, oppure perché temete che smettere sarebbe troppo doloroso. Eppure, se incontrate qualcuno che ha smesso, scoprirete che il suo comportamento è cambiato in un solo giorno: il giorno in cui questa persona ha veramente cambiato il significato che il fumo aveva per lei.

S<small>E NON AVETE UN PIANO PER LA VOSTRA VITA,</small>
<small>DI CERTO CE L'HA QUALCUN ALTRO</small>

La missione di Madison Avenue, regno delle agenzie pubblicitarie, è di influenzare le nostre associazioni al dolore e al piacere. I pubblicitari sanno bene che quello che ci spinge a comperare un prodotto non è tanto la nostra mente, quanto le sensazioni che associamo ai prodotti pubblicizzati. Perciò sono diventati degli esperti nell'uso di musica eccitante o rilassante, di espressioni incisive o concise, di colori tenui o vivaci e di tutta una serie di altri elementi per metterci in un determinato stato emozionale. Poi, quando le nostre emozioni sono al massimo, quando le sensazioni sono più che mai intense, proiettano ripetutamente un'immagine del loro prodotto, finché noi non lo associamo con queste sensazioni piacevoli.

Per esempio, la Pepsi si è brillantemente servita di questa strategia per ricavarsi, nel lucroso mercato delle bevande non alcoliche, una fetta più grossa di quella della sua maggiore concorrente, la Coca-Cola. La Pepsi osservò il fenomenale successo di Michael Jackson, un giovanotto che aveva passato la vita intera a imparare a provocare emozioni nella gente con il modo in cui usava la sua voce, il suo corpo, suo viso e i suoi gesti. Michael cantava e ballava in un modo che stimolava un numero enorme di persone a sentirsi incredibilmente bene, al punto che spesso queste persone comperavano i suoi album per riprovare le stesse emozioni. I dirigenti della Pepsi si chiesero allora come potevano trasferire quelle sensazioni al loro prodotto. Il loro ragionamento fu che se i consumatori avessero associato le stesse piacevoli sensazioni tanto alla Pepsi quanto a Michael Jackson, avrebbero comperato la Pepsi come acquistavano i suoi album. Il processo di fissare certe sensazioni nuove a un prodotto o a un'idea è il transfert necessario al condizionamento di base, qualcosa che imparerete meglio più avanti, nel capitolo 6, quando studieremo la scienza del condizionamento neuroassociativo. Per ora, osservate comunque che ogni volta che ci troviamo in un intenso stato emozionale, quando proviamo forti sensazioni di dolore o di piacere, qualunque cosa particolare avvenga contemporaneamente diventerà neurologicamente associata a quella sensazione. Perciò in futuro ogni volta che accadrà di nuovo quella cosa particolare lo stato emozionale tornerà.

Avrete certo sentito parlare di Ivan Pavlov, lo studioso russo che alla fine dell'Ottocento ha fatto interessanti esperimenti sui riflessi condizionati. L'esperimento più famoso era quello in cui Pavlov suonava un campanello ogni volta che offriva del cibo a un cane, stimolando così nel cane la salivazione e legando le sue sensazioni al suono del campanello. Dopo aver ripetuto questa sequenza varie volte, Pavlov osservò che bastava suonare il campanello per provocare la salivazione del cane anche quando non gli veniva offerto del cibo.

Che cosa ha a che fare Pavlov con la Pepsi? Primo, la Pepsi

ha usato Michael Jackson per portarci al massimo stato emozionale. Poi, in quel preciso momento, faceva apparire l'immagine del prodotto. Ripetendo continuamente questo abbinamento ha creato un'associazione emozionale per milioni di fan di Jackson. Il bello è che Michael Jackson non beve la Pepsi durante gli spot pubblicitari! E non esibisce nemmeno una lattina davanti alla cinepresa. Ci si potrebbe chiedere: "Ma sono impazziti? Hanno pagato a un tale quindici milioni di dollari per rappresentarli e costui non tiene nemmeno in mano il loro prodotto e per di più dichiara che non lo farebbe mai. Che razza di 'testimonial' è una persona del genere? Che idea folle!" In realtà, invece, fu un'idea molto brillante. Le vendite salirono alle stelle, tanto che la L.A. Gear assunse Jackson per venti milioni di dollari. E oggi, proprio perché Jackson sa cambiare il modo in cui la gente sente (è quello che io chiamo uno "stato-induttore") lui e la Sony/CBS hanno appena firmato un contratto discografico per dieci anni, per un valore che si ritiene superiore al miliardo di dollari. La sua capacità di modificare lo stato emozionale delle persone, lo rende di valore inestimabile.

Quello che dobbiamo capire è che tutto questo si basa sul collegare, associare sensazioni piacevoli a particolari comportamenti. È l'idea che, se usiamo il prodotto, realizzeremo le nostre fantasie, i nostri sogni. I pubblicitari hanno convinto tutti noi che se siamo al volante di una BMW, allora siamo persone straordinarie, con un gusto eccezionale. Se guidiamo una Hyundai siamo intelligenti e parsimoniosi. Se possediamo una Pontiac ci sentiremo eccitati. Se conduciamo una Toyota proveremo una sensazione grandiosa! Così vi insegnano che se usate il profumo Obsession, presto vi troverete coinvolte in un'orgia. Se bevete la Pepsi, potrete competere con Michael Jackson. Oppure se volete essere una "brava" mamma, dovete dare ai vostri bambini dolci e torte di frutta "Cameo".

I pubblicitari hanno notato che, se si riesce a creare un certo livello di piacere, i consumatori sono spesso disposti a superare la paura del dolore. Un ritornello classico della pubblicità è che "il sesso vende" e non c'è dubbio infatti che le gradevoli associazioni create sui giornali e alla televisione usando il sesso funzionino. Date un'occhiata al trend della vendita dei blue jeans. In fondo che cosa sono i blue jeans? Una volta erano pantaloni da fatica: brutti, funzionali. E adesso, come si vendono? Sono diventati un simbolo internazionale di tutto ciò che è sexy, moderno e giovane. Avete mai guardato gli spot televisivi dei jeans 501 Levi's? Riuscite a capirci qualcosa? Non hanno senso, non vi pare? Sono assolutamente confusi. Ma alla fine avete la chiara sensazione che si è trattato comunque di sesso. Questo tipo di strategia serve veramente a vendere i blue jeans? Potete giurarci. Oggi Levi's è la marca di jeans più venduta in America.

La forza del condizionamento nello stabilire le nostre associazioni si limita forse a prodotti come bevande analcoliche, auto e blue jeans? Ovviamente no. Prendete per esempio la banale uvetta passa. Lo sapevate che nel 1986 il California Raisin Advisory Board prevedeva un raccolto enorme di uvetta, eppure i coltivatori erano molto preoccupati? Anno dopo anno, avevano visto le vendite calare costantemente dell'1 per cento. Disperati, si rivolsero alla loro agenzia di pubblicità e chiesero che cosa si poteva fare. La soluzione era semplice: dovevano cambiare quello che la gente provava nei confronti dell'uvetta. In genere, l'uvetta era considerata triste, moscia e sciapa, a sentire Robert Phinney, ex direttore del comitato per l'uvetta. Il problema era semplice: bisognava infondere una buona dose di attrattiva emozionale a questa frutta secca. Associarla con sensazioni che la gente voleva. "Passo" e "secco" non sono esattamente gli aggettivi che le persone in genere associano al proprio benessere. Così i coltivatori di uvetta non facevano che pensare che cosa potevano associarvi, in modo che invogliasse davvero il pubblico ad acquistarla.

Era il periodo in cui c'era un grosso revival nazionale di un vecchio successo musicale: *I Heard It Through the Grapevine* (che vuole dire: "L'ho saputo dal telegrafo senza fili", perché *grapevine*, oltre a voler dire "vite", "uva", significa pure "voce non ufficiale"). I coltivatori di uvetta pensarono: "E se riuscissimo a prendere quelle note, che fanno sentire la gente così bene, e associarle all'uvetta, in modo da farla sembrare di moda?" Assunsero perciò un pubblicitario dotato di grande spirito di innovazione, Will Vinton, il quale creò circa trenta figurine color uvetta, ciascuna con una personalità distinta, che ballavano al suono della vecchia canzone tornata di moda. Nacquero così i California Raisins, cioè le "Uvette della California". La prima campagna pubblicitaria fece subito impressione e creò quelle associazioni che i coltivatori speravano. Il pubblico, guardando i chicchi di uvetta ballare, associò una forte sensazione di divertimento e piacere a quel frutto un tempo considerato insipido e noioso. L'uvetta era stata reinventata come l'essenza della moda californiana e il muto messaggio di ciascuno di quegli spot pubblicitari era che, se mangiavi l'uvetta, anche tu saresti stato "in". Il risultato? L'industria dell'uvetta venne salvata dal disastroso calo di vendite e arrivò a un fattore di crescita annuale del 20 per cento. I coltivatori di uvetta erano riusciti a cambiare le associazioni della gente: invece di associare il frutto alla noia, i consumatori avevano imparato ad associarlo a una sensazione di allegria e divertimento.

Naturalmente, l'uso della pubblicità come forma di condizionamento non si limita ai prodotti concreti. Per fortuna, o per sfortuna, vediamo spesso che radio e televisione vengono usate come strumenti per cambiare le sensazioni che associamo a certi candidati della scena politica. Nessuno lo sa meglio dell'analista politico e opinionista Roger Ailes, a cui si devono gli elementi chiave del successo della campagna elettorale di Ronald Reagan contro Walter Mondale, e che nel 1988 diresse con successo la campagna elettorale di George Bush contro Michael Dukalds. Ailes inventò una strategia per trasmettere tre messaggi negativi a proposito di Dukakis, facendolo apparire debole sul problema della difesa, dell'ambiente e del crimine, in modo che la gente associasse a lui una sensazione penosa. Un messaggio pubblicitario rappresentava Dukakis come "un bambino che giocava alla guerra" su un mezzo blindato; un altro pareva attribuirgli la responsabilità dell'inquinamento del porto di Boston. Ma il più famoso mostrava alcuni criminali mentre venivano rilasciati dalle prigioni del Massachusetts attraverso una porta girevole e giocava sull'ampia pubblicità negativa creata in America dal secondo omicidio commesso da Willie

Horton. Condannato per un assassinio, Willie Horton era stato rilasciato in base a un discutibile programma di permessi nello stato natale di Dukakis, non era tornato in prigione e dieci mesi dopo era stato nuovamente arrestato per avere terrorizzato una coppia, stuprato la donna e ucciso l'uomo.

Molti non furono d'accordo con l'impatto negativo di questa pubblicità. Personalmente, io la trovai molto tendenziosa. Però ebbe indiscutibilmente successo basandosi sul fatto che l'umanità fa di più per evitare un dispiacere che per ottenere un piacere. A molti, tra i quali George Bush, non piacque il modo in cui la campagna venne condotta, ma era innegabilmente vero che il dolore è una motivazione molto forte nel determinare il comportamento umano. Come dice Ailes: "La pubblicità negativa fa breccia più rapidamente. La gente tende a fare più attenzione alle pubblicità di questo tipo. Lungo un'autostrada, non tutti si fermeranno ad ammirare un bel paesaggio bucolico, ma tutti guarderanno un incidente stradale." Difficile mettere in dubbio l'efficacia della strategia di Ailes. Bush vinse con una larga maggioranza di voti popolari e inflisse una vera batosta a Dukakis ottenendo una delle vittorie più schiaccianti della storia del collegio elettorale.

La forza che determina l'opinione mondiale e le abitudini d'acquisto dei consumatori è la stessa forza che provoca tutte le nostre azioni. Dipende solo da noi assumere il controllo di questa forza e decidere delle nostre azioni consciamente, perché, se non guidiamo i nostri stessi pensieri, cadremo sotto l'influsso di coloro che vorrebbero condizionarci e farci agire come loro desiderano. A volte avremmo scelto anche noi di agire comunque nello stesso modo, a volte no. I pubblicitari sanno come cambiare quello che associamo ai prodotti. Se vogliamo assumere il controllo della nostra vita, dobbiamo imparare a "fare pubblicità" dentro la nostra stessa mente, e possiamo farlo in un batter d'occhio. Come? Semplicemente collegando il dolore ai comportamenti che vogliamo evitare a un tale livello di intensità emozionale che non vorremo nemmeno più prendere in considerazione questi comportamenti. Non c'è qualcosa che voi non fareste mai, assolutamente mai? Pensate alla sensazione che collegate a questa cosa. Se associate lo stesso sentimento e la stessa sensazione ai comportamenti che volete evitare non metterete più in atto nemmeno quelli. Poi, semplicemente, associate il piacere al nuovo comportamento che volete seguire. Mediante la ripetizione e l'intensità emozionale potete condizionare questi comportamenti dentro di voi, fino a farli diventare automatici.

Quindi, qual è il primo passo da compiere per operare un cambiamento? Il primo passo è semplicemente "rendersi conto" del potere che dolore e piacere esercitano su ogni nostra decisione e, quindi, su ogni nostra azione. Prendere coscienza di questo significa capire che queste connessioni tra idee, parole, immagini, suoni e sensazioni di piacere e di dolore accadono continuamente.

> *Ritengo che si debbano evitare i piaceri, se ne conseguono pene maggiori, e che si debbano invece cercare i dolori, che finiscono poi in piaceri più grandi.*
> MICHEL DE MONTAIGNE

Il problema è che in genere basiamo le nostre decisioni a proposito del da farsi su quello che creerà dolore o piacere a breve scadenza invece che a lungo termine. Eppure, per ottenere le cose che apprezziamo, dobbiamo imparare a superare il muro del dolore a breve scadenza per arrivare al piacere a lungo termine. Dovete mettere da parte i momenti passeggeri di paura e di tentazione e concentrarvi su quello che è più importante a lunga scadenza: i vostri valori e i vostri standard personali. Ricordate inoltre che in genere non è veramente il dolore a indurci ad agire in un certo modo, ma piuttosto il timore che qualcosa ci possa far soffrire. Così, come non è il vero piacere che ci spinge, ma la nostra convinzione (o senso di certezza) che, in qualche modo, fare una data cosa ci condurrà al piacere. Non siamo guidati dalla realtà ma dalla nostra percezione della realtà.

Molta gente si concentra su come evitare il dolore e ottenere il piacere in breve tempo e in questo modo non fa che crearsi dolori a lungo termine. Facciamo un esempio. Ammettiamo che qualcuno voglia perdere qualche chilo di troppo. (So che questo non è mai successo a voi, stiamo solo facendo un'ipotesi.) Da un lato, questa persona schiera una serie di buoni motivi per dimagrire: si sentirebbe più sana e più piena di energia, entrerebbe meglio negli abiti e si sentirebbe più sicura di sé nei confronti dell'altro sesso. Però dall'altra parte ci sono quasi altrettante buone ragioni per non dimagrire: dovrebbe mettersi a dieta, dovrebbe patire continuamente la fame, dovrebbe respingere l'impulso a mangiare cibi che ingrassano e, in fondo, perché non aspettare fino a dopo il periodo delle vacanze?

Con le ragioni così equilibrate, molta gente finisce per scegliere di rimandare: il potenziale piacere di una figura sottile è ampiamente superato dal dolore a breve scadenza di doversi privare di certi cibi. A breve termine evitiamo il dolore di sentire i morsi della fame e ci concediamo invece l'immediato pizzico di piacere di qualche patatina fritta, ma solo a breve termine. A lungo termine, ci sentiamo sempre peggio nei confronti di noi stessi, per non parlare del fatto che la nostra salute ne soffre.

Ricordate: se volete qualcosa di davvero importante, dovrete superare qualche dolore di breve durata per ottenere un piacere a lunga scadenza. Se volete un bel corpo, dovete letteralmente scolpirvelo e questo richiederà qualche sacrificio a breve termine. Con il tempo, può perfino diventare piacevole. Stare a dieta funziona allo stesso modo. Ogni tipo di disciplina richiede che si superi il dolore: la disciplina negli affari, nei rapporti, nella fiducia in se stessi, nell'essere in forma. Ma come superare il disagio e creare lo slancio per raggiungere veramente i vostri obiettivi? Cominciate con il prendere la decisione di superarlo. Possiamo sempre decidere di superare la sofferenza del momento, meglio ancora andare fino in fondo condizionandoci, cosa che impareremo nel capitolo 6.

Un esempio classico del fatto che concentrarsi su obiettivi a breve scadenza possa far fare una brutta caduta a tutti quanti (come nella "sindrome del Niagara") ce lo fornisce la recente crisi delle casse di risparmio e prestito, forse il più grosso errore finanziario mai commesso nella storia degli Stati Uniti. Si calcola che potrebbe costare ai contribuenti americani più di cinquecento miliardi di dollari, eppure molti non hanno idea di che cosa l'abbia provocata. Questo problema sarà certo fonte di dolore, almeno dal punto di vista economico, per ogni uomo, donna e bambino del paese, probabilmente per generazioni a venire. L. William Seidman, presidente della Resolution Trust Corporation e della Federal Deposit Insurance Corporation, una volta mi ha detto: "Siamo l'unica nazione abbastanza ricca da sopravvivere a un errore così madornale." Da che cosa è nato questo pasticcio finanziario? È il classico esempio di quello che succede quando si cerca di eliminare la sofferenza e di risolvere un problema, mentre se ne alimenta la causa.

Tutto è cominciato con le difficoltà che le casse di risparmio hanno incontrato alla fine degli anni settanta e all'inizio degli anni ottanta. Le banche e gli istituti di risparmio avevano basato i loro affari soprattutto sul mercato aziendale e privato. Perché una banca abbia profitto, deve fare dei prestiti e questi prestiti devono essere a un tasso d'interesse più alto di quello che la banca paga sui depositi. All'inizio, le banche dovettero affrontare difficoltà su vari fronti. Per prima cosa, subirono un duro colpo quando altre società entrarono in un campo che prima era unicamente appannaggio della banca: il prestito di denaro. Le grosse compagnie scoprirono infatti che prestandosi denaro l'un l'altra risparmiavano notevolmente sugli interessi, sviluppando quello che ora è noto come il *commercial paper market*. La cosa ebbe un tale successo da distruggere praticamente la principale fonte di profitto di molte banche.

Nel frattempo, si verificava un cambiamento anche sul fronte del consumatore americano. Si sa che i singoli cittadini non hanno mai la tendenza a rivolgersi facilmente all'ufficio prestiti di una banca per chiedere timidamente dei soldi per comperarsi un'auto nuova o qualche costoso elettrodomestico. Penso di poter dire che questa è stata un'esperienza sgradevole per chiunque l'abbia affrontata. In genere queste persone non vengono trattate dagli istituti bancari esattamente come "clienti di riguardo". Le compagnie automobilistiche sono state tanto furbe da rendersene conto e hanno perciò cominciato a offrire loro stesse i prestiti ai loro clienti, creandosi in questo modo una nuova fonte di guadagno. Si accorsero infatti che riuscivano a guadagnare sul finanziamento tanto quanto sull'automobile che vendevano e potevano quindi offrire al cliente maggiori vantaggi e tassi di interesse più bassi. Il loro atteggiamento nei confronti del consumatore era ben diverso da quello delle banche, infatti avevano tutto l'interesse a fare in modo che il cliente ottenesse il prestito. Ben presto perciò gli americani cominciarono a preferire il prestito *in-house* al metodo tradizionale, apprezzandone la convenienza, la flessibilità e i tassi di finanziamento più bassi. Tutta la trattativa veniva fatta in un solo posto, da una persona molto gentile che aveva tutto l'interesse a concludere l'affare con loro. Di conseguenza la General Motors Acceptance Corporation (CMAC) divenne presto una delle più importanti società di finanziamento degli Stati Uniti.

Uno degli ultimi bastioni del prestito bancario era il mercato degli immobili, ma i tassi d'interesse e l'inflazione erano saliti alle stelle, tanto da toccare in un solo anno il 18 per cento. Di conseguenza, nessuno poteva permettersi i pagamenti mensili che i prestiti a questo tasso di interesse richiedevano. Come potete immaginare, i prestiti immobiliari crollarono.

In un colpo solo, le banche avevano perso le aziende-clienti in massa, gran parte del mercato dei prestiti per l'acquisto di auto e avevano cominciato anche a perdere sul fronte dei prestiti immobiliari. Il colpo finale per le banche fu che i clienti depositanti, in seguito all'inflazione, avevano bisogno di un utile più alto, mentre le banche stavano ancora sostenendo prestiti che avrebbero reso interessi notevolmente più bassi. Ogni giorno le banche perdevano denaro e vedevano in pericolo la loro sopravvivenza. Decisero perciò di fare due cose. Primo, abbassarono i criteri in base ai quali i clienti venivano giudicati idonei a ottenere un prestito. Perché? Perché pensavano che se non avessero abbassato questi livelli, non ci sarebbe stato più nessuno cui prestare denaro. E se non prestavano denaro, non potevano avere profitti e avrebbero chiaramente sofferto. Se invece le banche fossero riuscite a prestare denaro a qualcuno che lo avrebbe restituito con gli interessi avrebbero ottenuto piacere. Inoltre, il rischio era molto ridotto. Se prestavano denaro e un beneficiario non manteneva il suo impegno, allora i contribuenti, cioè voi e io, le avremmo comunque levate dai pasticci. Così in ultima analisi la paura del dolore era molto ridotta e c'era invece un grosso incentivo a rischiare il loro (o nostro?) capitale.

Queste banche e le casse di risparmio e prestito fecero anche pressioni sul Congresso, perché non le lasciasse andare a fondo, e avvenne una serie di cambiamenti. Le grosse banche si resero conto che potevano prestare forti somme alle nazioni estere, disperatamente a caccia di capitale. I prestatori si resero conto che in un solo colpo potevano prestare più di cinquanta milioni di dollari a una nazione. Non dovevano più lavorare con migliaia di clienti per arrivare a prestare la stessa somma di denaro e i profitti di queste grosse cifre erano considerevoli. I direttori di banca e i funzionari addetti al prestito ricevevano anche dei bonus in relazione al numero e all'entità dei prestiti che potevano esibire. Le banche a questo punto non si concentravano più sulla qualità del prestito. Non badavano se un paese come il Brasile fosse o meno in grado di restituire il prestito e francamente nessuno se ne preoccupava più di tanto. Perché? Perché le banche avevano fatto esattamente quello che era stato insegnato loro: erano state incoraggiate a giocare d'azzardo con il Federal Deposit Insurance, con la promessa che, se avessero vinto, avrebbero vinto molto e, se avessero perso, a sobbarcarsi le spese sarebbero stati i contribuenti. In questo scenario c'era veramente troppo poco rischio per i banchieri.

Le piccole banche, che non avevano la possibilità di fare grossi prestiti ai paesi stranieri, scoprirono che la seconda cosa più conveniente era prestare ai costruttori edili. Anche loro abbassarono gli standard, in modo che i costruttori potessero prendere a prestito senza nessun deposito di denaro, invece del solito 20 per cento. Quale fu la reazione dei costruttori edili? Be', non avevano niente da rischiare, usavano i soldi degli altri e per di più il Congresso aveva creato tassi d'incentivo così alti nell'edilizia commerciale che i costruttori non avevano assolutamente nulla da perdere. Non dovevano più stare ad analizzare se il mercato era favorevole o se l'edifico era ben situato o di giuste dimensioni. L'unico "svantaggio" per i costruttori era che avrebbero avuto la più incredibile esenzione fiscale della loro vita.

Come risultato, i costruttori si buttarono nel lavoro come pazzi, provocando un'eccedenza sul mercato. Quando l'offerta superò di molto la domanda, il mercato immobiliare crollò. Allora i costruttori tornarono alle banche e dissero: "Non possiamo pagare." Le banche si rivolsero ai contribuenti e dissero: "Non possiamo pagare." Purtroppo noi contribuenti non abbiamo nessuno cui rivolgerci. E quel che è peggio è che gli americani hanno scoperto l'abuso in questo paese e ora presumono che chiunque sia ricco debba essersi approfittato di qualcuno. Questo crea un atteggiamento negativo verso molti imprenditori, che spesso sono proprio le persone che forniscono posti di lavoro e permettono ai sogni degli americani di realizzarsi. Tutto questo grande pasticcio dimostra la nostra incapacità a capire la dinamica di piacere-dolore e quanto sia sconsigliabile cercare di superare problemi a lungo termine con soluzioni a breve scadenza.

Dolore e piacere sono anche i registi segreti del dramma che si svolge sul palcoscenico del mondo. Per anni abbiamo assistito alla continua escalation della corsa agli armamenti. Stati Uniti e Unione Sovietica continuavano a costruire sempre più armi come deterrente: "Se cercherete di colpirci, noi reagiremo e vi colpiremo ancora più forte." Questa situazione di equilibrio crebbe fino al punto che negli Stati Uniti si spendevano quindicimila dollari al minuto in armamenti. Che cosa indusse a un tratto Gorbačëv a decidere di rinegoziare una riduzione degli armamenti? La risposta è: il dolore. Egli cominciò ad associare una grande sofferenza all'idea di cercare di competere con l'incremento di armi dell'America. Finanziariamente per Gorbačëv la situazione non era più sostenibile visto che non riusciva nemmeno a sfamare il suo popolo. Quando la gente non mangia, si preoccupa più del proprio stomaco che dei fucili. Si interessa di più a riempire la dispensa che alle armi del paese. Comincia a pensare che il denaro pubblico venga speso malamente e insiste per un cambiamento. Gorbačëv ha forse cambiato idea perché è un uomo di grande levatura morale? Forse. Ma una cosa è certa: quando lo ha fatto non aveva altra scelta.

> *La natura ha posto il genere umano sotto il dominio di due sovrani padroni, dolore e piacere... essi ci governano in tutto quello che facciamo, diciamo e pensiamo: qualsiasi sforzo possiamo fare per liberarci dalla loro soggezione, servirà solo a ribadirla e a confermarla.*
>
> JEREMY BENTHAM

Perché spesso la gente insiste in una relazione poco soddisfacente e si rifiuta perfino di fare qualcosa per risolvere la situazione o per farla finita? Perché sa che cambiare la porterà verso l'ignoto e molte persone sono convinte che l'ignoto sarà molto più doloroso della situazione che stanno vivendo. "Chi lascia la strada vecchia per la nuova, sa quel che lascia ma non sa quel che trova." Oppure: "Meglio un uovo oggi che una gallina domani." Queste intime convinzioni ci impediscono di compiere quelle azioni che potrebbero cambiare la nostra vita.

Se vogliamo allacciare una relazione con qualcuno, dobbiamo vincere il timore di essere respinti. Se progettiamo di metterci in affari, dobbiamo superare la paura di perdere la sicurezza economica di cui godiamo oggi. In realtà moltissime cose importanti della nostra vita per realizzarsi richiedono che, da parte nostra, ci sia il superamento del condizionamento elementare del nostro sistema nervoso. Dobbiamo controllare i nostri timori, superando questi riflessi precondizionati e in molti casi dobbiamo trasformare il timore in potere, in energia. Molte volte quel timore da cui ci lasciamo dominare non si realizza mai. Per esempio, è possibile che qualcuno associ paura all'idea di andare in aereo, mentre non c'è una ragione logica che giustifichi questa fobia. Si tratta di una reazione a un'esperienza penosa del passato o anche di un futuro immaginario. Forse queste persone hanno letto sui giornali notizie di incidenti aerei e ora evitano di volare: permettono cioè alla loro paura di controllarli. Dobbiamo essere sicuri di vivere la nostra vita nel presente e reagire a cose che sono reali, non alla nostra paura di qualcosa che può essere accaduto in passato o che ci immaginiamo possa accadere in futuro. L'elemento chiave da ricordare è che in genere non evitiamo per paura di una cosa reale, evitiamo quello che crediamo possa procurarci dolore.

Facciamo subito qualche cambiamento

Primo: scrivete quattro cose che dovreste fare e che continuate a rimandare. Forse dovreste dimagrire. O smettere di fumare. O forse dovreste rimettervi in contatto con qualcuno con cui avete bisticciato, o qualcuno che per voi è importante.

Secondo: sotto ciascuna di queste azioni da compiere, scrivete la risposta alla seguente domanda: perché non ho agito? In passato quale dolore associavo a questa azione? Rispondere a questa domanda vi aiuterà a capire che quello che vi ha impedito di agire è che in passato associavate più dolore all'idea di compiere questa azione che all'idea di non compierla. Siate onesti con voi stessi. Se state pensando "non c'è nessun dolore associato a questa cosa", provate a rifletterci meglio. Forse si tratta di un dolore semplice, come quello di sottrarre tempo ai vostri normali impegni.

Terzo: scrivete tutto il piacere che avete provato in passato indulgendo a questo schema negativo. Per esempio, se pensate che dovreste dimagrire, perché continuate a mangiare pacchi di biscotti al cioccolato e sacchettoni di patatine fritte e a trangugiare intere confezioni di bevande gassate? State evitando la sofferenza di privarvi di qualcosa, d'accordo, e allo stesso tempo lo fate perché vi fa sentire bene ora. Vi dà piacere! Piacere istantaneo! E chi vuole rinunciare a queste sensazioni? Per operare un cambiamento duraturo, dobbiamo trovare il modo di avere gli stessi piaceri senza conseguenze negative. Identificare il piacere che avete provato vi aiuterà a capire qual è il vostro obiettivo.

Quarto: scrivete quanto potrebbe costarvi non cambiare subito. Che cosa succederà se non smettete di mangiare tutto quello zucchero e quel grasso? Se non smettete di fumare?

Se non fate quella telefonata che sapete di dover fare? Se non cominciate a prendere delle risoluzioni coerenti ogni giorno? Siate onesti con voi stessi. Quanto vi costerà nei prossimi due, tre, quattro, cinque anni? Quanto vi costerà emotivamente? Quanto vi costerà in termini di immagine di voi stessi? Quanto vi costerà a livello di energia fisica? Quanto vi costerà in autostima? E quanto vi costerà finanziariamente? E per quanto riguarda i rapporti con le persone cui tenete di più? Come vi fa sentire tutto ciò? Non dite semplicemente "mi costerà un po'" di denaro", oppure "resterò grasso". Non basta. Dovete ricordare che quello che ci guida sono le emozioni. Perciò servitevi del dolore come di un alleato che può portarvi a un nuovo livello di successo.

Ora dovete scrivere tutto il piacere che proverete compiendo queste azioni adesso. Fate una lunga lista di cose che vi diano emozione, che vi eccitino veramente. "Acquisterò la sensazione di avere il controllo della mia vita, di sapere che sono padrone di me stesso. Avrò un nuovo senso di fiducia in me stesso. Acquisterò vitalità e salute. Riuscirò a rendere più salde tutte le mie relazioni. Svilupperò maggiore forza di volontà, da usare in ogni altra area della mia vita. La mia vita migliorerà in tutti i sensi, subito, ora. Nei prossimi tre, quattro e cinque anni. Compiendo questa azione realizzerò il mio sogno." Immaginate tutti gli effetti positivi sia nel presente sia nel futuro.

Vi invito a trovare il tempo di fare subito questo esercizio e di approfittare dell'entusiasmo che avrete accumulato leggendo queste pagine. *Carpe diem*. Non c'è niente di meglio del presente. Ma se non potete aspettare nemmeno un secondo prima di cominciare a leggere il prossimo capitolo, allora fatelo. Solo, non mancate di tornare più tardi su questo esercizio e dimostrate a voi stessi il controllo che avete sulla duplice forza del piacere e del dolore.

Questo capitolo vi ha dimostrato più e più volte che quello che colleghiamo al dolore e al piacere determina ogni aspetto della nostra vita e che abbiamo il potere di cambiare queste associazioni e perciò le nostre azioni e il nostro destino. Ma per fare questo, dobbiamo capire...

4
I SISTEMI DI CREDENZE: IL POTERE DI CREARE E IL POTERE DI DISTRUGGERE

Sotto tutto quello che pensiamo c'è quello in cui crediamo, l'estremo velo del nostro animo.

Antonio Machado

Era un uomo duro e crudele, alcolizzato e drogato, che spesso era quasi arrivato al punto di restare ucciso in qualche rissa. Oggi è in prigione, dove sconta la condanna all'ergastolo per omicidio del cassiere di un negozio di liquori che "gli si era messo tra i piedi". Ha due figli, nati a distanza di undici mesi soltanto l'uno dall'altro. Uno è diventato "proprio come papà": un tossicodipendente vissuto di violenze e di furti finché è finito anche lui in galera per tentato omicidio. Il fratello, invece, è tutt'altro. Ha tre figli, un matrimonio riuscito e sembra davvero felice. È direttore generale di un'importante azienda e trova il suo lavoro piacevole e gratificante. È in ottima forma fisica, non beve e non si droga. Come mai questi due giovanotti sono così diversi, pur essendo cresciuti praticamente nello stesso ambiente? È stato chiesto a tutti e due privatamente, all'insaputa l'uno dell'altro: "Come mai ha scelto questa vita?" Sorprendentemente, hanno dato ambedue la stessa risposta: "Che cosa altro potevo fare, con un padre del genere?"

Siamo spesso indotti a credere che gli eventi esterni condizionino la nostra vita e che l'ambiente influisca in modo determinante sulla nostra formazione. Niente di più falso. *Non sono gli eventi esterni della nostra vita a modellarci, ma le nostre convinzioni sul significato di tali eventi.*

Un elicottero viene abbattuto in Vietnam, due soldati americani vengono fatti prigionieri e rinchiusi nella famigerata prigione di Hoa Lo. Sono isolati, incatenati a blocchi di cemento, picchiati in continuazione con catene arrugginite e torturati perché diano delle informazioni. Questi due uomini subiscono lo stesso trattamento violento ma, da questa loro identica esperienza, traggono convinzioni radicalmente opposte. Uno dei due decide che la sua vita è finita e, per sottrarsi a ulteriori sofferenze, si suicida. L'altro invece trae da questi eventi brutali un'ancora più profonda fiducia in se stesso, nei suoi simili e nel Creatore. Il capitano Gerald Coffee si serve di questa sua esperienza per rammentare a tutti gli abitanti del mondo il potere che ha lo spirito umano di superare praticamente qualsiasi grado di sofferenza, qualsiasi sfida o problema.

Due donne compiono settant'anni ma per ciascuna delle due questo avvenimento ha un significato diverso. Una sa che la sua vita sta volgendo al termine. Per lei sette decenni di vita significano che il suo corpo sta cedendo e che è arrivato il momento di tirare i remi in barca. L'altra, invece, decide che quello che una persona può fare a qualsiasi età dipende solo da quello in cui crede e si fissa un livello di vita più alto. Decide che l'alpinismo potrebbe essere un ottimo sport da iniziare a settant'anni. E per venticinque anni si dedica a questa sua nuova avventura, scalando le vette più alte del mondo: oggi Hulda Crooks, perché questo è il suo nome, è diventata la più anziana donna che abbia mai scalato il monte Fuji.

Come vedete, non è mai l'ambiente, non sono mai gli avvenimenti della nostra vita, ma il senso che a tali avvenimenti noi attribuiamo, il modo in cui li interpretiamo, a determinare quello che siamo oggi e che diventeremo domani. Le *credenze*, le convinzioni sono quello che fa la differenza tra una vita felice e produttiva e un'esistenza di infelicità e distruzione. Sono le idee e le convinzioni che separano un Mozart da un Manson. Sono le credenze che fanno di alcuni degli eroi mentre altri "conducono una vita di tranquilla disperazione".

A che cosa servono le credenze? Sono la forza guida che ci indica che cosa ci condurrà al dolore e che cosa al piacere. Quando qualcosa accade nella nostra vita, il nostro cervello si pone due domande: "Questo significherà gioia o dolore? Che cosa devo fare per evitare il dolore e/o ottenere il piacere?" Le risposte a queste due domande si basano sulle nostre credenze e le nostre credenze dipendono dalle nostre generalizzazioni su quello che, secondo noi, conduce al piacere o al dolore. Perciò queste generalizzazioni guidano tutte le nostre azioni e quindi l'indirizzo e la qualità della nostra vita.

Le generalizzazioni possono essere molto utili: sono semplicemente l'identificazione di moduli simili. Per esempio, che cosa vi permette di aprire una porta? Normalmente, prima guardate la maniglia e, anche se non ne avete mai vista una fatta esattamente a quel modo, avete la generica certezza che quella porta si aprirà se girerete la maniglia a destra o a sinistra, se la spingerete o la tirerete. Perché avete questa convinzione? Semplicemente perché la vostra esperienza in fatto di porte vi ha fornito sufficienti riferimenti per darvi un senso di certezza che vi permette di compiere l'operazione. Senza questo senso di certezza, in pratica non saremmo capaci di uscire di casa, di guidare l'auto, di usare il telefono, insomma di fare le decine di cose che facciamo ogni giorno. Le generalizzazioni ci semplificano la vita e ci permettono di agire.

Purtroppo in aree più complesse della nostra vita, queste generalizzazioni possono semplificare all'eccesso e crearci a volte delle convinzioni limitanti, restrittive. Vi sarà forse capitato qualche volta di non essere riusciti a portare a termine alcuni tentativi e su questa base vi siete convinti di essere degli incompetenti, degli incapaci. Questa credenza, una volta che vi siete convinti che sia vera, può diventare una specie di profezia, di autocondanna. Potete dire: "Perché tentare, visto che tanto poi non riuscirò comunque a portare a termine quello che voglio fare?" O forse vi è capitato di prendere qualche decisione sbagliata per quanto riguarda gli affari o i rapporti personali e avete interpretato la cosa come il segno che vi "saboterete" in eterno. O forse a scuola imparavate meno in fretta di quanto credevate imparassero gli altri ragazzini e, invece di pensare che voi avevate un'altra strategia di apprendimento, forse ne avete dedotto di non essere in grado di imparare. Su un altro piano anche il pregiudizio razziale non viene forse alimentato da una assoluta generalizzazione a proposito di un intero popolo?

Il guaio di tutte queste convinzioni è che diventano limitazioni alle decisioni future riguardo quello che siete o che sapete fare. Dobbiamo ricordare che la maggior parte delle nostre credenze è una generalizzazione dedotta dal passato, basata sulla nostra interpretazione di esperienze penose o piacevoli. La sfida è triplice: 1. la maggior parte di noi non decide consciamente quello in cui crederà; 2. spesso le nostre credenze si basano su errate interpretazioni di passate esperienze; 3. una volta che abbiamo adottato una credenza, dimentichiamo che si tratta solo di un'interpretazione. Cominciamo a trattare le nostre credenze come se fossero realtà, come se fossero vangelo. Anzi, raramente, per non dire mai, mettiamo in dubbio le convinzioni che ci siamo fatte da un pezzo. Se provate a chiedervi perché gli uomini si comportano in un certo modo, dovete ricordare che gli individui non agiscono mai a caso: tutte le nostre azioni sono il riflesso delle nostre credenze. Qualunque cosa facciamo, il risultato della nostra convinzione, a livello conscio o inconscio, è che quella cosa ci condurrà al piacere o perlomeno ci allontanerà dal dolore. Se volete operare cambiamenti concreti e duraturi nel vostro comportamento dovete cambiare le convinzioni che ve lo impediscono.

Le convinzioni hanno il potere di creare e quello di distruggere. Gli esseri umani hanno la spaventosa capacità di prendere qualsiasi esperienza della loro vita e trarne un significato che può privarli d'ogni potere oppure un significato che può letteralmente salvare loro la vita. Certi hanno preso la propria passata sofferenza e si sono detti: "Proprio per questo, voglio aiutare gli altri. Perché mi è stata usata violenza, nessun altro dovrà essere mai più brutalizzato." Oppure: "Visto che ho perso mio figlio (o mia figlia), voglio fare qualcosa di buono al mondo." Non è qualcosa che volevano credere, diciamo piuttosto che adottare questo tipo di convinzione era loro necessario per tentare di rimettere insieme i pezzi della loro vita e continuare a vivere dando forza alla vita degli altri. Tutti noi abbiamo la capacità di creare significati che ci potenziano ma molti di noi non sfruttano mai tale capacità, anzi, stentano perfino a riconoscerla. Se non crediamo con fede che c'è una ragione per tutte le cose che accadono, allora cominciamo veramente a distruggere la nostra capacità di vivere. Il bisogno di saper trarre anche dalle esperienze più penose un significato era già noto allo psichiatra Viktor Frankl quando, insieme con altre vittime dell'Olocausto, sopravvisse agli orrori di Auschwitz e di altri campi di concentramento. Frankl osservò che quei pochi che erano riusciti a superare quell'inferno in terra avevano una cosa in comune: erano capaci di sopportare e di trasformare la loro esperienza, trovando nella sofferenza un significato positivo. Si erano convinti che, dato che avevano sofferto ed erano sopravvissuti, avrebbero potuto raccontare la loro storia e garantire che nessun altro essere umano dovesse mai più patire quelle pene.

Le convinzioni non si limitano a determinare le nostre emozioni o le nostre azioni. Possono letteralmente cambiare il nostro corpo in un batter d'occhio. Ho avuto il piacere di intervistare Bernie Siegel, un professore di Yale autore di vari best seller. Quando abbiamo cominciato a parlare del potere della convinzione, Bernie mi ha informato di alcune ricerche che aveva svolto su persone con turbe multiple della personalità. La forza della convinzione di questi pazienti di essere diventati un'altra persona arrivava a dare l'ordine al loro sistema nervoso di operare concreti cambiamenti nella loro biochimica. I loro corpi si trasformavano addirittura sotto gli occhi degli studiosi e cominciavano di punto in bianco a riflettere la nuova identità. È addirittura documentato un cambiamento del colore degli occhi di alcuni pazienti mentre mutavano personalità, oppure la presenza di certe caratteristiche fisiche che apparivano e scomparivano! Persino malattie come il diabete o la pressione alta andavano e venivano a seconda della personalità assunta dal paziente.

Le credenze hanno anche la capacità di superare l'effetto delle medicine sul corpo. Mentre molti sono convinti che siano le medicine a guarire, recenti studi nel campo di una nuova scienza, la psiconeuroimmunologia (il rapporto mente-corpo), hanno cominciato a rivelare quello che parecchi sospettavano da secoli: le nostre convinzioni sulla malattia e sulla cura hanno un ruolo significativo, anzi, forse hanno un ruolo più significativo della cura stessa. Il dottor Henry Beecher della Harvard University ha svolto ampie ricerche e dimostrato chiaramente che spesso attribuiamo il merito della guarigione a un farmaco, mentre in realtà è la convinzione del paziente che fa la differenza tra la guarigione stessa e il perdurare della malattia.

Una chiara dimostrazione in questo senso è stata fornita da un esperimento d'avanguardia, in cui cento studenti di medicina sono stati invitati a testare due nuovi farmaci. Uno di questi farmaci, in una capsula rossa, venne descritto loro come un superstimolante e l'altro, in una capsula azzurra, come un supertranquillante. All'insaputa degli studenti, però, il contenuto delle capsule era stato scambiato: cioè nella capsula rossa c'era in realtà un barbiturico e nella capsula azzurra delle anfetamine. Eppure, metà degli studenti ebbero reazioni consone alle loro aspettative, cioè esattamente l'opposto della reazione chimica che quel farmaco avrebbe dovuto produrre nel loro corpo! A questi studenti non erano stati somministrati dei semplici placebo, ma veri e propri farmaci. Tuttavia la loro convinzione era stata più forte dell'effetto chimico del farmaco. Come affermò in seguito il dottor Beecher, l'utilità di un medicinale è "il risultato non solo delle sue proprietà chimiche, ma anche della convinzione del paziente dell'efficacia del medicinale".

> *Non sempre i farmaci sono necessari, ma la fede nella guarigione sì.*
> NORMAN COUSINS

Ho avuto il privilegio di conoscere Norman Cousins e ho avuto anche la grande fortuna di registrare un'intervista con lui proprio un mese prima della sua morte. In quell'intervista egli raccontava una storia a proposito di quanto influiscano le convinzioni sul nostro corpo. A una partita di football a Monterey Park, un sobborgo di Los Angeles, alcuni spettatori avevano manifestato sintomi di avvelenamento alimentare. Il medico che li visitò ritenne che la causa dovesse essere una certa bevanda erogata dai distributori automatici sistemati nello stadio, perché tutti i pazienti dicevano di averne comperata una prima di sentirsi male. Perciò venne fatto un annuncio con l'altoparlante, in cui si invitava la gente a non servirsi più del distributore automatico di bevande, perché qualcuno s'era sentito male e si descrivevano i sintomi del malessere. Subito si sparse il panico sulle gradinate mentre la gente vomitava e sveniva in massa. Si sentirono male perfino delle persone che non si erano neanche avvicinate al distributore! Le ambulanze del vicino ospedale ebbero il loro da fare quel giorno, a fare la spola avanti e indietro tra lo stadio e l'ospedale, trasportando moltitudini di tifosi colpiti da malore. Quando si scoprì che il distributore automatico non c'entrava affatto, di colpo la gente "miracolosamente" guarì. Dobbiamo renderci conto che le nostre convinzioni possono farci sentire male o bene in un attimo. È documentato che le convinzioni agiscono sul nostro sistema immunitario. E soprattutto possono infonderci la decisione di agire o invece fiaccare e indebolire il nostro impulso. In questo momento le vostre convinzioni stanno determinando il modo in cui voi reagite a quello che state imparando da questo libro. A volte ci creiamo convinzioni che inducono limitazioni o che infondono forza all'interno di un contesto molto specifico; per esempio, su che cosa pensiamo a proposito della nostra abilità di cantare o di ballare, di riparare un'auto o di fare un calcolo. Altre credenze invece sono così generalizzate che dominano in pratica ogni aspetto della nostra vita, sia negativamente sia positivamente. Queste sono quelle che chiamo "credenze globali".

Le credenze globali sono le grandi convinzioni che abbiamo su tutto: sulla nostra identità, sulla gente, sul lavoro, sul tempo, sul denaro e perfino sulla vita stessa. Queste gigantesche generalizzazioni sono spesso espresse con il verbo essere: "La vita è...", "Io sono...", "Le persone sono..." Come potete immaginare, generalizzazioni di tale portata possono determinare e influenzare ogni aspetto della nostra vita. Per fortuna, facendo un solo cambiamento in una vostra credenza globale limitante, potete praticamente cambiare in un attimo ogni aspetto della vostra vita. Ricordate: una volta accettate, le nostre credenze diventano ordini inappellabili al nostro sistema nervoso e hanno il potere di ampliare o distruggere le nostre possibilità presenti e future.

Se vogliamo dominare la nostra vita, allora dobbiamo prendere consciamente controllo delle nostre credenze. E, per farlo, abbiamo prima bisogno di capire che cosa sono realmente o come si sono formate.

Che cos'è una credenza?

Che cos'è, insomma, una credenza? Spesso nella vita parliamo di molte cose senza avere una chiara idea sulla loro essenza reale. Molti trattano una convinzione come se fosse una cosa; in realtà è semplicemente una sensazione di certezza su qualcosa. Se dite che siete convinti di essere intelligenti, in realtà state solo dicendo: "Mi sento sicuro di essere intelligente." Questo senso di certezza vi dà modo di attingere a risorse che vi permettono di produrre risultati intelligenti. Tutti abbiamo praticamente dentro di noi la risposta a tutto, o perlomeno abbiamo accesso alle risposte necessarie attraverso gli altri. Ma spesso la nostra mancanza di convinzione, la nostra mancanza di certezza ci impedisce di fare uso della capacità insita dentro di noi.

Per capire semplicemente che cosa è una credenza basta pensare al suo basilare elemento di costruzione: l'idea. Potete avere in testa un sacco di idee ma non credete necessariamente a tutte quante. Prendiamo per esempio l'idea che siete sexy. Fermatevi un attimo e dite a voi stesso: "Sono sexy." Adesso, se si tratta di un'idea o di una convinzione dipenderà dal grado di certezza che avete in proposito. Se pensate: "Però, in realtà non sono proprio sexy," allora state dicendo: "Non mi sento molto sicuro di essere sexy."

Come trasformiamo un'idea in una convinzione? Per capirlo, vi esporrò una semplice metafora. Se pensate all'idea come al ripiano di un tavolo senza gambe, avrete una chiara rappresentazione del perché un'idea non ha lo stesso grado di certezza di una convinzione.

Senza gambe il ripiano non si reggerà in piedi da solo. La convinzione, invece è, per così dire, un ripiano con le gambe. Se siete davvero convinti di essere sexy da che cosa vi viene questa certezza? Non è forse vero che avete dei *riferimenti* per sostenere l'idea (cioè alcune passate esperienze in proposito)? Questi riferimenti sono le "gambe" che danno solidità al vostro ripiano, che rendono certa l'idea, cioè ne fanno una convinzione, una credenza.

Che cosa sono queste esperienze di riferimento? Forse qualcuno (un uomo o una donna) vi ha detto che siete sexy. Oppure, guardandovi allo specchio, confrontate la vostra immagine con quella di altre persone che vengono ritenute sexy, e vi dite: "Ehi, ma io somiglio a quel tale (o quella tale)!" Oppure qualche sconosciuto/a per la strada vi ha rivolto parole di apprezzamento. Tutte queste esperienze non significano nulla finché non le organizzate sotto l'idea di essere sexy. In questo modo date delle gambe alla vostra idea, la rendete stabile, solida e cominciate a crederci. La vostra idea ora ha una sua certezza ed è diventata una convinzione, una credenza.

Una volta capita questa metafora, potete cominciare a vedere come si formano le vostre credenze e capire anche come potete cambiarle. Prima però è importante osservare che possiamo farci delle convinzioni su qualsiasi cosa: basta che troviamo abbastanza sostegni, abbastanza esperienze di riferimento per tenerle in piedi, per renderle solide. Provate un po' a pensarci. Non è forse vero che in vita vostra avete avuto abbastanza esperienze personali, oppure conoscete tante altre persone che hanno passato periodi difficili per colpa di altri esseri umani, da potere facilmente farvi la convinzione che la gente è tutta marcia e che, se solo ne avesse l'occasione, si approfitterebbe di voi? Forse voi non volete credere a una cosa del genere, che per di più, come già abbiamo detto, sarebbe debilitante, limitante, ma non avete delle esperienze che potrebbero convalidare questa tesi e darvene la certezza, se solo voleste? Ma non è anche vero che avete avuto esperienze (riferimenti) che sostengono invece l'idea che, se tenete veramente alle persone e le trattate bene, anche loro sono fondamentalmente buone e cercano di darvi una mano?

La domanda è: quale di queste due credenze è vera? La risposta è che non ha importanza quale di queste due tesi sia vera. Quello che conta è che una delle due infonde più forza, è più potenziante. Possiamo tutti trovare qualcuno che convalidi una nostra credenza e ci faccia sentire più sicuri in proposito. È così che gli esseri umani sono in grado di razionalizzare. La domanda chiave è ancora se questa credenza è potenziante o debilitante su una base quotidiana. Quali sono quindi le fonti dei nostri riferimenti? Per cominciare, possiamo trarli dalle nostre personali esperienze. A volte raccogliamo riferimenti mediante le informazioni che riceviamo dagli altri, o dai libri, dalle videocassette, dai film e così via. E a volte ci formiamo dei riferimenti basati unicamente sulla nostra immaginazione. L'intensità emozionale che proviamo nei confronti di ciascuno di questi riferimenti influirà decisamente sulla solidità e sulle dimensioni del sostegno. Le gambe più solide e robuste (quelle che, nella metafora, sostengono il ripiano dell'idea) sono quelle formate in base alle esperienze personali connesse a una forte emozione, perché sono state esperienze gradevoli o penose. L'altro fattore è il numero dei riferimenti che abbiamo (ovviamente più esperienze di riferimento ci sono a sostenere un'idea, più forte sarà la convinzione che ne trarremo).

Ma questi riferimenti devono essere precisi, perché voi siate disposti a usarli? No, possono essere reali o immaginari, precisi o vaghi perché anche le nostre stesse esperienze personali, per quanto sicure ci possano sembrare, in realtà sono distorte dalla nostra prospettiva personale.

Dato che gli esseri umani sono capaci di distorsioni e invenzioni, le gambe, i sostegni di riferimento che possiamo usare per reggere le nostre convinzioni, sono praticamente senza limite. Il brutto è che, indipendentemente dalla provenienza di questi riferimenti, noi cominciamo ad accettarli come veri, senza più metterli in discussione! Questo può avere pesanti conseguenze negative, a seconda delle credenze che adottiamo.

Per lo stesso motivo, abbiamo la capacità di usare riferimenti immaginari che ci spingono nella direzione dei nostri sogni. Se abbiamo una fantasia abbastanza fervida, possiamo effettivamente usare questi riferimenti immaginari esattamente come se fossero esperienze reali. Questo perché il nostro cervello non distingue tra qualcosa che abbiamo fervidamente immaginato e qualcosa che abbiamo realmente sperimentato. Con sufficiente intensità emotiva e ripetizione, il nostro sistema nervoso sperimenta qualcosa come se fosse reale, anche se non è mai accaduto. Tutti i grandi personaggi di successo che ho avuto modo di incontrare hanno avuto la capacità di sentirsi sicuri di riuscire in una certa cosa, anche se nessuno prima di loro l'aveva ottenuta. Sono cioè stati capaci di crearsi dei riferimenti dove non ne esistevano e di ottenere qualcosa che pareva impossibile.

Chiunque usi un computer conosce la parola "microsoft". Quello che però molti non sanno è che Bill Gates, cofondatore dell'omonima azienda, non era semplicemente un genio che ha avuto fortuna, ma una persona che si è buttata allo sbaraglio, senza nessun riferimento che sostenesse la sua idea. Quando ha scoperto che un'azienda di Albuquerque stava costruendo qualcosa chiamato "personal computer" che aveva bisogno di un software BASIC, Gates si rivolse a questa azienda e disse loro di essere in grado di fornire questo software, anche se in realtà non aveva ancora niente del genere. Una volta che si era impegnato, doveva assolutamente trovare una soluzione. La sua abilità nel crearsi un senso di certezza era la sua vera genialità. C'era molta gente intelligente quanto lui, ma Gates usò la propria certezza per attingere alle sue risorse personali e in poche settimane, insieme con un socio, creò un linguaggio che faceva del personal computer una realtà. Buttandosi allo sbaraglio e cercando a tutti i costi una via d'uscita, Bill Gates quel giorno mise in moto una serie di eventi che avrebbe cambiato il modo in cui la gente tratta gli affari e che lo avrebbe fatto diventare miliardario a trent'anni. La certezza infonde potere!

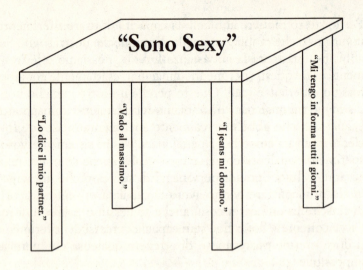

Sapete la storia del miglio in quattro minuti? Per moltissimi anni, la gente ha ritenuto che fosse impossibile per un essere umano correre il miglio in meno di quattro minuti. Ma nel 1954 Roger Bannister spezzò la barriera di questa credenza assoluta. Riuscì a fare l'impossibile non solo grazie all'esercizio fisico, ma soprattutto provando e riprovando l'avvenimento nella sua mente, superando la barriera dei quattro minuti talmente tante volte e con tale intensità emozionale, da crearsi dei riferimenti così vividi da diventare un ordine inappellabile al suo sistema nervoso per ottenere quel risultato. Molta gente però non si rende conto che l'aspetto più grande di questa sua conquista è quello che ha fatto per gli altri. In tutta la storia della razza umana nessuno era mai stato capace di correre il miglio in quattro minuti, eppure nel giro di un anno, dopo che Roger aveva infranto la barriera, altri trentasette mezzofondisti ci riuscirono. La sua esperienza aveva fornito loro riferimenti abbastanza forti da infondere la certezza che anche loro potevano "fare l'impossibile". E, l'anno dopo, altri trecento atleti fecero altrettanto!

> *La credenza che diventa verità per me... è quella che mi permette l'uso migliore della mia forza, il mezzo migliore per mettere in atto le mie virtù.*
>
> André Gide

Molte persone si creano spesso delle credenze limitanti su quello che sono e che sono capaci di fare. Per il solo fatto di non avere avuto successo nel passato pensano che non riusciranno mai ad averlo nemmeno in futuro. Di conseguenza, per paura di soffrire, cominciano a fissarsi sull'idea che bisogna essere realistici. Quelli che ripetono spesso "cerchiamo di essere realistici", in realtà vivono nella paura mortale di essere di nuovo delusi. Per paura, si creano delle credenze che li inducono a esitare, a non impegnarsi a fondo e perciò ottengono dei risultati limitati.

I grandi leader raramente sono realistici. Sono intelligenti e precisi, ma non realistici secondo il normale metro di giudizio. Però, quello che è realistico per una persona, può non esserlo per un'altra, sulla base dei loro diversi riferimenti. Gandhi, per esempio, era convinto di poter ottenere l'autonomia dell'India senza opporsi con violenza alla Gran Bretagna, cosa che non era mai stata fatta prima. Non era realistico, però alla fine si dimostrò esatto. Per lo stesso motivo, non era certo realistico pensare di poter rendere felice la gente creando un parco di divertimenti in mezzo a un aranceto e facendo pagare la gente non solo per arrivarci, ma anche per entrarci. A quel tempo, non esisteva nessun parco del genere al mondo. Eppure Walt Disney aveva una certezza fortissima, come nessun altro al mondo, e il suo ottimismo cambiò le circostanze.

Se proprio dovete sbagliare nella vita fatelo nel senso di sopravvalutare le vostre capacità (ovviamente senza mettere in pericolo la vostra vita). Tra l'altro, è piuttosto difficile sopravvalutarsi, dato che le possibilità umane sono assai più grandi di quanto in genere supponiamo. Molti studi hanno messo in evidenza le differenze tra persone depresse e altre estremamente ottimiste. Dopo avere tentato di imparare a fare qualcosa di nuovo, i pessimisti sono sempre molto precisi nel descrivere come hanno fatto, mentre gli ottimisti in genere giudicano il proprio comportamento in modo assai più positivo di quanto non sia effettivamente stato. Eppure questa valutazione poco realistica della propria prestazione è il segreto del loro successo. Invariabilmente gli ottimisti alla fine riescono, mentre i pessimisti falliscono. Perché? Gli ottimisti, pur non avendo riferimenti di successo o avendo solo riferimenti di insuccesso, riescono a ignorarli, lasciando senza gambe di sostegno piani conoscitivi del tipo "ho fallito", oppure "non posso riuscirci". Gli ottimisti producono dei riferimenti di fiducia, facendo appello alla propria fantasia per immaginare se stessi nell'atto di fare qualcosa di diverso la prossima volta e, quindi, di riuscire. È questa particolare abilità, questa concentrazione unica, che permette loro di insistere, finché alla fine ottengono le informazioni che fanno loro superare la prova. Il motivo per cui il successo elude molte persone è che queste persone non hanno sufficienti riferimenti di successo nel passato. Ma un ottimista è convinto che "il passato non è uguale al futuro". Tutti i grandi leader, tutta la gente che ha ottenuto il successo in una sfera particolare, conoscono il potere di perseguire in continuazione la propria visione, anche se tutti i dettagli sul come riuscirci non sono ancora a loro disposizione. Se sviluppate il senso di assoluta certezza che infondono le forti credenze, allora potete riuscire a fare praticamente tutto, comprese le cose che gli altri ritengono impossibili.

> *Solo nell'immaginazione degli uomini ogni verità trova un'effettiva e innegabile esistenza. L'immaginazione, non l'invenzione, è la maestra suprema dell'arte, come della vita.*
>
> JOSEPH CONRAD

Una delle maggiori sfide della vita di tutti noi è sapere interpretare gli insuccessi! L'atteggiamento che abbiamo nei confronti delle sconfitte e delle loro cause influirà in modo determinante sul nostro destino. Dobbiamo tenere a mente che il nostro modo di affrontare avversità e sfide avrà sulla nostra vita più effetto di qualsiasi altra cosa. A volte abbiamo talmente tanti riferimenti di dolore e fallimento da convincerci che niente di ciò che faremo potrà mai migliorare le cose. Certi cominciano a pensare che la situazione sia disperata, a credere di essere impotenti o incapaci e che, qualsiasi cosa tenteranno, falliranno comunque. Queste sono credenze alle quali non si deve mai indulgere se vogliamo avere qualche successo nella vita. Queste convinzioni ci privano del nostro potere personale e distruggono la nostra capacità di agire. In psicologia c'è un termine per definire questo atteggiamento mentale distruttivo: *incapacità appresa*. Quando la gente sperimenta un certo insuccesso in qualcosa (e vi stupireste di sapere quante poche volte succede a certuni), percepisce i propri sforzi come futili e acquisisce lo scoraggiamento terminale dell'incapacità appresa.

Il dottor Martin Seligman, della University of Pennsylvania, ha svolto approfondite ricerche su che cosa generi questa incapacità appresa. Nel suo libro *Learned Optimism* riferisce tre specifici schemi di credenze che ci fanno sentire impotenti e possono praticamente distruggere ogni aspetto della nostra vita. Egli definisce queste tre categorie *permanenza*, *pervasività* e *personale*.

Molti uomini di successo, negli Stati Uniti, ce l'hanno fatta nonostante abbiano dovuto affrontare enormi problemi e ostacoli. La differenza tra queste persone e chi rinuncia sta tutta nelle loro convinzioni sulla permanenza, o la temporaneità, dei loro problemi. Le persone di successo raramente considerano permanente un problema, mentre chi fallisce considera permanenti anche i problemi più piccoli. Dal momento in cui adottate la convinzione che non c'è niente che potete fare per cambiare le cose solo perché finora niente di quello che avete fatto le ha cambiate, cominciate a iniettare nel vostro organismo un pericoloso veleno. Otto anni fa, quando avevo toccato il fondo e disperavo di poter mai cambiare la situazione, pensavo che i miei problemi fossero permanenti, che mi avrebbero accompagnato per sempre. Era la cosa più vicina alla morte emozionale che avessi mai provato. Imparai a collegare tanta sofferenza a questa convinzione che riuscii a distruggerla e da allora non vi ho mai più ceduto. Dovete fare lo stesso anche voi. Se vi sentite

Oppresso dal proprio basso livello di autostima, Bob considera ogni impegno disastroso come un incidente stradale.

(o sentite qualche persona a voi cara) cominciare a esprimere la convinzione che un certo problema sia permanente, è giunto il momento di darvi (o darle) una bella scrollata. Qualunque cosa vi succeda nella vita, dovete essere capaci di dire "anche questa passerà" e di credere che, se insisterete, troverete il modo di uscirne.

La seconda differenza tra vincenti e perdenti, tra ottimisti e pessimisti, sta nelle loro convinzioni a proposito della pervasività dei loro problemi. Un vincente non ritiene mai pervasivo un problema, cioè non crede che un problema possa dominare tutta quanta la sua vita. Se ha dei chili in più non ne fa una tragedia, pensa piuttosto che sia "una piccola sfida alle proprie abitudini alimentari". Non dirà mai frasi quali: "Sono io il problema. Siccome mangio troppo, tutta la mia vita è distrutta." Al contrario, i pessimisti, quelli cioè che hanno sviluppato l'incapacità appresa, si convincono che se una sfera della loro vita va male, anche tutto il resto andrà a rotoli, che sono finiti! Credono che, perché hanno dei problemi finanziari, tutta la loro vita sia distrutta: nessuno avrà più cura dei loro figli, la moglie li lascerà e così via. Poi arrivano rapidamente a generalizzare che tutta la situazione è incontrollabile, si sentono completamente impotenti e inermi. Immaginate l'effetto deleterio della permanenza e della pervasività messe insieme! La soluzione sta nel trovare qualcosa della vostra vita su cui avete controllo e cominciare ad agire da lì. In questo modo una parte delle vostre convinzioni limitanti sparirà.

All'ultima categoria di credenze, che Seligman chiama personale, io preferisco riferirmi con il termine di "problemi di carattere personale". Se, invece di considerarla come una sfida a cambiare il nostro comportamento, riteniamo la sconfitta un problema con noi stessi, un difetto di personalità, ci sentiremo immediatamente sopraffatti. Dopo tutto, come si fa a cambiare tutta la propria vita? Non è forse più difficile che cambiare solo le vostre azioni in una sfera particolare? Badate bene a non adottare la convinzione che il vostro sia un problema di carattere personale. Come potete reagire se vi lasciate abbattere?

Avere queste convinzioni limitative equivale a ingerire continuamente piccole dosi di arsenico che, alla fine, a furia di accumularsi, diventano una dose letale. Anche se non moriamo subito, cominciamo a morire emotivamente nello stesso momento in cui iniziamo ad assumerle. Perciò dobbiamo evitarle a tutti i costi. Ricordate che, finché crederete in qualcosa, il vostro cervello continuerà ad agire come un pilota automatico, filtrando ogni input dall'esterno e cercando riferimenti per convalidare la vostra credenza, qualunque essa sia.

> *È la mente che trae il bene dal male, che rende sventurato o felice, ricco o povero.*
>
> EDMUND SPENSER

COME CAMBIARE UNA CREDENZA

Tutte le conquiste personali cominciano con un cambiamento di credenza. Ma come facciamo a cambiare? Il metodo più efficace è fare sì che il nostro cervello associ un grave dolore a una vecchia credenza. Dovete sentire nel profondo di voi che quella convinzione non solo vi è costata sofferenze in passato, ma ve ne costerà anche in futuro e alla fine non potrà che portarvi dolore. Poi dovete associare un enorme piacere all'idea di adottare una nuova credenza che vi infonda forza. Questo è lo schema essenziale che tutti noi ripetiamo per operare un cambiamento nella nostra vita. Ricordate che non si può mai dimenticare che quello che facciamo, lo facciamo o per il bisogno di evitare il dolore o per il desiderio di ottenere piacere e che, se associamo abbastanza dolore a qualcosa, cambieremo. L'unica ragione per cui abbiamo una convinzione a proposito di qualcosa è che associamo molto dolore al fatto di non crederci.

Come secondo passo create il dubbio. Se siete davvero onesti con voi stessi, dovete ammettere che ci sono alcune convinzioni che anni fa sostenevate a spada tratta e di cui oggi quasi vi vergognereste. Che cosa è successo? Qualcosa ha insinuato in voi il dubbio: forse una nuova esperienza o forse un esempio contrario alla vostra convinzione. Forse avete conosciuto dei russi e avete scoperto che erano persone come voi, non sudditi dell'"impero del male". Io credo che oggi molti americani provino una sincera compassione per i cittadini di quella che una volta era l'Unione Sovietica, perché li considerano persone che stanno lottando per prendersi cura delle proprie famiglie. In parte le nostre idee verso gli stranieri in generale sono cambiate in seguito ad alcuni programmi di scambio, in cui abbiamo avuto realmente modo di conoscere "gli altri" e ci siamo resi conto di quante cose in realtà abbiano in comune con noi. Abbiamo fatto cioè delle nuove esperienze che ci hanno indotto a porci delle domande, hanno interrotto i nostri moduli di certezza e hanno cominciato a scuotere i nostri riferimenti, cioè le gambe che sostenevano le nostre idee.

Tuttavia una nuova esperienza in sé e per sé non garantisce un cambiamento di credenze. La gente può fare un'esperienza che contraddice direttamente le proprie convinzioni, ma può interpretare tale esperienza come vuole pur di convalidare la propria opinione. Durante la guerra del Golfo, Saddam Hussein l'ha dimostrato, continuando a sostenere di avere vinto nonostante la distruzione che lo circondava. A titolo di esempio personale posso indicarvi una donna che, durante un mio seminario, ha cominciato a sperimentare stati mentali e fisici piuttosto particolari, sostenendo che io ero un nazista e che stavo cercando di avvelenare la gente in sala con dei gas invisibili che filtravano attraverso i condotti dell'aria condizionata. Per tentare di calmarla, cercai di parlare più lentamente (un espediente normale, quando si cerca di far rilassare qualcuno) e lei subito affermò: "Ecco, il gas sta già cominciando a fare effetto, a farla parlare confusamente." Qualunque cosa avvenisse, lei cercava di usarla per sostenere la sua convinzione che stavamo tutti per essere avvelenati. Alla fine riuscii a interrompere il suo modulo. Come? Ne parleremo nel prossimo capitolo.

Le nuove esperienze producono un cambiamento solo se ci fanno mettere in dubbio le nostre convinzioni. Ricordate che quando siamo convinti di una cosa non la mettiamo più in dubbio. Il momento in cui cominciamo onestamente a interrogarci sulle nostre credenze, vuol dire che non ne abbiamo più l'assoluta certezza. Cominciamo a scuotere le gambe di riferimento che sostengono le nostre tavole conoscitive e di conseguenza cominciamo a perdere la nostra sensazione di certezza assoluta. Avete mai dubitato della vostra abilità nel fare qualcosa? Come? Probabilmente vi siete posti delle banali domande: "E se sbagliassi tutto? E se non funzionasse? E se non piacessi?" Ma le domande possono anche infonderci una grande forza se le usiamo per esaminare la validità delle convinzioni che possiamo anche aver accettato ciecamente. In realtà molte nostre credenze sono sostenute da informazioni avute da altri e sulle quali, al momento, non ci siamo posti domande. Se le osserviamo attentamente potremmo scoprire che quello di cui eravamo convinti inconsciamente da anni può basarsi su una serie di presupposti falsi.

Se usate una macchina per scrivere o un computer sarete certo in grado di apprezzare questo esempio. Perché credete che la tradizionale sistemazione delle lettere, dei numeri o dei simboli sulla tastiera del 99 per cento delle macchine per scrivere americane sia accettata? (Tra l'altro, questa sistemazione dei caratteri si chiama QWERTY, in base ai caratteri che si trovano in alto a sinistra della tastiera.) È logico pensare che questa disposizione sia stata scelta perché favorisce più di ogni altra la rapidità di scrittura, giusto? In genere nessuno sta a chiedersene. Dopo tutto, QWERTY esiste da centoventi anni. Ma in realtà quella è forse la sistemazione meno efficace che si possa trovare! Molti programmi, come la tastiera semplificata Dvorak, fanno realmente diminuire le possibilità di errore e aumentano in modo radicale la velocità di scrittura. La verità è che QWERTY è stata scelta proprio per rallentare i movimenti del dattilografo in un periodo in cui le parti della macchina per scrivere si muovevano così lentamente che si sarebbero incastrate se il dattilografo avesse scritto troppo in fretta.

Come mai siamo rimasti fedeli alla tastiera QWERTY per oltre un centinaio di anni? Nel 1882, quando quasi tutti scrivevano a macchina con solo quattro dita, una donna che aveva creato il metodo a otto dita venne sfidata a una gara di dattilografia da un altro insegnante. A rappresentarla, la donna scelse un dattilografo di professione, che aveva memorizzato perfettamente la tastiera QWERTY. Con il vantaggio della memorizzazione e del metodo a otto dita, quest'uomo riuscì a battere il suo avversario che usava un'altra tastiera. Così da allora la tastiera QWERTY divenne sinonimo di velocità e nessuno si pose più domande su questo riferimento, né verificò quanto fosse valido. Quante altre convinzioni avete nella vostra vita quotidiana su chi siete, su che cosa sapete o non sapete fare, o su come dovrebbe comportarsi la gente, o quali capacità hanno i vostri figli (tutte convinzioni che non mettete nemmeno in discussione); probabilmente sono tutte credenze debilitanti che avete cominciato ad accettare e che limitano la vostra vita senza che ve ne rendiate conto.

Se analizzate attentamente qualcosa, alla fine comincerete a dubitarne. Questo vale anche per le cose di cui siete assolutamente convinti, al di là di ogni ombra di dubbio. Anni fa, ho avuto il privilegio di collaborare con l'esercito degli Stati Uniti, con il quale avevo concluso un contratto per ridurre certi tempi di addestramento in alcuni settori specializzati. Il mio lavoro ebbe un tale successo, che passai al livello top secret ed ebbi modo di prendere a modello un alto ufficiale della CIA, un uomo che era arrivato ai vertici dell'organizzazione partendo dalla base. Permettetemi di dirvi che l'abilità che quest'uomo e altri come lui hanno sviluppato per scuotere le convinzioni di una persona e farle cambiare opinione è assolutamente straordinaria. Creano un ambiente che induce la gente a dubitare di cose in cui hanno sempre creduto, poi danno loro nuove idee ed esperienze per sostenere l'adozione di nuove convinzioni. Vedere con quanta rapidità si riesce a fare cambiare credenze alla gente fa quasi paura, eppure è straordinariamente affascinante. Ho imparato a usare queste tecniche su me stesso per eliminare le mie convinzioni debilitanti e sostituirle con altre potenzianti.

Le nostre credenze hanno diversi livelli di certezza e di intensità emozionale ed è importante sapere quanto siano intense in realtà. Anzi, per maggiore chiarezza le ho classificate in tre categorie: *opinioni*, *credenze* e *convinzioni*. Un'opinione è qualcosa di cui ci sentiamo relativamente certi, ma tale certezza è solo temporanea, perché può cambiare facilmente. Il nostro piano conoscitivo è sostenuto da traballanti sostegni di riferimento non verificati, che possono basarsi su semplici impressioni. Per esempio, all'inizio molti avevano la sensazione che Bush fosse uno "smidollato" basandosi solamente sul suo tono di voce. Però quando si è visto come ha saputo ottenere il sostegno di tutti i leader del mondo e affrontare energicamente l'invasione del Kuwait da parte di Saddam Hussein, si è verificato un netto cambiamento nei sondaggi di opinione. Bush ha raggiunto le più alte vette di popolarità rispetto a qualsiasi altro presidente della storia moderna. Ma forse adesso, mentre state leggendo queste righe, questa opinione può essere già cambiata. Tale è la natura delle opinioni: oscillano facilmente e solitamente si basano solo su pochi riferimenti, quelli che la persona prende in considerazione al momento. Una credenza, invece, si stabilisce quando cominciamo a sviluppare una base di riferimenti più stabile e più ampia, specie quando sono di carattere emozionale. Questi riferimenti ci danno un senso di assoluta certezza su qualcosa. E, come ho detto prima, possono presentarsi sotto vari aspetti: possono venirci dall'esperienza personale o da informazioni desunte da altre fonti o possono anche essere solo immaginati.

Le persone con delle credenze hanno un livello di certezza così forte che spesso sono refrattarie a ricevere nuove informazioni, nuovi input. Ma se riuscite a comunicare veramente con loro, potete interrompere questo modulo di chiusura e indurle a porsi domande sui loro riferimenti, in modo che siano disposte ad accogliere nuovi input. Questo genera dubbi tali da destabilizzare i vecchi riferimenti e fare posto a una nuova credenza. Una convinzione, invece, eclissa una credenza soprattutto per quanto riguarda l'intensità emozionale che una persona collega a un'idea. Chi ha una convinzione non solo si sente certo, sicuro, ma si arrabbia se qualcuno la mette in dubbio. Anzi, non vuole porsi nemmeno per un momento domande sui riferimenti di sostegno. Chi ha una convinzione è completamente impermeabile a un nuovo input, spesso in modo ossessivo. Per esempio, gli zeloti nel corso dei secoli hanno mantenuto la ferma convinzione che il loro modo di considerare Dio sia l'unico giusto e arriverebbero a uccidere per restare fedeli alle loro idee. La convinzione dei veri credenti è stata spesso sfruttata da pretesi salvatori che nascondevano le loro intenzioni criminali sotto i panni della santità: è quello che è successo a quel gruppo di persone che viveva nella Guyana; tali persone sono arrivate ad avvelenare prima i propri figli e poi se stesse con il cianuro per ordine di un pazzo finto messia di nome Jim Jones.

Naturalmente la ferma convinzione non è appannaggio esclusivo dei fanatici. Appartiene a chiunque abbia un certo grado di impegno e di dedizione a un'idea, a un principio o a una causa. Per esempio, chi dissente energicamente sull'uso di esperimenti nucleari sotterranei ha una credenza, ma chi entra in azione, sia pure un'azione che gli altri disapprovano o non apprezzano, magari facendo dimostrazioni con marce di protesta davanti agli impianti nucleari ha una convinzione. Chi si lamenta per lo stato dell'educazione pubblica ha una credenza, ma chi si offre volontario per un programma di alfabetizzazione per cercare di cambiare le cose ha una convinzione. Chi fantastica sull'idea di possedere una squadra di hockey su ghiaccio ha un'opinione sul proprio desiderio, ma chi invece fa tutto il possibile per mettere insieme i fondi necessari a finanziare una squadra ha una convinzione. Qual è la differenza? Evidentemente la differenza sta nelle azioni che uno è disposto a compiere. Infatti, chi ha una convinzione è così appassionato alla propria idea da essere perfino disposto a rischiare di essere respinto o di fare una figuraccia per amore della propria convinzione.

Probabilmente l'unico grosso elemento di distinzione tra credenza e convinzione è che la convinzione in genere si basa su alcuni significativi avvenimenti emozionali, durante i quali il cervello fa queste associazioni: "Se non crederò a questo soffrirò molto. Se dovessi cambiare questa credenza dovrei rinunciare alla mia intera identità, a tutto quello per cui ho vissuto per anni." Mantenere la propria convinzione diventa perciò cruciale per la stessa sopravvivenza di quella persona. Questo può essere pericoloso perché, quando non si vuole nemmeno prendere in considerazione la possibilità che le nostre opinioni siano sbagliate, ci chiudiamo in un atteggiamento rigido, che potrebbe, a lungo andare, condannarci a una sconfitta. A volte è meglio avere una credenza piuttosto che una convinzione.

Dal lato positivo le convinzioni, con la passione che ci infondono, possono darci forza perché ci spingono ad agire. Secondo il dottor Robert P. Abelson, professore di psicologia e di scienze politiche alla Yale University, "le credenze sono come proprietà, le convinzioni sono proprietà di maggior valore che permettono a un individuo di operare con passione per raggiungere obiettivi individuali o su larga scala, progetti, desideri e aspirazioni".

Spesso la cosa migliore che potete fare per acquistare il controllo di una sfera della vostra vita è portare una credenza a livello di convinzione. Ricordate che la convinzione ha il potere di indurvi all'azione, di spingervi a superare ostacoli di ogni genere. Anche le credenze possono indurvi a questo, ma certe aree della vostra vita possono richiedere anche l'intensità emozionale della convinzione. Per esempio, la convinzione di non volere assolutamente ingrassare vi spingerà a fare coerenti scelte salutari nello stile di vita, permettendovi di trarre maggior godimento dalla vostra esistenza e forse anche risparmiandovi un infarto. La convinzione di essere una persona intelligente, capace di trovare sempre il modo di ribaltare la situazione a proprio vantaggio, può aiutarvi a superare un momento difficile della vostra vita.

Quindi, come potete crearvi una convinzione? *Cominciate con una credenza essenziale. Rinforzate la vostra credenza aggiungendovi nuovi e più forti riferimenti.* Per esempio, diciamo che avete deciso di non mangiare più carne. Per rinforzare la vostra decisione parlate con qualcuno che abbia scelto uno stile di vita vegetariano; chiedetegli quali motivi l'hanno spinto a scegliere questa dieta e che conseguenze ha avuto questa scelta sulla sua salute e su altri aspetti della sua vita. Cominciate a studiare l'effetto fisiologico della proteina animale. Più riferimenti svilupperete e più emozionali saranno tali riferimenti, più forte diventerà la vostra convinzione. *In seguito cercate un evento riflessogeno*, oppure createvene uno. Per esempio, se volete convincervi a non usare mai la droga, cercate di rendere reale la sensazione delle penose conseguenze della tossicodipendenza guardando dei filmati sull'argomento o meglio ancora andando di persona a visitare un luogo di ricovero di drogati, per vedere con i vostri occhi la devastazione che può operare l'uso di stupefacenti. Se avete deciso di smettere di fumare, andate a vedere la corsia di cura intensiva di un ospedale e osservate i malati di enfisema polmonare chiusi sotto le tende a ossigeno, oppure guardate la radiografia dei polmoni di un fumatore. Questo tipo di esperienze ha il potere di spingervi oltre il limite e creare una vera convinzione. *E infine, entrate in azione.* Ogni azione rinforza il vostro impegno e alza il livello della vostra intensità emozionale e della vostra convinzione.

Il guaio delle convinzioni è che spesso si basano sull'entusiasmo che gli altri manifestano per le vostre credenze. Perciò spesso la gente crede una cosa solo perché ci credono anche gli altri. In psicologia questo si chiama "prova sociale". Ma la prova sociale non è sempre esatta. Quando la gente è incerta su che cosa fare, guarda gli altri per avere un orientamento. Nel libro del dottor Robert Cialdini intitolato *Influence* è raccontato un classico esperimento: qualcuno si mette a gridare: "Aiuto, allo stupro!" Due persone (che fanno parte della messa in scena psicologica) continuano tranquillamente a passeggiare, ignorando le grida di aiuto. Il soggetto dell'esperimento è incerto se rispondere all'appello ma, quando vede le altre due persone che si comportano come se niente fosse, pensa che quelle grida di aiuto siano insignificanti e decide di ignorarle anche lui.

Usare la prova sociale è un modo sicuro per limitare la vostra vita: per comportarvi esattamente come tutti gli altri. Tra le prove sociali più forti che la gente usa ci sono le informazioni che riceve dagli "esperti". Ma sono davvero esperti? Provate a pensare alla medicina nel corso degli anni. Fino a non molto tempo fa, i medici erano convinti delle qualità terapeutiche del salasso con le sanguisughe. Nella nostra generazione, alcuni medici hanno prescritto ad alcune pazienti incinte un farmaco per curare la nausea mattutina (questo medicinale si chiamava Talidomide) che poi risultò collegato a gravi malformazioni neonatali. Naturalmente i medici lo avevano prescritto perché le ditte che lo producevano (gli "esperti" farmacologici) avevano dato loro la sicurezza che fosse il miglior farmaco disponibile. Perciò vi prego di non accettare ciecamente nemmeno quello che dico io! Considerate le cose nel contesto della vostra vita, guardate se hanno un senso per voi.

A volte non potete nemmeno fidarvi della prova dei vostri sensi, come dimostra la storia di Copernico. Ai tempi di questo dotto astronomo polacco, tutti "sapevano" che il sole girava intorno alla terra. Infatti, tutti potevano indicare il cielo e dire: "Vedi? Il sole si è spostato nel cielo. Quindi ovviamente la terra è al centro dell'universo." Ma nel 1543 Copernico fece il primo modellino esatto del sistema solare. E, come molti altri giganti della storia, ebbe il coraggio di sfidare la "scienza ufficiale" degli esperti e alla fine la verità delle sue teorie venne universalmente accettata, anche se solo dopo la sua morte.

Il dolore è il massimo strumento per cambiare una convinzione

Il dolore resta sempre l'arma migliore per indurci a cambiare una convinzione. Abbiamo recentemente assistito per televisione a una dimostrazione della forza delle idee, una volta che siano state cambiate: durante lo spettacolo di Sally Jessy Raphael, una donna si alzò coraggiosamente davanti al pubblico dello studio televisivo e del mondo intero per rinunciare alla sua adesione al Ku Klux Klan. Per ironia della sorte, quella donna era stata in quello stesso show solo un mese prima, come esponente di un gruppo di donne del KKK che inveivano contro tutti coloro che non condividevano le loro convinzioni e aveva urlato con rabbia che il miscuglio delle razze, dal punto di vista educativo, economico e sociale, sarebbe stato la rovina degli Stati Uniti e del suo popolo. Che cosa le aveva fatto cambiare idea così drasticamente? Tre cose: primo, durante il primo show una giovane donna fra il pubblico si era alzata e piangendo aveva chiesto comprensione. Suo marito e suo figlio erano ispanici e la donna singhiozzando aveva detto che non poteva credere che un intero gruppo etnico potesse essere tanto detestabile.

Secondo, durante il viaggio di ritorno, in aereo, la donna se l'era presa con suo figlio (che era stato in trasmissione con lei anche se non condivideva le idee della madre), accusandolo di averla messa in imbarazzo davanti alla televisione nazionale. Le altre signore lo avevano criticato aspramente per la sua mancanza di rispetto e gli avevano citato la Bibbia, dove dice "onora il padre e la madre". Il ragazzo, che aveva sedici anni, aveva risposto dicendo che Dio certo non intendeva chiedergli di rispettare il male che sua madre sposava e quando l'aereo aveva fatto scalo a Dallas, ne era sceso e se ne era andato per non tornare mai più a casa. Mentre la donna proseguiva il viaggio, la sua mente aveva ripercorso tutti gli avvenimenti della giornata e aveva cominciato anche a pensare alla guerra che il suo paese stava combattendo in Medio Oriente. La donna aveva ricordato anche quello che le aveva detto un'altra persona del pubblico: "I ragazzi e le ragazze di colore che stanno laggiù non combattono solo per se stessi, ma anche per te." La donna aveva pensato a suo figlio, a quanto lo amava e a come lo aveva trattato sull'aereo. Avrebbe permesso che quello scambio di parole irose fosse l'ultimo della loro vita? Anche la sola idea era troppo penosa perché la donna potesse sopportarla. Doveva fare assolutamente qualcosa, cambiare qualcosa.

Così, quando si presentò per la seconda volta in televisione, questa donna disse che aveva ricevuto un messaggio da Dio, al quale lei intendeva obbedire subito: il messaggio le diceva di lasciare immediatamente il KKK e di cominciare ad amare tutti in modo uguale, perché erano tutti suoi fratelli e sorelle. Certo le sarebbero mancate le sue amicizie, sarebbe stata sicuramente espulsa dal gruppo, ma diceva che ora si sentiva l'anima in pace e che avrebbe cominciato una nuova vita con la coscienza pulita.

È di vitale importanza badare bene che le nostre convinzioni e le loro conseguenze siano tali da infonderci forza. Come facciamo a sapere quali credenze dobbiamo adottare? La risposta è trovare qualcuno che abbia già raggiunto i risultati che voi sperate di ottenere. Queste persone sono i modelli che vi possono dare alcune delle risposte che state cercando. Invariabilmente, dietro la gente di successo c'è una specifica serie di credenze potenzianti.

Prendere a modello le credenze dei vincenti

Il sistema per migliorare la nostra vita è prendere a modello quella di chi ha già avuto successo. È efficace, divertente e per di più queste persone si trovano facilmente, basta guardarsi attorno. Basta chiedere loro: "Che cosa pensa che la renda diverso? Quali sono le idee che la distinguono da tutti gli altri?" Anni fa ho letto un libro intitolato *Incontri con uomini importanti* e me ne sono servito per cambiare la mia vita. Da allora sono diventato uno che va a caccia dell'eccellenza, sono all'eterna ricerca di grandi uomini e grandi donne della nostra cultura, per scoprire le loro idee, i loro valori e le loro strategie per arrivare al successo. Due anni fa ho fondato "Powertalk!" una rivista mensile in video, in cui intervisto questi giganti. Anzi, molte informazioni chiave che vi rivelerò in questo libro sono appunto il risultato di interviste con alcuni di questi personaggi, che sono il massimo nel loro campo specifico. Essendomi impegnato a dividere con il pubblico ogni mese queste mie interviste, le mie ultime idee e il riassunto di un best seller, ho sviluppato un piano coerente non solo per infondere vigore agli altri, ma anche per migliorare continuamente me stesso. Sarò felice di aiutarvi a prendere a modello gente di successo attraverso il mio programma, ma ricordatevi: non dovete limitarvi a me. I modelli di cui avete bisogno sono intorno a voi, ogni giorno.

> *Siamo quello che pensiamo. Tutto ciò che siamo nasce con i nostri pensieri... Noi creiamo il nostro mondo.*
> BUDDHA

Da quasi dieci anni parlo al pubblico durante i miei seminari di "Living Health" sul rapporto diretto tra l'alta percentuale di proteine animali nella tipica dieta americana e l'alta incidenza in questo paese dei due maggiori responsabili di morte: cardiopatie e cancro. In questo modo ho contraddetto uno dei sistemi di credenze più radicati negli Stati Uniti, quello che ha più significativamente influito sul nostro destino fisico negli ultimi trentacinque anni, il piano dei "Quattro gruppi alimentari di base" che consiglia generose dosi quotidiane di carne, pollo o pesce. Eppure gli scienziati oggi sono arrivati a stabilire senza ombra di dubbio un rapporto diretto tra ingestione di proteine animali e rischio di contrarre cardiopatie e cancro. Anzi, i tremila medici che fanno parte del Comitato per la medicina responsabile hanno chiesto al ministero dell'Agricoltura di togliere carne, pesce, pollame, uova e latticini dai cibi consigliati quotidianamente. E lo stesso governo sta pensando di portare i quattro gruppi alimentari di base a sei, riducendo carne, pollo e pesce a piccole porzioni. Questo deciso cambiamento di credenze ha provocato scandalo in molti ambienti. Credo che ciò non faccia che seguire uno schema che abbiamo già visto varie volte nella storia e nella nostra cultura ed è semplicemente, come affermò il filosofo tedesco Arthur Schopenhauer, che la verità passa per tre gradini:

- viene ridicolizzata;
- viene violentemente contrastata;
- viene accettata come ovvia.

Queste idee vennero prima messe in ridicolo, quindi furono violentemente contestate. Alla fine, verranno accettate, ma non prima che molti si ammalino o anche muoiano a causa delle loro convinzioni limitanti a proposito dell'importanza che ha la quantità di proteine animali per il loro corpo.

Anche nel mondo degli affari, una serie di false credenze ci sta portando verso la frustrazione economica e, secondo alcuni, addirittura al potenziale disastro. L'economia americana deve affrontare sfide praticamente in tutti i settori. Perché? Ho trovato una spiegazione in un articolo che ho letto sulla rivista "Forbes" del marzo 1991. L'articolo descrive due auto, la Laser della Chrysler-Plymouth e l'Eclipse della Mitsubishi, e osserva che la Chrysler in media ha raggiunto solo il 13 per cento delle vendite per ogni concessionaria, mentre la Mitsubishi ha superato le cento vendite. Direte: "Bella novità! Lo sappiamo tutti che i giapponesi stanno stracciando letteralmente le compagnie americane nelle vendite di auto!" Ma la cosa singolare è che queste due auto sono esattamente identiche e sono state progettate e costruite in società dalle due compagnie. L'unica differenza tra la Laser e l'Eclipse è il nome e l'azienda che le vende. Ma come può essere? Come avrete indovinato, un'indagine svolta sulla discrepanza delle vendite ha rivelato che la gente preferisce comperare auto giapponesi perché crede che siano, di qualità superiore. Il problema in questo caso è una falsa credenza. Ma perché i consumatori sono convinti di una cosa del genere? Ovviamente perché i giapponesi si sono fatti un'ottima reputazione per quanto riguarda la qualità dei loro prodotti, fornendo vari riferimenti per sostenerla, al punto che non ne mettiamo più nemmeno in discussione la validità. Vi stupirà sapere che l'impegno giapponese ad aumentare la qualità dei loro prodotti è in realtà il risultato di un'idea americana arrivata in Giappone nella persona del dottor W. Edwards Deming. Nel 1950 questo esperto del controllo di qualità venne mandato in Giappone dal generale MacArthur, stanco di una base industriale giapponese così devastata dalla guerra da non potere nemmeno mettersi in contatto telefonico con loro. Dietro richiesta dell'Unione scienziati e tecnici giapponesi, Deming cominciò a insegnare ai giapponesi i suoi stessi principi di controllo totale di qualità. Pensate forse che si trattasse di controllare la qualità di un prodotto concreto? Niente di più lontano dalla verità. Deming insegnò ai giapponesi quattordici principi e una intima convinzione basilare, che è poi diventata il fondamento di tutte le decisioni prese da ogni azienda nipponica multinazionale di successo.

L'intima credenza è semplicemente questa: un continuo, eterno impegno ad *aumentare* costantemente, *ogni singolo giorno, la qualità* dei prodotti in ogni aspetto dell'azienda avrebbe dato loro la possibilità di dominare i mercati di tutto il mondo. Deming insegnò che la qualità non è solo questione di soddisfare un certo standard, ma è piuttosto un processo vivo e palpitante di continuo miglioramento. Deming promise loro che, se avessero seguito fedelmente i suoi insegnamenti, nel giro di cinque anni avrebbero inondato il mondo con i loro prodotti di qualità e in dieci o vent'anni sarebbero diventati una delle maggiori potenze economiche del mondo.

Molti pensarono che le affermazioni di Deming fossero deliranti. Ma i giapponesi lo presero in parola e oggi Deming è rispettato e riverito come il padre del miracolo nipponico. Anzi, dal 1959 il maggiore onore che un'azienda giapponese possa ricevere è il Premio nazionale Deming. Il premio viene conferito durante una cerimonia trasmessa dalla televisione e viene dato all'azienda che, in tutto il Giappone, rappresenta il livello più alto di miglioramento della qualità dei prodotti, del servizio, del management e del sostegno al lavoratore.

Nel 1983 la Ford Motor Company assunse Deming perché tenesse una serie di seminari di management. Tra i partecipanti c'era Donald Petersen, che sarebbe poi diventato presidente della Ford e che mise in pratica i principi di Deming in tutta l'azienda. Petersen decise: "Abbiamo bisogno di quest'uomo per cambiare la nostra azienda." A quel tempo la Ford perdeva miliardi di dollari all'anno. Deming, una volta assunto, cambiò il loro atteggiamento occidentale che li induceva a chiedersi "come possiamo aumentare il volume di affari e ridurre i costi?" in "come possiamo migliorare la qualità dei nostri prodotti e farlo in modo che a lungo termine la qualità non costi di più?" La Ford si riorganizzò e fece della qualità il suo obiettivo primario (come dice lo slogan: "La qualità è il principio numero uno") e, mettendo in pratica tutti gli insegnamenti di Deming, nel giro di quattro anni passò da un deficit spaventoso alla posizione di maggiore industria degli Stati Uniti con sei miliardi di dollari di utile!

Come è successo? Hanno semplicemente scoperto che l'idea che i clienti americani hanno della qualità giapponese era per loro frustrante, ma molto istruttiva. Per esempio, la Ford si accordò con i giapponesi perché facessero la metà dei sistemi di trasmissione per una delle loro auto, per mantenere alto il volume di produzione. Scoprirono così che tutti i clienti americani chiedevano l'auto con la trasmissione giapponese. Anzi, erano pronti a mettersi in lista d'attesa e anche a pagare di più pur di avere l'auto con la trasmissione fabbricata in

Giappone. Questo irritò i dirigenti della Ford, la cui prima reazione fu: "Si tratta semplicemente di una falsa credenza da parte della gente della nostra cultura, sono condizionati a reagire in questo modo." Ma, sotto la supervisione di Deming, vennero controllate le trasmissioni e dal test risultò che effettivamente quelle costruite dalla Ford erano più rumorose, si rompevano più spesso e venivano restituite dai clienti molto più frequentemente della trasmissione giapponese, che praticamente non aveva nessun difetto, nessun rumore e nessuna vibrazione. Deming insegnò ai membri dell'équipe della Ford che la qualità costa meno. Il che era l'esatto contrario di quello che in genere si riteneva, cioè che si potessero inseguire certi livelli di qualità solo finché i costi di lavorazione non fossero saliti alle stelle. Quando gli esperti presero le trasmissioni Ford e le controllarono in ogni loro parte, trovarono che rispondevano tutte agli standard stabiliti dal manuale della Ford, gli stessi standard che erano stati dati ai giapponesi. Ma quando controllarono le trasmissioni giapponesi in laboratorio, utilizzando addirittura il microscopio, non poterono evidenziare neppure un minimo difetto.

Come mai la compagnia giapponese s'era attenuta a degli standard di qualità ancora più alti di quanto non fosse stato loro richiesto? Perché i giapponesi ritenevano che la qualità costasse meno e che, se creavano un prodotto di qualità, avrebbero soddisfatto non solo i clienti, ma in particolare i clienti fedeli, quelli cioè che erano disposti ad aspettare e a pagare di più pur di avere il loro prodotto. Agivano in base alla stessa intima convinzione che li aveva portati a una delle posizioni leader del mercato mondiale: l'impegno al miglioramento continuo e a un aumento costante di livello nella qualità della vita dei loro clienti. Questa idea era di origine americana, e forse sarebbe ora che gli Stati Uniti se ne riappropriassero per cambiare la direzione della loro economia futura.

Una credenza dannosa che potrebbe minare per sempre la forza dell'economia nazionale americana è quella che Deming chiama "gestione in base alle cifre visibili", cioè la solita convinzione aziendale che i profitti si fanno riducendo i costi e aumentando le entrate. Basti ricordare quello che accadde quando Lynn Townsend assunse la direzione della Chrysler in un momento di crollo delle vendite in tutto il settore. Townsend cercò subito di aumentare le entrate ma, soprattutto, ridusse i costi. Come? Licenziò due terzi dello staff tecnico. Sulle prime parve che avesse preso la decisione giusta. I profitti ebbero un'impennata verso l'alto e Townsend venne considerato un eroe. Ma nel giro di pochi anni la Chrysler si trovò di nuovo in seri guai finanziari. Che cosa era successo? Sicuramente i fattori erano più d'uno, ma alla lunga le decisioni prese da Townsend potevano aver di strutto la base di qualità da cui dipendeva il successo dell'azienda. Spesso proprio le persone che danneggiano le aziende vengono considerate degli eroi e ricompensate come tali perché, a breve termine, sembra che abbiano prodotto effetti positivi. A volte curiamo i sintomi di una crisi mentre ne alimentiamo la causa. Dobbiamo essere cauti nell'interpretare i risultati. Al contrario, uno dei fattori più importanti per riportare a galla la Ford, fu il suo staff di design che creò una nuova auto chiamata Taurus. La qualità di quest'auto stabilì un nuovo standard per la Ford e i clienti corsero a frotte ad acquistarla.

Che cosa possiamo dedurre da tutto questo? Le convinzioni che abbiamo nella vita e negli affari controllano tutte le nostre decisioni e quindi il nostro futuro. Una delle più importanti credenze globali che voi e io possiamo adottare è che, per essere felici e avere successo, dobbiamo continuamente migliorare la qualità della nostra vita, crescendo ed espandendoci in continuazione.

In Giappone questo principio viene inteso molto bene. In realtà nel mondo degli affari giapponesi, grazie all'influenza di Deming, c'è una parola che viene sempre usata quando si discute di affari o di rapporti umani. Questa parola è *kaizen*. Letteralmente significa "miglioramento costante" e viene usata in continuazione. Spesso parlano di kaizen del loro deficit commerciale, di kaizen della linea di produzione, di kaizen dei rapporti personali. Di conseguenza, i giapponesi cercano continuamente di migliorare. Tra l'altro, kaizen si basa sul principio del miglioramento graduale, fatto di piccoli, semplici miglioramenti. I giapponesi però sanno che i piccoli ritocchi fatti quotidianamente finiscono per creare dei miglioramenti complessi, a un livello che ai più sembra impensabile. C'è un detto giapponese: "Se un uomo non s'è fatto vedere per tre giorni, quando torna i suoi amici devono guardarlo bene per scoprire che cambiamenti ha subito." Strano ma vero, in inglese non esiste una parola corrispondente a kaizen.

Appena ho cominciato a capire l'effetto del kaizen sulla cultura imprenditoriale giapponese, mi sono reso conto che era un principio organizzativo che aveva un effetto enorme sulla mia stessa vita. Il mio impegno a migliorare in continuazione, ad alzare continuamente i miei standard per una vita di qualità, era quello che mi rendeva felice e mi dava successo. Ho capito che tutti abbiamo bisogno di una parola per concentrarci sul miglioramento continuo e costante. Quando creiamo una parola, le diamo un significato in codice e creiamo un modo di pensare. Le parole che usiamo costituiscono il tessuto di come pensiamo e influiscono anche sulle nostre decisioni.

Di conseguenza, ho creato un semplice termine mnemonico: COCOMI, che sta per Costante Continuo Miglioramento. Credo che il livello di successo che abbiamo nella vita sia direttamente proporzionale al livello del nostro impegno al COCOMI; non è un principio che valga solo per il mondo degli affari, ma è applicabile a qualsiasi aspetto della nostra vita. In Giappone si parla spesso di controllo di qualità in tutta l'azienda. Penso che dobbiamo concentrarci sul COCOMI sia negli affari, sia nei rapporti personali e spirituali, nella salute e nelle finanze. Come possiamo ottenere un miglioramento costante e continuo in ciascuna di queste sfere? È questo che fa della vita un'incredibile avventura, in cui siamo sempre in attesa del prossimo passo!

Il COCOMI è una vera disciplina. Non la si può praticare solo ogni tanto, quando se ne ha voglia. Deve essere un impegno costante sostenuto dall'azione. L'essenza del COCOMI è un miglioramento graduale, continuo, quasi impercettibile, che con il tempo scolpisce un capolavoro di proporzioni colossali. Se siete mai stati a visitare il Grand Canyon, capirete di che cosa sto parlando. Lì troverete una maestosa bellezza frutto di milioni di anni di graduali cambiamenti, dovuti all'erosione continua delle rocce da parte del fiume Colorado e dei suoi numerosi affluenti, fino a creare una delle sette meraviglie naturali del mondo.

Molta gente non si sente mai sicura, perché si preoccupa sempre di poter perdere il lavoro, il denaro che possiede, di poter perdere la (o il) consorte, la salute e così via. L'unica, vera sicurezza nella vita viene dal sapere che ogni giorno migliorate un po', che state in qualche modo aumentando la vostra statura personale, che la vostra azienda vi tiene in considerazione e così pure i vostri amici e la vostra famiglia. Io non mi preoccupo di mantenere la qualità della mia vita perché ogni giorno lavoro per migliorarla. Mi sforzo continuamente di imparare e di fare nuove e importanti distinzioni sul modo di aggiungere valore alla vita degli altri. Questo mi dà la sicurezza di poter sempre imparare, di potermi sempre sviluppare e crescere.

COCOMI non significa che non incontrerete mai sfide od ostacoli. Anzi, potete migliorare una cosa solo quando vi rendete conto che non è giusta, che non è ancora al livello cui dovrebbe essere. Scopo del COCOMI è scoprire i problemi ancora in formazione e dominarli prima che diventino vere e proprie crisi. Dopo tutto, il momento migliore per uccidere un mostro è quando è ancora piccolo.

Come parte integrante del mio impegno personale al COCOMI, alla fine di ogni giorno mi pongo questa domanda: "Che cosa ho imparato oggi? In che cosa ho contribuito o migliorato? Di che cosa ho goduto?" Se ogni giorno aumentate la vostra capacità di godere la vita, allora arriverete certo a un livello cui, in genere, nessuno si sogna nemmeno di poter arrivare.

I PICCOLI MIGLIORAMENTI SONO CREDIBILI
E QUINDI RAGGIUNGIBILI!

Pat Riley, coach dei Lakers di Los Angeles, è l'allenatore più famoso di tutta la storia della pallacanestro americana. Alcuni dicono che aveva la fortuna di avere tutti quegli incredibili giocatori nella sua squadra. Sì, è vero, aveva degli autentici assi, ma molti che hanno avuto le sue stesse possibilità di riuscire non ce l'hanno fatta. L'abilità di Pat si basava sul suo impegno al COCOMI. Lui stesso disse che all'inizio della stagione 1986 si era trovato con una grossa sfida da affrontare. I suoi giocatori pensavano di avere fatto la loro migliore stagione l'anno prima, eppure avevano perso contro i Celtics di Boston. Escogitando un piano credibile per riuscire a portare i suoi giocatori a un livello superiore, Pat optò per il metodo dei piccoli miglioramenti. Convinse i suoi giocatori che migliorando la qualità del loro gioco solo dell'1 per cento oltre il loro migliore livello personale, avrebbe ottenuto un cambiamento notevole nella stagione successiva. La cosa vi parrà forse ridicolmente piccola, ma se pensate a dodici giocatori che aumentano dell'1 per cento la loro prestazione sul campo in cinque diverse aree, lo sforzo combinato crea una squadra sessanta volte più efficiente di quanto non fosse prima. Una differenza totale del 10 per cento sarebbe stata probabilmente sufficiente a vincere il campionato. Il vero valore di questa filosofia, tuttavia, è che ognuno credeva che fosse realizzabile. Ognuno si rendeva conto di poter migliorare almeno dell'1 per cento oltre il proprio migliore livello personale nelle cinque aree principali del gioco, e quel senso di certezza nel perseguire i loro obiettivi fece sì che i giocatori riuscissero a raggiungere un potenziale ancora più grande. Risultato? La maggior parte di loro migliorò anche del 5 per cento e molti perfino del 50. Secondo Pat Riley, il 1987 risultò la migliore stagione in assoluto della squadra. Il COCOMI funziona, quando ci si impegna a fondo.

Ricordate che la chiave per il successo è crearsi un senso di sicurezza, di certezza, quello stesso tipo di credenza che vi permette di svilupparvi come persona e compiere le azioni necessarie per fare la vostra vita, e quella di chi vi sta accanto, ancora più grande. Potete credere oggi che una cosa sia vera, ma dovete ricordare che, con il passare degli anni, siamo sempre esposti a nuove esperienze. E possiamo sviluppare convinzioni ancora più produttive, abbandonando idee di cui prima avevamo la certezza. Rendetevi conto che le vostre convinzioni possono cambiare a mano a mano che raccogliete nuovi riferimenti. Quello che veramente importa è se le convinzioni che avete oggi vi danno forza o vi indeboliscono. Cominciate oggi a sviluppare l'abitudine a concentrarvi sulle conseguenze di tutte le vostre credenze. Vi stanno infondendo vigore, spingendovi all'azione nella direzione che volete, o invece vi sono d'impaccio?

> *Come egli pensa nel suo cuore, così egli è.*
> Proverbi 23,7

Abbiamo imparato molto sulle credenze, ma per assumere veramente il controllo della nostra vita *dobbiamo sapere quali di queste convinzioni stiamo già usando.*

Perciò in questo stesso momento, interrompete qualsiasi cosa stiate facendo e dedicate i prossimi dieci minuti a divertirvi un po'. Cominciate a prendere in considerazione tutte le credenze che avete, sia negative sia positive. Piccole credenze che sembrano senza importanza e credenze globali che sembrano invece determinanti. Siate certi di non dimenticare:

- Convinzioni del genere *se-poi*, come: "Se ce la metto tutta, poi riuscirò." Oppure: "Se mi abbandono completamente alla passione con questa persona, poi lei mi lascerà."
- Credenze globali, quali le opinioni sulla gente: "La gente è fondamentalmente buona." Oppure: "La gente è una seccatura." Oppure opinioni su voi stessi, sul tempo, sulla mancanza o sull'abbondanza.

Annotatevi tutte le credenze che vi vengono in mente nei prossimi dieci minuti. Per favore, fatelo subito. Quando avrete finito, vi insegnerò come rafforzare le vostre credenze positive e come eliminare quelle negative. Fatelo subito.

Vi siete presi il tempo sufficiente per scrivere le due liste? In caso contrario, sospendete la lettura e fatelo, ora!

CREDENZE POSITIVE

CREDENZE NEGATIVE

Che cosa avete imparato compiendo questa operazione? Rileggete un po' le liste delle vostre credenze. Poi con una matita fate un bel cerchio intorno alle tre credenze più positive della lista. In che modo vi potenziano? In che modo rafforzano la vostra vita? Pensate agli effetti positivi che esse hanno su di voi. Anni fa, anch'io ho scritto una lista del genere e mi è servita moltissimo perché ho scoperto che avevo una credenza che lasciavo quasi inutilizzata. Ed era: "C'è sempre un modo per ribaltare le cose, se mi impegno veramente." Quando rilessi la lista, pensai: "Ecco una credenza che va rafforzata e trasformata in una convinzione." E sono ben contento di averlo fatto perché, solo un anno dopo, questa convinzione mi salvò la vita in uno dei momenti più difficili in cui tutto intorno a me pareva affondare. Non solo questa credenza tenne a galla il mio spirito, ma mi aiutò anche a gestire una delle più gravi crisi personali e di lavoro che abbia mai dovuto affrontare. Questa sola credenza, questo senso di sicurezza, mi diedero la capacità di trovare il modo di ribaltare la situazione quando tutti intorno a me dicevano che era impossibile. Non solo rovesciai la situazione, ma trasformai il mio problema più grave nel mio più grande successo; altrettanto potete fare voi. Rileggete la lista e rinforzate la vostra intensità emozionale e il vostro senso di certezza che queste credenze sono vere e reali, in modo che possano guidare il vostro comportamento futuro.

Ora date invece un'occhiata alla lista delle credenze negative, limitanti. Quali sono le conseguenze di tali convinzioni? Fate un circoletto intorno alle due credenze più negative. Decidete subito, una volta per tutte, che non intendete più pagare lo scotto che queste credenze impongono alla vostra vita. Ricordate che se cominciate a dubitare delle vostre convinzioni e a porvi domande sulla loro validità, potete scuotere i loro sostegni di riferimento in modo che non agiscano più su di voi. Buttate via queste gambe di sostegno da sotto le vostre credenze negative facendovi alcune delle seguenti domande:

1. Questa credenza è ridicola o assurda?
2. La persona da cui ho tratto questa credenza era degna di essere presa a modello in questo campo?

3. Quanto mi costerà alla fine emotivamente non abbandonare questa credenza?
4. Quanto costerà ai miei rapporti personali non abbandonare questa credenza?
5. Quanto mi costerà fisicamente non abbandonare questa credenza?
6. Quanto mi costerà finanziariamente non abbandonare questa credenza?
7. Quanto costerà alla mia famiglia o ai miei cari non abbandonare questa credenza?

Se vi siete veramente concessi il tempo di rispondere a queste domande, potete aver scoperto che le vostre credenze hanno avuto un effetto davvero negativo su di voi. Ora, sommate a quello che queste convinzioni vi sono costate i costi reali nel vostro futuro, se non cambierete. Associate a questa idea tanto dolore da volervene liberare per sempre e poi decidete di farlo subito.

Infine, non possiamo liberarci di un vecchio schema senza sostituirlo con un altro. Perciò scrivete i rimpiazzi per le due credenze limitanti che avete appena eliminato. Qual è la loro antitesi? Per esempio, se avevate la convinzione "non potrò mai avere successo perché sono una donna", la vostra nuova credenza potrebbe essere "dato che sono una donna, ho risorse a mia disposizione che un uomo nemmeno si sogna!" Quali sono i riferimenti che avete per sostenere questa nuova idea in modo da cominciare a esserne certe? Appena avrete rafforzato questa credenza, essa comincerà a guidare il vostro comportamento in una direzione interamente nuova e positiva.

Se non ottenete dalla vita i risultati che volete, vi consiglio di chiedervi: "Che cosa dovrei credere, per riuscire in questo campo?" Oppure: "Chi ha veramente successo in questo campo e che cosa lo fa pensare diversamente da me riguardo a quello che è possibile?" Oppure: "Che cosa bisogna credere per avere successo?" Potete benissimo scoprire la credenza chiave che finora vi era sfuggita. Se provate dolore, se vi sentite sfiduciato, frustrato o arrabbiato, forse dovete chiedervi: "Che cosa mi fa sentire così?" Il miracolo di questo semplice processo è che vi farà scoprire credenze che non sapevate nemmeno di avere. Per esempio, se vi sentite depresso e vi chiedete: "Quale credenza mi fa sentire depresso?" probabilmente vi verrà in mente qualcosa che riguarda il futuro, come: "Le cose non miglioreranno mai." Oppure: "Non c'è più speranza." Quando sentite esprimere queste convinzioni, potreste pensare: "Non ci credo! Adesso mi sento infelice, ma non mi sentirò così per sempre. Anche questa passerà." Oppure potreste decidere che la convinzione di avere sempre dei problemi è totalmente distruttiva e che non la prenderete mai più in considerazione.

Mentre esaminate queste credenze limitanti, osservate come cambiano i vostri sentimenti. Vi renderete conto che, se cambiate il senso che un avvenimento ha nella vostra testa, immediatamente cambierete il modo di sentire e di agire, il che vi porterà a cambiare le vostre azioni e quindi a trasformare il vostro destino. *Cambiare il significato che qualcosa ha per voi cambierà le vostre decisioni.* Ricordate che nella vita niente ha un significato, se non quello che voi gli attribuite. Perciò assicuratevi di scegliere consapevolmente i significati che siano più affini alla meta che vi siete scelta.

Le credenze hanno lo spaventoso potere di creare o distruggere. Io credo che abbiate scelto questo libro perché nel profondo di voi stessi avete deciso di non accontentarvi di meno del massimo di cui sapete di essere capaci. Volete veramente sfruttare il potere di realizzare i vostri sogni, invece di distruggerli? Allora imparate a scegliere le credenze che vi infondano forza, createvi convinzioni che vi portino nella direzione del destino che fa appello al meglio di voi stessi. La vostra famiglia, il vostro lavoro, la vostra comunità e il vostro paese non meritano di meno.

Leadership e potere della credenza

I leader, i capi sono quegli individui che vivono di credenze positive e insegnano agli altri ad attingere alle loro piene possibilità, eliminando le credenze che li limitano. Una grande leader che mi ha molto colpito è l'insegnante Marva Collins. Trent'anni fa Marva usò il suo potere personale e decise di influire sul futuro agendo in modo positivo sulla vita dei bambini. La sua sfida: quando ottenne il suo primo posto di insegnante in quello che era ritenuto il ghetto di Chicago, i suoi scolari di seconda avevano già deciso che non intendevano imparare un bel nulla. Un punto sul quale insisterò più e più volte in questo libro è che, quando due persone si incontrano, chiunque delle due abbia preso una decisione (chi dei due cioè è impegnato al più profondo livello) finirà per influenzare l'altra persona se fra loro si stabilisce un rapporto. La missione di Marva era di influire sulla vita di quei ragazzi. Non aveva solo l'idea di poter influire su di loro, ma la profonda, appassionata convinzione che li avrebbe influenzati veramente. Non c'era limite a quello che Marva voleva raggiungere. Messa di fronte a dei bambini definiti dislessici o affetti da altri disordini nell'apprendimento o del comportamento, Marva decise che il vero problema non erano i bambini ma il metodo di insegnamento usato con loro fino a quel momento. Nessuno li stimolava abbastanza. Di conseguenza, questi bambini non credevano in se stessi. Non avevano mai fatto l'esperienza di essere spronati a perseverare e a scoprire chi fossero veramente o di che cosa fossero capaci. Gli esseri umani reagiscono alle sfide e quei bambini, pensò Marva, non avevano bisogno di nient'altro.

Così gettò via tutti i vecchi libri di testo e si mise invece a insegnare Shakespeare, Tolstoj e Sofocle. Tutti gli altri insegnanti dicevano: "Impossibile, questi bambini non ci capiranno niente." Come potete indovinare, molti attaccarono personalmente Marva, dicendo che avrebbe distrutto la vita di quei poveri bambini. Ma gli scolari di Marva non solo capivano quello che lei insegnava, ma addirittura rifiorivano. Perché? Perché lei credeva intensamente nella peculiarità dell'animo di ciascun bambino e nella sua capacità di imparare qualsiasi cosa. Sapeva comunicare con tanta coerenza e amore da indurli veramente a credere in se stessi e ad alcuni di loro questo accadeva per la prima volta nella vita. I risultati che Marva ha ottenuto con gli anni sono straordinari.

Io l'ho conosciuta e l'ho intervistata alla Westside Preparatory School, una scuola privata che Marva ha fondato al di fuori del sistema scolastico della città di Chicago. Dopo il nostro incontro, decisi di intervistare anche qualcuno dei suoi bambini. Il primo che incontrai era un giovanotto di quattro anni, con un sorriso da sciogliere il ghiaccio. Gli strinsi la mano.

"Ciao, io sono Tony Robbins."

"Ciao, Mr Robbins, io mi chiamo Talmadge E. Griffin. Ho quattro anni. Che cosa vuoi sapere?"

"Bene, Talmadge, dimmi, che cosa stai studiando in questi giorni?"

"Sto studiando un sacco di cose, Mr Robbins."

"Allora, che libri hai letto ultimamente?"

"Ho appena finito *Uomini e topi,* di John Steinbeck."

Inutile dire che rimasi piuttosto impressionato. Gli chiesi di che cosa parlasse il libro, immaginando che lui mi avrebbe risposto che parlava di due tipi di nome George e Lenny.

Lui disse: "Be', il protagonista principale è..."

A questo punto ero conquistato! Poi gli chiesi che cosa avesse imparato dal libro.

"Mr Robbins, ho fatto più che imparare qualcosa da questo libro! Questo libro ha permeato la mia anima."

Mi misi a ridere e chiesi: "Che cosa vuol dire 'permeare'?"

"Invadere completamente," disse lui, poi mi diede una spiegazione più ampia di quella che potrei darvi io.

"Che cosa ti ha colpito di più in questo libro, Talmadge?"

"Mr Robbins, nella storia ho notato che i bambini non giudicano mai gli altri dal colore della pelle. Solo gli adulti lo fanno. E ho imparato anche che, se un giorno diventerò adulto, non dimenticherò mai le lezioni di un bambino."

Mi salirono le lacrime agli occhi perché avevo capito che Marva Collins dava a quel bambino, e a tanti altri come lui, quel genere di credenze positive che avrebbero continuato a determinare le loro decisioni, non solo in quel momento, ma per tutta la vita. Marva migliora la qualità di vita dei suoi scolari usando i tre principi organizzativi di cui vi ho parlato all'inizio: li induce a attenersi a un livello più alto, li aiuta a adottare nuove e positive convinzioni che li rendono capaci di superare i loro vecchi limiti, e sostiene tutto questo con tecniche e strategie necessarie a un successo duraturo. I risultati? I suoi studenti sono diventati non solo sicuri di sé ma anche competenti. I risultati immediati in termini di profitto scolastico sono stupefacenti e gli effetti sulla loro vita di tutti i giorni sono profondi.

Alla fine chiesi a Talmadge: "Qual è la cosa più importante che ti ha insegnato Mrs Collins?"

"La cosa più importante che mi ha insegnato Mrs Collins è che la società può programmare ma solo io posso determinare il mio destino."

Forse dovremmo tutti ricordare le lezioni di un bambino. Con le idee che Talmadge espresse con tanta grazia, sono sicuro che lui (come pure tutti gli altri bambini della sua classe) avrà la grande occasione di interpretare continuamente la vita in modo da crearsi il futuro che desidera, invece di quello che molti temono.

Riassumiamo un po' quello che abbiamo imparato finora. Siamo sicuri che vi è un potere dentro di noi che deve essere svegliato. Questo potere comincia con la capacità di prendere decisioni consapevoli che determinano il nostro destino. Ma c'è un'intima credenza che dobbiamo esplorare e risolvere e questa credenza si trova nella risposta a questa domanda...

5
IL CAMBIAMENTO PUÒ AVVENIRE IN UN ISTANTE

Ecco, io vi svelo un mistero: non tutti moriremo, ma tutti saremo trasformati in un istante, in un batter d'occhio...
LETTERA AI CORINZI 15,51

Che io ricordi, ho sempre sognato di poter aiutare la gente a cambiare praticamente qualsiasi cosa nella propria vita. Istintivamente, già da giovanissimo, mi rendevo conto che, per saper aiutare gli altri a cambiare, dovevo prima essere capace di cambiare me stesso. Già alle scuole medie cominciai a cercare nei libri e nelle videocassette quello che pensavo potesse darmi le nozioni essenziali per cambiare le emozioni e il comportamento umani.

Naturalmente volevo migliorare certi aspetti della mia stessa vita: volevo fare di me una persona motivata, capace di perseguire i propri obiettivi, di agire, capace di imparare a godere la vita e ad avere rapporti, a legare con la gente. Non so bene perché, ma in qualche modo associavo il piacere all'idea di imparare e di dividere con gli altri le nozioni che potessero migliorare la loro vita, in modo che mi apprezzassero e magari mi amassero. Di conseguenza a scuola mi chiamavano "l'uomo delle soluzioni". Se qualcuno aveva un problema, doveva ricorrere a me. Devo dire che ero molto fiero di questa qualifica.

Più imparavo, più la mia sete di sapere cresceva. Capire come influenzare le emozioni e il comportamento umani era diventato per me un'ossessione. Seguii un corso di lettura rapida e arrivai a leggere circa settecento libri in pochi anni: quasi tutti parlavano dello sviluppo umano, di psicologia, di influenza e di sviluppo fisiologico. Volevo conoscere assolutamente tutto lo scibile su come migliorare la qualità della vita e cercavo di applicare subito queste nozioni a me stesso e di insegnarle agli altri. Ma non mi fermai ai libri. Diventai un fanatico di video motivazionali e mentre ero ancora al liceo risparmiavo denaro per frequentare vari tipi di seminari sullo sviluppo personale. Come potete immaginare, non ci volle molto perché mi accorgessi che dovunque non facevo che sentir ripetere sempre lo stesso messaggio, elaborato sotto varie forme. Pareva non ci fosse niente di nuovo. Cominciai a stancarmi della cosa.

Ma dopo il mio ventunesimo compleanno, scoprii una serie di tecnologie che potevano cambiare la vita della gente in un lampo: semplici tecnologie, come la terapia gestaltiana e strumenti per influenzare come l'ipnosi ericksoniana e la programmazione neuro linguistica (Neuro Linguistic Programming). Quando capii che questi strumenti potevano veramente aiutare la gente a ottenere in pochi minuti dei cambiamenti che prima richiedevano mesi, anni o anche decenni, diventai un loro ardente sostenitore. Decisi di impegnare tutte le mie risorse nella conoscenza di queste tecnologie. E non mi fermai qui: appena imparavo qualcosa, subito l'applicavo.

Non dimenticherò mai la mia prima settimana di training di programmazione neuro linguistica. Imparavamo a eliminare una fobia in meno di un'ora, cosa che con le varie terapie tradizionali si riusciva a ottenere solo dopo cinque o più anni! Il quinto giorno mi rivolsi agli psichiatri e psicologi della scuola e dissi loro: "Perché non troviamo qualche fobico e lo curiamo?" Mi guardarono tutti come se fossi stato matto. Mi dissero molto chiaramente che evidentemente non ero una persona colta, che bisognava aspettare che venisse completato il programma di sei mesi, fare un esame e, se lo superavamo, solo allora saremmo stati in grado di mettere in pratica quanto avevamo appreso.

Io però non avevo nessuna voglia di aspettare. Così cominciai la mia carriera con apparizioni a programmi per la radio e la televisione in Canada e poi anche negli Stati Uniti. In questi programmi parlavo di queste tecnologie avanzate per produrre cambiamenti e spiegavo che se volevamo cambiare la nostra vita, sia che si trattasse di cambiare un'abitudine negativa sia di una fobia che ci dominava da anni, potevamo farlo nel giro di pochi minuti, anche se ci avevamo già provato per anni con altri sistemi

Era un'idea radicale? Direi proprio di sì. Io comunque sostenevo che *tutti i cambiamenti possono avvenire in un momento.* Il fatto è che molti di noi aspettano che siano accadute certe cose, prima di decidersi a virare di bordo. Se ci rendevamo veramente conto di come lavora il cervello, obiettavo, potevamo smettere con l'eterno processo di analizzare perché certe cose ci erano accadute e se potevamo cambiare semplicemente quello che associavamo al dolore e al piacere, potevamo altrettanto facilmente cambiare il condizionamento che era stato imposto al nostro sistema nervoso e farci carico immediatamente della nostra vita. Come potete immaginare, un ragazzetto senza laurea in medicina che faceva queste discutibili affermazioni alla radio non era troppo ben visto dai professionisti della salute mentale. Alcuni psichiatri e psicologi mi attaccarono apertamente, anche per radio.

Così imparai a basare la mia carriera su due principi: tecnologia e sfida. Sapevo di avere una tecnologia superiore, un modo superiore di operare cambiamenti basato su conoscenze decisive del comportamento umano, ignote agli psicologi tradizionali. E pensavo che, se stimolavo abbastanza me stesso e la gente con cui lavoravo, avrei potuto trovare il modo di ribaltare praticamente ogni situazione.

Uno psichiatra, in particolare, mi diede del ciarlatano e del bugiardo e disse che sostenevo il falso. Sfidai questo psichiatra a mettere per un momento da parte il suo pessimismo e a concedermi l'occasione di lavorare con un suo paziente, qualcuno che lui non fosse riuscito a cambiare dopo un lavoro di anni. Era una mossa audace e sulle prime questo psichiatra non volle raccogliere la mia sfida. Ma dopo avere esercitato un po' di forza di leva (tecnica di cui parleremo nel prossimo capitolo), finalmente convinsi lo psichiatra a lasciar venire una sua paziente a una delle mie dimostrazioni gratuite e a permettermi, davanti a tutta la sala, di lavorare con lei. In quindici minuti rimossi da quella donna la fobia per i serpenti (da notare che era già stata inutilmente in cura per sette anni da quello stesso psichiatra che mi aveva attaccato). Lo psichiatra rimase, a dir poco, sbalordito. Ma soprattutto provate a immaginare che tipo di riferimenti creò per me questo episodio e quale grado di sicurezza mi diede sulle mie possibilità! Cominciai a girare come un pazzo per gli Stati Uniti, dimostrando alle persone come si poteva cambiare in fretta. Scoprii che, dovunque andassi, la gente sulle prime si mostrava scettica. Ma appena riuscivo a ottenere concreti risultati sotto i loro stessi occhi, destavo non solo la loro attenzione e il loro interesse, ma anche la voglia di applicare quanto avevo detto per ottenere concreti risultati nella loro stessa vita.

Come mai in genere tutti sono convinti che i cambiamenti avvengano molto lentamente? Una delle ragioni, ovviamente, è che hanno provato e riprovato solo con la forza di volontà a operare dei cambiamenti senza riuscirci. E ne deducono che ottenere grandi cambiamenti richiede molto tempo ed è molto difficile. In realtà è difficile solo perché in genere non sappiamo come si fa. Non abbiamo una strategia efficace. La forza di volontà da sola non basta se vogliamo ottenere cambiamenti duraturi.

Il secondo motivo per cui non cambiamo in fretta è che nella nostra cultura abbiamo una serie di credenze che ci impediscono di utilizzare le nostre intime risorse. Culturalmente facciamo associazioni negative con l'idea di un cambiamento improvviso, istantaneo. Per molti, un cambiamento istantaneo significa solo che in realtà non c'era nessun problema. Se si può cambiare così in fretta, perché allora non l'abbiamo fatto una settimana, un mese, un anno fa e non abbiamo smesso di lagnarci?

Per esempio, secondo voi, quanto ci mette una persona a riprendersi dalla perdita di una persona cara e a sentirsi meglio? Fisicamente, potrebbe farlo il mattino dopo, ma in genere non succede. Perché? Perché nella nostra cultura abbiamo la convinzione che dobbiamo addolorarci per un certo periodo di tempo. Quanto dobbiamo piangere? Dipende dal nostro stesso condizionamento. Provate a pensarci. Se il giorno dopo aver perso una persona cara non foste afflitti, non è forse vero che questo sarebbe fonte di grande dolore nella vostra vita? Il vostro prossimo penserebbe subito che non vi importava nulla della persona cara che avete perduto. E, sulla base del vostro condizionamento culturale, potreste cominciare a pensarlo anche voi stessi. L'idea di superare la morte di qualcuno con tanta facilità è semplicemente troppo dolorosa. Così scegliamo la pena di addolorarci piuttosto di cambiare le nostre emozioni, finché non ci sembra che le nostre regole e i nostri standard culturali siano stati rispettati.

In realtà ci sono culture in cui si festeggia quando qualcuno muore! E ciò perché ognuno è convinto che Dio conosca sempre il momento giusto in cui si deve lasciare la terra e che la morte sia una promozione. Si crede inoltre che se si dovesse piangere la morte di qualcuno, non si farebbe altro che dimostrare la propria incapacità a capire la vita e il proprio egoismo. Dato che questa persona è andata in un luogo migliore, in realtà piangi solo per te stesso. Tutti associano il piacere con la morte e il dolore con il piangere i morti, perché il lutto non fa parte della loro cultura. Non sto dicendo che il lutto sia male o sbagliato. Dico solo che dobbiamo renderci conto che si basa sulla nostra credenza che ci voglia molto tempo per riprendersi da un grande dolore.

Mentre giravo da una costa all'altra degli Stati Uniti tenendo i miei discorsi, continuavo a incoraggiare le persone a fare importanti cambiamenti di vita, spesso in trenta minuti o anche meno. Indubbiamente suscitavo discussioni e, più successo avevo, più mi sentivo sicuro di me stesso. A dire la verità, ogni tanto ero un po' polemico e decisamente aggressivo. Cominciai a fare anche terapia privata, aiutando chi mi si affidava a ribaltare le situazioni e poi cominciai a tenere dei seminari. In pochi anni, mi trovai a dover viaggiare tre settimane su quattro, affannandomi e lavorando anima e corpo per ampliare la mia capacità di influenzare positivamente il maggior numero di persone che potevo, nel più breve tempo possibile. I risultati che ottenevo cominciarono a fare scalpore. Alla fine psichiatri e psicologi smisero di attaccarmi e cominciarono a essere veramente interessati a imparare le mie tecniche per usarle sui propri pazienti. Allo stesso tempo, anche il mio atteggiamento cambiò e diventai più equilibrato. Ma non persi mai la mia passione, la mia voglia di aiutare più gente che potevo.

Un giorno di circa quattro anni e mezzo fa, poco dopo la pubblicazione di *Come ottenere il meglio da sé e dagli altri*, stavo firmando alcune copie del libro dopo uno dei miei seminari a San Francisco. Nel frattempo riflettevo sulle incredibili ricompense che avevo ricevuto per essere rimasto fedele agli impegni che avevo preso con me stesso addirittura al liceo: l'impegno di crescere, espandermi, dare il mio contributo e quindi fare qualcosa di speciale nella mia esistenza. Ogni volta che un viso sorridente mi si avvicinava, provavo una profonda gratitudine per essere riuscito a sviluppare quelle capacità che potevano veramente aiutare gli uomini a cambiare praticamente tutto nella loro vita.

Quando anche l'ultimo gruppo di persone si allontanò, mi si avvicinò un uomo e mi disse: "Mi riconosce?" Dato che avevo visto letteralmente migliaia di persone solo in quell'ultimo mese, dovetti ammettere che per la verità non lo riconoscevo. Lui allora disse: "Ci pensi un attimo." Lo guardai per qualche istante, poi qualcosa scattò nel mio cervello. "New York City, vero?" "Vero." E io: "Credo di averla aiutata privatamente a perdere il vizio del fumo." Lui annuì di nuovo. E io ripresi: "Ehi, ma è stato un sacco di anni fa? Come va?" Lui si infilò una mano in tasca e tirò fuori un pacchetto di Marlboro, fissandomi con uno sguardo accusatore. "Come vede, lei ha fallito!" Poi si lanciò in una filippica sulla mia incapacità a "programmarlo" efficacemente.

Ammetto che rimasi disorientato. Dopo tutto avevo costruito la mia carriera sull'assoluta disposizione a mettermi sempre alla prova, sul mio impegno a sfidare me stesso e gli altri, sulla mia dedizione a tentare qualsiasi cosa per ottenere cambiamenti duraturi efficaci, alla velocità del lampo. Mentre quell'uomo continuava a proclamare la mia incapacità a "curare" il suo vizio del fumo, io mi chiedevo che cosa non avesse funzionato. Che il mio ego avesse superato il mio effettivo livello di capacità e di abilità? A poco a poco cominciai a farmi domande più appropriate. Che cosa potevo imparare da quella situazione? Che cosa era realmente accaduto?

"Che cosa è successo dopo che abbiamo lavorato insieme?" gli chiesi, aspettandomi che dicesse che aveva ripreso a fumare una settimana dopo la terapia. Risultò che quell'uomo aveva smesso di fumare per due anni e mezzo dopo che avevo lavorato con lui per meno di un'ora! Un giorno però aveva tirato una boccata e in breve era tornato alla sua vecchia abitudine di quattro pacchetti al giorno, dando la colpa a me perché il cambiamento non era durato.

Quell'uomo non aveva tutti i torti. Dopo tutto, avevo insegnato qualcosa che si chiamava programmazione neuro linguistica. Pensate alla parola "programmazione". Lascerebbe intendere che voi venite da me, io vi programmo e poi tutto fila alla perfezione. Voi non avreste dovuto fare più niente. Proprio per il mio grande desiderio di aiutare la gente al livello più profondo, avevo fatto anch'io lo stesso errore che facevano gli altri leader del settore dello sviluppo personale: mi ero assunto la responsabilità dei cambiamenti della gente.

Quel giorno mi resi conto di avere messo tutto il peso della responsabilità sulle spalle della persona sbagliata, me stesso, e che quell'uomo, o chiunque delle migliaia di persone che si erano rivolte a me, avrebbe potuto facilmente tornare ai vecchi comportamenti, se avesse incontrato una sfida abbastanza difficile, perché considerava me l'unica persona responsabile del proprio cambiamento. Se le cose non funzionavano, queste persone potevano semplicemente dare la colpa a qualcun altro. Non avevano nessuna responsabilità personale e perciò nessuna sofferenza, se abbandonavano il nuovo comportamento.

Di conseguenza, decisi di cambiare metafora e smisi di usare la parola "programmare" perché, pur continuando a usare le tecniche della programmazione neuro linguistica, ritengo che sia un termine impreciso. Una metafora migliore per indicare un cambiamento a lungo termine mi parve perciò *condizionare*. Quest'idea divenne certezza quando qualche giorno dopo mia moglie chiamò un accordatore per il nostro pianoforte a mezza coda. Quell'uomo era un vero artista. Si mise a lavorare su ogni corda del piano per ore e ore, tirandole al giusto grado di tensione per creare una vibrazione perfetta. Alla fine della giornata, il piano suonava meravigliosamente bene. Quando gli chiesi quanto gli dovevo, lui disse: "Non si preoccupi, le porterò il conto la prossima volta." "La prossima volta?" chiesi stupito. "Che cosa vorrebbe dire?" E lui rispose: "Tornerò domani e poi una volta alla settimana per tutto il prossimo mese. Poi tornerò ogni tre mesi per il resto dell'anno e tutto questo perché lei abita vicino al mare."

"Ma di che cosa sta parlando?" ribattei io. "Non ha già fatto tutti gli aggiustamenti necessari al piano? Non è a posto?" E lui: "Sì, ma queste corde sono molto robuste e per mantenerle al perfetto livello di tensione dobbiamo condizionarle regolarmente, finché la fibra non si abitua a restare a tale livello." Pensai: "Deve fare affari questo tipo!" Però devo ammettere che quel giorno avevo anche ricevuto una bella lezione.

Questo è esattamente quello che dobbiamo fare se vogliamo riuscire a operare un cambiamento duraturo. Una volta effettuato il cambiamento, dovremo rinforzarlo subito. Poi dobbiamo condizionare il nostro sistema nervoso ad avere successo non una volta sola, ma costantemente. Per esempio, non andreste a un corso di aerobica una sola volta per poi dire: "Benone, adesso ho un corpo magnifico e scoppierò di salute per tutta la vita." Lo stesso vale per le emozioni e il comportamento. Dobbiamo condizionarci per il successo, per l'amore, per vincere le paure. E, mediante questo condizionamento, possiamo sviluppare moduli che ci conducano automaticamente a un successo costante e duraturo.

Dobbiamo ricordare che dolore e piacere modellano tutti i nostri comportamenti e che piacere e dolore possono cambiare i nostri comportamenti. Per condizionarci, dobbiamo saper usare il dolore e il piacere. Nel prossimo capitolo imparerete la scienza che io ho sviluppato per operare tutti i cambiamenti che volete nella vita. Io la chiamo "scienza del condizionamento neuroassociativo" o CNA. Che cos'è il CNA? È un processo graduale che può condizionare il vostro sistema nervoso ad associare piacere con le cose verso le quali volete avvicinarvi e dolore con quelle che volete evitare onde ottenere un successo duraturo senza l'uso continuo della forza di volontà. Ricordate, sono le sensazioni che siamo stati condizionati ad associare nel nostro sistema nervoso, le nostre neuroassociazioni, a determinare il nostro comportamento e le nostre emozioni.

Quando assumiamo il controllo delle nostre neuroassociazioni, assumiamo il controllo della nostra vita. Questo capitolo vi insegnerà a condizionare le neuroassociazioni in modo da spingervi all'azione e ottenere i risultati che avete sempre sognato. Lo scopo è darvi il CNA per creare cambiamenti duraturi e costanti.

Le cose non cambiano: siamo noi a cambiare.
HENRY DAVID THOREAU

Quali sono le due cose che tutti vorrebbero cambiare nella loro vita? Non è forse vero che tutti vorremmo cambiare quello che proviamo nei confronti delle cose o il nostro comportamento? Se una persona ha dovuto affrontare una tragedia, se per esempio è stata violentata da bambina, ha perso una persona cara, o la stima di se stessa resterà evidentemente addolorata finché le sensazioni che collega con se stesso, con questi avvenimenti o con la situazione, non sono cambiate. Ugualmente, se una persona mangia troppo, beve, fuma o si droga ha stabilito una serie di comportamenti che deve cambiare. L'unico modo perché questo avvenga è associare dolore con il vecchio comportamento e piacere con un comportamento nuovo.

A dirlo sembra semplicissimo, ma ho scoperto che, per essere capaci di operare un vero cambiamento duraturo, dobbiamo sviluppare un sistema scientifico per utilizzare tutte le tecniche che voi e io riusciamo a imparare per operare un cambiamento, e ce ne sono parecchie. Ogni giorno scopro nuove tecnologie e nuovi metodi, desumendoli da una varietà di scienze. Continuo a usare molte tecniche di programmazione neuro linguistica e tecniche ericksoniane con le quali ho iniziato la mia carriera, ma torno sempre a utilizzarle nell'ambito dei sei passi fondamentali che la scienza del condizionamento neuroassociativo rappresenta. Ho creato il CNA come un modo di usare ogni tecnologia per il cambiamento: è uno strumento che in realtà ci fornisce una sintassi specifica, un ordine e una sequenza di modi per utilizzare ogni tipo di tecnica, per creare un cambiamento di lunga durata.

Ricorderete certo che nel primo capitolo ho detto che una delle componenti chiave per creare il cambiamento a lunga durata è un mutamento di convinzioni. La prima credenza che dobbiamo avere se intendiamo operare un cambiamento rapidamente è che dobbiamo cambiare subito. Molta gente nella nostra società ha inconsciamente collegato molta sofferenza all'idea di poter cambiare rapidamente. Da un lato desideriamo cambiare in fretta e dall'altro la nostra programmazione culturale ci insegna che cambiare in fretta significa che forse non avevamo alcun problema. Forse stavamo soltanto fingendo di averlo, ci stavamo gingillando. Dobbiamo adottare la convinzione che possiamo cambiare in un momento. Dopo tutto, se si può creare un problema in un momento, dovremmo anche essere capaci di trovare la soluzione altrettanto in fretta! Sappiamo che quando la gente alla fine cambia, lo fa in un momento, non è vero? C'è un istante preciso in cui avviene il cambiamento. Perché non fare che sia ora, quel momento? Di solito è prepararsi a cambiare che richiede tempo. Avrete forse sentito questa barzelletta:

Domanda: Quanti psichiatri ci vogliono per cambiare una lampadina?

Risposta: Uno solo, ma è molto costoso, ci vuole molto tempo e poi la lampadina deve voler essere cambiata.

Scemenze! Dobbiamo essere pronti a cambiare! Dobbiamo diventare i consiglieri di noi stessi e i padroni della nostra vita.

La seconda convinzione che dobbiamo avere, se vogliamo operare cambiamenti duraturi, è che siamo noi e nessun altro i responsabili del nostro cambiamento. In realtà ci sono tre specifiche credenze sulla responsabilità che dobbiamo avere per operare un cambiamento duraturo:

1. Dobbiamo credere che "qualcosa deve cambiare", non che dovrebbe o potrebbe cambiare, ma deve assolutamente cambiare. Spesso sento dire: "Dovrei perdere qualche chilo", "Rimandare è un brutto vizio", "I miei rapporti dovrebbero essere migliori." Ma potremmo affogare nei "dovrei" e la nostra vita non cambierebbe affatto! È solo quando qualcosa diventa un imperativo, che cominciamo a fare davvero quello che è necessario per mutare la qualità della nostra vita.
2. Dobbiamo non solo credere che le cose devono cambiare, ma ciascuno di noi deve pensare: "Io devo cambiarle." Dobbiamo considerarci la fonte del cambiamento. Altrimenti cercheremo sempre qualcun altro che faccia i cambiamenti per noi e avremo sempre qualcuno cui dare la colpa se la cosa non dovesse funzionare. Dobbiamo essere noi stessi la fonte del cambiamento, se vogliamo che duri.
3. Dobbiamo credere: "Io posso cambiare le cose." Se non siamo convinti di poter operare il cambiamento, come abbiamo già detto nel capitolo precedente, non abbiamo nessuna probabilità di realizzare i nostri desideri.

Senza queste tre profonde convinzioni, vi posso assicurare che qualsiasi cambiamento facciate ha tutte le probabilità di essere solo temporaneo. Vi prego di non fraintendermi, è sempre una saggia idea avere un bravo allenatore (un esperto, un terapista, un consigliere, qualcuno che abbia già ottenuto i risultati cui voi mirate) che vi guidi nel fare i giusti passi per vincere la vostra fobia o per smettere di fumare o per dimagrire. Ma in definitiva dovete essere voi la fonte del vostro cambiamento.

Il dialogo che ho avuto quel giorno con quel fumatore recidivo mi ha indotto a pormi nuove domande sulle fonti dei cambiamenti. Come mai in quegli anni ero stato tanto efficiente? Che cosa mi aveva distinto dalle altre persone che avevano cercato di aiutare la stessa gente senza riuscirvi? E quando avevo cercato di fare cambiare qualcuno e non c'ero riuscito, che cosa era successo? Che cosa mi aveva impedito di ottenere il cambiamento che mi ero impegnato ad attuare in quella persona?

Poi cominciai a pormi domande ancora più generali: "Che cosa fa veramente accadere il cambiamento in ogni tipo di terapia?" Ogni terapia qualche volta funziona e qualche volta no. E cominciai a notare altre due cose interessanti: certa gente andava da terapisti che non mi sembravano particolarmente abili, eppure riusciva a ottenere il cambiamento desiderato in un brevissimo periodo di tempo, nonostante le scarse doti del terapista. E vedevo altri andare da terapisti che ritenevo ottimi e non riuscire tuttavia a ottenere i risultati voluti.

Dopo avere assistito per anni a migliaia di trasformazioni, cercando un comune denominatore, alla fine ho capito: possiamo analizzare i nostri problemi per anni, ma non cambia niente finché non si modificano le sensazioni che associamo con un'esperienza nel nostro sistema nervoso, e avremo la capacità di farlo con estrema rapidità e forza se capiamo...

Il potere del nostro cervello

Che dono magnifico riceviamo nascendo! Ho imparato che il nostro cervello può aiutarci a compiere praticamente tutto quello che vogliamo. Le sue possibilità sono quasi illimitate. In genere non sappiamo molto su come funziona, perciò fermiamoci un momento a osservare questo impareggiabile vaso di potere e a considerare come possiamo condizionarlo perché produca i risultati che vogliamo nella vita.

Il cervello aspetta con impazienza i vostri ordini, pronto a eseguire tutto quello che gli chiedete. Gli basta solo una piccola dose di carburante: l'ossigeno del sangue e un po' di glucosio. Quanto a complessità e potere, il cervello sfida anche la più avanzata tecnologia moderna dei computer. È capace di elaborare fino a trenta miliardi di informazioni al secondo e vanta l'equivalente di novemilaseicento chilometri di fili e cavi. Il sistema nervoso dell'uomo contiene circa ventotto miliardi di neuroni (cellule nervose destinate a trasmettere gli impulsi). Senza neuroni, il nostro sistema nervoso non sarebbe capace di interpretare le informazioni che riceviamo attraverso gli organi sensori, di trasmetterle al cervello e di riportare dal cervello le istruzioni su che cosa dobbiamo fare. Ciascuno di questi neuroni è un minuscolo computer autosufficiente, capace di elaborare un milione di informazioni.

I neuroni agiscono indipendentemente, ma comunicano tra loro mediante uno straordinario reticolo di centosessantamila chilometri di fibre nervose. La capacità del cervello di elaborare informazioni è incredibile, specie se si considera che un computer, anche il più rapido, può fare solo una connessione per volta. Invece, una reazione in un neurone può trasmettersi a centomila altri neuroni nello spazio di meno di venti millisecondi. Per darvi un'idea, circa dieci volte meno di un batter d'occhio.

Un neurone ci mette un milione di volte di più a mandare un segnale di quanto ci impiega un tasto di computer, eppure il cervello riesce a riconoscere un viso familiare in meno di un secondo, cosa questa al di là delle capacità del più potente computer. Il cervello riesce a operare a tale velocità perché, invece del metodo graduale del computer, i suoi miliardi di neuroni possono affrontare un problema tutti nello stesso istante.

Ma allora, se abbiamo questo immenso potere a nostra disposizione, "perché non riusciamo a essere sempre felici?" Perché non riusciamo a cambiare un comportamento come quello di fumare o bere, mangiare troppo o rimandare in eterno? Perché non possiamo scuoterci di dosso immediatamente la depressione, superare le frustrazioni e sentirci felici ogni santo giorno della nostra vita? *Invece possiamo!* Ciascuno di noi ha a disposizione il più incredibile computer della terra, ma purtroppo nessuno ci ha dato il manuale d'istruzioni! Moltissimi di noi non hanno la più pallida idea di come funzioni il cervello, perciò cerchiamo di pensare al modo di cambiare, quando in realtà il nostro comportamento è radicato nel nostro sistema nervoso sotto forma di connessioni fisiche-connessioni nervose (che io chiamo neuroassociazioni).

Neuroscienza: il vostro biglietto per un cambiamento duraturo

Oggi possiamo fare grandi passi avanti nel capire la mente umana grazie all'unione di due campi assai diversi: la neuro biologia (lo studio cioè di come funziona il cervello) e la scienza dei computer. L'integrazione di queste due scienze ha creato la neuroscienza.

I neuroscienziati studiano come avvengono le neuroassociazioni e hanno scoperto che i neuroni inviano costantemente messaggi elettrochimici avanti e indietro attraverso le vie nervose, né più né meno di come avviene nelle corsie di un'autostrada piena di traffico. Questa comunicazione accade all'improvviso, e ciascuna idea o ricordo si muove lungo la propria corsia, mentre miliardi di altri impulsi viaggiano nelle loro particolari direzioni. Questo ci permette di saltare mentalmente dal ricordo del profumo di pino in un bosco all'ossessivo motivo di un musical di Broadway, da un piano dettagliato di una serata con l'amato bene alla bellezza del ditino di un neonato.

Questo complesso sistema non solo ci permette di godere della bellezza del creato, ma ci aiuta anche a sopravvivere. Ogni volta che sperimentiamo una certa quantità di piacere o di dolore, il cervello ne ricerca la causa e la registra nel nostro sistema nervoso per metterci in grado di fare una scelta migliore in futuro. Per esempio, senza una neuroassociazione che vi ricordi che a mettere la mano sulla fiamma ci si scotta, potreste ripetere infinite volte questo errore, riducendovi la mano a un moncherino bruciacchiato. Così le neuroassociazioni trasmettono rapidamente al cervello i segnali che ci permettono di riaccedere ai nostri ricordi e quindi di muoverci con sicurezza.

> *Per la mente ottusa tutta la natura è grigia. Per la mente illuminata il mondo intero arde e scintilla di luce.*
> RALPH WALDO EMERSON

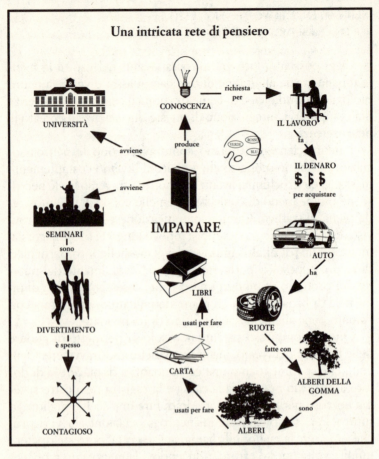

Quando facciamo qualcosa per la prima volta creiamo una connessione fisica, un sottile filamento nervoso che ci permette di riaccedere in futuro a quell'emozione o a quel comportamento. Provate a immaginarvelo così: ogni volta che ripetiamo un dato comportamento, la connessione si rinforza. Aggiungiamo un altro cavo alla nostra connessione nervosa. Con sufficienti ripetizioni e intensità emozionale, possiamo aggiungere molti fili contemporaneamente, aumentando la resistenza alla rottura di quel modulo emozionale o comportamentale, finché alla fine abbiamo una linea principale verso questo comportamento o sensazione. A questo punto ci troviamo spinti a provare queste sensazioni o a comportarci in quel modo costantemente. In altre parole, questa connessione diventa quello che io ho già definito una "superstrada" nervosa che ci condurrà lungo una via costante e automatica di comportamento.

Questa neuroassociazione è una realtà biologica; è fisica. Ecco perché pensare alla via che porta al cambiamento di solito non serve. Le nostre neuroassociazioni sono strumenti di sopravvivenza e sono riposte nel nostro sistema nervoso come connessioni fisiche piuttosto che come ricordi intangibili. Michael Merzenich della University of California di San Francisco ha scientificamente dimostrato che più spesso indulgiamo a un modulo di comportamento, più forte questo modulo diventa.

Merzenich ha mappato le aree specifiche nel cervello di una scimmia che venivano attivate quando le veniva toccato un certo dito della mano. Poi le ha insegnato a usare prevalentemente questo dito per ottenere il cibo. Quando Merzenich ha nuovamente mappato le aree attivate dal tocco nel cervello della scimmia, ha scoperto che l'area che rispondeva ai segnali provenienti dall'uso supplementare di quel dito s'era allargata quasi del 600 per cento! La scimmia continuava quel comportamento, anche se non otteneva più nessuna ricompensa, perché la via nervosa si era rinforzata.

Un esempio applicato al comportamento umano potrebbe essere quello di una persona cui non piace più fumare, ma prova ancora la compulsione a farlo. Come mai? Perché questa persona è fisicamente "collegata" all'impulso di fumare. Questo spiega perché potete avere incontrato qualche difficoltà a operare un cambiamento nei vostri moduli emozionali o nei vostri comportamenti in passato. Non avevate semplicemente un vizio, un'abitudine, ma avevate creato una rete di robuste neuroassociazioni all'interno del vostro sistema nervoso.

Sviluppiamo inconsciamente queste neuroassociazioni permettendo a noi stessi di indulgere a emozioni o comportamenti su una base costante. Ogni volta che vi abbandonate a un'emozione di rabbia o al comportamento di urlare con una persona cara, rinforzate la connessione nervosa e aumentate la probabilità di rifarlo. Per fortuna la ricerca ha anche dimostrato che quando la scimmia veniva costretta a smettere di usare quel dito, l'area del cervello in cui avvenivano queste connessioni nervose cominciava a ridursi di dimensioni e quindi la neuroassociazione diventava più debole.

Questa è una fortuna per chi vuole cambiare le proprie abitudini! Se smetterete semplicemente di indulgere a un particolare comportamento o a una particolare emozione per un periodo di tempo abbastanza lungo, se cioè interromperete il modulo di servirvi della vecchia via nervosa per un periodo di tempo sufficiente, la connessione si indebolirà e finirà per atrofizzarsi. Dovreste inoltre ricordare che questo significa che, se non usate la passione, anch'essa finirà per scemare. Ricordate: anche il coraggio, se non viene usato, diminuisce. L'impegno, non esercitato, svanisce. L'amore, non condiviso, si spegne.

> *Non basta avere una buona mente; la cosa più importante è usarla bene.*
> CARTESIO

La scienza del condizionamento neuroassociativo ci offre sei gradini specificamente intesi a cambiare il comportamento, interrompendo moduli che ci debilitano. Ma prima di tutto dobbiamo capire come avvengono nel cervello le neuroassociazioni. Ogni volta che provate una dose abbastanza forte di dolore o di piacere, il vostro cervello ne cerca immediatamente la causa. Usa i tre seguenti criteri:

1. *Il cervello cerca qualcosa di unico.* Per restringere il campo delle probabili cause, il cervello cerca di individuare qualcosa che sia insolito alla circostanza. Sembra logico pensare che se avete sensazioni insolite, debba esserci anche una causa insolita.
2. *Il cervello cerca qualcosa che sembra avvenuto simultaneamente.* In psicologia, si chiama "Law of Recency". Non è forse logico pensare che quello che accade nel momento

(o nella immediatezza) di un intenso piacere o dolore è probabilmente la causa di questa sensazione?
3. *Il cervello cerca una costante.* Se provate dolore o piacere, il vostro cervello comincia immediatamente a notare che cosa c'è di unico in voi e che cosa avviene simultaneamente. Se l'elemento che soddisfa queste due condizioni sembra anche presentarsi in modo costante ogni volta che provate questo dolore o piacere, allora potete star sicuri che il vostro cervello stabilirà che questa è la causa. Il problema è che, quando sentiamo piacere o dolore, tendiamo a generalizzare sulla costanza. Di certo ci sarà stato qualcuno che vi ha detto "tu fai 'sempre' così", dopo che avete fatto qualcosa per la prima volta. Forse ve lo siete anche detto da soli.

Dato che i criteri per formare le neuroassociazioni sono così imprecisi, è facilissimo cadere in equivoci e creare quelle che io chiamo le "false neuroassociazioni". Ecco perché dobbiamo valutare i legami prima che diventino parte del nostro processo decisionale inconscio. Spesso diamo la colpa alla causa sbagliata e questo ci preclude le possibili soluzioni. Ho conosciuto una donna, un'artista di grande successo, che non aveva più una relazione con un uomo da dodici anni. Questa donna metteva una grande passione in tutto quello che faceva ed era proprio per questo una grande artista. Però, quando la sua ultima relazione sentimentale era finita, aveva sofferto un grande dolore e il suo cervello aveva immediatamente cercato la causa, aveva cercato cioè qualcosa che fosse unico in quella relazione.

Il suo cervello aveva notato che quella relazione era stata particolarmente appassionata. Così, invece di identificare la passione come un aspetto positivo di quella relazione, questa donna cominciò a pensare che fosse stata proprio la passione il motivo per cui era finita. Il suo cervello cercò qualcosa che fosse avvenuto simultaneamente al dolore e di nuovo notò che c'era stata molta passione prima che la relazione finisse. Quando la donna cercò un elemento costante, di nuovo la passione venne additata come la colpevole. Dato che la passione soddisfaceva tutti e tre i criteri, il cervello della donna decise che doveva essere la causa per cui la relazione era finita in modo così doloroso.

Avendo identificato nella passione la causa, la donna decise di non abbandonarsi mai più alla passione in una relazione. Questo è un esempio classico di falsa neuroassociazione. La donna aveva identificato una causa falsa e questo ora guidava il suo comportamento e paralizzava il potenziale di una relazione migliore in futuro. Il vero colpevole in questa relazione era il fatto che la donna e il suo partner avevano regole e valori diversi. Ma, visto che lei associava il dolore alla passione, la evitava a tutti i costi, non solo nelle relazioni, ma anche nell'arte. La qualità di tutta la sua vita cominciò a soffrirne. Questo è un perfetto esempio degli strani modi in cui a volte facciamo le connessioni. Dobbiamo capire come il nostro cervello fa le associazioni e mettere in discussione molte connessioni che abbiamo già accettato e che forse stanno limitando la nostra vita. Altrimenti, nella nostra vita personale e professionale, siamo destinati a sentirci frustrati e insoddisfatti.

Autosabotaggio

Ancora più insidiose sono le "neuroassociazioni miste", la fonte classica dell'autosabotaggio. Se vi siete mai scoperti a cominciare qualcosa per poi distruggerla, di solito la colpa è delle neuroassociazioni miste. Forse il vostro lavoro è andato avanti a scossoni, con continui alti e bassi. Di che cosa si tratta? È un caso in cui dolore e piacere si associano alla stessa situazione.

Un esempio che può valere per molti di noi è il denaro. Nella nostra cultura si verificano, nei confronti del denaro, associazioni incredibilmente miste. Senza dubbio tutti vogliono il denaro, ritenendo che possa dare più libertà, più sicurezza, la possibilità di aiutare gli altri, di viaggiare, di imparare, di espandersi, di lasciare una propria impronta. Ma allo stesso tempo molti non riescono mai a superare un certo livello di guadagno, perché nel proprio intimo associano l'idea di avere "troppo" denaro a moltissime cose negative: essere avidi, sentirsi giudicati, stress, immoralità o mancanza di spiritualità.

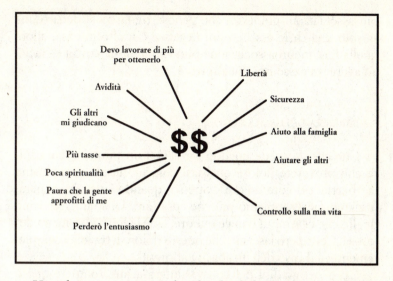

Uno dei primi esercizi che chiedo di fare nei miei seminari di "Financial Destiny" è di esprimere tutte le associazioni positive e negative connesse con la ricchezza. Dal lato del più le persone scrivono: libertà, lusso, aiutare gli altri, felicità, sicurezza, viaggi, occasioni ed essere qualcuno. Dal lato del meno (che di solito è il più fitto) scrivono: bisticci con il partner, stress, senso di colpa, notti insonni, intenso sforzo, avidità, superficialità, autocompiacimento, essere giudicati e tasse. Notate una differenza di intensità tra le due liste di neuroassociazioni? Quale, secondo voi, ha un ruolo più importante nella vita di queste persone?

Quando dovete decidere che cosa fare, se il vostro cervello non ha un segnale chiaro che indichi che cosa equivale a dolore e che cosa a piacere va in tilt ed entra in confusione. Di conseguenza perdete l'impulso e il potere di fare azioni decisive che potrebbero darvi quello che volete. Quando date al vostro cervello messaggi misti, otterrete risultati misti. Pensate al processo decisionale del vostro cervello come a una bilancia. "Se facessi questo, otterrei piacere o dolore?" E ricordate che a contare non è solo il numero dei fattori su ciascun piatto della bilancia, ma il peso che tali fattori hanno individualmente. Forse avrete più associazioni gradevoli che penose riguardo al denaro, ma se solo una delle associazioni negative è molto intensa, allora quella falsa neuroassociazione può eliminare la vostra capacità ad avere successo finanziariamente.

La barriera dolore-dolore

Che cosa succede quando arrivate a un punto in cui capite che proverete dolore qualsiasi cosa facciate? Io la chiamo la "barriera dolore-dolore". Spesso, quando succede, ci paralizziamo, non sappiamo più che cosa fare. Di solito scegliamo quello che ci sembra il male minore, cioè l'alternativa meno dolorosa. Certi però lasciano che questo dolore li travolga completamente: è il caso dell'incapacità appresa.

L'uso dei gradini del CNA vi aiuterà a interrompere questi moduli disarmanti. Creerete vie alternative, in modo che non vi limiterete a "desiderare" di allontanare un certo comportamento, o di superarlo rapidamente, ma vi riconnetterete per provare sensazioni e comportavi in modo coerente con le vostre nuove scelte. Se non cambiate quello che associate al piacere e al dolore nel vostro sistema nervoso, non ci sarà nessun cambiamento duraturo.

Dopo avere letto e assimilato i seguenti sei gradini, vi invito a scegliere qualcosa che volete cambiare subito nella vostra vita. Mettetevi in azione e seguite fino in fondo ciascun gradino, così non solo leggerete il prossimo capitolo, ma di conseguenza opererete anche dei cambiamenti. Cominciamo a imparare...

6
COME CAMBIARE QUALSIASI COSA NELLA VOSTRA VITA: LA SCIENZA DELLE NEUROASSOCIAZIONI

> *L'inizio di un'abitudine è come un filo invisibile, ma ogni volta che ripetiamo l'azione rinforziamo quel filo, vi aggiungiamo un altro filamento, finché esso non diventa una grossa fune che ci lega definitivamente, pensiero e azione.*
> ORISON SWETT MARDEN

Se vogliamo cambiare veramente il nostro comportamento, c'è un solo modo efficace di farlo: dobbiamo associare sensazioni immediate e insopportabili di dolore al nostro vecchio comportamento e incredibili e immediate sensazioni di gioia a uno nuovo. Noi tutti, mediante l'esperienza della vita, abbiamo imparato certi moduli di pensiero e di comportamento per uscire dal dolore e provare piacere. Tutti proviamo emozioni come noia o frustrazione o rabbia o sopraffazione, e sviluppiamo delle strategie per mettere fine a queste sensazioni. Certi usano lo shopping, altri il cibo; certi usano il sesso, altri la droga, alcuni l'alcool e altri si sfogano sgridando i propri figli. Sanno più o meno consciamente che questa via nervosa allevierà la loro pena e porterà loro un certo grado di piacere momentaneo.

Qualunque sia la strategia, se vogliamo cambiare, dobbiamo seguire sei semplici gradini, lo scopo dei quali è trovare un modo più diretto e positivo per uscire dal dolore ed entrare nel piacere, modi più rapidi ed efficaci. Questi sei gradini di CNA vi insegneranno a creare una superstrada diretta per uscire dal dolore ed entrare nel piacere senza inutili deviazioni. Eccoli:

GRADINO UNO
*Decidete che cosa volete realmente
e che cosa vi impedisce di averlo ora*

Vi stupirebbe sapere quante persone sono venute da me per una terapia individuale e, quando ho chiesto loro che cosa volevano, per dieci minuti non hanno fatto che dirmi quello che non volevano o che cosa non volevano più sperimentare. Dobbiamo ricordare che possiamo ottenere tutto quello su cui ci concentriamo. Se continuiamo a concentrarci su quello che non vogliamo ne avremo sempre di più. Il primo gradino per operare un cambiamento è decidere che cosa vogliamo in modo da avere una meta verso cui tendere. Più precisi riuscirete a essere riguardo a quello che volete, più chiarezza avrete, più potere avrete a disposizione per ottenere più rapidamente quello che volete.

Dobbiamo anche cercare di capire che cosa ci impedisce di avere quello che vogliamo. Invariabilmente, quello che ci impedisce di operare il cambiamento è il fatto che associamo più dolore all'idea di cambiare che a quella di restare come siamo. In genere pensiamo: "Se cambierò, soffrirò." Oppure temiamo l'ignoto che il cambiamento ci può portare.

Gradino due
Usate la forza della leva: associate forte dolore all'idea di non cambiare "ora" e grande piacere all'esperienza di cambiare "ora"

Molta gente sa di voler veramente cambiare, ma non riesce a decidersi a farlo. Cambiare di solito non è una questione di capacità, ma di motivazione. Se qualcuno ci puntasse una pistola alla testa e dicesse "esci da questo stato di depressione e cerca di sentirti felice subito", scommetto che nessuno di noi riuscirebbe a trovare il modo di cambiare il proprio stato emozionale in circostanze del genere.

Ma il problema, come ho già detto, è che spesso il cambiamento è un *dovrei* e non un *devo*. Oppure è un *devo*, ma per *chissà quando*. L'unico modo per operare un cambiamento ora è crearci un senso di urgenza così intensa da costringerci ad andare fino in fondo. Se vogliamo operare un cambiamento, dobbiamo renderci conto che la questione non è se lo possiamo fare, ma piuttosto se lo vogliamo fare. Se lo vogliamo o meno dipende dal nostro livello di motivazione che, a sua volta, dipende dalle due forze gemelle che determinano la nostra vita, il piacere e il dolore.

Ogni cambiamento che avete compiuto nella vostra vita è la conseguenza del cambiamento delle vostre neuroassociazioni riguardo a che cosa significano piacere e dolore. Spesso, però, facciamo fatica a deciderci a cambiare perché abbiamo emozioni miste in proposito. Da un lato desideriamo cambiare. Per esempio non vogliamo che ci venga il cancro a furia di fumare. Non vogliamo perdere le nostre relazioni personali perché abbiamo un caratteraccio. Non vogliamo che i nostri figli si sentano poco amati perché siamo troppo duri con loro. Non vogliamo sentirci depressi per il resto della nostra vita per qualcosa che ci è accaduto nel passato. Non vogliamo più sentirci vittime.

Dall'altro lato, però, temiamo il cambiamento. "E se smettessi di fumare e prendessi ugualmente il cancro dopo avere rinunciato al piacere delle sigarette?" Oppure: "E se riesco a superare questa sensazione negativa a proposito dello stupro e poi mi succede un'altra volta?" Abbiamo emozioni miste quando associamo al cambiamento tanto piacere che dolore e questo rende incerto il nostro cervello su che cosa fare e ci impedisce di sfruttare appieno le nostre risorse per operare quel genere di cambiamenti che possono avvenire letteralmente in un momento se ogni oncia del nostro essere è impegnata a questo scopo.

Come possiamo cambiare la situazione? Una cosa che in genere induce chiunque a cambiare è raggiungere la soglia del dolore. Il che significa soffrire a un tale livello di intensità, che sapete di dover cambiare subito, avete toccato cioè il punto in cui il cervello dice: "Ne ho abbastanza. Non posso passare un altro giorno, un altro minuto in questa situazione."

Non vi è mai capitato in una relazione personale di trovarvi come in sospeso, di sentirvi infelice, ma di restarci comunque? Perché? Perché pensavate che le cose sarebbero cambiate, senza però muovere un dito per farle migliorare. Se soffrivate davvero tanto, come mai non ve ne siete andati? Anche se eravate infelice, la vostra paura dell'ignoto era una motivazione ancora più forte dell'infelicità. Forse avete pensato: "Sì, adesso sono infelice, ma se lascio questa persona e poi non trovo nessun altro? Perlomeno so come gestire il dolore che provo adesso."

Questo tipo di pensieri impedisce alla gente di cambiare. Poi però, alla fine, la sofferenza di trovarsi in una relazione tanto negativa diventa più grande del timore dell'ignoto, perciò toccate la soglia del dolore e decidete di cambiare. Forse avete fatto lo stesso con il vostro corpo, quando avete finalmente deciso che non potevate lasciare passare un altro giorno senza fare qualcosa a proposito dei vostri chili di troppo. Forse l'esperienza che vi ha finalmente spinto oltre il limite è stata la seccatura di non riuscire più a infilarvi il vostro paio di jeans preferito, oppure la sensazione delle vostre gambe troppo grosse che strusciavano l'una contro l'altra, mentre salivate faticosamente una scala. Oppure la vista delle pieghe di grasso che sformavano il vostro corpo.

La leva è uno strumento che usiamo per sollevare o muovere pesi terribili, che diversamente non riusciremmo mai a spostare. La forza della leva è indispensabile per operare qualsiasi cambiamento, per liberarci da gravi comportamenti come fumare, bere, mangiare troppo, imprecare, o moduli emozionali come sentirsi depressi, preoccupati, timorosi o inadeguati. Il cambiamento richiede qualcosa di più che non la semplice consapevolezza di dover cambiare. Dovete saperlo al livello emozionale più profondo e al livello sensorio più elementare. Se avete cercato molte volte di cambiare e non ci siete riusciti, significa semplicemente che il livello di dolore non era abbastanza intenso. Non avevate raggiunto la soglia, la leva estrema.

Quando facevo terapia privata, era assolutamente necessario che trovassi il punto di leva più forte per aiutare il paziente a operare in una seduta i cambiamenti che non aveva ottenuto con anni di terapia. Cominciavo in genere la seduta dicendo che non potevo lavorare con qualcuno che non fosse fermamente deciso a cambiare subito. Uno dei motivi era che facevo pagare tremila dollari a seduta e non volevo che quelle persone investissero i loro soldi se non erano assolutamente decise a ottenere i risultati voluti "durante quella stessa seduta". Molte volte quelle persone venivano da me dal capo opposto degli Stati

LA DIETA CIAPPI

Recentemente, a un mio seminario, una donna mi ha parlato della infallibile strategia che aveva inventato per eliminare i chili di troppo. Lei e un'amica s'erano più volte ripromesse di dimagrire, ma non erano mai riuscite a mantenere la promessa. Alla fine, tutt'e due avevano raggiunto il punto in cui perdere peso era diventato un imperativo categorico. Basandosi su quello che io avevo insegnato loro, capivano che avevano bisogno di qualcosa che facesse da leva e le spingesse oltre il limite di sopportazione. Dovevano fare in modo che non mantenere la loro promessa fosse più penoso di qualsiasi altra cosa potessero immaginare.

Decisero di promettersi reciprocamente e con un gruppo di amiche che se anche stavolta fossero venute meno alla loro decisione, avrebbero dovuto mangiare una scatoletta di cibo per cani. Così, queste due intraprendenti signore raccontarono a tutti la loro scommessa. Inoltre si tenevano le due scatolette di cibo per cani bene in vista, come monito costante. La donna mi disse che quando cominciavano a provare i morsi della fame, prendevano in mano la scatoletta e leggevano l'etichetta. Con una lista di ingredienti che vantava pezzi di carne di cavallo non facevano fatica a restare fedeli al loro impegno. E riuscirono a raggiungere lo scopo!

Uniti. L'idea che potessi rimandarli a casa senza avere risolto il loro problema le spingeva a spendere mezz'ora per convincermi che erano veramente impegnate e che avrebbero fatto qualsiasi cosa pur di cambiare subito. Con questo tipo di leva, di motivazione, operare il cambiamento era una questione ovvia. Per parafrasare il filosofo Nietzsche: "Chi ha un perché abbastanza forte, può sopportare qualsiasi come." Ho scoperto che il 20 per cento di ogni cambiamento è sapere il come, ma l'80 per cento è sapere il perché. Se abbiamo una serie di ragioni abbastanza forti per cambiare, possiamo cambiare in un minuto qualcosa che non siamo riusciti a cambiare per anni.

> *Datemi una leva abbastanza lunga e un punto d'appoggio*
> *abbastanza forte e solleverò il mondo con una mano sola.*
> ARCHIMEDE

Il più potente sistema di leva che potete crearvi è il dolore che viene da dentro di voi, non dall'esterno. Sapere di non essere riuscito a vivere all'altezza dei propri standard è per voi il massimo della sofferenza. Se non riusciamo ad agire all'altezza dell'opinione che abbiamo di noi stessi, se il nostro comportamento è in contrasto con i nostri livelli di qualità, cioè con l'identità che ci attribuiamo, allora l'abisso tra le nostre azioni e la persona che siamo ci spinge a cambiare.

Il sistema di leva creato mettendo in rilievo la discrepanza tra gli standard di una persona e il suo comportamento può essere incredibilmente efficace per spingerla a cambiare. Non è importante la pressione che la persona riceve dall'esterno, ma quella che si costruisce da sé dall'interno. Una delle più grandi forze della personalità umana è l'impulso a preservare l'integrità della propria identità.

Il motivo per cui molti di noi sembrano contraddizioni viventi risiede semplicemente nella circostanza che non riconosciamo mai le incongruenze per quello che sono. Se volete aiutare qualcuno, non otterrete l'accesso a questo tipo di meccanismo di leva dimostrandogli che ha torto, oppure facendogli notare che è incongruente, ma piuttosto facendogli domande che lo inducano a rendersi conto da solo delle proprie incongruenze. Questo è un meccanismo di leva assai più efficace che aggredire qualcuno. Se cercate di esercitare solo la pressione esterna, gli altri riusciranno a contrastarla, ma è quasi impossibile resistere alla pressione interna.

Questo tipo di pressione è un valido strumento da usare su voi stessi. L'autocompiacimento favorisce la stasi: a meno che non siate profondamente scontenti del vostro attuale tipo di comportamento, non sarete motivati a fare i cambiamenti necessari. Ammettiamolo, l'animale uomo reagisce alla pressione.

Ma perché la gente, pur sapendo di dover cambiare, non lo fa? Perché associa più dolore a operare il cambiamento che a non cambiare. Per cambiare qualcuno, noi compresi, bisogna semplicemente rovesciare la situazione, in modo da rendere incredibilmente penoso il non cambiare (penoso oltre la soglia di tolleranza) e invece molto attraente e gradevole l'idea di cambiare.

Per fare veramente leva su voi stessi, fatevi delle domande dolorose: "Quanto mi costerà *non* cambiare?" In genere siamo tutti troppo occupati, per valutare il prezzo di un cambiamento. Ma qual è il prezzo di non cambiare? "In definitiva, quanto mi perdo della mia vita, se non faccio questo cambiamento? E quanto mi sta già costando mentalmente, emotivamente, fisicamente, finanziariamente e spiritualmente?" Cercate di immaginarvi il dolore di non cambiare in modo tanto reale, intenso e immediato da non poter più rimandare l'azione.

Se questo non crea una motivazione sufficientemente forte, allora concentratevi su come tutto questo influisce sui vostri cari, sui vostri figli, su tutte le persone di cui vi importa. Molti di noi sono disposti a fare di più per gli altri che per se stessi. Perciò rappresentatevi graficamente quanto il vostro mancato cambiamento influirà negativamente sulle persone che sono più importanti per voi.

Il secondo passo è quindi usare domande associate al piacere che vi aiutino a collegare queste sensazioni positive all'idea di cambiare. "Se opero un cambiamento, che cosa proverò nei confronti di me stesso? Che tipo di impulso posso creare, se cambio questo nella mia vita? Quali altre cose potrei ottenere, se davvero cambiassi oggi stesso? Che cosa proveranno i miei amici e la mia famiglia? Quanto sarò più felice?"

Il segreto è trovare molte ragioni o, ancora meglio, ragioni abbastanza forti per attuare il cambiamento subito, non un giorno qualsiasi nel futuro. Se non siete spinti a fare il cambiamento subito, significa che non avete davvero una grande motivazione, una forte leva.

Ora che nel vostro sistema nervoso avete associato il dolore all'idea di non cambiare e il piacere all'idea del cambiamento, sentite l'impulso di cambiare e potete procedere al terzo gradino di CNA...

GRADINO TRE
Interrompete il comportamento limitativo

Per sentirci costantemente in un certo modo, sviluppiamo moduli di pensiero caratteristici, concentrandoci sulle stesse idee e immagini, rivolgendoci le stesse domande. Il guaio è che le persone in genere vogliono un risultato, ma continuano a comportarsi allo stesso modo. Una volta ho sentito dire che la definizione di pazzia è "fare e rifare sempre le stesse cose, aspettandosi un risultato diverso".

Vi prego di non fraintendermi. Non c'è niente di sbagliato in voi. Non intendo dire che siete matti, che avete bisogno di una "sistemata". (Anzi, vi consiglio di evitare chiunque dica di voi una cosa del genere!) Le risorse che vi servono per cambiare ogni cosa nella vostra vita sono già dentro di voi. È solo che possedete una serie di neuroassociazioni che normalmente vi impediscono di sfruttare appieno la vostra capacità. Quello che dovete fare è riorganizzare le vostre vie nervose, in modo che vi guidino continuamente nella direzione dei vostri desideri invece che verso le vostre paure e le vostre frustrazioni.

Avete mai visto una mosca intrappolata in una stanza? Immediatamente va in cerca della luce, perciò si dirige verso la finestra, sbattendo in continuazione nel vetro, a volte per ore. Non avete mai visto le persone comportarsi allo stesso modo? Si sentono altamente motivate a cambiare, hanno una forte leva che le spinge ad agire. Ma tutta la motivazione del mondo non servirà a nulla se continueranno a cercare di uscire attraverso una finestra chiusa! Bisogna cambiare approccio. La mosca ha una possibilità di salvarsi solo se smette di sbattere contro il vetro e cerca un'altra via d'uscita.

Se continuiamo a seguire il solito vecchio modulo, otterremo sempre i soliti vecchi risultati. I dischi danno sempre lo stesso suono, per via del loro modulo, del solco in cui è codificato il suono. Ma che cosa accadrebbe se un giorno prendessi il vostro disco e con un ago mi mettessi a graffiarlo avanti e indietro una dozzina di volte? Il modulo sarebbe interrotto in talmente tanti punti che il disco non suonerebbe più come prima. Allo stesso modo solo interrompere il modulo limitante di comportamenti o di emozioni può cambiare completamente la vita di qualcuno, perché a volte questo serve a creare un meccanismo di leva: con questi due soli gradini si può praticamente cambiare qualsiasi cosa. I successivi gradini di CNA sono solo il modo per garantire che questi cambiamenti durino nel tempo e che voi operiate nuove scelte che siano potenzianti e piacevoli.

Recentemente ho realizzato una divertente interruzione di modulo durante uno dei miei seminari di tre giorni a Chicago. Un tale disse che voleva sinceramente togliersi il vizio di mangiare in continuazione cioccolato, eppure era evidente che provava un certo compiacimento a presentarsi come cioccolato-dipendente. Portava persino una maglietta con la scritta: "Voglio il mondo, ma mi accontento di una tavoletta di cioccolato." Evidentemente quell'uomo, pur desiderando smettere di mangiare cioccolato, aveva anche una certa dose di "beneficio secondario" a conservare il suo vizio.

A volte si desidera fare un cambiamento perché un comportamento o un modulo emozionale comportano sofferenza. Ma, altre volte, si può anche trarre beneficio proprio da quella stessa situazione che si sta cercando di cambiare. Se per esempio una persona resta ferita e subito i suoi cari si mettono a servirla in tutto e per tutto e le dedicano troppa attenzione, può darsi che le sue ferite non guariscano molto in fretta. Cioè questa persona vorrebbe superare il male della ferita, ma inconsciamente vuole ancora di più il piacere di sapere che tutti le vogliono bene.

Potete fare tutto nel modo giusto, ma se il beneficio secondario è troppo forte, vi troverete di nuovo sulla vecchia strada. Chi ha un beneficio secondario prova emozioni miste nei confronti del cambiamento. Dice di voler cambiare, ma spesso nel suo subconscio crede che mantenere il vecchio comportamento o modulo emozionale gli dia qualcosa che non potrebbe ottenere altrimenti. Perciò non vuole smettere di sentirsi depresso, anche se è penoso. Perché? Perché essere depressi attira l'attenzione degli altri, per esempio. Queste persone non vogliono sentirsi depresse, ma hanno disperatamente bisogno di attenzione. Alla fine, vince il bisogno di attenzione e restano depresse. Il bisogno di attenzione è solo una forma di beneficio secondario. Per risolvere questa situazione, dobbiamo dare alla persona una leva molto forte che la spinga a cambiare, ma dobbiamo anche indicarle un modo nuovo di soddisfare le sue esigenze.

Anche se sono sicuro che quell'uomo, a un certo livello, era convinto di dover smettere di mangiare cioccolato, sono anche altrettanto sicuro che sapeva di poter sfruttare l'occasione per attirare seriamente l'attenzione su di sé. Ogni volta che è implicato un beneficio secondario, dovete aumentare la potenza della leva; perciò decisi che una massiccia interruzione di modulo avrebbe creato la leva necessaria. "Signore!" esclamai, "lei mi sta dicendo di essere pronto a rinunciare al cioccolato. Magnifico. Voglio solo che lei faccia una cosa prima di eliminare per sempre questo modulo." Lui mi chiese: "Che cosa?" E io risposi: "Per mettere il suo corpo nella giusta condizione, voglio che per i prossimi nove giorni lei non mangi altro che cioccolato. Tra le sue labbra deve passare solo cioccolato."

La gente nella sala si mise a ridacchiare e l'uomo mi guardò con aria incerta. "Ma posso bere qualcosa?" "Sì," dissi, "può bere dell'acqua. Quattro bicchieri al giorno, non di più. Per il resto, solo cioccolato." Lui si strinse nelle spalle e sorrise. "D'accordo, Tony, se è questo che vuole!" Sorrisi e continuai con il mio seminario.

Avreste dovuto vedere che cosa accadde subito dopo! Come per incanto, decine di tavolette di cioccolato e cioccolatini uscirono dalle tasche dei presenti, dalle loro borse e borsette e arrivarono davanti al nostro uomo. Per la pausa di colazione, venne letteralmente sommerso da tutti i possibili tipi di cioccolato reperibili nella sala: al liquore, alla nocciola, ai cereali, al latte, amaro, dolce eccetera...

Nell'atrio l'uomo mi si avvicinò. "Grazie, Tony," mi disse,

"è fantastico!" E intanto scartocciava e metteva in bocca un bacio alla nocciola, deciso a dimostrarmi che mi poteva "battere". Non si accorgeva, però, che in realtà non era in competizione con me ma con se stesso. Io mi stavo solo servendo del suo corpo come alleato per ottenere una leva e interrompere un modulo di comportamento.

Avete idea della sete che fa venire il cioccolato? Alla fine della giornata, quel poveraccio aveva la gola riarsa e aveva decisamente perso la sua passione, mentre la gente continuava a infilargli tavolette di Bounty nelle tasche e a ficcargli in mano cialde di cioccolato alla menta. Il secondo giorno, quest'uomo perse completamente il senso dello humor, ma non era ancora disposto a darsi per vinto. "Mangi ancora un po' di cioccolato, la prego," insistetti. E lui scartocciò una tavoletta e se la ficcò in bocca.

La mattina del terzo giorno, si trascinò stancamente nella sala, con l'aria di uno che aveva passato la notte a vomitare. "Com'è andata la prima colazione?" gli chiesi. E tutta la sala scoppiò a ridere. "Mica tanto bene," ammise lui debolmente. "La prego, si serva ancora senza complimenti!" Fiaccamente, lui accettò un cioccolatino dalla persona che gli sedeva accanto, ma non osò né scartocciarlo né guardarlo. "Che cosa succede?" esclamai. "Ne ha abbastanza?" Lui annuì. "Andiamo, ma lei non è il campione del cioccolato? Che cosa dice di una bella tavoletta al latte? O di qualche bonbon? O di una scatola di cioccolatini ripieni? Non vuole assaggiarne qualcuno? Non le viene l'acquolina in bocca?"

Più parlavo, più verde quello diventava. "La prego, ancora un po'!" dissi e lui alla fine esplose: "Non riuscirà a convincermi!" Il pubblico scoppiò a ridere, mentre lui si rendeva conto di quello che aveva detto. "E va bene," dissi, "getti via quel cioccolatino e si sieda."

Più tardi tornai da lui e lo aiutai a scegliere qualche alternativa al cioccolato, stabilendo qualche altra strada per il piacere che non lo costringesse a mangiare alimenti che gli facevan male. Poi mi misi seriamente al lavoro con lui, condizionando le nuove associazioni e aiutandolo a sostituire il suo vecchio vizio con una grande varietà di comportamenti salutari: esercizi respiratori, ginnastica, cibi ricchi di acqua, combinazioni di vari alimenti e così via.

Avevo creato un meccanismo di leva, in quell'uomo? Potete scommetterci. Se riuscite a infliggere a qualcuno un dolore fisico, vi assicuro che avete trovato sicuramente una leva. La gente farebbe di tutto pur di eliminare il dolore. Simultaneamente spezzai il suo modulo. Tutti gli altri avevano cercato di fargli smettere di consumare cioccolato, io invece gli avevo chiesto di mangiarlo! Era una cosa che lui non si sarebbe mai aspettata e che interruppe con forza il suo modulo. Rapidamente associò una tale sofferenza all'idea di mangiar cioccolato, da creare immediatamente un'altra via nervosa e la sua "autostrada di cioccolato" venne bombardata al punto di diventare irriconoscibile.

Quando eseguivo terapia privata, la gente veniva da me, si sedeva nel mio ufficio e cominciava a raccontarmi qual era il suo problema. Tutti dicevano: "Il mio problema è ..." e poi scoppiavano in lacrime, senza controllo. A questo punto mi alzavo e gridavo: "Mi scusi!" Questo li faceva sobbalzare, allora continuavo dicendo: "Non abbiamo ancora cominciato!" Di solito loro rispondevano: "Oh, mi scusi tanto." E subito cambiavano stato emozionale e riprendevano il controllo di se stessi. Pazzesco. Quelle persone che pensavano di non riuscire a controllare la propria vita, in realtà dimostravano di sapere perfettamente cambiare stato emozionale.

Uno dei modi migliori per interrompere il modulo di qualcuno è fare qualcosa che questa persona non si aspetta, cose radicalmente diverse da quelle che ha sperimentato fino a quel momento. Pensate a qualche modo per interrompere i vostri moduli. Provate un attimo a pensare alcuni dei modi più allegri e dirompenti per interrompere il modulo di sentirsi frustrati, stanchi e preoccupati.

La prossima volta, appena comincerete a sentirvi depressi, saltate in piedi, guardate il cielo e con il vostro tono più idiota gridate: "Alleluia! Oggi non mi puzzano i piedi!" Una mossa tanto scema distoglierà subito la vostra attenzione, cambierà il vostro stato emozionale e modificherà anche quello di chi vi sta vicino, quando capirà che non siete più depresso, ma solo pazzo!

Se mangiate sempre troppo e volete smettere di farlo, vi consiglio un sistema che funzionerà senz'altro, a patto che vi ci vogliate impegnare. La prima volta che vi trovate in un ristorante e vi accorgete che state eccedendo, saltate in mezzo alla sala, indicate la vostra sedia e urlate con quanto fiato avete: "Porco!" Vi garantisco che se lo fate tre o quattro volte in un luogo pubblico, smetterete di abbuffarvi. Assocerete troppa sofferenza a questo comportamento! Ricordate: più oltraggioso sarà il vostro approccio per rompere un modulo, più efficace sarà.

Una distinzione chiave per interrompere un modulo è farlo nel momento in cui il modulo sta agendo. Interruzioni di modulo ci succedono tutti i giorni. Quando dite "ho perso il filo dei miei pensieri", volete semplicemente spiegare che qualcosa o qualcuno ha interrotto il vostro modulo di concentrazione. Vi è mai successo di essere assorti in una conversazione con un amico e qualcuno vi viene a interrompere un attimo, e poi voi dite: "Dove eravamo rimasti?" Questo è un classico esempio di interruzione di modulo.

Ricordatevi che se volete operare un cambiamento e avete imparato in passato a trarre piacere dal prendere una strada tortuosa che implica una serie di conseguenze negative, dovete spezzare questo vecchio modulo. Bisogna confonderlo fino a renderlo irriconoscibile, trovarne uno nuovo (questo è il prossimo gradino) e condizionarlo più e più volte finché diventi il nostro approccio costante.

Come spezzare moduli limitanti di sensazioni e comportamenti

È vero che interrompendo abbastanza spesso un modulo possiamo cambiarlo. Un semplice modo per interrompere un modulo è rimescolare, confondere le sensazioni che associamo ai nostri ricordi. L'unico motivo per cui ci irritiamo è che ci rappresentiamo le cose in un certo modo nella mente. Per esempio, se il vostro capo vi fa un brusco rimprovero e voi mentalmente ripercorrete questa esperienza per tutto il resto della giornata, continuando a immaginare il vostro capo che urla, vi sentirete sempre peggio. Perché lasciare che questa esperienza vi tormenti? Perché non prendete semplicemente questo disco che avete nella mente, e non lo graffiate talmente tante volte da non poter più provare di nuovo quelle sensazioni? Potreste perfino renderlo divertente!

Provateci subito facendo quanto segue: pensate a una situazione che vi fa sentire triste, frustrato o arrabbiato. Ora eseguite i due primi gradini di CNA, che abbiamo già visto. Se vi sentite male a proposito della situazione, come vorreste potervi sentire? Perché volete sentirvi a questo modo? Quello che vi impedisce di sentirvi a questo modo è la sensazione che avete collegata alla situazione. Non sarebbe meraviglioso potersi sentire bene? Ora cercate di fare leva su voi stessi. Se non cambiate quello che provate a proposito di questa situazione, come continuerete a sentirvi? Orribilmente, scommetto. Volete pagare un tale prezzo e portarvi continuamente in giro le sensazioni negative o l'irritazione che provate nei confronti di questa persona o di questa situazione? Se cambiaste subito, non vi sentireste meglio?

IL MODULO DI INTERRUZIONE

Avete fatto abbastanza leva su voi stessi. Ora confondete e cancellate le sensazioni negative, finché non si presentano più.

1. *Figuratevi mentalmente la situazione che vi tormentava tanto.* Immaginatevela come fosse un film. Non irritatevi, solo osservatela attentamente, rivedendo tutto quello che è successo.

2. *Rifate la stessa esperienza e trasformatela* in un cartone animato. Mettetevi seduto in poltrona con un bel sorriso stupido sulle labbra, respirando a pieni polmoni, e provate a rivedere

le immagini all'indietro, il più in fretta possibile, in modo da vedere tutto quanto accadere al contrario. Se qualcuno ha detto qualcosa, immaginatevi che si inghiottisca le parole. Lasciate scorrere tutto il film all'indietro, poi fatelo scorrere di nuovo in avanti, sempre più in fretta. Ora cambiate i colori delle immagini, in modo che tutti abbiano il viso del colore dell'arcobaleno. Se c'è qualcuno che vi irrita particolarmente, fategli crescere delle orecchie simili a quelle di Topolino e poi il naso di Pinocchio.

Fatelo una dozzina di volte, avanti e indietro, di traverso, scarabocchiando la registrazione della vostra fantasia a velocità spaventosa e con spirito. Metteteci anche una musichetta di sottofondo. Magari la vostra canzone preferita, oppure una musica da cartone animato. Collegate questi strani suoni alla vecchia immagine che vi angustiava tanto. Vedrete che le sensazioni cambieranno totalmente. Il segreto di tutto questo processo sta nella velocità con cui fate scorrere all'indietro la vostra fantasia e nel grado di humor e di esagerazione che riuscite a connettervi.

3. Ora ripensate alla situazione che vi angustiava e osservate come vi sentite. Se siete stati bravi, avrete interrotto il modulo talmente tante volte che troverete impossibile, o perlomeno difficile, tornare alle vecchie sensazioni negative. Questo stesso processo potete farlo con cose che vi tormentano da anni. Spesso è un sistema più efficace che cercare di analizzare il perché e il percome di una situazione, analisi che non cambia comunque le sensazioni che associate alla situazione.

Per quanto possa sembrare semplicistico, pasticciare una situazione funzionerà in moltissimi casi, anche quando c'è stato un trauma. Perché funziona? Perché tutte le nostre sensazioni dipendono dalle immagini che focalizziamo nella nostra mente e dai suoni e dalle sensazioni che associamo a quelle particolari immagini. Quando cambiamo immagini e suoni, cambiamo anche il modo in cui ci sentiamo. Condizionare il vecchio modulo ripetutamente rende più difficile tornarci.

Un modo per interrompere il modulo è semplicemente smettere di fare qualcosa, di punto in bianco. Se smettete di ripercorrere un modulo, la via nervosa a poco a poco sparirà. Una volta fatta una connessione nervosa, il cervello avrà sempre una via, ma se non la si usa, essa diventa impraticabile, piena di erbacce. Come per tutte le cose, se non l'usate, cominciate a perderla. Ora che abbiamo interrotto il modulo che vi limitava, siete pronti per il...

Gradino quattro
Create una nuova alternativa potenziante

Questo quarto gradino è assolutamente essenziale per stabilire un cambiamento a lungo termine. Infatti, molti non riescono a trovare una via alternativa per uscire dal dolore ed entrare nei sentimenti di piacere e questa è la causa principale per cui i tentativi per cambiare in genere sono solo temporanei. Molta gente arriva al punto in cui deve assolutamente cambiare, perché collega dolore al vecchio modulo e piacere all'idea di cambiare. Interrompe i propri moduli, ma poi non ne ha uno nuovo da sostituire al vecchio.

Ricordate, tutti i vostri moduli neurologici sono intesi ad aiutarvi a uscire dal dolore e a entrare nel piacere. Questi moduli sono ben stabiliti e, anche se possono avere effetti collaterali negativi, se avete imparato che un'abitudine può farvi uscire dal dolore, tornerete ancora a questa abitudine o vizio, dato che non avete trovato un modo migliore per ottenere le sensazioni che desiderate.

Se avete percorso tutti i gradini finora indicati, avrete capito chiaramente che cosa volete e che cosa vi impedisce di ottenerlo, avrete fatto leva su voi stessi, avrete interrotto il modulo e ora avete bisogno di *riempire il vuoto con una nuova serie di scelte* che vi diano le stesse sensazioni piacevoli, senza gli effetti collaterali negativi. Quando smettete di fumare, dovete trovare un nuovo modo, o molti modi, per rimpiazzare tutti i benefici che vi dava il vecchio comportamento; i vantaggi delle vecchie sensazioni o dei vecchi comportamenti possono essere mantenuti eliminandone gli aspetti negativi. Con che cosa potete sostituire la preoccupazione? Che ne direste di una energica azione su un progetto che state elaborando per raggiungere i vostri obiettivi? La depressione può essere sostituita concentrandovi su come aiutare gli altri in difficoltà.

Se non siete sicuri di che cosa possa farvi uscire dal dolore e provare piacere sostituendo il fumo, il bere, le preoccupazioni o qualche altra sensazione o comportamento indesiderato, potete semplicemente trovare le risposte prendendo a modello altre persone che sono riuscite a cambiare le cose nella propria vita. Cercate quelle che siano riuscite a operare dei cambiamenti durevoli; vi garantisco che scoprirete che avevano tutte un'alternativa da sostituire al vecchio comportamento.

Un buon esempio è quello del mio amico Fran Tarkenton. Quando Fran e io abbiamo cominciato a condurre in televisione gli spettacoli intitolati *Personal Power*, lui aveva un vizio davvero molto strano: masticava tabacco. Durante una riunione avevo notato che ogni tanto girava la testa e sputava. Questo non si addiceva davvero all'idea che mi ero fatta di Fran, che giudicavo un tipo attraente ed elegante. Eppure lo faceva da oltre vent'anni.

Come Fran mi disse più tardi, masticare tabacco era uno dei più grandi piaceri della sua vita. Il tabacco da masticare era il suo migliore amico. Quando era in giro e si sentiva solo, bastava che masticasse un po' di tabacco e subito gli passava la malinconia. Anzi, una volta disse a degli amici che se avesse dovuto scegliere tra il sesso e masticare tabacco avrebbe scelto il tabacco! Che ve ne pare come falsa neuroassociazione? Aveva tracciato una via per uscire dal dolore ed entrare nel piacere attraverso l'autostrada di masticare tabacco. A furia di percorrere quella via per anni, aveva creato addirittura un tronco principale nervoso che andava dritto dal tabacco al piacere: perciò questa era la sua rotta preferita di cambiamento.

Che cosa lo indusse a cambiare comportamento? Alla fine, fece abbastanza leva su se stesso. Un giorno, con il modesto aiuto di un amico (cioè il sottoscritto) cominciò a capire che masticare tabacco non si addiceva per niente al tipo d'uomo che era diventato. Quel vizio indicava in lui una mancanza di controllo sulla propria vita e, dato che avere la padronanza della propria esistenza era uno dei maggiori valori di Fran, non poteva davvero permettersi di infrangerlo. Era troppo penoso trovarsi in quella situazione. Cominciò a concentrarsi sull'idea che poteva farsi venire un cancro in bocca. Se l'immaginò con tanto realismo che ben presto provò orrore alla sola idea di masticare tabacco. Il sapore cominciò a disgustarlo. Quelle immagini lo aiutarono a fare leva su se stesso e a interrompere un modulo che prima aveva legato al tabacco per provare piacere.

Ora il segreto stava nel trovare qualche nuova via per provare piacere che fosse ancora più efficace del tabacco. Si immerse nel lavoro come non aveva mai fatto prima e cominciò a ottenere successi tali da rendere la sua società, la Knowledge Ware, una delle aziende di computer più quotate in Borsa. Ora però aveva bisogno di un nuovo "amico" e decise di prendersene uno in carne e ossa. Così trovò la donna dei suoi sogni e imparò a trarre dalla relazione con lei emozioni e sentimenti che nient'altro avrebbe potuto dargli.

Spesso, se interrompiamo sufficientemente il vecchio modulo, il nostro cervello ne cercherà automaticamente un altro per darci le sensazioni che desideriamo. Questo è il motivo per cui molti smettono di fumare, ma aumentano di peso. Il loro cervello cerca una nuova via per creare lo stesso genere di sensazioni gradevoli e così queste persone cominciano a mangiare grandi quantità di cibo. Il segreto è scegliere consapevolmente i nuovi comportamenti o le nuove sensazioni da sostituire ai vecchi.

Studi di trasformazione

Nancy Mann ha svolto una ricerca per valutare il livello di riabilitazione dei tossicodipendenti ravveduti e ha constatato che l'adozione di un comportamento di compensazione pare giocare un ruolo determinante anche in questo complesso campo del cambiamento. Il primo gruppo di tossicodipendenti presi in esame era stato costretto a rinunciare alla dipendenza mediante pressione esterna, spesso applicata attraverso il sistema legale. Come già abbiamo detto, la pressione esterna raramente ha un effetto durevole. Molto probabilmente queste persone saranno tornate ai loro vecchi vizi appena la pressione esterna sarà diminuita, vale a dire appena saranno state rilasciate dalla prigione.

Quelli che appartenevano a un secondo gruppo, invece, volevano veramente smettere e cercarono di riuscirci per proprio conto. La loro motivazione-leva era soprattutto interna. Di conseguenza, il loro cambiamento comportamentale è durato molto più a lungo, spesso anche due anni dopo l'impegno iniziale. A provocare poi una ricaduta era stata una notevole quantità di stress. Quando questa si era verificata, queste persone erano tornate a drogarsi come sistema per uscire dal dolore ed entrare nel piacere. E ciò perché non avevano trovato una sostituzione della vecchia via nervosa.

Il terzo gruppo sostituì la tossicodipendenza con una nuova alternativa, qualcosa che dava loro le stesse sensazioni che avevano originariamente cercato nella droga o forse qualcosa che li faceva sentire anche meglio. Molti trovarono relazioni gratificanti, illuminazione spirituale, una carriera che li appassionasse completamente. Di conseguenza, molti di loro non tornarono mai più alla droga e la maggioranza resistette in media otto anni prima che si verificasse una ricaduta.

Chi era riuscito a eliminare l'abitudine a drogarsi aveva seguito i primi quattro gradini di CNA, ed è per questo che aveva avuto tanto successo. Resistettero però solo otto anni. Perché? Perché non avevano utilizzato il quinto e importantissimo gradino di CNA.

GRADINO CINQUE
Condizionate il nuovo modulo finché non diventa costante

Condizionare è il modo per essere sicuri che un cambiamento sia costante e duri a lungo. Il modo più semplice per condizionare qualcosa è provarlo e riprovarlo finché si stabilisce una via neurologica.

Se trovate un'alternativa positiva, immaginate di ripercorrerla finché non riuscirà a togliervi dal dolore e a darvi piacere rapidamente. Il vostro cervello comincerà ad associarla come una nuova via per ottenere questo risultato su una base costante. Altrimenti, ricadrete nel vecchio modulo.

Se provate e riprovate la nuova alternativa con grande intensità emozionale, scaverete una via che, con altre ripetizioni ed emozioni, diventerà una superstrada per raggiungere il piacere. Ricordate che il vostro cervello non fa differenza tra qualcosa che immaginate vividamente e qualcosa che sperimentate realmente. Il condizionamento vi assicura che percorrerete automaticamente la nuova via e che, se di tanto in tanto scorgerete una "rampa d'uscita" che un tempo usavate percorrere, ora la supererete rapidamente, anzi vi risulterà difficile imboccarla.

È impossibile sopravvalutare il potere del condizionamento. Ho letto recentemente che il grande Larry Bird dei Boston Celtics stava girando uno spot pubblicitario in cui doveva sbagliare un tiro in sospensione. Larry fece nove canestri di fila prima di riuscire a costringersi a sbagliarne uno! Tanto forte si era condizionato nel corso degli anni! Quando la palla gli colpisce la mano, automaticamente lui entra in un modulo che lo induce a fargli infilare la palla nel canestro. Sono sicuro che, se si esaminasse la parte del cervello di Larry Bird collegata a questo movimento, si scoprirebbe una notevole via nervosa. Pensate quindi che anche voi e io possiamo condizionare qualsiasi comportamento dentro di noi se lo facciamo con sufficiente ripetitività e intensità emozionale.

Il passo successivo è stabilire un programma per rinforzare il vostro nuovo comportamento. Che cosa dovete fare per riuscirci? Non aspettate di aver smesso di fumare da un anno. Quando avete superato un giorno, concedetevi subito una ricompensa. Allo stesso modo, se fate una dieta per dimagrire, non aspettate di avere perso quaranta chili. Anzi, non aspettate nemmeno di averne perso solo mezzo. Nel minuto in cui respingete il piatto quando contiene ancora del cibo, datevi metaforicamente una bella pacca sulla schiena. Stabilitevi una serie di obiettivi a breve termine, o pietre miliari, e appena ne raggiungete uno, immediatamente concedetevi una ricompensa. Se siete stato depresso o preoccupato, ora, ogni volta che agite invece di stare a rimuginare, ogni volta che sorridete quando qualcuno vi chiede come state e voi rispondete "benone", datevi una ricompensa per avere cominciato a fare i cambiamenti necessari ad assicurarvi un successo a lungo termine.

In questo modo il vostro sistema nervoso impara a connettere un grande piacere al cambiamento. La gente che vuole perdere peso non sempre vede risultati immediati (di solito perdere un chilo o due non vi trasforma miracolosamente in Carol Alt o in Mel Gibson). Perciò è importante che vi ricompensiate appena fate qualche precisa azione o qualche deciso progresso emozionale, come, per esempio, decidere di fare di corsa il giro dell'isolato invece che entrare nel più vicino fast food. Altrimenti potreste sorprenderۥ a dirvi: "D'accordo, ho già perso mezzo chilo, però sono ancora grasso. Ci vorrà un'eternità. Devo fare ancora talmente tanta strada..." E potreste usare valutazioni a breve termine come scuse per rinunciare.

Capire l'importanza del rinforzo positivo accelererà il processo di condizionamento di un nuovo modulo. Recentemente ho avuto il piacere di leggere un ottimo libro, che raccomando a chiunque voglia fare davvero uno studio completo sul condizionamento. È stato scritto da Karen Pryor e si intitola *Don't Shoot the Dog!* Questo libro indica alcune semplici distinzioni per modificare il comportamento animale, identiche alle distinzioni cui sono arrivato io dopo anni di studio del comportamento umano.

La cosa affascinante è quanto siano simili animali ed esseri umani per quanto riguarda le forze che li inducono all'azione. Conoscere i fondamenti del condizionamento ci dà la capacità di prendere il controllo di queste forze e di crearci il destino che ci scegliamo. Possiamo vivere come animali, manipolati dalle circostanze e da chi ci circonda, oppure possiamo imparare da queste leggi, usandole per portare al massimo il nostro potenziale più alto. Nel suo libro la scrittrice racconta che per anni aveva cercato di educare gli animali con il dolore: la frusta e la sedia per i leoni, la briglia per i cavalli, il guinzaglio per i cani. Le difficoltà sono iniziate quando ha cominciato a lavorare con i delfini, perché quando cercava di infliggere loro un dolore fisico, quelli semplicemente si allontanavano a nuoto. Questo la indusse a sviluppare la dinamica dell'addestramento con il rinforzo positivo.

> *Non c'è niente che l'educazione non possa fare. Niente è impossibile. Può trasformare la cattiva morale in buona; può distruggere i cattivi principi e crearne di buoni; può innalzare gli uomini alla condizione di angeli.*
>
> MARK TWAIN

Il primo principio organizzativo di ogni genere di "condizionamento del successo" è il potere del rinforzo. Dobbiamo sapere che, per indurci ad avere un comportamento costante o a provare costantemente un'emozione, dobbiamo creare un modulo condizionato. Tutti i moduli sono il risultato del rinforzo; in particolare, la chiave per creare la costanza, la continuità nelle nostre emozioni e nei nostri comportamenti è il condizionamento.

LA LEGGE DEL RINFORZO

Ogni modulo di emozioni o di comportamento costantemente rinforzato diventerà un riflesso automatico e condizionato. Ciò che invece manchiamo di rinforzare alla fine scomparirà.

Possiamo rinforzare il nostro comportamento o quello di altri mediante un aiuto positivo, cioè ogni volta che produciamo il comportamento che desideriamo diamo una ricompensa. La ricompensa può essere una lode, un dono, una nuova concessione di libertà e così via. Oppure possiamo usare il rinforzo negativo. Che potrebbe essere una minaccia, un rumore forte o anche una punizione fisica. È essenziale capire che il rinforzo non è la stessa cosa della punizione o della ricompensa. Rinforzare è reagire a un comportamento immediatamente, appena si verifica, mentre punizione o ricompensa possono venire anche molto tempo dopo.

IL TEMPISMO È TUTTO

Il tempismo è assolutamente essenziale a un condizionamento efficace. Se un allenatore grida "magnifico!" quando una squadra di pallacanestro esegue una perfetta discesa a canestro ha molto più effetto che se aspettasse a elogiare i giocatori più tardi, durante il discorsetto nello spogliatoio. Perché? Perché vogliamo sempre collegare le sensazioni del rinforzo al modulo in atto.

Un grosso problema del nostro sistema giudiziario è che quando la gente commette un crimine, a volte viene punita solo alcuni anni dopo. Razionalmente conoscono il motivo della punizione, ma il modulo di comportamento che ha generato il problema inizialmente è ancora intatto, non è stato interrotto e nessun dolore vi è stato associato immediatamente.

L'unico modo per cambiare veramente il nostro comportamento e le nostre emozioni a lungo termine sta nell'educare il nostro cervello e condizionarlo con il rinforzo a tempo debito. Il problema è che molti di noi non si rendono conto che ci condizioniamo tutti l'un l'altro e modelliamo reciprocamente i nostri comportamenti in continuazione. Spesso condizioniamo la gente negativamente invece che positivamente.

Vi farò l'esempio di quello che accadde all'amico del cuore di mia figlia Jolie. Jolie era molto impegnata con la scuola, le lezioni di danza e una recita cui partecipava. Lui voleva che mia figlia lo chiamasse tutti i santi giorni e, se lei non lo faceva per qualche tempo, quando poi lo chiamava, la faceva soffrire moltissimo. Evidentemente voleva che lei lo chiamasse più spesso, ma la strategia di rinforzo che usava per ottenere questo risultato era di sgridarla e assillarla quando Jolie gli telefonava.

Vi è mai capitata la stessa cosa? Se volete che il vostro fidanzato (o la vostra fidanzata), il vostro consorte (o chiunque altro conti per voi), vi telefoni più spesso, quale pensate sia il sistema più efficace per indurlo a chiamarvi? Forse, appena lo sentite, salutarlo dicendogli: "Oh, finalmente ti sei degnato di prendere in mano il telefono! Le sorprese non finiscono mai. È possibile che tocchi sempre a me chiamare per primo?"

In questo modo, lo (o la) state educando a non chiamarvi affatto! Gli (o le) state infliggendo un dolore, proprio appena ha agito come volevate che facesse. E quale sarà la conseguenza? L'idea della sofferenza verrà legata al fatto di telefonarvi e lui (o lei) in futuro eviterà di chiamarvi. Nel caso di Jolie, questo modulo andò avanti per mesi, finché si rese conto che non c'era via di scampo. Se non chiamava, soffriva. Se chiamava, soffriva lo stesso. Come potete immaginare, questo schema di rinforzo negativo permeava ogni aspetto della loro relazione e alla fine i due si lasciarono.

Se volete davvero che qualcuno vi telefoni, allora, quando vi chiama, dovete reagire con gioia. Se dite alla persona che vi telefona quanto vi è mancata, quanto l'amate, quanto siete felici di poterle parlare, non pensate che sarà più incline a chiamarvi presto di nuovo? Ricordate, bisogna associare piacere a ogni comportamento che volete che qualcuno ripeta.

Durante le mie consultazioni con varie società negli Stati Uniti, ho notato che molte aziende tendono a motivare i loro dipendenti usando il rinforzo negativo come strategia primaria, cercando di usare il timore della punizione come motivazione numero uno. La cosa può funzionare a breve termine, ma non alla lunga. Prima o poi, le aziende ricadono nello stesso tipo di problemi che ha l'Europa orientale: la gente vive nella paura fino al momento in cui si ribella.

La seconda importante strategia adottata dalle aziende è quella degli incentivi finanziari. Pur essendo un'idea eccellente e di solito molto apprezzata, tuttavia la sua efficacia è limitata. C'è un punto limite in cui tutti gli incentivi addizionali non riusciranno a ottenere dai dipendenti un miglioramento di qualità nel lavoro. In realtà le aziende sanno che c'è un limite a quello che possono fare in questo campo. Se si usa sempre il denaro come elemento di rinforzo, l'impiegato comincia ad aspettarsi, ogni volta che fa qualcosa di speciale, di ricevere subito una ricompensa in denaro. Così i dipendenti si abituano a lavorare solo per la ricompensa finanziaria e non fanno più niente se non vengono premiati, superando ed esaurendo la capacità dell'azienda di soddisfare le loro richieste economiche.

Il terzo e più efficace modo per incentivare, motivare le persone è lo sviluppo personale. Aiutando i vostri dipendenti a crescere e a migliorare come individui, vedrete che cominceranno a sentirsi pieni di passione per la vita, per il prossimo e per il loro lavoro. E questo li indurrà a cercare di dare un contributo maggiore al mondo. Lo faranno per un senso intimo di orgoglio, invece che per una pressione esterna. Il che non significa che non dobbiate prevedere per i dipendenti dell'azienda un sistema di incentivi; solo cercate di avere quello più efficace di tutti: aiutare la gente a crescere e a migliorare.

> *Bene e male, ricompensa e punizione sono le uniche motivazioni per una creatura razionale: esse sono le redini e gli sproni mediante i quali il genere umano viene messo al lavoro e guidato.*
>
> JOHN LOCKE

PROGRAMMATE IL VOSTRO RINFORZO IN MODO CHE IL CAMBIAMENTO SIA DUREVOLE

Quando cominciate a stabilire un nuovo modulo emozionale o comportamentale, è molto importante che rinforziate o voi stessi o la persona per cui state cercando di stabilire nuovi moduli. All'inizio, ogni volta che attuate il comportamento desiderato (per esempio respingere il piatto con ancora un po' di cibo), dovete compiacervi con voi stessi, concedervi cioè un rinforzo positivo, che siate sicuri di apprezzare e godere. Però se rinforzerete il comportamento ogni volta, alla fine le vostre ricompense non saranno più apprezzate ed efficaci. Quello che la prima volta era una gradevole sorpresa finisce per diventare una regola prevista.

Dato il mio impegno ad aiutare i bisognosi, do sempre un'offerta a quelli che chiedono denaro. Non dimenticherò un tale che aveva stabilito il suo quartier generale per la questua in un punto particolare, davanti a un terminal che io frequentavo spesso. Ogni volta che passavo di lì, gli davo qualche soldo.

Una mattina, però, avevo molta fretta e non avevo spiccioli in tasca. Continuando a camminare rapidamente, gli dissi: "Salve! Mi spiace, ma oggi non ho soldi." E lui si arrabbiò perché non gli avevo dato quel denaro che si era abituato a ricevere.

Dobbiamo ricordare che l'elemento della piacevole sorpresa è una delle esperienze umane più gradevoli. Ed è molto più importante di quanto non si creda. Questa è la vera ragione per cui, se volete che un comportamento duri a lungo, è necessario che copiate e usiate quello che è noto come "programma variabile di rinforzo".

Vi farò un piccolo esempio preso dall'addestramento dei delfini. All'inizio, per insegnare a un delfino a saltare, l'istruttore aspetta che l'animale salti da solo. Aspetta che faccia qualcosa di buono spontaneamente e lo premia con un pesce. Ricevendo un premio ogni volta che salta per conto suo, il delfino alla fine farà la neuroassociazione che, se salta, riceverà un pesce. Questo abbinamento di un piacere e di un certo comportamento desiderato permette all'allenatore di condizionare il delfino a saltare ancora e ancora.

In seguito, però, l'addestratore darà il pesce al delfino solo quando salterà più in alto. Alzando gradualmente il livello, l'addestratore può condizionare il comportamento del suo allievo. Ecco il segreto: se il delfino viene premiato "sempre" si abituerà e non renderà più al cento per cento. Perciò, continuando nel processo di addestramento, il delfino verrà premiato qualche volta dopo il primo salto o dopo il quinto, oppure dopo il secondo. Il delfino cioè non potrà mai essere sicuro di quale sarà il salto premiato. L'aspettativa di ricevere un premio, accoppiata all'incertezza di quale sarà la prova che verrà premiata, fa in modo che il delfino compia sempre il massimo sforzo. La ricompensa non è mai data per scontata.

Questa è la stessa identica forza che spinge le persone a giocare d'azzardo. Se una volta giocano e vincono, cioè vengono premiati, collegando grande piacere alla ricompensa, l'eccitazione e l'aspettativa li spingeranno a continuare a giocare. Quando per un po' non ricevono nessun premio, hanno la sensazione ancora più forte che "questa sarà la volta buona". A spingere il giocatore è la possibilità di vincere di nuovo. Se una persona dovesse giocare d'azzardo e non vincesse mai rinuncerebbe. Invece, ricevendo solo qualche piccola ricompensa ogni tanto, vincendo qualche giro, "rifacendosi" magari di una parte del denaro perduto, il giocatore resta in uno stato di attesa, di aspettativa del colpo di fortuna.

Ecco perché quelli che per un certo periodo abbandonano un vizio (come fumare o giocare) e poi decidono di "provarci ancora una sola volta", in realtà stanno rafforzando proprio il modulo che vorrebbero spezzare e rendono ancora più difficile liberarsi da quel vizio per la vita. Se dopo avere smesso, fumate ancora una sola sigaretta, stimolate il vostro sistema nervoso ad aspettarsi che in futuro vi concederete ancora questi premi. State cioè mantenendo attiva quella neuroassociazione e addirittura radicando proprio quel vizio che state cercando di eliminare.

Se volete rinforzare il comportamento di qualcuno in modo durevole non dovreste usare quello che viene chiamato "programma fisso di rinforzo". In un suo libro, Karen Pryor descrive come si fa per addestrare un delfino a fare dieci salti di fila. Per essere sicuri che l'animale salterà sempre dieci volte potreste pensare di premiarlo solo al decimo salto. Non potete chiedere troppi comportamenti prima che avvenga il rinforzo, ma se il delfino viene premiato solo al decimo salto, ben presto imparerà che non ha bisogno di fare grandi sforzi nei primi nove salti e la qualità calerà.

È la stessa reazione che si può osservare in chi riceve la paga mensilmente. I dipendenti sanno che ci si aspettano certi risultati da loro, per i quali riceveranno un regolare compenso. Il problema è che molti imparano a fare solo lo stretto necessario per ricevere la ricompensa perché manca l'elemento sorpresa. Sul luogo di lavoro, la gente si aspetta lo stipendio, naturalmente. Ma se è l'unica ricompensa, i lavoratori faranno solo quello che ci si aspetta da loro, cioè il minimo indispensabile per avere lo stipendio.

Però, se di tanto in tanto c'è qualche sorpresa, come un riconoscimento, una gratifica, promozioni o qualche altro compenso, allora faranno sforzi extra, nella speranza e nell'attesa di essere premiati e riconosciuti. Ricordate però che queste sorprese non devono essere "prevedibili", altrimenti diventano inutili e date per scontate (l'aspettativa metterà in moto il comportamento). Variate le ricompense e otterrete risultati migliori nel sortire cambiamenti in voi stessi o in altri di cui vi state occupando.

C'è un terzo strumento di rinforzo che si può usare: si chiama "colpo grosso". Un colpo grosso può aiutarvi ad aumentare il rinforzo. Se per esempio una volta ogni tanto date al delfino non un pesce, ma tre o quattro, indurrete il delfino a prevedere che se farà uno sforzo extra potrebbe toccargli ancora una grossa ricompensa. Questo spinge il delfino a mettercela tutta.

Gli esseri umani reagiscono allo stesso modo. Spesso nelle aziende, quando si dà ai dipendenti un premio più importante di quello che si aspettavano, si può creare un grande incentivo a continuare a lavorare molto bene in futuro, con la previsione che potrebbero ricevere un premio ancora maggiore. Questo stesso principio funzionerà a meraviglia con i vostri figli! Il principio del colpo grosso può essere usato anche con qualcuno che non è motivato a produrre nessun risultato in assoluto. Gli ammaestratori di delfini, quando hanno un animale che sembra non si riesca a motivare in nessun modo, a volte gli danno anche una dozzina di pesci senza che abbia fatto nulla per meritarseli. Il piacere di questo lauto pasto a volte è sufficiente a rompere il vecchio modulo del delfino e a metterlo in uno stato di tale piacere che poi è disposto a lasciarsi addestrare. Gli esseri umani si comportano allo stesso modo. Se qualcuno che sembra non averne mai imbroccata una giusta riceve improvvisamente una ricompensa, solo per un senso di comprensione e per affetto, può darsi che si senta stimolato a intraprendere nuovi livelli e tipi di comportamento e di prestazione.

La cosa più importante da ricordare riguardo al condizionamento è che il comportamento deve essere rinforzato immediatamente. Nel momento in cui scoprite di reagire con piacere a qualcosa che prima per voi era frustrante, vi state rinforzando. Rifatelo e proverete ancora maggior piacere. Ridete un po'.

Ricordate che ogni volta che create una forte sensazione emozionale, sia positiva sia negativa, state creando una connessione nel vostro sistema nervoso. Se ripeterete lo schema varie volte, visualizzando la stessa fantasia che vi fa sentire forti o che vi fa ridere, vi sarà più facile in futuro ridere o sentirvi forti. Il modulo sarà stabilito.

Nel momento in cui voi, o la persona che volete aiutare, fate qualcosa di giusto, dovete dare subito una ricompensa. Rinforzatela costantemente con il tipo di premio che voi, o l'altro individuo, desiderate di più. Concedetevi la ricompensa emozionale di ascoltare la vostra musica preferita o di sorridere o di immaginarvi mentre raggiungete i vostri obiettivi. Il condizionamento è essenziale. È solo così che otteniamo risultati costanti. Ancora una volta, ricordate che ogni modulo di comportamento emozionale, rinforzato o premiato su base costante, diventerà automatico e condizionato. Ogni schema che tralasciamo di rinforzare sparirà.

Ora che abbiamo fatto i primi cinque gradini, prepariamoci a fare l'ultimo...

GRADINO SEI
Mettetelo alla prova!

Rivediamo un po' che cosa avete imparato finora: avete deciso in merito al nuovo modulo di emozioni o di comportamenti che desiderate; avete fatto leva su voi stessi per cambiare il vecchio modulo e avete interrotto; avete trovato una nuova alternativa; e l'avete condizionata in modo che sia costante. Ora non vi resta che metterla alla prova per vedere se funziona.

Un modo per farlo, insegnato nella programmazione neuro linguistica, è "anticipare il futuro". Significa immaginare per esempio la situazione che una volta vi frustrava e osservare se effettivamente vi sentite ancora frustrati o se invece il vostro nuovo modulo di sentirvi "attratto" ha sostituito il vecchio. Se avete ancora l'impulso a fumare ogni volta che vi sentite oppresso, immaginatevi in una situazione opprimente e osservate se non avete invece l'impulso a leggere o a correre o a fare qualsiasi altra attività alternativa abbiate condizionato. Immaginando i vecchi stimoli che scatenavano la vostra vecchia emozione o il vostro vecchio comportamento, e notando se vi sentite veramente sicuri che la vostra nuova alternativa sia automatica, saprete se questo nuovo modulo funzionerà per voi in futuro.

Inoltre dovete controllare l'ecologia del cambiamento che avete appena fatto. La parola "ecologia" implica lo studio delle conseguenze. Che effetto avranno sulle persone che vi stanno vicine i cambiamenti che avete operato su voi stessi? Favoriranno il vostro lavoro e le vostre relazioni personali? Accertatevi che questo nuovo modulo sia appropriato e si basi sul vostro attuale stile di vita, sulle vostre convinzioni è sui vostri valori.

Nella pagina accanto c'è una breve lista che potete usare per essere sicuri che il vostro nuovo modulo di successo sia durevole e appropriato.

Se il vostro tentativo di creare questo modulo non ha funzionato dovete ricominciare tutto dal primo gradino. Avete davvero chiaro che cosa volete e perché lo volete?

Rivedete il secondo gradino; molta gente che ha tentato di cambiare senza riuscirvi, di solito non aveva una leva abbastanza forte. Forse vi serve un impegno pubblico per fare più forza su voi stessi. Perciò impegnatevi di fronte a qualcuno che non *vi mollerà* tanto facilmente.

Se sentite che c'è abbastanza forza di leva, controllate il terzo gradino; se sapete che cosa volete e avete una motivazione abbastanza forte come leva, è molto probabile che stiate facendo come la mosca che sbatte contro i vetri della finestra. Avete fatto e rifatto le stesse cose, con sempre maggiore intensità, ma non avete cambiato approccio. Dovete interrompere il vostro modulo.

Se avete la sensazione di avere superato questi primi tre gradini, passate al quarto. Se i vostri sforzi ancora non hanno prodotto nessun cambiamento, evidentemente avete tralasciato questo gradino. Trovatevi una buona alternativa positiva per uscire dal dolore e accedere al piacere, che sia forte e conveniente quanto il vostro vecchio approccio. Il che significa che

> CONTROLLO ECOLOGICO
>
> 1. *Assicuratevi che il dolore sia pienamente associato al vecchio modulo.* Quando pensate al vecchio comportamento o alle vostre vecchie emozioni, vi immaginate e provate cose penose o gradevoli?
> 2. *Assicuratevi che il piacere sia pienamente associato al nuovo modulo.* Quando pensate al vostro nuovo comportamento o nuovo modo di sentire, vi immaginate e provate cose che sono piacevoli o penose?
> 3. *Adeguatevi ai vostri nuovi valori, alle vostre nuove convinzioni e regole.* Il nuovo comportamento o le nuove sensazioni sono coerenti con i valori, le convinzioni e le regole della vostra vita? (Di questo parleremo nei prossimi capitoli.)
> 4. *Assicuratevi che i benefici del vecchio comportamento siano mantenuti.* Il nuovo comportamento e le nuove sensazioni vi permetteranno ancora di avere i benefici e le sensazioni di piacere che traevate dal vecchio modulo?
> 5. *Anticipate il futuro.* Immaginate di comportarvi in questo nuovo modo in futuro. Immaginate la situazione che dovrebbe avervi indotto a adottare il vecchio modulo. Assicuratevi di riuscire a usare il nuovo modulo al posto del vecchio.

ora avete l'opportunità di provare a essere un po' più creativi. Trovatevi un esempio da seguire, un modello, qualcuno che sia riuscito a eliminare la stessa abitudine o la stessa serie di emozioni che volete cambiare.

Se avete cominciato a operare un cambiamento, ma poi non siete andati fino in fondo, evidentemente non avete rinforzato il vostro modulo con abbastanza piacere. Usate il quinto gradino, il condizionamento. Usate programmi di rinforzo per assicurarvi che il vostro nuovo modulo positivo duri.

I sei gradini del CNA possono essere usati per qualsiasi cosa: guai nelle relazioni personali, problemi di lavoro, incapacità a

Guarda... te lo chiedo per l'ultima volta!

uscire dall'abitudine di sgridare i vostri figli. *Diciamo che vi preoccupate troppo delle cose su cui non avete controllo.* Come fare a usare questi sei gradini per cambiare questo modulo debilitante?

1. Chiedetevi: "Che cosa voglio al posto della preoccupazione?"
2. Fate leva su voi stessi e cercate di capire quale preoccupazione distrugge la vostra vita. Portatela fino al limite della sopportazione, osservate quanto verrà a costare in definitiva alla vostra vita, in modo da non volere più pagare quel prezzo. Immaginate la gioia di "togliervi questa scimmia dalla schiena" e di sentirvi finalmente libero.

3. Interrompete il modulo! Ogni volta che vi preoccupate, spezzate il modulo in modo assolutamente oltraggioso. Infilatevi le dita nel naso oppure urlate "che bella mattina!" con quanto fiato avete in corpo.
4. Create un'alternativa potenziante. Che cosa farete al posto di preoccuparvi? Prendete un blocco da appunti e scrivete un progetto di quello che potete invece fare immediatamente. Forse potete andare a fare una bella corsa e, mentre correte, potrete pensare a nuove soluzioni.
5. Condizionate il nuovo modulo: immaginatelo con molto realismo e fate ripetutamente delle prove, con grande intensità emozionale, finché questa nuova idea, questo nuovo modulo di comportamento o di emozione diventi automatico. Spingetevi a fare il primo gradino: immaginate più e più volte di riuscire in quello che volete. Vedere i risultati in anticipo può darvi il piacere che desiderate. Di nuovo usate la ripetizione e l'intensità emotiva per condizionare il nuovo modulo finché non diventerà costante.
6. Testatelo e vedete se funziona. Riflettete sulla situazione che vi preoccupa e cercate di non sentirvi più preoccupato in questa situazione.

Potete usare i sei gradini di CNA anche per concludere un contratto.

1. Il primo passo è stabilire la base. Cercate di avere chiaro che cosa volete e che cosa vi ha impedito di ottenerlo finora. Che cosa vuole l'altra persona? Che vantaggi potete trarne entrambi? Come fate a essere sicuri che state facendo un contratto positivo?
2. Fate uso della leva convincendo l'altro ad associare dolore con l'idea di non concludere il contratto e piacere con l'idea di stilarlo.
3. Interrompete il modulo di ogni convinzione o idea che impedisca alla trattativa di proseguire.
4. Create un'alternativa cui nessuno dei due aveva ancora pensato e che soddisfi le esigenze di entrambi.

5. Rinforzate questa alternativa potenziandone continuamente il piacere e l'effetto positivo.
6. Guardate se in futuro il contratto potrà avere risultati positivi per tutti, se cioè si tratta di una situazione in cui ambedue le parti vincono. Se è così, concludete con successo la trattativa.

Gli stessi principi possono servire per convincere i ragazzi a tenere in ordine la loro stanza, per migliorare la qualità del vostro matrimonio, per accrescere il livello di qualità della vostra azienda, per trarre maggiore piacere dal vostro lavoro e per rendere il vostro paese un posto migliore in cui vivere.

Tra l'altro, a volte sono i figli a usare con noi questi sei gradini, sia pure in forma ridotta. Ricordate quello che ho detto prima: se esercitate abbastanza forza di leva e interrompete il modulo di qualcuno abbastanza energicamente, questi troverà un nuovo modulo e lo condizionerà. Un mio amico aveva provato di tutto per smettere di fumare. Alla fine, il suo modulo di comportamento venne interrotto. Come? Un giorno la sua bambina di sei anni entrò nella stanza mentre lui si stava accendendo una sigaretta. La piccola sapeva che cosa voleva, aveva abbastanza forza di leva e interruppe il modulo gridando: "Papà, per favore smettila di ucciderti! Voglio che tu sia ancora qui quando mi sposerò!"

Quest'uomo aveva tentato di smettere almeno una dozzina di volte senza mai riuscirci... fino a quel momento. Le sigarette uscirono dalla porta di casa sua quello stesso giorno e da allora lui non ha più fumato una sola sigaretta. Con le leve del cuore del padre ben strette nella sua manina, la piccola aveva ottenuto subito quello che voleva. Da allora quest'uomo ha trovato molte alternative al fumo che gli danno le stesse piacevoli sensazioni.

Se fate i primi tre gradini di CNA, questo potrebbe già essere sufficiente a produrre un enorme cambiamento. Una volta che avete deciso che cosa volete, acquistato forza di leva e interrotto il modulo, spesso la vita vi fornisce un nuovo modo di vedere le cose. E se la leva è abbastanza forte, sarete indotti a trovare un nuovo modulo e a condizionarlo, e siate sicuri che ci penserà il mondo a metterlo alla prova!

Ora avete il CNA del cambiamento! Il segreto è usarlo. Ma non ci riuscirete, a meno che non sappiate per che cosa lo state usando. Dovete sapere che cosa volete veramente, dovete scoprire...

7
COME OTTENERE
QUELLO CHE VOLETE VERAMENTE

Sono pure tutte quelle emozioni che integrano e danno animo; è impura invece quell'emozione che afferra solo un lato del tuo essere e quindi lo altera.

RAINER MARIA RILKE

"Dammi la prima 'botta'!" Era così che Elvis Presley chiedeva sempre la prima dose, secondo un quotidiano e bizzarro rituale che doveva garantire al re del rock and roll di riuscire a dormire dopo la sfibrante esibizione serale. L'assistente di Elvis, a quel punto, apriva la prima busta e gli dava "il solito", cioè un assortimento color arcobaleno di barbiturici (Amytal, Carbritral, Nembutal o Seconal), Quaaludes, Valium e Placidyl, seguito da tre iniezioni di Demerol, iniettate sotto le scapole.

Prima che Elvis andasse a dormire, il suo staff di cuochi, che era in servizio attivo ventiquattro ore su ventiquattro, si metteva all'opera. Poi cominciava una gara per vedere quanto cibo Elvis riuscisse a ingurgitare prima di addormentarsi. Di norma mangiava tre cheeseburger e sei o sette banana split prima di crollare. Spesso dovevano addirittura sfilargli il cibo dalla trachea per evitare che morisse soffocato nel sonno. Dopo di che, Elvis dormiva per almeno quattro ore.

A questo punto, stordito e barcollante tanto da dover essere letteralmente trasportato in bagno, Elvis chiedeva la seconda "botta" tirando debolmente la camicia del suo assistente. Elvis non riusciva nemmeno a prendere le pillole da solo, per cui dovevano infilargliele in gola.

Era difficile che Elvis riuscisse a chiedere la terza "botta". Però, come ordinaria amministrazione, gli somministravano anche questa terza dose e poi lo lasciavano dormire fino a pomeriggio inoltrato, quando il "re" rimetteva in moto il suo corpo gonfio ingoiando Dexedrina e infilandosi nel naso tamponi impregnati di cocaina prima di tornare in scena.

Il giorno della sua morte, Elvis rimase lucido e tenne in serbo tutte le "botte" per una sola dose fatale. Perché mai un uomo adorato in tutto il mondo da milioni di fan e che pareva avere tutto doveva abusare così del proprio corpo e arrivare a togliersi la vita in un modo tanto orribile? Secondo David Stanley, fratellastro di Elvis, è stato perché preferiva essere drogato e intontito, piuttosto che conscio e infelice.

Purtroppo sono molte le persone che, al colmo del successo nell'arte o negli affari, hanno provocato la propria morte, in modo diretto o indiretto. Basti pensare a scrittori come Ernest Hemingway e Sylvia Plath, attori come William Holden e Freddie Prinze, cantanti come Mama Cass Elliot e Janis Joplin. Che cosa hanno in comune tutte queste persone? Per prima cosa, non ci sono più e ne sentiamo tutti la mancanza. Secondo, a tutte loro era stata venduta una partita di merce, con la scritta: "Un giorno, qualcuno, in qualche modo, qualcosa... e poi sarai felice." Ma quando raggiunsero il successo, quando arrivarono all'agiatezza e poterono vedere da vicino il sogno americano, scoprirono che la felicità ancora li eludeva. Così continuarono a inseguirla, tenendo a bada la sofferenza di vivere, bevendo, fumando, mangiando troppo, finché non trovarono l'oblio che cercavano. Non riuscirono mai a scoprire la vera fonte della felicità.

Queste persone hanno dimostrato quello che ad alcuni è fin troppo noto: in primo luogo non sapevano che cosa volevano veramente dalla vita, perciò si distraevano con una serie di alterazioni artificiali dell'umore; in secondo luogo si creavano non delle vie neurologiche, ma delle vere e proprie superstrade per il dolore. E le loro abitudini le conducevano a ripercorrere regolarmente queste strade.

Pur avendo raggiunto livelli di successo quali un tempo non avrebbero neppure osato sognare e pur essendo circondati dall'amore e dall'ammirazione di milioni di fan, avevano molti più riferimenti per il dolore. Erano diventati degli esperti nel generare dolore in fretta e facilmente, perché avevano praticamente tracciato dei veri binari per arrivarci; non sapevano che cosa fare per sentirsi bene. Dovevano ricorrere a una forza esterna che li aiutasse a venire a patti con il presente. Infine, non avevano mai imparato i fondamenti per dirigere consapevolmente la concentrazione della loro mente. Si lasciavano dominare dal dolore e dal piacere che li circondavano, invece di assumerne il controllo.

Ora, paragonate un po' queste storie con una lettera che ho recentemente ricevuto da una donna, che con il mio aiuto ha cambiato totalmente e completamente la sua vita.

Caro Tony,
sono stata vittima di gravi abusi per tutta la vita, dall'infanzia fino alla morte del mio secondo marito. In seguito ai dolori subiti e a un ultimo grave trauma, ho contratto una malattia mentale nota come turbe della personalità multipla, con quarantanove diverse personalità. Nessuna di esse sa dell'esistenza delle altre o che cosa è accaduto loro durante la vita. L'unico sollievo che ho avuto in quarantanove anni di vita si è presentato sotto forma di un comportamento autodistruttivo. So che può sembrare strano, eppure l'automutilazione mi dava sollievo. Dopo uno dei miei tanti tentati suicidi, venni ricoverata in ospedale e affidata alle cure di un medico. Per integrare le mie varie personalità dovevo tornare alle origini del trauma che le aveva generate. Il trauma doveva essere ricordato, rivissuto e riprovato. Ciascuno dei miei alter ego gestiva una sua funzione speciale, un'abilità selettiva per ricordare, e di solito un unico tono emozionale. Lavoravo insieme con un esperto nel campo delle turbe della personalità multipla, che mi aiutò a reintegrare tutte le mie personalità in una sola. A spingermi a continuare e ad andare fino in fondo a tutti i vari procedimenti che usavamo era la sensazione che intorno a me vi erano molte persone infelici e che la mia vita era diventata un vero caos (ciascuna delle mie personalità non sapeva che cosa faceva l'altra e ci trovavamo in ogni genere di situazioni e luoghi, che poi, quando cambiavo, non ricordavo più). Pensavo che, rividentando una sola persona, sarei stata felice, raggiungendo finalmente la meta suprema.
Questa era la mia idea sbagliata. Che errore! Vissi un anno d'inferno. Mi ritrovai, molto infelice, a rimpiangere ciascu-

na delle mie personalità. Mi mancavano e a volte le avrei rivolute indietro così com'erano. Era molto difficile e feci altri tre tentativi di suicidio quell'anno; infine, venni di nuovo ricoverata in ospedale.

L'anno scorso, per caso, ho visto il suo programma alla televisione e ho ordinato la serie di cassette di *Personal Power*. Le ho ascoltate e riascoltate, aggrappandomi a tutto quello che potevo usare. Un vero passo avanti lo feci quando conobbi la sua rivista mensile "Powertalk!". Ho imparato alcune cose da lei, come singolo essere umano, che come essere multiplo non avevo mai saputo. Per la prima volta in cinquant'anni ho capito che la felicità viene da dentro noi stessi. Come essere singolo ora ho il ricordo degli orrori che ciascuna delle mie quarantanove personalità dovette subire. Quando questi ricordi arrivano, riesco a guardarli e, se diventano insopportabili, ora posso cambiare il mio punto focale, come ho imparato da lei, non in modo dissociativo come facevo prima. Non devo più entrare in trance amnesico e passare a un'altra personalità.

Imparo sempre di più su me stessa e imparo a vivere come essere unico. So che ho ancora molta strada da percorrere e molto da esplorare. Scelgo le mie mete e pianifico attentamente il sistema per raggiungerle.

Per ora, ho cominciato a dimagrire e voglio raggiungere il mio peso forma per Natale (un bel dono che mi voglio fare). Inoltre, so che mi piacerebbe avere una relazione sana con un uomo che non abusi di me. Prima di entrare in ospedale, lavoravo a tempo pieno per la IBM e gestivo quattro punti vendita. Oggi ho un nuovo negozio e sono felice di essere riuscita a fare aumentare le vendite. Ho intenzione di conoscere i miei figli e i miei nipoti, ma soprattutto ho intenzione di conoscere "me". Sinceramente,

Elizabeth Pietrzak

Che cosa volete?

Provate a chiedervi che cosa volete davvero nella vita. Volete un matrimonio felice, il rispetto dei vostri figli? O volete un sacco di soldi, macchine veloci, un'azienda fiorente, una casa in collina? Volete viaggiare per il mondo, visitare luoghi esotici di grande richiamo, vedere di persona le pietre miliari della storia? Volete essere un musicista rock idolatrato da milioni di fan, oppure una famosa star del cinema, con il nome inciso su una stella lungo l'Hollywood Boulevard? Volete passare alla posterità come inventore di una macchina per viaggiare nel tempo? O volete lavorare con madre Teresa di Calcutta per salvare il mondo, o influire sensibilmente sull'ambiente?

Qualunque sia il vostro desiderio o la vostra aspirazione, forse dovreste chiedervi "perché voglio queste cose?" Non volete delle belle macchine, per esempio, solo perché desiderate provare quel senso di realizzazione e di prestigio che pensate diano? Perché volete una felice vita familiare? Perché pensate che vi darà amore, intimità, affetto, calore? Volete salvare il mondo per poter provare la sensazione di dare qualcosa e di lasciare il segno del vostro contributo all'umanità? Insomma, non è forse vero che quello che volete veramente è semplicemente cambiare il modo in cui vi sentite? In definitiva, volete queste cose o questi risultati perché vi sembrano mezzi per ottenere certe sensazioni, emozioni, o stati d'animo che desiderate.

Quando qualcuno vi bacia, che cosa vi fa provare piacere e in quale momento? Sono forse le vostre labbra umide che toccano altre labbra? No, naturalmente! Altrimenti, anche baciare il vostro cane vi ecciterebbe! Tutte le nostre emozioni non sono che un turbinio di tempeste biochimiche nel nostro cervello che possiamo far scoppiare in qualsiasi momento. Ma prima dobbiamo imparare a controllarle consciamente, invece che vivere di reazioni. La maggior parte delle nostre risposte emozionali sono risposte emozionali apprese. Alcune le abbiamo deliberatamente imitate da altri, altre le abbiamo scoperte casualmente.

Essere consapevoli di questi fattori è la base per capire la forza dello "stato d'animo". Senza dubbio, tutto quello che facciamo, lo facciamo per evitare il dolore e trovare il piacere, ma possiamo istantaneamente cambiare idea su che cosa "crediamo" porti al dolore e che cosa al piacere, cambiando il nostro obiettivo e cambiando il nostro stato mentale-emozionale psicologico. Come ho detto nel terzo capitolo di *Come ottenere il meglio da sé e dagli altri* (pagina 44):

> Uno stato d'animo può essere definito come la somma di milioni di processi neurologici che hanno luogo dentro di noi, in altre parole il totale delle nostre esperienze in quel momento. Gran parte dei nostri stati d'animo si verifica senza che da parte nostra ci sia un controllo conscio. Vediamo qualcosa e reagiamo entrando in un certo stato d'animo. Può trattarsi di una condizione utile oppure di una condizione svantaggiosa e limitante, ma la maggior parte di noi fa ben poco per controllarla.

Vi è mai capitato di non riuscire a ricordare il nome di un amico? O di non saper dividere in sillabe una parola... come "giglio"? Come mai non ci siete riusciti? Perché di certo sapevate la risposta giusta. Forse è perché siete stupidi? No, è perché eravate in uno "stato" stupido. La differenza tra agire male o brillantemente non dipende dalla vostra abilità, ma dallo stato della vostra mente e/o del vostro corpo in quel dato momento. Potete anche avere il coraggio e la determinazione di Marva Collins, la grazia e l'agilità di Fred Astaire, la forza e la sopportazione di Nolan Ryan, l'intelligenza e la simpatia di Albert Einstein ma, se vi immergete continuamente in stati d'animo negativi, non riuscirete mai a realizzare quella promessa di eccellenza!

Però, se conoscete il segreto per accedere ai vostri stati d'animo più proficui, potete fare letteralmente meraviglie. Lo stato d'animo in cui siete in un dato momento determina il vostro modo di percepire la realtà e quindi le vostre decisioni e il vostro comportamento. In altre parole, il vostro comportamento non è il risultato della vostra abilità, ma dello stato d'animo in cui siete in quel momento. Per cambiare la vostra abilità, cambiate il vostro stato d'animo. Per dare libero sfogo alle migliaia di risorse che giacciono dentro di voi, mettetevi in uno stato di ingegnosità e di aspettativa attiva e farete miracoli!

Ma come possiamo cambiare i nostri stati d'animo? Pensate a un televisore. Per avere colori luminosi e vivaci e un suono perfetto dovete per prima cosa inserire la spina e accenderlo. Accendere la vostra fisiologia non è molto diverso che dare l'energia elettrica al televisore per farlo funzionare. Senza l'energia, non ci sarà né immagine né suono, ma solo uno schermo vuoto. Così se non vi accendete usando tutto il vostro corpo, in altre parole la vostra fisiologia, vi troverete davvero a non saper dividere in sillabe le parole. Vi è mai capitato di svegliarvi e di ciondolare per casa assonnati senza riuscire a funzionare o a pensare chiaramente, finché non avete messo in moto la vostra circolazione? Una volta eliminata "la confusione", vi siete accesi e le idee cominciavano a fluirvi in testa. Se siete nello stato d'animo sbagliato, non avrete nessuna ricezione, anche se avete le idee giuste.

Naturalmente, una volta accesi, dovete sintonizzarvi sul canale giusto per ottenere quello che volete veramente.

Mentalmente vi dovete concentrare su quello che vi potenzia, vi infonde forza. Su qualunque cosa vi concentriate (vi sintonizziate) sentirete più intensamente. Perciò se non vi piace quello che state facendo, forse è il momento di cambiare canale.

Ci sono infinite sensazioni, infiniti modi di guardare qualsiasi cosa nella vita. Se quello che fate non funziona, cambiate canale e sintonizzatevi su qualcos'altro che vi dia le sensazioni che avete sempre cercato. Potete scegliere tra tutte le sensazioni che volete: tutto quello che dovete fare è sintonizzarvi sul canale giusto. *Ci sono due sistemi per cambiare stato emozionale: cambiare il modo in cui usate il vostro corpo oppure cambiare il punto su cui focalizzate l'attenzione.*

FISIOLOGIA: IL POTERE DEL MOVIMENTO

Una delle scoperte più importanti che ho fatto negli ultimi dieci anni della mia vita è questa: *l'emozione è creata dal movimento*. Tutto quello che sentiamo è il risultato di come usiamo il nostro corpo. Anche i minimi cambiamenti della nostra espressione facciale e dei nostri gesti cambieranno il modo in cui ci sentiamo in quel momento e quindi anche il modo in cui pensiamo e ci comportiamo.

Provate a fare qualcosa di ridicolo. Fingete di essere un direttore d'orchestra sinfonica un po' annoiato e privo di humor, che ondeggia ritmicamente le braccia avanti e indietro. Fatelo molto l-e-n-t-a-m-e-n-t-e. Senza agitarvi. Fatelo come fosse ordinaria amministrazione e fate in modo che questo rifletta uno stato di noia. Osservate che cosa provate. Ora battete con forza le mani e riportatele indietro di scatto il più in fretta che potete, con un largo e sciocco sorriso sulla faccia. Aggiungete qualche rumore estremamente forte ed esplosivo (il passaggio dell'aria attraverso il petto, la gola e la bocca cambierà ancora più radicalmente il modo in cui vi sentite). Il movimento e la velocità che avete creato, sia nel vostro corpo sia nelle vostre corde vocali, trasformeranno immediatamente il modo in cui vi sentite.

Ogni emozione che provate è connessa a una specifica fisiologia: posizione, respirazione, movimenti, espressioni del viso. Per la depressione, tutto questo è ovvio. In *Come ottenere il meglio da sé e dagli altri* parlavo degli aspetti fisici della depressione, quando cioè si resta con gli occhi fissi nel vuoto, immobili eccetera. Una volta che avete imparato a usare il vostro corpo quando siete in certi stati emozionali, potete tornare a questi stati d'animo, o evitarli, semplicemente cambiando la vostra fisiologia. Il guaio è che molti di noi si limitano a pochi moduli fisiologici abituali. Li assumiamo automaticamente, senza renderci conto del grande ruolo che hanno nel plasmare il nostro comportamento di minuto in minuto.

Il nostro viso ha più di ottanta muscoli e se questi muscoli si abituano a esprimere depressione, noia o frustrazione, allora questo abituale modulo muscolare finisce per dettare letteralmente i nostri stati d'animo, per non parlare del nostro carattere fisico. A chi viene al mio seminario "Date with Destiny", faccio sempre scrivere tutte le emozioni che provano in una settimana normale e ho scoperto che in media queste emozioni sono meno di una dozzina tra tutte le miriadi di possibilità che esistono. Questo è dovuto al fatto che la maggior parte della gente ha moduli limitati di fisiologia, che danno come risultato moduli limitati di espressione.

> TIPI DI EMOZIONE CHE UN INDIVIDUO PUÒ PROVARE
> IN UNA SETTIMANA
>
> – stress
> – frustrazione
> – rabbia
> – insicurezza
> – solitudine
> – noia
> – infelicità
> – felicità
> – sollievo
> – amore
> – eccitazione
> – allegria

Questa è una lista molto ridotta di stati emozionali se si pensa che abbiamo a disposizione migliaia di altri stati d'animo allettanti. Badate a non limitarvi anche voi a una lista tanto breve! Vi invito a servirvi largamente al buffet delle emozioni: cercate sensazioni nuove e coltivatevi un palato raffinato. Che cosa ne direste di sperimentare più entusiasmo, fascino, incanto, curiosità, creatività, capacità, sicurezza, insolenza, coraggio, considerazione, gentilezza, humor... Perché non scrivete voi stessi una bella e lunga lista?

Potete provare qualsiasi di queste emozioni solo cambiando il modo in cui usate il vostro corpo. Potete sentirvi forte, potete sorridere, potete cambiare qualsiasi cosa semplicemente in un minuto. Avete mai sentito dire: "Un giorno ti volterai a guardare tutto questo e riderai?" Se è così perché non voltarvi a ridere ora? Perché aspettare? Svegliate il vostro corpo; imparate a metterlo costantemente in stati d'animo gradevoli, qualsiasi cosa accada. Come? Create energia con il pensare e ripensare a qualcosa, e in futuro cambierete le sensazioni che legate a questa situazione.

Se usate sempre il vostro corpo in modo debole, se state

sempre a spalle curve, se camminate come se foste eternamente stanchi, finirete per "sentirvi" stanchi. Come potreste fare altrimenti? Il vostro corpo guida le vostre emozioni. Lo stato emozionale in cui siete comincia a influenzare il vostro corpo e diventa una specie di circolo vizioso. Osservate come state seduti in questo momento. Sedetevi eretti e infondete più energia al vostro corpo, mentre continuate non solo a leggere ma anche a controllare questi principi.

Che cosa potete fare subito per cambiare il vostro stato d'animo e quindi il modo in cui vi sentite e agite? Inspirate profondamente dal naso ed espirate con forza dalla bocca. Stampatevi un bel sorriso sulla faccia e sorridete ai vostri figli. Se volete veramente cambiare la vostra vita, impegnatevi per i prossimi sette giorni a sorridere da un orecchio all'altro per un minuto cinque volte al giorno o guardandovi allo specchio. Vi potrà sembrare incredibilmente stupido ma ricordate che con questa azione fisica metterete costantemente in funzione questa parte del vostro cervello e creerete una via neurologica verso il piacere che diventerà per voi abituale. Perciò fatelo, e buon divertimento!

Anzi, fate ancora di meglio. Andate fuori e mettetevi a saltare: è un ottimo sistema per cambiare stato d'animo, per quattro ragioni: è un'ottima ginnastica; stanca meno che correre; mentre saltate non riuscirete a mantenere un'espressione seria sul vostro viso; divertirete tutti i passanti. Così cambierete anche lo stato d'animo degli altri, facendoli ridere.

Che gran cosa è una risata! Mio figlio Joshua ha un amico di nome Matt che ha una risata contagiosa e chiunque lo senta ridere si mette a ridere anche a lui. Se volete davvero migliorare la vostra vita imparate a ridere. Oltre ai cinque minuti di sorrisi al giorno di cui abbiamo parlato prima, fatevi anche tre belle risate al giorno senza motivo, per sette giorni. In un'inchiesta recentemente condotta dalla rivista "Entertainment Weekly", si è scoperto che l'82 per cento della gente che va al cinema vuole ridere, il 7 per cento vuole piangere e il 3 per cento vuole urlare. Questo vi dà un'idea di quanto valore diamo alla sensazione di ridere rispetto a molte altre cose. E se avete letto i libri di Norman Cousins, di Deepak Chopra, di Bernie Siegel, o avete comunque studiato psiconeuroimmunologia, saprete quanto bene può fare la risata al nostro corpo per stimolarne il sistema immunitario.

Perché non trovare qualcuno che rida e imitarlo? Divertitevi. Ditegli: "Scusi, vuole farmi un favore. Lei ha una risata bellissima. Mi permette di provare a imitarla? Mi insegni un po' come fa." Vi assicuro che vi divertirete un mondo tutt'e due. Respirate come la persona che volete imitare. Assumete i suoi stessi atteggiamenti, muovetevi allo stesso modo e copiate le espressioni del suo viso, fate gli stessi versi. All'inizio magari vi sentirete un po' stupidi ma dopo un po' vi lascerete trascinare e vi metterete a ridere allegramente tutti e due, perché vi troverete irresistibilmente ridicoli. Ma, nel frattempo, avrete gettato le basi della rete neurologica per creare la risata regolarmente. Se lo farete varie volte finirete per trovare facilissimo ridere e di sicuro vi divertirete molto di più.

> *Sappiamo troppo e sentiamo troppo poco. Perlomeno sentiamo troppo poche di quelle emozioni creative dalle quali scaturisce una buona vita.*
>
> BERTRAND RUSSELL

Chiunque può continuare a sentirsi bene se si sente già bene, o se è allegro: non ci vuole molto per riuscirci. Il segreto della vita, però, è riuscire a sentirvi bene quando "non" vi sentite bene o quando non volete nemmeno stare bene. Sappiate che potete farlo immediatamente usando il vostro corpo come strumento per cambiare stato d'animo. Una volta che avete identificato il tipo di fisiologia legato a uno stato d'animo, potete servirvene per creare tutti gli stati d'animo che volete. Anni fa, lavoravo con John Denver, un uomo che ammiro non solo per le sue doti musicali, ma anche perché in privato si comporta assolutamente in sintonia con la sua immagine pubblica. Il motivo del suo successo è evidente: è davvero una persona piena di calore e di umanità.

A quel tempo, lavoravo con lui perché era afflitto dal "blocco dello scrittore". Studiammo le volte in cui aveva scritto le sue canzoni migliori e scoprimmo che l'ispirazione per creare queste melodie gli era venuta mentre si stava tenendo fisicamente in esercizio. Per esempio, di solito scriveva di getto un'intera canzone dopo un pomeriggio passato a sciare in montagna, oppure a volare con il suo jet o con il suo biplano o a guidare la sua auto sportiva a grande velocità. In genere erano situazioni in cui era coinvolta la velocità: l'afflusso di adrenalina, insieme con l'esperienza di concentrarsi sulla bellezza della natura, costituivano la parte più consistente della sua strategia creativa. In quel periodo soffriva di qualche frustrazione a livello personale e non era impegnato in nessuna attività fisica all'aperto. Semplicemente operando questo cambiamento e tornando a una fisiologia forte, Denver riuscì immediatamente a ristabilire la sicurezza e il flusso della sua creatività. Anche noi abbiamo la capacità di fare cambiamenti del genere in qualsiasi momento. *Solo cambiando la nostra fisiologia, possiamo cambiare il livello della nostra prestazione.* La nostra capacità è sempre a nostra disposizione, dobbiamo solo metterci in uno stato d'animo in cui essa sia accessibile.

La chiave del successo, quindi, è creare moduli di movimento che diano sicurezza, senso di forza, flessibilità, senso di potere personale e divertimento. La stasi viene dalla mancanza di movimento. Provate a pensare a una persona anziana, che "non va più molto in giro". Invecchiare non è un problema di età, è mancanza di movimento. E l'estrema mancanza di movimento è l'immobilità della morte.

Osservate i bambini: quando camminano su un marciapiede dopo la pioggia e si trovano davanti a una pozzanghera, che cosa fanno? Ci saltano dentro. Ridono, schizzano acqua dappertutto e si divertono. Che cosa fa invece una persona anziana? Girerà semplicemente intorno alla pozzanghera? No, non solo ci girerà intorno, ma continuerà anche a lamentarsi. Voi volete vivere in un altro modo, volete vivere con un passo scattante e il sorriso sulle labbra. Perché non considerate l'allegria, l'insolenza, il divertimento le vostre nuove priorità? Fate che la vostra aspettativa sia stare bene. Non deve esserci necessariamente un motivo particolare per stare bene: siete vivi, potete sentirvi bene senza nessuna ragione particolare!

Il potere della concentrazione

Se voleste, potreste diventare depressi di punto in bianco? Certamente sì: vi basterebbe concentrarvi su qualcosa di terribile che vi sia accaduto in passato. Avrete di certo avuto qualche brutta esperienza in passato, non è vero? Bene, se vi focalizzate intensamente su questo episodio e cercate di figurarvelo nella mente, sicuramente comincerete a sentirvi subito depressi. Avete mai visto un brutto film? Tornereste a rivederlo centinaia di volte? Ovviamente no, perché non vi darebbe nessun piacere, non vi "sentireste bene", a farlo. E allora perché tornate in continuazione a rivedere i brutti film nella vostra testa? Perché continuate a rivedervi nelle situazioni peggiori, impegnati in bisticci con le persone più sgradevoli? Perché continuate a ripensare a disastri economici o a decisioni sbagliate per la vostra carriera? Naturalmente questi brutti film non si limitano alla vostra esperienza passata. Potete anche concentrarvi su qualche occasione che pensate di avere mancato adesso nel presente e sentirvi a disagio. O, peggio ancora, potete concentrarvi su qualcosa che non è ancora accaduto e sentirvi male in anticipo! Adesso potete anche riderci sopra, ma vi assicuro che è proprio quello che facciamo quasi tutti, giorno dopo giorno.

Se in questo stesso momento voleste sentirvi al massimo della felicità, potreste farlo? Io penso di sì e molto semplicemente. Potete ricordare una volta in cui vi siete sentiti assolutamente felici? Potete concentrarvi su come vi sentivate forti e baldanzosi? Potete ricordarlo con particolari tanto nitidi da sentirvi di nuovo completamente connessi a quelle sensazioni? Sicuramente sì. Oppure potreste concentrarvi su cose di cui siete felicissimi adesso, nella vostra vita attuale, su qualcosa della vostra vita che vi pare magnifico. E ancora, potreste concentrarvi su cose che non sono ancora accadute e rallegrarvene in anticipo. Questa è la forza di avere delle mete, degli obiettivi nella vita, ed ecco perché ne parleremo più ampiamente nel capitolo 11.

Tutto quello su cui ci focalizziamo diventa la nostra idea della realtà

La verità è che ben poche cose sono assolute. *Di solito, il modo in cui vi sentite di fronte alle cose e il significato che attribuite a una particolare esperienza dipendono dal vostro punto di vista.* Elizabeth, la donna dalla personalità multipla, soffriva in continuazione. La sua unica via di scampo era crearsi un'altra personalità ogni volta che si trovava davanti a un evento da superare emozionalmente.

Riusciva a cambiare modo di vedere un problema, guardandolo attraverso gli occhi di "qualcun'altra". Però continuava a soffrire, anche dopo l'integrazione delle sue varie personalità. Solo quando ha imparato a controllare il suo stato d'animo, cambiando consciamente la sua fisiologia e la sua rappresentazione interna delle cose, è riuscita a riprendere il controllo della sua vita.

La rappresentazione interna delle cose non è la realtà, è solo un modo di vederle. È solo una percezione del modo in cui le cose sono realmente. Provate a pensare a questa percezione come se fosse l'obiettivo di una macchina fotografica. L'obiettivo vi mostra solo l'immagine e l'angolo di visuale che mettete a fuoco. Perciò le fotografie che realizzate possono spesso distorcere la realtà, presentando solo un pezzetto di una grande immagine.

Supponiamo che siate andati a una festa con la vostra macchina fotografica, vi siate seduti in un angolo e abbiate puntato l'obiettivo su un gruppo di persone che stavano litigando. Che idea si avrebbe di quel party dalle vostre foto? Sarebbe presentato come una festa sgradevole, frustrante, dove nessuno si divertiva e tutti bisticciavano. È importante ricordare che il modo in cui ci rappresentiamo le cose nella nostra mente determinerà il modo in cui ci sentiremo. E se invece aveste puntato l'obiettivo della vostra macchina fotografica al capo opposto della stanza, dove la gente rideva e si raccontava barzellette e si divertiva un mondo? Allora sarebbe sembrata la festa più bella del mondo, in cui tutti se la spassavano splendidamente!

Ecco perché si fa tanto chiasso sulle biografie "non autorizzate": sono solo la percezione che una persona ha della vita di un'altra. E spesso questa visuale è offerta proprio da persone invidiose, con un interesse nascosto per distorcere le cose. Il problema è che la visuale della biografia si limita solo alla profondità di campo dell'autore e noi tutti sappiamo che le macchine fotografiche distorcono la realtà, che un ingrandimento può far sembrare le cose più grandi di quanto non siano realmente. E, se usata da mani esperte, una macchina fotografica può minimizzare o cancellare parti della realtà. Per parafrasare Ralph Waldo Emerson, ciascuno di noi vede negli altri quello che porta nel proprio cuore.

Il significato è spesso questione di punto focale

Se avete in programma un incontro d'affari e qualcuno non è puntuale, il modo in cui vi sentite dipende da quello su cui vi state focalizzando. State immaginando che il motivo per cui quelle persone non sono ancora arrivate è che se ne infischiano di voi, oppure pensate che forse hanno incontrato qualche difficoltà per arrivare in tempo all'appuntamento? *Le vostre emozioni dipendono interamente da quello su cui vi state concentrando.* E se per esempio vi arrabbiaste con queste persone e invece il vero motivo del ritardo fosse che stanno solo cercando di ottenere un'offerta migliore sulla proposta di affari che vi devono riferire? Ricordate, quello che ci raffiguriamo nella mente determina il nostro modo di sentire. Forse non dovremmo saltare alle conclusioni; dovremmo scegliere molto attentamente su che cosa puntare l'obiettivo.

A seconda di quello che vi figurate nella mente, potete percepire la realtà come buona o come cattiva, potete sentirvi felici o tristi. Una magnifica metafora del potere della rappresentazione intima ce la offrono le auto da corsa, che fra l'altro sono la mia passione. Guidare una macchina di Formula Uno a volte può far sembrare rilassante pilotare un elicottero a reazione! Su un'auto da corsa non potete permettervi di staccare nemmeno per un istante la vostra concentrazione dalle conseguenze di quello che fate. La vostra attenzione non si può limitare a dove siete e nemmeno può restare attaccata al passato o spingersi troppo oltre nel futuro. Mentre restate perfettamente consapevoli di dove siete, dovete anche anticipare quello che accadrà nell'immediato futuro.

Questa è stata una delle prime lezioni che ho imparato a scuola guida di auto da corsa. Gli istruttori mi fecero salire su quella che si chiama "skid car", cioè un'auto che ha un computer incorporato, con dei sollevatori idraulici che possono far staccare una qualsiasi delle ruote dal terreno a un segnale dell'istruttore. La prima cosa che ti insegnano è: *concentrati su dove vuoi andare, non su quello di cui hai paura.*

Se in pista si comincia a sbandare e a perdere il controllo dell'auto, la tendenza, naturalmente, è di guardare verso il muro. Ma se ci si continua a concentrare sul muro, è proprio lì che si andrà a finire. I piloti sanno che si va dove si guarda; si viaggia nella direzione in cui ci si concentra. Se si resiste alla paura, si ha fede e ci si concentra sul punto dove si vuole andare, le nostre azioni ci conducono in quella direzione, e se è possibile cavarsela, ce la si fa, mentre non si ha nessuna possibilità se ci si concentra invece su quello di cui si ha paura. Tutti a questo punto chiedono: "E se poi si va comunque a sbattere?" La risposta è che aumentate comunque le vostre possibilità di riuscita focalizzandovi su quello che volete. Concentrarsi sulla soluzione è sempre a vostro vantaggio. Se avete troppo slancio in direzione del muro, focalizzarvi sul problema prima che avvenga l'urto non vi aiuterà comunque.

Quando l'istruttore me lo spiegò la prima volta, io annuii e dentro di me pensai: "Ma certo, lo so bene. In fondo è proprio quello che insegno anch'io." La prima volta in cui sono andato in pista, stavo filando a tutta velocità, quando all'improvviso, a mia insaputa, hanno premuto il famoso pulsante. Cominciai a sbandare senza controllo. Dove credete che siano corsi i miei occhi? Potete scommetterci! Verso il muro! Negli ultimi secondi ero terrorizzato perché sapevo che stavo andando a sbatterci contro. L'istruttore mi afferrò la testa e me la girò verso sinistra, costringendomi a guardare nella direzione in cui dovevo andare.

Continuavamo a sbandare e sapevo che avremmo finito per sbattere, ma ero costretto a guardare nella direzione in cui volevo andare. Ma, mentre guardavo a sinistra, non potevo fare a meno di girare anche il volante in quella direzione. All'ultimo momento ce la cavammo per un pelo. Potete immaginare il mio sollievo!

Ecco una cosa utile a sapersi: quando cambiate punto focale, non sempre cambiate immediatamente anche direzione. Non è vero anche nella vita? Spesso c'è un lasso di tempo tra il momento in cui si cambia punto di focalizzazione e quello in cui il vostro corpo e la vostra esperienza di vita si adeguano. Motivo di più per cominciare subito a concentrarvi su quello che volete, senza aspettare altro tempo.

Pensate che avessi imparato la lezione quella volta? No. Avevo avuto un'esperienza, ma non avevo ancora creato una neuroassociazione abbastanza forte. Dovevo condizionarmi al nuovo modulo. Perciò, quando la volta successiva ancora mi stavo dirigendo verso il muro, l'istruttore dovette gridarmi di guardare verso la mia meta. La terza volta, però, voltai la testa deliberatamente e consapevolmente. Ebbi fede e funzionò. Dopo averlo fatto un po' di volte, adesso, se per caso sbando, bam, giro subito la testa nella direzione in cui voglio andare, il volante gira e la mia auto pure. È forse questa una garanzia che riuscirò sempre a controllare il mio punto focale? No. Aumenta le mie probabilità? Almeno di cento volte!

Lo stesso accade nella vita. Nei prossimi capitoli imparerete alcuni modi per riuscire a condizionare positivamente la vostra focalizzazione. Per ora, pensate solo che dovete disciplinare la vostra mente. Una mente di cui avete perso il controllo può giocarvi brutti scherzi. Ben guidata, è invece la vostra più grande amica.

> *Chiedete e vi sarà dato, cercate e troverete; bussate è vi sarà aperto.*
>
> MATTEO 7,7

Il modo migliore per controllare il vostro punto focale è l'uso delle domande. Qualunque cosa chiediate, il vostro cervello ha una risposta; qualunque cosa cerchiate, la troverete. Se vi chiedete "come mai questa persona si approfitta di me?" vi state concentrando su come ci si sta approfittando di voi, che sia vero o no. Se invece vi chiedete "come posso evitarlo?" avrete una risposta più positiva. Le domande sono uno strumento potentissimo per cambiare la vostra vita e nel prossimo capitolo parleremo solo di questo. Sono uno dei modi più semplici ed efficaci per cambiare la direzione della vostra vita di punto in bianco. Le domande vi danno la chiave per liberare il vostro potenziale illimitato.

Un bellissimo esempio è quello di un ragazzo cresciuto in Alabama. Circa quindici anni fa, un ragazzaccio prepotente di qualche classe più avanti attaccò briga con lui, gli diede un pugno sul naso e lo mise al tappeto. Quando il ragazzo riprese conoscenza si ripromise di vendicarsi e di uccidere quel prepotente. Andò a casa, prese la pistola calibro 22 di sua madre e uscì in cerca del suo bersaglio. Tutto il suo destino era in gioco.

Quando ebbe sotto tiro il prepotente, avrebbe potuto semplicemente sparare e il compagno di scuola sarebbe passato nel mondo dei più. Ma in quello stesso istante il ragazzo si chiese: "Che cosa accadrà di me se premo il grilletto?" E gli si presentò un'altra immagine, quanto mai penosa. In quella frazione di secondo che poteva portare la vita di quel ragazzo in due opposte direzioni, egli si figurò nella mente con spaventosa chiarezza che cosa sarebbe stato per lui andare in prigione. Si immaginò di dover stare sveglio tutte la notte per impedire agli altri galeotti di stuprarlo. Il dolore potenziale fu più forte del gusto della vendetta. Allora spostò la mira e colpì un tronco d'albero.

Questo ragazzo si chiama Bo Jackson e racconta questo episodio nella sua autobiografia: indubbiamente in quel momento importantissimo della sua vita, il dolore associato all'idea della prigione fu più forte del piacere che pensava di trarre dall'uccisione dell'altro ragazzo. Un cambiamento di punto focale, una decisione a proposito di piacere e dolore quel giorno fecero probabilmente la differenza tra un ragazzo senza futuro e uno dei più grandi atleti dei nostri tempi.

Come l'arciere incide il legno e raddrizza le sue frecce, così il maestro dirige i pensieri vaganti.

BUDDHA

Non conta solo quello su cui vi concentrate,
ma anche come...

La nostra esperienza del mondo si basa su informazioni raccolte mediante l'uso dei nostri cinque sensi. Tuttavia ciascuno di noi tende a sviluppare un suo modo di formarsi le rappresentazioni interne, una sua modalità. Certi, per esempio, restano più impressionati da ciò che vedono, cioè il loro sistema visivo tende a essere dominante. Per altri invece sono i suoni a creare le più grandi esperienze della vita, mentre per altri ancora sono essenziali i sentimenti.

Però anche all'interno di questi modi di esperienza, ci sono specifici elementi di immagini, suoni o altre sensazioni, che possono essere cambiati per aumentare o diminuire l'intensità della nostra esperienza. Questi elementi essenziali si chiamano "submodalità". Per esempio, potete crearvi un'immagine nella vostra mente e poi prendere ogni aspetto di tale immagine (una submodalità) e cambiarlo per cambiare le vostre sensazioni in proposito. Potete rendere l'immagine più luminosa, cambiando subito la quantità di intensità che provate. Questo si chiama cambiare una submodalità. Probabilmente il più grande esperto di submodalità è Richard Bandler, cofondatore della programmazione neuro linguistica. Capostipite di questi esperti in materia è Aristotele, con il suo lavoro essenziale sui cinque sensi, che suddivide in categorie i modelli di percezione.

Potete radicalmente aumentare o abbassare l'intensità della vostra sensazione di fronte a qualsiasi cosa, manipolando le submodalità. Esse influiscono su quello che provate, praticamente su tutto, gioia, frustrazione, stupore o disperazione. Capirle vi dà la possibilità non solo di cambiare quello che provate a proposito di una certa esperienza nella vostra vita, ma di modificare quello che significa per voi e, quindi, quello che voi potete fare in proposito.

Un sistema che ho trovato molto utile è pensare alle submodalità come se fossero codici a barre, cioè quella serie di sbarrette nere che in quasi tutti i supermercati hanno sostituito i cartellini dei prezzi. A guardarli questi codici sembrano senza senso, eppure, quando passano attraverso il lettore, dicono al computer di che prodotto si tratta, quanto costa, quanto influisce la sua vendita sulle scorte di magazzino e così via. Le submodalità funzionano allo stesso modo. Quando passano attraverso l'analizzatore di quel computer che chiamiamo cervello, dicono al cervello di che cosa si tratta, che emozioni provare e che cosa fare. Avete anche voi i vostri codici a barre e ora ve ne proporrò una lista con accanto le domande da fare per stabilire quale usare.

Per esempio, se tendete a concentrarvi sulle modalità visive, la quantità di piacere che trarrete da un ricordo particolare, probabilmente, sarà una diretta conseguenza delle submodalità di dimensioni, colore, luminosità, distanza e movimento nell'immagine visiva che ve ne siete fatta. Se ve lo rappresentate con submodalità auditive, allora quello che proverete dipenderà dal volume, dal ritmo, dal tono, dalla tonalità e da altri fattori del genere che gli attribuite. Per esempio, certe persone, per sentirsi motivate, devono prima sintonizzarsi su un certo canale. Se il loro canale preferito è quello visivo, allora concentrarsi sugli elementi visivi di una situazione dà loro più intensità emozionale. Per altri, saranno invece i canali auditivi o cinestesici. I tre dischi numerati devono essere allineati nel modo giusto e nel giusto ordine, perché la cassaforte si apra.

Una volta che ve ne siete resi conto, capirete che le persone intorno a voi usano costantemente parole nel proprio linguaggio quotidiano per dirvi su quale sistema e quali submodalità sono sintonizzate. Ascoltate il racconto che fanno di una loro esperienza e prendetelo alla lettera. (Per esempio nelle due ultime frasi ho usato le parole "sintonizzarsi" e "ascoltare": questi sono evidentemente esempi auditivi.)

Quante volte avete sentito qualcuno dire: "Non posso immaginarmi di farlo"? In realtà vi sta dicendo che il problema è che, se si immaginasse di farlo, entrerebbe in uno stato d'animo in cui avrebbe la sensazione di poterlo far accadere. Forse qualcuno una volta vi ha detto: "Stai ingigantendo le cose in modo sproporzionato." Se siete davvero arrabbiati, può darsi che questo qualcuno abbia ragione. Può darsi che stiate prendendo le immagini nella vostra mente e le facciate più grandi, il che tende a intensificare l'esperienza. Se qualcuno dice: "Questo problema mi schiaccia," potete dargli una mano aiutandolo a vedere la situazione con più leggerezza e quindi a stare meglio e a gestire meglio il problema. Se qualcuno vi dice: "Ragazzi, vi ho spento, vi ignoro," dovete convincerlo a riaccendere, in modo che possa cambiare stato d'animo.

ESPRESSIONI COMUNI BASATE SU

Submodalità visive
Questo mi illumina veramente la giornata.
Questo mette le cose in una prospettiva migliore.
Questa cosa ha la precedenza assoluta.
Quel ragazzo ha un passato tutto luci e ombre.
Guardiamo al quadro generale delle cose.
Questo problema salta agli occhi.

Submodalità auditive
Mi dà sempre sulla voce.
Questo fatto parla da solo.
Ti sento chiaro e forte.
Mi fischiano le orecchie.
Quel ragazzo è veramente fuori tono.
Mi suona familiare.

Submodalità cinestesiche
È un tipo scivoloso.
Essere sotto pressione.
Mi sembra di essermi caricato il mondo sulle spalle.
Questo concerto è forte!
Sono immerso fino al collo nel progetto.

La nostra capacità di cambiare quello che proviamo dipende dalla nostra capacità di cambiare le nostre submodalità. Dobbiamo imparare ad assumere il controllo dei vari elementi con cui ci raffiguriamo le esperienze e cambiarli in modo da sostenere i nostri obiettivi. Per esempio, vi siete mai scoperti a dire che dovevate "prendere le distanze" da un certo problema? Facciamo una prova. Pensate a una situazione che vi angoscia in questo momento. Fatevene un'immagine e poi provate a pensare di respingerla sempre più lontano da voi. Ergetevi sopra questo problema e guardatelo dall'alto, da una nuova prospettiva. Che cosa accade alla vostra intensità emozionale? In genere si affloscia. E se l'immagine diventa più vaga o più piccola? Ora prendete l'immagine del problema e rendetela più grande, più luminosa e più vicina. Questo in genere intensifica le emozioni. Ora scostatela e guardatela sciogliersi al sole. Un semplice cambiamento in ciascuno di questi elementi è come cambiare gli ingredienti di una ricetta. Finiranno per alterare quello che provate nel vostro corpo. Anche se ho parlato largamente delle submodalità in *Come ottenere il meglio da sé e dagli altri*, ora riprendo l'argomento perché voglio essere sicuro che afferriate bene questa informazione, essenziale alla comprensione di tutto quanto diremo in questo libro.

Ricordate, quello che provate nei confronti delle cose cambia con una lieve modifica nelle submodalità. Per esempio, pensate a qualcosa che è accaduto ieri. Raffiguratevi nella mente questa esperienza. Prendete l'immagine di questo ricordo e mettetela dietro di voi. Piano piano spingetela finché è lontanissima dietro di voi, un piccolo puntino che si perde nel buio. Vi sembra ancora che sia accaduta ieri o molto tempo fa? Se è un bel ricordo, riportatelo indietro, altrimenti lasciatelo dove sta! Chi ha bisogno di concentrarsi su un brutto ricordo? Avrete invece avuto di certo qualche meravigliosa esperienza nella vostra vita. Pensate a un'esperienza del genere accaduta tanto tempo fa. Ricordatevela con tutti i particolari. Portatene l'immagine davanti a voi. Fatela grande, luminosa e colorata. A tre dimensioni. Entrateci dentro con il vostro corpo di allora e rifate quell'esperienza come se foste là. Vi sembra qualcosa accaduta tanto tempo fa, oppure una cosa che vi state godendo ora? Come vedete, anche la vostra esperienza del tempo può essere cambiata, modificando le submodalità.

Createvi una vostra cianografia personale

Scoprire le vostre submodalità è divertente. Potete farlo da soli, ma troverete certo molto più divertente farlo in compagnia di qualcun altro. Ci guadagnerete in precisione e, inoltre, se la persona con cui lo fate sta leggendo anche lei questo libro, avrete moltissime cose da dirvi e troverete un compagno nel vostro impegno al controllo personale. Pensate molto rapidamente a un periodo della vostra vita in cui avete avuto un'esperienza molto piacevole e fate quanto segue: date un voto al vostro piacere da 0 a 100, posto che 0 significa mancanza assoluta di divertimento e 100 il massimo godimento che potete provare. Diciamo che siete arrivati a 80 in questa scala di intensità emozionale. Ora prendete la lista delle submodalità possibili alle pagine 214-215 e cercate di scoprire quali elementi sono più adatti a creare gioia nella vostra vita, più sensazioni piacevoli che sgradevoli o dolorose.

Cominciate a considerare ogni domanda della lista nei confronti della vostra esperienza. Per esempio, mentre ricordate questa esperienza e vi concentrate sulle submodalità visive, chiedetevi: "È un film o un fotogramma fisso?" Se è un film, guardate un po' come va. Poi fate il contrario. Immaginate che sia un fotogramma fisso e guardate un po' che cosa succede. Il vostro livello di divertimento cala? Cala in modo significativo? In che percentuale? Per esempio, scende da 80 a 50? Scrivete l'effetto di questo cambiamento, così potrete usare questa informazione in futuro.

Poi riportate l'immagine alla sua forma iniziale, cioè rifatene un film, se è questo che era, in modo che sentiate di tornare a livello 80. Poi passate alla domanda successiva della lista. E a colori o in bianco e nero? Se è in bianco e nero, osservate che cosa provate. Poi fate di nuovo il contrario. Rendetelo a colori e guardate un po' che cosa succede. La vostra intensità emozionale sale oltre 80? Scrivete l'effetto che ha su di voi emozionalmente. Se vi fa arrivare fino a 95, potrebbe essere una cosa da ricordare in futuro. Per esempio, quando pensate a un compito che di solito preferite evitare, se colorate l'immagine, scoprirete che la vostra intensità emozionale positiva cresce immediatamente. Ora riportate l'immagine al bianco e nero e di nuovo osservate che cosa succede alla vostra intensità emozionale e qual è la differenza. Ricordate di finire tornando sempre allo stato originario prima di passare alla domanda successiva. Tornate al colore e rendete l'immagine più luminosa e aspettate finché siete letteralmente inondati di colore e di luce.

La luminosità è una submodalità molto importante per la maggior parte di noi. Illuminare le cose ne intensifica l'emozione. Se pensate a un'esperienza piacevole in questo momento e rendete l'immagine sempre più luminosa, probabilmente vi sentirete meglio, non è vero? Naturalmente ci sono delle eccezioni. Se state assaporando il ricordo di un momento romantico e improvvisamente accendete dei fari accecanti, probabilmente la cosa non sarà esattamente gradita. E se invece provate a rendere l'immagine scura, sfocata e in penombra? Perlopiù, questo deprime. Perciò tornate a renderla luminosa, brillante!

Continuate con la vostra lista, notando quali di queste submodalità cambiano di più la vostra intensità emozionale. Poi passate alle submodalità auditive. Mentre ricreate l'esperienza nella vostra mente, come vi suona? Che cosa succede se alzate il volume al vostro livello di piacere? Come influisce sul vostro piacere un aumento del ritmo? E quanto? Scrivetelo e passate a tanti altri elementi quanti ve ne vengono in mente. Se quello che state immaginando è il suono della voce di qualcuno, fate qualche prova con diverse inflessioni e accenti e osservate come questo influisce sul livello di piacere che provate. Se cambiate la qualità del suono da armonioso e carezzevole in aspro e ruvido, che cosa succede? Ricordate di finire riportando sempre i suoni alla loro forma auditiva originaria, in modo che tutte le qualità continuino a crearvi piacere.

LISTA DELLE SUBMODALITÀ POSSIBILI

Submodalità visive
1. Immagini in sequenza o staccate.
2. Panoramica o particolare (in questo caso, il tipo di particolare).
3. Colore o in bianco e nero.
4. Luminosità.
5. Dimensione dell'immagine (grandezza naturale, ingrandita o ridotta).
6. Dimensione dell'oggetto/i centrale/i.
7. Soggetto presente nell'immagine o all'esterno di essa.
8. Distanza dall'immagine del soggetto.
9. Distanza dall'oggetto/i centrale/i del soggetto.
10. Qualità tridimensionale.
11. Intensità del colore (o del bianco e nero).
12. Grado di contrasto.
13. Movimento (in questo caso, a ritmo rapido o lento).
14. Punto focale (in quali parti, dentro o fuori l'immagine).
15. Fuoco intermittente o costante.
16. Angolo visivo.
17. Numero delle immagini (spostamenti).
18. Ubicazione.
19. Altri casi?

Submodalità uditive
1. Volume.
2. Sequenza (interruzioni, raggruppamenti).
3. Ritmo (regolare, irregolare).
4. Inflessioni (parole sottolineate, e come).
5. Cadenza.
6. Pause.
7. Tonalità.
8. Timbro (qualità, da dove proviene il suono).
9. Unicità del suono (grave, armonioso eccetera).

10. Suono mobile (spaziale).
11. Ubicazione.
12. Altri casi?

Submodalità cinestesiche
1. Temperatura.
2. Grana.
3. Vibrazione.
4. Movimento.
5. Durata.
6. Costante-intermittente.
7. Intensità.
8. Peso.
9. Densità.
10. Ubicazione.
11. Altri casi?

Infine concentratevi sulle submodalità cinestesiche. Nel ricordare la vostra piacevole esperienza, il cambiamento dei vari elementi cinestesici accresce o diminuisce il vostro piacere? Alzare la temperatura vi fa sentire più a vostro agio o invece vi irrita? Concentratevi sul respiro. Respirate dal naso o dalla bocca? Se cambiate il respiro da rapido e breve a lento e profondo, in che misura cambia la qualità della vostra esperienza? Osservate che differenza fa e scrivetela. E che cosa mi dite della consistenza dell'immagine? Fatela diventare da morbida e soffice a umida e scivolosa, appiccicosa e attaccaticcia.

Mentre eseguite questi cambiamenti, che sensazioni prova il vostro corpo? Scrivetelo. Quando avrete finito di sperimentare con l'intera lista di submodalità, tornate indietro e fate degli aggiustamenti finché non ritrovate l'immagine per voi più gradevole; rendetela abbastanza reale da poterla prendere in mano e spremerne il succo!

Mentre fate questi esercizi, vi accorgerete rapidamente che per voi alcune di queste submodalità sono più forti di altre. Siamo tutti fatti in modo diverso e ciascuno di noi ha il suo modo preferito di rappresentarsi le proprie esperienze. Quello che avete appena fatto è crearvi una cianografia, che rappresenta come funziona il vostro cervello. Conservatela e usatela. Vi verrà utile un giorno, magari oggi stesso! Sapendo quali submodalità muovono i vostri riflessi, saprete come aumentare le vostre emozioni positive e diminuire quelle negative.

Per esempio, se sapete che ingrandire e rendere luminosa una cosa e portarla molto vicina può intensificare notevolmente la vostra emozione, potete motivarvi a fare qualcosa cambiandone l'immagine in modo che si adegui a questi criteri. E saprete anche di non dover rendere i vostri problemi grandi, luminosi e vicini, altrimenti intensifichereste le vostre emozioni negative. Saprete scuotervi subito da uno stato d'animo limitante, per entrare invece in uno stato d'animo potenziante e positivo. E sarete meglio equipaggiati per proseguire nella conquista del vostro potere personale.

Sapere in che misura le submodalità influiscono sulla vostra esperienza della realtà è di cruciale importanza per superare i problemi. Per esempio, se vi sentite confusi o lucidi, è questione di submodalità. Se pensate a un'occasione in cui vi sentivate confusi, cercate di ricordare se vi rappresentavate l'esperienza come una foto o come un film. Poi confrontatela a un'altra volta in cui sentivate invece di avere le idee molto chiare. Spesso quando ci si sente confusi è perché si ha in testa una serie di immagini affastellate disordinatamente, perché qualcuno ha parlato troppo in fretta o troppo forte. Altri invece si confondono se le cose vengono insegnate loro troppo lentamente. Queste persone hanno bisogno di vedere le cose sotto forma di film, guardare la realtà in successione. Altrimenti, per loro, il processo è troppo dissociato. Come vedete, capire le submodalità di qualcuno può aiutarvi a insegnargli le cose in modo più efficace.

Il guaio è che la maggior parte di noi prende i propri moduli limitanti e li ingrandisce, li rende luminosi e vicini, forti e pesanti, a seconda delle submodalità in cui è più suscettibile; poi, ci chiediamo perché ci sentiamo travolti! Se siete mai riusciti a tirarvi fuori da uno stato d'animo del genere, probabilmente è solo perché voi o qualcun altro ha preso l'immagine e l'ha cambiata, dirigendo in modo diverso la vostra concentrazione. E alla fine avete detto: "Non era poi una faccenda tanto grossa!" Oppure avete lavorato su un dato aspetto del problema, e avete capito che non era poi così grave da affrontare. Sono tutte semplici strategie, molte delle quali già esposte in *Come ottenere il meglio da sé e dagli altri*. In questo capitolo spero di riuscire a stimolare la vostra attenzione e di farvele conoscere.

Cambiate i vostri stati d'animo
e modificherete la vostra vita

Ora potete cambiare il vostro stato d'animo in moltissimi modi, e tutti molto semplici. Potete modificare immediatamente la vostra fisiologia cambiando il vostro modo di respirare. Potete variare il vostro obiettivo decidendo su che cosa concentrarvi, o l'ordine delle cose su cui vi concentrate o come lo fate. Potete cambiare le vostre submodalità. Se vi siete sempre concentrati sul peggio che vi potesse accadere, non c'è motivo per continuare a farlo. Cominciate invece a concentrarvi sul meglio.

Il segreto è avere talmente tanti modi di dirigere la vostra vita, da far diventare questa operazione un'arte. Il problema per molti è che hanno solo pochi modi per cambiare stato d'animo: mangiano troppo, bevono, dormono troppo, comperano troppo, fumano o si drogano, e nessuna di queste cose li rende più forti, mentre tutte possono avere conseguenze tragiche e disastrose. Il peggio è che queste conseguenze sono cumulative, perciò ci accorgiamo del pericolo solo quando è troppo tardi. È quello che è successo a Elvis Presley e che purtroppo succede tutti i giorni a molti altri. Immaginate una povera rana che cuoce lentamente in una padella fino alla morte. Se fosse stata buttata in un pentolone d'acqua molto calda, lo shock del calore l'avrebbe fatta schizzare subito via con un salto, mentre se il calore aumenta a poco a poco, la rana non si accorge di essere in pericolo, finché non è troppo tardi per uscirne.

Il viaggio verso le "cascate del Niagara" comincia quando non controllate più i vostri stati d'animo, perché, se non controllate gli stati d'animo, allora non padroneggiate più nemmeno il vostro comportamento. Se ci sono cose che dovete fare, ma non trovate la motivazione per farle, dovete rendervi conto che non siete nello stato d'animo adatto. Questa non è una scusa, ma un ordine. È l'ordine di fare qualsiasi cosa per cambiare il vostro stato d'animo, o cambiando la vostra fisiologia o il punto in cui vi focalizzate. A un certo momento, mi sono trovato nella condizione di essere "sotto pressione" per scrivere questo libro: naturalmente mi pareva che non ce l'avrei mai fatta. Ma poi ho dovuto trovare un modo per cambiare il mio atteggiamento, altrimenti adesso non stareste leggendo queste pagine. Dovevo essere in uno stato di creatività e di eccitazione. Se volete mettervi a dieta, non ci riuscirete se siete in uno stato di paura o di preoccupazione o di frustrazione. Per riuscire, dovete essere in uno stato di determinazione! Oppure, se volete svolgere meglio il vostro lavoro, rendetevi conto che l'intelligenza spesso è una questione di stato d'animo. L'ho dimostrato varie volte con le persone dislessiche. Certo, la dislessia dipende dalle facoltà visive, ma dipende anche dagli stati mentali ed emozionali. I dislessici non invertono le lettere e le parole ogni volta che leggono qualcosa. Possono farlo spesso, ma non sempre. La differenza tra quando sono in grado di leggere correttamente e quando confondono le lettere dipende dallo stato d'animo in cui si trovano. Se cambiate il loro stato, cambierete anche la loro prestazione. Chiunque sia dislessico o abbia qualche altro disturbo basato sullo stato d'animo può usare queste strategie per cambiare se stesso.

Dato che il movimento può cambiare immediatamente il modo in cui ci sentiamo, ha un senso crearci una serie di modi per cambiare il nostro stato in un attimo con un solo, singolo movimento. Uno dei fattori che più fortemente ha cambiato la mia vita è qualcosa che ho imparato tanti anni fa. In Canada ho conosciuto un uomo che spezzava le tavolette di legno usando la tecnica del karate. Invece di sprecare un anno e mezzo o due per imparare a farlo, senza nessun allenamento nelle arti marziali, ho semplicemente scoperto su che cosa quest'uomo si concentrava, come si concentrava (la luminosità eccetera), quali erano le sue convinzioni, qual era la sua strategia fisica, e come usava specificamente il suo corpo per spezzare le tavolette di legno.

Ripetei più e più volte i suoi gesti in modo identico, con grande intensità emozionale, inviando al mio cervello profonde sensazioni di sicurezza. E, nel frattempo, il mio istruttore mi consigliava i movimenti. Così ruppi prima una tavoletta, poi due, poi tre e infine quattro. Come ci ero riuscito? Per prima cosa avevo alzato i miei standard e reso una necessità assoluta l'idea di rompere le tavolette, cosa che prima avrei accettato come una limitazione; in secondo luogo avevo cambiato le mie convinzioni limitanti sulla mia capacità di riuscire a farlo, modificando il mio stato emozionale in uno stato di certezza; infine, avevo imitato una strategia efficace per arrivare al risultato.

Il successo che ottenni nello spezzare le tavolette potenziò il senso di autostima e di certezza in tutto il mio corpo. Ho cominciato a usare la stessa sensazione di certezza per compiere altre azioni che mai avrei pensato di poter fare, superando con facilità la tendenza a procrastinare e a nutrire timori. Nel corso degli anni ho continuato a usare e rinforzare queste sensazioni. E dopo qualche anno, ho cominciato a insegnarle agli altri, anche ai bambini, a ragazzini di undici o dodici anni, mostrando loro come potevano aumentare la loro stima di se stessi, facendo provare loro un'esperienza che non credevano possibile. Alla fine cominciai a insegnare questo metodo nei miei seminari e avvalendomi delle videocassette e insegnai anche ai miei rappresentanti come riuscire in modo che potessero propagandare queste tecniche. Durante i seminari, in trenta minuti o anche meno, i partecipanti sono portati a superare le proprie paure e a imparare a vincere tutto ciò che li blocca nella vita. Dopo avere spezzato le tavolette di legno, imparano a usare questa esperienza per dare a se stessi il senso di sicurezza necessario a ottenere qualsiasi cosa vogliano nella vita. È sempre affascinante vedere un omone che pensa di riuscirci solo con la forza bruta fare cilecca e poi osservare una donna (grande la metà di lui e con un tono muscolare infinitamente minore), spezzare la tavoletta in un batter d'occhio, solo perché ha sviluppato la sicurezza nella propria fisiologia.

> *L'esperienza non è quello che succede a un uomo; è quello che un uomo realizza utilizzando quello che gli succede.*
> ALDOUS HUXLEY

Ora avete capito che dovete assumere il controllo consapevole della vostra mente. Dovete farlo deliberatamente, altrimenti sarete alla mercé di tutto quello che succede intorno a voi. Per prima cosa, dovete essere capaci di cambiare istantaneamente il vostro stato d'animo, in qualsiasi ambiente e per quanto spaventati e frustrati siate. Questa è una delle tecniche essenziali che la gente acquisisce nei miei seminari. Imparano a cambiare rapidamente il loro stato d'animo e, da timorosi e consci di non sapere fare qualcosa, diventano sicuri di poterlo fare e di essere in grado di entrare veramente in azione. Acquisire esperienze del genere in cui si cambia rapidamente dà un enorme senso di potere nella vita, qualcosa che non potete pienamente apprezzare finché non lo provate su voi stessi.

La seconda abilità è quella di riuscire sempre a cambiare in qualsiasi ambiente, anche in una situazione che un tempo vi metteva a disagio, ma in cui ora sapete cambiare il vostro stato d'animo ripetutamente, condizionandovi finché non vi sentite bene dovunque siate. La terza abilità è quella di stabilire una serie di moduli abituali per usare la vostra fisiologia e la vostra concentrazione in modo da sentirvi costantemente bene senza nessuno sforzo conscio. La mia definizione di successo è vivere la vita in modo da provare grandi quantità di piacere e pochissimo dolore e, grazie al vostro stile di vita, fare in modo che la gente intorno a voi provi più piacere che dolore. Chi ha ottenuto molto, ma vive in costante stato di sofferenza o circondato da persone che soffrono, non ha raggiunto un vero successo. Il quarto obiettivo è rendere gli altri capaci di cambiare all'istante il loro stato, in qualsiasi ambiente e per tutta la vita. Questo è quello che i miei collaboratori imparano a fare nei loro seminari e nel loro lavoro individuale con le persone.

Insomma, che cosa dovete ricordare di questo capitolo? Tutto quello che volete veramente nella vita è cambiare il modo in cui vi sentite. Di nuovo, tutte le vostre emozioni non sono altro che tempeste biochimiche nel vostro cervello e le potete controllare in qualsiasi momento. Potete provare una sensazione di grande felicità in questo stesso istante, oppure potete provare dolore o depressione o vi potete sentire annientati: dipende solo da voi. Non c'è bisogno di farmaci o altro per riuscirci. Esistono modi molto più efficaci e, come avete imparato nel capitolo sulle credenze e sulle convinzioni, i farmaci possono essere meno efficaci delle sostanze chimiche che create nel vostro stesso corpo, cambiando le vostre rappresentazioni interne e il modo di usare la vostra fisiologia. Queste sostanze chimiche sono assai più potenti di qualsiasi altro farmaco.

> *Ogni grande e importante momento negli annali del mondo è sempre il trionfo di un entusiasmo.*
> RALPH WALDO EMERSON

SAPETE COME FARE PER SENTIRVI BENE?

Durante un viaggio di lavoro a Toronto, mi sentivo fisicamente a pezzi per via di un forte dolore alla schiena. Mentre l'aereo cominciava la discesa per atterrare, io pensavo a che cosa avrei dovuto fare appena arrivato in albergo. Sarebbero già state le 22,30 e il mattino dopo mi sarei dovuto alzare presto per tenere il mio seminario. Avrei potuto mangiare qualcosa (in fondo era tutto il giorno che non prendevo niente), ma era terribilmente tardi. Avrei potuto lavorare un po' e guardare il telegiornale alla televisione... In quel momento mi accorsi che tutte queste azioni erano semplici strategie per uscire dal dolore e trovare un briciolo di piacere. Ma nessuna di queste azioni era così allettante. Dovevo allargare la mia lista di modi per provare piacere, indipendentemente dal tempo e dal luogo.

E voi, sapete come fare per sentirvi bene? Sembra una domanda stupida, vero? Ma avete una serie di modi specifici e positivi per riuscire a sentirvi bene di punto in bianco? Riuscite a farlo senza servirvi di cibo, alcool, medicinali, sigarette o altre forme di dipendenza? Sono sicuro che ne avete molti ma cerchiamo di ampliare la lista. Individuiamo subito qualche possibilità di scelta positiva che vi si offre per sentirvi bene. Sedetevi a scrivere una lista di azioni che di solito ponete in atto per cambiare modo di sentirvi. Mentre fate la lista, perché non aggiungere qualcosa di nuovo che forse non avete mai provato prima e che potrebbe mutare positivamente il vostro stato d'animo?

Non fermatevi finché non avrete scritto almeno quindici modi diversi per sentirvi immediatamente bene. Meglio ancora se venticinque. E un esercizio al quale potete tornare più volte, fino ad arrivare a scriverne centinaia!

Quando ho creato la mia lista personale, mi sono reso conto che per me ascoltare la musica era uno dei modi più efficaci per cambiare subito stato d'animo. Leggere era un altro modo per stare bene in quanto cambiava l'oggetto della mia concentrazione, specie leggere qualcosa di istruttivo e informativo, qualcosa da applicare subito alla mia vita. Cambiare i movimenti del mio corpo è una cosa che posso fare per uscire subito da uno stato limitante ed entrare in uno stato pieno di risorse: fare esercizio fisico mentre la musica suona a tutto spiano, saltare su e giù sul telo elastico, correre otto chilometri in salita, nuotare a lungo in piscina.

Eccone alcuni altri: ballare, cantare ascoltando e copiando i miei cantanti preferiti, guardare un film brillante, andare a un concerto, ascoltare cassette informative. Fare un bagno caldo. Fare l'amore con mia moglie. Cenare con tutta la famiglia riunita intorno al tavolo e chiacchierare delle cose più importanti per noi. Abbracciare e baciare i miei figli, abbracciare e baciare Becky. Portare Becky a vedere un film romantico e appassionato, annegando nella pozza delle nostre lacrime. Creare una nuova idea, una nuova impresa, un nuovo concetto. Perfezionare o migliorare qualcosa che sto facendo in quel momento. Creare qualcosa. Raccontare barzellette agli amici. Fare qualcosa che mi dia la sensazione di dare una mano agli altri. Tenere i miei seminari, specie quelli con tanto pubblico (una delle mie submodalità preferite). Rispolverare i miei ricordi, ripensando a qualche meravigliosa esperienza che ho avuto recentemente o in passato.

Se non avete un piano per arrivare al piacere, soffrirete

Il segreto è creare una lista lunghissima di sistemi per farvi sentire bene in modo da non dover ricorrere agli altri sistemi distruttivi. Se collegate dolore alle abitudini distruttive e sempre più piacere alle nuove abitudini positive, scoprirete che molte di loro sono quasi sempre accessibili. Scrivete questa lista, sviluppate un piano per trovare piacere ogni santo giorno. Non sperate solo vagamente che a un certo punto il piacere arriverà, disponetevi alla felicità. Fatele spazio!

Stiamo di nuovo parlando di condizionare il vostro sistema nervoso, il vostro corpo e la vostra concentrazione mentale a cercare continuamente di capire come ogni cosa nella vita vi possa giovare. Ricordate che se continuate ad avere un modulo emozionale limitante, è perché state usando il vostro corpo in un modo abituale, o continuate a focalizzarvi su qualcosa di debilitante. Se è il vostro punto focale che va spostato, allora c'è uno strumento incredibile, che può mutarlo all'istante. Dovete sapere che...

LISTA DEI MODI PER CAMBIARE IL MIO STATO D'ANIMO PER PASSARE DAL DOLORE AL PIACERE E PER STARE BENE IMMEDIATAMENTE

1. ...
2. ...
3. ...
4. ...
5. ...
6. ...
7. ...
8. ...
9. ...
10. ...
11. ...
12. ...
13. ...
14. ...
15. ...
16. ...
17. ...
18. ...
19. ...
20. ...
21. ...
22. ...
23. ...
24. ...
25. ...
26. ...
27. ...
28. ...
29. ...

8
LE DOMANDE OBBLIGANO LE RISPOSTE

Chi fa domande, non può evitare le risposte.
Proverbio del Camerun

Non avevano bisogno di un motivo particolare. Erano venuti a prenderlo semplicemente perché era ebreo. I nazisti fecero irruzione nella sua casa e arrestarono lui e tutta la sua famiglia. Vennero riuniti in un branco come bestiame, ammassati su un treno e poi mandati nel famigerato campo di Auschwitz. I suoi peggiori incubi non avrebbero mai potuto prepararlo allo spettacolo della sua famiglia uccisa sotto i suoi stessi occhi. Come poteva sopravvivere all'orrore di vedere gli abiti di suo figlio addosso a un altro, perché il suo ragazzo era morto in seguito a una "doccia"?

Eppure, in qualche modo, continuò a vivere. Un giorno si guardò intorno, vide l'incubo che lo circondava e si rese conto di un'ineluttabile verità: se fosse rimasto in quel campo di concentramento ancora un solo giorno, sarebbe morto. Prese la decisione di scappare e subito. Non sapeva come, sapeva solo che doveva farlo. Per settimane aveva continuato a chiedere agli altri prigionieri: "Come possiamo fuggire da questo orrore?" E la risposta che aveva ricevuto gli era sembrata sempre la stessa: "Non essere stupido," gli dicevano, "non c'è nessuna possibilità di fuga. A porti queste domande, non fai che torturarti inutilmente. Lavora e prega di riuscire a sopravvivere." Ma lui non poteva, non voleva accettarlo. Cominciò a essere ossessionato dall'idea della fuga e, anche quando le sue risposte non avevano senso, continuava a chiedersi: "Come posso scappare? Deve esserci un modo. Come faccio a uscire da qui ancora vivo, oggi stesso?"

Si dice: chiedi e ti sarà dato. E, per qualche motivo, un giorno egli trovò la risposta alla sua angosciosa domanda. Forse era stata l'intensità con cui si era posto la domanda, o forse la sua intima certezza che "era arrivato il momento". O forse era stato solo effetto del suo ostinato continuare a concentrarsi sulla risposta a quella costante domanda. Qualunque fosse la ragione, fatto sta che il gigantesco potere della mente umana quel giorno si destò in quell'uomo. La risposta gli arrivò attraverso una fonte che sembrava distruggere anziché alimentare la sua speranza di salvezza: l'odore nauseante di carne umana in decomposizione. A pochi metri dal punto in cui stava lavorando, vide un enorme mucchio di cadaveri ammassati su un camion, uomini, donne e bambini che erano stati uccisi dai gas. Avevano tolto loro le protesi d'oro dai denti, tutto quello che possedevano, perfino gli abiti. Invece di chiedersi: "Come fanno i nazisti a essere così crudeli? Come è possibile che Dio permetta tanta malvagità? Perché Dio ha fatto questo proprio a me?" Stanisław Lec si pose una domanda diversa. Si chiese: "Come posso servirmi di tutto questo per fuggire?" E subito trovò la risposta.

Verso la fine della giornata, quando i prigionieri che lavoravano con lui rientrarono nelle baracche, Lec si accucciò dietro il camion. In un batter d'occhio, si spogliò e si stese nudo in mezzo agli altri cadaveri, mentre nessuno guardava. Finse di essere morto, restando completamente immobile, anche più tardi quando venne quasi schiacciato sotto il peso di un altro mucchio di cadaveri che gli buttarono addosso.

L'odore fetido di carne putrefatta, i resti rigidi dei morti lo circondavano da ogni parte. Stanisław aspettò a lungo, sperando che nessuno notasse il suo corpo vivo in mezzo a tutti quei morti, sperando che prima o poi quel camion si sarebbe mosso.

Finalmente, sentì il rumore del motore che si avviava. Sentì il furgone sussultare. E in quel momento, steso in mezzo ai morti, sentì un tenue filo di speranza nascere in lui. Alla fine sentì il camion fermarsi con uno scossone e scaricare il suo carico agghiacciante, dozzine di morti e un uomo che fingeva di essere uno di loro, in un'enorme buca scavata poco fuori dal campo. Lec rimase là immobile a lungo, fino al calare della notte.

Quando finalmente fu sicuro che non ci fosse in giro più nessuno, emerse dal mucchio di cadaveri e corse nudo per circa ottanta chilometri verso la libertà.

Che differenza c'era tra Stanisław Lec e tanti altri che invece perirono nei campi di concentramento? Oltre a diversi fattori, c'era la differenza sostanziale che *lui si era posto una domanda diversa*. Era una domanda che Lec si poneva in continuazione, con la speranza di ottenere una risposta e alla fine il suo cervello aveva trovato una soluzione che gli aveva salvato la vita. La domanda che si pose quel giorno nel campo di concentramento di Auschwitz gli fece prendere in un baleno delle decisioni che lo spinsero a quelle azioni che ebbero un impatto fondamentale sul suo destino. Ma, prima di trovare la risposta, prima di prendere quelle decisioni e prima di agire, *Lec si era posto le domande giuste*.

In questo libro avete imparato che le nostre credenze influenzano le nostre decisioni, le nostre azioni, la direzione della nostra vita, e quindi il nostro destino. Ma tutte queste influenze sono il prodotto dell'atto di pensare, di come cioè il nostro cervello ha valutato e dato un senso a tutta la nostra vita. Quindi, per arrivare al nocciolo di come creiamo la nostra realtà quotidianamente, dobbiamo rispondere alla domanda: "Come pensiamo?"

Le nostre domande determinano le nostre idee

Un giorno ripensavo agli avvenimenti importanti della mia vita e della vita della gente che avevo conosciuto lungo il cammino. Avevo conosciuto tante persone, fortunate e sfortunate, di successo e non, e pensavo che avrei davvero voluto sapere che cosa aveva dato modo agli uomini di successo di ottenere quei grandi risultati, mentre altri, che provenivano da ambienti simili o anche migliori, erano finiti giù per le "cascate del Niagara". Perciò mi chiesi: "Che cosa fa davvero la grande differenza nella mia vita, che cosa ha determinato chi sono come persona, chi divento e dove vado?" La risposta voi già la sapete: "Non sono i fatti che forgiano la mia vita e determinano le mie sensazioni e le mie azioni, ma piuttosto è il modo in cui interpreto e valuto le mie esperienze di vita. Il 'senso' che attribuisco a ogni fatto determinerà le decisioni che prenderò, le azioni che compirò e quindi il mio destino finale. 'Ma' come faccio a valutare? Che cos'è veramente una valutazione?"

Pensai: "Ora sto valutando, non è vero? Sto cercando di pensare a come descrivere che cos'è una valutazione. Che cosa sto facendo in questo momento?" E mi resi conto che mi ero posto una serie di domande e naturalmente queste domande erano:

- Come faccio a valutare?
- Che cos'è esattamente una valutazione?
- In questo momento sto valutando?
- Che cosa sto facendo ora?

"È possibile che le valutazioni non siano altro che domande?" Mi misi a ridere e pensai: "Be', questa non è forse una domanda?"

Mi resi perciò conto che *pensare altro non è se non il processo di porsi domande e trovare le risposte.* Se dopo avere letto queste pagine voi direte "è vero" oppure "non è vero", avrete dovuto farvi più o meno consciamente una domanda e cioè: "È vero?" Anche se avete invece pensato "devo prima rifletterci", in realtà state dicendo "devo farmi qualche domanda su questo argomento. Devo considerare un momento questo problema". E, se lo considerate, comincerete a porvi domande. Dobbiamo renderci conto che quello che facciamo continuamente è farci delle domande, perciò se vogliamo cambiare la qualità della nostra vita dovremmo modificare le nostre domande abituali. Queste domande guidano la nostra concentrazione e di conseguenza i nostri pensieri e le nostre sensazioni.

Maestri nel fare domande sono, ovviamente, i bambini. Con quanti milioni di domande ci bombardano continuamente, mentre crescono? Pensate lo facciano solo per farci impazzire? Dobbiamo renderci conto che i bambini stanno solo facendo continuamente delle valutazioni sul significato delle cose e su quello che loro dovrebbero fare. Cominciano a creare neuro-associazioni che guideranno il loro futuro. Sono macchine per imparare, e il modo per imparare, pensare, fare nuove connessioni comincia con le domande (domande che facciamo sia agli altri sia a noi stessi).

Questo libro e tutto il lavoro della mia vita sono il risultato del mio continuo pormi domande su che cosa ci fa fare quello che facciamo e su come possiamo produrre dei cambiamenti più in fretta e più facilmente di quanto non accadesse prima. Le domande sono il modo primario per imparare praticamente tutto. Anzi, tutto il metodo socratico (cioè quel modo di insegnare che risale al grande filosofo Socrate) consiste appunto nel fatto che il maestro insegna facendo continuamente domande, guidando l'attenzione degli studenti e portandoli a trovare essi stessi le risposte.

Quando capii l'enorme potere delle domande sui nostri pensieri e letteralmente su ogni nostra reazione alle varie esperienze, mi misi a caccia di domande. Cominciai a notare che esse compaiono spesso nella nostra cultura. Giochi come *Lascia o raddoppia?* e, in genere, i giochi a quiz andavano per la maggiore. Il *Libro delle domande*, un intero volume fatto solo di domande per far riflettere sulla vita e i propri valori, è stato un best seller. La pubblicità per televisione e sui giornali poneva domande: "Cederebbe il suo fustino in cambio del mio?" "Quale pasta è condita con pomodoro fresco?" In una pubblicità televisiva per le Air Jordan, le scarpe da pallacanestro della Nike, Spike Lee chiedeva a Michael Jordan: "È tutto merito delle scarpe?"

Io non volevo sapere solo quali domande ci ponevamo in quanto società, ma volevo scoprire quelle che influivano sulla vita della gente. Lo chiedevo alle persone che frequentavano i miei seminari, o che incontravo in aereo, o nei meeting. Non facevo che chiederlo a tutti, dai dirigenti nei loro begli uffici ai senzatetto che incontravo per la strada, nel tentativo di scoprire le domande che costituivano la loro esperienza quotidiana di vita. Mi resi conto che la differenza tra le persone che sembravano avere raggiunto il successo in tutti i campi e quelle che invece erano perdenti era che quelle di successo si ponevano domande migliori e come risultato ottenevano migliori risposte. Trovavano risposte che davano loro la possibilità di sapere esattamente che cosa fare in ogni situazione per ottenere i risultati che volevano.

Le domande di qualità producono una vita di qualità. Dovete imprimervi bene nella mente questa idea perché è una delle cose più importanti che imparerete in questo libro. Le aziende vanno bene quando chi prende le decisioni che ne determinano il destino si pone le domande giuste a proposito dei mercati o delle strategie o delle linee di prodotti. I rapporti personali fioriscono quando le persone fanno le domande giuste a proposito di quali siano i veri conflitti e su come aiutarsi a vicenda, invece che dilaniarsi l'un l'altro. I politici vincono le elezioni quando le domande che suscitano, implicitamente o esplicitamente, forniscono risposte che funzionano per loro e per la loro comunità.

Agli albori dell'automobile, centinaia di persone cercavano alla meglio di produrle, ma Henry Ford si chiese: "Come posso produrle in serie?" Milioni di persone si logoravano sotto il comunismo, ma Lech Wałęsa si domandò: "Come posso elevare lo standard di vita per tutti i lavoratori, uomini e donne?" Le domande mettono in moto una reazione a catena che ha un effetto inimmaginabile. Se ci interroghiamo sulle nostre limitazioni, siamo poi in grado di abbattere i muri nella vita, negli affari, nei rapporti personali, tra i paesi. Io *credo che ogni progresso umano sia preceduto da domande nuove.*

Il potere delle domande

> *Certi uomini vedono le cose come sono e dicono: "Perché?"*
> *Io sogno cose mai esistite e dico: "Perché no?"*
> George Bernard Shaw

In genere, quando vediamo qualcuno che possiede doti straordinarie o qualcuno che sembra avere una capacità sovrumana di affrontare le sfide della vita, pensiamo: "Come è fortunato!

Che talento ha! Deve essere nato così." Ma in realtà il cervello umano ha la capacità di produrre risposte più rapidamente del computer più "intelligente" del mondo, anche tenendo conto della moderna microtecnologia dei computer che calcolano in gigasecondi (miliardesimi di secondo). Ci vorrebbero due edifici grandi come il World Trade Center per ospitare la capacità di memoria del nostro cervello! Quindi questo chilo e mezzo di materia grigia può darvi più potenza di fuoco istantaneamente per trovare le soluzioni ai problemi e creare forti sensazioni emozionali, di qualsiasi altra cosa nel vasto arsenale tecnologico dell'uomo.

Ma, proprio come un computer, pur vantando un'enorme memoria, senza la conoscenza per richiamare e utilizzare tutti i dati che ha immagazzinato, la capacità del cervello non significa nulla. Avrete di certo conosciuto qualcuno, magari voi stessi, che ha acquistato un computer nuovo e non l'ha mai usato perché non sa come fare. Se volete aver accesso ai "file" di informazioni di un computer, dovete sapere richiamare i dati, dando alla macchina i comandi giusti. Allo stesso modo, il mezzo per ottenere informazioni dalla vostra banca dati personale è il potere di fare domande.

> *È sempre la bella risposta quella che chiama una domanda ancora più bella.*
>
> E.E. Cummings

Insomma, quello che fa la differenza tra le persone è la differenza tra le domande che si pongono normalmente. Certa gente è regolarmente depressa. Perché? Come abbiamo visto nel capitolo precedente, la colpa è in parte degli stati d'animo limitanti. Queste persone conducono una vita con movimenti limitati e una fisiologia ridotta, ma, soprattutto, si concentrano su cose che li fanno sentire schiacciati e oppressi da un peso. Il loro modulo di focalizzazione e di valutazione limita seriamente la loro esperienza emozionale di vita. Una persona del genere potrebbe cambiare di punto in bianco il modo di sentirsi? Assolutamente sì, basta che cambi la sua rappresentazione mentale.

Ma qual è il modo più rapido per cambiare rappresentazione interna? Semplicemente porsi una domanda nuova. Queste persone sono molto probabilmente depresse perché si fanno sempre domande deprimenti: "A che cosa serve? Perché provare, visto che tanto le cose non funzioneranno comunque? Perché proprio io, Signore?" Ricordate: chiedete e vi sarà dato. Se fate una domanda importante, avrete una risposta importante. Il computer della vostra mente è sempre pronto a servirvi e, qualsiasi domanda gli facciate, di sicuro vi darà una risposta. Così, se chiedete: "Perché non ho successo?" esso vi risponderà, anche se dovesse inventarsi qualcosa! Potrebbe per esempio rispondervi: "Perché sei stupido." Oppure: "Perché non lo meriti."

Ora, quale può essere una domanda brillante? Prendiamo il mio amico W. Mitchell. Se avete letto *Come ottenere il meglio da sé e dagli altri* conoscete già la sua storia. Come pensate sia riuscito a sopravvivere con tre quarti del corpo ustionati e a essere felice con sua moglie? E come pensate abbia potuto poi sopportare l'incidente aereo di qualche anno dopo, con la conseguente perdita dell'uso delle gambe, e poi, costretto su una sedia a rotelle, trovare ancora il modo di essere felice nell'aiutare gli altri? Ha imparato a controllare la sua concentrazione, ponendosi le domande giuste.

Quando si è trovato in ospedale con il corpo ustionato al punto di essere irriconoscibile e circondato da molti altri pazienti nella sua stessa corsia, che non facevano che autocompiangersi e chiedersi: "Perché è toccato proprio a me? Perché Dio mi ha fatto questo? Perché la vita è così ingiusta? A che cosa serve vivere da storpio?" Mitchell invece si è chiesto: "Come posso sfruttare questa situazione? Che cosa potrò fare per gli altri in seguito a questa disgrazia?" Sono state queste domande a rendere diverso il destino di Mitchell da quello degli altri. Chiedersi: "Perché è toccata proprio a me?" di solito serve a ben poco, mentre chiedersi: "Come posso sfruttare questa situazione?" in genere porta nella direzione che ci permette di trasformare una disgrazia in una forza motrice per rendere migliori noi stessi e il mondo che ci circonda. Mitchell si rese conto che sentirsi ferito, arrabbiato, frustrato non avrebbe cambiato la sua vita, perciò, invece di pensare a quello che non aveva, si chiese: "Che cosa mi resta? Chi sono realmente? Sono davvero solo il mio corpo, o sono qualcosa di più? C'è qualcosa che ora posso fare anche meglio di prima?"

Dopo l'incidente aereo, in ospedale, paralizzato dalla vita in giù, Mitchell conobbe una donna molto carina, un'infermiera di nome Annie. Sfigurato dalle ustioni e paralizzato, ebbe il coraggio di chiedersi: "Come faccio ad avere un appuntamento con lei?" Gli amici gli dicevano: "Tu sei matto. Ti illudi." E invece un anno e mezzo dopo Mitchell e Annie avevano una relazione e oggi lei è sua moglie. Ecco il bello delle domande positive: ci forniscono una risorsa insostituibile, cioè risposte e soluzioni.

Le domande determinano tutto quello che fate nella vita, dalle vostre capacità alle vostre relazioni, ai vostri guadagni. Molti, per esempio, evitano di allacciare una relazione perché non fanno che porsi domande capaci solo di generare dubbi: "E se poi conoscessi qualcuno migliore? E se adesso mi impegnassi e poi perdessi un'occasione migliore?" Che domande frustranti! Non fanno che alimentare la vecchia idea che l'erba del vicino è sempre più verde e vi impediscono di godere di quello che avete nella vita. Queste stesse persone possono a volte rovinare la relazione che alla fine hanno instaurato, facendo questo tipo di domande: "Perché mi tratti sempre così? Perché non mi apprezzi? E se ti lasciassi subito, che cosa proveresti?" Paragonatele invece con queste altre domande: "Come ho fatto a essere tanto fortunato da incontrarti? Che cosa amo di più in mia moglie (o in mio marito)? Questa relazione in che misura arricchirà la mia vita?"

Pensate alle domande che vi ponete abitualmente nella sfera economica. Molto spesso, se una persona ha problemi finanziari, è perché si crea molte paure che le impediscono di investire o di controllare le proprie risorse. Queste persone si domandano: "Quali giocattoli voglio ora?" invece di chiedersi: "Che piano devo fare per ottenere i miei massimi obiettivi finanziari?" La domanda che vi fate determinerà su quale obiettivo concentrerete la vostra attenzione, che cosa penserete, proverete e farete. Se vogliamo cambiare il nostro stato finanziario, dobbiamo attenerci a standard più alti, cambiare le nostre convinzioni su ciò che è o non è possibile e infine elaborare una strategia migliore. Una cosa che ho notato prendendo esempio dai grossi personaggi della finanza del nostro tempo è che si fanno sempre domande diverse da quelle che si pongono le masse, domande che spesso vanno contro la "scienza" finanziaria più comunemente accettata.

Non si può negare che ora Donald Trump stia affrontando grossi problemi finanziari. Però, per quasi un decennio, è stato il re della finanza. Come aveva fatto? I fattori sono stati sicuramente molti, ma è innegabile che verso la metà degli anni settanta, quando la città di New York affrontò la bancarotta e molti costruttori edili si chiesero: "Come sopravviveremo se la città affonda?" Trump invece si fece questa sola domanda: "Come posso diventare ricco, nel momento in cui tutti gli altri hanno paura?" Questa domanda lo aiutò a prendere molte decisioni che lo portarono alla posizione di predominio economico di cui godeva.

Ma Trump non si è fermato qui. Si è sempre posto anche una domanda più importante, necessaria prima di fare un investimento finanziario. Una volta convinto che un progetto aveva enormi possibilità di guadagno economico, Trump si domandava: "Qual è il lato negativo? Qual è la cosa peggiore che potrebbe capitarmi? E sarei in grado di superarla?" Era convinto che se avesse saputo cavarsela nella peggiore delle ipotesi, allora avrebbe dovuto concludere l'affare, perché la parte positiva avrebbe funzionato bene da sola. Ma se si faceva domande così scaltre, come mai poi è finita come è finita?

Trump aveva concluso affari che nessun altro avrebbe preso in considerazione in quel periodo così difficile economicamente. Aveva rilevato il vecchio edificio Commodore e l'aveva trasformato nel Gran Hyatt (il suo primo grande successo finanziario). E, quando la situazione era mutata, aveva fatto un sacco di soldi. Però poi si era ritrovato in un mare di guai. Perché? Molti dicono che abbia cambiato obiettivo su cui concentrarsi nel fare investimenti. Ha cominciato a domandarsi "che cosa mi piacerebbe avere?" invece di "qual è l'affare più redditizio?"

E, peggio ancora, c'è chi dice che Trump avesse cominciato a credere di essere invincibile: il risultato fu che smise di farsi domande sul lato "negativo" degli affari. Quest'unico cambiamento nella sua procedura di valutazione, nelle domande che si poneva, può essergli costato buona parte della sua fortuna. Ricordate che non è solo la domanda che vi fate, ma anche la domanda che "non" vi fate, a plasmare il vostro destino.

Se c'è una cosa che ho imparato nell'indagare sulle intime convinzioni e sulle strategie delle odierne personalità guida, è che una valutazione superiore crea una vita superiore. Abbiamo tutti la capacità di valutare la vita a un livello che produca notevoli risultati. Che cosa vi viene in mente, quando sentite la parola "genio"? A me, per esempio, viene subito in mente Albert Einstein. Ma come ha fatto Einstein, dopo una fallimentare educazione liceale, a entrare nel regno dei grandi pensatori del nostro tempo? Di sicuro si è posto domande formulate in modo perfetto.

Quando Einstein cominciò a esplorare l'idea della relatività di tempo e di spazio, si chiese: "È possibile che cose che sembrano simultanee, in realtà non lo siano?" Per esempio, se ci si trova a qualche chilometro da una esplosione sonora, la si sente veramente nello stesso esatto momento in cui avviene nello spazio? Einstein arrivò alla conclusione che non fosse così, che quello che si sente accadere in un determinato momento, non sta realmente accadendo allora ma qualche istante prima. "Nella vita quotidiana," pensò, "il tempo è relativo a seconda di come si occupa la propria mente."

Una volta Einstein ha detto: "Quando un uomo se ne sta seduto con una bella ragazza per un'ora, gli pare un minuto. Ma provate a metterlo seduto su una stufa bollente per un minuto, e vedrete che quel minuto gli sembrerà un'ora. Questa è la relatività." Einstein fece altre ipotesi nel campo della fisica e, credendo che la velocità della luce fosse fissa, si chiese: "E se si mettesse la luce a bordo di un razzo? Allora la sua velocità aumenterebbe?" Nel rispondere a queste affascinanti domande, e ad altre simili, Einstein arrivò a postulare la sua famosa teoria della relatività.

> *La cosa importante è non smettere mai di porsi domande. La curiosità ha le sue buone ragioni di esistere. Non si può che restare sgomenti, quando si contemplano i misteri dell'eternità, della vita, della meravigliosa struttura della realtà. È sufficiente cercare solo di capire un po' di questo mistero ogni giorno. Mai perdere il giusto di una sacra curiosità.*
>
> ALBERT EINSTEIN

Le grandi distinzioni che Einstein fece erano il risultato di una serie di domande. Erano domande semplici? Sì. Erano domande costruttive? Certamente. *Che forza potete scatenare ponendovi domande* altrettanto semplici e costruttive? Le domande sono innegabilmente una bacchetta magica che permette al genio che sta nella nostra testa di soddisfare i nostri desideri. Sono la sveglia per destare le nostre gigantesche capacità nascoste. Ci permettono di soddisfare i nostri desideri, se solo li presentiamo sotto forma di una richiesta specifica e ben ponderata. Una vera qualità della vita viene da costanti domande di qualità. Ricordate che il vostro cervello, come il genio della lampada, vi darà tutto quello che gli chiederete. Perciò state attenti a che cosa chiedete: qualunque cosa cercherete, la troverete.

Ma come mai, con tutto questo potere racchiuso nella testa, l'umanità non è felice, sana, ricca e saggia? Perché ci sono tante persone frustrate, che hanno la netta sensazione che nella loro vita non ci siano risposte? Forse perché quando si pongono una domanda, queste persone non hanno la sicurezza di avere la risposta, e soprattutto non si pongono consciamente domande costruttive, potenzianti. Disprezzano questo processo di importanza critica, senza un minimo di considerazione per il potere che potrebbero sfruttare, o non riescono a infiammarsi per mancanza di fede.

Un esempio classico è quello della persona che vuole dimagrire e "non ci riesce". Non è che non possa riuscirci ma il suo piano attuale di valutazione a proposito di quali cibi mangiare non l'aiuta. Questa persona si chiede: "Che cosa mi farà sentire più sazio?" Oppure: "Qual è il cibo più dolce e succulento che possa mangiare?" Questo la induce a scegliere cibi ricchi di grasso e di zucchero, garantendosi un'ulteriore infelicità. E se invece si chiedesse: "Che cosa potrei mangiare di leggero che mi dia sufficiente energia?" Oppure: "Questo cibo mi farà bene o mi appesantirà?" E ancora meglio potrebbe chiedersi: "Se mangio questo, a che cosa dovrò rinunciare per raggiungere ugualmente il mio obiettivo? Qual è il prezzo da pagare se non smetto con questa autoindulgenza?" Facendosi queste domande, assocerà sofferenza all'idea del troppo cibo e il suo comportamento cambierà immediatamente. Per cambiare in meglio la vostra vita, dovete cambiare le domande che vi ponete solitamente. *Ricordate che il tipo di domande che vi ponete regolarmente creerà debolezza o gioia, indignazione o ispirazione, infelicità o magia.* Fatevi domande che vi tengano su di spirito e vi spingano sulla via dell'umana eccellenza.

Come funzionano le domande

Le domande hanno questi precisi effetti: *cambiano immediatamente l'obiettivo su cui ci concentriamo e quindi il modo in cui ci sentiamo.* Se continuate a chiedervi "come mai sono così depresso?" oppure "perché nessuno mi ama?" non farete che concentrarvi sull'idea che c'è un motivo per cui dovete sentirvi depresso e poco amato. Di conseguenza, resterete in questo stato sterile. Se invece vi chiedete "come posso cambiare il mio stato per essere felice ed essere più amato?" vi concentrerete sulle soluzioni. Anche se il vostro cervello sulle prime risponderà "non posso fare niente", tuttavia insistete, come Stanisław Lec o W. Mitchell, con un senso di sicurezza e di aspettativa a dispetto di tutto e alla fine otterrete le risposte di cui avete bisogno e che meritate. Troverete ragioni autentiche per sentirvi meglio e, concentrandovi su queste ragioni, il vostro stato emozionale si adeguerà immediatamente.

C'è una grossa differenza tra un'affermazione e una domanda. Quando vi dite "sono felice, sono felice, sono felice", può darsi che questo vi faccia sentire davvero felice se producete sufficiente intensità emozionale, cambiate la vostra fisiologia e quindi il vostro stato d'animo. Ma in realtà potete fare affermazioni del genere per tutto il giorno e non cambiare affatto le vostre sensazioni. Per cambiare veramente come vi sentite, dovete farvi delle domande: "Che cosa mi rende felice ora? Che cosa potrebbe rendermi felice se volessi? E come farebbe a rendermi felice?" Se continuerete a farvi domande del genere, finirete per trovare riferimenti reali che cominceranno a farvi concentrare sulle ragioni che effettivamente esistono per sentirvi felici. Vi sentirete sicuri di essere felici.

Invece di "pomparvi", le domande vi danno motivi veri per provare quell'emozione. Possiamo cambiare come ci sentiamo in un momento, solo cambiando l'obiettivo su cui ci focalizziamo. In genere non ci rendiamo conto del potere di controllo dei ricordi. Non è forse vero che ciascuno di noi ha qualche prezioso ricordo di momenti bellissimi della propria vita, e che se non facessimo altro che concentrarci sul ricordo di quei momenti ci sentiremmo ancora meravigliosamente bene? Forse è la nascita di un figlio, o il giorno del matrimonio o del primo appuntamento. Le domande sono una guida che ci conduce a questi momenti. Se vi chiedete "quali sono i miei ricordi più preziosi?" oppure "che cosa c'è di veramente bello ora nella mia vita?" e considerate seriamente la domanda, potete cominciare a pensare a esperienze che vi fanno sentire splendidamente bene. E in questo stato stupendo, non solo vi sentirete meglio, ma riuscirete anche a essere d'aiuto a chi vi sta vicino.

Il problema, come molti avranno intuito, è che la maggior parte di noi viaggia con il pilota automatico. Non controllando coscientemente le domande che ci poniamo abitualmente, limitiamo gravemente la nostra portata emozionale e quindi la nostra capacità di sfruttare le risorse che abbiamo a portata di mano. La soluzione? Come abbiamo visto nel capitolo 6, il primo passo è prendere coscienza di quello che si vuole e scoprire il proprio vecchio modulo limitante. Fate leva su voi stessi; chiedetevi: "Se non cambio questo, quale sarà il prezzo che dovrò pagare? Quanto mi costerà alla lunga? Come si trasformerà tutta la mia vita se lo faccio ora?" Interrompete il modulo (se avete provato dolore, poi siete stati allontanati dalla sofferenza e non l'avete più provata, ora sapete quanto questo sia efficace); create una nuova alternativa positiva con una serie di domande migliori e infine condizionatela, provandola e riprovandola finché non diventerà un elemento costante della vostra vita.

ABILITÀ DEL POTERE

Imparare a *fare domande costruttive in momenti di crisi è un'importantissima abilità,* che mi ha aiutato a superare i momenti più duri della mia vita. Non dimenticherò mai la volta in cui scoprii che un mio ex collaboratore teneva dei seminari, attribuendosi il merito del materiale che io stesso avevo sviluppato, parola per parola. Il mio primo impulso era stato di chiedermi: "Ma come si permette? Come può avere il coraggio di fare una cosa simile?" Ma ben presto mi resi conto che lasciarmi coinvolgere in quel genere di domande che non hanno risposta mi avrebbe solo fatto infuriare, creando un circolo vizioso, dal quale pareva non ci fosse via d'uscita. Quel tipo aveva fatto quello che aveva fatto (mi resi conto che avrei dovuto semplicemente permettere ai miei avvocati di applicare su di lui il principio dolore-piacere per costringerlo a smetterla), quindi, perché avrei anche dovuto essere di malumore nel frattempo? Perciò decisi di continuare a godermi la vita e di non pensarci più. Ma finché avessi continuato a chiedermi "come ha potuto farmi una cosa simile?" sarei rimasto in uno stato negativo. Il modo più rapido per cambiare il mio stato era pormi una serie di nuove domande. Perciò mi chiesi: "Che cosa rispetto in questo tale?" Sulle prime la mia mente gridò: "Niente!" In seguito, però, mi chiesi: "Che cosa 'potrei' rispettare in questo tale, se volessi?" E, alla fine, giunsi a questa risposta: "Devo ammettere che non è stato con le mani in mano: perlomeno ha fatto tesoro di quello che gli ho insegnato!" Questo mi fece ridere e interruppe definitivamente il mio modulo, dandomi la possibilità di cambiare stato d'animo, di rivalutare le mie opzioni e di sentirmi bene a proposito del loro perseguimento.

Ho scoperto che un modo per aumentare la qualità della mia vita è prendere a modello le domande che si pone abitualmente la gente che rispetto veramente. Se trovate qualcuno che è molto felice, posso garantirvi che un motivo c'è: questa persona si concentra costantemente su cose che la rendono felice, il che significa che si pone domande sulla felicità. Scoprite le domande che si pone, usatele e comincerete a sentirvi anche voi allo stesso modo.

Certe domande non le prenderemo nemmeno in considerazione. Walt Disney, per esempio, si rifiutava di dar peso a domande sul fatto che la sua organizzazione potesse avere successo o meno. Il che però non significa che l'artefice del regno magico dei cartoni non usasse le domande in modo più costruttivo. Mio nonno, Charles Shows, faceva lo scrittore per Disney e mi raccontava che, ogni volta che lavoravano insieme al progetto di uno script, Disney aveva un modo tutto suo di chiedere la collaborazione ai suoi dipendenti. Prendeva un'intera parete e vi attaccava il progetto, lo script o l'idea a cui stavano lavorando; poi tutte le persone del suo staff dovevano scrivere sopra quel progetto la risposta a questa domanda: "Come possiamo migliorarlo?" Così tutti scrivevano risposte su risposte, coprendo tutto lo spazio con i propri suggerimenti. In seguito Disney esaminava con calma le risposte che ciascuno aveva dato. In questo modo egli attingeva alle risorse di tutti i suoi collaboratori e poi produceva risultati proporzionali alla qualità del materiale ricevuto.

Le risposte che riceviamo dipendono dalle domande che vogliamo fare. Per esempio, se vi sentite veramente arrabbiati e qualcuno dice "che cosa c'è di buono in questa situazione?" può essere che non abbiate nessuna voglia di rispondere. Ma se vi preme imparare, potreste avere voglia di rispondere alle domande "che cosa posso imparare da questa situazione? Come posso sfruttarla?" Il vostro desiderio di nuove informazioni vi indurrà a trovare il tempo di rispondere alle vostre domande e così facendo cambierete l'obiettivo della vostra concentrazione, il vostro stato d'animo e i risultati che ne trarrete.

Fatevi subito qualche domanda costruttiva. Che cosa vi rende davvero felice della vostra vita oggi? Che cosa c'è di veramente grande nella vostra vita? Di che cosa siete sinceramente grato? Riflettete un attimo alle risposte e osservate com'è bello sapere che avete buoni motivi per sentirvi bene in questo momento.

Un altro importante effetto delle domande è che *cambiano quello che "cancelliamo"*. Gli esseri umani sono delle meravigliose macchine per cancellare. Abbiamo milioni di cose su cui possiamo concentrarci, dal sangue che ci scorre nella testa al vento che ci accarezza i capelli. Eppure possiamo concentrarci consciamente solo su poche cose per volta. Inconsciamente, la mente può tutto, ma consciamente siamo limitati dal numero di cose su cui ci possiamo concentrare simultaneamente. Perciò il cervello passa buona parte del suo tempo a stabilire delle priorità a proposito di quello cui dobbiamo prestare attenzione e soprattutto di quello cui "non" dobbiamo prestare attenzione o di quello che dobbiamo "cancellare".

Se vi sentite molto tristi, il motivo è uno solo: perché state cancellando tutte le ragioni per cui potreste sentirvi felici. E se vi sentite bene è perché state cancellando tutte le cose brutte su cui potreste concentrarvi. Così quando fate una domanda a qualcuno, cambiate quello su cui questo qualcuno si sta concentrando e quello che sta cancellando. Se qualcuno vi chiede "sei frustrato quanto me riguardo a questo progetto?" anche se prima voi non vi sentivate affatto frustrati, ora potreste cominciare a concentrarvi su quello che stavate cancellando e potreste cominciare a sentirvi a disagio. Se qualcuno vi chiede "che cosa c'è di veramente disgustoso nella tua vita?" allora potreste essere costretto a rispondere, per ridicola che possa essere la domanda. Se non rispondete consciamente, la domanda può restarvi dentro inconsciamente.

Al contrario, se vi si chiede "che cosa c'è di veramente bello nella tua vita?" e voi continuate a concentrarvi sulla risposta, potreste scoprire di sentirvi subito splendidamente. Se qualcuno dice: "Sai, questo progetto è davvero magnifico. Hai mai pensato all'effetto che avremo, grazie a quello che abbiamo creato?" potreste sentirvi ispirato da un progetto che prima vi sembrava tanto faticoso. Le domande sono il laser della coscienza umana; concentrano la nostra attenzione e determinano quello che proviamo e facciamo. Fermatevi un attimo a guardarvi in giro per la stanza e chiedetevi: "Che cosa c'è di marrone in questa stanza?" Guardatevi intorno e osservate un po': marrone, marrone, marrone. Ora guardate questa pagina. Bloccando la vostra visuale periferica, pensate a che cosa c'è di verde intorno a voi. Se vi trovate in una stanza che conoscete molto bene, probabilmente ci riuscirete con facilità, ma se siete in una stanza che vi è estranea, è molto probabile che ricordiate più cose marrone che verdi. Ora guardatevi intorno e osservate che cosa c'è di verde: verde, verde, verde. Vedete più verde stavolta? Di nuovo, se siete in una stanza che non vi è familiare, scommetto che direte di nuovo di sì. Questo che cosa ci insegna? Che qualsiasi cosa cerchiamo, la troviamo.

Perciò se siete arrabbiati, una delle cose migliori che potete fare è chiedervi: "Che cosa posso imparare da questo problema, in modo che non mi succeda più?" Questo è un esempio di domanda di qualità, in quanto vi porterà da una difficoltà attuale alla scoperta di risorse che potranno evitarvi lo stesso fastidio in futuro. Finché vi fate questa domanda, eliminate la possibilità che questo problema diventi una realtà.

Il potere della presupposizione

Le domande hanno il potere di influenzare le nostre credenze e quindi ciò che riteniamo possibile o impossibile. Come abbiamo imparato nel capitolo 4, porci domande penetranti può indebolire i riferimenti di sostegno delle credenze limitanti, dandoci quindi la capacità di eliminarle e di sostituirle con altre più costruttive. Ma vi rendete conto che le parole che scegliamo e l'ordine di parole che usiamo in una domanda possono indurci a prendere in considerazione certe cose e a darne altre per scontate? Questo si chiama "potere di presupposizione", qualcosa di cui dovremmo essere ben consapevoli.

Le presupposizioni ci programmano ad accettare cose che possono essere o non essere vere e possono essere usate su di noi dagli altri o anche, inconsciamente, da noi stessi. Per esempio, se vi ponete una domanda come "perché saboto sempre me stesso?" quando qualcosa vi è andata male, vi predisponete a ripetere lo stesso errore e mettete in moto una profezia che si autorealizza. Infatti, come abbiamo già detto, il vostro cervello vi offre obbedientemente una risposta per qualsiasi domanda gli poniate. Darete per scontato che avete sabotato le cose, visto che vi state concentrando sul "perché" lo fate e non "se" lo fate.

Un esempio del potere delle presupposizioni accadde nel 1988, subito dopo che George Bush annunciò la candidatura di Dan Quayle come suo vicepresidente. Una rete televisiva d'informazione promosse un'inchiesta su scala nazionale, chiedendo alla gente di chiamare un numero verde per rispondere alla domanda: "Vi turba l'idea che Dan Quayle si sia servito dell'influenza della sua famiglia per entrare nella Guardia Nazionale ed evitare così la guerra del Vietnam?" Evidentemente la domanda presupponeva che Quayle avesse effettivamente usato l'influenza della propria famiglia per ottenere ingiustamente un vantaggio, cosa che però non è mai stata dimostrata. Eppure la gente rispose alla domanda come se si trattasse di un dato di fatto. Nessuno lo mise in dubbio, nessuno si interrogò in proposito, lo accettarono tutti automaticamente e basta. Anzi, molti telefonarono per dire che erano infuriati da questo fatto. E dire che non è mai stato dimostrato! Purtroppo questo sistema viene usato spessissimo: lo utilizziamo con noi stessi e con gli altri, in continuazione. Non cadete nella trappola di accettare le presupposizioni negative, vostre o di qualcun altro. Trovate riferimenti per sostenere nuove convinzioni che vi diano forza e siano costruttive.

Un'ulteriore caratteristica delle domande è che *cambiano le risorse a nostra disposizione.* Circa cinque anni fa arrivai a un momento critico della mia vita, quando una sera, arrivando a casa dopo un estenuante giro di seminari, scoprii che il mio socio d'affari s'era indebitamente appropriato di un quarto di milione di dollari e aveva indebitato la compagnia per circa ottocentomila dollari. Le domande che avevo mancato di pormi quando avevo iniziato a collaborare con quell'uomo mi avevano portato a quel punto e ora il mio futuro dipendeva dalle nuove domande che mi sarei fatto. I miei consiglieri mi dissero che mi restava una sola possibilità: dichiarare fallimento.

Subito cominciarono a pormi domande del tipo: "Che cosa dovremo vendere per prima cosa? Chi lo dirà ai dipendenti?" Ma io mi rifiutai di accettare la sconfitta. Decisi che a ogni costo avrei trovato un modo per mantenere in funzione la mia azienda. Oggi posso dire di essere ancora in affari non certo grazie ai consigli di chi mi stava intorno, ma solo perché mi posi una domanda migliore: "Come posso ribaltare la situazione?"

Poi mi feci un'altra domanda, ancora più stimolante: "Come posso cambiare la situazione della mia compagnia, portarla a un livello superiore e fare in modo che abbia ancora più successo di prima?" Sapevo che se la domanda fosse stata migliore, anche la risposta sarebbe stata tale.

Sulle prime non ottenni la risposta che volevo. La prima cosa che mi dissi fu "non c'è modo di invertire la rotta", però continuai a chiedermelo, con ostinazione e aspettativa. Anzi, allargai ancora di più la domanda: "Come posso valorizzare di più la mia azienda e aiutare più persone, anche mentre dormo? Come posso arrivare alla gente in un modo che non sia limitato dalla necessità della mia presenza fisica?" Con queste domande, mi venne l'idea dell'operazione di franchising: molta altra gente poteva rappresentarmi per tutti gli Stati Uniti! Grazie a queste domande, un anno dopo, in risposta alla stessa scottante domanda, mi venne l'idea di un programma informativo-pubblicitario televisivo.

Da allora abbiamo creato e distribuito più di sette milioni di videocassette in tutto il mondo. Poiché mi ero posto una domanda con intensità, avevo ottenuto una risposta che, in seguito, mi ha aiutato a sviluppare un rapporto con gli abitanti di tutto il mondo, che, altrimenti, non avrei mai avuto modo di incontrare o di raggiungere.

Nel campo degli affari, soprattutto, le domande schiudono nuovi orizzonti e ci danno accesso a risorse di cui altrimenti non avremmo consapevolezza. Alla Ford Motor Company, l'ex presidente Donald Petersen, ora in pensione, era noto per le sue continue domande: "Che cosa ne pensate? Come possiamo migliorare il nostro lavoro?" Una volta Petersen pose una domanda che sicuramente fece sterzare verso l'alto la via del successo della Ford. Egli chiese al designer Jack Telnack: "Le piacciono le auto che disegna?" E Telnack gli rispose: "Veramente no, presidente, non mi piacciono." Allora Petersen gli fece la domanda chiave: "Perché non ignora il management e non disegna un'auto che le piacerebbe possedere?"

Il designer prese in parola il presidente e si mise al lavoro sulla Ford Thunderbird, un'auto che poi ispirò anche i modelli della Taurus e della Sable. Nel 1987, sotto la guida di quel maestro di domande che era Petersen, la Ford superò gli utili della General Motors e oggi la Taurus è una delle migliori autovetture che ci siano sul mercato.

Donald Petersen è un grande esempio di persona che ha realmente saputo sfruttare l'incredibile potere delle domande. Con una sola domanda ha cambiato completamente il destino della Ford. Anche voi e io abbiamo a disposizione questo stesso potere, ogni istante della giornata. In ogni momento, le domande che possiamo porci possono influire sulla percezione di chi siamo, di che cosa siamo capaci, e di che cosa vogliamo fare per realizzare i nostri sogni. Imparare a controllare consciamente le domande che vi ponete vi porterà più lontano di qualsiasi altra cosa, sulla strada per raggiungere il vostro destino ultimo. Spesso le nostre risorse sono limitate solo dalle domande che ci poniamo.

È importante ricordare che le nostre credenze influiscono sulle domande che prendiamo anche solo in considerazione. Molti non si sarebbero mai chiesti "come posso cambiare le cose?" semplicemente perché la gente intorno a loro diceva che era impossibile. Avrebbero pensato che era solo uno spreco di tempo e di energia. Badate a non porvi domande limitate, o avrete risposte limitate. L'unica cosa che limita le vostre domande è la vostra convinzione su che cosa sia possibile e che cosa non lo sia. Un'intima convinzione che ha determinato il mio destino professionale e personale è che se insisterò a pormi domande riceverò una risposta. Abbiamo solo bisogno di formulare una domanda migliore e avremo una risposta migliore. Spesso dico che la vita è come un quiz televisivo: *le risposte ci sono tutte, basta solo scegliere le domande giuste per vincere.*

Il segreto quindi è sviluppare uno schema di domande costanti e produttive. Sappiamo bene tutti quanti che, di qualsiasi cosa ci occupiamo nella vita, prima o poi ci scontriamo con ciò che chiamiamo problemi: gli ostacoli che impediscono il nostro sviluppo personale e professionale. Ogni persona, a qualsiasi stadio della vita sia giunta, deve fare i conti con questi "doni" speciali.

La domanda non è se avrete dei problemi, ma come li affronterete quando vi si presenteranno. Tutti abbiamo bisogno di un metodo per affrontare le sfide. Perciò, vedendo il potere delle domande per cambiare immediatamente il mio stato d'animo e darmi accesso alle risorse e alle soluzioni, cominciai a chiedere alle persone come facevano a tirarsi fuori dai guai. Scoprii che certe domande sono piuttosto ricorrenti; eccone una lista di cinque che uso per qualsiasi tipo di problema mi si presenti, e posso dirvi che hanno decisamente cambiato la qualità della mia vita. Se decidete di utilizzarle possono fare altrettanto per voi.

DOMANDE PER RISOLVERE I PROBLEMI

1. Che cosa c'è di buono in questo problema?
2. Che cosa non è ancora perfetto?
3. Che cosa sono disposto a fare perché la situazione sia come la voglio?
4. Che cosa sono disposto a non fare più per renderla come la voglio?
5. Come posso rendere piacevole il processo per farla diventare come la voglio?

Non dimenticherò mai la prima volta che ho usato queste domande per cambiare il mio stato d'animo. Ero stato assente per lavoro cento giorni in quattro mesi. Ero letteralmente esausto. Appena arrivato a casa, avevo trovato una mazzetta di messaggi urgenti da parte dei dirigenti delle mie varie società e una lista di oltre un centinaio di telefonate cui dovevo rispondere personalmente. Non erano chiamate di gente che voleva vedermi, erano telefonate importanti di amici intimi, di soci d'affari e di familiari. Cominciai a pormi domande terribilmente debilitanti: "Come mai non ho mai tempo? Perché non mi lasciano in pace? Non capiscono che non sono una macchina? Perché non ho mai un attimo di tregua?" Potete immaginare in che stato emozionale fossi.

Per fortuna, mi bloccai. Interruppi quel modulo e capii che continuare ad arrabbiarmi non avrebbe potuto migliorare le cose, semmai solo a peggiorarle. Lo stato d'animo in cui mi trovavo mi induceva a pormi domande terribili. Avevo bisogno di cambiare il mio stato d'animo ponendomi qualche quesito migliore. Mi rivolsi alla mia famosa lista di domande per risolvere i problemi e cominciai con:

1. *Che cosa c'è di buono in questo problema?* La mia prima risposta, come molte altre volte, fu: "Assolutamente nulla." Ma poi ci pensai un attimo e mi resi conto che solo otto anni prima avrei dato qualsiasi cosa per avere venti soci d'affari e amici che volessero venirmi a trovare, per non parlare delle cento persone di grosso calibro contenute in quella lista di amici e soci. Appena me ne resi conto, cominciai a ridere di me, interruppi il mio modulo emozionale e cominciai a sentirmi grato che ci fosse tanta gente che rispettavo e amavo che volesse passare del tempo con me.

2. *Che cosa non è ancora perfetto?* Il mio programma certo richiedeva ben altro che una semplice aggiustatina. Sentivo di non avere più tempo per me stesso e che la mia vita aveva perso l'equilibrio. Da notare la presupposizione di questa domanda. Chiedersi "che cosa non è ancora perfetto?" implica che le cose "saranno" perfette. La domanda non solo vi dà nuove risposte, ma nello stesso tempo vi rassicura.

3. *Che cosa sono disposto a fare perché la situazione sia come la voglio?* Decisi che ero disposto a riorganizzare la mia vita e il mio programma di lavoro in modo che fossero più equilibrati; inoltre, volevo imparare a dire no a certe cose. Poi mi resi conto

che dovevo assumere un altro dirigente per una delle mie società, qualcuno che potesse svolgere parte del mio lavoro. Questo mi avrebbe concesso più tempo per stare a casa con la mia famiglia.

4. *Che cosa sono disposto a non fare più per renderla come la voglio?* Sapevo che non potevo più lamentarmi del fatto che tutto ciò era ingiusto o sentirmi vittima di un abuso, quando in realtà la gente cercava solo di aiutarmi.

5. *Come posso rendere piacevole il processo per farla diventare come la voglio?* Quando mi posi quest'ultima e forse più importante domanda, cercai un modo per rendere più piacevole la realtà: "Come potrei divertirmi a fare cento telefonate?" Starmene seduto alla mia scrivania non era la soluzione migliore per inventare qualcosa di divertente. Poi mi venne un'idea: da sei mesi non utilizzavo più la mia piscina. Trasferii il mio quartier generale nel giardino sul retro di casa, mi infilai nell'acqua e cominciai a fare le telefonate. Chiamai qualche socio a New York e lo presi un po' in giro dicendo: "Ah, fa molto freddo, lì? Be', qui in California è molto dura la vita. Sto sguazzando in piscina..." Scherzammo un po' e trasformai quel lavoro ingrato in un gioco. (Però, quando finii la mia lista e uscii dall'acqua, avevo la pelle così cotta che sembravo invecchiato di quattrocento anni!)

La piscina stava nel mio giardino da sempre, ma come avrete notato c'era voluta la domanda giusta per scoprire che poteva diventare una risorsa. Con questa lista di cinque domande sempre davanti agli occhi, avrete un modulo per affrontare i problemi che cambierà immediatamente l'oggetto della vostra concentrazione e vi darà accesso alle risorse di cui avete bisogno.

Chi non sa chiedere non sa vivere.
Antico proverbio

Ogni mattina, quando ci svegliamo, ci poniamo delle domande. Appena la sveglia tace, che cosa vi chiedete? "Perché mi devo alzare proprio adesso? Perché non ci sono più ore nella giornata? E se lasciassi suonare la sveglia ancora una volta? Perché devo andare a lavorare? Come sarà oggi il traffico? Che razza di roba mi verrà accumulata sul tavolo oggi?" Che cosa ne direste se invece ogni mattina vi faceste una serie di domande che vi mettesse nella giusta disposizione d'animo e che vi ricordasse quanto grati, felici ed eccitati siete? Che giornata avreste, se usaste come filtri questi stati emozionali? Ovviamente una tale predisposizione influenzerebbe le vostre sensazioni praticamente su tutto.

Resomi conto di questo, decisi che avevo bisogno di un "rituale del successo" e creai una serie di domande che mi pongo ogni mattina. Il bello di farsi domande al mattino è che potete farlo sotto la doccia, mentre vi radete o vi asciugate i capelli e così via. Visto che vi fate comunque delle domande, perché non porvi quelle giuste? Mi sono reso conto che ci sono emozioni che devono essere coltivate se vogliamo essere individui felici e di successo. Altrimenti potreste vincere e sentirvi ugualmente come se aveste perso, se non tenete il punteggio o se non vi concedete il tempo di capire quanto siete fortunati. Perciò ora leggete attentamente le domande che sono elencate alla pagina seguente e cercate di sperimentare profondamente la sensazione che ciascuna di esse vi dà. Se volete davvero creare un mutamento nella vostra vita, fate in modo che queste domande diventino un vostro rituale quotidiano per il successo personale. Continuando a farvi queste domande scoprirete di accedere regolarmente ai vostri stati emozionali più costruttivi e comincerete a cercare le superstrade per queste emozioni di felicità, eccitazione, orgoglio, gratitudine, gioia, impegno e amore. Ben presto scoprirete che, aprendo gli occhi, queste domande vi verranno spontanee, come un'abitudine: vi sarete cioè abituati a farvi le domande che vi spingeranno a provare una più grande ricchezza nella vostra esistenza.

Offrite il dono delle domande

Una volta che avete imparato a farvi domande costruttive, potete aiutare non solo voi stessi, ma anche gli altri. Potete farne dono agli altri. Una volta a New York incontrai a pranzo un amico e socio d'affari, un famoso avvocato specializzato in diritti editoriali, che ammiravo per il suo acume nel lavoro e per lo studio professionale che aveva saputo creare fin da giovanissimo. Ma quel giorno il mio amico aveva ricevuto un duro colpo: il suo socio si era ritirato, lasciandolo con montagne di lavoro da sbrigare e poche idee su come cavarsela.

LE DOMANDE DEL MATTINO

La nostra esperienza di vita si basa su quello su cui ci concentriamo. Le seguenti domande sono intese a farvi provare più felicità, eccitazione, orgoglio, gratitudine, gioia, impegno e amore ogni giorno della vostra vita. Ricordate: domande di qualità fanno una vita di qualità. Trovate due o tre risposte a ciascuna domanda e sentitevi molto coinvolti. Se avete difficoltà a trovare una risposta, aggiungete semplicemente la parola "potrebbe". Per esempio: "Che cosa potrebbe rendermi più felice a proposito della mia vita oggi?"

1. *Che cosa nella mia vita oggi mi fa più felice?*
   Che cosa dire di ciò che mi rende felice? Come mi fa sentire?
2. *Che cosa nella mia vita mi eccita oggi?*
   Che cosa dire di ciò che mi eccita? Come mi fa sentire?
3. *Che cosa nella mia vita mi rende fiero oggi?*
   Che cosa dire di ciò che mi rende fiero? Come mi fa sentire?
4. *Che cosa nella mia vita mi rende grato oggi?*
   Che cosa dire di ciò che mi rende grato? Come mi fa sentire?
5. *Che cosa nella mia vita mi rallegra di più oggi?*
   Che cosa dire di ciò che mi rallegra di più nella vita? Come mi fa sentire?
6. *In che cosa sono impegnato nella mia vita oggi?*
   Che cosa dire di ciò in cui sono impegnato? Come mi fa sentire?
7. *Chi amo? Chi mi ama?*
   Che cosa dire di ciò che mi rende affettuoso? Come mi fa sentire?

> Alla sera a volte mi pongo le domande del mattino e aggiungo queste tre:
>
> LE DOMANDE DELLA SERA
>
> 1. *Che cosa ho dato agli altri oggi?*
> In che cosa sono stato un donatore, oggi?
> 2. *Che cosa ho imparato oggi?*
> 3. *In che misura oggi ho contribuito ad aumentare la qualità della mia vita o in che modo posso usare la giornata trascorsa come un investimento per il futuro?*
>
> Ripetere le domande del mattino (facoltativo).

Ricordate che, a determinare il senso della situazione, era la cosa su cui lui si stava concentrando. In ogni situazione, potete focalizzare la vostra attenzione sugli aspetti debilitanti e, se non cercate che questi, li troverete senz'altro. Il problema è che quel mio amico si stava ponendo tutte le domande sbagliate. "Come ha potuto il mio socio piantarmi in asso a questo modo? Non gliene importa proprio niente di me? Non si rende conto che distrugge la mia vita? Non si rende conto che non posso fare a meno di lui? Come spiegherò ai miei clienti che mi devo ritirare dagli affari?" Tutte queste domande partivano dalla supposizione che la sua vita fosse distrutta.

Avrei avuto molti modi per intervenire, ma decisi di limitarmi a fargli qualche domanda. Dissi: "Recentemente ho creato la semplice tecnologia delle domande e, quando l'ho applicata a me stesso, ho scoperto che ha un effetto straordinario. Mi ha tirato fuori da situazioni piuttosto grame. Ti dispiace se ti faccio un paio di domande così vediamo se funziona anche per te?" Lui disse: "Fai pure, ma non credo che ci sia niente che mi possa aiutare in questo momento." Così cominciai a fargli le domande del mattino e poi le domande per risolvere i problemi.

Cominciai con il chiedergli: "Di che cosa sei felice? So che ti sembra una domanda stupida, ridicola e ingenua ma, dimmi, di che cosa sei veramente contento?" La sua prima risposta fu: "Niente." Allora provai a chiedergli: "Di che cosa potresti essere contento, se volessi esserlo?" Mi rispose: "Sono molto contento di mia moglie, perché si comporta molto bene e in questo periodo mi è molto vicina." Allora gli chiesi: "E come ti senti, quando pensi a quanto siete uniti e vicini?" E lui: "È uno dei più grandi doni della mia vita." Dissi: "È una donna molto speciale, vero?" Lui cominciò a concentrarsi su di lei e a sentirsi splendidamente.

Potreste obiettarmi che lo avevo semplicemente distratto dai suoi neri pensieri. No, lo stavo aiutando a entrare in uno stato d'animo migliore e, in uno stato d'animo migliore, si trovano le vie migliori per affrontare i problemi. Le mie domande prima dovevano interrompere il suo modulo emozionale, poi metterlo in un'atmosfera emozionale positiva.

Gli chiesi di che altro fosse contento. Cominciò a dirmi quanto avrebbe potuto essere contento del fatto di essere riuscito ad aiutare un giovane scrittore a concludere un contratto per il suo primo libro: il giovanotto era al settimo cielo. Mi disse che avrebbe dovuto sentirsene fiero, ma non era così. Allora gli chiesi: "Se ti sentissi fiero, che cosa proveresti?" Lui cominciò a pensare come sarebbe stato bello e il suo stato d'animo cambiò immediatamente. Gli dissi: "Di che cosa sei fiero?" E lui: "Sono veramente fiero dei miei figli. Sono dei ragazzi davvero speciali. Non solo hanno successo negli affari, ma si interessano anche sinceramente al loro prossimo. Sono fiero degli uomini e delle donne che sono diventati e del fatto che siano figli miei. Sono parte del mio lascito al mondo." Dissi: "Come ti fa sentire l'idea di avere avuto un tale effetto?"

Di colpo, quell'uomo, che poco prima sosteneva che la sua vita era distrutta, rinacque a nuova vita. Gli chiesi di che cosa fosse veramente grato. E lui disse che era grato di essere sempre riuscito a cavarsela nei momenti più duri quando era un giovane avvocato, di essere riuscito a farsi dal nulla e di avere realizzato il sogno americano. Poi gli chiesi: "Che cosa ti eccita veramente?" E lui disse: "Attualmente mi eccita l'idea di fare un cambiamento." Era la prima volta che ci pensava ed era perché aveva cambiato radicalmente stato d'animo. Gli chiesi: "Chi ami e chi ti ama?" E lui attaccò a parlare della sua famiglia e di quanto fossero uniti fra loro.

Allora gli chiesi: "Che cosa c'è di buono nel fatto che il tuo socio ti lascia?" "Sai, potrebbe esserci di buono che odio venire a New York. Adoro starmene nella mia casa nel Connecticut." Poi aggiunse: "C'è di buono che ora vedo tutto in modo nuovo." E cominciò a elaborare una fila di possibilità, quindi decise di aprire un nuovo studio nel Connecticut a pochi minuti da casa sua, di far entrare suo figlio nello studio e di tenere un servizio di segreteria telefonica a Manhattan. Intanto si era talmente eccitato che decise di andare subito alla ricerca del suo nuovo ufficio.

In pochi minuti il potere delle domande aveva operato la sua magia. Il mio amico aveva sempre avuto dentro di sé le risorse per far fronte a quel problema, ma le domande frustranti che si era posto avevano reso questo potere inaccessibile e l'avevano indotto a vedersi come un povero vecchio che aveva perduto tutto quello che aveva costruito. In realtà la vita gli aveva fatto un bellissimo dono, ma la verità era rimasta nascosta finché lui non aveva cominciato a farsi domande di qualità.

UNA DOMANDA DEL DESTINO

Una delle persone più simpatiche e anche più appassionate che conosco è Leo Buscaglia, l'autore di *Amore* e di molti altri libri famosi nel campo dei rapporti umani. Una delle cose belle di Leo è la sua ostinata costanza nel porsi sempre una domanda, quella che suo padre gli ha instillato fin quando era un ragazzino. Ogni sera, a cena, suo padre gli chiedeva: "Leo, che cosa hai imparato oggi?" E Leo doveva avere una risposta, e che fosse una buona risposta. Se quel giorno a scuola non aveva imparato niente di veramente interessante, prima di cena correva a prendere l'enciclopedia per studiare qualcosa da raccontare a suo padre. Leo dice che ancora oggi non va mai a letto se anche quel giorno non ha imparato qualcosa di nuovo che valga la pena di conoscere. Di conseguenza, stimola in continuazione la sua mente: gran parte della sua passione e del suo amore per lo studio è venuta proprio da questa domanda che da decenni si pone costantemente.

Ci sono anche per voi delle domande che sarebbe utile porvi regolarmente? Due di quelle che mi pongo io sono semplicissime. Mi aiutano a superare gli ostacoli che posso incontrare nella vita: "Che cosa c'è di buono in questo?" e "Come posso utilizzarlo?" Chiedendomi che cosa c'è di buono in una situazione, di solito trovo qualche aspetto positivo e costruttivo e, chiedendomi come lo posso utilizzare, affronto qualsiasi ostacolo in modo da farlo diventare un vantaggio. Quali sono quindi le due domande che potete usare per cambiare il vostro stato emotivo e ottenere le risorse che desiderate? Aggiungete due domande a quelle che vi ho suggerite per il mattino e adattatele a voi, in modo che soddisfino le vostre esigenze personali ed emozionali.

Ecco alcune tra le domande più importanti che possiamo farci: "Che scopo ha veramente la mia vita?" "In che cosa sono veramente impegnato?" "Perché mi trovo qui?" "Chi sono?" Sono domande incredibilmente costruttive, ma se aspettate di trovare la risposta perfetta, finirete in grossi guai. Spesso la prima risposta, quella più spontanea e viscerale, è proprio quella su cui dovreste basare il vostro comportamento. È questo il punto finale cui volevo arrivare. *C'è un punto giunti al quale dovete smettere di farvi domande se volete progredire.* Se continuate a farvi domande, finirete per sentirvi incerti, insicuri, mentre i risultati sicuri vengono solo da azioni sicure. *A un certo punto dovete smettere di valutare e cominciare invece ad agire.* Come? Decidete che cosa è più importante per voi, almeno in quel momento, e usate il vostro potere personale per agire e cominciare a cambiare la qualità della vostra vita.

Perciò permettetemi una domanda. Se ci fosse qualcosa che potreste fare immediatamente per cambiare subito la qualità delle vostre emozioni e delle vostre sensazioni ogni giorno della vostra vita, non vorreste sapere di che cosa si tratta? Allora passate subito a...

9
IL VOCABOLARIO DEL SUCCESSO

Una parola efficace è un agente straordinario. Ogni volta che si trova una di quelle parole intensamente giuste... l'effetto è tanto fisico che spirituale, ed elettricamente immediato.

MARK TWAIN

Parole... Vengono usate per farci ridere e piangere. Possono ferire o guarire. Ci offrono speranza o devastazione. Con le parole possiamo trasmettere le nostre intenzioni più nobili e far conoscere i nostri desideri.

Nel corso della storia umana, i nostri leader e i nostri pensatori più grandi hanno usato il potere delle parole per trasformare le nostre emozioni, per farci aderire alla loro causa e per forgiare il corso del destino. Le parole non solo possono creare emozioni, ma anche azioni. E dalle nostre azioni scaturiscono i risultati della nostra vita. Quando Patrick Henry si alzò in piedi davanti agli altri delegati e affermò: "Non so quale via sceglieranno gli altri ma, quanto a me, datemi la libertà o datemi la morte!" le sue parole accesero una tempesta di fuoco che scatenò l'impegno dei nostri antenati a mettere fine alla tirannia che ci aveva oppresso per tanto tempo.

L'eredità privilegiata di cui noi americani oggi godiamo, le possibilità che ci sono offerte per il solo fatto di vivere negli Stati Uniti, sono state create da uomini che hanno saputo scegliere le parole giuste, che avrebbero determinato le azioni di generazioni a venire:

> Quando nel corso degli eventi umani diventa necessario per un popolo sciogliere i vincoli politici che l'hanno legato a un altro...

Questo brano della Dichiarazione d'indipendenza degli Stati Uniti, questo insieme di parole divenne l'elemento conduttore del cambiamento per una nazione.

Certo, anche, in altri paesi l'effetto delle parole ebbe la sua importanza. Durante la seconda guerra mondiale, quando era in forse la stessa sopravvivenza della Gran Bretagna, le parole di un uomo riuscirono a mobilitare la volontà di tutto il popolo inglese. Si è detto che Winston Churchill ha avuto la capacità unica al mondo di mandare in battaglia la lingua inglese. Il suo famoso appello agli inglesi perché facessero di quell'ora la "più bella della loro vita" suscitò nei sudditi britannici un coraggio senza pari e distrusse l'illusione di Hitler sull'invincibilità della sua macchina da guerra.

Molte opinioni sono create dalle parole e dalle parole possono anche essere cambiate. La concezione americana dell'uguaglianza razziale è nata sicuramente dalle azioni, ma queste azioni erano ispirate da parole appassionate. Chi può dimenticare la commovente invocazione di Martin Luther King: "Io ho un sogno, che un giorno questa nazione sorgerà e vivrà il vero significato del suo credo..."

Molti di noi sono consapevoli del grande ruolo che hanno avuto le parole nella nostra storia, del potere che i grandi oratori hanno di commuoverci, ma pochi di noi si rendono invece conto del proprio potere di usare quelle stesse parole per suscitare emozioni, sfidare, incoraggiare e sostenere il nostro animo, per indurci all'azione, per trarre una più grande ricchezza da questo dono che chiamiamo vita.

Una scelta efficace di parole per descrivere l'esperienza della nostra vita può destare in noi le emozioni più positive. Una scelta sbagliata di parole può altrettanto rapidamente distruggerci. Perlopiù, facciamo una scelta inconsapevole delle parole che usiamo; passiamo come sonnambuli in mezzo al fascio di possibilità a nostra disposizione. *Pensate al potere che le vostre parole possono esercitare, se solo le scegliete con intelligenza.*

Quale dono sono questi semplici simboli! Possiamo trasformare le lettere (o i suoni, nel caso della parola detta) in un ricco e unico arazzo dell'esperienza umana. Le parole ci offrono un veicolo per esprimere e condividere con gli altri la nostra esperienza; eppure molti di noi non si rendono conto che le parole che scegliamo abitualmente influiscono anche su come comunichiamo con noi stessi e quindi su quello che proviamo.

Le parole possono ferire il nostro ego o infiammare il nostro cuore: possiamo cambiare all'istante qualsiasi esperienza emozionale semplicemente scegliendo parole diverse per descrivere a noi stessi quello che proviamo. Se invece non controlliamo le parole e lasciamo che la loro scelta sia determinata dall'abitudine inconsapevole, possiamo denigrare la nostra intera esperienza di vita. Se descrivete una stupenda esperienza con parole quali "non c'è male", il ricco tessuto di cui questa esperienza è fatta si appiattisce e si immiserisce per colpa del vostro vocabolario limitato. La gente con un vocabolario povero vive una vita emozionale povera. La gente con un vocabolario ricco ha una tavolozza piena di colori con cui dipingere la propria esperienza, non solo per gli altri, ma anche per se stessa.

In genere la gente non viene stimolata dalle "dimensioni" del vocabolario, ma dalla "scelta" delle parole che si usano. Spesso usiamo espressioni abbreviate, ma molte volte queste scorciatoie ci ingannano emozionalmente. Per controllare consciamente la nostra vita, dobbiamo valutare consapevolmente e migliorare il nostro abituale vocabolario, per essere sicuri che ci porti nella direzione voluta e non in quella che vogliamo evitare. La nostra lingua, per esempio, è ricca di parole che, oltre al significato letterale, esprimono anche una particolare intensità emozionale. Se prendete l'abitudine di dire che "odiate" certe cose (odiate i vostri capelli, odiate il vostro lavoro, odiate di doverti occupare di qualcosa) credete forse che questo aumenti l'intensità del vostro stato emozionale negativo più che se usaste un'espressione come "preferisco qualcos'altro"?

Usare parole a forte carica emozionale può trasformare magicamente il vostro stato emozionale o quello di qualcun altro. Pensate alla parola "cavalleria". Non credete che evochi immagini diverse e abbia un impatto emozionale maggiore, che non la parola "cortesia" o "gentilezza"? Io credo di sì. La parola cavalleria mi fa pensare a un audace cavaliere, su un bianco destriero, che si batte per la sua damigella dai riccioli corvini, mi rammenta una grande tavola rotonda intorno alla quale stanno seduti uomini d'onore, mi ricorda l'intera etica di re Artù, insomma la magica bellezza di Camelot. Oppure pensate a parole come "impeccabile" e "integrità" in confronto a "ben fatto" e "onestà". Così come l'espressione "perseguire l'eccellenza" crea sicuramente maggiore intensità che non "tentare di fare del proprio meglio".

Per anni ho constatato di persona l'effetto che può avere cambiare una sola parola chiave quando, si parla con qualcuno, e ho notato come questa parola cambi immediatamente quello che prova questa persona e spesso anche il modo in cui si comporta di conseguenza. Dopo avere lavorato con centinaia di migliaia di persone, posso dirvi qualcosa di cui sono certo al di là di ogni possibile ombra di dubbio, qualcosa che di primo acchito vi sembrerà difficile da credere: semplicemente *cambiando il vostro vocabolario abituale*, le parole che usate solitamente per descrivere le emozioni della vostra vita, *potete cambiare all'istante quello che pensate, quello che provate e il vostro modo di vivere*.

La prima esperienza che mi ha fatto capire tutto questo risale a molti anni fa. Durante un incontro d'affari, stavo con due uomini, uno dei quali era da tempo un dirigente di una mia compagnia, e l'altro un socio comune e un buon amico; nel bel mezzo della riunione ricevemmo una notizia piuttosto allarmante. Qualcuno con cui stavamo trattando un affare aveva cercato di trarne indebitamente vantaggio, aveva violato l'integrità della nostra intesa e pareva fosse in posizione di superiorità. La cosa a dir poco mi irritò ma, pur trovandomi coinvolto in quella sgradevole situazione, non potei fare a meno di notare che le due persone che stavano con me avevano reagito molto diversamente a quella notizia.

Il mio dirigente era fuori di sé dalla rabbia, mentre il mio socio non aveva fatto una piega. Come era possibile che noi tre reagissimo in modo così radicalmente diverso alla notizia di fatti che avrebbero dovuto colpirci allo stesso modo, visto che avevamo tutti e tre la stessa posta in gioco nella trattativa? Onestamente, la reazione del mio dirigente parve anche a me un po' eccessiva, un po' sproporzionata rispetto all'accaduto. Continuava a ripetere che era "furibondo", "infuriato", aveva la faccia rossa come un peperone e le vene della fronte e del collo visibilmente gonfie.

Evidentemente associava il fatto di arrabbiarsi o con l'eliminazione del dolore o con la conquista del piacere. Quando gli chiesi che cosa significasse per lui "essere arrabbiato", perché se la stesse prendendo tanto a cuore, lui mi rispose a denti stretti: "Quando ci si arrabbia, si diventa più forti, e quando si è forti si ha il coraggio di fare succedere le cose, si può rovesciare qualsiasi situazione!" Evidentemente considerava l'emozione della rabbia come una risorsa per uscire da quell'esperienza di sofferenza ed entrare invece nel piacere di sentire di avere in pugno la situazione.

Poi passai alla seconda domanda che avevo in mente, perché cioè il mio amico avesse reagito alla situazione senza la minima emozione. Gli dissi: "Non mi sembri per nulla turbato. Non sei arrabbiato?" E il dirigente incalzò: "Non sei 'furioso'?" Il mio amico rispose semplicemente: "No, non vale la pena di sentirsi seccati per questo." In quel momento mi resi conto che in tanti anni, da quando lo conoscevo, non lo avevo mai visto veramente arrabbiato. Gli chiesi che cosa volesse dire per lui irritarsi e lui mi rispose: "Se ti irriti, perdi il controllo." "Interessante," pensai. "E che cosa succede se perdi il controllo?" E lui concluse con tono realistico: "Vince l'altro."

Non avrei potuto chiedere una disparità più profonda: uno dei due collegava il piacere di assumere il controllo della situazione al fatto di arrabbiarsi, mentre l'altro associava il dispiacere di perdere il controllo alla stessa emozione. Il loro comportamento rifletteva evidentemente le loro diverse credenze. A questo punto cercai di esaminare le mie emozioni. Che cosa pensavo di tutto questo? Per anni ho pensato di poter gestire qualsiasi problema se sono arrabbiato, ma credo anche di non dovere necessariamente essere arrabbiato per riuscirci. Potrei anche essere al colmo della felicità. Di conseguenza, non evito la rabbia, la uso se mi trovo in questo stato d'animo, ma nemmeno la cerco, dato che posso accedere alla mia forza anche senza essere "furioso". Quello che mi interessava veramente era la differenza nelle parole che tutti noi avevamo usato per descrivere quell'esperienza. Io avevo usato le parole "arrabbiato" e "irritato", il mio dirigente aveva usato le parole "furioso" e "furibondo" e il mio amico aveva detto di non essere "per niente seccato" dalla faccenda. Non potevo crederci! Aveva detto proprio "seccato"!

Mi rivolsi a lui e dissi: "E questo che provi, solo una leggera seccatura? Qualche volta dovrai pure arrabbiarti o irritarti." E lui ribatté: "Non proprio. Ci vuole molto perché succeda e non succede quasi mai." Allora gli chiesi: "Ti ricordi quando l'ufficio delle tasse per un suo errore ti ha fatto sborsare un milione di dollari? Ti ci sono voluti un paio d'anni per riuscire a farti restituire quei soldi. La cosa non ti aveva fatto arrabbiare in modo incredibile?" Il mio dirigente intervenne: "Come, non sei diventato 'livido' di rabbia?" E lui: "No, non mi sono arrabbiato. Forse ero un po' stizzito." "Stizzito?" Pensai che era la parola più stupida che avessi mai sentito. Non l'avrei mai usata per descrivere la mia intensità emotiva. Come era possibile che quell'uomo d'affari, ricco e stimato, andasse in giro a usare parole come stizzito e restare con la faccia seria? La risposta era che infatti non aveva affatto la faccia seria! Pareva quasi che si stesse divertendo a parlare di cose che, personalmente, mi avrebbero fatto impazzire di rabbia.

Cominciai a chiedermi: "Se cominciassi a usare questa parola per descrivere le mie emozioni, che cosa proverei? Sorriderei invece di essere teso? Be', forse è il caso di rifletterci." Per qualche giorno continuai a essere stuzzicato dall'idea di usare il linguaggio del mio amico per vedere che effetto avrebbe avuto sulla mia intensità emozionale. Che cosa sarebbe successo se, sentendomi veramente arrabbiato, mi fossi rivolto a qualcuno e gli avessi detto: "Sa, questa cosa mi ha fatto proprio stizzire." La sola idea mi metteva di buon umore, era talmente ridicola! Così, tanto per divertimento, decisi di provarci.

La prima occasione di usare questa espressione arrivò una notte dopo un lungo volo notturno, appena arrivato in albergo. Visto che la mia segretaria s'era dimenticata di fare la prenotazione, mi toccò stare in piedi davanti al banco della reception per altri quindici o venti minuti, fisicamente esausto ed emotivamente sull'orlo della crisi. L'impiegato si trascinò stancamente davanti al computer e cominciò a cercare il mio nome a un ritmo tale da far apparire veloce una lumaca. Io sentivo la rabbia gonfiarsi dentro, perciò mi rivolsi all'impiegato e gli dissi: "Senta, so che non è colpa sua, ma sono veramente esausto e ho bisogno subito della mia camera, perché più lei mi tiene qui in piedi ad aspettare, più temo che mi sentirò stizzito."

L'impiegato mi lanciò un'occhiata un po' perplessa, poi sorrise. Io risposi con un sorriso; il mio modulo era interrotto. Il vulcano emotivo che mi stava crescendo dentro di colpo si era raffreddato; a questo punto accaddero due cose. Io mi divertii veramente a cercare nel computer con l'impiegato e lui accelerò i tempi. Il semplice fatto di avere definito in modo diverso le mie sensazioni era bastato a interrompere il mio modulo e a cambiare veramente la mia esperienza? Poteva essere davvero così semplice? Che idea!

La settimana dopo provai ancora diverse volte la mia nuova parola. E ogni volta scoprivo che aveva l'effetto di alleggerire immediatamente la mia intensità emozionale. Qualche volta mi faceva ridere ma, come minimo, impediva all'impulso della rabbia di indurmi in uno stato di collera. Nel giro di due settimane, non avevo più nemmeno bisogno di sforzarmi per usare quella parola: mi era diventata abituale. Diventò la mia prima scelta per descrivere le mie emozioni e il risultato fu che non mi lasciai più prendere dagli eccessi di rabbia. Quello strumento, che avevo scoperto per caso, mi affascinava sempre più. Mi resi conto che, cambiando il mio vocabolario abituale, trasformavo la mia esperienza; usavo quello che poi avrei chiamato il "vocabolario trasformazionale". A poco a poco, cominciai a provare con altre parole e scoprii che, se trovavo parole abbastanza efficaci, potevo abbassare o alzare l'intensità della mia emozione praticamente per qualsiasi cosa.

Come funziona veramente questo processo? Immaginate che i vostri cinque sensi trasmettano una serie di sensazioni al vostro cervello. State ricevendo stimoli visivi, uditivi, cinestesici, olfattivi e gustativi e i vostri organi dei sensi li stanno trasformando in sensazioni interne. Quindi dovranno essere suddivisi per categorie. Ma come facciamo a sapere che cosa significano queste immagini, questi suoni e le altre sensazioni? Uno dei sistemi più efficaci dell'uomo per stabilire il significato di una sensazione (se cioè significa dolore o piacere) è creare delle etichette: queste etichette si chiamano "parole".

Ecco il problema: tutte le vostre sensazioni vi arrivano attraverso questo imbuto, come una sensazione liquida versata con un getto sottile in vari stampi, le parole. Nella nostra smania di decidere in fretta, invece di usare tutte le parole che abbiamo a disposizione e trovare quindi la definizione più adatta e precisa, spesso costringiamo l'esperienza a entrare in uno stampo che la immiserisce. Ci creiamo le nostre espressioni predilette, stampi che modellano e trasformano la nostra esperienza di vita. Purtroppo la maggior parte di noi non ha valutato consciamente l'impatto delle parole che è abituata a usare. I guai arrivano quando cominciamo a versare continuamente ogni forma di sensazione negativa nelle parole-stampo "furioso" o "depresso" o "umiliato" o "insicuro". E queste parole possono non riflettere in modo esatto l'esperienza reale. Nel momento in cui costringiamo la nostra esperienza dentro i limiti di questo stampo, l'etichetta che ci mettiamo sopra "diventa" la nostra esperienza. E quello che era "un po' problematico" diventa "devastante."

Per esempio, il mio direttore aveva usato le parole "furioso", "livido" di rabbia e "furibondo". Io avevo detto "arrabbiato" e "irritato". Il mio amico invece aveva versato la sua esperienza nello stampo di "stizzito" e "seccato". La cosa interessante è che tutti noi usiamo lo stesso schema di parole per descrivere numerose esperienze frustranti. Voi e io dobbiamo sapere che possiamo avere tutti le stesse sensazioni, ma il modo in cui le organizziamo, cioè gli stampi o le parole che usiamo per esprimerle, diventano la nostra esperienza. Più tardi scoprii che, usando lo stampo del mio amico (cioè le parole stizzito e seccato), ero immediatamente capace di cambiare l'intensità della mia esperienza. Diventava qualcos'altro. Questa è l'essenza del vocabolario trasformazionale: *le parole che applichiamo alla no-*

stra esperienza "diventano" la nostra esperienza. Perciò dobbiamo scegliere consciamente le parole che usiamo per descrivere i nostri stati emozionali, se non vogliamo creare più sofferenza di quanto non sia veramente giustificabile o appropriato.

Letteralmente, usiamo le parole per rappresentarci la nostra esperienza di vita. In questa rappresentazione, le parole alterano la nostra percezione e le nostre sensazioni. Ricordate che se tre persone possono fare la stessa esperienza, ma una prova rabbia, un'altra collera e la terza si sente seccata, allora evidentemente le sensazioni vengono cambiate dalla "traduzione" di ogni persona. Dato che le parole sono il nostro strumento primario di interpretazione e traduzione, il modo in cui etichettiamo la nostra esperienza cambia immediatamente le sensazioni prodotte nel nostro sistema nervoso. Dobbiamo quindi ammettere che le parole creano realmente un effetto biochimico.

Se ne dubitate, vorrei che consideraste onestamente se ci siano parole che, usate, creerebbero in voi un'immediata reazione emozionale. Se per esempio qualcuno vi indirizzasse un insulto basato su questioni razziali, che cosa provereste? O se qualcuno vi lanciasse una parolaccia, non cambiereste stato emozionale? Probabilmente c'è una grossa differenza se qualcuno vi insulta con le iniziali "TDC" o se dice per esteso "testa di c..."

Questo non produrrebbe un diverso livello di tensione nel vostro corpo, che se vi dicessero invece "tesoro"? Oppure "genio"? Associamo tutti un grande livello di sofferenza a certe parole. Durante l'intervista che ho fatto a Leo Buscaglia, mi ha rivelato alcuni risultati di un'inchiesta svolta in un'università americana verso la fine degli anni cinquanta. Era stato chiesto alla gente: "Come definireste il comunismo?" Un numero straordinario di persone era rimasto terrorizzato dalla sola domanda, ma ben pochi seppero definirlo con esattezza, sapevano solo che era orribile! Una donna arrivò a dire: "Non so esattamente che cosa significhi, ma è meglio che non ci sia a Washington." Un uomo disse che sui comunisti sapeva tutto quello che c'era da sapere e la sola cosa da fare era ucciderli! Ma non sapeva nemmeno spiegare che cosa fossero. Impossibile negare la forza delle etichette nel creare sensazioni ed emozioni.

> *Le parole formano il filo con cui leghiamo le nostre esperienze.*
>
> Aldous Huxley

Quando cominciai a esplorare il potere del vocabolario, mi opponevo ancora all'idea che qualcosa di così semplicistico come cambiare le parole che usiamo potesse fare una differenza così sostanziale nella nostra esistenza. Ma quando approfondii gli studi sul linguaggio, mi trovai davanti a fatti sorprendenti, che cominciarono a convincermi che le parole filtrano e trasformano l'esperienza. Per esempio, scoprii che, secondo l'*Encyclopedia Compton's*, l'inglese contiene almeno 500.000 parole e altrove ho letto addirittura che le parole della lingua inglese non dovrebbero essere meno di 750.000. L'inglese è senz'altro la lingua che oggi ha il maggior numero di vocaboli, il tedesco lo segue a una certa distanza, con circa la metà dei termini.

La cosa che mi sembrava tanto affascinante era che con questo immenso numero di parole a disposizione, il nostro vocabolario abituale fosse invece tanto limitato. Vari linguisti sostengono, e io sono d'accordo, che il vocabolario di una persona media, va dalle 2000 alle 10.000 parole. Facendo la prudente stima che l'inglese consta di 500mila parole, significa che normalmente usiamo solo dallo 0,5 al 2 per cento della lingua! E il peggio è che di queste parole, quante pensate servano a descrivere un'emozione? Facendo alarne ricerche, ho appurato che esistono almeno 3000 parole nella lingua inglese per descrivere le emozioni umane. E mi ha colpito constatare la proporzione tra parole che descrivono emozioni negative e positive. Secondo il mio calcolo, ci sono 1051 parole che descrivono emozioni positive, mentre sono 2086 (quasi il doppio) quelle che descrivono emozioni negative. Tanto per fare un esempio, ho trovato 264 parole che esprimono l'emozione della tristezza (triste, malinconico, accorato, mesto, afflitto, addolorato eccetera) e invece solo 105 per indicare l'allegria (felice, contento, lieto, gaio eccetera). Non c'è da meravigliarsi quindi che la gente si senta più triste che allegra!

Come abbiamo detto nel capitolo 7, quando i partecipanti al

mio seminario "Date with Destiny" fanno la lista delle emozioni che provano in media in una settimana, in genere ne trovano solo una dozzina. Perché? Semplice, perché tutti noi tendiamo a ripetere continuamente le stesse emozioni: certa gente tende a essere eternamente frustrata, o arrabbiata, o insicura o spaventata o depressa. Uno dei motivi è che queste persone usano sempre le stesse parole per descrivere la propria esperienza. Se riuscissimo ad analizzare più criticamente le emozioni che proviamo ed essere più creativi nel valutare le cose, potremmo applicare una nuova etichetta alle nostre sensazioni e perciò cambiare la nostra esperienza emozionale.

Ricordo di aver letto anni fa uno studio condotto in una prigione. Se ne constatava che quando i detenuti provavano dolore, uno dei pochi modi con cui potevano esprimerlo era mediante l'azione fisica (il loro vocabolario ridotto limitava la loro portata emozionale, alzando anche modeste sensazioni di disagio al livello di rabbia violenta). Una bella differenza tra costoro e William F. Buckley, la cui erudizione e padronanza della lingua gli permette di dipingere un vasto quadro delle sue emozioni e perciò di rappresentare dentro di sé una grande varietà di sensazioni. Se vogliamo cambiare la nostra vita e modellare il nostro destino, dobbiamo scegliere consciamente le parole che useremo, e dobbiamo sforzarci continuamente di alzare il nostro livello e ampliare la nostra possibilità di scelta.

Per darvi una prospettiva più ampia, vi dirò che la Bibbia usa 7200 parole diverse; il poeta e saggista John Milton nei suoi scritti ne ha usate 17.000 e si dice che Shakespeare ne abbia usate oltre 24mila, di cui 5000 una volta sola. Infatti Shakespeare ha la responsabilità di avere creato o coniato molte parole inglesi comunemente usate oggi.

I linguisti hanno dimostrato, al di là d'ogni ombra di dubbio, che culturalmente siamo plasmati dal nostro linguaggio. Non a caso i verbi sono così importanti nella lingua inglese. Dopo tutto, la cultura inglese si vanta di essere molto attiva e di saper entrare in azione prontamente. Le parole che usiamo costantemente influenzano il nostro modo di valutare le cose e quindi il nostro modo di pensare. La cultura cinese, invece, attribuisce grande importanza alle cose piuttosto che alle azioni, tanto è vero che nei vari dialetti cinesi si nota una netta predominanza dei sostantivi sui verbi. Dal punto di vista della cultura cinese i sostantivi rappresentano le cose che non mutano, che durano, mentre i verbi (cioè le azioni) oggi sono qui e domani chissà.

Quindi *è importante capire che le parole plasmano le nostre convinzioni, influenzano le nostre azioni.* Le parole sono il tessuto con cui vengono confezionate tutte le domande. Come abbiamo osservato nel capitolo precedente, cambiando una parola in una domanda, possiamo immediatamente cambiare la risposta che avremo per la qualità della nostra vita. Più ho cercato di approfondire lo studio dell'effetto delle parole, più sono rimasto colpito dal loro potere di dominare le emozioni umane, non solo dentro di me, ma anche negli altri.

> *Senza conoscere la forza delle parole, è impossibile conoscere gli uomini.*
>
> CONFUCIO

Un giorno cominciai a capire che questa idea, per semplice che fosse, non era casuale, che il vocabolario trasformazionale era una realtà e che, cambiando le nostre parole abituali, potevamo letteralmente cambiare gli schemi emotivi della nostra vita. Inoltre potevamo determinare le nostre azioni, le direzioni e il destino ultimo della nostra vita. Un giorno parlavo di queste cose con un mio vecchio amico, Bob Bays, e notai che, mentre mi ascoltava, si illuminava come un albero di Natale. E alla fine esclamò: "Ho un'altra informazione da darti!" E cominciò a raccontarmi un'esperienza che aveva avuto recentemente. Anche lui aveva dovuto viaggiare molto per stare al passo con un programma di lavoro molto intenso e per accontentare le richieste di tutti. Quando alla fine era tornato a casa, l'unica cosa che desiderava era un po' di "spazio" per se stesso. Questo mio amico ha una casa a Malibu, sull'oceano, molto graziosa ma piuttosto piccola, per nulla adatta a ricevere ospiti, anche solo tre o quattro persone.

Quando arrivò sulla soglia di casa, Bob scoprì che sua moglie aveva invitato suo fratello a stare un po' con loro e che sua figlia Kelly, che avrebbe dovuto fermarsi in visita da loro per due settimane, in realtà aveva deciso di rimanere per due mesi. Per colmo di sventura, qualcuno aveva spento il videoregistratore che lui aveva programmato per registrare una partita di football che da giorni pregustava di guardarsi. Come potete immaginare, il mio amico raggiunse la "soglia emozionale" e, quando scoprì che sua figlia aveva spento il videoregistratore, scaricò immediatamente su di lei tutta la rabbia, urlando tutte le parolacce che gli venivano in mente. Era in assoluto la prima volta che alzava la voce con la figlia e soprattutto che diceva parolacce. Lei scoppiò subito a piangere.

Assistendo alla scena, la moglie di Bob si mise a ridere. Dato che quel comportamento era così diverso dal solito modo di fare di Bob, lei pensò si trattasse di una decisa e plateale interruzione di modulo. In realtà avrebbe voluto che fosse solo un'interruzione di modulo. Però, quando i fumi dell'ira si diradarono, la moglie capì che Bob era veramente furioso, si preoccupò e gli disse: "Bob, ti stai comportando molto stranamente. Non ti comporti mai così. E, sai, ho notato anche un'altra cosa; continui a usare una parola che non ti avevo mai sentito dire prima: di solito, quando sei stressato, dici che sei sovraccarico, ma ultimamente ti ho sentito dire spesso che ti senti sopraffatto. Non lo dicevi mai, prima; Kelly usa questa parola e, quando lo fa, prova anche lei questo stesso tipo di rabbia e si comporta come hai fatto tu adesso."

Mentre Bob mi raccontava questo episodio, cominciai a pensare: "È possibile che adottando il vocabolario abituale di qualcun altro, si cominci ad adottarne anche i moduli emozionali?" E non è ancor più vero se, oltre alle parole, se ne adotta anche il volume, l'intensità e la tonalità?

In principio era il Verbo...
Giovanni 1,1

Sono sicuro che una delle ragioni per cui spesso finiamo per somigliare alle persone che frequentiamo è che riceviamo alcuni dei loro moduli emozionali adottando in parte il loro vocabolario abituale. La gente che passa un po' di tempo con me, ben presto si scopre a usare parole come "appassionato", "incredibile" e "spettacolare" per descrivere la propria esperienza. Potete immaginare che differenza produca questo sul loro stato positivo, in confronto con il dire semplicemente che si sentono "bene". Potete immaginare quanto peserebbe sulla vostra bilancia emozionale usare la parola "passione"? È una parola trasformazionale e, dato che io la uso spesso, la mia vita ha più energia emozionale.

Il vocabolario trasformazionale ci permette di intensificare o diminuire ogni stato emozionale, positivo o negativo che sia. Questo significa che ci dà il potere di prendere le sensazioni più negative della nostra vita e di abbassarne l'intensità al punto che non ci diano più fastidio e prendere invece le esperienze positive e portarle a un grado ancora più alto di piacere e di capacità di infonderci energia.

Quello stesso giorno, più tardi, Bob e io, durante la colazione, ci immergemmo nello studio di una serie di progetti ai quali stavamo lavorando insieme. A un certo punto, lui si voltò verso di me e disse: "Tony, sembra incredibile che al mondo ci sia della gente che si annoia." "Capisco quello che intendi dire," convenni. "Sembra pazzesco, vero?" E lui: "Già, noia è una parola che non rientra nemmeno nel mio vocabolario." Appena l'ebbe detto, gli chiesi: "Che cosa hai detto? Che la noia non rientra nel tuo vocabolario?... Ricordi di che cosa stavamo parlando prima? La noia non è nel tuo vocabolario e perciò tu non la provi. Secondo te è possibile che non proviamo certe emozioni perché non abbiamo la parola per rappresentarcele?"

Le parole che scegliete costantemente
modelleranno il vostro destino

Prima ho detto che il modo in cui ci rappresentiamo le cose nella mente determina quello che proviamo a proposito della vita. Ne consegue che se non avete il modo di rappresentarvi qualcosa, non potete nemmeno sperimentarla. Mentre può essere vero che vi possiate immaginare qualcosa senza avere la parola che la indichi, o che ve la possiate rappresentare attraverso il suono o la percezione sensoria, è innegabile che riuscire ad articolare qualcosa le conferisce maggiore dimensione e sostanza e quindi un senso di realtà. Le parole sono uno strumento essenziale per rappresentare le cose e spesso se non c'è la parola, non c'è nemmeno il modo di pensare all'esperienza. Per esempio certi linguaggi indiani non hanno la parola "bugia": tale concetto non solo non fa parte della lingua ma non fa nemmeno parte del pensiero e del comportamento di alcune popolazioni indiane. Senza una parola che lo esprima, il concetto sembra non esistere. Anzi, la tribù Tasaday, nelle Filippine, pare non abbia parole che indichino "dispiacere", "odio" e "guerra".

Tornando al problema da cui siamo partiti, se Bob non provava mai noia e non aveva questa parola nel suo vocabolario, non potevo fare a meno di chiedermi: "Quale parola non uso mai per descrivere i miei sentimenti?" La risposta che mi venne fu "depressione". Posso sentirmi frustrato, arrabbiato, curioso, irritato o sovraccarico, ma mai depresso. Perché? Ero sempre stato così? No. Otto anni fa ero in una situazione in cui mi sentivo continuamente depresso. Quella depressione mi svuotava fino all'ultima goccia della voglia di cambiare la mia vita e, a quel tempo, mi faceva vedere i problemi che mi assillavano come permanenti, pervasivi e personali. Per fortuna, provai tanta sofferenza da riuscire a tirarmi fuori da quel pozzo e di conseguenza collegai grande dolore alla depressione. Cominciai a credere che essere depressi fosse la cosa più vicina all'essere morti. Dato che il mio cervello associava tanta sofferenza alla sola idea della depressione io, senza nemmeno accorgermene, l'avevo bandita dal mio dizionario, in modo che non ci fosse più la possibilità di rappresentarla o anche di provarla. In un solo colpo avevo liberato il mio vocabolario da un linguaggio debilitante e quindi da una sensazione che può distruggere anche gli animi più saldi. Se un insieme di parole che usate vi crea uno stato d'animo negativo, debilitante, liberatevene e sostituitelo con altri termini che vi infondano energia!

A questo punto potreste dirmi: "Ma questa è semplicemente semantica, no? Che differenza fa giocare con le parole?" La risposta è che, se vi limitate solo a cambiare la parola, allora la vostra esperienza non cambia. Ma se usare quella parola fa sì che voi interrompiate il vostro solito modulo emozionale, allora cambia tutto. Effettivamente l'uso del vocabolario trasformazionale, il vocabolario cioè che trasforma la nostra esperienza emozionale, interrompe moduli improduttivi, ci fa sorridere, produce sensazioni affatto diverse, cambia il nostro stato d'animo e ci permette di porre domande più intelligenti.

Per esempio, mia moglie e io amiamo molto tutti quelli che sono capaci di provare profonde sensazioni. All'inizio della nostra relazione, ci succedeva spesso di trovarci coinvolti in quelli che chiamavamo "bisticci piuttosto violenti". Ma, dopo avere scoperto il potere delle etichette applicate alla nostra esperienza nel cambiare l'esperienza stessa, abbiamo cominciato, di comune accordo, a definire quelle "conversazioni" come "animate discussioni". Questo ha cambiato completamente la nostra percezione del problema. "Una animata discussione" ha regole diverse da un "violento bisticcio" e comporta anche una diversa intensità emozionale. In sette anni non siamo mai più tornati a quell'abituale livello di intensità emozionale che associavamo ai nostri "bisticci."

Cominciai a capire che avrei potuto ammorbidire ancora di più l'intensità emozionale usando dei "modificatori", per esempio dicendo "sono un po' stizzito", oppure "mi sento un filo giù di corda". Oggi, se Becky si sente leggermente frustrata, dice: "Mi sento un pochino di malumore." E ci mettiamo a ridere perché le sue parole interrompono il nostro modulo. Il nostro nuovo modulo consiste nel fare battute scherzose sulle nostre sensazioni negative, prima che ci portino a essere davvero arrabbiati, insomma adottiamo la tecnica di "uccidere il mostro finché è piccolo".

Quando parlai della tecnica del vocabolario trasformazionale con il mio buon amico Ken Blanchard, lui mi raccontò diversi esempi di parole che usava per cambiare il suo stato d'animo. Una di queste parole l'aveva adottata in Africa, quando, durante un safari, gli si era rotto il camion sul quale viaggiava. Si era rivolto alla moglie Marge e le aveva detto: "Insomma, la cosa è piuttosto inopportuna." La parola era servita così bene a far cambiare il loro stato d'animo, che adesso la usano regolarmente. Sul campo da golf, se un colpo non va esattamente dove lui vorrebbe, Ken dice: "Questo colpo non mi entusiasma." Piccoli cambiamenti come questi trasformano la direzione emozionale e quindi la qualità della nostra vita.

Potete usare il vocabolario trasformazionale per aiutare gli altri

Una volta capito il potere delle parole, vi sensibilizzate non solo alle parole che usate, ma anche a quelle che usa la gente intorno a voi. Grazie al vocabolario trasformazionale, ho scoperto di poter aiutare anche la gente intorno a me. Non dimenticherò mai la prima volta in cui cominciai a usare consapevolmente questa tecnica. Stavo cercando di dare una mano al mio amico Jim, un uomo d'affari di grande successo, che stava attraversando un brutto periodo. Ricordo che non l'avevo mai visto così giù.

Mentre mi parlava notai che aveva detto di essere depresso, o che la situazione era deprimente, almeno una dozzina di volte in venti minuti. Decisi di vedere in quanto tempo il vocabolario trasformazionale poteva aiutarlo e gli chiesi: "Sei veramente depresso o solo un po' frustrato?" E lui rispose: "Sono molto frustrato." E io: "Mi sembra che stai facendo molti cambiamenti positivi che ti porteranno sicuramente a un progresso." Lui ne convenne e io gli descrissi l'impatto che le sue parole potevano avere sul suo stato emozionale, e gli chiesi: "Fammi un favore, d'accordo? Nei prossimi dieci giorni promettimi di non usare nemmeno una volta la parola 'depresso'. Invece di depresso, puoi dire 'mi sento un pochino giù', oppure 'va un po' meglio' o 'sto cercando di cambiare le cose'."

Lui accettò di farlo come esperimento e vi lascio indovinare che cosa accadde: un semplice cambiamento di parole gli fece cambiare completamente modulo. Usando parole diverse, non si riduceva più allo stesso livello di sofferenza e restava in stati d'animo più produttivi. Due anni dopo, quando ho detto a Jim che intendevo raccontare nel mio libro quella sua esperienza, lui mi ha confermato che da allora in poi non gli è più capitato di sentirsi depresso, perché da allora non ha mai più usato la parola depressione per descrivere quello che provava.

Il bello del vocabolario trasformazionale è la sua assoluta semplicità. È conoscenza veramente profonda, qualcosa di così semplice e universalmente applicabile che appena la usate potete immediatamente migliorare la qualità della vostra vita.

Un grande esempio delle trasformazioni che si possono ottenere cambiando una sola parola è quanto accadde parecchi anni fa alla PIE, una casa di spedizioni operante su tutto il territorio nazionale. I dirigenti avevano scoperto che il 60 per cento di tutti i loro contratti di spedizione non andavano a buon fine e che la cosa stava costando loro un quarto di milione di dollari all'anno. Per scoprirne la causa, assunsero il dottor W. Edwards Deming, il quale fece uno studio accurato della situazione e scoprì che il 56 per cento di questi errori dipendeva da sbagli di identificazione del container da parte degli stessi operai della ditta. Basandosi sui consigli di Deming, i dirigenti della PIE decisero che dovevano trovare il modo perché tutti i dipendenti dell'azienda si impegnassero a migliorare la qualità del lavoro e che un sistema poteva essere cambiare il modo in cui i loro lavoratori si consideravano. Invece che camionisti, i dipendenti cominciarono a essere definiti come "specialisti" del trasporto.

Sulle prime, tutti pensarono che fosse inutile; dopo tutto, che differenza poteva fare definire in modo diverso il loro lavoro? Non avevano cambiato un bel niente, no? Eppure, a poco a poco, a furia di usare quella parola, gli operai cominciarono a considerarsi degli "specialisti" e in meno di trenta giorni la PIE ridusse il 60 per cento di errori nelle spedizioni al 10 per cento, risparmiando circa un quarto di milione di dollari all'anno.

Questo indica una verità fondamentale; le parole che usiamo come cultura collettiva o come individui hanno un profondo effetto sulla nostra esperienza della realtà. Una delle ragioni per cui ho coniato la parola COCOMI, invece di prendere dal giapponese il termine kaizen (miglioramento), è che volevo incarnare in una sola parola la filosofia e i moduli di pensiero di un continuo, costante miglioramento. Una volta che cominciate a usare costantemente una parola, essa influisce su quello che prendete in considerazione e sul vostro modo di pensare. Le parole che usiamo trasmettono un significato e un'emozione. La gente inventa parole di continuo. Questa è una delle tante cose belle della lingua inglese, sempre disposta ad accogliere nuove parole e nuove idee. Se sfogliate un dizionario di lingua inglese, scoprirete molte parole che derivano da lingue straniere e da tutti i tipi di gruppi con interessi particolari.

Per esempio, nel mondo del surf hanno creato parole come "tubular" e "rad" per indicare un'esperienza sulle onde "assolutamente magnifica, terrificante". "Tubular", tubolare, deriva da "tube", cioè quello spazio cilindrico vuoto intorno al quale si avvolge la cresta dell'onda quando si spezza, lo spazio in cui si muove con la sua tavola il surfista; mentre "rad" sarebbe un'abbreviazione di "radical", che significa radicale, cioè fortissimo, drastico, estremo. Il gergo dei surfisti, specie in California, è diventato così diffuso, che queste due parole sono entrate nel linguaggio comune e quindi anche nel pensiero comune per indicare qualcosa di "forte, magnifico, meraviglioso" eccetera. Questo ci riporta al punto che dobbiamo essere consapevoli delle parole che adottiamo dal linguaggio di chi ci sta intorno o che scegliamo noi stessi. Se usate frasi come "mi comporto in modo suicida", alzate immediatamente la vostra sofferenza emozionale a un livello che potrebbe davvero minacciare la qualità della vostra vita. Se invece avete una relazione sentimentale con qualcuno e dite al vostro partner "me ne vado", create la possibilità concreta che la relazione si concluda. Se invece dite frasi come "mi sento incredibilmente frustrato" oppure "sono arrabbiato", avete molte più probabilità di non arrivare a una soluzione del problema.

In molte professioni ci sono varie parole che si riferiscono al tipo particolare di lavoro e alle cose che servono per eseguirlo. Molti intrattenitori, per esempio, prima di uscire in scena, provano una stretta di tensione allo stomaco. La respirazione cambia, il polso diventa affrettato e loro cominciano a sudare. Alcuni considerano tutto questo una parte normale della preparazione alla performance, mentre altri pensano sia il segno che falliranno e che andrà tutto a rotoli. Queste sensazioni, che sarebbero poi il "trac" da palcoscenico, hanno impedito per molto tempo a Carly Simon di presentarsi in pubblico. Invece Bruce Springsteen, quando sente la stessa stretta allo stomaco, la definisce semplicemente "eccitazione"! Sa che sta per avere la splendida esperienza di far divertire migliaia di persone e di farsi amare da loro. Non vede l'ora di uscire in scena. Per Bruce Springsteen quel senso di stretta allo stomaco è un alleato, per Carly Simon un nemico.

Da incavolato a sballato

Come sarebbe la vostra vita se poteste prendere tutte le vostre emozioni negative e abbassarne il livello di intensità al punto che non esercitino più su di voi un impatto così forte in modo che voi vi sentiate sempre con la situazione in pugno? Come sarebbe la vostra vita se poteste prendere le vostre emozioni positive e intensificarle, portando la vostra esistenza a un livello più alto? Potete fare ambedue le cose in un batter d'occhio. Ecco come.

Scrivete tre parole che usate regolarmente e che vi fanno sentire malissimo (annoiato, frustrato, deluso, arrabbiato, umiliato, ferito, triste, amareggiato e così via). Badate di scegliere proprio quelle parole che usate normalmente per deprimervi. Per scoprire quali parole dovete trasformare, chiedetevi: "Che sentimenti negativi provo solitamente?"

Trovate queste tre parole, divertitevi un po'. Mettetevi in uno stato d'animo folle e anticonformista e inventate qualche altra parola che ritenete di poter usare per interrompere il vostro modulo o perlomeno per abbassare in qualche modo la vostra intensità emozionale. Permettetemi di darvi qualche suggerimento su come scegliere le parole che funzioneranno in seguito per voi. Ricordate che al vostro cervello piace tutto ciò che vi allontana dal dolore e vi fa entrare nel piacere, perciò usate una parola che vorreste usare al posto di una vecchia e debilitante. Uno dei motivi per cui ho cominciato a usare "stizzito" o "leggermente seccato", al posto di "arrabbiato", è che sono due espressioni piuttosto ridicole. Operano una totale interruzione di modulo tanto per me quanto per chi mi ascolta e, dato che mi piace interrompere i moduli, mi diverto un mondo a usarle. Vi garantisco che anche voi diventerete dei patiti di questo giochetto. Tanto per aiutarvi a cominciare, ecco qualche esempio di parole ironiche che potete usare per abbassare immediatamente la vostra intensità emozionale:

ESPRESSIONE EMOZIONALE NEGATIVA	SI TRASFORMA IN
Mi sento....	*Mi sento...*
arrabbiato	deluso
timoroso	a disagio
ansioso	un po' preoccupato
ansioso	in attesa
confuso	pieno di interrogativi
depresso	calmo prima dell'azione
depresso	non proprio al massimo
depresso	sulla via di un cambiamento
distrutto	a riposo
incazzato	impermalito
deluso	poco entusiasta
deluso	contrariato
disgustato	dolorosamente stupito
spaventato	esterrefatto

imbarazzato	conscio
imbarazzato	stimolato
esausto	da ricaricare
esausto	un po' abbacchiato
fallire	imparare
pauroso	stupito
timoroso	curioso
spaventato	incuriosito
frustrato	sfidato
frustrato	affascinato
furioso	appassionato
umiliato	a disagio
umiliato	stupito
ferito	seccato
ferito	offeso
di odiare	di preferire
impaziente	pregustare, non vedere l'ora di...
insicuro	mi domando se...
insultato	frainteso
insultato	malinteso
incavolato	stimolato
irritato	infastidito
geloso	innamoratissimo
pigro	fare riserva di energie
solo	libero, disponibile
solo	temporaneamente per conto proprio

perduto	alla ricerca
nervoso	energico
sovraccarico	teso
travolto	leggermente sbilanciato
travolto	sballato
travolto	affaccendato
travolto	efficientissimo
penoso	scomodo
pietrificato	sfidato
respinto	depistato
respinto	poco apprezzato
respinto	frainteso
triste	pensieroso
spaventato	eccitato
stressato	impegnato
stressato	fortunato
stressato	pieno di energia
stupido	ignaro
stupido	non proprio un luminare
stupido	poco informato
terribile	diverso

Di certo voi saprete fare anche di meglio, perciò tirate fuori subito tre parole che usate solitamente per creare sensazioni negative nella vostra vita e poi scrivete una serie di alternative che possano o interrompere il vostro modulo facendovi ridere, oppure abbassare perlomeno l'intensità della vostra emozione.

VECCHIA PAROLA DEBILITANTE	NUOVA PAROLA POTENZIANTE
1.	1. ....
2.	2. ....
3.	3. ....

Come potete essere sicuri che d'ora in poi userete queste nuove parole? Semplice! Ricordate il CNA, il condizionamento neuroassociativo? Ricordate i due primi gradini?

Primo gradino: decidete di voler avere molta più gioia nella vostra vita e molto meno dolore. Rendetevi conto che a impedirvelo è il fatto che usate un linguaggio che intensifica l'emozione negativa.

Secondo gradino: fate leva su voi stessi in modo da indurvi a usare le tre nuove parole. Un modo per farlo è pensare quanto è ridicolo essere furibondi quando potreste scegliere di stare bene! Forse un sistema anche più efficace è quello che ho adottato io: trovatevi tre amici e dite loro le tre parole di cui volete liberarvi. Io, per esempio, mi trovavo a essere molto frustrato, perciò decisi di diventare invece estasiato, deliziato. Inoltre dicevo spesso "devo fare questo..." e la cosa mi faceva sentire stressato in partenza. Visto che volevo qualcosa che mi ricordasse quanto sono fortunato, cominciai a dire "ho questo da fare..." invece di "devo fare questo". E invece di essere "arrabbiato" decisi di essere "seccato" oppure "stizzito", o anche "un po' preoccupato".

Poi, per dieci giorni, se mi sorprendevo a usare una vecchia parola, interrompevo subito il mio modulo, sostituendola con una nuova. Il fatto che impegnarmi e perseverare in questo compito mi divertisse, stabilì per me un nuovo modulo. I miei amici erano lì pronti ad aiutarmi se andavo fuori strada. Dovevano chiedermi subito: "Tony, sei davvero arrabbiato o sei stizzito? Sei frustrato o sei estasiato?" Naturalmente avevo spiegato bene ai miei amici di servirsene non come un'arma nei miei confronti, ma come uno strumento di sostegno. In breve tempo, questi nuovi moduli di linguaggio diventarono il mio normale e regolare approccio.

Questo significa forse che non mi sento mai "arrabbiato"? No di certo. La rabbia a volte può essere un sentimento molto utile. Solo, non vogliamo certo che le nostre emozioni più negative diventino la nostra unica risorsa. Vogliamo avere maggiori possibilità di scelta. Vogliamo avere più "stampi" in cui versare il liquido delle nostre sensazioni in modo da avere un maggiore e migliore numero di emozioni.

Se volete davvero operare questi cambiamenti, prendete tre amici e spiegate loro che cosa volete fare, quali parole volete sostituire e fate in modo che vi chiedano cortesemente: "Sei (vecchia parola) oppure (nuova parola)?" Impegnatevi a interrompere i vostri vecchi moduli, ogni volta che sarà possibile. Divertitevi a usare una nuova parola alternativa e svilupperete così un nuovo livello di scelta per la vita.

Naturalmente l'uso del vocabolario trasformazionale non si limita ad abbassare il livello d'intensità delle emozioni negative: esso ci offre anche la possibilità di intensificare notevolmente le nostre emozioni positive. Quando qualcuno vi chiede: "Come va?" invece di rispondergli "Bene", oppure "Non c'è male", lasciatelo di stucco esclamando: "Sto in modo spettacoloso!" Per semplicistico che vi possa sembrare, questo crea un nuovo modulo nella vostra neurologia, una nuova via nervosa per la gioia. Perciò scrivete subito tre parole che usate di solito per dire come state, tre espressioni che vogliano dire orientativamente che state benino ("sto bene", "non c'è male", "tutto bene"). Poi trovatene di nuove che vi ispirino veramente. Se volete qualche suggerimento, date un'occhiata alla seguente lista e fate un cerchietto intorno alle parole che pensate sarebbe divertente aggiungere al vostro vocabolario per insaporire un po' la vostra attuale esperienza di vita.

PAROLA POSITIVA	PAROLA MAGNIFICA
sveglio	scattante
benone	superbamente bene

attraente	incantevole
pronto	scalpitante
a mio agio	formidabile
fiducioso	inarrestabile
contento	sereno
fantastico	fortissimo
curioso	affascinato
deciso	travolgente
energico	supercaricato
entusiasta	eccitato
eccitato	estasiato
eccitato	appassionato
eccitato	su di giri
fantastico	favoloso
rapido	veloce come un razzo
stare bene	in modo megagalattico
stare bene	magnificamente
bello	terrificante
fortunato	baciato dalla dea fortuna
pieno	ricolmo
divertente	vivace
contento	al settimo cielo
buono	più che eccellente
buono	fortissimo
buono	dinamite pura
buono	magico
grande	da sballo

grande	incredibile
grande	fenomenale
felice	in estasi
felice	esultante
felice	super fortunato
intenso	acuto come un laser
interessato	affascinato
piacere	sbalordire
piacere	essere idolatrato
amato	adorato
affettuoso	che grande amore
affettuoso	focoso
motivato	travolto
motivato	attratto
motivato	eccitato
avanzare	muoversi alla velocità della luce
carino	fantastico
carino	spettacoloso
nessun problema	felice di
non male	non potrebbe essere meglio
bene	fantastico
bene	perfetto
attento	concentrato
pacifico	sereno
perfetto	straordinario
piacevole	divino

forte	intrepido
benino	la fine del mondo
benino	fantastico
pompato	alle stelle
svelto	esplosivo
pieno di risorse	brillante
soddisfatto	sazio
sicuro	polarizzato
sicuro	ancorato
sicuro	una roccia
intelligente	dotato
stimolato	caricato
forte	imperterrito
super	da sballo
gustoso	succulento
straordinario	mitico

VECCHIA PAROLA MEDIOCRE	NUOVA PAROLA PIÙ INTENSA
1.	1. ....
2.	2. ....
3.	3. ....

Usate ancora lo stesso sistema di rivolgervi a tre amici per assicurarvi di usare veramente le vostre tre nuove parole e... buon divertimento!

Ammorbidite il vostro approccio al dolore con gli altri

Non si valuterà mai abbastanza positivamente l'effetto del vocabolario trasformazionale su noi stessi e sugli altri. Dobbiamo ricordare l'importanza dell'uso di quelli che io definisco "ammorbidenti" e "intensificatori"; essi ci danno un grado maggiore di precisione nel trattare con gli altri, sia che si tratti di una relazione romantica o di una transazione d'affari o di tutti i possibili scenari tra l'una e l'altra.

Anni fa, quando mi pareva che nell'ambito del lavoro ci fosse qualcosa di "scombinato", chiamavo chi di dovere e gli dicevo: "Sono veramente arrabbiato." Oppure: "Sono molto in ansia per questa cosa." Volete sapere che cosa succedeva? Il mio modulo di linguaggio metteva automaticamente l'altro in un atteggiamento di ostilità, anche se non era mia intenzione. Spesso l'altro si metteva sulla difensiva, il che impediva ad ambedue di trovare una soluzione al problema che ci si poneva. E così imparai a dire (anche se la mia emozione era più forte): "Sono un po' impensierito per una certa cosa. Non potresti darmi una mano?" Tanto per cominciare, in questo modo abbassavo la mia stessa intensità emozionale. E questo era un bene tanto per me quanto per la persona con cui stavo parlando, dato che la parola "ansioso" era ben diversa da "un po' impensierito". Se dite di essere ansioso, date l'impressione di non avere fiducia nelle capacità della persona con cui state parlando. Inoltre, aggiungere "un po'" ammorbidisce notevolmente il messaggio. Quindi, abbassando la mia intensità emozionale, davo modo alla persona che mi stava di fronte di rispondermi da una posizione di forza e miglioravo il livello di comunicazione tra noi.

Non vi pare che questo stesso sistema potrebbe migliorare di molto i vostri rapporti in famiglia? Di solito, come vi rivolgete ai vostri figli? Spesso non ci rendiamo conto dell'effetto che le nostre parole hanno su di loro. I bambini, come del resto anche gli adulti, tendono a prendere le cose in modo personale, perciò dobbiamo pensare alle possibili conseguenze di certe osservazioni sbadate. Invece di urlare spazientiti "quanto sei stupido!" oppure "sei così maldestro!", un modulo che in qualche caso può fortemente minare il senso di autostima del ragazzo, interrompete il vostro modulo dicendo: "Sono un po' stizzito dal tuo comportamento: vieni qui, che ne parliamo." Questo non solo interrompe il modulo, permettendo tanto a voi quanto a vostro figlio di accedere a uno stato d'animo migliore per comunicarvi sentimenti e desideri, ma manda anche al vostro bambino il messaggio che non ce l'avete con lui personalmente, ma con il suo comportamento, che può essere cambiato. Questo può creare quello che io chiamo il "ponte della realtà", una strategia di comunicazione che viene usata dalla Robbins Success Systems in programmi di training collettivo per accrescere l'interazione tra direzione e dipendenti, come pure tra i quadri dirigenti e la base per una comunicazione più efficace e positiva tra due persone e avere un impatto più positivo ed energico sui vostri figli.

La chiave in situazioni del genere è essere capaci di interrompere il vostro modulo. Altrimenti, nello stato d'animo negativo, potreste dire cose che poi magari rimpiangereste. È proprio così che spesso si distruggono le relazioni. In uno stato di rabbia, potete dire cose che feriscono i sentimenti di qualcuno e spingerlo alla vendetta, o farlo sentire così ferito da non desiderare più di aprirsi con voi. Quindi, dobbiamo renderci conto del potere delle nostre parole, tanto per distruggere quanto per creare.

> *La Germania non è una nazione bellicosa. È piuttosto una nazione eroica, il che significa che non vuole la guerra, ma allo stesso tempo non la teme. La Germania ama la pace, ma anche il proprio onore e la propria libertà.*
> ADOLF HITLER

Le parole sono state usate dai demagoghi nel corso dei secoli per uccidere e soggiogare, come quando Hitler ha trasformato le frustrazioni di una nazione nell'odio per un gruppo di persone e, nella sua brama di conquista, ha convinto il popolo tedesco a prepararsi alla guerra. Saddam Hussein ha battezzato la sua invasione del Kuwait, e le conseguenti ostilità, con il nome di "guerra santa", il che ha cambiato fortemente la percezione degli iracheni della giustezza della loro causa.

In misura minore, possiamo vedere nella nostra storia recente molti esempi dell'uso attento delle parole per ridefinire l'esperienza. Durante la recente guerra del Golfo, il gergo dei militari era incredibilmente complicato, ma serviva ad ammorbidire l'impatto della distruzione che stava avvenendo. Sotto l'amministrazione Reagan, il missile MX era stato soprannominato "Peacekeeper", cioè "che mantiene la pace". L'amministrazione Eisenhower si riferiva sempre alla guerra di Corea come a "un'operazione di polizia".

Dobbiamo essere precisi con le parole che usiamo, perché esse hanno un significato non solo per noi, a proposito della nostra esperienza, ma anche per gli altri. Se non vi piacciono i risultati che ottenete comunicando con la gente, esaminate più attentamente le parole che usate e diventate più selettivi. Non vi sto consigliando di sensibilizzarvi al punto di non poter più usare una parola. Ma saper scegliere parole che siano potenzianti è di vitale importanza.

Tuttavia è lecito chiedersi se sia sempre un vantaggio per noi abbassare l'intensità delle nostre emozioni negative. La risposta è no. A volte abbiamo bisogno di essere in uno stato di rabbia per fare sufficiente leva su noi stessi per operare un cambiamento. Tutte le emozioni umane hanno il loro posto, come spiegheremo nel capitolo 11. Tuttavia vogliamo essere sicuri di non basarci in partenza sui nostri stati più intensi e negativi. Perciò vi prego di non fraintendermi: non vi sto chiedendo di vivere una vita priva di emozioni negative. In certe situazioni, le emozioni negative possono essere molto importanti. Parleremo appunto di una di queste emozioni negative nel prossimo capitolo. Ricordate però che il nostro obiettivo è provare meno dolore e maggiore piacere. Il controllo del vocabolario trasformazionale è uno dei passi più semplici ed efficaci verso questo obiettivo.

> E ORA UNA PAUSA PER IL NOSTRO SPONSOR...
>
> A volte il vocabolario è anche più trasformazionale di quanto non si voglia e di ciò sono buone testimoni molte grosse agenzie di pubblicità. Dopo avere tradotto in cinese lo slogan "La Pepsi dà vita", i funzionari della società hanno scoperto con grande stupore di avere speso milioni di dollari per annunciare agli abitanti di Pechino: "La Pepsi riporta dalla tomba i vostri antenati." La Chevrolet, delusa dalle scarse vendite in Spagna della sua nuova auto, la Nova, scoprì alla fine che in spagnolo "no va" significa "non va", non funziona.

State attenti alle etichette che possono limitare la vostra esperienza. Come ho accennato nel primo capitolo, ho lavorato con un ragazzo che era stato definito, etichettato, "incapace di apprendere" e che ora è invece considerato un genio. Potete immaginare come quell'unico cambiamento di parole abbia radicalmente cambiato il senso di autostima di quel ragazzo e a quante capacità intime egli possa ora attingere. Con quali parole vorreste essere noti? Con quale frase vorreste che gli altri vi identificassero?

Dobbiamo stare molto attenti ad accettare le etichette degli altri, perché una volta che mettiamo un'etichetta su una cosa, creiamo anche un'emozione corrispondente. Questo è vero specie nei campo delle malattie. Tutto quello che ho imparato nel campo della psiconeuroimmunologia conferma l'idea che le parole che usiamo producono forti effetti biochimici. Una volta Norman Cousins mi ha parlato del lavoro che aveva fatto in dodici anni con oltre duemila pazienti. Numerose volte, aveva notato che appena un paziente conosceva la propria diagnosi, appena cioè gli veniva applicata un'etichetta, subito peggiorava. Etichette come "cancro", "sclerosi multipla" e "cardiopatia" tendevano a provocare il panico nei pazienti, spingendoli verso una disperazione e una depressione che mettevano seriamente in difficoltà l'efficacia del loro sistema immunologico.

Al contrario, gli studi dimostravano che se i pazienti venivano liberati dalla depressione provocata da certe etichette, il loro sistema immunologico se ne avvantaggiava automaticamente. "Le parole possono provocare le malattie. Le parole possono uccidere," mi disse Cousins. "Perciò i medici saggi stanno molto attenti al modo in cui comunicano con i pazienti". Questo è uno dei motivi per cui in Fortune Management, la nostra azienda per l'addestramento alla professione, lavoriamo con i medici non solo per aiutarli a organizzare il loro lavoro, ma anche per insegnare loro ad aumentare la sensibilità emozionale in modo da poter aiutare meglio. Se la vostra professione vi porta a lavorare a contatto con molti individui, è essenziale che comprendiate il potere delle parole sulle persone intorno a voi.

Se avete ancora qualche dubbio, vi suggerisco di provare a usare su voi stessi il vocabolario trasformazionale e di stare a vedere che cosa succede. Spesso, nei miei seminari, qualcuno dice: "Sono così arrabbiato per quello che quel tale mi ha fatto!" E allora io gli chiedo: "È davvero arrabbiato o solo ferito?" Spesso basta questa domanda a spingerlo a valutare diversamente tutta la situazione. Quando queste persone scelgono una nuova parola e dicono "penso di essere ferito", potete vedere istantaneamente che la loro fisiologia rispecchia un calo di intensità. Evidentemente è molto più facile affrontare l'idea di essere feriti piuttosto che arrabbiati.

Allo stesso modo, potete cercare di abbassare la vostra intensità emozionale in campi ai quali forse non avete mai pensato. Per esempio invece di usare l'espressione "sto morendo di fame", potreste dire "ho un po' di appetito". In questo modo scoprirete di poter abbassare l'intensità del vostro appetito in pochi secondi. A volte le persone mangiano troppo solo per il modulo di parole abituali che le spinge in uno stato di frenesia emozionale. E questo, in parte, comincia proprio dal linguaggio che si usa normalmente.

In un recente seminario di "Date with Destiny" abbiamo assistito a un ottimo esempio del potere delle parole per cambiare in un attimo lo stato d'animo di qualcuno. Una delle partecipanti era tornata dalla cena con un'aria assolutamente radiosa. Ci disse che poco prima di mettersi a tavola aveva avuto una crisi di pianto ed era corsa fuori dalla stanza in lacrime. "Tutto era nel caos più totale," disse la donna. "Mi sembrava di essere sul punto di esplodere. Pensavo di stare per avere un crollo, ma poi mi sono detta: 'Stai per avere una pausa, non un crollo.' Mi sono messa a ridere e poi ho pensato: 'Ecco, adesso hai una rimonta...' " Aveva cambiato solo una parola ma, prendendo controllo del suo modo di etichettare (cioè del suo vocabolario), aveva cambiato completamente la sua esperienza e il modo di vederla e aveva perciò cambiato la realtà.

Adesso tocca a voi. Prendete il controllo. Notate le parole che usate abitualmente e sostituitele con altre parole potenzianti, abbassando o alzando l'intensità emozionale a seconda del caso. Cominciate oggi stesso. Mettete subito in moto questa sequenza causa-effetto. Scrivete le vostre parole, assumetevi i vostri impegni, perseverate e constatate il potere di questo semplice strumento in sé e per sé, senza l'aiuto di nient'altro.

E ora diamo un'occhiata a qualcosa di ugualmente divertente e semplice, che può potenziare la vostra capacità di controllare le emozioni. Tracciamo la strada delle possibilità ed esploriamo l'effetto del...

10
IL POTERE DELLE METAFORE DELLA VITA

La metafora è forse una delle più fertili potenzialità dell'uomo. La sua efficacia rasenta la magia e sembra uno strumento che Dio ha dimenticato dentro l'uomo quando lo ha creato.

José Ortega y Gasset

> Sono arrivato alla frutta.
> Non riesco a sfondare il muro.
> Mi sta per scoppiare la testa.
> Sono a un bivio.
> Mi lancio a capofitto.
> Sto come sospeso nell'aria.
> Affogo in un mare di guai.
> Sono felice come una Pasqua.
> Sono arrivato a un punto morto.
> Mi porto il mondo sulle spalle.
> La vita è un cesto di ciliegie.
> La vita è un inferno.

Nel capitolo precedente abbiamo parlato del potere che le parole hanno nel modellare la nostra vita e guidare il nostro destino. Adesso prendiamo in esame alcune parole che hanno ancora maggiore significato e intensità emozionale: le metafore. Per capire le metafore dobbiamo capire i simboli. Secondo voi, ha un impatto più immediato la parola "cristiano" o l'immagine di una croce? In genere è la croce ad avere più potere di suscitare immediate emozioni positive. Si tratta solo di due linee che si intersecano, ma hanno il potere di comunicare tutto un modo di vita a milioni di persone. Ora prendete la croce, piegatene le estremità, fatene una svastica e confrontatela con la parola "nazista". Quale delle due vi influenza più negativamente? Anche questa volta in genere sarà la svastica a produrre sensazioni più forti e più rapidamente percepite della parola. Nel corso della storia umana, i simboli sono stati usati per suscitare una reazione emozionale e per modellare il comportamento dell'uomo. Molte cose servono da simboli: immagini, suoni, oggetti, gesti e, naturalmente, parole. Se le parole sono simboliche, allora le metafore sono simboli ancora più forti.

Che cos'è una metafora? *Ogni volta che spieghiamo o comunichiamo un concetto collegandolo a qualcos'altro usiamo una metafora.* Le due cose possono effettivamente somigliare, ma la nostra familiarità con una delle due ci permette di capire pure l'altra. Le metafore sono simboli e, in quanto tali, possono creare l'intensità emozionale anche più rapidamente e completamente delle solite parole che usiamo. Le metafore ci possono trasformare all'istante.

Pensiamo e ci esprimiamo continuamente per metafore. Spesso la gente dice di essere presa "tra l'incudine e il martello" oppure che lotta "per tenere la testa fuori dell'acqua". Ritenete che vi sentireste più stressati se pensaste a un vostro problema in termini di "lottare per tenere la testa fuori dell'acqua", invece che di "salire sulla scala del successo"? Provereste una sensazione diversa a proposito di un test se parlaste di "superarlo a gonfie vele" invece che di "annaspare"? La vostra percezione e la vostra esperienza del tempo cambierebbero se diceste che il tempo "si trascina" invece che "vola"? Potete scommetterci!

Le metafore sono uno dei modi essenziali per imparare. Imparare significa fare nuove associazioni nella nostra mente, creare nuovi significati, e le metafore sono adattissime a questo scopo. Quando non comprendiamo una cosa, la metafora è un mezzo per farci vedere che una cosa che non capiamo è simile a una cosa che invece ci è nota. La metafora ci aiuta a creare un collegamento. Se x è uguale a y e noi capiamo x, allora capiamo subito anche y. Se per esempio qualcuno cerca di spiegarvi l'elettricità usando parole tipo Watt, Ampère, resistori eccetera, può anche darsi che non faccia altro che confondervi le idee, visto che molto probabilmente non avete nessuna dimestichezza con queste parole, non avete riferimenti per capirle, perciò vi è difficile capire anche un rapporto tra di loro.

Ma se invece vi spiegassi l'elettricità paragonandola a qualcosa che già conoscete? Se vi disegnassi un tubo e vi dicessi: "Avete mai visto dell'acqua scorrere attraverso un tubo?" Voi rispondereste: "Sì." Allora io direi: "E se ci fosse una linguetta che rallenta il flusso dell'acqua nel tubo? Ecco, la linguetta ha la stessa funzione di un resistore in un conduttore elettrico." Adesso avreste un'idea di che cos'è un resistore? Penso proprio di sì, e subito anche, poiché vi ho detto che è simile a una cosa che già conoscevate.

Tutti i grandi maestri, Buddha, Maometto, Confucio, Lao Tzu, si sono serviti di metafore per trasmettere il loro pensiero all'uomo comune. Indipendentemente dalla fede religiosa, penso saranno tutti d'accordo nel dire che Gesù Cristo è stato un grande maestro, il cui messaggio d'amore ha resistito non solo per quello che egli diceva, ma anche per come lo diceva. Gesù non andò dai pescatori a dire loro che voleva che facessero dei proseliti, che reclutassero dei cristiani, perché non avrebbero avuto nessun riferimento per capire che cosa significava il termine "reclutare"; perciò Gesù andò da loro e disse che voleva che diventassero "pescatori di uomini".

Appena Gesù usò questa metafora, i pescatori capirono subito che cosa dovevano fare per convertire altri uomini alla loro fede. Quando raccontava le sue parabole, Gesù distillava idee complicate in immagini semplici, capaci di trasformare chiunque prendesse a cuore il loro messaggio. Anzi, Gesù non solo era un maestro nel raccontare, ma usò tutta la sua vita come una metafora per spiegare la forza dell'amore divino e la promessa della redenzione.

Le metafore possono renderci più forti, allargando e arricchendo la nostra esperienza di vita. Purtroppo, però, se non si sta attenti, quando si adotta una metafora si finisce per adottare anche molte credenze limitanti che la accompagnano. Per anni i fisici hanno usato la metafora del sistema solare per spiegare il rapporto tra elettroni, protoni e neutroni all'interno del nucleo dell'atomo. Che cosa aveva di buono questa metafora? Che aiutava gli studenti a capire immediatamente il rapporto tra l'atomo e qualcosa che già conoscevano. Potevano subito immaginarsi il nucleo come il sole e gli elettroni come i pianeti che gli ruotavano intorno. Il male era che, adottando questa metafora, i fisici, senza rendersene conto, adottavano anche un sistema di credenze secondo cui gli elettroni restavano in orbite equidistanti dal nucleo, più o meno come i pianeti restano praticamente in orbite equidistanti dal sole. Era una supposizione inesatta e limitante che precluse per anni ai fisici la possibilità di risolvere molti problemi atomici, e tutto per via di una serie di false supposizioni adottate insieme con questa metafora. Oggi sappiamo che gli elettroni non mantengono orbite equidistanti, ma che le loro orbite variano la distanza dal nucleo. Questa nuova concezione venne adottata solo quando fu abbandonata la metafora del sistema solare. Il risultato fu un grosso balzo in avanti nello studio dell'energia atomica.

METAFORE GLOBALI

Ricordate la storia del mio direttore furibondo? Quello stesso giorno io feci le distinzioni che mi portarono alla creazione della tecnica del vocabolario trasformazionale e scoprii il valore di quelle che chiamo le "metafore globali". Sapevo che il mio uomo usava parole che intensificavano la sua emozione e mi chiesi che cosa gli avesse fatto provare quelle sensazioni negative la prima volta. Come già sappiamo, tutto quello che facciamo si basa sullo stato d'animo in cui siamo e il nostro stato d'animo è determinato dalla nostra fisiologia e dal modo in cui ci rappresentiamo le cose nella mente.

Perciò gli chiesi perché fosse tanto arrabbiato e lui mi rispose: "È come se ci avessero chiuso in scatola con una pistola puntata alla testa." Non credete che anche voi avreste reagito piuttosto intensamente se vi foste immaginati di trovarvi intrappolati in una situazione del genere? Non era difficile capire perché fosse tanto arrabbiato. Per molti anni, senza rendermene conto, avevo aiutato le persone a cambiare il modo in cui si sentivano, interrompendo i loro moduli e cambiando le loro metafore. (Questo fa parte del potere di creare un'etichetta: quando avete un'etichetta per definire quello che state facendo, potete ripetere quel comportamento in modo costante e continuo.)

Allora mi rivolsi a lui e gli chiesi: "Di che colore è la pistola a schizzo?" Lui mi guardò sbalordito e disse: "Che cosa?" Gli ripetei la domanda. Questo interruppe di colpo il suo modulo. Per rispondere alla mia domanda, dovette concentrare la sua mente sulle mie parole assurde e questo cambiò immediatamente quello su cui si stava mentalmente concentrando.

Quando cominciò a immaginarsi la pistola a schizzo, anche la sua emozione cominciò a cambiare. E si mise a ridere. Come vedete, ogni volta che facciamo ripetutamente una domanda a una persona, questa alla fine tirerà fuori una risposta e, mentre risponde alla vostra domanda, cambierà ciò che si rappresenta nella mente. Per esempio, se vi dico varie volte: "Non pensare al colore blu," a che colore penserete? La risposta è, ovviamente, "al blu". E proverete quello che ne penserete.

Inducendo il mio dirigente a pensare alla situazione in termini di pistola a schizzo, di colpo avevo distrutto la sua rappresentazione negativa e cambiato in un attimo il suo stato emozionale. Poi passai alla parola "scatola" e dissi semplicemente: "Per quanto riguarda l'idea della scatola, non so tu, ma secondo me credo che nessuno riuscirebbe mai a costruire una scatola così grande da potermi contenere." Potete immaginare con quanta rapidità anche la sua scatola andò in pezzi!

Questo mio collaboratore ha sempre sensazioni intense perché usa metafore aggressive. Se c'è qualcosa che vi fa sentire veramente male, date un'occhiata alle metafore che usate per descrivere quello che provate o perché non progredite o che cosa ve lo impedisce. Spesso scoprirete di usare una metafora che intensifica i vostri sentimenti negativi. Quando la gente si trova in difficoltà dice spesso: "Mi sento il peso del mondo sulle spalle," oppure "C'è come un muro davanti a me e non riesco a sfondarlo." Ma le metafore debilitanti possono essere cambiate con la stessa rapidità con cui sono state create. Rappresentatevi la metafora come se fosse reale; potete cambiarla in un attimo. Perciò, quando qualcuno mi dice che si sente il peso del mondo sulle spalle, io ribatto: "Mettilo giù e va' avanti." In genere mi lanciano un'occhiata strana, ma di certo, per capire quello che sto dicendo, dovranno operare un cambiamento in quello che si rappresentano nella mente e quindi anche in quello che provano. Oppure, se qualcuno mi dice che non riesce a migliorare, a progredire, che è come se continuasse a sbattere con la testa contro un muro, allora io gli dico di smetterla di battere nel muro e di fare un bel buco con il trapano. Oppure di scavalcarlo, o di scavare un tunnel, oppure di avvicinarsi, aprire la porta e attraversarlo.

Sarete stupiti di sapere che, per semplicistico che possa sembrare questo metodo, la gente reagisce rapidissimamente. Di nuovo, quando vi rappresentate diversamente le cose nella mente, cambierete anche quello che provate. Se qualcuno mi dice "sono arrivato alla frutta", io gli dico: "Mettila da parte e vieni un po' qui." Spesso la gente dice che si sente "incastrata" in una situazione. La verità è che non siete mai "incastrati". Potrete essere frustrati, confusi, ma non incastrati. Appena vi sarete rappresentata nella mente la situazione come se foste bloccati, incastrati, vi sentirete proprio così. Bisogna stare molto attenti alle metafore che ci permettiamo di usare.

Ma state attenti anche alle metafore degli altri. Recentemente ho letto un articolo: ricordando il compleanno di un celebre personaggio che compiva quarantaquattro anni, diceva che "aveva cominciato a scendere lungo la china scivolosa della mezza età". Che orribile modo di rappresentare la saggezza della maturità! Se vi pare di essere al buio, di svenire, semplicemente accendete la luce. Se vi pare di affogare in un mare di guai, accostate alla riva e riposatevi sull'isola della conoscenza. So che questo può sembrarvi ingenuo e infantile, ma la vera ingenuità è permettere a noi stessi di scegliere inconsciamente le metafore che ci limitano continuamente. Dobbiamo assumere il controllo delle nostre metafore, non solo per evitare il problema che simboleggiano, ma anche per adottare metafore costruttive.

Una volta che vi siete sensibilizzati alle metafore, vostre e degli altri, cambiare è molto facile. Dovete solo chiedervi: "È questo che intendo veramente? È proprio così, oppure questa metafora non è esatta?" Ricordate che ogni volta che usate la frase "mi sento come", oppure "questo è come", la particella "come" è spesso la leva che fa scattare l'uso della metafora. Chiedetevi: "Quale potrebbe essere una metafora migliore? Quale potrebbe essere un modo più positivo di pensare a questo problema? A che cosa altro somiglia?" Per esempio, se vi chiedessi che cos'è la vita per voi, o qual è la vostra metafora per indicare la vita, mi potreste rispondere: "La vita è una lotta continua." Oppure: "La vita è una guerra." Se doveste adottare questa metafora, comincereste anche a adottare una serie di credenze che la accompagnano. E, come per l'atomo e il sistema solare, comincereste a comportarvi basandovi su una serie di credenze inconsce che accompagnano questa metafora.

Un'intera serie di regole, idee e nozioni preconcette accompagna qualsiasi metafora adottiate. Perciò, se credete che la vita sia come una guerra, come influisce questo sul vostro modo di vedere la vita? Potreste dire: "È molto dura e finisce con la morte." Oppure: "Sarò solo contro tutti." Oppure ancora: "Cane mangia cane." Oppure: "Se la vita è davvero una battaglia, allora forse resterò ferito." Tutti questi filtri influenzano le vostre credenze inconsce sulla gente, le possibilità, il lavoro, lo sforzo e la vita stessa. Questa metafora influenzerà le vostre decisioni su come pensare, che cosa provare e che cosa fare. Modellerà le vostre azioni e quindi il vostro destino.

La vita è un gioco

Persone diverse hanno metafore globali diverse. Per esempio, leggendo alcune interviste con Donald Trump, ho notato che spesso si riferisce alla vita come a un test, una gara. O si arriva primi o si perde, non c'è una via di mezzo, secondo lui. Potete immaginare che stress deve essere per Trump interpretare la vita in questo modo? Se la vita è una gara, forse sarà dura, forse fareste bene a prepararvi, forse potreste essere eliminati (o anche imbrogliare, immagino). Per alcuni, la vita è una gara, una competizione. Può essere divertente, ma può anche significare che ci sono avversari da battere, e che ci sarà un solo vincitore. Per alcuni la vita è un gioco. Come influirebbe questo sulla vostra percezione della vita? La vita potrebbe essere divertente! Potrebbe essere un po' competitiva. Potrebbe essere l'occasione per giocare e divertirvi ancora molto. Certi dicono: "Se la vita è un gioco, allora ci sono i perdenti." Altri chiedono: "Ci vorrà molta abilità?" Tutto dipende dal senso che date alla parola "gioco", comunque anche con questa metafora avete una serie di filtri che influiranno su quello che pensate e provate.

Di certo, per madre Teresa di Calcutta la metafora è che la vita è una cosa sacra. Se fosse questa la vostra metafora primaria, allora dovreste avere molto più rispetto per la vita oppure potreste pensare che non vi dovrebbe essere permesso divertirvi tanto. E se pensate che la vita è un dono? Di colpo diventa una sorpresa, qualcosa di divertente, di speciale. E se pensate che la vita è una danza? Non sarebbe male, no? Sarebbe qualcosa di bello, che fate con gli altri, con grazia, ritmo e gioia. Quale di tutte queste metafore rappresenta davvero la vita? Probabilmente sono tutte utili in diversi momenti per aiutarvi a interpretare quello che vi serve per operare dei cambiamenti. Ma ricordate che in ogni metafora ci sono vantaggi da un lato e limitazioni dall'altro.

Da quando sono diventato più sensibile alle metafore, sono arrivato a pensare che avere una sola metafora è un sistema per limitare la propria vita. Non ci sarebbe stato niente di male nella metafora del sistema solare se un fisico avesse trovato anche altri modi di descrivere gli atomi. Perciò, se vogliamo ampliare la nostra vita, dovremo aumentare le metafore che usiamo per descrivere la vita o le nostre relazioni, o anche chi siamo come essere umani.

Ci limitiamo alle metafore della vita e degli atomi? Ovviamente no. Abbiamo metafore per quasi ogni area di esperienza. Prendete il campo del lavoro, per esempio. Alcuni, dopo un periodo di vacanza, dicono: "Bene, si torna ai lavori forzati." Oppure: "Devo tornare alla macina." Che cosa provano queste persone nei confronti del proprio lavoro, secondo voi? Certi uomini d'affari di mia conoscenza usano metafore globali come "il mio attivo" per indicare la propria azienda, e "il mio passivo" per indicare i dipendenti. Come pensate influisca questo sul loro modo di trattare i dipendenti? Altri invece guardano agli affari come a un giardino che tutti i giorni bisogna curare e migliorare, se alla fine si vuole raccogliere qualche frutto. Altri ancora considerano il lavoro come un modo per stare con gli amici, per fare parte di una squadra vincente. Quanto a me, penso alle mie società come tante famiglie. Questo ci permette di cambiare la qualità dei legami che esistono tra noi.

> *La vita è come dipingere un quadro, non come fare una somma.*
> OLIVER WENDELL HOLMES JR.

Come vedete, cambiare una sola metafora globale da "la vita è una gara" a "la vita è un gioco" può mutare subito la vostra esperienza di vita in molti campi simultaneamente. Cambierebbero i vostri rapporti, se vedeste la vita come una danza? Potrebbe cambiare il vostro modo di condurre gli affari? Eccome! Questo è un esempio di punto chiave, di perno, di cambiamento globale, perché basta fare quest'unico cambiamento per trasformare le vostre idee e le vostre sensazioni in molteplici aree della vostra vita. Non sto dicendo che c'è un modo giusto e uno sbagliato di vedere le cose. Basta rendersi conto che cambiare una metafora globale può cambiare all'istante il vostro modo di vedere tutta la vita. Come per il vocabolario trasformazionale, il potere delle metafore sta nella loro semplicità.

Anni fa ero a Scottsdale, Arizona, per tenere un corso di due settimane. Nel bel mezzo di un seminario, un tale saltò in piedi e cominciò a colpire la gente con le mani nude come se brandisse un coltello, urlando con quanto fiato aveva in gola: "Sto svenendo, vedo tutto nero!" Uno psichiatra seduto due file più avanti esclamò: "Oddio, è in preda a un collasso nervoso." Per fortuna io non accettai l'etichetta del vocabolario trasformazionale dello psichiatra. Sapevo solo che dovevo cambiare all'istante lo stato d'animo di quell'uomo eccitato. A quel tempo non avevo ancora sviluppato il concetto delle metafore globali e mi limitai a fare quello che mi pareva meglio. Interruppi il suo modulo. Mi avvicinai a lui e gli gridai: "Allora mettici del bianco! Usa il bianchetto, quella roba che si adopera quando si scrive a macchina! Sbiancalo!" L'uomo rimase interdetto per un attimo. Smise di fare quello che stava facendo e tutti rimasero fermi a vedere che cosa sarebbe accaduto.

In pochi secondi, viso e corpo dell'uomo cambiarono, il respiro tornò normale. Io dissi: "Metti del bianco su tutta la faccenda." Poi gli chiesi come si sentiva. Mi rispose: "Molto meglio." Allora gli dissi: "Bene, allora siediti." Poi continuai il mio discorso. Sembravano tutti ammutoliti e anch'io, lo confesso, ero stupito che la cosa avesse funzionato così in fretta. Due giorni dopo, quel tale mi si avvicinò e mi disse: "Non so che cosa sia stato, fatto sta che quel giorno compivo quarant'anni e avevo perso il lume. Mi sono messo a menare fendenti a destra e a manca perché mi sentivo avvolto dal buio che stava per inghiottirmi. Ma, quando ci ho messo sopra il bianchetto, tutto si è schiarito. Mi sono sentito completamente diverso. Ho cominciato ad avere nuove idee e oggi mi sento proprio bene." E continuò a sentirsi bene per tutta la durata del seminario: era bastato cambiare metafora!

Finora abbiamo parlato solo di come abbassare la nostra intensità emozionale negativa mediante l'uso del vocabolario trasformazionale e le metafore globali. Però a volte è utile e importante provare emozioni negative molto intense. Per esempio, conosco una coppia che ha un figlio vittima della droga e dell'alcool. Padre e madre sapevano di dover fare qualcosa per indurlo a cambiare i suoi moduli distruttivi, ma allo stesso tempo avevano associazioni miste a proposito del fatto di interferire nella sua vita. Quello che alla fine li ha spinti a saltare la barricata e ha fatto leva su di loro per indurli ad agire e a intervenire fu una conversazione che ebbero con una persona che a suo tempo era stata tossicodipendente. "In questo momento ci sono due proiettili puntati alla testa di vostro figlio," disse loro questo tale. "Uno è la droga, l'altro è l'alcool, e l'uno o l'altro finiranno per ucciderlo se non lo fermate subito."

Rappresentandosi nella mente le cose in questo modo, marito e moglie furono spinti ad agire. Di colpo, non fare nulla significava lasciare morire il loro figlio, mentre prima si erano rappresentati il suo problema come una semplice sfida. Finché non adottarono questa nuova metafora, non trovarono la forza emozionale per fare quello che bisognava fare. Sono felice di potervi dire che riuscirono ad aiutare il figlio e a fargli cambiare comportamento. Ricordate che le metafore che usiamo determineranno le nostre azioni.

SCEGLIETE LE VOSTRE METAFORE GLOBALI

Mentre stavo sviluppando le "antenne" per sensibilizzarmi alle metafore globali della gente, ho letto (in *A World of Ideas*, di Bill Moyers, Doubleday, 1989) che l'antropologa Mary Catherine Bateson diceva in un'intervista: "Poche cose sono più debilitanti di una metafora velenosa." Un'ottima intuizione, di cui poco dopo avrei fatto esperienza personale.

A uno dei miei seminari "Date with Destiny", quasi tutti si lamentavano di una signora ancora prima che il programma fosse cominciato. Pare che questa signora avesse già creato un certo scompiglio in sede di iscrizione, poi, quando era entrata in sala, aveva cominciato a lagnarsi che faceva troppo caldo, poi troppo freddo, che quello che sedeva davanti a lei era troppo alto e così via. Quando mi misi a parlare, cominciò a interrompermi ogni cinque minuti per dire che quello che dicevo non funzionava o non era vero o che c'erano delle eccezioni.

Io continuavo a cercare di interrompere il suo modulo, ma mi concentravo sull'effetto invece che sulla causa. Di colpo mi resi conto che quella signora doveva avere qualche credenza globale o qualche metafora globale della vita che la rendeva così fanatica dei particolari e le faceva assumere quell'atteggiamento petulante e fastidioso. Allora le chiesi: "Che cosa pensa di ottenere comportandosi così? Perché so che lei deve avere uno scopo positivo. Qual è la sua credenza sulla vita o sui particolari o sulle cose giuste o sbagliate?" E lei rispose: "Suppongo di credere che basti una piccola falla per far affondare la nave." Se aveste pensato di stare per annegare, non sareste stati anche voi preoccupati di scoprire ogni piccola falla? Ecco, era così che quella signora vedeva la vita!

Da dove le proveniva quella metafora? Risultò che quella donna nella sua vita aveva avuto varie esperienze in cui piccole cose le erano costate parecchio. Attribuiva il motivo del suo divorzio ad alcuni piccoli problemi che non era riuscita a risolvere, problemi di cui non era nemmeno ben conscia. Del pari, pensava che i suoi guai finanziari fossero il risultato di tante piccole cause. Aveva adottato quella metafora per impedirsi di rifare queste esperienze dolorose in futuro. Naturalmente non era esattamente entusiasta all'idea di cambiare le sue metafore senza che io facessi un po' leva su di lei. Quando riuscii a farle capire il dolore che questa metafora le procurava di continuo nella vita e il piacere immediato che avrebbe provato cambiandola, potei aiutarla a interrompere il suo modulo e a cambiare metafora, creando una serie di modi nuovi in cui guardare se stessa e la vita.

Questa signora radunò una serie di metafore globali (la vita come gioco, come danza) e avreste dovuto vedere che trasformazione, non solo nel modo di trattare gli altri, ma anche nel modo di trattare se stessa, perché prima non faceva che cercare piccole falle anche in se stessa. Quest'unico cambiamento trasformò il suo approccio a qualsiasi cosa ed è un esempio di come cambiare una metafora globale possa cambiare ogni area della vostra vita, dalla vostra autostima ai vostri rapporti, al modo in cui trattate con il mondo in generale.

Con tutto il potere che le metafore esercitano sulla nostra vita, fa paura pensare che la maggior parte di noi non ha mai scelto consapevolmente le metafore con cui si rappresenta le cose nella mente. Dove prendiamo le nostre metafore? Probabilmente dalla gente che ci sta intorno, dai genitori, dagli insegnanti, dai colleghi di lavoro e dagli amici. Scommetto che non avevate mai riflettuto sul loro impatto forse non avevate mai pensato alle metafore, lasciando che diventassero semplicemente un'abitudine.

> *Ogni intuizione della verità è la scoperta di un'analogia.*
> HENRY DAVID THOREAU

Per anni la gente mi ha chiesto quale fosse esattamente il mio lavoro. Ho cercato di spiegarlo con diverse metafore, rispondendo di volta in volta: "Sono un insegnante, sono uno studioso, sono un ricercatore dell'umana eccellenza, sono un oratore, sono un autore di best seller, sono un consulente della prestazione ottimale, sono un terapista, sono un consigliere." Ma nessuna di queste definizioni coglieva esattamente nel segno. La gente mi attribuiva un sacco di metafore.

I media mi definivano un "guru". Quest'ultima era una metafora che evitavo, perché mi pareva che comportasse la supposizione che la gente dipendesse da me per operare i propri cambiamenti, e questo non l'avrebbe mai potenziata. Dato che ritengo che ognuno di noi deve essere responsabile del proprio cambiamento, scartai questa metafora. Un giorno però finalmente azzeccai quella giusta, dicendomi: "Sono un coach, un allenatore." Per me il coach è un amico, qualcuno che si prende molta cura di te. Un coach è impegnato ad aiutarti a essere al meglio di te stesso. Un coach ti sfiderà, ma non ti pianterà mai in asso. I coach hanno nozioni teoriche ed esperienza, perché prima ci sono passati anche loro. Non sono affatto migliori delle persone che allenano (questo eliminava l'idea che io dovessi essere perfetto). Anzi, le persone che vengono allenate possono avere doti naturali superiori a quelle del coach. Ma siccome il coach ha concentrato la sua energia in un'area particolare per anni, può insegnarti un paio di cosette che possono immediatamente cambiare la tua prestazione in un batter d'occhio.

A volte i coach insegnano anche qualcosa di nuovo, qualche nuova tecnica e qualche nuova strategia, ti mostrano come raggiungere risultati notevoli. Altre volte, però, un coach non ti insegna niente di nuovo, ti ricorda solo la cosa giusta al momento giusto e ti spinge a farla. Così pensai: "In realtà sono un coach del successo. Aiuto la gente a ottenere quello che vuole nel modo più rapido e facile." Tutti hanno bisogno di un coach; sia che si tratti di un dirigente d'azienda al massimo livello, di uno studente o di una casalinga, di un senzatetto o del presidente degli Stati Uniti! Appena cominciai a usare questa metafora, cambiai modo di sentirmi. Mi sentivo meno stressato, più rilassato, più vicino alla gente. Non dovevo essere "perfetto" o "migliore". Cominciai a divertirmi di più e il mio impatto sulla gente aumentò moltissimo.

UNA METAFORA POTREBBE SALVARVI LA VITA

Due persone di cui Becky e io abbiamo il privilegio di essere amici sono Martin e Janet Sheen. Sono sposati da circa trent'anni e una delle cose che più rispetto in loro è il sostegno che si danno reciprocamente, come pure alla famiglia e a chiunque ne abbia bisogno. La gente conosce Martin come un generoso e impegnato benefattore, ma nessuno sa quanto lui e Janet facciano insieme quotidianamente per gli altri. Sono l'epitome dell'integrità. La loro metafora per indicare l'umanità è "una grande famiglia", e di conseguenza provano l'affetto più profondo e la più grande compassione anche per dei perfetti estranei.

Ricordo la volta in cui Martin mi raccontò la storia commovente di come era cambiata la sua vita mentre stava girando *Apocalypse Now*. Prima d'allora, Martin vedeva la vita come qualcosa di cui avere paura. Ora la considera una sfida affascinante. Perché? Perché la sua nuova metafora è: la vita è un mistero. Ama il mistero di essere un uomo, la meraviglia e il senso di possibilità che gli si rivelano con la sua esperienza di ogni giorno.

Che cosa gli ha fatto cambiare metafora? Una grave sofferenza. *Apocalypse Now* è stato girato nel profondo della giungla delle Filippine. Le riprese venivano effettuate regolarmente dal lunedì al venerdì e di solito il venerdì sera Martin e Janet facevano un viaggio di due ore e mezzo fino a Manila per il "riposo" del weekend. Una volta però Martin dovette restare sul set per girare qualche scena anche il sabato mattina (Janet si era già presa l'impegno di andare in città a comperare un occhio di vetro per uno della troupe che era così povero da non potersene acquistare uno, così aveva preceduto Martin a Manila). Quella sera perciò Martin si trovò solo e cominciò ad agitarsi e a rigirarsi sulla brandina, sudando abbondantemente e provando un forte dolore. Al mattino ebbe un gravissimo infarto. Una parte del corpo gli si paralizzò; cadde per terra e solo grazie alla forza di volontà riuscì a trascinarsi fino alla soglia per chiamare aiuto. Là, steso per terra, aveva veramente fatto l'esperienza di morire. Improvvisamente, tutto era diventato calmo e liscio. Martin vedeva se stesso muoversi sulla superficie di un lago, in lontananza. E aveva pensato fra sé e sé: "Ah, dunque è questo morire." Ed era stato allora che si era accorto di non aver paura di morire e che in realtà quello che gli aveva sempre fatto paura era la vita! In quel momento, capì che la vera sfida era la vita. E, di colpo, decise di vivere. Raccolse tutta l'energia che gli restava e allungò un braccio per afferrare un ciuffo d'erba. Con assoluta concentrazione, se la portò al naso. Non sentiva quasi nulla. Ma, nel momento in cui annusò l'erba, il dolore tornò e Martin capì di essere vivo. Poi continuò a lottare.

Quando gli uomini della troupe lo trovarono, erano sicuri che stesse per morire. Tanto l'espressione dei loro visi quanto i loro commenti convinsero Martin che non ce l'avrebbe fatta. Così cominciò a perdere le forze. Rendendosi conto che il tempo stringeva, il primo pilota della squadriglia di *Apocalypse Now* rischiò la vita per portarlo in elicottero, con un vento di trenta, quaranta nodi orari, all'ospedale in città. Appena arrivati, Martin venne messo su una lettiga e portato al pronto soccorso, dove continuò a ricevere messaggi subliminali ed evidenti che stava per morire. Diventava sempre più debole. Poi arrivò Janet. Tutto quello che lei sapeva era che Martin aveva avuto un infarto, ma a quel punto i medici la informarono della gravità della situazione. Janet si rifiutò di accettarla, sapeva che Martin aveva bisogno di forza e sapeva anche che doveva interrompere il modulo di paura tanto di Martin quanto suo. Entrò subito in azione e fece tutto con una sola affermazione. Quando Martin aprì gli occhi, lei gli indirizzò un sorriso radioso e disse: "È solo un film, tesoro, è solo un film!" Martin disse più tardi che in quel momento capì che ce l'avrebbe fatta e cominciò a migliorare. Che magnifica metafora! Di colpo, i problemi non gli erano sembrati più tanto gravi, ma qualcosa che era in grado di controllare. "Non vale la pena di morire d'infarto per un film" era il messaggio implicito, ma credo che, in modo subliminale, la metafora arrivasse anche più a fondo. Dopo tutto, il dolore che si prova quando si gira un film non dura mai. Non è reale e, a un certo punto, il regista dice: "Stop!" L'uso di questa brillante interruzione di modulo da parte di Janet, questa sola metafora, aiutò Martin a fare appello alle proprie risorse e quel giorno gli salvò la vita.

Le metafore non ci influenzano solo in quanto individui, ma influiscono anche sulla nostra comunità e sul nostro mondo. Le metafore che adottiamo culturalmente possono modellare le nostre percezioni e le nostre azioni (o mancanza di azioni). Negli ultimi vent'anni, con l'inizio delle imprese spaziali e le missioni sulla luna, abbiamo cominciato ad adottare la metafora "la nave spaziale terra". È una metafora che suona molto bene, ma non sempre ha funzionato per suscitare una reazione positiva rispetto alle nostre sfide ecologiche. Perché? Non è facile emozionarsi per una nave spaziale; è qualcosa di dissociato. Fate il confronto con l'emozione che suscita invece l'espressione "madre terra". Vi sentirete di certo più emozionati all'idea di difendere vostra madre, che non all'idea di mantenere pulita una nave spaziale. Piloti e marinai spesso parlano dei loro aerei e delle loro navi come se fossero delle belle donne. Dicono: "È una bellezza." Perché non dicono: "È bellissimo?" Perché probabilmente sarebbero molto più rudi nel trattare quell'aereo, quella nave, se pensassero che è come un ragazzone grande e grosso di nome Joe, invece che un'esile e bella principessa che scivola lieve nell'aria o nell'acqua scintillante.

Usiamo sempre delle metafore anche in campo bellico. Ricordate il nome dato alla prima parte delle operazioni durante la guerra del Golfo? Prima che venisse dichiarata la guerra, si diceva "Operazione scudo nel deserto". Però, appena venne dato l'ordine di combattere, l'Operazione scudo nel deserto diventò "Tempesta nel deserto". Pensate a come il cambiamento di una metafora ha cambiato di colpo il significato dell'esperienza per ognuno. Invece di proteggere con uno scudo il resto del mondo arabo da Saddam Hussein, secondo le parole del generale Norman Schwarzkopf, i soldati diventarono "la tempesta della libertà", cacciando dal Kuwait le truppe irachene di occupazione.

> *Una cortina di ferro è calata attraverso l'Europa.*
> WINSTON CHURCHILL

Pensate al cambiamento radicale avvenuto in Europa orientale negli ultimi due anni. La "cortina di ferro" era una metafora che influenzò per decenni l'esperienza del secondo dopoguerra e il muro di Berlino servì come simbolo concreto della massiccia barriera che divideva tutta l'Europa. Quando il muro di Berlino cadde, nel novembre del 1989, non fu demolita solo una parete di mattoni. La distruzione di quell'unico simbolo fornì immediatamente una metafora che cambiò le credenze di moltitudini di persone a proposito di quello che era possibile nel tempo della loro vita. Come mai la gente godeva tanto ad accanirsi su un vecchio muro cadente, quando c'erano un sacco di porte che poteva attraversare? Perché abbattere quel muro era una metafora universale per le possibilità, la libertà e lo sfondamento delle barriere.

ADEGUATE LE PAROLE AI FATTI

Essere consapevoli del grande potere delle metafore implica anche saperle usare nel giusto contesto. Il guaio è che molti hanno metafore che li aiutano nella professione ma creano loro problemi in famiglia. Per esempio conosco una donna avvocato che cercava di applicare anche a casa certe metafore da escussione di testimoni che le riuscivano utilissime sul lavoro. Il marito iniziava un'innocentissima conversazione con lei e poco dopo si sentiva come se l'avessero messo sul banco dei testimoni a subire un controinterrogatorio. Evidentemente la cosa non funzionava troppo bene in una relazione personale, non credete? Oppure immaginate un funzionario di polizia totalmente dedito al proprio lavoro. Se, una volta a casa, non riesce a lasciare il lavoro fuori della porta, potrebbe stare sempre all'erta, per vedere se qualcuno viola la legge.

Un ottimo esempio di metafora inadeguata è quella di un tale che era così distaccato che moglie e figli si sentivano completamente estranei a lui, offesi dal fatto che non esprimesse mai i suoi veri sentimenti e che sembrasse sempre sul ponte di comando. Sapete che lavoro faceva quest'uomo? Era un controllore del traffico aereo! Sul lavoro doveva sempre mantenersi molto freddo e distaccato. Anche se c'era un'emergenza, doveva mantenere la voce assolutamente calma, per non allarmare i piloti con cui stava parlando. Questo atteggiamento funzionava alla perfezione nella torre di controllo, ma non andava per niente bene a casa. State attenti a non trasferire metafore adatte a un certo contesto, come potrebbe essere quello del lavoro, a un altro, quale potrebbe essere quello della famiglia e degli amici.

Che metafore usano in genere le persone per le proprie relazioni personali? Per esempio, ho sentito qualcuno chiamare il proprio partner "il vecchio", "la vecchia megera", "il dittatore", "la palla al piede", "il carceriere". Una signora addirittura chiamava il proprio marito "il principe delle tenebre". Quali potrebbero essere alternative più positive? C'è chi chiama il proprio partner "amante", la "mia metà", "compagno di vita", "compagno di squadra", "anima gemella". Tra l'altro, a volte basta cambiare una sfumatura nella metafora, per cambiare il modo di vedere una relazione. Per esempio potreste non provare un grande trasporto per un "partner", ma considerare con passione il vostro "amante".

Secondo voi, le metafore che usate per rappresentare a voi e agli altri la vostra relazione possono influire sui vostri sentimenti nei confronti di questa relazione e sui reciproci sentimenti tra voi e il vostro partner? Potete scommetterci! Una signora, durante un seminario di "Date with Destiny", continuava a parlare del marito come "quel bastardo con cui sto", mentre lui si riferiva a lei come "all'amore della mia vita", "la mia metà" o il "dono di Dio". Quando le feci notare la differenza, lei rimase interdetta, perché era una donna affettuosa che non s'era resa conto di quanto potesse essere cattiva una metafora. Dopo di che, insieme, abbiamo scelto qualche metafora più appropriata per indicare la sua relazione con il marito.

TUTTO QUELLO CHE VOGLIO PER NATALE

Un mio amico, che non aveva bambini, un po' pesantemente li chiamava "esseri vomitevoli". Potete immaginare come reagissero i ragazzini a sentirsi chiamare a quel modo! Recentemente, però, lo abbiamo quasi costretto a fare Babbo Natale in un grande magazzino, nel periodo delle feste; così centinaia di "esseri vomitevoli" gli si sono seduti sulle ginocchia. Bene, quell'unica esperienza gli ha fatto cambiare per sempre metafora. Adesso li chiama "cuccioletti"! E questo gli ha anche fatto cambiare i sentimenti che prova per loro! Chiamare i vostri bambini "ragazzacci" di solito non vi fa venire voglia di proteggerli e amarli. Badate a usare la metafora giusta, che vi aiuti a trattare i vostri figli in modo appropriato, e ricordatevi che i bambini vi ascoltano e imparano da voi!

Una delle metafore globali più potenzianti che mi abbia aiutato a superare i tempi duri è una storia che spesso gli operatori di sviluppo personale raccontano. È la semplice storia di un tagliapietre. Come fa un tagliapietre a spaccare un grosso masso? Comincia con un grosso martello e batte sul masso con tutta la sua forza. Dopo il primo colpo, sul masso non si vede né un segno né una scalfittura, niente. Però il tagliapietre batte e ribatte con il suo martello cento, duecento volte, e ancora niente.

Dopo tutta questa fatica, può darsi che il masso ancora non mostri la minima scalfittura, ma il tagliapietre continua a battere. La gente che gli passa vicino a volte lo guarda e ride di lui nel vedere tanta fatica sprecata. Ma un tagliapietre sa che il fatto di non vedere un risultato immediato delle proprie azioni non significa che non si stia facendo nessun progresso. Continua a battere sulla pietra in diversi punti, ancora e ancora, finché a un certo momento la pietra non solo si scheggia, ma addirittura si spacca in due. Pensate sia stato solo l'ultimo colpo a spaccare la pietra? Naturalmente no. È stata la continua e costante pressione. Secondo me la continua e costante applicazione della disciplina di COCOMI è come un martello che può sbriciolare qualsiasi masso ostruisca il vostro cammino!

Anni fa uno dei miei "maestri", Jim Rohn, mi aiutò a considerare la mia vita in modo diverso, grazie alla metafora delle stagioni. Spesso, quando le cose sembrano tetre e squallide, la gente pensa: "Questa situazione andrà avanti per sempre!" Io invece mi dico: "La vita ha le sue stagioni e adesso mi trovo in inverno." Il bello di questa metafora è che all'inverno farà seguito la primavera. Esce il sole, voi non avete più un freddo da morire e improvvisamente potete piantare nuovi semi nella terra! Cominciate a notare la bellezza della natura, la vita che rinasce e la nuova vegetazione. Poi arriva l'estate. Fa caldo, voi curate le vostre piantine e le bagnate perché non secchino. Poi arriva l'autunno, e voi raccogliete i frutti del vostro lavoro. A volte qualcosa può andare storto, può arrivare una tempesta che vi distrugge il raccolto. Ma, se avete fiducia nel ciclo delle stagioni, sapete che avrete sempre un'altra possibilità.

Un grande esempio del potere delle metafore per trasformare la vita me lo diede un uomo durante uno dei miei seminari. Questo tale era soprannominato "Maestro". Alle persone che vengono ai miei seminari faccio sempre scegliere un soprannome con il quale vogliono essere chiamate durante il weekend. Anche questo semplice esercizio può creare interessanti cambiamenti nella gente, che deve comportarsi in modo conforme all'etichetta che si è scelta. Non credete che anche voi vi comportereste diversamente se vi chiamaste "Fulmine", piuttosto che "Amore" o "Ballerino" o "Mago"? Maestro era un omaccione che aveva circa ottanta chili di troppo. Lavorando con lui, capii subito che associava l'idea dell'obesità con l'idea della spiritualità. Era infatti convinto che se sei veramente grasso, solo la gente spirituale comunica con te, perché è anche l'unica categoria di persone che non venga respinta dalla tua grassezza. La gente sincera cercherà di comunicare con te, mentre i tipi superficiali e poco spirituali si terranno alla larga; e lui non voleva averci proprio niente a che fare. Quell'uomo disse: "So che non ha senso, eppure io sono convinto che, se sei grasso, sei anche spirituale. Dopo tutto, basta pensare ai guru; non sono forse sempre dei grassoni? Secondo me, Dio ama i grassi."

Io dissi: "Credo che Dio ami tutti quanti... ma credo anche che i grassi li infilzi su uno spiedo e li faccia arrostire all'inferno!" Avreste dovuto vedere la sua faccia! Naturalmente non credevo affatto una cosa del genere, ma era una potente interruzione di modulo, che creò un'immagine molto forte nella mente di quell'uomo. Poi gli chiesi: "Che cos'è il tuo corpo?" E lui rispose: "Niente, è solo un veicolo." E io: "Un veicolo di qualità?" E lui rispose: "Non importa se è un veicolo di qualità, l'importante è che ti porti dove vuoi."

Evidentemente stava compiendosi una trasformazione di metafora. Quell'uomo era già un essere dotato di una bella spiritualità, io perciò lo aiutai a adottare una nuova metafora in sintonia con le sue nuove convinzioni. Gli chiesi come avrebbe trattato il suo corpo se avesse capito che non era solo il veicolo che lo portava in giro, ma anche il tempio della sua anima. In quel momento lui annuì con il capo ed era evidente che era proprio quello che pensava del suo corpo. Con quel piccolo spostamento di visuale, quel tale fece tutti i cambiamenti necessari nelle sue regole inconsce a proposito di che cosa mangiare, quando mangiare e come trattare il suo corpo. Una metafora globale cambiò tutto quello che aveva sempre pensato del suo corpo.

E voi, come trattereste un tempio? Ci buttereste dentro enormi quantità di cibo grasso e unto? Il nuovo senso di rispetto che il Maestro aveva appena scoperto per il proprio corpo lo trasformò. Oggi sono passati sei mesi da quando ha partecipato al mio seminario e ha già perso circa sessanta chili solo grazie al fatto di avere adottato una nuova metafora e di essere vissuto in funzione di essa ogni giorno. È diventata la sua metafora abituale, che modella i suoi pensieri e le sue azioni. Ora, quando va a fare la spesa, si domanda: "Che cosa metto in questo tempio?" E la rara volta che si scopre a infilarsi nel reparto del supermarket dove si vende il cibo-spazzatura che mangiava prima, si immagina il proprio corpo infilzato su uno spiedo, ad arrostire sul fuoco dell'inferno, e cambia subito reparto, inorridito. Il Maestro aveva anche l'abitudine di ascoltare la musica a un volume così alto che chi gli stava vicino temeva si potesse rovinare i timpani. Adesso il Maestro non ascolta nemmeno più lo stesso tipo di musica, perché dice: "Voglio avere cura del mio tempio." Vi è chiaro ora il potere incredibile delle metafore globali per cambiare quasi ogni area della vostra vita simultaneamente?

La metamorfosi da bruco a farfalla

Un giorno, quando aveva sei o sette anni, mio figlio Joshua arrivò a casa piangendo istericamente, perché un suo amico era caduto da un attrezzo nel campo giochi ed era morto. Allora mi sedetti accanto a lui e gli dissi: "Tesoro, so che cosa provi. Senti la sua mancanza, ed è giusto che sia così. Ma dovresti anche capire che ti senti così perché sei un bruco." Lui mi guardò e chiese: "Che cosa?" Ero già riuscito a interrompere un pochino il suo modulo. Continuai a spiegarmi: "Pensi come un bruco." E Joshua mi chiese che cosa volesse dire.

"C'è un punto," dissi, "in cui i bruchi che credono di essere morti pensano che la vita sia finita. E sai quando avviene questo?" "Ah, sì," mi rispose Joshua, "è quando quella cosa comincia ad avvolgerglisi intorno!" "Già," dissi io, "ben presto il bruco resta avvolto nel suo bozzolo, sepolto sotto tutta quella roba. E vuoi sapere una cosa? Se tu aprissi quel bozzolo, troveresti che il bruco non c'è più. C'è solo un po' di poltiglia appiccicosa e nient'altro. E così molti (compreso il bruco) pensano che sia morto. Ma in realtà sta solo cominciando a trasformarsi. Capisci? Sta passando da una cosa a un'altra. E ben presto, che cosa diventa?" E lui rispose: "Una farfalla."

Allora gli chiesi: "Secondo te, gli altri bruchi della terra si accorgono che questo bruco è diventato una farfalla?" E lui: "No." "E quando un bruco rompe il bozzolo, che cosa fa?" Joshua disse: "Vola via." "Esatto, esce, il sole gli asciuga le ali e lui vola via. Ed è ancora più bello di quando era un bruco. È più libero o meno libero?" E Joshua disse: "È molto più libero!" Allora continuai: "E pensi che si diverta di più adesso o prima?" "Adesso," esclamò Joshua, "perché non si stanca più a tirarsi dietro tutte quelle zampe." E io conclusi: "È proprio così! Adesso non ha più bisogno delle zampe perché ha le ali. Io credo che anche il tuo amico adesso abbia le ali. Vedi, non sta a noi decidere quando uno deve diventare una farfalla. Noi pensiamo che sia sbagliato, ma Dio sa bene quando è il momento. Per esempio, adesso è inverno e tu vorresti che fosse estate, ma Dio ha un progetto diverso. A volte dobbiamo solo avere fede e pensare che Dio sa meglio di noi come si fanno le farfalle. E, quando siamo bruchi, a volte non ci rendiamo nemmeno conto che esistono le farfalle, perché le farfalle volano in alto, sopra di noi, però forse dovremmo ricordarci che ci sono." Joshua sorrise, mi abbracciò forte forte e disse: "Scommetto che adesso lui è una bellissima farfalla."

Le metafore possono cambiare il senso che associamo a qualsiasi cosa, cambiare quello che colleghiamo al dolore e al piacere e trasformare la nostra vita con la stessa efficacia con cui trasformano il nostro linguaggio. Quindi sceglietele con cura, sceglietele con intelligenza, sceglietele in modo che approfondiscano e arricchiscano la vostra esperienza di vita e quella dei vostri cari. Diventate un "detective di metafore". Ogni volta che sentite qualcuno usarne una che pone dei limiti, intervenite, cercate di interrompere il modulo di chi la sta usando e offritegliene una nuova. Fatelo con gli altri e fatelo anche con voi stessi.

Perciò provate a fare il seguente esercizio:

1. *Che cos'è la vita? Annotate le metafore che avete già scelto.* "La vita è come..." Come che cosa? Mettete insieme tutto quello che vi viene in mente, perché probabilmente avrete elaborato più di una sola metafora per la vita. Quando siete

in uno stato d'animo privo di risorse, probabilmente direte che è come un campo di battaglia, mentre se siete in uno stato d'animo positivo, direte che è un dono. Scrivete tutte le metafore che vi vengono in mente. Poi rileggete la lista e chiedetevi: "Se la vita è questo e questo, che cosa significa per me? Se la vita è sacra, che cosa significa? Se la vita è un sogno, che cosa significa? Se tutto il mondo è un palcoscenico, che cosa significa?" Ciascuna delle vostre metafore potenzia e limita. "Tutto il mondo è un palcoscenico" può essere una buona metafora, perché può significare che potete entrare in scena ed essere qualcuno e farvi ascoltare. Ma può anche voler dire che siete una persona che recita in continuazione invece di comunicare i suoi veri sentimenti. Perciò badate bene alle metafore che vi siete scelte. Quali vantaggi e svantaggi presentano? Quali nuove metafore vorreste applicare alla vostra vita per sentirvi più felici, liberi e forti?

2. *Fate una lista di tutte le metafore che collegate alle relazioni sentimentali o al matrimonio.* Sono potenzianti o debilitanti? Ricordate che solo la consapevolezza può cambiare le vostre metafore, perché il vostro cervello comincia a dire: "Questa non funziona, questa è ridicola!" E potete facilmente adottare una nuova metafora. Il bello di questa tecnica è che è semplicissima.

3. *Scegliete un'altra area della vostra vita che abbia un grandissimo impatto su di voi* (il lavoro, i genitori, i figli, la vostra capacità di apprendere) *e scoprite le vostre metafore in questo campo.* Scrivete e studiate che effetto possono avere. Scrivete: "Imparare è giocare." Se studiare è "come farsi cavare i denti", pensate che dolore sarà per voi! Potrebbe essere una metafora da cambiare, e subito! Notate le conseguenze positive e negative delle vostre metafore. Esplorandole, potreste trovare nuove scelte per la vostra vita.

4. *Create nuove metafore più potenzianti* per ciascuna di queste aree. Decidete che d'ora in poi penserete alla vita come a quattro o cinque cose nuove, almeno per cominciare. La vita non è una guerra. La vita non è una gara. La vita è un

gioco, una danza, una cosa sacra, un dono, un picnic, insomma, qualsiasi cosa crei in voi la più positiva intensità emozionale.
5. *Infine decidete che per i prossimi trenta giorni vivrete in base alle nuove metafore.*

Vi invito dunque a lasciare che lo splendore delle vostre nuove metafore vi faccia sentire come se "fluttuaste nell'aria", finché non arrivate al "settimo cielo". Quando siete "in cima al mondo" potete guardare giù verso "la via della felicità", e sentirvi "in solluchero", sapendo che la felicità che provate ora è solo "la punta dell'iceberg". Assumete subito il controllo delle vostre metafore e createvi un mondo nuovo: un mondo ricco di possibilità, di agiatezza, di meraviglia e di gioia.

Una volta che siete in grado di padroneggiare l'arte di creare le metafore, di trasformare il vocabolario e porvi domande costruttive, siete pronti a sfruttare...

11
LE DIECI EMOZIONI DEL POTERE

Non si può trasformare il buio in luce e l'apatia in movimento senza l'emozione.

CARL JUNG

Vorrei presentarvi un tale di nome Walt. Walt è una brava persona che cerca sempre di fare la cosa giusta. Basa la sua vita su questa massima: ogni cosa al suo posto e un posto per ogni cosa. Nei giorni feriali si alza alle 6,30 in punto, fa la doccia, si rade, butta giù un po' di caffè e si precipita fuori di casa alle 7,10, per stare quarantacinque minuti in mezzo al traffico con la sua auto. Arriva al suo tavolo alle 8, quindi si siede a fare esattamente lo stesso lavoro che svolge da vent'anni.

Alle 5 del pomeriggio torna a casa, si stappa una bibita gelata e afferra il telecomando. Un'ora dopo sua moglie (la sua seconda moglie, perché Walt ha divorziato qualche anno fa) torna a casa e insieme decidono se mangiare gli avanzi o se infilare una pizza nel forno a microonde. Dopo cena Walt guarda il notiziario, mentre sua moglie fa il bagno al bambino e lo mette a letto. Non più tardi delle 9,30 Walt è a letto. Dedica il weekend ai lavoretti in giardino, alla manutenzione dell'auto e a dormire. Walt e sua moglie sono sposati da tre anni e anche se lui non definirebbe la loro relazione come "ardente di passione", tuttavia stanno bene insieme, anche se ultimamente Walt pensa che si stiano ripetendo piuttosto spesso gli stessi schemi del suo primo matrimonio.

Conoscete anche voi qualcuno come Walt? Forse è qualcuno che conoscete intimamente, qualcuno che non precipita mai negli abissi della completa devastazione o desolazione, ma anche qualcuno che non tocca mai le vette della passione o della gioia. Ho sentito dire che la differenza tra un solco e una tomba è solo questione di centimetri e, oltre un secolo fa, Emerson osservò che "la massa degli uomini vive una vita di tranquilla disperazione". Purtroppo nel nostro secolo questa frase è quanto mai attuale. Se c'è una cosa che ho notato nelle innumerevoli lettere che ho ricevuto da quando ho scritto *Come ottenere il meglio da sé e dagli altri*, è la schiacciante prevalenza di questo tipo di "dissociazione" nella vita delle persone (qualcosa che accade proprio in conseguenza del loro desiderio di evitare la sofferenza) e la fame con cui si gettano su ogni occasione di sentirsi più vive, più appassionate, più elettrizzate. Dal mio punto di vista, viaggiando per il mondo, incontrando gente d'ogni estrazione e tastando il "polso" di centinaia di migliaia di individui, ritengo che ci rendiamo tutti conto istintivamente del rischio della "linea piatta" delle emozioni e cerchiamo disperatamente il modo per far battere ancora il nostro cuore.

Molti soffrono pensando che le emozioni siano ormai fuori del loro controllo, che siano cose che accadano spontaneamente in reazione ai fatti della vita. Spesso abbiamo addirittura paura delle emozioni, come se fossero dei virus che ci prendono di mira e ci attaccano nel momento in cui siamo più vulnerabili. A volte pensiamo alle emozioni come a "parenti poveri" del nostro intelletto e ne sottovalutiamo il valore. Oppure supponiamo che le emozioni nascano in risposta a quello che gli altri ci dicono o ci fanno. Qual è l'elemento comune a tutte queste credenze globali? È l'idea sbagliata che non abbiamo modo di controllare queste misteriose cose chiamate emozioni.

Per il bisogno di evitare di provare certe emozioni, taluni arrivano anche a fare cose assurde. Si drogano, bevono, mangiano troppo, giocano d'azzardo, scivolano in un'apatia debilitante. Per evitare di ferire una persona amata (o di venirne feriti), sopprimono tutte le emozioni e finiscono per diventare degli androidi e, sotto il profilo emozionale, alla fine distruggono tutti i sentimenti di affinità che li avevano inizialmente avvicinati, devastando perciò proprio le persone che amano di più.

Io credo che ci siano quattro modi fondamentali di affrontare le emozioni.

1. *Evitarle.* Tutti vogliono evitare le emozioni dolorose. Di conseguenza, molti tentano di scansare ogni situazione che potrebbe portarli alle emozioni che temono e, peggio ancora, alcuni cercano addirittura di non provare nessuna emozione! Se, per esempio, temono di essere respinti, cercano di evitare ogni situazione che potrebbe portarli a dover subire un rifiuto. Si sottraggono alle relazioni sentimentali. Non si propongono per lavori rischiosi. Trattare in questo modo le emozioni è la trappola peggiore, perché se evitare situazioni negative può proteggervi a breve termine, vi impedisce tuttavia di provare proprio l'amore, l'intimità e l'unione che più desiderate. E, in fondo, non potete evitare di provare sensazioni. Un approccio molto più positivo è imparare a cercare il lato buono nascosto in quelle che un tempo ritenevate emozioni negative.
2. *Negarle.* Un secondo modo di trattare le emozioni è la strategia di negarle. La gente cerca spesso di dissociarsi dalle proprie emozioni, dicendo: "Non mi va poi così male." Nel frattempo però il fuoco cova dentro tali persone: pensano che la situazione in realtà sia orribile o che qualcuno si sia approfittato di loro, oppure che loro fanno sempre le cose giuste ma che poi finiscono sempre male, e poi... perché capita sempre proprio a loro? In altre parole non cambiano mai né quello che si rappresentano nella mente né la loro fisiologia e continuano a porsi le stesse domande debilitanti. Provare un'emozione e fingere che non esista nessuna emozione non fa che aumentare la sofferenza. Ancora una volta, ignorare i messaggi che le vostre emozioni cercano di trasmettervi non migliorerà di certo le cose. Se il messaggio che le emozioni cercano di trasmettere viene ignorato, le emozioni aumentano semplicemente l'amperaggio; si fanno più intense, finché sarete costretti a prenderne atto. Cercare di negare le emozioni non è mai una soluzione. In questo capitolo imparerete la strategia per capirle e usarle.
3. *Entrare in competizione.* Molti, a un certo punto, smettono di lottare contro le emozioni dolorose e decidono di abbandonarsi completamente a esse. Invece di imparare il messag-

gio positivo che l'emozione sta cercando di trasmettere loro, intensificano l'emozione e la aggravano. Diventa una specie di "distintivo di coraggio" ed essi cominciano a competere con gli altri, dicendo: "Tu dici che ti va male? Allora lascia che ti dica quanto va male a me!" Diventa letteralmente parte della loro identità, un modo per distinguersi, per essere unici, cominciano a essere fieri del fatto che a loro vada peggio che a chiunque altro. Come potete immaginare, questa è la peggiore delle trappole mortali. Questo approccio deve essere evitato a ogni costo, perché diventa una profezia di malaugurio, in cui la persona finisce per avere la sicurezza di sentirsi male in modo regolare, e a questo punto è davvero in trappola. Un metodo molto più sano e potenziante per trattare con le emozioni che riteniamo dolorose è capire che hanno uno scopo positivo, cioè...

4. *Imparare a usarle.* Se volete veramente far funzionare la vostra vita, dovete fare in modo che le vostre emozioni lavorino per voi. Non potete banalizzarle o ingannare voi stessi sul loro significato. E nemmeno potete permettere che dominino la vostra vita. Le emozioni, anche quelle che a breve termine sembrano dolorose, sono in realtà come una bussola interna che vi indica le azioni che dovete compiere per realizzare i vostri obiettivi. Se non sapete usare questa bussola, sarete per sempre alla mercé di ogni tempesta psichica che incontrerete sulla vostra strada.

Molte discipline terapeutiche partono dalla erronea supposizione che le emozioni siano i nostri nemici o che il nostro benessere emozionale abbia le radici nel nostro passato. La verità è che possiamo passare dal pianto al riso in un baleno se il modulo della nostra concentrazione mentale e della nostra fisiologia viene semplicemente interrotto in modo abbastanza energico. La psicanalisi freudiana, per esempio, cerca questi "profondi e oscuri segreti" nel nostro passato per spiegare le nostre difficoltà presenti. Eppure sappiamo tutti che, se si continua a cercare qualcosa, si finisce per trovarla. Se cercate in continuazione le ragioni per cui il vostro passato rende difficile il vostro presente, o per cui siete così "scombinati", allora il vostro cervello vi accontenterà, fornendo i riferimenti su cui basare la vostra richiesta e generare le opportune emozioni negative. Quanto sarebbe meglio adottare la credenza globale che "il vostro passato *non* è uguale al vostro futuro"!

L'unico modo di usare in modo efficace le emozioni è capire che sono tutte al vostro servizio. Dovete trarre insegnamento dalle vostre emozioni e usarle per ottenere i risultati che volete per una migliore qualità di vita. Le emozioni che un tempo ritenevate negative sono solo un richiamo all'azione. Quindi, invece di definirle emozioni negative, da questo capitolo in poi le chiameremo "segnali d'azione". Una volta che avrete dimestichezza con ogni segnale e con il suo messaggio, le vostre emozioni non saranno più dei nemici ma degli alleati. Diventeranno i vostri amici, i vostri insegnanti, il vostro coach e vi guideranno attraverso i più vertiginosi alti e i più deprimenti bassi della vita. Imparare a usare questi segnali vi libera dai timori e vi permette di sperimentare tutta la ricchezza di cui siete capaci. Per arrivare a questo punto, dovete cambiare le vostre credenze globali a proposito di che cosa sono le emozioni. Non sono dei malfattori, o dei sostituti della logica, o il prodotto del capriccio degli altri. Sono segnali d'azione che cercano di guidarvi alla terra promessa di una migliore qualità di vita.

Se vi limitate a reagire alle vostre emozioni evitandole, allora vi perderete l'inestimabile messaggio che hanno da offrirvi. Se continuate a non cogliere il messaggio e non riuscite a controllare le emozioni appena si manifestano, esse finiranno per diventare vere e proprie crisi. *Tutte le vostre emozioni sono importanti e valide nella giusta misura, nel momento e nel contesto opportuni.*

Rendetevi conto che le emozioni che provate in questo stesso momento sono un dono, una fune di sicurezza, un sistema di sostegno, un appello all'azione. Se soffocate le emozioni e cercate di eliminarle dalla vostra vita, o se le ingigantite e lasciate che si impadroniscano di tutto, allora state sciupando una delle più preziose risorse della vita.

Ma qual è la fonte delle emozioni? Siete voi, la fonte di tutte le vostre emozioni. Siete voi che le create. Certi pensano di dover aspettare certe esperienze per poter provare le emozioni che desiderano. Per esempio, non si permettono di sentirsi amati o felici o sicuri, a meno che si siano realizzate certe loro aspettative. Io vengo invece a dirvi che *potete sentirvi in qualsiasi modo vogliate, in qualsiasi momento.*

Ai seminari che tengo vicino a casa mia, a Del Mar, in California, abbiamo inventato un divertente metodo per rammentarci chi è veramente responsabile delle nostre emozioni. Teniamo questi seminari in un bellissimo albergo, L'Auberge, che sta proprio davanti all'oceano, vicino alla stazione ferroviaria. Circa quattro volte al giorno si sente fischiare forte il treno che passa. Certi partecipanti ai seminari si irritavano per questa interruzione (ancora non conoscevano il vocabolario trasformazionale!), perciò decisi che poteva essere l'occasione ideale per trasformare una frustrazione in un divertimento. "D'ora in avanti," dissi, "ogni volta che sentiremo fischiare il treno, festeggeremo. Voglio vedere quanto riuscirete a sentirvi felici, ogni volta che passerà il treno. Stiamo sempre ad aspettare la persona giusta o la situazione giusta per rallegrarci. Ma chi stabilisce se è la situazione o la persona giusta? Quando vi sentite bene, chi vi fa sentire bene? Voi stessi, e nessun altro! Però avete una regola, che stabilisce che dovete aspettare che avvenga A, B e C prima di permettervi di essere felici. Perché aspettare? Perché non stabilire una regola che dice che ogni volta che sentirete fischiare il treno, automaticamente voi vi sentirete al settimo cielo? Il bello è che il fischio del treno è più regolare e più affidabile della gente che sperate si faccia viva per farvi sentire felici!"

Ora, ogni volta che sentiamo passare il treno, ci sono grandi manifestazioni di giubilo. Tutti saltano su dalla sedia, lanciano urla di gioia, si comportano come pazzi, compresi medici, avvocati e dirigenti d'azienda, persone che prima di arrivare lì sembravano ragionevoli e posate. Quando tutti si risiedono, segue una fragorosa risata. Qual è la lezione? Non dovete aspettare niente e nessuno! Non avete bisogno di una ragione speciale per sentirvi felici, potete decidere di sentirvi felici in questo stesso momento, semplicemente perché siete vivi, semplicemente perché lo volete.

Quindi, se siete voi la fonte di tutte le vostre emozioni, perché non sentirsi sempre felici? Perché le cosiddette emozioni negative vi stanno mandando un messaggio. E qual è il messaggio di questi segnali d'azione? Vi dicono che quello che state attualmente facendo non va, che il motivo per cui soffrite è il modo in cui percepite le cose o le procedure che usate: in particolare, il modo in cui comunicate le vostre esigenze e i vostri desideri alla gente, o le azioni che fate.

Quello che fate non produce i risultati che volete, e dovete cambiare approccio, comportamento. Ricordate che le vostre percezioni sono controllate da quello su cui vi concentrate e dai significati che attribuite alle cose. Potete cambiare la vostra percezione in un attimo, solo cambiando il modo in cui usate la vostra fisiologia o ponendovi una domanda migliore.

Le vostre procedure comprendono anche il vostro stile di comunicazione. Forse siete troppo rudi nel modo di mettervi in contatto con il prossimo, o forse la vostra procedura è di non comunicare affatto le vostre esigenze e di aspettarvi che gli altri capiscano da soli quello di cui voi avete bisogno. Questo potrebbe crearvi un sacco di frustrazione, rabbia e sofferenza. Forse questo segnale d'azione, questo sentirsi feriti, sta cercando di dirvi che dovete cambiare modo di comunicare per non restare ancora feriti in futuro. Sentirsi depressi è un altro appello all'azione; vi dice che dovete cambiare la convinzione che i vostri problemi siano permanenti e incontrollabili. Oppure vi dice che dovete intraprendere un qualche tipo di azione fisica per controllare un'area della vostra vita, per ricordarvi che avete il controllo della situazione.

Questo è il vero messaggio dei vostri segnali d'azione. Stanno solo cercando di aiutarvi ad agire per cambiare il vostro modo di pensare, il modo di percepire le cose o le vostre procedure per comunicare o comportarvi. Questi appelli all'azione stanno a ricordarvi che non volete essere come la mosca che continua a sbattere contro i vetri della finestra chiusa, nel tentativo di uscire. Se non cambiate approccio, tutta l'ostinazione del mondo non vi servirà a nulla. I vostri segnali d'azione vi stanno bisbigliando (o magari urlando), attraverso l'esperienza del dolore, che dovete cambiare quello che state facendo.

I SEI GRADINI PER IL CONTROLLO EMOZIONALE

Ho scoperto che ogni volta che provo un'emozione penosa, ci sono sei gradini mediante i quali posso arrivare a interrompere i miei moduli limitanti, trovare il beneficio di quell'emozione e dispormi in modo da potere in futuro imparare la lezione di quell'emozione ed eliminare più rapidamente il dolore. Vediamo quali sono questi sei gradini.

GRADINO UNO
Individuate quello che state veramente provando

Spesso la gente si sente così schiacciata, così oppressa, da non sapere nemmeno che cosa sta veramente provando. Sa solo che si sente "aggredita" da tante sensazioni ed emozioni negative.

Invece di sentirvi gravati e oppressi, fate un passo indietro e chiedetevi: "Che cosa sto veramente provando in questo momento?" Se per prima cosa pensate che "provate rabbia" cominciate a chiedervi: "Sento davvero rabbia? O si tratta di qualcos'altro? Forse la verità è che mi sento ferito. Oppure mi sento deluso, come se non fossi riuscito a ottenere qualcosa." Rendetevi conto che sentirsi feriti o provare un senso di perdita, di delusione, non è un'emozione così intensa come quella della rabbia. Forse solo fermandovi un attimo a riflettere su che cosa provate veramente e cominciando a porvi qualche domanda sulle vostre emozioni, potete riuscire ad abbassare l'intensità emozionale che state sperimentando e quindi a controllare la situazione più rapidamente e più facilmente.

Se per esempio dite di "sentirvi respinti" potreste chiedervi: "Mi sento respinto o provo solo un senso di separazione dalla persona che amo? Mi sento respinto oppure deluso? Mi sento respinto o un po' a disagio?" Ricordate il potere del vocabolario trasformazionale per abbassare immediatamente l'intensità della vostra emozione. E, mentre cercate di individuare quello che provate veramente, potete abbassare ancora di più tale intensità, il che vi renderà più facile imparare la lezione dall'emozione.

GRADINO DUE
Riconoscete e apprezzate le vostre emozioni
sapendo che vi sostengono

Non considerate mai sbagliate le vostre emozioni. L'idea che provate qualcosa di "sbagliato" è un ottimo sistema per distruggere la possibilità di una comunicazione onesta con voi stessi e con gli altri. Siate grati che ci sia una parte del vostro cervello che vi trasmette un segnale, un richiamo all'azione per operare un cambiamento nella vostra visuale di certi aspetti della vostra vita o nelle vostre azioni. Se siete disposti a fidarvi delle vostre emozioni, sapendo che, anche se al momento non le capite, tutte le vostre emozioni esistono solo per aiutarvi a operare un cambiamento positivo, metterete subito fine alla guerra che una volta combattevate con voi stessi. Sentirete invece di muovervi verso soluzioni semplici. Considerare "sbagliata" un'emozione non serve quasi mai a renderla meno intensa. Ciò cui vi opponete resta. Coltivate un senso di apprezzamento per "tutte" le emozioni e scoprirete che anche le vostre emozioni, come i bambini che hanno bisogno di attenzioni, si placheranno quasi subito.

GRADINO TRE
Siate curiosi di sapere quale messaggio vi trasmette l'emozione

Ricordate il potere di cambiare gli stati emozionali? Se vi mettete in uno stato mentale in cui vi sentite veramente curiosi, desiderosi di imparare qualcosa, opererete un'immediata interruzione di modulo per ogni emozione e sarete in grado di imparare parecchio su voi stessi. Diventare curiosi di sapere vi aiuta a controllare la vostra emozione, a risolvere la sfida e a impedire che lo stesso problema si ripresenti in futuro.

Appena cominciate a provare un'emozione, diventate curiosi di sapere che cosa ha veramente da offrirvi. Come dovete agire in questo momento per migliorare le cose? Se, per esempio, vi sentite soli, incuriositevi e chiedetevi: "È possibile che io stia sbagliando nel pensare che sono solo, mentre in realtà ho un sacco di amici? Se dicessi semplicemente loro che ho voglia di vederli, non sarebbero anche loro felici di stare con me? La mia solitudine mi sta forse inviando il messaggio di agire, di mettermi in contatto con gli altri?"

Ecco quattro domande da porvi per destare la vostra curiosità nei confronti delle emozioni:

Che cosa voglio veramente provare?

Che cosa dovrei credere, per sentirmi come mi sono sentito?

Che cosa sono disposto a fare per creare una soluzione e servirmene subito?

Che cosa posso imparare da tutto ciò?

Se vi ponete delle domande sulle vostre emozioni, imparerete importanti distinzioni su di loro, non solo oggi, ma anche in futuro.

GRADINO QUATTRO
Abbiate fiducia

Abbiate fiducia di riuscire a controllare subito l'emozione. Il modo più rapido, semplice ed efficace che io conosca per controllare un'emozione è ricordare la volta in cui avete provato già la stessa emozione e rendervi conto di essere già riusciti a controllarla precedentemente. Visto che l'avete già dominata in passato, sarete di certo in grado di fare altrettanto oggi. La verità è che se avete già avuto questo segnale d'azione e l'avete superato brillantemente, avete già una strategia per cambiare i vostri stati emozionali.

Fermatevi a pensare alla volta in cui avete provato le stesse emozioni e a come avete fatto a gestirle in modo positivo. Servitevene come modello o lista di controllo per quello che potete fare ora per cambiare la vostra sensazione: che cosa avete fatto allora? Avete cambiato quello su cui vi concentravate, le domande che vi ponevate o le vostre percezioni? O avete fatto qualcosa di nuovo, di diverso? Decidete di rifare lo stesso oggi, con la sicurezza che funzionerà come in passato.

Se vi sentite depressi, per esempio, e siete già riusciti a cambiare la situazione in passato, chiedetevi: "Come ho agito allora?" Avete fatto qualcosa di nuovo, come, per esempio, uscire a fare una corsa o mettervi a telefonare? Una volta che avete fatto certe distinzioni a proposito di quello che avete fatto in passato, fate lo stesso oggi: scoprirete di ottenere gli stessi risultati.

GRADINO CINQUE
*Assicuratevi di riuscire a controllare la situazione
non solo oggi, ma anche in futuro*

Se volete essere "sicuri" di riuscire a dominare facilmente l'emozione anche in futuro, createvi un piano. Un modo per farlo è semplicemente ricordare come l'avete controllata in passato e "fare le prove" per vedere se riuscirete a rifarlo quando si ripresenterà. Guardatevi, ascoltatevi e sentitevi dominare la situazione. Ripetere più volte la prova con intensità emozionale creerà dentro di voi una via nervosa di certezza di essere in grado di affrontare facilmente tali sfide.

Inoltre, annotate su un pezzo di carta altri tre o quattro modi per cambiare percezione quando il segnale d'azione si presenterà, o modi per cambiare il sistema di comunicare sensazioni o esigenze, o tattiche per modificare le azioni che avete intrapreso in questa particolare situazione.

GRADINO SEI
Eccitatevi, entrate in azione

Ora che avete compiuto i primi cinque gradini, ora che avete cioè identificato che cosa provate realmente, apprezzato l'emozione invece di ostacolarla, ora che siete diventati curiosi di sapere che cosa significhi veramente e che lezione vi stia trasmettendo, ora che avete imparato la lezione e avete pensato a come cambiare la situazione, imitando le vostre passate strategie per dominare l'emozione, avete fatto le prove per dominarla in situazioni future e vi siete creati un certo senso di sicurezza, l'ultimo gradino è ovvio: eccitatevi, entrate in azione! Eccitatevi all'idea di poter facilmente dominare questa emozione e agite subito per dimostrare che l'avete dominata. Non restate attaccati alle emozioni limitanti che provate. Esprimetevi servendovi di quello che avete provato e riprovato dentro di voi per operare un cambiamento nelle vostre percezioni o nelle vostre azioni. Ricordate che le nuove distinzioni che avete appena fatto cambieranno il vostro modo di sentire non solo oggi, ma anche il modo in cui controllerete le vostre emozioni in futuro.

Grazie a questi sei semplici gradini, potete praticamente controllare ogni emozione vi si presenti. Se vi trovate a dover dominare più e più volte la stessa emozione, il metodo dei sei gradini vi aiuterà a individuare il modulo e a cambiarlo molto in fretta.

Esercitatevi a usare questo sistema. Come tutto ciò che è nuovo di zecca, sulle prime vi potrà sembrare lento, scomodo. Ma più lo farete, più facile diventerà da usare, e ben presto scoprirete di essere capaci di muovervi con sicurezza in mezzo a quelli che un tempo ritenevate campi minati emozionali. Invece di un campo minato, vedrete un campo di allenatori personali, che vi guideranno passo passo, mostrandovi dove dovete dirigervi per raggiungere i vostri obiettivi.

Ricordate che il momento migliore per controllare un'emozione è quando cominciate a provarla. È molto più difficile interrompere un modulo emozionale una volta che è completo. La mia filosofia è "uccidi il mostro finché è piccolo". Usate questo sistema subito, appena il segnale d'azione si presenta, e scoprirete di essere capaci di dominare rapidamente qualsiasi emozione.

I DIECI SEGNALI D'AZIONE

Solo con questi sei gradini, potete cambiare quasi tutte le emozioni. Ma se volete evitare anche di dover usare questi sei gradini, potete trovare utile avere una consapevole conoscenza dei messaggi positivi che ogni vostro segnale d'azione o grossa emozione cerca di trasmettervi. Nelle prossime pagine, vi spiegherò quali sono le dieci principali emozioni che la gente perlopiù cerca di evitare, ma che voi invece userete per indurvi ad agire.

Limitarsi a leggere questa lista di segnali d'azione non potrà darvi un immediato controllo delle vostre emozioni. Dovrete usare queste distinzioni costantemente per raccoglierne i frutti. Vi consiglio di rileggere molte volte queste pagine, sottolineando le parti che più vi interessano; poi annotate la lista dei segnali d'azione su un piccolo cartoncino che vi stia in tasca, in modo che lo possiate portare dovunque per rammentarvi il vero significato che ogni emozione ha per voi e che cosa dovete fare per sfruttarla. Potete infilare il cartoncino nell'aletta parasole della vostra auto, non solo per poterlo rileggere durante il giorno, ma anche perché, se vi trovate imbottigliati nel traffico e siete fumanti di rabbia, potrete rileggervelo e ricordarvi l'aspetto positivo dei messaggi che state ricevendo.

Cominciamo con il più elementare appello all'azione, l'emozione di...

1. DISAGIO. Le sensazioni di disagio non hanno un'intensità molto forte, ma possono infastidire e creare la seccante sensazione che le cose non vadano come dovrebbero.

Il messaggio
Noia, impazienza, disagio, fastidio o lieve imbarazzo vi mandano tutti un messaggio che qualcosa non va. Forse è sbagliato il modo in cui percepite le cose, oppure le azioni che state facendo non producono i risultati voluti.

La soluzione
Dominare le emozioni di disagio è facile: usate le tecniche già imparate in questo libro per cambiare stato d'animo; chiari-

tevi quello che volete e perfezionate le vostre azioni. Tentate un approccio leggermente diverso e vedrete se non riuscite a cambiare subito quello che provate nei confronti della situazione e/o a cambiare la qualità dei risultati che ottenete.

Come tutte le emozioni, anche le sensazioni di disagio, se non vengono controllate, finiscono per acuirsi, intensificarsi. Il disagio a volte è penoso, ma l'anticipazione del possibile dolore emozionale è molto più intensa del senso di disagio che potete provare al momento. Dobbiamo ricordare che la nostra immaginazione può rendere le cose dieci volte più intense che nella realtà. Infatti negli scacchi e nelle arti marziali c'è un detto: "La minaccia di attacco è peggiore dell'attacco stesso." Quando cominciamo a prevedere dolore, specie a intensi livelli, spesso cominciamo a provare il segnale d'azione di...

2. PAURA. Le emozioni di paura vanno dai bassi livelli di preoccupazione e apprensione fino a intensa preoccupazione, ansia, spavento e perfino terrore. La paura ha uno scopo ben preciso e il suo messaggio è molto semplice.

Il messaggio

La paura è semplicemente l'anticipazione che bisogna prepararsi a qualcosa che accadrà presto. I boy scout dicono: "State pronti." Dobbiamo prepararci a fronteggiare la situazione oppure fare qualcosa per cambiarla. Il guaio è che la maggior parte delle persone cerca di negare la propria paura, oppure ci si crogiola. Nessuno di questi due atteggiamenti rispetta il messaggio che la paura cerca di trasmetterci, perciò la paura non smetterà di assillarci, nel tentativo di farci capire il suo messaggio. Non dovete cedere alla paura e ingigantirla, cominciando a pensare al peggio che potrebbe accadere, ma non dovete nemmeno fingere di non provarla.

La soluzione
Considerate il motivo della vostra paura e valutate che cosa dovete prepararvi mentalmente a fare. Figuratevi nella mente quali azioni dovete compiere per dominare la situazione nel modo migliore. A volte, dopo avere fatto tutti i preparativi possibili, non potete fare altro, ma vi sentite ancora pieni di paura. A questo punto bisogna usare l'antidoto: bisogna decidere di avere fede, sapendo di avere fatto tutto il possibile per prepararvi a quello che temete e sapendo che la maggior parte dei timori nella vita raramente si realizza. Nel caso però questo accada, è possibile...

3. SENTIRSI OFFESI. Se c'è un'emozione che sembra dominare i rapporti umani, sia personali sia professionali, è quella di sentirsi offesi. Questa sensazione solitamente è generata da un senso di perdita. Quando la gente è offesa, spesso se la prende con gli altri. Dobbiamo ascoltare il vero messaggio che questa sensazione ci trasmette:

Il messaggio
Il messaggio che la sensazione di essere offesi ci trasmette è che avevamo un'aspettativa che non si è avverata. Molte volte questo avviene quando ci aspettiamo che qualcuno mantenga la parola data e invece non lo fa (per esempio avete confidato qualcosa a qualcuno e vi aspettate che non lo dica a nessuno, anche se non gli rivelate la vostra aspettativa, ma poi scoprite che invece ne ha parlato con altri). In questo caso, provate un senso di perdita di intimità con questa persona o, forse, anche perdita di fiducia. È questo senso di perdita che vi fa sentire feriti.

La soluzione
Rendetevi conto che in realtà forse non avete perduto niente. Forse, quello che dovete perdere è la falsa idea che questa

persona stia cercando di ferirvi o di farvi del male. Forse questa persona non si rende semplicemente conto dell'effetto che le sue azioni hanno sulla vostra vita; poi fermatevi un attimo a riconsiderare la situazione. Chiedetevi: "C'è stata davvero una perdita? Oppure sto solo giudicando la situazione troppo in fretta o troppo duramente?" Una terza soluzione che può aiutarvi a liberarvi del senso di essere offesi è comunicare con parole sobrie e adeguate la vostra sensazione alla persona in questione. Ditele: "L'altro giorno è successo così e così; io ho pensato, forse sbagliando, che questo significa che a te non importa niente di me, e ci sono rimasto male, provo un senso di perdita. Puoi chiarirmi che cosa è veramente accaduto?" Semplicemente cambiando stile di comunicazione e chiarendo quello che sta veramente succedendo, scoprirete che spesso il fatto di sentirvi offesi sparirà in pochi secondi.

Però, se non fate qualcosa, la sensazione di offesa presto si tramuterà in...

4. RABBIA. Questa emozione va dal sentirsi leggermente irritati al sentirsi adirati, risentiti, furiosi o incolleriti.
Il messaggio
Il messaggio della rabbia è che una regola importante o un valore per voi essenziale è stato violato da qualcun altro o forse anche da voi stessi. (Ne parleremo più ampiamente nel capitolo 16, che è appunto dedicato alle regole.) Quando ricevete il messaggio di rabbia, dovete sapere che potete letteralmente cambiare questa emozione in un attimo.
La soluzione
Dovete rendervi conto di aver forse completamente frainteso la situazione e che la vostra rabbia contro una persona che ha infranto le vostre regole può anche dipendere dal fatto che questa persona non sa che cosa sia più importante per voi (anche se voi siete convinti che dovrebbe saperlo); rendetevi conto che, anche se una persona ha infranto uno dei vostri valori, non è detto che le vostre regole siano necessariamente quelle giuste, anche se voi ne siete fermamente convinti; poi rivolgetevi una domanda più potenziante: "Non è forse vero che questa

persona in definitiva mi vuole bene?" Interrompete la rabbia chiedendovi: "Che cosa posso imparare da tutto questo? Come posso comunicare l'importanza delle mie regole a questa persona, in modo che voglia aiutarmi, invece di violare di nuovo i miei principi in futuro?"

Per esempio, se siete arrabbiati, cambiate percezione (forse questa persona non conosce davvero le vostre regole). Oppure cambiate procedura (forse non avete comunicato chiaramente le vostre esigenze). Oppure cambiate comportamento, per esempio dite direttamente a quella persona: "Ehi, bada che questa è una faccenda privata. Per favore, promettimi di non parlarne con nessuno, è molto importante per me."

Per molti, la rabbia, oppure l'incapacità da parte degli altri a osservare le regole e i principi, porta a...

5. FRUSTRAZIONE. La frustrazione può arrivare per molte strade. Ogni volta che ci sentiamo come circondati da intoppi, ogni volta che abbiamo l'impressione di fare continuamente degli sforzi senza ottenere nessun risultato, tendiamo a sentirci frustrati.

Il messaggio

Il messaggio della frustrazione è un segnale di eccitazione. Significa che il vostro cervello crede che potrebbe andarvi meglio di quanto non vada in realtà. La frustrazione è molto diversa dalla delusione, che è la sensazione di volere qualcosa nella vita, senza mai ottenerla. La frustrazione, invece, è un segno molto positivo. Significa che la soluzione del vostro problema è a portata di mano, ma che quello che state facendo non va, che dovete cambiare approccio per raggiungere il vostro obiettivo. È un segnale che vi dice che dovete essere più elastici! Come si può controllare la frustrazione?

La soluzione

Semplicemente dovete rendervi conto che la frustrazione è vostra amica e inventare nuovi modi per ottenere un risultato. Come dovete fare per cambiare approccio? Cercate qualche informazione su come gestire la situazione. Trovate un esempio da seguire, qualcuno che abbia già ottenuto quello che voi volete. Chiedetegli informazioni su come raggiungere il risultato voluto.

Infine lasciatevi affascinare da quello che potete imparare per controllare e affrontare questa sfida non solo oggi, ma anche in futuro, in un modo che occupi pochissimo tempo ed energia e dia molta gioia.

Tuttavia, assai più devastante della frustrazione è la sensazione di...

6. DELUSIONE. La delusione può essere molto distruttiva se non la si controlla in fretta. La delusione è la devastante sensazione di essere stati "piantati in asso" o di non riuscire mai a cogliere l'occasione. Tutto quello che vi fa sentire tristi o sconfitti in base a una vostra maggiore aspettativa è deludente.

Il messaggio

Il messaggio che vi trasmette la delusione è che una vostra aspettativa, cioè un obiettivo al quale miravate veramente, probabilmente non si realizzerà, perciò è il momento di cambiare aspettative per renderle più adeguate alla situazione e di agire per porvi un nuovo obiettivo e raggiungerlo.

La soluzione

Immaginate subito qualche cosa appresa dalla situazione, che possa aiutarvi in futuro a ottenere lo scopo che perseguite; poi ponetevi un nuovo obiettivo, qualcosa che sia più eccitante e verso cui possiate muovervi subito.

Rendetevi conto che forse avete giudicato troppo in fretta. Spesso le cose che ci deludono sono solo una sfida temporanea, come è stato nel caso di Billy Joel (di cui ho parlato nel capitolo 2). Non dobbiamo mai dimenticare che Dio rimanda, ma non nega. Forse siete solo in quello che io chiamo un "intervallo". Spesso la gente si prepara la delusione con le proprie mani, ponendosi aspettative per niente realistiche. Se oggi uscite a piantare un seme, non potete tornare domani aspettandovi di trovare una pianta.

Un'altra soluzione per superare la delusione è rendersi conto che la situazione non è ancora chiusa e cercare di avere più pazienza. Rivalutate da capo quello che realmente volete e cominciate a fare un piano più efficace per ottenerlo; l'antidoto più efficace alla delusione è coltivare un atteggiamento di aspettativa positiva a proposito di quello che accadrà in futuro, indipendentemente da quanto è accaduto in passato.

Il massimo della delusione che possiamo provare di solito si esprime con un senso di...

7. COLPA. I sensi di colpa, rimpianto, rimorso sono assolutamente da evitare. Sono emozioni molto spiacevoli, ma hanno anch'esse una funzione positiva, che ci apparirà chiara quando ne capiremo il messaggio.

Il messaggio
Il senso di colpa vi dice che avete violato uno dei vostri principi più alti e che dovete fare subito qualcosa per essere sicuri di non violarlo più in futuro. Se ricordate, nel capitolo 6 ho detto che si riesce a fare leva su noi stessi quando colleghiamo a qualcosa un senso di dolore. Se colleghiamo abbastanza sofferenza a un certo comportamento, finiremo per cambiarlo, e la motivazione, la leva più forte, è il dolore che possiamo infliggerci da soli. Il senso di colpa, infatti, per molte persone è la leva più forte per indurle a cambiare comportamento. Tuttavia alcuni cercano di tracheggiare con il proprio senso di colpa, negandolo e soffocandolo. Purtroppo, questo sistema funziona molto raramente. Il senso di colpa non se ne va, anzi tornerà più forte.

All'estremo opposto è l'atteggiamento di resa: indulgiamo al senso di colpa, per cui cominciamo ad accettare la sofferenza e proviamo un senso di incapacità appresa. Non è questo lo scopo del senso di colpa, che deve spingerci ad agire per operare un cambiamento. La gente in genere non se ne rende conto e spesso prova tanto rimorso per qualcosa che ha fatto da arrivare a sentirsi inferiore per tutto il resto della vita! Non è questo il messaggio del senso di colpa. Esso serve piuttosto a dissuadervi da comportamenti che sapete con sicurezza condurre al senso di colpa, oppure, se avete già infranto un vostro principio, serve a farvi provare tanto dolore da indurvi a impegnarvi di nuovo in un principio ancora più alto. Però, una volta che avete corretto il comportamento di cui vi sentite colpevoli e siete sinceri e costanti, andate avanti.

La soluzione

Ammettete di avere effettivamente violato un principio importante che vi eravate imposti; impegnatevi assolutamente perché questo comportamento non si verifichi mai più in futuro. Fate mentalmente la prova di come potreste controllare la stessa situazione di cui vi sentite colpevoli, se dovesse ripresentarsi, in modo coerente con i vostri principi personali più alti. Quando vi impegnate al di là di ogni dubbio a non permettere mai più il ripetersi di questo comportamento, avete il diritto di liberarvi del senso di colpa. Esso ha raggiunto il suo scopo di indurvi a imporvi principi ancora più alti in futuro. Sfruttatelo, non crogiolatevici!

Certi riescono ad abbattersi mentalmente ed emozionalmente perché non riescono mai ad attenersi ai principi che si sono imposti in quasi tutti i campi. Di conseguenza, essi provano un senso di...

8. INADEGUATEZZA. La sensazione di inadeguatezza, di mediocrità, si presenta ogni volta che non riusciamo a fare qualcosa che dovremmo essere in grado di fare. Il guaio è che, naturalmente, spesso abbiamo un metro di giudizio completamente errato per stabilire se siamo o meno adeguati. Per prima cosa, cercate di capire il messaggio che l'inadeguatezza cerca di comunicarvi.

Il messaggio

Il messaggio è che, attualmente, non avete il livello di abilità necessario per il compito in questione: avete bisogno di più informazioni, conoscenze, strategie, strumenti o di maggiore sicurezza.

La soluzione

Chiedetevi semplicemente: "È davvero giusto che provi questa sensazione in tale situazione? Sono davvero inadeguato o devo cambiare modo di vedere le cose?" Forse vi siete convinti che, per sentirvi adeguati, dovete presentarvi sulla pista e ballare meglio di Michael Jackson. Direi che questo è un modo sbagliato di vedere le cose.

Se la vostra sensazione è giustificata, il messaggio dell'inadeguatezza è che dovete trovare il modo di fare una certa cosa meglio di quanto non la facevate prima. Anche in questo caso la soluzione è ovvia; ogni volta che vi sentite inadeguati, apprezzate l'incoraggiamento a migliorare. Ricordate che non siete perfetti e che nemmeno dovete esserlo. Dopo di che, potrete cominciare a sentirvi adeguati appena vi impegnerete a migliorare in modo continuo e costante in questo campo.

Infine trovatevi un modello da imitare, qualcuno che sia efficiente nel campo in cui voi vi sentite inadeguati, e fatevi insegnare. Solo decidere di controllare quest'area della vostra vita e fare anche un piccolissimo progresso fa di voi non più una persona inadeguata, ma una persona che sta imparando. Questa è una sensazione molto importante perché, quando una persona si sente inadeguata, tende a cadere nella trappola dell'incapacità appresa e comincia a considerare il problema come permanente. Non c'è bugia peggiore che potreste dirvi. Non siete inadeguati. Forse non avete abbastanza pratica o tecnica in un campo particolare, ma non siete inadeguati. La capacità di grandezza è dentro di voi anche in questo istante.

Quando si comincia a pensare che i problemi siano permanenti o pervasivi, o quando si devono controllare più cose di quanto non si possa immaginare, si tende a...

9. SENTIRSI SOPRAFFATTI. Sofferenza, depressione e impotenza sono solo conseguenze del sentirsi sopraffatti o schiacciati. La sofferenza arriva quando capite che non c'è un significato potenziante in qualcosa che è accaduto, o che la vostra vita viene influenzata negativamente da persone, fatti o forze al di fuori del vostro controllo. In questo stato, la gente si sente sopraffatta e spesso comincia a pensare che niente possa cambiare la situazione, che il problema sia troppo grande, cioè che sia permanente, pervasivo e personale. Si entra in questo stato emozionale ogni volta che si percepisce il proprio mondo in modo tale da credere che stiano accadendo troppe cose per riuscire a stare dietro a tutte, e il ritmo, la quantità o l'intensità delle sensazioni sembrano schiaccianti.

Il messaggio
Il messaggio della sensazione di sopraffazione è che dovete rivalutare che cosa è più importante per voi in questa situazione. La ragione per cui siete sopraffatti è che state cercando di controllare troppe cose in una sola volta, che state cercando di cambiare tutto dalla sera alla mattina, e la sensazione di essere oberati o sopraffatti distrugge la vita più di qualsiasi altra emozione.

La soluzione
Dovete sviluppare subito un senso di controllo sulla vostra vita. Per farlo decidete quale, di tutte le cose della vostra vita, è in assoluto la più importante su cui concentrarvi; scrivete tutte le cose che per voi sono più importanti da realizzare e disponetele in ordine di priorità. Il solo fatto di metterle sulla carta vi darà la sensazione di controllare quello che sta succedendo; poi prendete in esame la prima voce della lista e continuate ad agire, finché non l'avrete sotto controllo. Appena avrete sotto controllo un'area, comincerete a sentire l'impulso a proseguire. Il vostro cervello capisce che avete la situazione sotto controllo e che non siete oberati, sopraffatti o depressi, che il problema non è permanente e che potete sempre trovare la soluzione; infine, quando sentite che è il momento di liberarvi di una sensazione opprimente come il dolore, cominciate a concentrarvi su che cosa "potete" controllare e rendetevi conto che deve esserci in tutto questo un significato positivo, anche se non riuscite ancora a capirlo.

La nostra autostima è spesso legata alla capacità di controllare le condizioni ambientali. Quando nella nostra mente ci creiamo un ambiente che ci pone richieste troppo intense e simultanee, ovviamente ci sentiamo sopraffatti. Ma abbiamo anche il potere di cambiare la situazione, concentrandoci su quello che possiamo controllare e dominare un passo alla volta.

Tuttavia, probabilmente l'emozione che la gente teme di più è quel senso di distacco, cioè la...

10. SOLITUDINE. Tutto ciò che ci fa sentire soli, staccati o separati dagli altri appartiene a questa categoria. Avete mai pro-

vato veramente la solitudine? Credo che nessun essere umano ne sia esente.

Il messaggio

Il messaggio della solitudine è che avete bisogno di un rapporto con la gente. Spesso si pensa di farvi fronte combattendola con un rapporto sessuale, o con un'intimità momentanea, poi ci si sente frustrati, perché, anche quando si raggiunge tale intimità, ci si sente ugualmente soli.

La soluzione

Rendetevi conto che potete con un gesto creare una connessione, un rapporto, e quindi mettere fine alla vostra solitudine. C'è gente affettuosa dappertutto; individuate che tipo di rapporto volete. Avete bisogno di un rapporto intimo? Forse avete semplicemente bisogno di una amicizia o di qualcuno che vi stia ad ascoltare o con cui ridere e parlare. Dovete solo individuare quali sono le vostre vere esigenze. Quando vi sentite soli, un altro modo per cambiare radicalmente il vostro stato emozionale è ricordare che quanto di bello c'è nel sentimento della solitudine è il suo vero significato, cioè: "Mi importa davvero della gente, amo stare con la gente. Ho bisogno di capire che tipo di rapporto voglio con qualcuno ora, e poi agire perché si realizzi immediatamente." Entrate subito in azione per mettervi in contatto con qualcuno.

Questa è quindi la lista dei dieci segnali d'azione. Come potete vedere, ognuna di queste emozioni vi offre messaggi positivi e un appello a cambiare le vostre percezioni sbagliate o debilitanti, o le vostre procedure inadeguate, cioè il vostro stile o i vostri gesti per comunicare. Per utilizzare appieno questa lista, ricordate di rileggerla parecchie volte e, ogni volta, cercate e sottolineate i messaggi positivi che ogni segnale vi trasmette, come pure le soluzioni da usare in futuro. Quasi tutte le emozioni negative si basano su queste dieci categorie o sono un loro ibrido. Ma voi potete controllare qualsiasi emozione nel modo che abbiamo detto prima: procedendo attraverso i sei gradini, ponendovi domande e scoprendo il significato positivo che vi si sta offrendo.

> *Dobbiamo coltivare il nostro giardino.*
> VOLTAIRE

Pensate alla vostra mente, alle vostre emozioni e al vostro animo come al vostro giardino. Il modo per garantirvi un abbondante raccolto è piantarvi i semi dell'amore, del calore, della fiducia e non quelli della delusione, della rabbia e della paura. Cominciate a pensare ai segnali d'azione come a erbacce. Un'erbaccia è un richiamo all'azione, non vi pare? Dice: "Devi fare qualcosa. Devi strapparmi per fare posto ad altre piante più belle e più sane." Continuate a coltivare le piante che volete e strappate le erbacce appena le notate.

Permettetemi di offrirvi dieci semi emozionali da piantare nel vostro giardino. Se curerete questi semi, concentrandovi sull'idea di provare quello che volete provare ogni giorno, vi manterrete a un livello ottimale. Questi semi creano una vita che fiorisce e raggiunge il suo più alto potenziale. Vediamoli insieme brevemente e rendiamoci conto che ciascuna di queste emozioni rappresenta un antidoto a qualsiasi emozione "negativa" provata prima.

LE DIECI EMOZIONI DEL POTERE

1. AMORE E CALORE. La costante espressione d'amore sembra in grado di sciogliere quasi tutte le emozioni negative con cui viene a contatto. Se qualcuno è arrabbiato con voi, potete restare affettuosi con lui adottando questa meravigliosa intima credenza tratta dal libro *A Course in Miracles*: ogni comunicazione è o una reazione d'affetto o un grido d'aiuto. Se qualcuno vi affronta in uno stato d'animo di rabbia o di offesa e voi reagite sempre con amore e calore, alla fine lo stato d'animo dell'altro cambierà e la sua intensità emozionale si abbasserà.

> *Se solo tu sapessi amare abbastanza, potresti essere la persona più potente del mondo.*
> EMMET FOX

2. STIMA E GRATITUDINE. Penso che le emozioni più forti siano tutte un'espressione d'amore, ciascuna diretta in modo diverso. Per me, stima e gratitudine sono due tra le emozioni più spirituali, quelle che esprimono attivamente, mediante il pensiero e l'azione, il mio apprezzamento e il mio amore per tutti i doni che la vita mi ha dato. Vivere in questo stato emozionale intensificherà la vostra vita più di qualsiasi altra cosa io conosca. Coltivare queste emozioni è coltivare la vita. Vivete con un atteggiamento di gratitudine.

3. CURIOSITÀ. Se veramente volete crescere, migliorare la vostra vita, imparate a essere curiosi come bambini. I bambini sanno stupirsi: per questo sono così teneri. Se volete curare la noia, siate curiosi. Se sarete curiosi, niente più sarà routine, lavoro ingrato: voi "volete" studiare. Coltivate la curiosità e la vita diventerà un eterno studio della gioia.

4. ECCITAZIONE E PASSIONE. L'eccitazione e la passione possono aggiungere sapore a tutto. La passione può trasformare ogni sfida in una magnifica occasione. La passione è il potere sfrenato di fare procedere la nostra vita a un ritmo più rapido di prima. Per parafrasare Benjamin Disraeli, l'uomo è veramente grande solo quando agisce per passione. Come si fa ad "avere" passione? Nello stesso modo in cui abbiamo amore, calore, stima, gratitudine e curiosità: decidiamo di provarli! Usate la vostra fisiologia: parlate più in fretta, visualizzate più rapidamente le immagini, spostate il vostro corpo nella direzione in cui volete andare. Non statevene semplicemente seduti a pensare. Non sarete certo ardenti di passione, se ve ne state accasciati sulla scrivania, se non respirate a fondo e se parlate lentamente.

5. DETERMINAZIONE. Tutte le precedenti emozioni sono di inestimabile valore, ma ce n'è una che dovete assolutamente provare, se volete creare qualcosa di valido e duraturo in questo mondo. Essa stabilirà se saprete controllare ira e sfide, delusioni e illusioni. La determinazione significa la differenza tra essere sconfitti ed essere pervasi dalla scarica elettrica dell'impegno. Se

volete dimagrire, fare quelle famose telefonate d'affari che dovete fare da tempo o perseverare in qualcosa, "spronarvi" non servirà a niente. Mettervi in uno stato di determinazione, sì. Tutte le vostre azioni scaturiranno da questa fonte e automaticamente farete tutto quello che è necessario per raggiungere il vostro obiettivo. Agire con determinazione significa prendere una decisione coerente e impegnata, escludendo ogni altra possibilità.

La determinazione è la sveglia del volere umano.
ANTHONY ROBBINS

Con la determinazione, potete ottenere tutto; senza, siete condannati alla frustrazione e alla delusione. La nostra disposizione a fare tutto quello che occorre, ad agire a dispetto della paura, è la base del coraggio. E il coraggio è il fondamento da cui nasce la determinazione. La differenza tra essere realizzati o scoraggiati sta nel coltivare il muscolo emozionale della determinazione. Però, anche con tutta la determinazione a vostra disposizione, assicuratevi di poter anche interrompere il vostro modulo e cambiare approccio. Perché sbattere contro un muro, se vi basta spostare lo sguardo un po' a sinistra per trovare una porta? A volte la determinazione può essere un limite, e allora dovete coltivare la...

6. ELASTICITÀ. Un seme da piantare che vi garantirà il successo è la capacità di "cambiare" il vostro approccio. Infatti, tutti quei segnali d'azione, quelle cose che prima chiamavate emozioni negative, sono solo messaggi, inviti a essere più elastici. Scegliere di essere elastici, flessibili, vuole dire scegliere di essere felici. Nella vita, ci saranno momenti in cui avverranno cose che non saprete controllare, e la capacità di essere elastici nelle vostre regole, nel senso che attribuite alle cose e nelle vostre azioni determinerà il vostro successo o il vostro fallimento a lungo termine, per non parlare del livello della vostra gioia personale. La canna che si piega resiste al vento, mentre la potente quercia si spezzerà. Se coltivate tutte le precedenti emozioni, di certo avrete...

7. FIDUCIA. Un'incrollabile fiducia è il senso di sicurezza che noi tutti vogliamo. L'unico modo per provare sicurezza in modo costante, anche in ambienti e situazioni mai visti prima, è la forza della fede. Immaginate di sentirvi sicuri a proposito delle emozioni che provate ora, invece di aspettare che compaiano spontaneamente un giorno in un lontano futuro. Quando sarete sicuri, avrete voglia di sperimentare, di buttarvi allo sbaraglio. Un modo per sviluppare fiducia in voi stessi e sicurezza è semplicemente esercitarsi a farne uso. Se vi chiedessi se siete sicuri di saper vi allacciare le scarpe sono certo che mi direste di sì con assoluta sicurezza. Perché? Solo perché lo avete già fatto migliaia di volte! Perciò esercitate la fiducia in voi stessi usandola continuamente e sarete stupiti dai dividendi che vi frutterà in ogni campo della vita.

Per indurvi a fare qualcosa è assolutamente necessario esercitare la fiducia, piuttosto che la paura. La tragedia della vita di molti è che evitano di fare le cose perché hanno paura di farle, stanno male in anticipo. Ma ricordate: la fonte del successo dei grandi uomini spesso trova la sua origine in una serie di credenze apprese, per le quali l'individuo non ha riferimenti. La capacità di agire per fede è quella che spinge avanti la razza umana.

Un'altra emozione che proverete automaticamente, una volta che sarete riusciti a coltivare tutte le precedenti, è la...

8. GIOIA. Quando ho aggiunto la gioia alla mia lista dei valori più importanti, tutti hanno cominciato a dire: "C'è qualcosa di nuovo in te. Hai un'aria così felice!" Allora mi sono reso conto che prima ero felice, ma non dicevo al mio viso di rivelarlo. C'è una grande differenza tra essere felici dentro ed essere gioiosi all'esterno. La gioia esalta la vostra autostima, rende più divertente la vita e fa sì che anche la gente intorno a voi si senta felice. Ha il potere di bandire dalla vostra vita le sensazioni di paura, offesa, rabbia, frustrazione, delusione, depressione, colpa e inadeguatezza. Avrete raggiunto la gioia il giorno in cui vi renderete conto che qualunque cosa accada intorno a voi, non essere pieni di allegria non potrà cambiarla e renderla migliore.

Essere gioiosi non significa essere ingenui o guardare il mondo attraverso un paio di occhiali rosa, rifiutando di vedere i problemi e le sfide. Significa invece essere incredibilmente intelligenti: sapete che se vivete la vita in stato di piacere, così intenso da trasmettere gioia anche a chi vi sta vicino, potete avere l'impatto per affrontare praticamente qualsiasi sfida vi si presenti. Coltivate la gioia e non avrete bisogno di tanti segnali d'azione che attirino la vostra attenzione!

Fate in modo che sia più facile per voi essere gioiosi, coltivando il seme della...

9. VITALITÀ. Controllare questa sfera è di fondamentale importanza. Se non vi prendete cura del vostro corpo, sarà più difficile riuscire a provare tutte queste emozioni. Assicuratevi di disporre della vitalità fisica. Ricordate che tutte le emozioni passano attraverso il vostro corpo. Se vi sentite emozionalmente fuori fase dovete controllare le cose essenziali. Come è la vostra respirazione? Quando la gente è stressata respira male e mina la propria vitalità. Imparare a respirare come si deve è la via più importante per la buona salute. Un altro elemento d'importanza critica per la vitalità fisica è assicurarvi di avere sufficiente energia nervosa.

E come? Ogni giorno spendete energia nervosa attraverso le vostre azioni, perciò logicamente dovete riposare e ricaricarvi. A proposito, quante ore dormite di solito? Se dormite regolarmente dalle otto alle dieci ore probabilmente dormite troppo! Sei o sette ore sono l'ideale per molti. Contrariamente alla credenza popolare, stare seduti immobili non conserva l'energia. Anzi, in genere è proprio allora che vi sentite più stanchi. Il sistema nervoso dell'uomo ha bisogno di "muoversi" per avere energia. In certa misura, spendere energia vi dà un maggior senso di vitalità. Quando vi muovete, l'ossigeno arriva nel vostro organismo e il livello fisico di benessere che ne traete crea il senso emozionale di vitalità, che può aiutarvi ad affrontare praticamente qualsiasi sfida negativa incontriate nella vita. Per ulteriori informazioni, per esaltare la vostra vitalità fisica, può essere utile rileggere il capitolo 10 di *Come ottenere il meglio da sé e dagli altri*. Rendetevi quindi conto che il senso di vitalità è un'emozione essenziale da coltivare, per controllare praticamente qualsiasi emozione vi si presenti, per non parlare poi del fatto che è la risorsa essenziale per provare passione.

Una volta che avete nel vostro giardino tutte queste grandi emozioni, allora potete dividere con altri il vostro abbondante raccolto, mediante la...

10. DONAZIONE. Anni fa ricordo che, durante uno dei periodi più duri della mia vita, ero in autostrada al volante della mia auto in piena notte. Continuavo a chiedermi: "Che cosa devo fare per cambiare totalmente la mia vita?" Di colpo mi venne un'intuizione, accompagnata da un'emozione così forte che fui costretto ad accostare e portare l'auto fuori strada per scrivere questa frase sul mio diario: "Il segreto per vivere è dare."

Non c'è emozione più grande, nella vita, del sapere che voi stessi come persona, oppure con qualcosa che avete detto o fatto, avete esaltato non solo la vostra stessa vita, ma anche la vita di qualcun altro che amate, o forse anche di qualcuno che nemmeno conoscete. Le storie che mi commuovono di più sono quelle che parlano di persone che coltivano la nobilissima emozione spirituale di amare incondizionatamente e di agire per il bene degli altri. Quando ho letto *I miserabili* sono rimasto molto commosso dal personaggio di Jean Valjean, una così brava persona che ha voluto dare tanto agli altri. Ogni giorno dovremmo coltivare il senso del donare concentrandoci non solo su noi stessi, ma anche sugli altri.

Però state attenti a non cadere nella trappola di dare agli altri a vostre spese, poiché fare la parte del martire non vi darà un vero senso di donazione. Ma se potete dare a voi stessi e agli altri in pari misura, e trarne la consapevolezza che la vostra vita è stata importante, avrete il senso di uno stretto rapporto con gli altri, oltre che di orgoglio, di autostima, che nessuna cifra, nessun successo o riconoscimento potrà mai darvi. Il senso di donazione rende la vita degna d'essere vissuta. Pensate a come sarebbe migliore il mondo, se ciascuno di noi coltivasse questo aspetto della sua personalità.

I DIECI SEGNALI D'AZIONE	LE DIECI EMOZIONI DEL POTERE
1. Disagio	1. Amore e calore
2. Paura	2. Stima e gratitudine
3. Sentirsi offesi	3. Curiosità
4. Rabbia	4. Eccitazione e passione
5. Frustrazione	5. Determinazione
6. Delusione	6. Elasticità
7. Colpa	7. Fiducia
8. Inadeguatezza	8. Gioia
9. Sentirsi sopraffatti	9. Vitalità
10. Solitudine	10. Donazione

Coltivate queste emozioni ogni giorno e vedrete la vostra vita fiorire con una vitalità senza precedenti. Qui sopra ho fatto una tabellina dei segnali d'azione e delle emozioni del potere, giusto per ricordarveli. Non sottolineerò mai abbastanza l'importanza di imparare a usare le emozioni negative per quello che sono (dei richiami all'azione) e di impegnarsi a coltivare le emozioni positive. Ricordate il cartellino su cui avevate scritto tutti i messaggi e le soluzioni che vi forniscono i segnali d'azione? Rileggetelo spesso ogni giorno. Forse, se gli date un'occhiata in questo stesso momento, potreste notare che le emozioni positive di cui abbiamo parlato sono dei grandi antidoti ai segnali d'azione. In altre parole, se provate una sensazione di disagio, allora amore e calore renderanno più facile cambiare questa emozione. Se avete paura, allora un senso di gratitudine la farà sparire... Se vi sentite feriti e poi vi incuriosite e vi chiedete che cosa stia realmente accadendo, non vi sentirete più offesi. Se siete arrabbiati e trasformate l'intensità emozionale in passione ed eccitazione, pensate a che cosa non riuscirete a fare! La frustrazione può essere eliminata con l'uso della determinazione. La delusione si allontana con l'elasticità dell'approccio. Il senso di colpa sparirà appena acquisterete la certezza che d'ora in poi vi atterrete ai vostri nuovi principi. L'inadeguatezza se ne va appena vi sentite allegri; semplicemente non c'è più posto per lei. Il senso di essere oppressi e sopraffatti sparisce grazie al senso del vostro potere personale e della vostra vitalità. La solitudine si scioglie come la neve al sole quando cominciate a immaginare come aiutare gli altri.

Ora vorrei tanto che faceste un compitino che vi connetterà completamente con il semplice e potente strumento delle emozioni.

1. Nei prossimi due giorni, ogni volta che provate un'emozione negativa o debilitante, seguite i sei gradini per il controllo emozionale. Individuate a che categoria appartiene l'emozione e riconoscetene il valore di trasmettervi il messaggio di cui avete bisogno. Scoprite se dovete cambiare le vostre percezioni o le vostre azioni. Abbiate fiducia, certezza e siate pieni di eccitazione.
2. I segnali d'azione compiono una funzione importante, ma non sarebbe meglio non doverli provare tanto spesso? Oltre alle emozioni del potere, coltivate anche le credenze globali che vi aiutano a minimizzare la vostra esperienza di emozioni negative. Per esempio, io ho eliminato il senso di abbandono (di solitudine) dalla mia vita perché ho adottato la convinzione che non potrò mai essere veramente abbandonato. Se qualcuno che amo dovesse mai cercare di abbandonarmi, semplicemente lo inseguirei. Altre credenze potenzianti sono: "Anche questa passerà", "L'amore è l'unico 'dovere assoluto' della mia vita; tutto il resto è un 'dovrei'", "Troverò sempre un modo se mi impegnerò".

Usate queste emozioni del potere ogni giorno e utilizzate i sei gradini per il controllo emozionale in modo da trasformare i segnali di azione in vera e propria azione positiva. Ricordate: ogni sensazione che avete, buona o cattiva, si basa sulla vostra interpretazione del senso delle cose. Ogni volta che cominciate a sentirvi male, ponetevi questa domanda: "Che cos'altro potrebbe voler dire?" Questo è il primo passo per assumere il controllo delle vostre emozioni.

Quello che spero trarrete da questo capitolo è la capacità di apprezzare le vostre emozioni e la sensazione eccitante che vi diano tutte una chance di imparare qualcosa per rendere la vostra vita migliore, letteralmente da un minuto all'altro. Non dovete mai più considerare le emozioni negative come nemici. Sono solo dei segnali e vogliono dirvi che qualcosa va cambiato. A mano a mano che raffinerete la vostra capacità di usare questi segnali d'azione, comincerete ad affrontarli subito, quando sono ancora di piccole dimensioni, senza aspettare che diventino vere e proprie crisi. Per esempio, cercherete di controllare una situazione quando è ancora seccante e non tale da farvi infuriare (così come affronterete il problema del peso quando avrete solo un chilo in più da perdere, senza aspettare che i chili diventino quindici).

Nelle prossime due settimane concentratevi sul processo di imparare qualcosa da tutte le vostre emozioni. Potete provare l'intera gamma in qualsiasi momento vogliate. Non abbiate paura, salite sull'ottovolante! Provate gioia, passione e godete di ogni emozione, sapendo di poterla controllare. È la vostra vita, il vostro destino, sono le vostre emozioni!

Una cosa che ho scoperto è che, anche se una persona può sapere come si fa una cosa, a volte non applica quello che sa. Quello che davvero occorre è un motivo per usare il potere delle nostre decisioni, per cambiare le nostre credenze, per fare leva su noi stessi e interrompere i nostri moduli, per porci domande migliori e sensibilizzarci al nostro vocabolario e alle nostre metafore. Per essere motivati in modo costante, dobbiamo sviluppare...

12
LA MAGNIFICA OSSESSIONE.
CREARSI UN FUTURO STIMOLANTE

Niente succede, a meno che prima non sia un sogno.
CARL SANDBURG

Siete pronti a divertirvi un po'? Avete voglia di tornare bambini e lasciar galoppare la fantasia? Siete decisi ad afferrare saldamente la vostra vita e a spremerne tutta l'energia, tutta la passione e il "succo" che, come sapete bene, possono essere vostri?

Vi ho già scaricato addosso un mucchio di informazioni. Nei precedenti capitoli abbiamo passato in rassegna un'enorme quantità di materiale che già potete, in gran parte, utilizzare. Una piccola parte, però, resterà riposta in un angolo del vostro cervello, chiusa nel profondo dei suoi meandri, fino al momento giusto. Abbiamo lavorato sodo per mettervi nella posizione di prendere nuove decisioni, decisioni che possono rappresentare la differenza tra una vita passata a sognare e una vita passata a fare.

Molti sanno che cosa dovrebbero fare, ma non lo fanno mai. E questo perché manca loro quello slancio che solo un avvincente futuro può dare. Questo capitolo vi offre l'occasione di lasciarvi andare a sognare al massimo livello, a inventare le più audaci possibilità e a scoprire forse qualcosa che darà realmente una spinta verso l'alto alla vostra vita. Vi aiuterà a creare energia e slancio.

Se leggerete questo capitolo attivamente e non passivamente, se farete gli esercizi ed entrerete in azione, allora le pagine seguenti vi compenseranno con una visione del vostro futuro che vi attirerà come un magnete e vi farà superare anche i momenti più duri. Questa è l'occasione buona per divertirvi e appassionarvi realmente!

Nelle prossime pagine vi chiederò di sbrigliare la vostra fantasia, di gettare al vento il buonsenso comune e di comportarvi come se foste ancora bambini, bambini che possono avere letteralmente tutto ciò che vogliono, bambini che devono solo esprimere un desiderio per vederlo subito realizzato. Ricordate *Le mille e una notte*? Indovinate qual era il mio racconto preferito. Eh, sì, proprio *La lampada di Aladino*. Credo che ognuno di noi, una volta o l'altra, abbia desiderato di poter mettere le mani sulla famosa lampada magica. Basta strofinarla perché appaia un potente genio che soddisfa tutti i vostri desideri. Ora io sono qui per dirvi che anche voi possedete una lampada e che, per di più, non si limita a tre soli desideri!

È arrivato il momento di impadronirvi di questa grande forza che sta dentro di voi. Una volta che avrete deciso di destare questo gigante, sarete inarrestabili nel creare una ricchezza mentale, emozionale, fisica, finanziaria e spirituale, al di là delle vostre più sfrenate fantasie. Sia che i vostri sogni si realizzino all'istante o prendano forma piano piano nel tempo, sappiate che il solo limite a quello che potete avere nella vita è la dimensione della vostra immaginazione e il livello del vostro impegno a renderlo reale.

Obiettivi giganteschi
producono una gigantesca motivazione

Spesso mi sento dire: "Tony, ma dove prendi tutta quell'energia? Con tutta quell'intensità, sfido che hai tanto successo! Il fatto è che io non ho il tuo entusiasmo, il tuo slancio. Credo di non essere motivato. Forse sono pigro." Di solito rispondo: "Tu non sei pigro! Hai solo degli obiettivi fiacchi, senza forza!"

Spesso questo provoca, per tutta risposta, uno sguardo confuso; allora spiego che il mio grado di entusiasmo e di slancio viene dai miei obiettivi. Ogni mattina, quando mi sveglio, anche se mi sento esausto per aver dormito poco, riesco comunque a trovare lo slancio necessario; e questo perché i miei obiettivi sono così eccitanti. Sono i miei obiettivi che mi fanno alzare presto al mattino e coricare tardi la sera, che mi spingono a mettere in campo tutte le mie risorse e a usare tutto quello che posso trovare, nell'ambito della mia sfera d'azione, per farle fruttare. La stessa energia e lo stesso senso di avere una missione nella vita sono anche a vostra disposizione, ma non riuscirete mai a destarli con degli obiettivi fiacchi. Il primo passo consiste proprio nel crearsi obiettivi più grandi, più stimolanti, più interessanti e impegnativi.

Spesso la gente mi dice: "Il mio problema è che in realtà non ho nessun obiettivo." Questa convinzione dimostra l'incapacità a capire come funzionano realmente gli obiettivi. La mente umana insegue sempre qualcosa, se non altro la capacità di ridurre o eliminare il dolore, o evitare ciò che può provocarlo. Il nostro cervello, inoltre, ama guidarci all'inseguimento di ciò che può condurci alla creazione del piacere. Tutti abbiamo degli obiettivi. Il problema, come ho sottolineato in quasi tutti i capitoli precedenti, è che non siamo consapevoli dell'uso di queste risorse.

In genere, gli obiettivi delle persone si limitano a "pagare i maledetti conti, tirare avanti, sopravvivere, arrivare fino alla fine della giornata", insomma, ci si lascia prendere nella trappola di tirare a campare invece di programmarsi una vita. Pensate che questi obiettivi vi daranno la forza di sfruttare la grande riserva di energia che giace dentro di voi? Scordatevelo! Dobbiamo ricordare che i nostri obiettivi influiscono su di noi, qualsiasi essi siano. Se non piantiamo consapevolmente i semi che vogliamo nel giardino della nostra mente, finiremo per avere solo erbacce! Le erbacce crescono da sole, non c'è bisogno di curarle. Se vogliamo scoprire le illimitate risorse che abbiamo dentro di noi, dobbiamo trovare uno scopo abbastanza grande per sfidarci a spingerci oltre i nostri limiti e scoprire il nostro vero potenziale. Ricordate che le vostre condizioni attuali non riflettono il vostro potenziale assoluto, ma piuttosto le dimensioni e la qualità degli obiettivi su cui ora normalmente vi concentrate. Ciascuno di noi deve scoprire la sua "magnifica ossessione".

GLI OBIETTIVI VI PORTANO OLTRE I VOSTRI LIMITI
VERSO UN MONDO DI ILLIMITATO POTERE

Sulle prime, quando ci poniamo dei grandi obiettivi, possiamo pensare che siano impossibili da raggiungere. Ma il grande segreto nel porsi degli scopi è trovare un obiettivo abbastanza importante da stimolarvi, qualcosa che vi spinga a scatenare il vostro potere. Di solito so di essermi posto l'obiettivo giusto quando il risultato che mi propongo sembra impossibile ma allo stesso tempo provo un senso di folle eccitazione solo al pensiero di riuscire a raggiungerlo. Per trovare veramente questa ispirazione e raggiungere quegli obiettivi impossibili, dobbiamo sospendere il nostro sistema di credenze a proposito di quello che siamo in grado di ottenere.

Non dimenticherò mai la storia di un ragazzo nato in un povero quartiere di San Francesco, animato da obiettivi che parevano impossibili a tutti salvo che a lui. Questo ragazzo era tifoso del leggendario giocatore di football americano Jim Brown, a quel tempo running back dei Browns di Cleveland. Benché fosse affetto da rachitismo, dovuto a malnutrizione, e benché a sei anni le sue gambe si fossero irrimediabilmente arcuate e i suoi polpacci fossero così atrofizzati da meritargli il soprannome di "Stecchino", questo ragazzo si pose l'obiettivo di diventare un giorno anche lui un famoso running back come il suo idolo. Non aveva i soldi per assistere alle partite di football, perciò ogni volta che i Browns giocavano a San Francisco, lui aspettava fuori dallo stadio finché la squadra di manutenzione dello stadio apriva il cancello verso la fine dell'ultimo tempo. Il ragazzo allora entrava zoppicando nello stadio e si gustava il resto della partita.

Finalmente, a tredici anni, il ragazzo ebbe l'incontro che sognava da sempre. Dopo una partita entrò in una gelateria, e sapete chi incontrò? Sì, proprio il suo idolo! Si avvicinò quindi al famoso giocatore di football e gli disse: "Mr Brown, io sono un suo grandissimo ammiratore!" Gentilmente, Brown lo ringraziò. Il ragazzo insistette. "Mr Brown, vuole sapere una cosa?" Brown si voltò di nuovo verso di lui e disse: "Che cosa, figliolo?" E il ragazzino esclamò: "Io so a memoria tutti i record che lei ha stabilito, tutti i touchdown che lei ha segnato!" Jim Brown sorrise e disse: "Magnifico!" Quindi tornò alla sua conversazione. Ma il ragazzo non si diede per vinto. "Mr Brown! Mr Brown!" Jim Brown si voltò di nuovo verso di lui. Questa volta il ragazzo lo guardò nel profondo degli occhi con una tale ardente passione che Brown non poté fare a meno di notarla; poi il suo ammiratore gli disse: "Mr Brown, un giorno io batterò tutti i suoi record!" Il leggendario giocatore sorrise e rispose: "Magnifico, ragazzo. Come ti chiami?" Il ragazzino sorrise da un orecchio all'altro e disse: "Orenthal, signore. Mi chiamo Orenthal James Simpson... ma gli amici mi chiamano O.J."

Siamo quello che siamo e dove siamo, perché prima lo abbiamo immaginato.
DONALD CURTIS

O.J. Simpson riuscì effettivamente a battere tutti i record di Jim Brown e ne stabilì di nuovi! Come fanno gli obiettivi a darci questa forza incredibile per forgiare il nostro destino? Come possono prendere un ragazzo afflitto da rachitismo e farne una leggenda? Porsi degli obiettivi è il primo passo per rendere visibile l'invisibile, è la base di ogni successo nella vita. È come se l'Intelligenza infinita riempisse tutti gli stampi creati usando l'impronta dei vostri pensieri intensamente emozionali. In altre parole, potete cesellare la vostra esistenza con i pensieri che proiettate continuamente in ogni momento della vostra vita. *La concezione dei vostri scopi è il piano generale che guida tutti i vostri pensieri.*

Volete creare un capolavoro o interpretare la vita attraverso i quadri degli altri? Volete usare un ditale per raccogliere le vostre esperienze di vita, oppure un gigantesco serbatoio per la pioggia? Le risposte a queste domande sono già state date dagli obiettivi che perseguite con tenacia.

Rendere visibile l'invisibile

Guardatevi un po' intorno. Che cosa vedete? Siete seduti su un divano, circondati da begli oggetti d'arte, oppure state guardando un televisore a schermo gigante, che utilizza la più recente tecnologia del disco laser? O siete invece seduti a una scrivania, sulla quale stanno telefono, computer e fax? Tutti questi oggetti un tempo esistevano solo nella mente di qualcuno. Se cento anni fa vi avessi detto che le onde invisibili intorno al mondo potevano essere catturate e messe in una scatola per generare suoni e immagini, avreste sicuramente detto che ero pazzo. Eppure oggi in ogni casa c'è un televisore (anzi, in media due!). Qualcuno doveva crearli e, perché questo avvenisse, qualcuno doveva prima immaginarseli chiaramente.

Questo è vero solo per gli oggetti materiali? No, si può applicare anche a ogni genere di attività e sviluppi. Se un'automobile funziona, è perché qualche individuo intraprendente ha pensato come sfruttare il processo della combustione interna. La risposta alle nostre attuali sfide energetiche risiede nell'immaginazione e nell'ingegnosità di fisici e ingegneri. E la risoluzione delle nostre crisi sociali, come il preoccupante diffondersi di gruppi d'odio razziale, di senzatetto e di gente che muore di fame, potrà essere trovata solo grazie all'inventiva e alla compassione di individui impegnati come voi e come me.

Perché non tutti si pongono degli obiettivi?

In questo momento voi potreste pensare: "Tutto questo sembra molto bello, ma certo non basta porsi un obiettivo, per vederlo realizzarsi." Sono più che d'accordo con voi. Porsi *un obiettivo deve essere immediatamente seguito dallo sviluppo di un piano e da una massiccia e costante azione* per realizzarlo. Avete già questo potere di agire. Se ancora non siete riusciti ad attingervi, è solo perché vi siete posti obiettivi che non vi ispiravano abbastanza.

Che cosa vi trattiene? Sicuramente avete avuto modo di

conoscere la forza di porsi uno scopo anche prima di leggere questo libro. Ma avete veramente una lista dei risultati che volete assolutamente raggiungere mentalmente, emozionalmente, fisicamente, spiritualmente e finanziariamente? Che cosa ve lo ha impedito? Per molti si tratta dell'inconscia paura della delusione. Alcuni si sono posti in passato degli obiettivi e non sono riusciti a raggiungerli e, in seguito alla delusione e alla paura di dover soffrire di nuovo in futuro, hanno smesso di porsi degli obiettivi. Non vogliono nutrire aspettative che potrebbero andare deluse. Altri si pongono degli obiettivi ma ingannano se stessi legando tutta la loro possibile felicità alla capacità di raggiungere obiettivi che sono al di là del loro controllo. Oppure non hanno l'elasticità mentale per accorgersi che, mentre marciano dritti verso il proprio scopo, tutt'intorno a loro ci sono molti altri obiettivi più degni e più grandi.

Porsi degli obiettivi funziona più o meno come la vista. Più vicini arrivate alla meta, maggiore chiarezza avete, non solo dell'obiettivo in sé, ma anche dei particolari che lo circondano. Chissà? Potreste anche decidere di preferire una di queste possibilità, potreste trovarla più stimolante, e perciò puntare su di essa. Anzi, a volte può succedere che non riuscire a raggiungere un obiettivo vi conduca in realtà più vicino allo scopo vero della vostra vita. Ma di questo parleremo più a fondo in seguito.

L'impulso a fare e donare arriva in molti modi. Per alcuni, nasce dalla delusione o anche dalla tragedia. Per altri viene alimentato dal fatto di scontrarsi un giorno con l'amara scoperta che la vita se ne sta andando e che la sua qualità cala di minuto in minuto. Per altri ancora, l'ispirazione è la fonte della motivazione. Vedere che cosa è possibile, prevedere il migliore scenario possibile o capire di stare effettivamente facendo concreti progressi può aiutare a sviluppare un grande slancio, che induce a fare ancora di più.

Spesso non ci rendiamo conto a che punto siamo arrivati, presi come siamo dall'impegno della conquista. Un buon esempio di questa situazione è quando un amico vi dice che vostro figlio (o vostra figlia) è molto cresciuto e voi, sinceramente sorpresi, esclamate: "Ma davvero?!" È successo proprio sotto il vostro naso eppure non ve ne siete nemmeno accorti. Naturalmente è ancora più difficile vedere la propria crescita, perciò voglio confidarvi un sistema molto semplice. Vi prego di trovare il tempo per applicarlo ora. Vi aiuterà a sfruttare le due forze di motivazione di cui abbiamo parlato prima.

IERI, OGGI E DOMANI

A volte è facile perdere il segno di dove siete arrivati o di quanta strada vi resta ancora da fare. Servitevi delle pagine seguenti per fare una precisa valutazione del punto cui eravate arrivati in queste dieci fondamentali aree della vita cinque anni fa. Specificamente, accanto a ciascuna di queste categorie, datevi un voto da 0 a 10, dove 0 significa che non avevate niente in questo campo e 10 che invece vivevate il sogno della vostra vita.

Il secondo passo, dopo esservi dati un voto, un punteggio, è scrivere una frase accanto a ciascuna categoria per descrivere come eravate a quel tempo. Per esempio, cinque anni fa, come eravate fisicamente? Potreste scrivere "7" e poi potreste aggiungere: "Ero abbastanza in forma ma avevo decisamente bisogno di migliorare. Due o tre chili di troppo: facevo esercizio fisico due volte alla settimana ma ancora non mi nutrivo in modo sano. Mediocri livelli di energia."

Dedicate a questa lista una decina di minuti di tempo e fate subito questo esercizio. Lo troverete davvero illuminante.

CINQUE ANNI FA	VOTO	FRASE
fisicamente	....	....
mentalmente	....	....

emozionalmente	....	....
		....
attrattiva	....	....
		....
relazioni	....	....
		....
ambiente di vita	....	....
		....
socialmente	....	....
		....
spiritualmente	....	....
		....
carriera	....	....
		....
finanze	....	....
		....

Ora, per il gusto del confronto, vediamo come siete diventati o come non siete riusciti a diventare. Rispondete alle stesse domande, basandovi però su come siete oggi. In altre parole, datevi un voto da 0 a 10 su come siete oggi in ciascuna di queste categorie, poi scrivete una frase o due per descrivere come siete.

OGGI	VOTO	FRASE
fisicamente	....	....
		....
mentalmente	....	....
		....

emozionalmente	....	....
attrattiva	....	....
relazioni	....	....
ambiente di vita	....	....
socialmente	....	....
spiritualmente	....	....
carriera	....	....
finanze	....	....

Che cosa avete imparato finora con questo giochetto? Che distinzioni avete fatto? Siete migliorati più di quanto non pensaste, in certe categorie? Avete fatto molta strada? È magnifico, non è vero? Se invece avete fatto meno strada di quanta avreste voluto o se pensate che, in certi campi, eravate meglio cinque anni fa, anche questo è un messaggio importante che può indurvi a fare qualche cambiamento prima che passino altri anni. Ricordate, l'insoddisfazione può essere un grande incentivo al successo.

> Ora riflettete un attimo e annotate qualche frase chiave che dica che cosa avete imparato da questo confronto.
> ....
> ....
> ....
> ....

Completate l'esercizio proiettandovi cinque anni nel futuro. Anche stavolta datevi un voto e scrivete una frase per dire come sarete in ciascuna di queste categorie.

CINQUE ANNI FA	VOTO	FRASE
fisicamente	………	………………………
mentalmente	………	………………………
emozionalmente	………	………………………
attrattiva	………	………………………
relazioni	………	………………………
ambiente di vita	………	………………………
socialmente	………	………………………
spiritualmente	………	………………………
carriera	………	………………………
finanze	………	………………………

La chiave per raggiungere gli obiettivi

Quando vi siete posti un obiettivo, vi siete impegnati al CO-COMI. Avete riconosciuto il bisogno che tutti gli esseri umani hanno di un continuo, costante miglioramento. C'è forza, energia nella pressione esercitata dalla delusione, nella tensione del disagio temporaneo. Questo è il genere di sofferenza di cui avete bisogno, il genere di dolore che trasformate immediatamente in nuove azioni positive.

Questo tipo di pressione è noto con il nome di "eustress", o stress buono, opposto al "distress", o stress cattivo. Lo stress buono può essere una forza positiva, dinamica, che vi spinge a migliorare continuamente la qualità della vita per voi e per tutti coloro che avete il privilegio di avvicinare. Considerate attentamente questa forza, usatela per spronarvi a migliorare. Molti cercano di evitare la pressione, eppure la mancanza di qualsiasi pressione o tensione di solito genera un senso di noia e proprio quell'opaca e spenta esperienza di vita di cui molti si lamentano. In realtà, quando siamo eccitati, ci sentiamo dentro un senso di pressione e di tensione. Però questo livello di stress non è opprimente, schiacciante, bensì stimolante.

C'è una differenza tra essere oppressi dallo stress e dominare lo stress. Usate lo stress buono per spingervi nella direzione che desiderate; esso può produrre una grandissima trasformazione dentro di voi. Imparando a utilizzare il senso di pressione e facendone non un nemico, ma un amico, un alleato, potete veramente affinarlo e farne un'arma, uno strumento che vi aiuti a vivere appieno la vita. Inoltre dobbiamo ricordare che il nostro livello di stress è autoindotto. Perciò induciamolo in modo intelligente.

Uno dei modi più semplici per sfruttare la pressione come vostra alleata è coinvolgere la gente che rispettate e stimate, ottenerne l'appoggio nel vostro impegno a raggiungere i vostri obiettivi. Dichiarando pubblicamente che siete pronti a fare qualsiasi cosa per realizzare i vostri più veri e profondi desideri, poi vi sarà più difficile abbandonare la partita, quando frustrazione o sfide si presenteranno. Spesso, quando vi sentite stanchi o insicuri e avete la sensazione che le cose non funzionino, il ricordo della vostra pubblica dichiarazione d'intenti può aiutarvi a tenere duro e gli amici possono darvi una mano a mantenervi all'altezza di uno standard più alto. Questo può essere un ottimo stratagemma per continuare per la vostra strada, anche quando comincia a diventare difficoltosa e piena di buche.

Fallire uno scopo può significare raggiungere i vostri veri obiettivi

Anni fa un amico mi si avvicinò e mi confidò che il suo sogno sarebbe stato vivere su qualche paradisiaca isoletta delle Fiji. Non era la prima volta che sentivo parlare di quel sogno e l'idea mi allettava. Ma ero una persona con i piedi per terra: avere un'isoletta nelle Fiji era anche l'occasione per farne un ottimo investimento; inoltre mi giustificai davanti a me stesso dicendo che, in caso di qualche cataclisma mondiale, sarebbe stato un magnifico posto per rifugiarmici con la mia famiglia. Così organizzai "una gita/vacanza di affari" e andai con Becky a dare un'occhiata a varie proprietà su quelle isole, per valutare se potevano rappresentare un investimento valido.

Ci vollero un paio di giorni per cominciare a liberarci dei programmi frenetici che ci eravamo portati dietro. Ma niente ci avrebbe distolto dal nostro fermo proposito di acquistare un po' di terreno vergine. Eravamo impegnati nella missione di trovare un buon investimento, perciò decidemmo di affittare un aereo da turismo ed esplorare le più remote isolette in cerca di una vera occasione.

Passammo una giornata molto avventurosa, atterrando in vari posti, compresa la "Laguna blu" resa famosa dal film omonimo, prima di arrivare finalmente su una sperduta spiaggetta del gruppo settentrionale delle Fiji. Affittammo l'unica auto disponibile e ci avviammo lungo una strada sterrata cosparsa di noci di cocco, nota come "autostrada Ibiscus". Viaggiammo per tre ore circa.

Poi, arrivati chissà dove, scorgemmo lungo il bordo della strada una ragazza con degli strani capelli rossi che le stavano ritti sulla testa. Becky e io, incantati, avremmo voluto scattarle qualche foto, ma non volevamo darle l'impressione di mancarle di rispetto. Perciò cercammo i genitori della ragazza per chiedere loro il permesso di fotografarla.

Ci mettemmo dunque a cercare la sua casa e scorgemmo un piccolo villaggio sulla riva del mare. Appena ci avvicinammo e gli abitanti del villaggio ci videro, un omone ci corse incontro. Ci accolse con un gran sorriso e ci salutò in perfetto inglese. "Salve, mi chiamo Joe," disse con un bel vocione tonante. "Vi prego, unitevi al nostro *kava*." Entrati nel villaggio, venimmo accolti da una serie infinita di sorrisi e risate. Fui invitato a entrare in una grande capanna, dove già stavano una trentina di uomini, per partecipare a una cerimonia *kava*. Becky invece venne invitata a restare fuori a chiacchierare con le donne, come era tradizione della loro cultura.

Rimasi sconcertato dall'entusiasmo di quella gente. La loro sfrenata allegria era incredibile. All'interno della capanna, gli uomini sorridevano tutti, felici di avere un ospite, e mi accolsero con un "buia, buia, buia!" che, tradotto alla meglio, significa "benvenuto, sii felice, ti amiamo!" Gli uomini avevano tenuto a mollo per parecchie ore la *yanggona*, una specie di radice piccante, e adesso stavano mescolando e mescendo allegramente una bevanda non alcolica che chiamavano *kava* (a me sembrava acqua sporca). Mi invitarono a bere da un guscio di noce di cocco e, mentre io la sorseggiavo (il sapore non era migliore dell'aspetto), gli uomini ridevano e scherzavano fra loro e con me. Dopo qualche minuto passato in loro compagnia, cominciai anch'io a provare un senso di pace mai assaporato prima.

Meravigliandomi del loro senso di divertimento e allegria, chiesi loro: "Secondo voi, qual è lo scopo della vita?" Loro mi guardarono come se avessi detto la barzelletta più divertente del mondo e risposero in coro: "Essere felici, naturalmente! Che cos'altro c'è?" E io dissi: "Sì, è vero, sembrate tutti molto felici qui alle Fiji." Uno di loro ribatté: "Sì, credo proprio che qui alle Fiji siamo gli uomini più felici della terra... Certo, io non sono mai stato in nessun altro posto!" E questo provocò un altro scoppio di ilarità.

Poi gli abitanti del villaggio decisero per una volta di infrangere le loro regole e di lasciare entrare nella capanna anche Becky. Portarono l'unica lampada a kerosene del villaggio, ukulele e mandolini, e ben presto il *bure* fu occupato dall'intero villaggio, mentre uomini, donne e bambini cantavano melodie nella bella armonia fiji in quattro toni. È stata una delle più intense e commoventi esperienze della nostra vita. La cosa più incredibile è che quella gente non pretendeva niente da noi, pur facendoci partecipare alla loro splendida felicità.

Molte ore dopo, e dopo prolungati saluti, lasciammo il villaggio rinnovati nello spirito, con un profondo senso di pace e di equilibrio. Quella sera, dopo il crepuscolo, tornammo nel nostro favoloso albergo, colmi di consapevolezza e gratitudine per la bellezza che ci circondava. Eravamo là, in quel luogo superbo, nel nostro piccolo cottage privato dal tetto di paglia, appollaiato in cima a un pinnacolo di lava, circondati da una vegetazione lussureggiante e da palme da cocco illuminate dalla luna, con il fruscio dolce delle onde che lambivano la riva davanti alla nostra porta. Avevamo avuto una giornata incredibile e sentivamo che la nostra vita era stata profondamente arricchita dagli abitanti di quel piccolo villaggio. Ci rendevamo conto che non avevamo raggiunto l'obiettivo che ci eravamo prefissi per quel giorno ma, nel tentativo di raggiungerlo, avevamo per caso trovato un dono ancora più grande, un dono di valore incomparabile.

Ormai da sei anni torniamo alle Fiji tre o quattro volte all'anno. Ci aspettavamo di raggiungere il nostro obiettivo finale di fare un ottimo investimento durante il primo soggiorno, invece ci sono voluti circa venti viaggi per riuscire a fare finalmente il nostro acquisto, non un investimento, ma semplicemente qualcosa che ci desse la possibilità di dividere con qualche amico l'incanto di quel posto. Invece di comperare della terra vergine, due anni fa abbiamo acquistato Namale, l'incantevole centro dove eravamo scesi la prima volta! Abbiamo voluto acquistare questo luogo di sogno, centoventuno acri e una decina di chilometri di spiaggia, e renderlo ancora più accogliente per dividerlo con gli amici e qualche persona speciale.

Possedere Namale mi dà la stessa gioia che provo quando tengo i miei seminari, in cui vedo le persone trasformare la propria capacità di godersi la vita. Quando i visitatori arrivano a Namale avviene la stessa trasformazione, solo che io non devo fare assolutamente niente! Devo solo sedermi a guardare quella gente, venuta da tutte le parti – sposini in luna di miele, coppie in pensione, potenti dirigenti d'azienda oberati dal ritmo frenetico del mondo dei grandi affari – abbandonarsi a riscoprire che cosa significa tornare bambini. Li guardo scansare allegramente il getto d'acqua di quattro metri e mezzo che esce dal grande sfiatatoio sul reef cristallino, giocare a pallavolo con la gente del luogo, cavalcare lungo la spiaggia o partecipare alla cerimonia locale del *kava*.

Mi piace scorgere nei loro occhi stupore e meraviglia quando scoprono anche il mondo sottomarino, o quando si godono un tramonto inimmaginabile anche dalle più accese fantasie; mi piace vedere il loro sorriso, che riflette l'armonia spirituale che li unisce alla popolazione fiji, dopo un servizio religioso nella chiesa del villaggio, la domenica mattina. Quando perseguivo l'obiettivo di un buon investimento non mi rendevo conto che avrei invece trovato un ambiente che avrebbe rammentato a noi tutti che cosa è più importante nella vita. *Non importa solo raggiungere uno scopo, ma anche la qualità della vita che si sperimenta lungo il percorso.*

Vivere un sogno

Molta gente percorre il cammino della vita gettando via gioia e felicità. Per questi individui, stabilirsi degli obiettivi significa che "un giorno", dopo che avranno raggiunto una certa cosa, solo allora saranno in grado di godersi appieno la vita. La verità è che se decidiamo di essere felici ora, automaticamente otterremo di più. Mentre gli obiettivi offrono una magnifica direzione e una via su cui concentrarci, dobbiamo continuamente lottare per vivere ogni giorno al massimo, spremendo da ogni istante tutta la gioia possibile. Invece di misurare i vostri successi e fallimenti dalla vostra capacità di raggiungere un obiettivo specifico, ricordate che la direzione verso cui andiamo è più importante dei singoli risultati. Se continuiamo a procedere nella giusta direzione possiamo non solo ottenere l'obiettivo che perseguiamo, ma molto di più!

Un uomo, la cui vita secondo me è la dimostrazione del potere che uno stimolante futuro ha di cambiare le capacità di qualcuno, e la cui esistenza ci ricorda anche che il fatto di non raggiungere lo scopo prefisso può in realtà farcene ottenere uno molto più grande, è il povero Michael Landon, morto recentemente. Perché quest'uomo era amato da tante persone? Egli rappresentava molti altissimi valori della nostra cultura: un forte senso della famiglia, il desiderio di fare sempre la cosa giusta, la costanza e l'integrità, l'ostinazione e la tenacia davanti alle avversità, insieme con un senso di profondo affetto e amore.

Quest'uomo, che ha saputo illuminare tante vite, è diventato un eroe per una via piuttosto tortuosa. Era cresciuto in un ambiente emotivamente e fisicamente violento, con dei genitori che bisticciavano in continuazione perché suo padre era ebreo (e odiava i cattolici) e sua madre era cattolica (e antisemita). La donna inscenava spesso melodrammatici tentativi di suicidio e a volte inseguiva Michael fino al locale di ritrovo per ragazzi, saltava giù dal taxi e si metteva a picchiarlo con un bastone. Afflitto da enuresi notturna fino al tempo del liceo, Michael aveva una serie di tic facciali incontrollabili e faceva dei continui rutti involontari. Era magro come un chiodo e pieno di paure. Questo ritratto somiglia ben poco al patriarca tranquillo e sicuro di sé della famiglia Ingalls, che Landon interpretava nel serial televisivo *La casa nella prateria*. Che cosa ha cambiato la sua vita?

Un giorno, durante il suo secondo anno di liceo, l'insegnante di ginnastica fece lezione nel campo da football, per allenare i ragazzi al lancio di un vecchio e arrugginito giavellotto. Michael stava per vivere un'esperienza che avrebbe cambiato totalmente il suo modo di vedere se stesso. Quando arrivò il suo turno, il ragazzo si avvicinò al giavellotto con la stessa paura e scarsa fiducia in se stesso con cui si era accostato a ogni cosa fino a quel momento.

Ma quel giorno avvenne un miracolo: Michael lanciò il giavellotto e lo fece volare almeno nove metri oltre il limite cui lo avevano scagliato gli altri. In quel momento Michael capì di avere un futuro; come avrebbe detto più tardi durante un'intervista rilasciata alla rivista "Life": "Quel giorno avevo scoperto di saper fare qualcosa meglio degli altri, qualcosa cui potevo aggrapparmi; e mi ci aggrappai. Pregai l'allenatore di lasciarmi portare a casa il giavellotto per l'estate e lui me lo permise. E da allora lanciai, lanciai e lanciai."

Michael aveva trovato il suo stimolante futuro e lo perseguì con feroce tenacia. I risultati furono assolutamente stupefacenti. Quando tornò dalle vacanze estive il suo corpo aveva cominciato a trasformarsi. Al secondo anno di liceo cominciò a fare ginnastica per sviluppare la parte superiore del corpo. All'ultimo anno di scuola aveva infranto il record studentesco americano nel lancio del giavellotto, vincendo una borsa per l'atletica alla University of Southern California. Per dirla con le sue parole, "il topo era diventato un leone". Niente male come metafora, vero?

Ma la storia non finisce qui. Una parte della forza di Michael nasceva da una convinzione che s'era fatto guardando un film su Sansone e Dalila. Michael era convinto che, se si fosse lasciato crescere i capelli, sarebbe diventato forte. E per la verità la cosa funzionò finché rimase al liceo. Purtroppo la sua credenza subì una brusca scossa appena cominciò a frequentare l'università, in pieni anni cinquanta, quando la moda e la mentalità vigenti non ammettevano i capelli lunghi. Un gruppo di atleti con i capelli cortissimi lo buttò per terra e gli tagliò le sue belle chiome leonine. Anche se razionalmente Michael non poteva crederci, la sua forza sparì. Anzi, il suo lancio del giavellotto scese di oltre nove metri. Mentre si sforzava in ogni modo di tornare al suo vecchio record, Michael si ferì così gravemente da dover restare un anno a riposo. La commissione atletica dell'università lo costrinse a ritirarsi. Per mantenersi Michael dovette mettersi a fare il facchino in una fabbrica. Pareva che il suo sogno fosse proprio finito. Come avrebbe più potuto diventare una star internazionale dell'atletica leggera?

Per fortuna un giorno venne adocchiato da un talent scout di Hollywood, che gli chiese di fare un provino per la parte di Little John Cartwright, in quello che sarebbe stato il primo serial western a colori per la televisione, *Bonanza*. La carriera di Michael come attore, poi come regista e produttore, era cominciata. Mancare il suo sogno di atleta gli aveva fatto trovare il suo vero futuro. Ma la ricerca dei suoi obiettivi iniziali e la direzione in cui lo avevano portato gli avevano plasmato tanto il corpo quanto lo spirito, due elementi di crescita necessari per prepararlo al suo grande futuro. A volte dobbiamo avere fiducia e credere che le nostre delusioni possono in realtà essere occasioni camuffate.

La chiave per raggiungere gli obiettivi

Questo significa forse che, se perseguite uno scopo e incontrate qualche difficoltà e frustrazione iniziale, dovreste lasciar perdere e impegnarvi in qualcos'altro? Ovviamente no. Nessuno ha mai raggiunto un obiettivo solo "interessandosi" a ottenerlo. Bisogna "impegnarsi" a raggiungerlo. Infatti, studiando la fonte, l'origine del successo, ho scoperto che l'ostinazione supera anche il talento come risorsa più valida ed efficace per creare e modellare la qualità della vita. Molte persone rinunciano quando sono a pochissimi passi dal proprio obiettivo!

Io credo che la vita ci metta continuamente alla prova per quanto riguarda il nostro grado di impegno e che le ricompense più grandi siano riservate a coloro che dimostrano un costante sforzo a continuare ad agire, finché non raggiungono lo scopo. Questo grado di determinazione può spostare le montagne ma deve essere costante e continuo. Per semplicistico che possa sembrare, è il comune denominatore che separa coloro che vivono realizzando i propri sogni da coloro che vivono nell'eterno rimpianto.

Sono un attento studioso di chi ha imparato a prendere l'invisibile e a renderlo visibile. È per questo che rispetto i poeti, gli scrittori, gli attori e gli imprenditori, tutta gente che parte da un'idea e la realizza. Una persona che secondo me è uno dei maggiori modelli di creatività e continua crescita personale è Peter Guber, presidente del consiglio d'amministrazione e dirigente della Sony Entertainment Inc. (prima nota come Columbia Pictures). A quarantotto anni Peter è diventato uno dei più potenti e stimati dirigenti dell'industria cinematografica. Lui e il suo socio, Jon Peters, hanno rastrellato un totale di cinquantadue nomination all'Oscar. Tra i film che hanno realizzato possiamo citare *Midnight Express* e *Missing*, *Rain Man* e *Batman*. Nel 1989 la compagnia Guber-Peters Entertainment venne acquistata dalla Sony per oltre duecento milioni di dollari, per indurre i due a occuparsi dell'impero della Columbia Pictures. Come fa una persona tanto giovane ad avere un tale impatto in un'industria così competitiva come quella del cinema? La risposta è: grazie alla sagacia e alla assoluta, ininterrotta determinazione.

Un giorno ho avuto il privilegio di ricevere una telefonata da Peter e ho scoperto che era un grande ammiratore del mio programma *Personal Power*. Ogni mattina, mentre faceva ginnastica, ascoltava le mie cassette, mettendo così in forma simultaneamente corpo e mente. Voleva ringraziarmi, perché diceva di non avere mai fatto un così buon acquisto dai mass media e certamente non aveva mai ascoltato cassette del genere. In seguito a questa conversazione, ebbi modo di conoscerlo personalmente e di diventare suo amico.

Ho scoperto così che un ingrediente chiave del suo successo è la capacità di non mollare mai, una volta che si è prefisso un obiettivo. Nel 1979 lui e Jon Peters avevano acquistato i diritti per produrre *Batman*, ma riuscirono a dare inizio alla produzione solo nel 1988.

Nel frattempo, praticamente tutti tentarono di affossare il film. I dirigenti dello studio dicevano che non esisteva un mercato per un film del genere e che gli unici ad andare a vederlo sarebbero stati i ragazzini e i patiti dei fumetti (che erano andati in visibilio quando Michael Keaton era stato scelto per recitare la parte principale di Batman). A dispetto di continue delusioni, frustrazioni e rischi, l'équipe di Guber e Peters fece di *Batman* uno dei più grandi successi al botteghino di tutti i tempi, facendo gli incassi più alti mai visti durante il weekend di apertura. Si calcola che gli utili del film e di tutti i prodotti abbinati abbiano raggiunto il miliardo di dollari!

Un altro esempio dell'ostinazione di Guber è stato produrre *Rain Man*. Questo film non avrebbe nemmeno dovuto nascere. A vari stadi della produzione, la sceneggiatura venne manipolata da cinque scrittori e tre registi abbandonarono il progetto, compreso Steven Spielberg. C'era chi voleva che Guber cambiasse lo script aggiungendo un po' di azione, qualche omicidio o almeno un pizzico di sesso. Sostenevano che nessuno sarebbe mai andato a vedere un film in cui si vedevano solo due tizi che attraversavano gli Stati Uniti in auto, e per di più uno dei due era "ritardato".

Ma Peter capisce la forza dell'emozione. Infatti ha sempre scelto di produrre film che tocchino l'animo umano. Sa che cosa arriva al cuore della gente e rifiutò di cambiare idea, dicendo a tutti che quello era un film che parlava di una relazione, che tutta l'azione di cui il film aveva bisogno stava nella storia di due fratelli che finalmente si conoscevano e che *Rain Man* avrebbe vinto un Oscar. Le menti migliori, Spielberg compreso, cercarono di dissuaderlo, ma lui non cedette. E difatti nel 1988 *Rain Man* vinse quattro Oscar, per il migliore film, il migliore attore, il migliore regista e la migliore sceneggiatura. L'ostinazione paga. Guber ritiene che con ogni nuovo film devi ripartire da zero, che a Hollywood vali solo quanto il tuo ultimo film. Questo crea naturalmente una situazione di ansia, di paura. Ma lui dice che utilizza la sua paura e lo stress dell'ambiente non per paralizzarsi ma, piuttosto, per spingersi avanti.

Troppo spesso la gente non comincia nemmeno a perseguire un obiettivo solo per paura di non riuscirci. O, peggio, comincia a perseguire uno scopo ma poi rinuncia troppo presto. Magari era già sulla buona strada per arrivare alla meta, ma non ha saputo avere la pazienza del tagliapietre. Se non ottengono subito dei risultati, molti rinunciano troppo presto. Se c'è una dote che hanno in genere i campioni, persone che hanno davvero raggiunto i loro più alti desideri, è un incredibile livello di ostinazione e di tenacia. Cambieranno magari il loro approccio, se necessario, ma non abbandoneranno mai la loro visione suprema.

LIBERATE IL POTERE DEL SISTEMA ATTIVANTE
RETICOLARE PER RAGGIUNGERE I VOSTRI OBIETTIVI

Qual è il potere a cui attingono persone come Peter Guber e Michael Landon? Che cos'è questa percezione, apparentemente extrasensoriale, che posseggono per cogliere, notare ogni cosa che si riferisce ai loro obiettivi o che può essere usata per realizzare i desideri del cuore? Io credo che queste due persone abbiano imparato a usare un meccanismo del loro cervello noto come "sistema attivante reticolare" (SAR).

Può sembrare complicato, e indubbiamente il processo lo è, ma la funzione del vostro SAR è semplice e profonda: determina ciò che noterete e ciò cui presterete attenzione. È lo strumento di scelta della vostra mente. Ricordate che la vostra mente conscia può focalizzarsi solo su un numero limitato di elementi per volta, perciò il cervello compie un grande sforzo per decidere a che cosa "non" prestare attenzione. Ci sono un'infinità di stimoli che vi bombardano anche in questo stesso momento, ma il vostro cervello ne cancella la maggior parte e si concentra solo su quello che ritiene importante. Il meccanismo per ottenere questo si chiama SAR. Il vostro SAR è quindi responsabile di quanta realtà sperimentate a livello conscio.

Vi farò un esempio. Vi è mai capitato di comperare un abito o un'auto nuovi e poi, di colpo, di vederli dovunque guardiate? Perché? Forse che prima non esistevano? Sì, certo che esistevano, ma voi ora li notate perché l'acquisto di questi oggetti è stata una chiara dimostrazione al vostro SAR che ogni cosa che si riferisca a questi oggetti ora è importante e deve essere notata. Avete un'immediata e migliore consapevolezza di qualcosa che in realtà è sempre stata intorno a voi.

Questo cambiamento di atteggiamento mentale vi allinea con maggior precisione in direzione dei vostri obiettivi. Una volta che avete deciso che qualcosa è una priorità, le attribuite una fortissima intensità emozionale e, concentrandovi continuamente su di essa, ogni risorsa che ne aiuta il conseguimento alla fine vi diventerà chiara. Perciò non è importante sapere esattamente "come" raggiungere i vostri obiettivi quando all'inizio ve li ponete. State certi che il vostro SAR vi indicherà tutto quello che dovete sapere lungo la strada.

> *Arrampicati sempre più in alto, la tua meta è il cielo, il tuo obiettivo la stella.*
> ISCRIZIONE DAVANTI AL WILLIAMS COLLEGE

Alcuni anni fa, nel 1983, ho fatto un esercizio che mi ha schiuso le porte di un futuro così stimolante da cambiare tutta la mia vita. Nel generale processo di alzare i miei standard, mi fissai tutta una nuova serie di obiettivi, scrivendo tutte le cose alle quali non mi sarei più adattato e tutte quelle che mi impegnavo ad avere. Misi da parte ogni mia credenza limitante e mi sedetti sulla spiaggia con il mio diario.

Scrissi ininterrottamente per tre ore, facendomi venire in mente tutto quello che avrei mai potuto immaginare di fare, essere, avere, creare, sperimentare o dare. Il tempo limite che mi posi per ottenere tutte quelle cose erano i successivi vent'anni. Non mi fermai mai a riflettere se avrei potuto raggiungere veramente questi obiettivi o meno. Semplicemente colsi al volo ogni possibilità che mi ispirasse, e la scrissi.

Quello fu l'inizio; completai questo programma sei mesi dopo, quando venni invitato insieme con un gruppo di parapsicologi in Unione Sovietica per studiare i fenomeni psichici direttamente con esperti universitari di tutta la Russia. Viaggiando per il paese con il mio gruppo, trascorsi molte ore sul treno da Mosca alla Siberia e da lì a Leningrado. Sul retro di una vecchia carta geografica della Russia, scrissi tutti i miei obiettivi a lungo termine per il mio futuro spirituale, mentale, fisico e finanziario. Poi creai una serie di pietre miliari per ciascuna di queste mete procedendo a ritroso.

Per esempio, per raggiungere il mio massimo obiettivo spirituale da qui a dieci anni, che persona dovrei essere e quali cose dovrei fare nei prossimi nove anni, otto anni, sette anni eccetera, fino ad arrivare al giorno d'oggi? Quale specifica azione potrei compiere "oggi" che mi conduca lungo la strada verso il destino che mi sono scelto?

Quel giorno mi posi degli obiettivi che hanno trasformato la mia vita. Descrissi la donna dei miei sogni, definendo nei particolari come avrebbe dovuto essere mentalmente, emozionalmente, fisicamente e spiritualmente. Descrissi come sarebbero stati i miei figli, i lauti guadagni che avrei fatto e la casa in cui sarei vissuto, compreso l'ufficio circolare su tre piani con vista sull'oceano.

Un anno e mezzo dopo una giornalista della rivista "Life" era a casa mia a intervistarmi per chiedermi come ero riuscito a creare un cambiamento così incredibile nella mia vita. Quando tirai fuori la vecchia carta geografica della Russia per mostrarle tutte le mete che vi avevo scritto, fu straordinario vedere quante ne avessi già raggiunte. Avevo incontrato la donna che avevo descritto e l'avevo sposata, avevo trovato e acquistato la casa che avevo sognato, perfetta fin nei minimi particolari, compreso l'ufficio su tre piani nella torre del castello che domina l'oceano. Quando avevo scritto quegli obiettivi, non avevo nessuna garanzia che sarei mai riuscito a raggiungerli. Ma ero disposto a sospendere il giudizio per un breve periodo di tempo perché funzionasse.

Fate subito il primo passo!

Ora faremo il primo passo per rendere visibile l'invisibile, per fare diventare realtà i vostri sogni. Quando avremo finito, vi sarete creati un senso di aspettativa così grande, un futuro così stimolante e avvincente, che non potrete fare a meno di compiere oggi stesso i primi passi.

Ci occuperemo di quattro aree:

1. Obiettivi di sviluppo personale
2. Obiettivi di carattere economico, di carriera/affari
3. Obiettivi di svago/avventura
4. Obiettivi di contributo al mondo

Per ciascuno di questi campi, stabilirete un periodo di tempo per riflettere. Scrivete rapidamente, tenete la penna in continuo movimento, non censuratevi, mettete tutto sulla carta. Chiedetevi continuamente: "Che cosa vorrei per la mia vita se sapessi di poterla avere in qualsiasi modo io voglia? A che cosa mirerei, se solo sapessi di non fallire?" Per il momento lasciate perdere il bisogno di sapere "come" farete. Limitatevi a scoprire "che cosa" volete veramente. Fatelo senza dubitare delle vostre capacità.

Ricordate che se raggiungerete una certa ispirazione, il potere che scatenerete dentro di voi troverà, comunque, il modo di realizzare il vostro desiderio. Inoltre, all'inizio non sprecate tempo in eccessivi particolari, per esempio non dite: "Voglio una casa su diversi piani a Nob Hill, San Francisco, con un arredamento tutto bianco, mobili moderni e qualche macchia di colore qua e là; ah, dimenticavo, vorrei anche un giardino di rose in stile vittoriano!" Scrivete semplicemente: "Casa da sogno. Grande giardino. San Francisco." I particolari li aggiungerete in seguito.

Mettetevi quindi in uno stato d'animo di assoluta fiducia in voi stessi e di totale certezza di essere in grado di realizzare tutto quello che volete. Mi piacerebbe che immaginaste di essere tornati bambini la sera di Natale. Siete in un grande magazzino e state per sedervi sulle ginocchia di Babbo Natale. Ricordate com'era? Se parlate con i bambini la vigilia di Natale, noterete che non hanno nessun problema a sfoderare una lista oltraggiosamente folle di regali. Vi diranno: "Adesso ti dico che cosa voglio. Voglio una piscina. Anzi, voglio 'due' piscine; una per te e una per me." Un adulto probabilmente si volterebbe a guardare il bambino e direbbe: "Che cosa? Sei già fortunato ad avere una vasca da bagno in cortile!" In seguito cercheremo di diventare un po' più pratici, ma adesso dovete fare come i bambini: concedetevi la libertà di esplorare una vita senza limiti.

1. *Obiettivi di sviluppo personale*

Passo 1. Negli spazi bianchi che seguono (oppure su altri fogli di carta, se vi serve più spazio) *scrivete tutto quello che vorreste migliorare nella vostra vita per quanto riguarda la vo-*

stra crescita personale. Come vorreste migliorare il vostro fisico? Quali sono i vostri obiettivi per il vostro sviluppo mentale e sociale? Per esempio, vorreste imparare a parlare un'altra lingua? Apprendere un metodo di lettura rapida? Oppure vorreste leggere tutte le opere di Shakespeare? Ed emozionalmente, che cosa vorreste sperimentare, ottenere o padroneggiare? Forse volete essere capaci di interrompere immediatamente moduli di frustrazione o rifiuto. Forse volete provare comprensione per la gente con cui prima eravate arrabbiati. Quali sono i vostri obiettivi spirituali? Volete provare un grande senso di unione con il Creatore? O un crescente senso di compassione per il vostro prossimo?

Il segreto per scrivere questi obiettivi è mettere su carta tutto quello che riuscite a immaginare senza mai fermare la vostra mente. Possono essere obiettivi a breve termine, qualcosa che volete ottenere questa settimana, quest'anno; oppure a lungo termine, qualcosa che volete ottenere entro i prossimi vent'anni. Riflettete intensamente per almeno cinque minuti, senza mai smettere di scrivere. Siate sciocchi, pazzi, siate come ragazzini, a volte un'idea stravagante porta a un grande destino! Ecco alcune domande che forse volete leggere prima di cominciare a scrivere, ma appena le avrete lette, mettetevi subito al lavoro e ponetevi subito degli obiettivi!

Che cosa vorreste imparare?
Che cosa vorreste essere capaci di fare?
Come vorreste che fossero i vostri amici?
Quale aspetto del vostro carattere vorreste sviluppare?
Che cosa vorreste essere?

Che cosa potreste fare per il vostro benessere fisico?
    Un massaggio alla settimana? Al giorno?
    Modellarvi il corpo dei vostri sogni?
    Iscrivervi a una palestra... e frequentarla?
    Assumere uno chef vegetariano?
    Portare a termine una gara di pentathlon?

Vi piacerebbe vincere la paura di volare?
Oppure di parlare in pubblico?
O di nuotare?

Che cosa vorreste imparare?
Parlare in francese?
Studiare i Rotoli del mar Morto?
Ballare e/o cantare?
Studiare con un virtuoso di violino?
Con chi altri vorreste studiare?
Vi piacerebbe accogliere uno studente straniero in un piano di scambio culturale?

Passo 2. Ora che avete una lista di obiettivi di sviluppo personale che vi eccitano, prendetevi un momento per stabilire accanto a ciascuno di essi un tempo limite. A questo stadio non è importante sapere come raggiungere questi scopi. Imponetevi solo uno schema di tempo in base al quale operare. Ricordate che gli obiettivi sono sogni con una scadenza. Il solo fatto di decidere quando raggiungere uno scopo mette in moto forze consce e inconsce per realizzarlo. Così se vi impegnate a raggiungere un certo scopo entro un anno o anche meno, scrivete "1". Se vi impegnate a raggiungerlo entro tre anni, scrivete "3" e così via per cinque, dieci o venti anni.

Passo 3. Ora scegliete il vostro unico e più importante obiettivo da realizzare entro un anno in questa categoria, un obiettivo che, se doveste raggiungerlo quest'anno, vi darebbe una grandissima eccitazione e la certezza di aver investito bene l'anno. Concedetevi due minuti per scrivere una frase sul perché siete assolutamente impegnati a ottenere questo scopo entro l'anno. Perché è così importante per voi? Che cosa otterrete, se lo raggiungerete? E che cosa perderete, se non ci riuscirete? Sono motivi abbastanza forti da indurvi veramente a portarlo a compimento? Altrimenti scegliete un altro obiettivo o ragioni migliori.

La più importante distinzione che ho fatto anni fa a proposito degli obiettivi era che se avevo un perché abbastanza grande per fare qualcosa, una serie di motivi abbastanza forti, riuscivo sempre a immaginare come raggiungerli. Gli obiettivi da soli possono stimolare, ma conoscere le ragioni più profonde per cui li volete può darvi la spinta e la motivazione necessarie a persistere e raggiungerli.

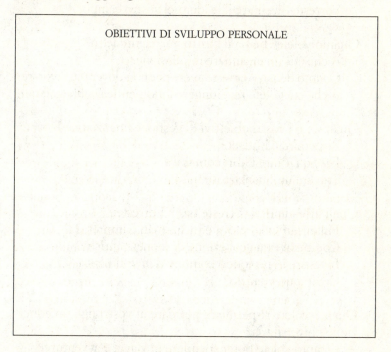

OBIETTIVI DI SVILUPPO PERSONALE

2. *Obiettivi di carattere economico, di carriera/affari*

Il prossimo passo sarà stabilire i vostri obiettivi economici di carriera/affari.

Passo 1. Scrivete tutto quello che volete per la vostra carriera, i vostri affari o il vostro livello finanziario. Che stadio di benessere economico volete ottenere? A che posizione volete salire?

Volete guadagnare:
    50.000 dollari all'anno?

500.000 dollari all'anno?
10 milioni di dollari all'anno?

Che obiettivi avete per la vostra azienda?
Vorreste quotarla in Borsa?
Vorreste diventare il leader nel vostro campo?

Quanto volete che sia il vostro guadagno netto?
A che età volete andare in pensione?
Quanto denaro vorreste avere per non dover più lavorare?
A che età volete raggiungere l'indipendenza finanziaria?

Quali sono i vostri obiettivi di gestione finanziaria? Dovete:
Rispettare il budget?
Fare quadrare i libri contabili?
Trovare un finanziatore?

Quali investimenti vorreste fare? Vorreste:
Finanziare una nuova entusiasmante impresa?
Comperare una collezione di monete antiche?
Investire in un fondo comune d'investimento?
Crearvi un vitalizio?

Quanto volete risparmiare per dare ai vostri figli un'educazione universitaria?
Quanto volete poter spendere in viaggi e avventure?
Quanto volete poter spendere in cose del tutto futili?

Quali sono i vostri obiettivi per la carriera?
Quale impulso vorreste dare alla vostra carriera?
Vorreste diventare un sovrintendente? Un manager?
Per che cosa vorreste essere famoso nella vostra professione?

Passo 2. Ora che avete scritto tutti i vostri più importanti obiettivi economici, di carriera e di lavoro, stabilite un tempo limite per ciascuno di loro. Se intendete realizzare uno scopo entro un anno, scriveteci accanto "1", e così via. Ricordate, quello che conta non è "come" farete per raggiungere questi obiettivi o se il limite di tempo che vi stabilite è ragionevole, ma se siete impegnati a raggiungerlo.

Passo 3. Ora scegliete il vostro principale obiettivo da realizzare entro un anno nel campo degli affari e dell'economia e concedetevi due minuti per scrivere una frase in cui spiegate perché siete assolutamente impegnati a raggiungere questo scopo entro l'anno. Mettete più ragioni che potete. Scegliete ragioni che vi diano veramente una spinta, che vi infondano passione ed entusiasmo. Anche stavolta, se le ragioni non sono abbastanza forti per indurvi veramente a perseverare, cercate motivi migliori o uno scopo migliore.

OBIETTIVI DI CARATTERE ECONOMICO,
DI CARRIERA/AFFARI

3. Obiettivi di svago/avventura

Se non ci fossero limiti economici, quali sono le cose che vi piacerebbe avere? Quali cose vi piacerebbe fare? Se davanti a voi ci fosse il genio della lampada di Aladino, che cosa vorreste di più?

Passo 1. In cinque minuti scrivete tutto ciò che potreste mai volere, avere, fare o sperimentare. Ecco qualche domanda per spronarvi:

Vorreste costruire, creare o acquistare:
    Un cottage? Un castello? Una casa sulla spiaggia?
    Un catamarano? Uno yacht privato? Un'isola?
    Un'auto sportiva Lamborghini? Un guardaroba di Chanel?
    Un elicottero? Un jet?
    Una scuola di musica? Una collezione d'arte?
    Uno zoo privato con giraffe, coccodrilli e ippopotami?

A che cosa vorreste assistere?
    Alla prima di una commedia a Broadway?
    Alla prima di un film a Cannes?
    A un concerto di Bruce Springsteen?
    A uno spettacolo di teatro kabuki a Osaka, in Giappone?

Vorreste:
    Correre con Andretti alla prossima Indy 500?
    Giocare un doppio con Monica Seles e Steffi Graf, oppure con Boris Becker e Ivan Lendl?
    Fare il lanciatore al torneo di baseball World Series?
    Portare la torcia olimpica?
    Stare a tu per tu con Michael Jordan?
    Nuotare con i delfini rosa nei mari del Perù?
    Essere la star di uno spettacolo di Broadway?
    Baciare Kim Basinger nella scena di un film?
    Partecipare a una "dirty dance" con Patrick Swayze?
    Fare la coreografia di un balletto con Michail Baryšnikov?

Che luoghi esotici vorreste visitare? Vorreste:
Fare il giro del mondo in barca a vela come Thor Heyerdahl sul *Kon-Tiki*?
Visitare la Tanzania e studiare gli scimpanzé con Jane Goodall?
Imbarcarvi sulla *Calypso* con Jacques Cousteau?
Sdraiarvi sulla sabbia della Costa Azzurra?
Girare con uno yacht tra le isole greche?
Partecipare alla Festa del Dragone in Cina?
Partecipare a una danza delle ombre a Bangkok?
Fare immersioni subacquee alle Fiji?
Meditare in un monastero buddhista?
Girare per il Prado a Madrid?
Prenotarvi un posto sulla prossima navetta spaziale?

Passo 2 e 3. Anche stavolta stabilite un tempo limite per ciascun obiettivo, scegliete il vostro scopo principale da realizzare entro un anno, in due minuti scrivete una frase spiegando perché volete assolutamente realizzarlo entro l'anno.

Portate a sostegno delle ragioni forti e, naturalmente, se queste ragioni non sono abbastanza stringenti per farvi veramente andare fino in fondo, trovate dei motivi migliori o sceglietevi un obiettivo più soddisfacente.

OBIETTIVI DI SVAGO/AVVENTURA

4. Obiettivi di contributo al mondo

Questi possono essere gli obiettivi più ispiratori e stimolanti perché sono l'occasione per lasciare la vostra orma, per creare un'eredità che faccia veramente la differenza nella vita della gente. Potrebbe essere una cosa semplice come fare un'offerta alla vostra chiesa oppure partecipare a un programma di recupero ambientale oppure potrebbe essere importante come creare una fondazione per offrire occasioni alle persone svantaggiate.

Passo 1. Concedetevi cinque minuti per pensare a tutte le possibilità.

Come potreste contribuire? Vorreste:
Eliminare la discriminazione razziale?
Aiutare a costruire un rifugio per i senzatetto?
Adottare un bambino?
Svolgere lavoro volontario in una mensa per poveri?
Leggere ai ciechi?
Andare a fare visita a un uomo o a una donna condannati all'ergastolo?
Andare volontari per sei mesi tra i Caschi blu delle Nazioni
Unite?
Andare a fare compagnia ai vecchietti?

Come potreste aiutare a:
Proteggere lo strato di ozono?
Ripulire i mari?
Mettere fine alla distruzione delle foreste pluviali?

Che cosa potreste creare?
Una macchina del moto perpetuo?
Un'auto che funziona a spazzatura?
Un sistema per distribuire cibo a tutti gli affamati?

Passo 2 e 3. Come prima, stabilite un limite di tempo per ciascun obiettivo, scegliete il vostro obiettivo massimo da realizzare entro un anno e in due minuti scrivete una frase per spiegare perché siete assolutamente impegnati a realizzarlo entro l'anno.

> *Non c'è niente come un sogno per creare il futuro. Oggi utopia, domani realtà.*
>
> Victor Hugo

Ora dovreste avere quattro obiettivi principali da realizzare entro l'anno, obiettivi che vi ispirano e vi esaltano, con ragioni giuste e impellenti che li sostengono. Come vi sentireste se fra un anno foste riusciti a raggiungerli tutti e quattro? Che cosa provereste nei vostri stessi confronti? E nei confronti della vita? Non insisterò mai abbastanza nel sottolineare l'importanza di crearsi ragioni abbastanza forti per perseguire questi scopi.

Fate in modo di pensare a questi quattro obiettivi tutti i giorni. Scriveteli in un posto in cui li possiate vedere tutti i giorni, o nel vostro diario o su un foglietto che sta sempre sul vostro tavolo in ufficio o infilato nello specchio del bagno dove vi radete o vi truccate. Se sostenete i vostri obiettivi con un solido impegno al COCOMI, allora sarete sicuri di progredire un po' tutti i giorni.

OBIETTIVI DI CONTRIBUTO AL MONDO

COME REALIZZARE I VOSTRI OBIETTIVI

Ora che vi siete posti una serie di obiettivi impellenti e di ragioni ben precise per raggiungerli, il processo per realizzarli è già cominciato. Il vostro SAR si sensibilizzerà mentre voi ripassate costantemente i vostri obiettivi e le vostre ragioni e vi fornirà ogni risorsa utile alla realizzazione del vostro desiderio ben definito. Per assicurarvi l'assoluto raggiungimento dei vostri obiettivi dovete condizionare il vostro sistema nervoso a provare in anticipo il piacere che certo ne trarrete. In altre parole, almeno due volte al giorno dovete fare la prova e assaporare emozionalmente l'esperienza di raggiungere ciascuno dei vostri obiettivi principali. Ogni volta che lo fate, dovete creare altra gioia emozionale, mentre vi vedete, sentite e ascoltate vivere il vostro sogno.

Questa concentrazione continua creerà una via nervosa da dove siete a dove volete arrivare. Grazie a questo intenso condizionamento, scoprirete di avere l'assoluta certezza che riuscirete a realizzare i vostri desideri, e questa certezza si tradurrà in una qualità d'azione che vi assicurerà il successo. La vostra sicurezza vi permetterà di contattare il coach e i modelli giusti che vi guideranno a compiere le azioni più efficaci per ottenere rapidamente risultati, invece del solito sistema per tentativi che può richiedere decenni e oltre. Non aspettate un altro giorno. Cominciate subito, oggi stesso!

IL FINE DELL'OBIETTIVO

Spesso, quando perseguiamo i nostri obiettivi, non riusciamo a realizzare il vero impatto che possono avere sull'ambiente intorno a noi. Pensiamo che raggiungere l'obiettivo sia l'unico fine. Ma se fossimo più accorti, ci renderemmo conto che spesso, *nel perseguire i nostri scopi mettiamo in moto degli effetti a catena* che hanno conseguenze di ben più vasta portata di quanto ci fossimo mai resi conto. Dopo tutto, le api decidono forse intenzionalmente di distribuire il polline e quindi di moltiplicare i fiori? Ovviamente no ma, mentre succhia il dolce nettare, l'ape raccoglie sempre un po' di polline con le zampette, poi vola su un altro fiore e mette in moto la catena dell'impollinazione, il cui risultato sarà un bel prato traboccante di colori. L'uomo d'affari persegue il profitto e nel fare così può creare posti di lavoro, che offrono alla gente la possibilità di un'incredibile crescita personale e di migliorare la qualità della vita. Guadagnarsi da vivere dà modo alle persone di ottenere certi risultati, come mandare i figli all'università. I figli, a loro volta, diventano medici, avvocati, artisti, scienziati, uomini d'affari e genitori. Un circolo che non finisce mai.

Gli obiettivi sono un mezzo per un fine, non la meta ultima della nostra vita. Sono semplicemente strumenti per concentrare la nostra attenzione e muoverci in una certa direzione. *L'unica ragione per cui perseguiamo degli obiettivi è riuscire a espanderci e crescere.* Raggiungere degli obiettivi in sé e per sé non vi renderà mai felici a lungo termine; è chi diventerete, mentre superate gli ostacoli per ottenere i vostri obiettivi, che vi può dare il senso più profondo e duraturo di realizzazione. Perciò forse la domanda chiave che dobbiamo porci è: "Che genere di persona dovrò diventare per ottenere tutto ciò che voglio?" Questa può essere la domanda più importante da porvi, perché la sua risposta stabilirà in che direzione dovete muovervi.

Ora prendetevi un minuto di tempo e *scrivete una frase che descriva tutti i tratti del carattere, le tecniche, le capacità, le attitudini e le credenze che dovreste sviluppare per raggiungere tutti gli obiettivi che avete scritto prima.* Dovrete certo entrare in azione per raggiungere queste mete. Ma che qualità dovrete avere, come persona, per trasformare questa invisibile serie di impegni in una realtà concreta? Prima di continuare, fermatevi a scrivere questa frase.

CHE TIPO DI PERSONA DEVO DIVENTARE
PER OTTENERE QUELLO CHE VOGLIO

....
....
....
....

Il passo più importante

Per anni mi sono fissato degli obiettivi che poi non ho conseguito. Al momento mi sentivo ispirato, tutto pieno di entusiasmo, ma dopo tre settimane notavo che non avevo portato a compimento niente di quanto avevo scritto. Scrivere un obiettivo è certo il primo passo, e molti non fanno nemmeno questo. Il solo fatto di affidare alla carta le vostre idee comincia a renderle più reali.

Ma la cosa più importante da fare, appena vi siete fissati un obiettivo, è crearvi subito lo slancio. Le regole più importanti che ho adottato per aiutarmi a raggiungere le mie mete sono quelle che ho imparato da un uomo di grande successo, che mi ha insegnato per prima cosa a scrivere i miei obiettivi e poi a non abbandonare mai il luogo in cui mi sono fissato un obiettivo senza avere prima compiuto un qualsiasi gesto positivo verso la sua realizzazione.

Come vi ho abbondantemente spiegato nel capitolo 2, una vera decisione è quella su cui agite, e su cui agite ora, subito. Sfruttate lo slancio che vi siete creati stabilendo i vostri quattro obiettivi principali. Il modo più efficace per tenere vivo questo slancio è *entrare subito in azione*, adesso, appena avrete finito di leggere questo capitolo. Anche il più piccolo passo, una telefonata, un impegno, l'abbozzo iniziale di un progetto, vi farà progredire. Poi fatevi una lista di semplici cose che potete fare quotidianamente nei prossimi dieci giorni. Vi garantisco che dieci giorni di piccole azioni in direzione dei vostri obiettivi cominceranno a creare una catena di abitudini che vi assicurerà il successo a lunga scadenza.

Se il vostro obiettivo numero uno di sviluppo personale per l'anno prossimo è imparare, per esempio, a ballare, sfogliate subito le pagine gialle e chiamate la scuola di danza per informarvi e iscrivetevi alle lezioni.

Se il vostro massimo obiettivo di svago/avventura per l'anno prossimo è l'acquisto di una Mercedez-Benz, chiamate il concessionario per farvi mandare qualche dépliant, oppure andate a trovarlo oggi stesso e fate una prova su strada dell'auto. Non sto dicendo che dovete comperarla oggi, ma che dovete almeno scoprire quanto costa, oppure provare a guidarla, in modo che il sogno diventi più reale. Il vostro desiderio intensificato vi aiuterà poi a crearvi un piano per realizzarlo.

Se il vostro massimo obiettivo economico per il prossimo anno è guadagnare centomila dollari, allora cominciate a valutare che passi dovrete fare. Conoscete qualcuno che già guadagna questa cifra e che vi possa insegnare il segreto della propria riuscita? Dovete forse avere un secondo lavoro, per riuscire a guadagnare questa cifra? Quali tecniche dovete affinare, per ottenerlo? Dovete cominciare a risparmiare più di quanto spendete e investire la differenza, in modo che nelle vostre casse gli introiti non provengano solo dal vostro lavoro? Dovete forse iniziare una nuova impresa? Che risorse dovete accumulare?

Ricordate: dovete provare almeno una volta al giorno la sensazione di avere raggiunto i vostri quattro massimi obiettivi in tutt'e quattro le categorie. Li guarderete idealmente una volta al mattino e una volta alla sera. Ripassatevi tutta la lista una volta ogni sei mesi, per essere sicuri che i vostri obiettivi siano rimasti vitali. Forse vorrete ripetere la riflessione sui vostri obiettivi e aggiungerne di nuovi; sono certo che vorrete eliminarne alcuni, a mano a mano che la vostra vita assumerà una nuova forma entusiasmante.

Un'altra cosa di vitale importanza per il successo a lungo termine è tenere presente che raggiungere una meta può diventare una disgrazia se non vi siete già creati una serie di nuovi obiettivi primari, prima di raggiungere il primo. Appena capite che state per raggiungere il primo obiettivo, dovete immediatamente crearvi una nuova serie di obiettivi. Altrimenti farete un'esperienza deleteria per tutti quanti: sorpassare, correre più in fretta del proprio sogno. Quante volte abbiamo letto di qualcuno che raggiunge i massimi obiettivi della propria vita e dice: "Come, è tutto qui?" Queste persone infatti sentono di non avere un altro posto verso cui salire dalla cima cui sono arrivati.

Un classico esempio in questo senso sono gli astronauti dell'Apollo che si erano preparati per tutta la vita alla loro suprema missione: andare sulla luna. Quando finalmente ci riuscirono, erano euforici, entusiasti, ma dopo essere tornati sulla terra alcuni di loro cominciarono a soffrire di una forte depressione. Dopo tutto, non avevano più niente cui aspirare. Che obiettivo più grande potrebbe esserci che andare sulla luna, compiere l'impossibile, esplorare l'iperspazio? Forse la risposta potrebbe essere esplorare le frontiere altrettanto sconosciute dello spazio all'interno della nostra mente, del nostro cuore e della nostra anima.

Ho sentito dire che certe ragazze progettano il proprio matrimonio per mesi, o addirittura per anni, riversando tutta la loro creatività, le loro risorse e perfino la loro identità in una perfetta fantasia da favola. Vincolano tutte le loro speranze e i loro sogni a quello che si aspettano sia uno di quegli avvenimenti che accadono una sola volta nella vita. Ma quando lo splendore comincia ad appannarsi, la giovane sposa, come l'astronauta, si sente delusa. Come si fa ad andare oltre il momento culminante della propria vita? La giovane sposa dovrà rivolgere la sua attenzione all'avventura, assai più importante e, stavolta, senza fine, di costruire un rapporto.

Come si fa a raggiungere il desiderio del cuore e provare ancora quell'eccitazione, quella passione che solo perseguire una meta può dare? *Appena ci si avvicina alla meta* che si è perseguita per tanto tempo, bisogna subito *fissarsi dei nuovi obiettivi stimolanti*. Questo garantisce un passaggio sereno dalla realizzazione di un desiderio alla nuova ispirazione e un continuo impegno a crescere. Senza questo impegno, faremo quanto è necessario per sentirci soddisfatti, ma non ci avventureremo mai oltre la nostra zona di comodo. E a questo punto che perdiamo l'entusiasmo, lo spirito d'iniziativa, il desiderio di espanderci, di crescere, e cominciamo a stagnare. Spesso la gente muore nello spirito e nelle emozioni prima ancora che nel corpo.

Per uscire da questa trappola, bisogna rendersi conto che *offrire il nostro contributo, dare una mano agli altri può essere davvero la meta suprema.* Trovare il modo per aiutare gli altri, le persone cioè che più amiamo, può essere fonte di ispirazione e stimolo per tutta la vita.

C'è sempre un posto nel mondo per coloro che sono disposti a donare tempo, energia, capitale, creatività e impegno.

Pensate a Robin Williams, per esempio. Ecco un uomo che ha avuto un grande vantaggio sul suo amico John Belushi, perché ha scoperto il modo di non essere mai a corto di obiettivi. Robin e i suoi amici, Whoopi Goldberg e Billy Cristal, hanno trovato una missione che fa continuamente appello alle loro migliori risorse: aiutare i senzatetto. Arnold Schwarzenegger ha trovato altrettanta ricompensa emozionale nel suo rapporto con Special Olympics (un gruppo che organizza programmi di atletica per ragazzi e adulti handicappati) e con il Council on Physical Fitness del presidente degli Stati Uniti. Tutte queste persone di successo hanno imparato che non c'è niente di così stimolante quanto la sensazione di offrire un sincero contributo agli altri.

Badate che ci sia sempre un altro sogno più in alto a spingervi avanti nella ricerca costante e continua di miglioramento. L'impegno al COCOMI è in realtà la polizza universale di assicurazione per l'eterna felicità. Ricordate che un futuro avvincente e stimolante è il cibo di cui si nutre l'anima e che abbiamo tutti bisogno di un senso continuo di crescita emozionale e spirituale.

Programmatevi per il successo

Ora che avete degli obiettivi che vi ispirano veramente, che vi spingono avanti, dovete renderli così stimolanti da farli apparire reali al vostro sistema nervoso. Come fate a sviluppare quel senso di ferrea certezza? Primo, eliminate tutti gli ostacoli immaginando ciò che potrebbe impedirvi di proseguire e affrontandolo ora piuttosto che dopo molti chilometri di strada. Poi prendete degli impegni con persone che sicuramente vi faranno mantenere i vostri standard di vita più alti. Rinforzate le vostre vie nervose facendo continue prove e con l'intensità emozionale. Immaginatevi più volte i vostri obiettivi con grande vivezza e realismo. Incorporate gli elementi visivi, auditivi e cinestesici che faranno del vostro obiettivo una realtà!

LA LEZIONE SUPREMA

La lezione più importante di questo capitolo è che un futuro avvincente e stimolante crea un senso dinamico di crescita, senza il quale siamo vivi solo a metà. Un futuro stimolante non è un optional, un accessorio, ma una necessità. Ci permette non solo di raggiungere ma anche di condividere il profondo senso di gioia, di contributo e di crescita che dà significato alla vita stessa.

> *Dove non c'è visione, la gente perisce...*
> PROVERBI 29,18

Ricordo di avere letto che negli Stati Uniti un numero incredibile di persone muore nei primi tre anni di pensione, il che dimostra che, se si perde la sensazione di produrre o di contribuire in qualche modo, si perde letteralmente la voglia di vivere, mentre se si ha una ragione per resistere, lo si fa. Infatti gli studiosi hanno scoperto che gli anziani o i malati terminali spesso resistono fin dopo le vacanze.

Finché hanno qualcosa come il Natale e le visite dei parenti da aspettare con ansia, hanno una ragione per vivere, ma una volta finita l'occasione, non c'è più niente di stimolante nel loro futuro e si lasciano andare.

Questo fenomeno è vero non solo per quanto riguarda gli Stati Uniti; si osserva in tutte le culture del mondo. Per esempio, in Cina il tasso di mortalità si abbassa prima e durante le grandi festività, e risale appena le feste sono finite.

Non importa se avete diciotto od ottanta anni, avete sempre bisogno di qualcosa che vi stimoli, che vi spinga avanti. L'ispirazione che cercate si trova dentro di voi e aspetta solo di essere destata da qualche sfida imprevista o da qualche ispirata richiesta. Il colonnello Harlan Sanders la trovò all'età di sessantacinque anni, quando gli arrivò il primo magro assegno della previdenza sociale. La rabbia lo indusse ad agire.

Non dobbiamo aspettare un avvenimento per avere l'ispirazione. Possiamo inventarcela.

L'anziano comico George Burns conosce l'importanza e il potere di un futuro stimolante e avvincente. Quando una volta gli chiesero di esprimere la sua filosofia di vita, lui rispose: "Dovete avere qualcosa che vi spinga ad alzarvi dal letto. Del resto, io a letto non posso comunque fare niente. La cosa più importante è avere un punto, una direzione verso cui procedere." Ora Burns ha novant'anni, continua ad affinare il suo spirito, prende ancora parte a progetti per il cinema o per la televisione e recentemente ho sentito che si è prenotato un posto al London Palladium per il 2000, quando cioè avrà centoquattro anni! Niente male, come idea, per crearsi un futuro stimolante, non vi pare?

Usate il vostro potere. Ora sapete che cosa fare per ispirarvi. E ora di farlo! Se fino a questo momento avete letto passivamente questo capitolo, tornate indietro e datevi da fare con gli esercizi. Sono divertenti e facili.

Primo, fate la lista dei vostri quattro massimi obiettivi da realizzare entro l'anno.

Secondo, chiaritevi le idee sul "perché".

Terzo, eseguite il rituale di rileggere i vostri obiettivi e di fare le prove per dieci giorni (come se si trattasse di una commedia da mandare in scena) della gioia che proverete quando li avrete realizzati. Quarto, circondatevi di modelli e di persone che possono aiutarvi a fare un piano per realizzare i vostri desideri. Ciascuno di questi passi vi aiuterà a programmare il vostro SAR e a sensibilizzarvi a tutte le possibili risorse che potete incorporare per portare a compimento i vostri scopi. Tutto questo vi darà anche quel senso di certezza che vi occorre per entrare in azione.

Perciò ora passiamo al prossimo capitolo, e permettetemi di dirvi come distruggere gli ostacoli che vi si presentano, mediante...

13
I DIECI GIORNI DELLA SFIDA MENTALE

> *L'abitudine può essere o il migliore servitore o il peggiore padrone.*
>
> NATHANIEL EMMONS

Continuità... Non è forse questo, che cerchiamo tutti? Non vogliamo ottenere dei risultati una volta ogni tanto. Non vogliamo essere felici solo per un momento. Non vogliamo sentirci al meglio solo sporadicamente. *Il segno del vero campione è la costanza, la continuità, e la vera continuità viene stabilita dalle abitudini.*

Di certo avrete ormai capito che non ho scritto questo libro solo per insegnarvi a fare certe distinzioni o per ispirarvi con il racconto di qualche episodio particolare o per darvi qualche informazione di cui potreste servirvi di tanto in tanto per ottenere un piccolo miglioramento personale. Questo libro è dedicato a creare un notevole incremento di qualità della vostra vita.

E questo lo si può ottenere solo mediante un nuovo modulo di comportamento, entrando cioè decisamente in azione. Per un individuo il vero valore di una strategia o di una tecnica è direttamente proporzionale alla frequenza con cui se ne serve. Come vi ho detto molte volte, non basta sapere che cosa fare, bisogna anche metterla in atto. Questo capitolo intende aiutarvi a stabilire abitudini di eccellenza, a stabilire schemi di concentrazione che vi aiuteranno a portare al massimo l'impatto che avete su voi stessi e sugli altri.

Però, per portare la nostra vita al massimo livello, dobbiamo renderci conto che *lo stesso modulo di pensiero che ci ha condotto fin qui non ci porterà fin dove vogliamo arrivare.* Una delle più grandi difficoltà che noto negli individui e nelle aziende è la resistenza che oppongono al cambiamento (il loro maggiore alleato), giustificando il loro modo di agire con l'affermazione che è stato il loro attuale comportamento a portarli al livello di successo di cui godono ora. Questo è verissimo, ma in realtà ora è richiesto un nuovo livello di pensiero per sperimentare un nuovo livello di successo personale e professionale.

Per farlo, dobbiamo una volta per tutte spezzare le barriere del timore e assumere il controllo della concentrazione della nostra mente.

I nostri vecchi moduli, in base ai quali permettevamo alla nostra mente di farsi schiavizzare dai problemi contingenti, devono essere definitivamente interrotti. Al loro posto dobbiamo stabilire l'impegno, per tutta la vita, a focalizzarci sulle soluzioni e a goderci il processo. Finora con questo libro avete imparato moltissime strategie e avete acquisito innumerevoli strumenti per rendere la vostra vita più ricca, più piena, più felice ed eccitante. Ma se vi limitate a leggere questo libro senza usarlo, vi comportate come se aveste comperato un nuovo e potente computer e non lo tiraste nemmeno fuori dalla scatola, oppure come se aveste acquistato una Ferrari solo per lasciarla ferma sul vialetto davanti a casa, a coprirsi di polvere e sporcizia.

Permettetemi perciò di offrirvi un semplice piano per interrompere i vostri vecchi moduli mentali, emotivi e comportamentali, di suggerirvi un modo per aiutarvi a condizionare le nuove alternative potenzianti e per renderle assolutamente continue e permanenti.

Anni fa, mi trovavo intrappolato in un modulo di frustrazione e di rabbia. Dovunque mi girassi, non vedevo che problemi. A quel punto pensare positivamente non era davvero in cima alla lista delle mie soluzioni. Dopo tutto, ero sempre una persona intelligente, e le persone intelligenti non cercano di far sembrare positive cose che non lo sono! C'era un sacco di gente, intorno a me, che sosteneva quella stessa idea (ed erano altrettanto frustrate!).

In realtà, in quel periodo avevo un atteggiamento terribilmente negativo e vedevo le cose ancora peggio di quello che erano. Il mio pessimismo mi serviva da scudo. Era un debole tentativo di difendermi dal dolore delle aspettative deluse:

avrei fatto qualsiasi cosa per evitare di restare ancora deluso. Ma, adottando questo modulo, la stessa barriera che mi teneva lontano dal dolore mi impediva anche di accedere al piacere. Mi escludeva dalle soluzioni e mi chiudeva nella tomba della morte emozionale, dove non si prova mai né troppo piacere né troppo dolore e dove si cerca sempre di giustificare la limitatezza delle proprie azioni affermando che bisogna essere realistici.

In realtà, la vita è un equilibrio. Se ci permettiamo di diventare quel genere di persone che si rifiutano di ammettere che le erbacce stanno invadendo il loro giardino, finiremo distrutti dalle nostre illusioni. Del pari distruttive, però, sono anche quelle persone che, per paura, si immaginano continuamente che il loro giardino sia incolto e soffocato da erbacce incontrollabili. *La strada del leader è quella che sta nel giusto mezzo.* Il leader nota le erbacce con un sorriso sulle labbra, sapendo che hanno le ore contate perché lui le ha individuate e quindi può entrare immediatamente in azione per eliminarle.

Non dovete essere negativi nei confronti delle erbacce. Fanno parte della vita. Abbiamo bisogno di vederle, riconoscerle, concentrarci sulla soluzione e fare subito tutto il necessario per eliminare la loro influenza dalla nostra vita. Fingere che le erbacce non esistano non migliorerà certo le cose, come pure non servirà infuriarsi per la loro presenza o lasciarsene spaventare. Il continuo tentativo da parte delle erbacce di invadere il vostro giardino è un fatto naturale. Limitatevi semplicemente a strapparle. E fatelo in uno stato emozionale di allegria e di divertimento, mentre eseguite l'operazione, altrimenti rischiate di passare il resto della vita immusoniti e preoccupati, perché vi posso garantire una cosa: ci saranno sempre altre erbacce che invaderanno il vostro giardino. E, a meno che non vogliate vivere eternamente in lotta contro il mondo intero ogni volta che si ripresenta il problema, dovete ricordare che anche le erbacce fanno parte della vita. Vi tengono in esercizio, sempre pronti a notare che cosa dovete fare per tenere il giardino della vostra vita fiorente e in buona salute.

Dobbiamo usare lo stesso approccio anche per togliere le erbacce dalla nostra mente. Dobbiamo essere in grado di capire quando stiamo per avere un modulo negativo, non batterci il petto a causa di tale modulo, e nemmeno crogiolarci nel pessimismo, ma semplicemente interrompere il modulo appena lo scopriamo e sostituirlo con le nuove sementi del successo mentale, emozionale, fisico, finanziario, spirituale e professionale. Come possiamo spezzare questi moduli, quando si presentano? Semplicemente ricordando i passi del CNA, appresi nel capitolo 6.

1. *Dovete decidere che cosa volete.* Se volete veramente provare sensazioni di gioia, passione, controllo della vostra vita, il che è ovvio, altrimenti ora non stareste leggendo questo libro, allora sapete che cosa volete.

2. *Dovete fare leva su voi stessi.* Se leggeste questo libro senza poi stabilire dei nuovi moduli, pensate che incredibile spreco di tempo sarebbe! E, invece, come vi sentireste se usaste veramente quello che avete imparato per prendere immediato controllo della vostra mente, del vostro corpo, delle vostre emozioni, finanze e relazioni? Lasciate che il desiderio di evitare il dolore e di ottenere grande piacere vi conduca a compiere subito i cambiamenti necessari per portare la vostra vita a un livello superiore. Per riuscirci dovete...

3. *Interrompere il modulo limitante.* Il modo migliore che io conosca per farlo è mettersi a "dieta mentale", cioè prendervi un dato periodo di tempo e assumere consciamente il controllo di tutti i vostri pensieri. La dieta mentale è l'occasione buona per eliminare i moduli distruttivi e negativi di pensiero e di sensazioni che provengono inevitabilmente dal vivere la vita in modo emozionalmente e mentalmente indisciplinato. Io mi sono impegnato a compiere questa azione di pulizia mentale circa otto anni fa e ho scoperto che è un processo molto profondo e di inestimabile valore.

L'idea mi venne grazie a un libro di Emmet Fox, in cui l'autore parlava dell'importanza di passare sette giorni di fila senza mai avere un pensiero negativo. L'idea sembrava così ingenua, così ridicolmente semplice, che, nel leggere, sulle prime pensai che si trattasse solo di un grande spreco di tempo. Ma quando l'autore cominciò a esporre tutte le regole della dieta che prescriveva per ripulire il sistema mentale, cominciai a rendermi conto che doveva essere più difficile di quanto avessi pensato. La sfida mi intrigò e i risultati finali mi sbalordirono. Vorrei ampliare la sfida che Fox ha creato nel 1935 e farne un mezzo per aiutarvi a integrare gli strumenti principali del cambiamento, che avete imparato in questo libro, a partire da oggi stesso.

Vi si offre ora l'occasione di applicare veramente le nuove discipline che avete imparato nei capitoli precedenti. La sfida che vi propongo è semplicemente questa: *per i prossimi dieci giorni, a partire da subito, impegnatevi ad assumere pieno controllo delle vostre facoltà mentali ed emozionali, decidendo di non indulgere a pensieri o emozioni improduttivi.*

Sembra facile, vero? E sono sicuro che potrebbe esserlo. Ma chi si decide a farlo resta spesso stupito nello scoprire quante volte il proprio cervello si lascia coinvolgere in pensieri improduttivi, timorosi, ansiosi o distruttivi.

Perché dovremmo indulgere continuamente a moduli mentali ed emozionali che creano un inutile stress nella nostra vita? La risposta è semplice: perché in realtà pensiamo che sia utile! Molta gente vive in uno stato di ansia. Per raggiungere questo stato, molti si fissano e indugiano in continuazione sul peggior scenario possibile. Perché lo fanno? Perché credono che questo li spingerà a fare qualcosa, ad agire. Ma la verità è che l'ansia mette di solito una persona in uno stato emozionale estremamente privo di risorse. Non ci spinge a entrare in azione, ma tende piuttosto a farci sentire oppressi da frustrazione o paura.

Eppure, usando alcuni degli strumenti più semplici indicati in questo libro, potreste cambiare immediatamente il vostro stato ansioso, concentrandovi su una soluzione. Potreste porvi una domanda migliore, come: "Che cosa mi serve per migliorare subito la situazione?" Oppure potreste cambiare il vostro stato d'animo, cambiando il vocabolario che usate per descrivere le sensazioni che provate: da "ansiosi" potreste diventare "un po' preoccupati".

Quindi, se decidete di accettare la mia sfida dei dieci giorni, significa che siete interessati a mettervi in uno stato d'animo decisamente positivo e a restarci qualunque cosa accada. Significa che, se vi trovate in uno stato d'animo privo di risorse, debilitante, cambierete subito la vostra fisiologia o vi concentrerete su uno stato d'animo potenziante, indipendentemente dai vostri desideri del momento. Per esempio, se qualcuno fa qualcosa che voi ritenete distruttivo o anche odioso nei vostri confronti, e scoprite che vi state cominciando ad arrabbiare, dovete immediatamente cambiare stato emozionale, indipendentemente dalla situazione, mantenendo rigorosamente il termine di dieci giorni consecutivi.

Non dimenticate che avete a disposizione un'infinità di strategie per cambiare stato d'animo. Potreste porvi una domanda più potenziante, come: "Che insegnamento potrei trarre da questo?" Oppure: "Che cosa c'è di buono in questa situazione e che cosa non è ancora perfetto?" Queste domande vi porteranno a stati emozionali positivi, in cui troverete delle soluzioni, invece di indugiare a ripetere il solito circolo vizioso di frustrazione e rabbia. In quanti altri modi potreste cambiare stato d'animo, se vi impegnaste veramente?

Ricordate, il nostro scopo non è ignorare i problemi della vita, ma metterci in uno stato mentale ed emozionale migliore, in cui riusciamo non solo a trovare delle soluzioni, ma anche a metterle in pratica. Coloro che si concentrano sempre su cose che non possono controllare sono continuamente debilitati.

Sì, è vero, non possiamo controllare né il vento né la pioggia né gli altri capricci del tempo, ma possiamo fissare le vele in modo che ci permettano di stabilire la direzione della nostra vita.

La prima volta che ho deciso di seguire la dieta mentale di Fox, pensavo che restare in uno stato d'animo positivo potesse danneggiarmi. Dopo tutto, ero stato ottimista in passato ma non ero riuscito a raggiungere le mie aspettative. Ne ero uscito con le ossa rotte. Però alla fine scoprii che, cambiando punto di concentrazione, riuscivo a controllare meglio la mia vita, evitando lo stato d'animo problematico e concentrandomi invece sulle possibili soluzioni. Quando ero in uno stato d'animo pieno di risorse, produttivo, trovavo subito le intime risposte.

Tutti i grandi personaggi di successo che conosco hanno la capacità di restare concentrati, chiari e forti nel bel mezzo di grandi tempeste emozionali. Come ci riescono? Perlopiù hanno una regola fondamentale: nella vita, mai sprecare più del 10 per cento del tempo sul problema, e spendere il 90 per cento sulla risoluzione. E, soprattutto, non affannarsi sulle cose di poco conto... e, in fondo, sono tutte cose di poco conto!

Se decidete di seguire la sfida dei dieci giorni (e penso che lo farete, visto che siete arrivati fino a questo punto del libro), allora pensate che per i prossimi dieci giorni passerete il 100 per cento del vostro tempo sulle soluzioni e nemmeno un minuto a riflettere sui problemi!

Ma questo non finirà per farli peggiorare? "Se non mi preoccupo dei miei problemi, non finirò per perderne il controllo?" Ne dubito seriamente. Dieci giorni passati a concentrarsi unicamente sulle soluzioni, su quello che c'è di bello nella vostra vita, su quello che funziona e sulla vostra buona sorte, non renderà di certo peggiori i vostri problemi. Anzi, questi nuovi moduli possono rendervi così forti che quello che un tempo vi pareva un problema potrebbe sparire, mentre voi assumete la nuova identità di essere umano felice e inarrestabile. Ecco le quattro semplici ma importantissime regole di questa sfida. Quindi, se intendete raccoglierla, ricordate quanto segue.

LA SFIDA MENTALE DEI DIECI GIORNI:
LE REGOLE DEL GIOCO

Regola 1. Nei prossimi dieci giorni consecutivi rifiutatevi di indugiare su sensazioni o pensieri negativi. Rifiutatevi di indulgere a domande debilitanti, a metafore e vocabolario devitalizzanti.

Regola 2. Quando vi accorgete di cominciare a concentrarvi su cose negative, e di certo vi capiterà, dovete subito usare le tecniche che avete imparato fin qui per focalizzare la vostra attenzione su uno stato emozionale più positivo. In particolare, usate le domande che aiutano a risolvere i problemi (cioè le domande del mattino e della sera di cui vi ho parlato nel capitolo 8) come prima linea di attacco. Per esempio: "Che cosa c'è di buono in questo? Che cosa non è ancora perfetto?" Ricordate che, ponendovi quest'ultima domanda, supponete implicitamente che le cose alla fine saranno perfette. Il che cambierà il vostro stato d'animo: non vuole dire ignorare il problema ma mantenervi nel giusto stato d'animo, mentre cercate di individuare che cosa va cambiato.

Inoltre, ogni mattina, per i prossimi dieci giorni predisponetevi al successo, ponendovi le domande potenzianti del mattino. Potete farlo prima di alzarvi dal letto o mentre siete sotto la doccia, ma fatelo bene. Questo vi farà concentrare nella direzione atta a stabilire moduli positivi, sia mentali sia emozionali, ogni giorno, appena svegli. Alla sera, usate le domande potenzianti della sera, oppure le domande che pensate possano mettervi in uno stato d'animo ottimale prima di addormentarvi.

Regola 3. Per i prossimi dieci giorni consecutivi, concentratevi solo sulle soluzioni e non sui problemi. Appena vedete profilarsi una difficoltà, un problema, concentratevi subito sulla possibile soluzione.

Regola 4. Se vi accorgete di regredire, cioè se vi sorprendete a indulgere o indugiare su pensieri o sensazioni debilitanti, non fatene un dramma. Non c'è problema, a patto che cambiate immediatamente rotta. Se però continuate a gingillarvi con pensieri o sensazioni debilitanti per un periodo di tempo abbastanza lungo, dovete aspettare la mattina successiva e ricominciare da capo la serie dei dieci giorni consecutivi. Scopo di questo programma è proprio resistere per dieci giorni consecutivi senza che un'idea negativa vi passi per la testa. E, badate bene, dovete ricominciare di nuovo anche se eravate riusciti a seguire il programma per parecchi giorni di fila.

Potreste porvi la domanda: "Per quanto tempo posso concentrarmi sull'aspetto negativo delle cose, prima di dover dire che vi ho indugiato?" Per me è sufficiente un minuto di concentrazione su pensieri o sensazioni sbagliati. Un minuto è più che sufficiente per accorgerci dell'errore e cambiare rotta. Il nostro scopo è afferrare il mostro finché è piccolo. Di certo, in sessanta secondi chiunque è in grado di capire se ha un atteggiamento negativo su qualcosa.

Se fossi in voi, però, mi concederei un massimo di due minuti per accorgermi della sfida e cominciare a cambiare stato d'animo. Due minuti sono senz'altro sufficienti per rendervi conto di essere in uno stato d'animo negativo. Interrompete il modulo. Se lasciate che la cosa vada avanti per cinque minuti e oltre, vi accorgerete che la sfida mentale non raggiunge il suo scopo e imparerete solo a dare sfogo alle vostre emozioni più in fretta. Lo scopo è sconfiggere le cose ancora prima di entrare in uno stato negativo.

La prima volta che ho provato a fare questo esercizio, dopo tre giorni mi sono arrabbiato per qualcosa e mi sono concesso cinque minuti di emozioni negative, prima di rendermi conto di quello che stavo facendo. Così dovetti ricominciare tutto quanto di nuovo. Al secondo tentativo, il sesto giorno mi scontrai con delle grosse difficoltà, ma stavolta ero preparato e non avevo certo intenzione di ricominciare di nuovo, perciò mi concentrai subito sulla soluzione. Il vantaggio, come potete bene immaginare, non fu solo di non dover interrompere la mia dieta mentale, ma anche di cominciare a condizionarmi a un grande e duraturo modulo che mi permetteva di restare in uno stato d'animo positivo anche quando ero circondato da sfide e difficoltà e di concentrare la maggior parte delle mie energie sulle soluzioni.

Oggi, anche quando sento parlare di problemi, tendo, come avrete notato, a chiamarli sfide. Non resto a indugiarvi sopra e mi concentro subito su come trasformare la sfida in una buona occasione.

Siamo noi che creiamo le nostre abitudini e poi le nostre abitudini creano noi.

JOHN DRYDEN

Potete decidere, mentre affrontate questa sfida mentale, di depurare anche il vostro corpo, già che ci siete. Combinare la sfida del vivere sano con la sfida mentale può produrre magnifici risultati che possono cambiare in meglio la vostra vita in dieci giorni.

Impegnandovi e perseverando fino in fondo nella sfida mentale, vi concederete uno stacco dalle abitudini limitanti e metterete in moto i muscoli del potenziamento. Invierete al vostro cervello un nuovo messaggio chiedendogli nuovi risultati. Pretenderete emozioni potenzianti, pensieri proficui, domande ispiratrici.

Con una precisa e semplice idea (la sofferenza di ricominciare tutto) inviate al vostro cervello forti segnali perché ricerchi moduli potenzianti. Stabilendo uno standard più alto per i pensieri sui quali permetterete alla vostra mente di indugiare, comincerete a notare moduli spazzatura e distruttivi che prima accettavate ciecamente o pigramente. Di conseguenza vi sarà difficile tornare sui vostri passi e riprendere i vecchi sentieri. La durezza di questo approccio vi costringerà a ricordare in futuro questa tecnica e vi renderà difficile tornare ai vecchi moduli.

Ma attenzione: non impegnatevi in questa sfida mentale di dieci giorni a meno che non siate veramente sicuri di poterla portare fino in fondo. Non è una sfida per deboli di cuore. È adatta solo per chi si impegna veramente a condizionare il proprio sistema nervoso a nuovi e potenzianti moduli emozionali che possono portare la sua vita a un gradino più alto. Allora, avete deciso di buttarvi? Pensateci bene prima di assumervi questo impegno, perché una volta che vi sarete impegnati, dovrete mantenere la parola: solo allora potrete provare la soddisfazione che può dare uno sforzo disciplinato. Se la vostra risposta è sì, per i prossimi dieci giorni dovrete prendere le cose che avete razionalmente appreso da questo libro fino a questo momento e farne parte integrante della vostra vita quotidiana.

Questi dieci giorni vi aiuteranno a usare la tecnica del CNA per condizionarvi al successo. Vi porrete nuove domande, userete il vocabolario trasformazionale e metafore globali più potenzianti e cambierete all'istante l'oggetto della vostra concentrazione e la vostra fisiologia.

Ammettiamolo, abbiamo tutti i nostri punti deboli. Se siete sovrappeso, può darsi che il vostro punto debole siano quelle belle, grandi coppe di gelato con panna ricoperta di cioccolato, oppure la pizza ai quattro formaggi. Quando siete a dieta vi dite: "Il troppo è troppo. A questo punto dico basta." Vi mantenete all'altezza di uno standard più alto e vi godete il piacere dell'autostima che vi verrà dall'avere compiuto quest'unico, semplice gesto di autodisciplina. Ma tutti noi abbiamo anche debolezze di tipo mentale. Certa gente, per esempio, ama compiangersi. Altri invece si arrabbiano al punto di andare contro i loro stessi interessi. Altri ancora tralasciano di concentrarsi proprio su quelle cose che richiederebbero più attenzione. Ora io vi sfido a decidere di non permettervi per dieci giorni consecutivi nemmeno una di queste pericolose debolezze mentali.

Che cosa può impedirvi di metterle semplicemente al bando? Diverse cose, naturalmente. Tanto per cominciare, la pigrizia. Molti sanno benissimo che cosa dovrebbero fare, ma non riescono mai a raccogliere l'energia sufficiente per farlo. Molti sanno che la loro vita potrebbe essere di gran lunga migliore, eppure continuano a stare seduti davanti al televisore a ingozzarsi di porcherie, privando il proprio corpo del carburante di cui ha bisogno per crescere.

Il secondo ostacolo è la paura. Troppo spesso la sicurezza di un presente mediocre è più comoda dell'avventura di tentare di diventare qualcosa di più in futuro. Così molti arrivano alla fine della loro vita chiedendosi che cosa sarebbero potuti diventare (non permettete che accada anche a voi).

La terza cosa è la forza dell'abitudine. Abbiamo i nostri vecchi moduli emozionali: la mortale forza della routine. Come un aereo guidato dal pilota automatico, il nostro cervello tira fuori sempre le stesse vecchie risposte e reazioni. Ci troviamo davanti a un ostacolo e subito ci concentriamo sul problema piuttosto che sulla soluzione. Ci capita un rovescio di fortuna e ci mettiamo a compiangerci, invece di pensare che insegnamento trarne. Commettiamo uno sbaglio e subito lo vediamo come un catastrofico giudizio su quello che siamo in grado di fare invece di far tesoro di quell'esperienza e andare avanti. L'esercizio che vi propongo è un metodo per superare questi tre ostacoli e produrre cambiamenti durevoli con vantaggi che si moltiplicano con il tempo. Questa è l'occasione buona di impegnarvi al COCOMI!

Certo questa sfida dei dieci giorni non è per nulla facile. Se siete abituati a compiangervi, non è facile smettere di farlo. Se date sempre la colpa di tutte le disgrazie che vi capitano alla vostra compagna (o al vostro compagno), la cosa più facile è continuare a farlo. Se mascherate la vostra insicurezza con l'irritazione e il malumore, se vi crogiolate nei vostri sensi di colpa, se attribuite tutti i vostri problemi al vostro aspetto fisico o alla vostra situazione economica o alla vostra educazione, non sarà facile cambiare. Ma ormai avete a vostra disposizione molti strumenti per migliorare la vita. Vi sfido a cominciare a usarli.

Credetemi, il potere insito in questo piccolo esercizio è enorme. Se riuscirete a compierlo fino in fondo, farete quattro cose per voi stessi. Primo, avrete una chiara percezione di tutti i vostri abituali moduli mentali che vi impediscono di svilupparvi. Secondo, il vostro cervello sarà spinto a cercare di sostituirli con alternative potenzianti. Terzo, vedere che siete capaci di cambiare la vostra vita vi darà una grande fiducia in voi stessi. Quarto, e più importante, vi creerete nuove abitudini, nuovi standard e nuove aspettative che vi aiuteranno a crescere più di quanto non possiate immaginare.

Il successo è come una catena di montaggio: è il risultato di tante piccole discipline che ci conducono ai suoi moduli abituali, al punto di non aver più bisogno di un costante sforzo di volontà. Come un treno merci che acquista velocità, questo esercizio di fare le cose giuste consapevolmente, di eliminare i moduli che vi limitano e crearne di nuovi che vi spingono avanti, vi darà slancio come poche altre cose nella vita.

E il bello è che, diversamente da una dieta in cui vi riducete alla fame e, alla fine, dovete tornare a mangiare, il vostro vecchio modulo che vi spingeva a concentrarvi sugli elementi negativi non è qualcosa cui dovete per forza ritornare. Alla fine può anche darsi che non sia un esercizio di dieci giorni. In realtà è un'occasione per abituarvi a concentrarvi sulle cose positive. Ma se, dopo aver messo al bando per dieci giorni i vostri velenosi moduli mentali, volete tornare sui vostri passi, accomodatevi pure, non fate complimenti. La verità è che, una volta che avrete provato a vivere in questo modo vitale e pieno, tornare al vecchio modulo vi disgusterà. Se tuttavia vi scoprirete comunque a uscire dai binari, avrete gli strumenti per rimettervi subito in carreggiata.

Ricordate però che solo voi potete far funzionare questa sfida mentale. *Solo voi potete impegnarvi ad andare davvero fino in fondo.* Potreste anche prendere in considerazione l'idea di fare ulteriormente leva su voi stessi, per perseverare fino in fondo. Un modo per procurarvi un incentivo extra è fare partecipi le persone che vi stanno vicine dell'impegno che vi siete assunti, oppure trovare qualcuno che segua con voi questa sfida. Inoltre, l'ideale sarebbe tenere un diario di quanto vi accade, di quello che provate in questi dieci giorni, annotandovi con cura le esperienze giorno per giorno e indicando come avete superato con successo i vari ostacoli, tutte le sfide. Credo che rileggerlo più tardi vi sarà di grandissimo aiuto.

Infine, uno degli strumenti più utili per creare un cambiamento è non solo interrompere il vostro vecchio modulo, ma anche sostituirlo con uno nuovo. Per esempio, potreste decidere di diventare quello che io sono da sempre: un accanito lettore.

I LEADER SONO DEGLI ACCANITI LETTORI

Anni fa un mio insegnante, Jim Rohn, mi insegnò che leggere qualcosa di valido, di sostanzioso, qualcosa di "nutriente", qualcosa che desse qualche nuova informazione ogni giorno, era più importante che mangiare. Mi convinse che si deve leggere almeno mezz'ora al giorno. Mi disse: "Salta magari un pasto, ma non saltare la tua lettura." Ho scoperto che questo è stato uno degli insegnamenti più preziosi che io abbia ricevuto nella mia vita. Perciò, mentre vi state depurando l'organismo di tutto il vecchiume, potreste volerlo rinforzare mettendovi a leggere le novità. E ci sono moltissime pagine piene di informazioni e strategie di valore che potreste utilizzare durante questi dieci giorni.

Se c'è una cosa che avete imparato da questo libro è il potere delle decisioni. Ora siamo a un punto critico del nostro viaggio. Avete imparato una serie di strategie e di informazioni fondamentali che potete mettere in pratica per forgiare in modo energico e positivo la vostra vita. Ora vi rivolgo questa domanda: avete deciso di servirvene veramente? Non credete che dovete a voi stessi almeno il tentativo di cercare di sfruttare al massimo questo libro? Questo è uno dei modi più importanti per andare fino in fondo. Impegnatevi ora a farlo, così come vi siete impegnati a cercare di vivere la qualità di una vita al massimo livello.

Cercate di capire che questo capitolo è la mia sfida personale nei vostri confronti. È un'occasione e un invito a esigere da voi stessi più di quanto gli altri si siano mai aspettati e a raccogliere le ricompense che scaturiranno da questo impegno. È arrivato il momento di mettere in pratica ciò che avete imparato. Ma è anche arrivato il momento di decidere se intendete davvero operare qualche semplice ma importante cambiamento nella vostra vita. So che è quello che desiderate. Se volete la prova di essere in grado di farcela, spero sinceramente che la troviate in questo capitolo (se avete intenzione di affrontarlo in pieno).

A questo punto, siete pronti a passare alla seconda parte del libro. Avete ormai acquisito gli strumenti essenziali per forgiare la vostra vita prendendo delle decisioni. Ma ora studiamo il sistema fondamentale che controlla tutte le decisioni che prendete. Arriverete a capire le basi della vostra filosofia personale servendovi di...

PARTE SECONDA

PRENDERE IL CONTROLLO: IL SISTEMA FONDAMENTALE

14
L'INFLUENZA ESSENZIALE:
IL VOSTRO SISTEMA FONDAMENTALE

Elementare, Watson...
Sir Arthur Conan Doyle

Una delle cose che più amo del mio lavoro è l'opportunità che mi offre di svelare il mistero del comportamento umano e quindi di proporre soluzioni che cambino veramente la qualità della vita della gente. Trovo affascinante sondare al disotto della superficie e scoprire il perché del comportamento di una persona, scoprire le sue intime credenze, le domande che si pone, le sue metafore, i suoi riferimenti e i suoi valori. Dato che il mio forte è produrre cambiamenti immediati e duraturi, ho imparato a localizzare rapidamente i punti chiave di leva per facilitare il cambiamento. Ogni giorno mi metto nei panni di Sherlock Holmes, indagando nei minimi dettagli per ricostruire pazientemente il puzzle dell'esperienza unica di ciascuna persona (immagino si possa dire che sono un investigatore molto privato!). Certi indizi rivelatori del comportamento umano valgono almeno quanto una pistola fumante in un delitto.

A volte, però, gli indizi sono un po' più sottili e ci vuole un'indagine più accurata per scoprirli. Ma per diversi che possano essere i vari comportamenti umani, la cosa che mi ha permesso di svolgere il mio lavoro con tanto successo è che alla fine essi sono tutti riconducibili a una serie di peculiari elementi chiave. Basta avere il controllo di questi principi organizzativi per essere in grado non solo di influenzare il comportamento delle persone perché operino un cambiamento positivo, ma anche di capire perché la gente fa quello che fa.

Capire quello che io chiamo il "sistema fondamentale" che regola il comportamento umano è una scienza, né più né meno della chimica o della fisica, una scienza governata da leggi prestabilite e da schemi di azione e reazione. Potete pensare al vostro sistema fondamentale, cinque elementi che determinano il modo in cui valutate tutto quello che vi capita nella vita, come una specie di tavola periodica che elenca gli elementi base del comportamento umano. Proprio come tutta la materia fisica si riduce agli stessi elementi fondamentali, così accade per il processo del comportamento umano agli occhi di chi sa che cosa cercare. Sono la combinazione e la struttura, il modo cioè in cui usiamo questi elementi, a rendere unico ciascuno di noi. Certe miscele sono volatili e producono effetti esplosivi. Alcune combinazioni neutralizzano, altre catalizzano, altre ancora paralizzano.

Bombardati come siamo dal numero infinito di cose che ci accadono ogni giorno, spesso non ci accorgiamo neppure di avere una filosofia personale e ancor meno del potere che tale filosofia ha nel determinare la nostra valutazione del significato che le cose hanno per noi. La seconda parte di questo libro è dedicata ad aiutarvi a prendere diretto controllo del vostro sistema fondamentale di valutazione, di quella forza che controlla quello che provate e quello che fate in ogni momento della vostra vita.

Capire il sistema fondamentale degli altri vi permette di cogliere immediatamente l'essenza di una persona, sia che si tratti della vostra compagna (o del vostro compagno) o di vostro figlio, del vostro capo o del vostro socio in affari o anche della gente che incontrate tutti i giorni. Sarebbe davvero un dono magnifico riuscire a capire che cosa spinge la gente che vi sta più a cuore, voi compresi. Non sarebbe bello superare irritazioni e attriti con gli altri e capire perché si comportano in quel dato modo e poi, senza giudicare, riuscire a mettervi in rapporto con quello che essi sono veramente?

Con i bambini, di solito teniamo presente che una certa irritabilità può significare semplicemente il bisogno di un sonnellino e non una cattiva disposizione d'animo. Nel matrimonio è particolarmente importante riuscire a vedere al di là delle tensioni quotidiane, in modo da sostenersi a vicenda e rafforzare il legame che ha unito i partner inizialmente. Se il vostro compagno è sotto pressione per motivi di lavoro e sfoga con voi la sua frustrazione, non significa che il vostro matrimonio sia finito, ma piuttosto che dovete dedicare maggiore attenzione al vostro partner e concentrarvi su come aiutarlo, sostenerlo. Dopo tutto, non giudichereste l'andamento della Borsa basandovi solo su un giorno in cui l'indice MIB scende di venti punti. Allo stesso modo, non potete giudicare il carattere di una persona da un singolo episodio. *La gente non è il proprio comportamento.*

La chiave per capire le persone è capire il loro sistema fondamentale: solo così potrete apprezzare il loro modo personale e sistematico di ragionare. Abbiamo tutti un sistema o una procedura da seguire per stabilire che cosa significano le cose per noi e che cosa dobbiamo fare in proposito, praticamente in ogni situazione della vita. Dobbiamo ricordare che le cose contano in modo differente per persone diverse e che ciascuno valuta quello che sta accadendo in base al proprio punto di vista e al proprio condizionamento.

Immaginate di giocare a tennis e di tirare una pessima palla di servizio. Dal vostro punto di vista è un errore, ma dal punto di vista del vostro avversario è un ottimo colpo! Dal punto di vista del giudice di linea, poi, il servizio non è né buono né cattivo: dal suo punto di vista può essere solo "dentro" o "fuori". Che cosa succede in genere dopo un brutto tiro? La gente generalizza e, il più delle volte, in modo deprimente. "Che servizio orribile," diventa per il giocatore, "oggi non riesco assolutamente a servire". E così anche i servizi che seguono saranno probabilmente poco entusiasmanti. Perciò il treno della generalizzazione acquista velocità e si passa da "oggi non riesco assolutamente a servire" a "non ho mai avuto un gran servizio", a "non sono gran che come giocatore di tennis", a "non sono capace di fare niente come si deve", a "sono una persona orrenda". Detto in questo modo, nei suoi tremendi particolari, può sembrare ridicolo, ma non succede forse proprio così in vari campi della nostra esistenza? Se non riusciamo a prendere il controllo del nostro processo di valutazione, questo finisce per andare letteralmente a ruota libera e ci trascina nella spirale dell'autorecriminazione.

Un metodo di valutazione migliore crea una vita migliore

Prendendo a modello le persone di maggior successo della nostra cultura, noto immancabilmente in loro un comune denominatore: fanno valutazioni migliori. Pensate a qualcuno che conoscete e che sia bravissimo in un campo qualsiasi, nel campo degli affari, della politica, delle arti, dei rapporti personali, della salute fisica o della spiritualità. Che cosa lo ha portato al vertice del successo? Che cosa ha determinato, per esempio, il fatto che il pubblico ministero Gerry Spence negli ultimi quindici anni abbia vinto quasi tutte le cause che ha dibattuto? E come mai Bill Cosby diverte il suo pubblico ogni volta che entra in scena? E che cosa rende così ossessivamente perfetta la musica di Andrew Lloyd Webber?

Tutto dipende dal fatto che queste persone sanno fare ottime valutazioni nella loro specifica sfera d'interesse. Spence ha sempre cercato di arrivare a una migliore e approfondita comprensione di che cosa influenzi le emozioni e le decisioni umane. Cosby ha passato anni a creare riferimenti chiave, credenze e regole sul modo in cui usare tutto quello che fa parte del suo ambiente come materiale per far ridere la gente. La perfetta conoscenza che Webber ha della melodia, dell'orchestrazione, dell'arrangiamento gli dà modo di scrivere musica che tocca le nostre corde più profonde.

Pensate a Wayne Gretzky dei Los Angeles Kings. Ha segnato più punti di chiunque altro nella storia del campionato nazionale di hockey. Come mai? Forse perché è il giocatore più atletico e robusto, più forte e più veloce del campionato? Per sua stessa ammissione la risposta a queste tre domande è no. Eppure è stato il giocatore che ha segnato più punti di tutti. Quando gli hanno chiesto che cosa lo renda tanto efficiente, la sua risposta è stata che mentre in genere i giocatori pattinano verso il punto in cui si trova il disco, lui invece tende a pattinare verso il punto in cui si troverà il disco. In ogni momento, la sua capacità di prevedere, di valutare cioè la velocità del disco, la sua direzione, le strategie e lo slancio fisico dei giocatori che gli stanno intorno, gli permette di piazzarsi nella posizione migliore per segnare.

Uno dei maggiori operatori finanziari del mondo è John Templeton, decano degli investimenti internazionali, con un primato di successi senza pari negli ultimi cinquant'anni. Un capitale di diecimila dollari investito nel Templeton Growth Fund nel 1954 oggi varrebbe oltre due milioni di dollari! Per convincerlo a lavorare personalmente con voi sul vostro portafoglio, attualmente dovreste investire come minimo dieci milioni di dollari in contanti. Il suo migliore cliente gli ha affidato più di un miliardo di dollari da investire. Ma che cos'è che ha fatto di Templeton uno dei più grandi consulenti finanziari del mondo? Quando gliel'ho chiesto, lui non ha avuto alcuna esitazione e ha detto: "La mia capacità di valutare il vero valore di un investimento." Ha saputo farlo nonostante i capricci di tendenza delle oscillazioni del mercato a breve termine.

La ricchezza è il risultato di efficaci valutazioni

Tra gli altri grandi consulenti per gli investimenti che ho studiato e preso a modello l'anno scorso, ci sono Peter Lynch, Robert Pretcher e Warren Buffet. Nelle sue valutazioni finanziarie, Buffet si aiuta con un'efficace metafora che ha imparato dal suo grande amico e mentore Ben Graham: "[Come metafora per considerare le oscillazioni di mercato, provate a immaginare] che vengano da un certo Mr Market, un tipo molto accomodante che è anche vostro socio in affari... Le quotazioni di questo Mr Market sono tutt'altro che [stabili]. Perché? Per il triste motivo che il poverino soffre di incurabili problemi emozionali. A volte è tutto euforico e allora vede solo i fattori positivi che influiscono sugli affari: quando è di questo umore, Mr Market stabilisce un prezzo di compravendita molto alto, perché teme che voi arraffiate le sue azioni e lo derubiate dei suoi imminenti guadagni. Altre volte, questo signore è depresso e vede solo guai in vista, sia per il mondo in generale sia per gli affari. In questi casi, stabilirà un prezzo molto basso... Ma come Cenerentola al ballo, dovete stare attenti agli avvertimenti, o vi ritroverete anche voi su una zucca tirata dai topolini. Mr

Market è lì per servirvi, non per guidarvi. È il suo portafoglio che vi deve interessare, non la sua saggezza. Se un giorno vi si dovesse presentare un Mr Market di umore particolarmente folle, siete liberi o di ignorarlo o di approfittare di lui, ma sarà un disastro per voi se cadrete sotto la sua influenza. In realtà, se non siete sicuri di capire e giudicare i vostri affari meglio di Mr Market, è meglio che abbandoniate la partita."

Evidentemente Buffet valuta le sue decisioni di investimento ben diversamente da chi si dispera quando il mercato crolla o è euforico quando sale alle stelle. E proprio perché valuta in modo diverso, ottiene risultati di diversa qualità. Se qualcuno se la cava meglio di noi in un campo qualsiasi della vita, è perché sa valutare meglio il significato delle cose e quello che dovrebbe fare. Non dobbiamo mai dimenticare che l'effetto delle nostre valutazioni va ben oltre l'hockey o la finanza. Il modo in cui valutate quello che mangiate ogni sera può determinare la durata e la qualità della vostra vita. Una valutazione sbagliata a proposito di come educare i vostri figli può creare un potenziale di sofferenza per tutta la vita. L'incapacità di capire il metodo di valutazione di qualcun altro può distruggere una bella e affettuosa relazione.

L'obiettivo, quindi, è saper valutare ogni cosa nella vostra vita in un modo che vi guidi costantemente a fare scelte che producano i risultati che desiderate. Il guaio è che raramente assumiamo il controllo di quello che sembra un processo complicato. Ma io ho inventato dei sistemi per semplificarlo, in modo che possiamo prendere il timone e cominciare a governare le nostre personali procedure di valutazione e quindi il nostro destino. Ecco una breve rassegna dei cinque elementi di valutazione: alcuni vi sono già noti, altri li studieremo nei prossimi capitoli. Qui sotto vedete una freccia puntata verso due bersagli gemelli. Questo diagramma indica come funziona il vostro sistema fondamentale di valutazione. Rivediamo uno per uno questi cinque elementi e aggiungiamoli a mano a mano al diagramma.

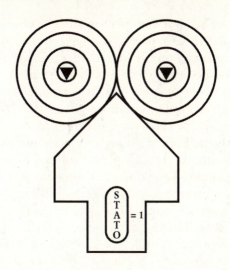

1. *Il primo elemento che influenza tutte le vostre valutazioni è lo stato mentale ed emozionale* in cui vi trovate quando state facendo una valutazione. A volte può capitare nella vita che qualcuno vi dica una cosa e vi faccia piangere, mentre altre volte lo stesso commento può farvi ridere. Qual è la differenza? Potrebbe essere semplicemente lo stato d'animo in cui siete. Se siete in uno stato d'animo timoroso, vulnerabile, uno scricchiolio di passi davanti alla vostra finestra di notte, il cigolio d'una porta che si apre possono avere per voi un significato totalmente diverso che se vi trovate invece in uno stato d'eccitazione o di anticipazione positiva. Potete reagire nascondendovi con un brivido di paura sotto le lenzuola, oppure saltando giù dal letto e correndo alla porta a braccia aperte: dipende unicamente dalle valutazioni che fate sul significato di questi rumori. Una chiave importante per fare valutazioni migliori, quindi, è essere certi che quando prendete una decisione sul significato delle cose e su che cosa fare, siate in uno stato mentale ed emozionale produttivo, piuttosto che in una modalità di sopravvivenza.

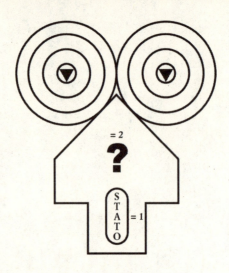

2. *Il secondo elemento del vostro sistema fondamentale è costituito dalle domande* che vi ponete. Le domande creano la forma iniziale delle nostre valutazioni. Ricordate, qualsiasi cosa vi accada nella vita, il vostro cervello la valuterà chiedendosi: "Che cosa sta succedendo? Che cosa significa questa situazione? Significa dolore o piacere? Che cosa potete fare per evitare, ridurre o eliminare il dolore e ottenere un po' di piacere?" Che cos'è che vi spinge a chiedere a qualcuno di uscire con voi? Le vostre valutazioni sono profondamente influenzate dalla domanda specifica che vi ponete quando pensate di accostarvi a questa persona. Se vi ponete come domanda: "Non sarebbe magnifico riuscire a conoscere questa persona?" probabilmente vi sentirete motivati ad avvicinarla. Se invece i vostri interrogativi sono: "E se poi mi respinge? E se si offende? E se io ci resto male e ne soffro?" ovviamente queste domande vi faranno fare una serie di valutazioni che vi indurranno a lasciar perdere l'occasione di entrare in rapporto con la persona che vi interessa veramente.

Anche il genere di cibo che metterete sul vostro piatto, per cena, dipende dalle domande che vi fate. Se di solito, per quanto riguarda il cibo, vi chiedete: "Che cosa potrei mangiare di veloce che mi tiri subito su di tono?" allora probabilmente sceglierete cibi in scatola molto trattati, roba precotta cui basta dare una scaldatina, in altre parole cibo spazzatura. Se invece vi siete chiesti: "Che cosa potrei mangiare di nutriente?" è più probabile che siate attratti da cibi come frutta, succhi, verdura e insalate. La differenza tra mangiare abitualmente una merendina confezionata e bere un succo di frutta appena spremuto determinerà la qualità del vostro corpo ed è il risultato della vostra valutazione. Le domande che vi ponete abitualmente hanno un ruolo di primo piano in questo processo.

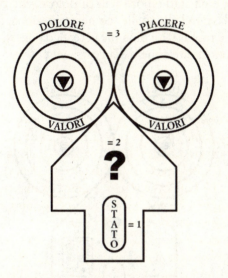

3. *Il terzo elemento che influisce sulle vostre valutazioni è la vostra gerarchia di valori.* Ognuno di noi ha imparato nel corso della propria vita a considerare certe emozioni più importanti di altre. Tutti vogliamo sentirci bene, cioè vogliamo provare piacere ed evitare di sentirci male, ossia scansare il dolore. Ma l'esperienza ci insegna che ciascuno di noi ha un suo codice personale per stabilire che cos'è il dolore e che cos'è il piacere. Lo si trova nel sistema guida dei nostri valori. Per esempio, una persona può avere imparato a collegare piacere all'idea di sentirsi sicura, mentre qualcun altro può avere collegato dolore alla stessa idea, perché l'ossessione che la sua famiglia aveva

per la sicurezza gli ha sempre impedito di sentirsi libero. Certa gente cerca di avere successo, ma allo stesso tempo vuole a tutti i costi evitare di essere respinta. Vedete come questo conflitto di valori può far sì che una persona si senta frustrata o paralizzata?

I valori che scegliete determineranno tutte le decisioni che prenderete. Ci sono due tipi di valori, di cui parleremo nel prossimo capitolo: gli stati emozionali di piacere, verso i quali cerchiamo sempre di andare (valori come amore, gioia, simpatia ed eccitazione), e gli stati emozionali di dolore, che cerchiamo di evitare o di lasciarci alle spalle (come umiliazione, frustrazione, depressione e rabbia). La dinamica creata da questi due obiettivi determinerà la direzione della vostra vita.

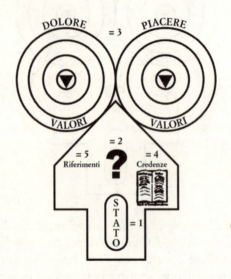

4. *Il quarto elemento del vostro sistema fondamentale sono le credenze.* Le nostre credenze globali ci danno un senso di certezza su che cosa provare e che cosa aspettarci da noi stessi, dalla vita, dagli altri; le nostre regole sono le convinzioni che abbiamo su che cosa deve accadere per farci sentire che i nostri valori sono realizzati. Per esempio, certi pensano: "Se mi ami, allora non alzerai mai la voce con me." Questa regola ci

indurrà a pensare che chi alza la voce con noi non ci ama, quindi che non c'è amore nel nostro rapporto. Può darsi che sia un'idea del tutto priva di fondamento, ma la regola dominerà la valutazione e quindi la percezione e l'esperienza di che cosa sia vero. Altre regole, altrettanto limitatrici, potrebbero essere: "Se avrai successo allora guadagnerai milioni di dollari." Oppure: "Se sei un buon genitore, non avrai mai un conflitto con i tuoi figli."

Le nostre credenze globali determinano le nostre aspettative e spesso controllano addirittura quello che siamo disposti a valutare, a prendere in considerazione. Inoltre, la forza di queste credenze determina quando abbiamo un'esperienza di gioia o di dolore: esse sono un elemento base in ogni nostra valutazione.

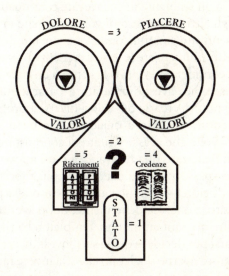

5. *Il quinto elemento del vostro sistema fondamentale è il miscuglio di esperienze di riferimento* che potete ottenere da quel gigantesco schedario che chiamiamo cervello. In questo schedario abbiamo accumulato tutto quello che abbiamo sperimentato in vita nostra, anzi, anche tutto quello che abbiamo semplicemente immaginato. Questi riferimenti costituiscono la materia

prima che usiamo per costruire le nostre credenze e guidare le nostre decisioni. Per stabilire che senso ha una cosa dobbiamo paragonarla a qualcos'altro. Per esempio, questa situazione è buona o cattiva? Pensate all'esempio del tennis che abbiamo fatto prima; la situazione è buona o cattiva in confronto a che cosa? È buona in confronto a quello che i vostri amici fanno o hanno? È cattiva in confronto alla peggiore situazione di cui abbiate mai sentito parlare? Ciascuno di noi ha a disposizione un numero illimitato di riferimenti quando deve prendere una decisione. I riferimenti che sceglierete determineranno il senso che attribuirete a ogni esperienza, i vostri sentimenti di fronte a essa e, in certa misura, anche che cosa farete.

Indubbiamente i riferimenti forgiano le nostre credenze e i nostri valori. Pensate che differenza farebbe se, per esempio, foste cresciuti in un ambiente in cui avevate continuamente la sensazione che gli altri abusassero di voi, invece che in un ambiente in cui vi sentivate amati incondizionatamente. In che misura questo potrebbe influenzare le vostre credenze o i vostri valori, il modo in cui considerate la vita o la gente o un'occasione?

Se, per esempio, aveste imparato a paracadutarvi a sedici anni, avreste potuto crearvi dei valori diversi a proposito dell'idea dell'avventura rispetto a qualcuno che fosse stato invece respinto ogni volta che avesse tentato di conquistare una nuova capacità o di realizzare una nuova idea o un nuovo concetto. I maestri sono spesso persone che hanno più riferimenti di voi a proposito di ciò che conduce al successo o alla frustrazione in una data situazione. Evidentemente, dopo aver fatto investimenti per oltre quarant'anni, John Templeton ha più riferimenti su cui basarsi per decidere quale sia l'investimento migliore di quanti non possa averne qualcuno che stia invece facendo il suo primo affare. Quanti più riferimenti, tante più possibilità abbiamo di diventare degli esperti. Eppure, indipendentemente dalla nostra esperienza o dalla nostra mancanza di esperienza, abbiamo infiniti modi di organizzare i nostri riferimenti in credenze e regole che ci potenziano oppure ci indeboliscono. Ogni giorno abbiamo l'occasione di acquisire nuovi riferimenti che possono aiutarci a sostenere le nostre credenze, a raffinare i nostri valori, a porci nuove domande, ad accedere a stati d'animo che ci spingano nella direzione in cui vogliamo andare e a plasmare veramente il nostro destino per il meglio.

> *Gli uomini sono saggi non in proporzione alla loro esperienza, ma alla loro capacità di esperienza.*
> GEORGE BERNARD SHAW

Parecchi anni fa venni a sapere dell'incredibile successo di un tale di nome Dwayne Chapman, che pareva fosse abilissimo nel rintracciare e catturare criminali che per anni avevano eluso la legge. Lo chiamavano Dog (cioè "cane") e divenne famoso per essere il più grande cacciatore di taglie degli Stati Uniti. Ero affascinato da quel personaggio e volevo conoscerlo per capire che cosa lo rendesse tanto efficiente. Dog è un uomo dalla profonda spiritualità, il cui scopo non è solo catturare il criminale ma anche aiutarlo a cambiare vita. Da dove gli veniva questo desiderio? Dal suo dolore.

Da giovane, Dog faceva pessime valutazioni a proposito delle persone da scegliersi per amici. Per il desiderio di appartenere a un gruppo, entrò a far parte di una banda di motociclisti, i Discepoli del Diavolo. Un giorno, durante un'operazione di traffico di droga finita male, uno dei ragazzi della banda sparò e ferì a morte un uomo che si trovava sulla scena. In preda al panico, i componenti della banda se la diedero tutti a gambe. Dog non aveva commesso il fatto, ma nel Texas non c'era nessuna differenza tra essere complice di un omicidio ed essere la persona che ha materialmente premuto il grilletto. Così Dog finì per scontare anni di galera molto duri, lavorando in una squadra di forzati alla catena, secondo il sistema carcerario del Texas. Scontare questi anni di prigione gli fece provare tanta sofferenza da indurlo a rivedere tutta la sua filosofia di vita. Cominciò a rendersi conto che erano state le sue intime convinzioni, i suoi valori e le sue regole a procurargli tutto quel dolore. Si pose quindi nuove domande e si concentrò sulle sue esperienze in carcere (i suoi riferimenti) come effetto delle scelte che aveva fatto in base alla sua precedente filosofia di vita. Questo lo condusse al punto di ritenere che doveva assolutamente cambiare vita, una volta per tutte.

Dopo la scarcerazione, Dog intraprese una serie di pittoresche carriere e alla fine si mise a fare l'investigatore privato. Quando dovette comparire davanti al giudice per il mancato pagamento di assegni familiari arretrati per il mantenimento dei figli (pagamento che non aveva potuto effettuare in prigione e nella situazione economicamente precaria nel periodo successivo al rilascio), il giudice offrì a Dog l'occasione di guadagnare un po' di denaro in cambio di quei pagamenti che di certo non sarebbe mai riuscito a fare. Chiese a Dog di rintracciare un tale che aveva violentato diverse donne nella zona di Denver. Il giudice gli consigliò di utilizzare le distinzioni che aveva fatto in prigione per cercare di immaginare dove potesse nascondersi il criminale e che cosa stesse facendo. Benché i poliziotti avessero cercato di rintracciare il violentatore per oltre un anno senza riuscirci, Dog lo scovò in soli tre giorni.

Il giudice rimase molto impressionato. Quello fu per Dog l'inizio di una brillante carriera e oggi, dopo tremila arresti, ha uno dei migliori stati di servizio del paese, se non il migliore in assoluto. In media, ha operato trecentosessanta arresti all'anno, praticamente un arresto al giorno. Qual è la chiave del suo successo? Un elemento determinante è indubbiamente il suo modo di valutare le cose. Dog interroga i parenti o le persone care della sua "preda" e in vari modi ne trae le informazioni che gli servono. Scopre certe credenze, certi valori e regole abituali dell'uomo o della donna cui sta dando la caccia.

Così riesce a capire i loro riferimenti di vita e questo gli dà modo di pensare come loro e quindi di prevedere le loro mosse con straordinaria precisione. Insomma, capisce il loro sistema fondamentale e i risultati che ottiene parlano da soli.

Due tipi di cambiamento

Se vogliamo cambiare qualcosa nella nostra vita, ciò non può dipendere che da una di queste due cose: o come ci sentiamo o il nostro comportamento. Possiamo certamente imparare a cambiare le nostre emozioni o i nostri sentimenti entro un dato contesto. Per esempio, se avete paura di essere respinti come attori, posso aiutarvi a condizionare voi stessi in modo da non provare più questo timore. Oppure, possiamo operare il secondo tipo di modifica operando quello che chiamo il "cambiamento globale". Per capire di che cosa si tratta, potremmo usare questa metafora: se voglio cambiare il modo in cui il vostro computer elabora i dati, posso cambiare il software che state usando, in modo che, quando premete i tasti, quello che appare sullo schermo sia formattato in modo diverso. Ma se voglio operare un cambiamento che non influisca solo su questo tipo di documento ma su molteplici aree, posso cambiare il sistema operativo del computer. Cambiando il sistema fondamentale, possiamo cambiare il modo in cui interagire in varie circostanze.

Perciò, invece di condizionarvi semplicemente ad avere emozioni diverse davanti al rifiuto e a eliminare i vostri comportamenti timorosi, *potete adottare una nuova credenza globale*, che dice: "Io sono la fonte di tutte le mie emozioni. Niente e nessuno può cambiare quello che provo, se non io stesso. Se ho una reazione davanti a qualcosa, posso cambiare tale reazione in un momento." Se adottate veramente questa credenza, non razionalmente, ma emozionalmente, là dove la sentite con assoluta certezza, vedrete che essa eliminerà non solo la vostra paura di essere respinti, ma anche le vostre sensazioni di rabbia, di frustrazione e di inadeguatezza. Di colpo, *diventate padroni del vostro destino*.

Oppure potremmo cambiare i vostri valori e fare in modo che il vostro valore supremo sia quello di dare un contributo al mondo. In questo caso, se qualcuno vi respingesse, non sarebbe molto grave per voi: infatti continuereste a desiderare di dargli una mano e, attraverso il vostro contributo costante, scoprireste di non essere più respinti dalla gente. Inoltre vi sentireste pervasi da un tale senso di gioia e di comunione con gli altri quale non avevate mai provato prima, in nessun'altra area della vostra vita. Oppure possiamo cambiare le vostre sensazioni nei confronti degli atteggiamenti nocivi per la salute, inducendovi a spostare al primo posto nella vostra gerarchia di valori il benessere fisico e la vitalità. Se la salute diventa il vostro valore supremo, la vostra assoluta priorità, il comportamento dannoso sparirà e soprattutto potrà essere sostituito da altri comportamenti che vi sosterranno nel vostro nuovo valore prioritario di salute e di vitalità: mangiare in modo diverso, respirare in modo diverso e così via. Ambedue i tipi di cambiamento sono validi.

In questa seconda parte del libro ci concentreremo soprattutto su come creare questi cambiamenti globali, dove un singolo spostamento di uno dei cinque elementi del vostro sistema fondamentale influenzerà sensibilmente il vostro modo di pensare, di sentire e di comportarvi in molti campi della vostra vita simultaneamente. Se cambierete anche un solo elemento del vostro sistema fondamentale, non prenderete più nemmeno in considerazione certe valutazioni, non vi porrete nemmeno più certe domande e il computer non accetterà più certe credenze. Creare un cambiamento globale può essere un elemento di grande forza nel forgiare il vostro destino.

Togli la causa e l'effetto sparirà.
MIGUEL DE CERVANTES

C'è una storia che mi piace spesso raccontare: è quella di un tale che sta in piedi sulla riva di un fiume e a un tratto vede qualcuno travolto dai gorghi della corrente, sbatacchiato sui sassi, lo sente chiamare aiuto. Allora si butta in acqua, trae in salvo l'uomo in procinto di annegare, gli fa la respirazione bocca a bocca, gli cura le ferite e chiama un medico. Sta giusto tirando il fiato, che sente di nuovo delle grida di aiuto provenienti dal fiume. Di nuovo si butta e, di nuovo, compie un audace salvataggio. Stavolta si tratta di due giovani donne. Ancora prima di poter riflettere su quanto sta accadendo, sente una quarta persona urlare e chiedere aiuto.

Ben presto il poveretto è esausto, continua a salvare vittima dopo vittima, ma le urla non smettono. Se solo si fosse preso il disturbo di risalire un pochino a monte del fiume, avrebbe visto chi vi buttava tutta quella gente. Avrebbe potuto risparmiarsi tutta quella fatica affrontando il problema alla radice, alla causa invece che all'effetto. Del pari, capire il sistema fondamentale vi permette di eliminare le cause invece di sfiancarvi a lottare contro gli effetti.

Uno dei migliori programmi che io abbia mai creato è il seminario di tre giorni chiamato "Date with Destiny". Invece dei soliti duemila partecipanti, limito il programma a duecento persone. In questo seminario lavoriamo tutti insieme per aiutare ciascuno a capire esattamente come è organizzato il suo sistema fondamentale. Questo cambia totalmente le persone: di colpo capiscono perché provano le cose che provano e perché fanno le cose che fanno. Inoltre imparano a cambiare praticamente qualsiasi cosa nella loro vita. E, soprattutto, faccio loro capire come deve essere il loro sistema fondamentale perché riescano a raggiungere il loro obiettivo supremo nella vita. Come possono organizzarsi in modo da essere tirate senza sforzo nella direzione dei loro desideri, invece che essere distrutte dal senso di valori, credenze o regole in conflitto?

Ecco alcune tra le domande più importanti che rivolgiamo durante questo seminario: "Quali sono i valori che mi controllano? Come faccio a sapere quando i miei valori vengono rispettati? Quali sono le mie regole?" A frequentare "Date with Destiny" sono non solo senatori e congressisti degli Stati Uniti, gli amministratori delegati di Fortune 500 e stelle del cinema, ma anche gente di ogni livello sociale. Tutti noi abbiamo in comune alcune sfide, alcune difficoltà. Come reagiamo davanti alla delusione, alla frustrazione, al fallimento e a certi avvenimenti nel nostro ambiente che non possiamo controllare per quanto successo abbiamo ottenuto?

Le emozioni che proviamo e le azioni che compiamo si basano sulla valutazione che facciamo delle cose. Eppure la maggior parte di noi non si è creata da sola il suo metodo di valutazione. I profondi mutamenti che la gente sperimenta in questo programma di tre soli giorni sono indescrivibili. Chi vi partecipa cambia letteralmente modo di pensare e modo di sentire nel giro di pochi minuti, perché assume il potere su quella parte del cervello che controlla la sua esperienza della vita. I cambiamenti finiscono per essere emozionali e perfino fisici quando il cervello stabilisce delle priorità a proposito di che cosa è più importante. Questo libro non vuole certo sostituirsi a quel seminario, ma voglio ugualmente fornirvi gli stessi strumenti essenziali di cui mi servo in quel programma. Seguendo quanto sarà spiegato nei capitoli che seguono, potrete produrre gli stessi tipi di cambiamento nella vostra vita a partire da subito.

METTETE ALLA PROVA QUELLO CHE AVETE IMPARATO

Per stimolare la vostra riflessione su come funziona il vostro sistema fondamentale, vi farò qualche domanda provocatoria, che dovrebbe dare libero sfogo al vostro pensiero e aiutarvi a vedere come diverse aree del vostro sistema vengano messe in moto per prendere delle decisioni.

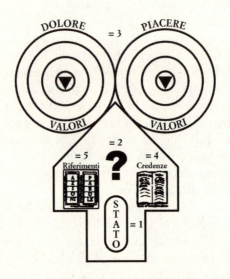

> PRIMA DI CONTINUARE A LEGGERE,
> RISPONDETE ALLE SEGUENTI DOMANDE:
>
> 1. Qual è il vostro ricordo più caro, più prezioso?
> 2. Se poteste porre fine alla fame del mondo oggi stesso uccidendo una persona innocente, lo fareste? Perché sì o perché no?
> 3. Se andaste a sbattere contro una Porsche rossa e la graffiaste, ma non ci fosse in giro nessuno, lascereste un biglietto? Perché sì o perché no?
> 4. Se vi offrissero diecimila dollari a patto che mangiaste un piatto di rospi vivi, lo fareste? Perché sì o perché no?

Ora vediamo un po' che cosa avete risposto a ogni domanda. Guardando il diagramma del vostro sistema fondamentale, sapreste dire quale delle cinque aree di valutazione avete usato per rispondere alla prima domanda? Vi sarete certo posti una domanda per cominciare a valutare, o forse vi siete ripetuti la stessa domanda che vi ho posto io. Ma la risposta l'avete sicuramente desunta dai vostri riferimenti, non è vero? Avete scelto fra le miriadi di esperienze che avete avuto in vita vostra e alla fine ne avete scelta una come il vostro ricordo più caro. O forse non avete operato nessuna scelta, perché avete la convinzione, la credenza che "si deve fare tesoro di tutte le esperienze della vita". Oppure pensate che "scegliere un ricordo piuttosto di un altro potrebbe essere offensivo nei confronti della vita di qualcun altro". Queste convinzioni vi hanno impedito di rispondere alla domanda. Vedete, il nostro sistema fondamentale di valutazione non solo determina quello che apprezziamo e perché, ma anche che cosa siamo disposti ad apprezzare.

Passiamo alla seconda domanda, che è una delle domande più pregnanti che ho trovato nel *Libro delle domande*: se oggi stesso poteste mettere fine alla fame nel mondo uccidendo una persona innocente, lo fareste?

Quando pongo alla gente questa domanda di solito ottengo risposte molto intense. Certe persone dicono: "Certissimamente" sulla base logica che la vita di molte persone vale più della vita di un solo individuo. Secondo loro, se una persona è disposta a sacrificarsi e a mettere fine in questo modo a tutte le sofferenze del mondo, allora il fine giustifica i mezzi. Altri invece inorridiscono davanti alla sola idea. Essi ritengono infatti che ogni vita umana è preziosa. Anche questo atteggiamento si basa su una serie di credenze, non è vero? Altri poi hanno la credenza globale che nella vita tutto è esattamente come dovrebbe essere e che le persone che ora soffrono la fame stanno solo facendo una preziosa esperienza per la loro prossima reincarnazione. Alcuni poi dicono: "Sì, lo farei, ma togliendo la vita a me stesso." È interessante osservare come sono diverse le reazioni della gente alla stessa domanda, a seconda di quale dei loro cinque elementi di valutazione usano e a seconda del bagaglio di esperienze di ciascuno.

Passiamo alla terza domanda: "Se andaste a sbattere contro una Porsche rossa e la graffiaste, ma non ci fosse in giro nessuno, lascereste un biglietto?" Certi rispondono: "Senza dubbio." Perché? Perché il loro valore supremo è l'onestà. Altri rispondono nello stesso modo ma per un altro motivo, e cioè perché una delle cose che più vogliono evitare a questo mondo è il senso di colpa. Se non lasciassero un biglietto per il proprietario della Porsche si sentirebbero in colpa e questo per loro sarebbe troppo penoso. Altri invece risponderanno: "Non lascerei nessun biglietto." E se gli chiedete perché, diranno: "È successo che graffiassero la mia auto moltissime volte e nessuno mi ha mai lasciato un biglietto." Insomma, vi stanno dicendo che hanno dei riferimenti personali che hanno fatto nascere in loro la credenza, la convinzione che si debba "fare agli altri quello che hanno fatto a te".

E siamo arrivati alla quarta domanda. Se poteste guadagnare diecimila dollari a patto di mangiarvi un piatto di rospi vivi, lo fareste? In genere ottengo pochissime risposte affermative a questa domanda. Perché? Perché la gente ha dei riferimenti riguardo ai rospi, immagini e sensazioni che hanno immagazzinato dentro di loro come intensamente negative. Perciò ben pochi sono disposti a mandare giù un rospo. Ma poi alzo la posta: "Quanti di voi lo farebbero per centomila dollari?" A poco a poco nella sala vedo levarsi anche le mani di quelli che prima avevano detto di no. Come mai tutt'a un tratto si sono decisi a farlo per centomila dollari? Che cosa è successo al loro sistema di valutazione? Due cose: primo, io ho fatto una domanda diversa cambiando una sola parola e, secondo, la gente è convinta che centomila dollari potrebbero eliminare molte sofferenze dalla loro vita, magari qualche dolore a lungo termine più difficile da sopportare della sofferenza a breve termine di sentirsi scivolare giù per la gola un rospo viscido.

E per un milione? E per dieci milioni? A questo punto quasi tutti in sala alzano la mano. Sono convinti che il piacere a lungo termine che potrebbero trarre per se stessi e per gli altri dalla cifra di dieci milioni di dollari supererebbe di gran lunga il dolore a breve scadenza di dover mangiare dei rospi. Però resta sempre qualcuno che non sarebbe disposto a mangiare dei rospi per nessuna cifra al mondo. Quando gli si chiede perché, in genere risponde: "Non riuscirei mai a uccidere un essere vivente." Oppure qualcosa come: "I soldi vanno e vengono." Altri dicono: "Ammazzo sempre i rospi, solo perché li trovo sulla mia strada." Un tale ha perfino detto che non avrebbe avuto nessuna difficoltà a mangiare dei rospi e che lo avrebbe fatto anche per divertimento, non per denaro! Perché? Semplicemente perché questo tale era cresciuto in un paese dove rospi e insetti erano considerati delle leccornie. Persone diverse hanno diversi riferimenti e diversi modi di valutare le cose: interessante, non vi pare?

Arriva un momento in cui...

Studiando questi cinque elementi del sistema fondamentale, dobbiamo tenere a mente anche un altro elemento e cioè che è anche possibile valutare eccessivamente. Agli esseri umani piace analizzare le cose fino a spaccare il capello in quattro. C'è però un momento in cui dobbiamo smettere di valutare ed entrare in azione. Per esempio, certe persone fanno tali e tante valutazioni che anche prendere una piccola decisione per loro diventa un'impresa titanica. Magari non riescono a decidersi a fare regolarmente ginnastica perché ritengono che sia troppo faticoso. Il modo in cui sminuzzano l'esperienza, il modo in cui la considerano, fa credere loro che ci siano talmente tanti passi da compiere da sentirsi scoraggiati.

Per fare ginnastica devono:

1. alzarsi;
2. trovare una tuta che non li faccia sembrare troppo grassi;
3. scegliere le scarpette adatte;
4. mettere tutto quanto nella borsa da ginnastica;
5. arrivare fino alla palestra;
6. trovare un posto per parcheggiare l'auto;
7. salire i gradini;
8. iscriversi;
9. andare negli spogliatoi;
10. infilarsi nella tuta da ginnastica;
11. seguire la lezione, pedalare sulla cyclette e sudare come pazzi.

Poi, quando la lezione è finita devono fare tutto quanto di nuovo alla rovescia. Naturalmente queste persone sono invece dispostissime ad andare alla spiaggia. Sono pronte in un battibaleno. Se chiedete loro perché, vi risponderanno: "Per andare alla spiaggia basta saltare sull'auto e via!" Non stanno a soppesare e valutare ogni singolo gesto che devono compiere per farlo; lo considerano un gesto unico, una specie di passo da gigante, e valutano solo se andare o meno, senza stare a rimuginare su ogni minimo particolare. A volte prendere in considerazione troppi dettagli può farci sentire stanchi in partenza. Una delle cose che imparerete in questo libro sarà appunto mettere tanti piccoli passi tutti insieme in un solo "blocco", un passo da gigante, se preferite, che vi basterà compiere per ottenere un risultato.

CNA - IL SISTEMA FONDAMENTALE
La psicologia del cambiamento

I SEI PASSI PRINCIPALI DEL CAMBIAMENTO

1. Decidete che cosa volete veramente e che cosa vi impedisce di averlo.
2. Fate leva: associate grande dolore a non cambiare subito e grande piacere all'esperienza di cambiare subito.
3. Interrompete il numero limitante.
4. Createvi una nuova alternativa potenziante.
5. Condizionate il nuovo modulo finché non è stabile.
6. Provateci!

RAPPORTO RAPPORTO RAPPORTO RAPPORTO RAPPORTO RAPPORTO RAPPORTO RAPPORTO RAPPORTO RAPPORTO RAPPORTO RAPPORTO RAPPORTO RAPPORTO RAPPORTO RAPPORTO

CAMBIAMENTO

DOLORE — VALORI = 3 — PIACERE — VALORI

Credenze = 4

? = 2

STATO = 1

Riferimenti = 5

LE CINQUE ZONE DI INTERVENTO

In questa parte del libro analizzeremo il nostro sistema di valutazione, lo organizzeremo in modo che abbia un senso e poi cominceremo a usarlo, invece di stare a ponderare e calcolare. A mano a mano che procederete nei prossimi capitoli, vi renderete conto che avete la possibilità di far leva su voi stessi, producendo cambiamenti che prima non avreste mai creduto possibili.

Perciò andiamo dritti al sodo. Vi insegnerò a rivelarvi che cosa è il vostro attuale sistema di valutazione e a crearvi un nuovo sistema fondamentale che vi potenzi in modo costante e coerente. Già conoscete il potere degli stati d'animo e delle domande, perciò passiamo alla terza area delle valutazioni. Passiamo a...

15
I VALORI DELLA VITA: LA NOSTRA BUSSOLA PERSONALE

Mai nulla di splendido è stato realizzato se non da chi ha osato credere che dentro di sé ci fosse qualcosa di più grande delle circostanze.

BRUCE BARTON

Coraggio, determinazione, perseveranza, dedizione... Ecco che cosa leggeva Ross Perot sui volti degli uomini che aveva selezionato per una straordinaria impresa di salvataggio e che ora stavano davanti a lui, a Dallas, durante quel briefing carico di tensione. Era l'inizio del 1979, in Iran l'agitazione civile e l'isterismo antiamericano avevano raggiunto il massimo e solo un paio di giorni prima due dirigenti della società di Ross Perot erano stati inspiegabilmente arrestati e messi in prigione. Era stata fissata una cauzione di tredici milioni di dollari.

Dato che i negoziati dei potenti diplomatici ad alto livello non avevano sortito nessun risultato, Ross Perot decise che gli restava un solo modo per liberare i suoi uomini: farlo lui stesso. Contando sulla grande competenza del leggendario colonnello dell'esercito Arthur "Bull" Simons per guidare l'audace impresa, Ross Perot mise insieme una formidabile squadra di uomini, scelti fra i suoi dirigenti al massimo livello, per realizzare l'evasione. Li aveva scelti in base al criterio che erano stati a Teheran e avevano esperienza militare. E li chiamò "Aquile", per indicare gente "che volava a grandi altezze, era dotata di grande spirito di iniziativa, faceva il lavoro e dava risultati, non scuse".

La ricompensa sarebbe stata alta, se l'impresa fosse riuscita, ma il rischio era ancora più alto: si trattava di una missione assolutamente non autorizzata e vi era la possibilità non solo di fallire, ma anche di rimetterci la vita. Che cosa indusse Ross Perot a raccogliere tutte le proprie risorse, a correre un rischio così grande e a sfidare la sorte? Evidentemente Perot è un uomo che vive secondo i propri valori. Coraggio, lealtà, amore, impegno e determinazione sono i valori che gli danno un'eccezionale capacità di provare interesse per gli altri e una forza di volontà addirittura leggendaria. Questi stessi valori gli hanno permesso di portare la sua azienda, la EDS (Electronic Data System Corporation) da un investimento di mille dollari a un'impresa che oggi ne vale miliardi. Perot è arrivato in cima grazie alla sua capacità di valutare e scegliere gli uomini giusti. Ha sempre selezionato i suoi collaboratori in base a un severo codice di valori, convinto che con gli uomini giusti, quelli cioè che avevano standard abbastanza alti, tutto quello che doveva fare era affidare loro il lavoro e lasciarli operare.

Ora avrebbe avuto modo di mettere alla prova estrema le persone che aveva scelto, chiedendo loro di fare appello a tutte le energie migliori per andare a recuperare alcuni membri dell'azienda, della "famiglia". La storia di questa missione e delle sfide che questi uomini dovettero affrontare è raccontata nel libro di Ken Follet *Sulle ali delle aquile*. Basti dire che nonostante gli ostacoli senza pari, l'eroica missione di salvataggio riuscì a riportare a casa i beni più preziosi di Ross Perot: la sua gente.

Il carattere di un uomo è la sua divinità custode.
ERACLITO

I valori guidano tutte le nostre scelte e quindi il nostro destino. Chi conosce i propri valori e vive in base a essi diventa un leader della nostra società. Per esempio, avete visto il film *Stand and Deliver* (*La forza della volontà*)? È la storia di Jaime Escalante, un bizzarro professore di matematica.

Siete rimasti anche voi impressionati dalla passione e dall'impegno con cui Escalante cercava di trasmettere ai suoi studenti la passione di imparare? Egli li indusse ad associare al loro sistema nervoso, al più profondo livello, un senso di orgoglio per la propria capacità di padroneggiare nozioni che secondo gli altri non sarebbero mai riusciti a imparare. Il suo esempio trasmise a quei ragazzi la forza dei valori. Essi impararono da lui disciplina, fiducia in se stessi, l'importanza di formare una squadra, l'elasticità e la forza della determinazione assoluta.

Escalante non diceva a quei ragazzi di quartiere che cosa avrebbero dovuto fare della propria vita; egli era un esempio vivente, una nuova definizione di quello che era possibile. Riuscì non solo a far superare l'esame di matematica a moltissimi di quei ragazzi, a dispetto dell'incredulità della gente, ma li indusse anche a cambiare le proprie convinzioni su se stessi, sulla loro personalità, su quello che erano in grado di fare se si impegnavano ad attenersi a più alti standard di valori.

Se vogliamo raggiungere il livello più profondo di realizzazione nella vita, possiamo riuscirci in un solo modo, e cioè facendo quello che hanno fatto questi uomini, Perot ed Escalante: decidendo quali sono le cose che più apprezziamo nella vita, quali sono i nostri valori più alti e poi impegnandoci a vivere in base a essi ogni singolo giorno. Purtroppo oggi questo avviene molto raramente. Troppo spesso gli uomini non hanno un'idea precisa di che cosa sia importante per loro. Parlano a vanvera di qualsiasi argomento, il mondo per loro è una gran massa grigia, non prendono mai posizione in favore di niente e di nessuno.

Se non abbiamo le idee chiare su quello che più conta per noi nella vita, su quello cioè per cui siamo disposti a lottare veramente, allora come possiamo aspettarci di gettare le basi per un senso di autostima o, a maggior ragione, di avere la capacità di prendere decisioni efficaci? Se vi siete mai trovati nella situazione di avere qualche difficoltà nel prendere una decisione su qualcosa, la ragione è che non avevate le idee abbastanza chiare in proposito. Dobbiamo ricordare che la forza di prendere decisioni si basa sulla chiarezza dei valori.

Quando saprete che cosa conta di più per voi, allora vedrete che vi sarà facile prendere una decisione. In genere però la gente è incerta su ciò che conta di più nella vita e così prendere decisioni diventa una specie di intima tortura. Il che non è vero per chi ha definito chiaramente i suoi principi supremi della vita. Non è stato difficile per Ross Perot sapere che cosa fare. Glielo imponevano i suoi valori, che funzionavano per lui come una specie di bussola personale, per guidarlo attraverso situazioni irte di pericoli. Recentemente Escalante ha lasciato la scuola di Los Angeles, dove lavorava, per trasferirsi nella California settentrionale. Perché? Perché non poteva più far parte di un'organizzazione in cui, a suo parere, non esistevano più gli standard per l'insegnamento.

Chi sono le persone della nostra cultura più apprezzate e ammirate in tutto il mondo? Non sono forse coloro che tengono saldamente stretti i propri valori, che non solo professano i propri standard di vita, ma vivono anche in base a essi? Noi tutti rispettiamo chi si batte per le cose in cui crede, anche se non ne condividiamo le idee. C'è una grande forza nelle persone che conducono la propria esistenza con coerenza, in modo che la loro filosofia di vita o le loro azioni siano una cosa sola.

Spessissimo identifichiamo questo stato unico della condizione umana in un individuo che riteniamo dotato di integrità. Culturalmente, questi personaggi si sono presentati sotto le spoglie più diverse, dai John Wayne e Ross Perot ai Bob Hope e Jerry Lewis, ai Martin Sheen e Ralph Nader, ai Norman Cousin e Walter Cronkite. La realtà è che chi si mostra coerente con i propri valori ha un'enorme capacità di influenza nella nostra cultura.

Ricordate i notiziari della notte condotti da Walter Cronkite? Walter è stato con noi in tutti i giorni più importanti della vita dell'America: nel bene e nel male, nei trionfi e nelle tragedie, quando John Kennedy venne assassinato e quando Neil Armstrong mise per la prima volta piede sulla luna. Walter faceva parte della nostra famiglia. Implicitamente ci fidavamo di lui.

All'inizio della guerra del Vietnam, Walter ce ne faceva il resoconto nel solito modo, guardando con occhio obiettivo l'impegno degli Stati Uniti nel conflitto. Ma dopo essere stato in Vietnam, il suo punto di vista sulla guerra cambiò radicalmente e i suoi principi di integrità e onestà vollero che, a torto o a ragione, egli ci raccontasse il suo disinganno. Che si condividessero o meno le sue idee, le parole di Cronkite furono l'ultima goccia che indusse molti americani medi a cominciare a porsi domande sulla guerra del Vietnam. Ora non erano più solo pochi studenti radicali a dimostrare contro quella guerra, ma anche "zio Walt".

Il conflitto del Vietnam fu veramente un conflitto di valori all'interno della nostra cultura. L'idea della gente di quello che era giusto e di quello che era sbagliato, di quello che poteva fare una differenza, fu la battaglia combattuta in patria, mentre i ragazzi al di là dell'oceano mettevano in gioco la propria vita, alcuni senza nemmeno sapere il perché. Un'incongruenza di valori tra i nostri leader ha finito per essere una delle più grandi fonti di sofferenza per la nostra cultura. Il Watergate ha certo ferito molti americani. Eppure il nostro paese ha continuato a crescere e a svilupparsi, perché ci sono individui che si fanno continuamente avanti a dimostrare che le possibilità umane sono praticamente illimitate, a portarci a un più alto livello di vita, come Bob Geldof, che ha attirato l'attenzione del mondo sulla carestia in Africa o Ed Roberts, che mobilita le forze politiche necessarie a cambiare la qualità della vita dei menomati fisici.

> *Ogni volta che nasce un valore, l'esistenza assume un significato nuovo; ogni volta che un valore muore, una parte di quel significato se ne va.*
>
> JOSEPH WOOD KRUTCH

Dobbiamo renderci conto che la direzione della nostra vita è controllata dalla forza magnetica dei nostri valori. Essi sono la forza che sta davanti a noi, che ci guida a prendere decisioni che stabiliscano la direzione e la destinazione suprema della nostra vita. Questo è vero non solo per noi in quanto individui, ma anche per le aziende, le organizzazioni e le nazioni di cui facciamo parte. Chiaramente, i valori che i nostri padri fondatori tenevano più cari hanno forgiato il destino della nostra nazione. I valori di libertà, possibilità di scelta, uguaglianza, senso della comunità, lavoro, individualità, sfida, competizione, prosperità e rispetto per chi ha la forza di superare grandi avversità hanno costantemente modellato l'esperienza della vita americana e i nostri destini comuni. Questi valori ci hanno portato a essere una nazione in continua espansione, che cambia e offre continuamente una visione di opportunità per la gente di tutto il mondo.

Valori nazionali e culturali diversi avrebbero forgiato una nazione diversa? Potete scommetterci! Che cosa sarebbe accaduto se il valore supremo dei nostri progenitori fosse stato la stabilità, il conformismo? Come sarebbe stata allora la nostra grande terra? In Cina, per esempio, uno dei più alti valori culturali è il valore di gruppo opposto a quello di individuo, l'idea che le esigenze dell'individuo debbano essere subordinate a quelle del gruppo. In che misura ciò ha forgiato la vita cinese in modo diverso da quella americana? La realtà è che nella nostra nazione ci sono continui mutamenti nei valori della cultura nel suo complesso. Mentre ci sono alcuni valori fondamentali, certi significativi avvenimenti emozionali possono creare cambiamenti negli individui e quindi nelle aziende, nelle organizzazioni e nei paesi che questi individui costituiscono. I cambiamenti nell'Europa orientale sono senz'altro il più profondo capovolgimento di valori mai avvenuto finora nella comunità mondiale.

Quello che accade con i paesi e gli individui, accade anche con le aziende. La IBM è l'esempio di una società la cui direzione e il cui destino sono stati determinati dal suo fondatore, Tom Watson. Infatti Watson indicò chiaramente per che cosa la sua azienda si batteva, che cosa sarebbe stato più importante da sperimentare per tutti, indipendentemente da quali prodotti, servizi o climi finanziari avrebbero creato in futuro. Egli portò la sua società a diventare una delle più grandi e più prospere aziende del mondo.

Che cosa possiamo imparare da tutto ciò? Nella nostra vita personale e professionale, come pure globalmente, *dobbiamo chiarirci che cosa è per noi più importante e decidere di vivere in base ai nostri principi*, qualunque cosa accada. Questo deve avvenire sempre, malgrado l'ambiente ci ricompensi o meno per questo nostro vivere in base ai nostri standard. Dobbiamo vivere secondo i nostri principi anche quando piove sulla nostra testa, anche se nessuno ci dà l'aiuto di cui abbiamo bisogno. L'unico modo per avere una felicità a lungo termine è vivere secondo i nostri ideali supremi, agire coerentemente con quello che secondo noi è il senso della nostra vita.

Ma non possiamo farlo, se non sappiamo con chiarezza quali sono i nostri valori! Questa è la più grande tragedia nella vita dell'umanità; molti sanno perfettamente che cosa vogliono, ma non hanno idea di chi vorrebbero essere. Ottenere delle cose non vi realizzerà. Solo vivere e fare quello che secondo voi è giusto vi darà quel senso di intima forza che tutti meritiamo.

Ricordate che i vostri valori, qualsiasi essi siano, sono la bussola che vi guiderà al vostro destino supremo. Sono i vostri valori che determineranno il vostro cammino, portandovi a prendere certe decisioni e a compiere costantemente certe azioni. Non usare la vostra bussola interna con intelligenza provoca frustrazione, delusione, mancanza di appagamento e la fastidiosa sensazione che la vita potrebbe essere molto diversa se solo, in qualche modo, qualcosa fosse andato diversamente. D'altro canto, c'è un potere incredibile nel vivere in base ai propri valori: un senso di certezza, un senso di intima serenità e di totale coerenza, che pochi raggiungono.

SE NON CONOSCETE I VOSTRI VERI VALORI, PREPARATEVI A SOFFRIRE

L'unico modo per sentirci davvero felici e appagati a lungo termine è vivere in armonia con i nostri veri valori. Altrimenti possiamo stare sicuri che soffriremo molto. Spesso la gente si crea dei moduli abituali di comportamento frustranti o addirittura potenzialmente distruttivi, come fumare, bere, mangiare troppo, assumere droghe, tentare di dominare o controllare gli altri, stare per ore e ore davanti al televisore e così via.

Qual è il vero problema? Questi comportamenti sono in realtà il risultato della frustrazione e del senso di vuoto che la gente prova, per mancanza di appagamento nella vita. Così cerca di distrarsi da quel senso di vuoto, tentando di colmarlo con comportamenti che producono un provvisorio cambiamento di stato. Questo comportamento diventa un modulo e spesso la gente si concentra sul problema di cambiare il comportamento invece che tentare di guarire la causa. Chi beve spesso non ha un problema di alcool, ma di valori. L'unico motivo per cui molti bevono è per tentare di cambiare il proprio stato emozionale, perché non amano il modo in cui si sentono. Essi non sanno che cosa è più importante per loro.

La consolazione è che ogni volta che viviamo secondo i nostri standard, ogni volta che ci atteniamo ai nostri valori, proviamo una gioia immensa. Non abbiamo bisogno di eccedere nel bere o nel mangiare. Non abbiamo bisogno di stupefacenti, perché la vita stessa ci appare così straordinariamente ricca da rendere inutili questi palliativi. Distoglierci da queste incredibili altezze sarebbe come prendere un sonnifero la mattina di Natale.

Immaginate che razza di sfida! Come sempre, eravamo ancora "addormentati" quando si è formata l'essenza di ciò che avrebbe forgiato la nostra vita. Da bambini, non capivamo l'importanza di avere un senso ben chiaro dei nostri valori e, da adulti, alle prese con le pressioni della vita, eravamo già così sviati da non poter più dirigere la formazione dei nostri valori. *Devo ripetere che ogni decisione è guidata da questi valori e che nella maggior parte dei casi sono valori che non abbiamo stabilito noi.*

Se vi chiedessi di fare una lista dei vostri dieci valori più alti nella vita, di scriverli in un preciso ordine di importanza, sono pronto a scommettere che solo un adulto su diecimila sarebbe in grado di farlo (e quell'uno sarebbe di certo una persona che ha frequentato il mio seminario "Date with Destiny"). Ma se non conoscete la risposta a questa domanda, come potete prendere delle decisioni chiare? Come potete fare delle scelte essendo sicuri che a lungo termine appagheranno le vostre più profonde esigenze emozionali? È difficile colpire un bersaglio quando non si sa quale sia! Conoscere i vostri valori è essenziale per vivere rispettandoli.

Ogni volta che trovate difficile prendere un'importante decisione, state sicuri che è perché non avete una chiara idea dei vostri valori. Che cosa fareste se vi chiedessero di trasferirvi all'altro capo degli Stati Uniti con la famiglia per motivi di lavoro? Se sapeste che c'è la possibilità di qualche rischio, ma che lo stipendio sarebbe migliore e il lavoro più interessante di quello che svolgete attualmente, che cosa fareste? La risposta a questa domanda dipende unicamente da ciò che più conta per voi: la crescita personale o la sicurezza? L'avventura o la comodità?

Tra l'altro, che cosa determina il fatto che attribuite più importanza all'avventura che non alla comodità? I vostri valori vengono da un bagaglio misto di esperienze e di continuo condizionamento mediante la tecnica di punizione e di ricompensa. I vostri genitori erano felici e vi approvavano quando facevate qualcosa che soddisfaceva i loro valori, mentre, se andavate contro i loro principi, vi punivano fisicamente, verbalmente o infliggendovi la punizione di ignorarvi. Anche i vostri insegnanti vi incoraggiavano e vi sostenevano quando facevate cose che loro approvavano e usavano gli stessi tipi di punizione quando violavate i loro più saldi principi. Il ciclo è stato poi perpetuato dai vostri amici e dai vostri datori di lavoro. Voi avete preso a modello i valori dei vostri eroi e magari anche qualcuno dei vostri antieroi.

Oggi entrano in gioco anche nuovi fattori economici. In molte famiglie ambedue i genitori lavorano fuori casa, perciò non c'è più il tradizionale modello di ruolo in casa. Le scuole, le chiese e, nel suo aspetto meno allettante, la televisione hanno colmato questo vuoto. La televisione è in realtà la nostra baby-sitter più economica visto che ogni persona oggi guarda in media sette ore di televisione al giorno! Ma non crediate che vi stia suggerendo che la famiglia tradizionale sia l'unico sistema per crescere i figli con forti valori morali. Vi sto invece suggerendo di insegnare ai vostri figli la vostra filosofia di vita proponendovi come forti modelli di ruolo, conoscendo i vostri valori e vivendo in base a essi.

CHE COSA SONO I VALORI?

Apprezzare qualcosa significa darle importanza; tutto quello che vi è caro può essere definito un valore. In questo capitolo mi riferisco in particolare ai valori di vita, a quelle cose cioè che sono più importanti nella vita. *Questi valori sono di due tipi: possono essere un fine o un mezzo.* Se vi chiedessi qual è il vostro

Ho messo a letto i bambini. Non voglio che guardino questa roba.

valore più alto potreste rispondermi: "L'amore, la famiglia, il denaro..." Di questi tre l'amore è il fine che state perseguendo, lo stato emozionale che desiderate. Al contrario, la famiglia e il denaro più che dei valori sono dei mezzi, sono cioè semplicemente qualcosa che utilizzate per arrivare allo stato emozionale che desiderate realmente.

Se vi chiedessi che cosa vi dà la famiglia potreste rispondermi: "Amore, sicurezza e felicità." I vostri veri valori, quelli che cioè perseguite realmente, sono amore, sicurezza e felicità. Così potrei chiedervi che cosa significa per voi il denaro, e potreste dirmi: "Significa libertà, influenza e la possibilità di aiutare gli altri, un senso di sicurezza." Anche questa volta, come potete vedere, il denaro è solo un mezzo per raggiungere una serie di valori assai più profondi, una serie di emozioni che volete provare in modo costante nella vita.

Il guaio è che molti non hanno ben chiara la differenza tra valori come mezzi e valori come fini e perciò soffrono molto.

Spesso la gente è troppo impegnata a perseguire i valori-mezzo per riuscire a ottenere quello che veramente desidera: cioè i valori-fine. I valori-fine sono quelli che vi appagano, che rendono la vostra vita ricca e gratificante. Una delle maggiori difficoltà è che la gente continua a porsi degli obiettivi senza sapere veramente che cosa apprezza nella vita e perciò, quando finalmente raggiunge il suo scopo, spesso dice: "Come, è tutto qui?"

Per esempio, ammettiamo che i supremi valori per una donna siano amare e dare e che questa donna scelga di fare l'avvocato perché una volta ha conosciuto un legale che l'ha veramente impressionata per come riusciva a cambiare le cose e ad aiutare la gente mediante il suo lavoro. Con l'andar del tempo, questa donna si lascia prendere nel vortice dell'esercizio della sua professione e aspira a diventare socia dello studio legale in cui lavora. Perseguendo questo scopo, il suo lavoro prende un indirizzo totalmente diverso. Comincia a dominare e dirigere lo studio, diventa una delle donne di maggior successo che conosca, eppure si sente infelice perché ha perso il contatto con i suoi clienti. La sua posizione le ha creato un rapporto completamente diverso con i colleghi e ora le tocca passare tutto il tempo in riunioni a risolvere protocolli e procedure. Ha raggiunto il suo obiettivo, ma non è riuscita a soddisfare il desiderio della sua vita. Siete mai caduti anche voi nella trappola di perseguire dei mezzi come se fossero il fine che stavate cercando di ottenere? Per essere veramente felici, dobbiamo conoscere la differenza ed essere sicuri di star perseguendo il fine.

Valori positivi

Mentre è assolutamente vero che siamo sempre motivati a muoverci verso stati emozionali piacevoli, è anche vero che diamo più valore a certe emozioni che ad altre. Per esempio, quali sono gli stati emozionali che più apprezzate? Quali emozioni pensate possano darvi il maggior piacere? L'amore o il successo? La libertà o l'intimità? L'avventura o la sicurezza?

Gli stati emozionali piacevoli che più apprezziamo, io li

chiamo "valori positivi", perché sono gli stati che più teniamo a raggiungere. Quali sono i sentimenti che più desiderate provare, su una base di continuità? Quando faccio questa domanda nei miei seminari, il pubblico risponde invariabilmente con parole come:

AMORE	1. ....
SUCCESSO	2. ....
LIBERTÀ	3. ....
INTIMITÀ	4. ....
SICUREZZA	5. ....
AVVENTURA	6. ....
POTERE	7. ....
PASSIONE	8. ....
COMODITÀ	9. ....
SALUTE	10. ....

Con tutta probabilità anche voi apprezzate tutte queste emozioni ed è importante per voi provarle tutte quante. Ma forse sarebbe giusto dire che non le tenete tutte nella stessa considerazione. Ovviamente devono esserci degli stati emozionali per raggiungere i quali sareste disposti a fare di più che per ottenerne altri. In realtà, *tutti abbiamo una gerarchia di valori*. Chiunque osservi questa lista, riterrà che alcuni stati emozionali siano più importanti di altri. La vostra gerarchia di valori determina il modo in cui prendete decisioni in ogni momento. Certi danno più importanza alla comodità piuttosto che alla passione, alla libertà piuttosto che alla sicurezza, all'intimità piuttosto che al successo.

Prendetevi un momento di tempo e cercate di stabilire quali emozioni della lista sono più importanti per voi. Basterà riscrivere la lista nel vostro ordine d'importanza, mettendo al primo posto l'emozione cui attribuite maggiore valore e al decimo quella cui ne attribuite meno. Per favore, prendete una matita e riempite gli spazi vuoti secondo il vostro ordine di importanza.

> *Preoccupatevi più del vostro carattere che della vostra reputazione, perché il vostro carattere è quello che siete realmente, mentre la vostra reputazione è solo quello che gli altri pensano che voi siate.*
>
> JOHN WOODEN

Allora, che cosa avete imparato facendo questa lista? Se fossi seduto accanto a voi, probabilmente potrei darvi subito un feedback di qualità. Per esempio, saprei parecchio su di voi se il vostro valore numero uno fosse la libertà, seguita da passione, avventura e potere. Saprei che prenderete decisioni assai diverse da chi ha come valori supremi sicurezza, comodità, intimità e salute. Secondo voi una persona che mette al primo posto della scala di valori l'avventura prenderà le stesse decisioni di un'altra che al primo posto mette la sicurezza? Pensate che queste due persone guidino lo stesso tipo di auto? Che facciano lo stesso genere di vacanze? Che esercitino la stessa professione? No di certo!

Ricordate, i vostri valori, qualsiasi essi siano, influiscono sulla direzione della vostra vita. Abbiamo imparato tutti attraverso la nostra esperienza che certe emozioni ci danno più piacere di altre. Per esempio, certe persone hanno imparato che il modo di provare le emozioni più gradevoli è avere un senso di controllo, di dominio, perciò lo perseguiranno con tutte le loro forze. Esso diventa l'elemento dominante su cui si concentrano tutte le loro azioni, determina con quali persone vogliono avere una relazione, come si comporteranno nell'ambito di tali relazioni e il modo in cui vivranno. Inoltre, come potete immaginare, farà sì che essi si sentano a disagio in tutte le situazioni in cui non possono esercitare il controllo.

Viceversa, certe persone collegano sofferenza all'idea di controllo. La cosa che più desiderano al mondo è la libertà, l'avventura. Perciò prenderanno decisioni diametralmente opposte. Altri raggiungeranno lo stesso livello di piacere attraverso un'emozione del tutto diversa: quella di donare, di dare una mano agli altri. Questo valore fa sì che alcune persone si chiedano sempre: "Che cosa posso dare? Come posso aiutare la gente?"

Questo li spingerà sicuramente in una direzione assai diversa da chi ha per supremo valore il controllo, il dominio.

Una volta che avete capito quali sono i vostri valori, capirete anche perché andate in una certa direzione. Inoltre, vedendo la vostra gerarchia di valori, riuscirete anche a capire perché, a volte, avete qualche difficoltà a prendere una decisione o perché, magari, ci sono dei conflitti nella vostra vita. Per esempio, se il valore numero uno di una persona è la libertà e il numero due l'intimità, questi due valori contrastanti sono così vicini in classifica che spesso questa persona si troverà nei guai.

Ricordo un uomo che si sentiva sempre in bilico. Infatti perseguiva costantemente l'autonomia ma, quando la otteneva, si sentiva solo e bramava un po' di affetto, di intimità. Però, appena si metteva a perseguire l'intimità, cominciava a temere di perdere la sua libertà e così finiva per sabotare il suo rapporto. C'era una relazione, in particolare, dalla quale entrava e usciva in continuazione, mentre oscillava tra i suoi due valori. Quando lo aiutai a operare un semplice cambiamento nella sua gerarchia di valori, la sua relazione e la sua vita cambiarono di colpo. Cambiare le priorità crea potere.

Conoscere i vostri valori vi aiuta a vedere con maggior chiarezza perché fate ciò che fate e a vivere in modo più coerente; ma conoscere i valori degli altri è altrettanto importante. Pensate che valga la pena di conoscere i valori della persona con cui avete una relazione affettiva o di qualcuno con cui siete in rapporti d'affari? Certamente. Conoscere i valori delle persone vi dà un punto di riferimento sulla loro bussola e vi permette di capire a fondo come prendono le loro decisioni.

Conoscere la vostra gerarchia personale è di assoluta importanza, perché i vostri valori supremi sono anche quelli che vi fanno provare la massima felicità. Naturalmente, quello che volete veramente fare è stabilire tale gerarchia, per attenervi ogni giorno ai vostri valori. Altrimenti, proverete sempre quello che sembra un inspiegabile senso di vuoto e di infelicità.

Mia figlia Jolie vive una vita incredibilmente ricca, quasi sempre all'altezza dei suoi valori supremi. Inoltre è una bravissima attrice, cantante e ballerina. A sedici anni fece un'audizione per esibirsi a Disneyland (il che di certo avrebbe soddisfatto il suo desiderio di realizzarsi, se ci fosse riuscita). Incredibilmente, superò ben altre settecento ragazzine e vinse una parte nella Electric Light Parade nel favoloso parco di divertimenti.

Sulle prime Jolie era al settimo cielo. Noi e i suoi amici eravamo tutti molto fieri di lei e spesso, durante il weekend, andavamo a Disneyland per vedere il suo spettacolo. Però aveva un programma di lavoro sfiancante. Jolie infatti doveva recitare tutte le sere dei giorni feriali e anche durante i weekend e a scuola non aveva ancora le vacanze estive. Così tutte le sere doveva trasferirsi in auto da San Diego a Orange County nell'ora di punta, fare le prove e recitare per parecchie ore, poi riprendere la macchina e tornare a casa di notte alle ore piccole, alzarsi presto l'indomani mattina per arrivare in tempo a scuola. Come potete immaginare, fare la pendolare tutti i giorni e poi recitare per lunghe ore finì per trasformare quell'esperienza in un incubo estenuante, per non parlare poi del costume di scena pesantissimo che le toccava indossare e che le faceva venire mal di schiena.

Però, dal punto di vista di Jolie, il peggio era che questo duro ritmo di impegni interferiva drasticamente con la sua vita personale e le impediva di passare un po' di tempo con la famiglia e con gli amici. Cominciai a notare che vagava in una serie di stati emozionali del tutto privi di risorse. Piangeva per un nonnulla e si lamentava in continuazione. Non era per niente da lei. Ma il peggio arrivò quando cominciammo a prepararci per andare come tutti gli anni alle Hawaii per un seminario di tre settimane, tutti eccetto Jolie, che doveva stare a casa per continuare a lavorare a Disneyland.

Una mattina arrivò al colmo e corse da me in lacrime, indecisa e confusa. Si sentiva frustrata, infelice e insoddisfatta, eppure aveva raggiunto quello che solo sei mesi prima sembrava un obiettivo incredibile. Disneyland aveva finito per diventare una sofferenza per lei. Perché? Esso era diventato un impedimento alla possibilità di stare con le persone che più amava. Inoltre Jolie aveva sempre avuto la sensazione che quel seminario, al quale partecipava come istruttrice, la aiutasse a crescere più di qualsiasi altra cosa nella vita. Molti suoi amici partecipavano tutti gli anni a questo programma e Disneyland cominciava a sembrarle frustrante perché non contribuiva in nulla alla sua crescita e al suo sviluppo. Quindi Jolie soffriva se decideva di venire con noi alle Hawaii (perché lasciare il lavoro a Disneyland poteva sembrare una facile rinuncia), ma soffriva anche se decideva di restare a Disneyland, perché così avrebbe dovuto rinunciare a cose che le sembravano importanti.

Ci sedemmo quindi a ragionare insieme, per vedere se riuscivo ad aiutarla a capire quali erano per lei i valori primari. Risultarono essere: 1. amore; 2. salute e stimolo; 3. crescita; e 4. appagamento. Prendendo in esame i suoi valori, sapevo che sarei riuscito a farle raggiungere quella chiarezza di cui aveva bisogno per decidere che cosa fosse meglio per lei. Perciò le chiesi: "Che cosa ti dà lavorare a Disneyland? Che cosa è importante nel lavoro a Disneyland?" Lei mi rispose che all'inizio quell'impiego la eccitava molto perché le dava la possibilità di avere nuovi amici, di essere apprezzata per il suo lavoro, di divertirsi e di provare un enorme senso di soddisfazione, di appagamento.

A questo punto, però, Jolie disse che non si sentiva più molto appagata perché non aveva la sensazione che quel tipo di spettacolo la facesse crescere e sapeva che vi erano altre cose che poteva fare che avrebbero accelerato maggiormente la sua carriera. E disse anche: "Mi sto sfinendo oltre il necessario. Non sono in buona salute e mi manca terribilmente la mia famiglia."

Allora le chiesi: "Che cosa significherebbe per te fare un cambiamento in questo campo? Se lasciassi Disneyland, passassi più tempo a casa e poi venissi alle Hawaii, che vantaggio avresti?" Jolie si illuminò tutta e disse sorridendo: "Starei con voi. Potrei avere un po' di tempo per il mio ragazzo. Mi sentirei di nuovo libera. Potrei riposarmi un po' e mettermi a fare ginnastica per tornare in forma. Continuerei ad avere una buona media a scuola. Potrei trovare altri modi di crescere e svilupparmi. Sarei felice!"

La risposta a che cosa doveva fare le stava sotto gli occhi. Ormai era chiara la fonte della sua infelicità. Prima di cominciare a lavorare a Disneyland, Jolie realizzava i suoi tre valori supremi: si sentiva amata, godeva di ottima salute, era in perfetta forma e si sentiva crescere. Perciò aveva cominciato a perseguire il valore che veniva subito dopo nella sua scala gerarchica, cioè la sua realizzazione. In questo modo, però, aveva creato un ambiente in cui si realizzava, ma doveva rinunciare ai tre primi valori della lista.

L'esperienza di Jolie è molto comune. Bisogna rendersi conto che per prima cosa dobbiamo realizzare i nostri valori più alti, che sono la nostra assoluta priorità. E, ricordate, c'è sempre il modo di realizzare tutti i nostri valori simultaneamente e non bisogna mai assolutamente accontentarsi di meno di questo.

C'era un ultimo ostacolo alla decisione di Jolie: infatti mia figlia collegava dolore anche all'idea di lasciare Disneyland. Aveva sempre cercato di non essere una persona che si dà per vinta ai primi ostacoli. Io avevo certo contribuito a creare in lei questo senso dell'impegno perché sono convinto che chi abbandona il campo alla prima difficoltà non farà mai niente di buono. Perciò lei considerava lasciare il lavoro a Disneyland come una rinuncia, una sconfitta. Le dissi allora che prendere una decisione per vivere in modo coerente con i propri valori non è rinunciare e che l'ostinazione folle non è una virtù. Sarei stato io il primo a insistere perché continuasse a lavorare a Disneyland se avessi pensato che voleva lasciare quel lavoro solo perché era troppo duro. Ma non era quello il caso, così le suggerii il modo di trasformare quel cambiamento in un dono per qualcuno.

Le dissi: "Jolie, prova a immaginare che cosa proveresti se in quel concorso tu fossi arrivata seconda e all'improvviso la vincitrice fosse stata costretta a rinunciare e tu avessi avuto la possibilità di entrare nello spettacolo di Disneyland! Perché non offri questo dono a qualcun'altra?" Visto che donare rientra nella definizione che Jolie dà all'amore, l'idea rientrò subito nel suo valore supremo. Smise di collegare sofferenza all'idea della rinuncia e cominciò invece ad associare piacere alla sua decisione.

Jolie non ha mai dimenticato questa lezione sui valori e la

cosa più eccitante è che in seguito trovò una strada nuova per realizzare tutti gli altri suoi valori, che la condusse con maggior precisione verso i suoi obiettivi. Non solo cominciò a essere più felice e allegra, ma in breve ottenne anche il suo primo lavoro in una produzione dello Starlight Theatre a San Diego.

Lezioni di dolore

Così come ci sono esperienze che desideriamo sperimentare perché sono piacevoli, e verso le quali perciò tendiamo sempre, esiste anche una lista di emozioni che vorremmo in ogni modo evitare. All'inizio della mia carriera, quando avevo appena creato la mia prima azienda, mi sentivo molto frustrato perché dovevo viaggiare continuamente e allo stesso tempo dirigere i miei affari. A un certo punto si scoprì anche che una persona che mi rappresentava non si era comportata in modo del tutto onesto. Quando si ha a che fare, come me, con migliaia di persone e con migliaia di trattative d'affari, la legge delle probabilità dice che qualcuno tenterà di approfittarsi di te. Purtroppo in genere sono proprio questi esempi negativi che ti restano impressi in mente, invece delle centinaia o migliaia di relazioni d'affari che sono andate meglio di quanto ti aspettassi.

In seguito a una situazione spiacevole, dovetti cercare un nuovo amministratore delegato per la mia compagnia, un uomo che a mio avviso fosse davvero in grado di gestire la mia società. Forte della mia nuova capacità di tirar fuori dalle persone i loro valori, chiedevo a ciascuno dei potenziali candidati: "Qual è la cosa più importante per te nella vita?" Qualcuno mi rispondeva "il successo", oppure "realizzarmi", oppure "essere il migliore". Ma uno di loro disse la parola magica, "l'onestà".

Non lo assunsi così, solo sulla base di quella parola. Controllai le sue referenze presso le persone per cui aveva lavorato prima e tutti mi confermarono che era "onesto dalla mattina alla sera" e che anzi, a volte, aveva messo da parte le sue stesse esigenze personali se era sorto qualche problema di integrità. Allora pensai: "Questo è l'uomo che fa per me, che mi può rappresentare." Ed effettivamente fece un ottimo lavoro. Ben presto però si presentò la necessità di assumere anche qualcun altro, per riuscire veramente a gestire la mia azienda in rapidissima espansione. Ci voleva qualcuno con qualche dote in più. Il mio amministratore delegato mi raccomandò un tale che sarebbe potuto diventare suo socio e insieme avrebbero potuto gestire la mia organizzazione. L'idea mi parve ottima.

Incontrai dunque quest'uomo, che ora chiameremo Mr Smith, il quale si presentò in modo favoloso, come una persona dotata di grandi capacità, affinate nel corso degli anni, che gli avrebbero permesso di far sviluppare la mia azienda. In questo modo io avrei avuto più tempo a mia disposizione, avrei potuto tenere un numero maggiore di seminari e contattare più persone, senza per questo dover viaggiare in continuazione. In quel periodo passavo circa centocinquanta giorni all'anno lontano da casa per tenere i miei seminari. Per di più questo tale non voleva essere pagato finché non avesse dato dei risultati concreti. Pareva troppo bello per essere vero. Così lo assunsi. Mr Smith e il mio amministratore delegato avrebbero gestito la mia azienda.

Un anno e mezzo dopo mi "svegliai dal bel sogno" e scoprii che era stato effettivamente troppo bello per essere vero. Sì, i miei seminari erano diventati più numerosi e importanti, ma adesso stavo in viaggio circa nove mesi all'anno! Le mie capacità e la mia influenza erano cresciute, avevo aiutato più gente di quanto avessi mai fatto prima, ma di colpo mi avvertirono che ero in debito di circa ottocentomila dollari, benché avessi lavorato come non mai. Come poteva essere? Bene, l'amministrazione è tutto non solo per le aziende, ma anche per noi stessi. Ed evidentemente io non avevo i dirigenti giusti.

Il peggio era che in quei diciotto mesi Mr Smith si era appropriato indebitamente di circa un quarto di milione di dollari, prelevandolo dalle mie casse. S'era fatto una casa nuova, un'auto nuova e io credevo che fossero il frutto dei suoi precedenti lavori. Non vi dico il mio stupore! Dire che ero arrabbiato o annientato da questa esperienza sarebbe certo un eufemismo da vocabolario trasformazionale! Le metafore che mi venivano in mente in quel periodo erano "sono stato pugnalato alla schiena" o "ha cercato di ammazzare il mio primogenito". Niente male come intensità emozionale, non vi pare?

Ma la cosa che mi lasciava più perplesso era come aveva potuto il mio amministratore delegato starsene a guardare quello scempio senza avvertirmi di quanto stava succedendo. Lui doveva pur sapere come andavano le cose! Fu a quel punto che mi resi conto che la gente non solo persegue il piacere, ma sfugge anche il dolore. Il mio onesto amministratore delegato aveva tentato di dirmi che era preoccupato per quanto faceva il suo collega. Venne da me un giorno in cui ero di ritorno da un viaggio di tre mesi filati. Il mio primo giorno a casa, mi avvicinò e mi disse che aveva dei dubbi sull'integrità di Mr Smith. Subito mi preoccupai e gli chiesi perché. E lui mi rispose: "Quando ci siamo trasferiti nella nuova sede, lui si è preso l'ufficio più grande." Era una tale meschinità che mi arrabbiai moltissimo e gli dissi: "Senti, sei tu che l'hai portato qui a lavorare, adesso veditela tu con lui personalmente." E mi allontanai furioso.

Quel giorno avrei dovuto capire che stavo dando un dolore a un uomo che stava solo cercando di darmi delle informazioni. Esausto e stressato com'ero, non ero riuscito a valutare il significato più profondo di quanto stava accadendo. Come se non bastasse, il mio amministratore onesto tornò alla carica e io di nuovo gli dissi che non era giusto venire a parlare con me di quei problemi invece di affrontarli direttamente con Mr Smith. Poi entrai decisamente nell'ufficio del suo socio e dissi: "Lui mi ha detto questo e questo di te. Vedete un po' di mettervi d'accordo tra voi." Potete immaginare le pene che Mr Smith fece patire al mio povero amministratore delegato onesto!

Oggi, quando ripenso a quell'esperienza, capisco perfettamente perché non mi disse la verità. Dirmi la verità, e cioè che aveva portato a lavorare nella mia azienda una persona che si era indebitamente appropriata di più di un quarto di milione di dollari, gli pareva molto più doloroso, a breve termine, che tentare di rimandare il problema e cercare poi un modo per risolverlo.

Per la verità, se ripenso a tutte le volte in cui mi sono arrabbiato con questo mio dirigente, mi rendo conto che si è sempre trattato di occasioni in cui lui non faceva le cose che doveva fare semplicemente perché cercava di evitare il confronto diretto. Per lui era il massimo della sofferenza. Perciò se per lui l'onestà era importante, evitare il confronto lo era ancora di più. Quindi, semplicemente, non mi comunicava quanto accadeva ritenendo che, in fondo, si comportava in modo onesto, perché io non gli avevo mai chiesto se Mr Smith sottraesse del denaro. Se glielo avessi chiesto, me l'avrebbe detto.

Per quanto furioso mi avesse fatto diventare questa situazione e per quanto penosa essa fosse, finanziariamente ed emozionalmente, alla fine fu per me un'ottima lezione di vita, perché mi fornì il pezzo mancante nel puzzle del comportamento umano. Capire le due forze gemelle del dolore e del piacere mi ha aiutato non solo a influire positivamente su me stesso e sulla mia famiglia, ma anche sulla gente di tutto il mondo, con maggior precisione.

Valori negativi

Bisogna quindi ricordare che ogni volta che prendiamo una decisione su che cosa fare, il nostro cervello per prima cosa valuta se tale azione ci potrà condurre a uno stato di piacere o di sofferenza. Il cervello continua a destreggiarsi tra le varie alternative, valutandole e soppesandole per vedere che effetto possono avere, in base alla nostra gerarchia di valori. Se per esempio vi chiedessi di buttarvi con il paracadute e l'emozione numero uno che voi volete evitare fosse la paura, è abbastanza ovvio che non vi buttereste affatto, non vi pare? Se invece l'emozione numero uno da evitare fosse il senso del rifiuto e il timore della mia disapprovazione allora potreste anche decidere di buttarvi giù da un aereo, nonostante la paura. I livelli relativi di paura che associamo a certe emozioni influenzeranno tutte le nostre decisioni.

Quali sono le emozioni che in genere cercate maggiormente di evitare? Spesso, quando facciamo questa domanda alle persone che vengono ai nostri seminari, otteniamo più o meno questa lista:

RIFIUTO	1. ....
RABBIA	2. ....
FRUSTRAZIONE	3. ....
SOLITUDINE	4. ....
DEPRESSIONE	5. ....
INSUCCESSO	6. ....
UMILIAZIONE	7. ....
SENSO DI COLPA	8. ....

Anche stavolta penso di poter dire tranquillamente che sono tutte emozioni che anche voi vorreste evitare, visto che sono emozioni spiacevoli, dolorose. Però è altrettanto vero che, anche se vorreste evitarle tutte, alcune di queste emozioni per voi sarebbero più penose di altre. E cioè *avete una gerarchia non solo di emozioni positive, ma anche di emozioni negative*, da evitare. Quale dunque di queste emozioni è quella che voi vorreste evitare maggiormente? Il rifiuto, la depressione o l'umiliazione? La risposta a questa domanda determinerà il vostro comportamento in quasi tutti i campi.

Prima di procedere, prendetevi un minuto di tempo e scrivete la vostra lista, partendo dagli stati emozionali che fareste di tutto per evitare, sino a quelli che fareste il minimo per evitare.

> *Spero che riusciremo a creare un'università di cui la nostra squadra di football possa andare fiera.*
> UNIVERSITÀ DELL'OKLAHOMA

Ora rileggete la vostra lista: che cosa vi dice? Se, per esempio, in cima alla lista avete messo come emozione da evitare a tutti i costi l'umiliazione, allora è chiaro che cercherete in ogni modo di non mettervi in situazioni in cui potreste essere trattati rudemente. Se invece la vostra bestia nera fosse la solitudine, questo potrebbe condurvi a essere persone generose, che si dedicano regolarmente agli altri, di modo che gli altri, a loro volta, amino stare con voi e voi siate sempre circondati da molti amici pieni di gratitudine.

LA FONTE DELL'AUTOSABOTAGGIO: CONFLITTI DI VALORI

Ora osserviamo le dinamiche create dalla vostra gerarchia di valori. Se per esempio avete scelto il successo come vostro valore positivo primario e l'essere respinti come il valore in cima alla lista delle emozioni da evitare, vi rendete conto delle difficoltà che questa gerarchia può crearvi nella vita? Voglio dirvi che una persona che cerca a ogni costo di raggiungere la gioia, il piacere del successo, senza mai sperimentare il dolore di sentirsi respinta, rifiutata, non otterrà mai un successo a lungo termine. Questa persona infatti si autosaboterà prima di ottenere un risultato importante.

Come faccio a esserne tanto sicuro? Ricordate il principio fondamentale di cui abbiamo tante volte parlato: la gente farà di più per evitare il dolore di quanto sarà disposta a fare per ottenere il piacere. Se volete veramente avere successo al più alto livello nella vita, non dovreste essere disposti a rischiare di sentirvi respinti? Non dovreste essere disposti a provare questa emozione? Non è forse vero che anche se siete persone oneste e sincere e date tutte voi stesse agli altri ogni giorno, c'è sempre qualcuno che fraintende le vostre intenzioni e vi giudica senza nemmeno conoscervi? Se volete fare lo scrittore, il cantante, l'oratore o l'uomo d'affari, la possibilità di essere respinti è sempre presente. Dato che il vostro cervello conformemente sa che per riuscire ad avere successo dovete rischiare di essere respinti ed è già stabilito che, per voi, essere respinti è il massimo della sofferenza, finirà per decidere che il piacere del successo non vale il prezzo da pagare, e vi indurrà a sabotare il vostro comportamento prima ancora che vi troviate in una situazione del genere.

Infatti, spesso vedo gente che fa enormi passi in avanti, solo per poi ritirarsi misteriosamente all'ultimo minuto. Oppure che dice o fa cose che finiscono per sabotare il successo personale, emozionale o fisico che sta perseguendo. Invariabilmente ciò avviene perché queste persone hanno un grosso conflitto di valori. Una parte del loro cervello dice "forza, fatti avanti!" mentre un'altra parte dice "se lo fai, soffrirai molto". Così fanno due passi avanti e uno indietro.

Durante le elezioni presidenziali del 1988 definii questo principio come "la sindrome Gary Hart". Ecco una brava persona, che pareva avere sinceramente a cuore gli uomini e la società, ma con dei conflitti di valori che stavano veramente sotto gli occhi di tutti. Forse che Gary Hart era un tipaccio? Ne dubito. Era solo una persona con dei valori in grande conflitto. Era cresciuto secondo i principi di una chiesa che riteneva peccato perfino andare a ballare. Ma nello stesso tempo era esposto a modelli di comportamento diametralmente opposti. Questi suoi desideri in conflitto giocarono sicuramente un ruolo importante nella sua sconfitta politica.

Credete davvero che una persona intelligente, come Gary Hart sicuramente era, avrebbe mai detto ai mass media "se avete dei dubbi su di me, controllatemi, pedinatemi", per poi andare di corsa a trovare la sua amante? Questo era evidentemente un modo del suo cervello per uscire dal dolore di trovarsi nella situazione di dover giocare secondo le regole di qualcun altro. Potete dire che questa è psicologia da due soldi, ma non è forse logico dire che, se siete tirati in due direzioni opposte, non sarete mai in grado di servire ambedue i padroni? Uno dei due deve cedere. Faremo tutto il possibile, consciamente o meno, per evitare quella che per noi è rimozione dolorosa più intensa.

Tutti noi abbiamo avuto modo di vedere personaggi pubblici in preda alla sofferenza di un conflitto di valori ma, invece di ergerci a giudici, dobbiamo renderci conto che tutti abbiamo tali conflitti. Perché? Il motivo, ancora e sempre, è perché non ci siamo creati da noi il nostro sistema di valori. Abbiamo permesso all'ambiente di forgiarci, ma possiamo cominciare subito a cambiare la situazione. Come? Semplicemente facendo due cose: la prima è cercare di capire quali sono i vostri attuali valori e quindi capire perché fate quello che fate. Verso quali stati emozionali vi muovete e quali stati emozionali cercate invece di evitare? Rileggete le vostre due liste l'una accanto all'altra e vedrete che sarete in grado di avere un'idea della forza che determina il vostro presente e il vostro futuro.

La seconda cosa da fare è prendere decisioni consapevoli su quali sono i valori in base ai quali potete vivere per ottenere la vita e il destino cui davvero aspirate e che meritate.

COME SCOPRIRE I VOSTRI ATTUALI VALORI

Avete fatto qualche lista campione di valori dando un ordine diverso alle liste che vi ho suggerito. Ora dovete partire da zero e fare delle liste tutte vostre. Basterà che rispondiate a una semplice domanda: "Che cosa conta di più per me nella vita?" Riflettete bene. Che cosa potrebbe essere? La pace mentale? La capacità di influire sugli altri? L'amore? Ora mettete i vostri valori in ordine, dal più importante al meno importante.

CHE COSA È PIÙ IMPORTANTE PER ME NELLA VITA

La prima volta che ho fatto la lista dei miei valori positivi, ecco che cosa scrissi e in che ordine:

LA MIA VECCHIA LISTA DI VALORI POSITIVI

passione
amore
libertà
generosità
capacità
crescita
realizzazione
felicità
divertimento
salute
creatività

Guardando la mia lista, capii perché facevo quello che facevo. Ero un individuo molto intenso, la gente diceva che ero addirittura esplosivo: infatti in cima alla lista avevo messo la passione. Inoltre era evidente il mio amore per la famiglia e gli amici e il desiderio di dividerlo con gli altri nei seminari. Il mio desiderio era aiutare la gente e pensavo che, se fossi riuscito a farlo con le persone che mi stavano intorno e a dare loro con generosità, mi sarei sentito capace di fare quasi qualsiasi cosa. Sarei cresciuto, mi sarei realizzato e, alla fine, mi sarei divertito e sarei stato sano e creativo. Conoscere la mia lista di valori mi aiutò a stare in carreggiata e a vivere coerentemente con ciò che per me era più importante. Per anni ho provato un grande senso di coerenza nella vita.

Ma ben presto avrei fatto un'altra distinzione, che avrebbe per sempre cambiato la qualità della mia vita.

CAMBIATE I VOSTRI VALORI E CAMBIERETE LA VOSTRA VITA

Dopo la triste esperienza con Mr Smith, andai alle Fiji per lasciarmi tutto quanto alle spalle per un po'. Avevo bisogno di ritrovare il mio equilibrio emozionale per vedere la situazione in modo chiaro e obiettivo. Ma soprattutto dovevo decidere che cosa avrei fatto e come avrei potuto ribaltare la situazione. Il giorno del mio arrivo alle Fiji, prima di andare a dormire, mi posi una domanda molto importante. Invece di chiedermi: "Come mi è potuta accadere una cosa simile?" mi posi un interrogativo migliore: "Qual è la fonte del comportamento umano? Che cosa spinge la gente a fare quello che fa?"

Il mattino dopo alle otto, quando mi svegliai, mi sentivo tutto un ribollire di idee. Presi subito il mio blocco da appunti e mi misi a scrivere senza sosta, seduto nel capanno principale. La gente andava e veniva, mentre io continuai a scrivere per tutto il giorno, dalle otto di mattina alle sei e mezzo di sera. Alla fine avevo il braccio indolenzito e le dita doloranti. Infatti non è che stessi tranquillamente a riflettere per poi scrivere i miei pensieri: le idee mi esplodevano letteralmente fuori della penna.

Da quell'inarrestabile fiume di idee, trassi la mia "formula del destino" e una buona parte del condizionamento neuroassociativo. Però quando cercai di rileggere i miei appunti, non riuscii a capire una sola parola, tanto erano caotici!

Comunque le idee e le sensazioni erano ormai ancorate dentro di me. Immediatamente compresi la potenza di quello che avevo creato: un programma che poteva aiutare le persone a ristabilire le priorità vitali del loro sistema nervoso, a cambiare letteralmente il processo mediante il quale prendevano le loro decisioni a proposito di che cosa pensare, provare e fare praticamente in tutti i campi della vita!

Cominciai a pensare che cosa sarebbe accaduto se invece di limitarmi a insegnare alla gente quali erano i suoi valori e ad averne un'idea chiara, fossi riuscito veramente a fare in modo che scegliesse consciamente o cambiasse l'ordine e il contenuto del proprio sistema di gerarchia di valori. Che cosa avrei ottenuto se, per esempio, avessi preso una persona il cui valore numero uno fosse la sicurezza e il numero quindici l'avventura e avessi scambiato l'ordine, non solo intellettualmente, ma in modo che l'avventura diventasse il valore primario anche nel suo sistema nervoso? Che cambiamento pensate possa provocare una cosa del genere nella vita di una persona? Un cambiamento grande o piccolo?

La risposta è ovvia. Così facendo, si cambia letteralmente il modo di pensare di una persona, il suo modo di sentire e di comportarsi praticamente in ogni area della vita. Non riuscivo a immaginare una trasformazione più profonda in un essere umano. Essenzialmente, sarebbe stato il genere di cambiamento di cui si parla nella storia, una conversione, se volete, da Saulo a san Paolo, per cui le cose più odiate diventano le più amate e viceversa.

Era possibile fare una cosa del genere? Decisi che la persona migliore su cui fare un test del genere ero, ovviamente, io stesso. Perciò osservai la mia lista dei valori. Dapprima pensai: "I miei valori sono magnifici! Amo i miei valori. Dopo tutto, è questo che sono." Ma dovevo continuare a ricordare che noi non siamo i nostri valori. Noi siamo molto di più dei nostri valori. Quei valori non erano il risultato di scelte razionali e di un piano fondamentale. Tutto quello che ero riuscito a ottenere fino a quel momento era scoprire le priorità che mi condizionavano e avevo consapevolmente scelto di vivere all'interno di questo sistema di dolore e piacere che era stato programmato dentro di me. Ma se volevo veramente cambiare e determinare la mia stessa vita, se dovevo crearmi una serie di valori che avrebbero forgiato il supremo destino che desideravo, quali dovevano essere questi valori?

> *Non ti abbiamo fatto né di cielo né di terra, né mortale né immortale, cosicché con libertà di scelta e con onore, come creatore e artefice di te stesso, tu potrai modellarti nella forma che preferirai. Dal giudizio del tuo spirito ti verrà il potere di rinascere in forme più alte, che sono divine.*
>
> Pico della Mirandola

Mi sentii incredibilmente ispirato quando cominciai a capire che in quel momento stavo per prendere decisioni che avrebbero cambiato per sempre la mia vita. Presi in esame i miei valori e mi chiesi: "Quali devono essere i miei valori per creare il mio destino supremo, in modo che io sia la persona migliore che potrei mai essere e abbia il più ampio impatto possibile durante la mia vita? È vero, i valori che ho adesso mi aiutano, ma quali altri potrei o dovrei aggiungere?" Mi resi conto che nella mia lista non figurava l'intelligenza. Ero sicuramente una persona intelligente, eppure non avevo messo nella mia lista di priorità l'essere intelligente, mentre vi avevo messo l'essere appassionato. E, per la verità, fidandomi della mia passione, avevo fatto delle scelte piuttosto stupide, non ultima la scelta del mio dirigente.

Mi resi perciò conto che, se non avessi fatto dell'intelligenza una priorità conscia del mio sistema nervoso (cioè se non avessi imparato a prendermi un paio di minuti per valutare in anticipo le conseguenze delle mie decisioni), non sarei mai riuscito a realizzare i miei desideri più profondi. Era quindi fuori di dubbio che l'intelligenza dovesse essere messa a uno dei primi posti nella mia gerarchia di valori. Scoprii quindi tutta una nuova serie di valori da aggiungere e decisi dove piazzarli nella mia gerarchia.

Poi mi posi una domanda che non mi ero mai rivolto prima: "Quali valori dovrei eliminare dalla mia lista per realizzare il mio destino supremo? Cominciai a capire che, continuando a concentrarmi su come essere libero, trascuravo la libertà che già avevo. Mi resi conto che non era possibile essere più libero di quanto già non fossi in quel momento. Forse i miei sentimenti sarebbero stati diversi se fossi vissuto in un paese senza tutte le possibilità di scelta garantite dal mio, ma, per quanto mi riguarda, sono convinto che non è possibile essere più libero di quanto non sia. Perciò decisi di depennare la libertà dalla lista delle mie priorità e di lasciarla perdere per sempre. Fu straordinaria la sensazione di libertà che provai nell'eliminarla dalla mia lista.

Poi cominciai a prendere in considerazione i miei valori uno per uno, valutandoli attentamente. Cominciai a chiedermi: "Che vantaggio traggo dall'avere questo valore a questo punto della mia scala gerarchica?" Cominciai dalla passione e mi chiesi: "Che vantaggio mi dà avere la passione al primo posto?" E mi risposi: "Mi dà slancio, eccitazione, energia e la forza di influire sulla gente in modo positivo. Dà sapore alla mia vita."

Poi mi feci una domanda che mi faceva un po' paura e che non mi ero mai posto: "Quanto potrebbe costarmi mantenere la passione in cima alla mia lista di valori?" In quel momento, la risposta era ovvia. Avevo appena tenuto un seminario a Denver, dove, per la prima volta in vita mia, mi ero sentito molto male. La salute era sempre nella mia lista di valori, era importante. Ma non era ai primi posti.

Del resto, se una cosa figura nella vostra lista di priorità, vuol dire che è comunque importante, visto che l'avete scelta tra le centinaia di cose che avreste potuto mettere al suo posto. Ma la mia idea di salute era mangiare in modo sano. Non facevo ginnastica e di certo non mi riposavo abbastanza. Il mio corpo cominciava a non farcela più sotto le continue e pressanti richieste di energia illimitata. Ricordai allora che quel giorno, a Denver, benché mi sentissi male, mi ero sforzato di tenere ugualmente il seminario. Ma non mi sentivo appassionato, o pieno d'amore, e capivo che non avrei esercitato il solito impatto sulla gente. Allora mi resi conto che avere la passione al primo posto della mia lista mi avrebbe portato all'esaurimento e mi sarebbe anche potuto costare il destino che stavo perseguendo.

Alla fine mi posi quest'ultima domanda: "In che ordine devono essere i miei valori per realizzare il mio fine ultimo?" Non "che cosa è importante per me?" ma "come devono essere i miei valori?" Dopo di che la mia lista cominciò a cambiare e alla fine suonava così:

LA MIA NUOVA LISTA DI VALORI POSITIVI

salute/vitalità
amore/calore
intelligenza
allegria
onestà
passione
gratitudine
divertimento/felicità
fare la differenza
imparare/crescere
realizzarsi
essere il migliore
investire
contribuire
creatività

Forse a voi sembreranno cambiamenti da poco, ma vi assicuro che erano invece molto profondi nell'impatto emozionale che ebbero su di me. Solo definire questa nuova lista di priorità mi costò, a ogni passo, timori e battaglie con me stesso. Forse il cambiamento di ordine più difficile fu quello tra realizzazione e felicità. Se ricordate, nella mia lista precedente dovevo provare passione, amore, libertà, contributo, capacità, crescita e realizzazione, mentre la felicità veniva dopo tutti questi valori. Allora mi domandai: "Che cosa accadrebbe se facessi della felicità una priorità più importante? Che cosa succederebbe se la mettessi più in alto della realizzazione?"

Onestamente, anche questa domanda suscitò un certo timore. Pensai: "Se mi sarà facile essere felice, forse perderò lo slancio, l'entusiasmo. Forse non mi importerà più di realizzarmi. Forse non mi importerà più di avere molta influenza sulla gente. Forse sarò meno generoso con gli altri." Dopo tutto, legavo la mia identità alla mia capacità di fare appassionatamente la differenza, di agire sulla vita degli altri. Mi ci vollero due ore buone per decidermi per la felicità. Ridicolo!

Ma avendo lavorato durante "Date with Destiny" con decine di migliaia di persone, quasi tutte realizzate, posso dirvi che anche per loro questo era uno dei timori più gravi. Temevano cioè che, se per prima cosa si fossero sentite felici, avrebbero perso la forza o l'impeto. Voglio perciò dirvi che quello che accadde alla mia vita fu che, invece di riuscire a essere felice, cominciai a riuscire felicemente, e la differenza nella qualità della mia vita è tale da essere al di là di ogni descrizione verbale. Non ho perso il mio impeto, al contrario, mi sono sentito così bene da avere ancora più voglia di fare!

Quando la mia lista fu completa, provai un'emozione mai sentita prima: un gran senso di pace, di calma. Sentivo una sicurezza che non avevo mai provato prima, perché ora sapevo che ogni parte di me sarebbe stata trainata in direzione dei miei sogni. Non facevo più il tiro alla fune con me stesso. Non dovendo più lottare in continuazione per la mia libertà, potevo avere più amore e intimità e potevo sentirmi ancora più libero. Ora mi sarei realizzato felicemente. Sarei stato sano, vitale e intelligente. Con la decisione di cambiare le priorità della mia vita, già sentivo dei cambiamenti fisici nel mio corpo.

Cominciai inoltre a rendermi conto che vi erano alcuni stati emozionali ai quali dovevo evitare di indulgere se volevo avere successo. Uno di questi stati era l'ansia. Mi sentivo emozionalmente e fisicamente tormentato dalla sofferenza di riuscire a trovare il modo di salvare la mia azienda e tenerla aperta. A quel tempo pensavo che se mi tormentavo, forse sarei stato più motivato, ma in realtà scoprii che essere in ansia mi rendeva anche meno produttivo. Perciò decisi di non tormentarmi più. Potevo avere una ragionevole preoccupazione, ma soprattutto potevo concentrarmi sulle azioni da intraprendere per far funzionare le cose. Una volta deciso che l'ansia poteva distruggere il mio destino, cominciai a cercare di evitare a tutti i costi di provarla. Era diventata un'emozione troppo penosa, per continuare a indulgervi. Così cominciai a farmi una lista di emozioni da fuggire.

Tornai quindi in aereo negli Stati Uniti, dopo avere definito il mio destino personale. Non vi dico che sorpresa fu per i miei amici e i miei soci! Appena tornai in ufficio, cominciarono tutti ad avvicinarsi e a dirmi: "Ma che cosa ti è successo? Sembri così cambiato, hai un'aria così rilassata!" Cominciai allora a riversare sui miei interlocutori la mia nuova teoria, per ore e ore con ciascuno di loro, finché non mi resi conto che mi sarebbe convenuto prendere questa teoria, raffinarla e farne un seminario. Così è nato "Date with Destiny".

Ho scritto questo libro proprio per comunicare al maggior numero di persone possibile la tecnica del condizionamento neuroassociativo del destino. Spero che voi la userete. Ricordate: possiamo veramente determinare chi vogliamo diventare.

> *Datemi bellezza nell'anima interna; fate che l'uomo sia uguale dentro e fuori.*
>
> SOCRATE

Quindi, come potete assumere il controllo di questo terzo elemento del vostro sistema fondamentale, cioè dei valori? Facendo questi due semplici passi:

1. Scoprite quali sono i vostri attuali valori e sistemateli in ordine di importanza. Ciò vi farà capire quale cosa volete provare più di qualsiasi altra, cioè quali sono i vostri valori positivi e

che cosa invece volete evitare a tutti i costi (i valori negativi); vi aiuterà a capire perché fate quello che fate. E vi darà anche l'occasione, se volete, di sperimentare più gioia grazie alla conoscenza del sistema piacere-dolore insito in voi.
2. Se volete prendere il toro per le corna, avete l'occasione di cambiare il vostro destino. Fatevi questa domanda: "Quali devono essere i miei valori per realizzare il destino che voglio e merito?" Fate una lista. Metteteli in ordine. Vedete di quali valori potreste liberarvi e quali invece aggiungere per creare la qualità di vita che volete.

Potreste chiedervi: "Qual è il mio destino?" Se incappate in questa domanda, tornate al capitolo 12. Allora vi chiedevo che tipo di persona dovreste essere per realizzare tutto quello che volete. E per essere quel genere di persona, quali dovrebbero essere i vostri valori? Quali valori dovreste aggiungere o eliminare?

Per esempio, come potrebbe essere influenzata la vostra capacità di affrontare paura, frustrazione e rifiuto mettendo il coraggio ai primi posti della vostra lista dei valori positivi? O che effetto potrebbe avere dare all'allegria un posto più alto? Forse vi permetterebbe di divertirvi di più, di godervi tutte le esperienze così come vengono, di essere più vicini ai vostri figli e di essere per loro qualcosa di più di un procacciatore di cibo.

Che cosa avete ottenuto creandovi una nuova lista di valori? Sono solo un mucchio di parole su un pezzo di carta? La risposta è sì, se non vi condizionate a usarle come la vostra bussola. In questo caso, infatti, diventeranno la solida base di ogni vostra decisione futura. È difficile darvi in questo libro tutta la gamma di strumenti condizionanti che uso nei miei seminari, ma permettetemi di ricordarvi il potere della leva. Molti di coloro che hanno frequentato "Date with Destiny" mettono bene in vista la lista delle loro priorità al lavoro, a casa e dovunque possano essere visti da persone che li spingeranno ad attenersi ai loro nuovi standard più alti.

Usate anche voi questo tipo di leva per rafforzare il vostro impegno nei confronti dei vostri nuovi valori. Così la prossima volta che vi metterete a strillare con i vostri ragazzi, può darsi che qualcuno che vi ama passi da quelle parti e vi dica: "Ma come, la comprensione non era la priorità numero uno della tua lista?"

> *Tocco il futuro; insegno.*
> ANONIMO

Osservare la gente che assume il controllo delle proprie gerarchie di valori a "Date with Destiny" è molto gratificante perché si può notare l'enorme contrasto tra quello che erano il venerdì mattina e quello che sono il sabato sera. Quando avvengono le trasformazioni, è magia pura. Ricordo un uomo che era stato trascinato dalla moglie al nostro programma e che quindi stava lì con molta riluttanza. Quando cominciammo a parlare di valori e della possibilità di operare dei cambiamenti in quest'area, lui affermò in modo perentorio: "Non ho bisogno di cambiare nessuno dei miei valori." Tra l'altro, il suo valore numero uno era la libertà! Recalcitrava all'idea di essere costretto a cambiare qualcosa nella sua vita contro la sua volontà. Era diventata una questione di principio, dato che si ostinava a rifiutare di fare qualsiasi cambiamento.

Alla fine gli dissi: "So che lei non deve fare nessun cambiamento. E so anche che lei è libero. Perciò sono sicuro che sarà anche libero di aggiungere qualche valore. Quali potrebbero essere i valori da aggiungere per migliorare la qualità della sua vita e magari influire sul suo destino finale?" Dopo parecchi minuti di riflessione, l'uomo disse: "Forse la flessibilità sarebbe un buon valore da aggiungere." Il pubblico scoppiò a ridere. "Magnifico," dissi. "E a che punto della lista metterebbe la flessibilità?" Partimmo dal basso verso l'alto e alla fine piazzammo la flessibilità al quarto posto.

Appena quest'uomo decise che quello era il posto giusto per questo suo nuovo valore, un altro partecipante, un chiropratico seduto dietro di lui, saltò su a dire: "Ehi, ma avete visto?" Era così evidente che anche altre persone nella sala se ne erano accorte. La fisiologia di quell'uomo aveva letteralmente cominciato a cambiare sotto i nostri occhi. Appena aveva adottato la flessibilità come il quarto dei suoi valori, tutto il suo atteggiamento aveva cominciato a sciogliersi e a diventare più rilassato. Stava seduto in una posizione diversa e pareva respirare in modo più sciolto. Anche l'espressione cambiò, appena i muscoli tesi del viso si rilassarono. Con la flessibilità al quarto posto delle priorità, il suo sistema nervoso aveva ricevuto il messaggio.

Allora gli chiesi: "Ci sono altri valori che vorrebbe aggiungere alla sua lista?" L'uomo ci pensò un attimo, poi disse: "Magari... l'indulgenza?" Aveva un tono di domanda nella voce. Di nuovo il gruppo scoppiò a ridere. Quello era l'uomo che aveva cominciato pieno di ostilità e di tensione ed eccolo lì, dopo un cambiamento di 180 gradi. Mentre lui rifletteva su dove piazzare l'indulgenza nella sua scala gerarchica dei valori, era un piacere guardare i cambiamenti che a mano a mano subivano il suo modo di fare, la sua respirazione, i suoi muscoli facciali e i suoi gesti. Durante il resto del weekend la gente fu sbalordita dai sensazionali cambiamenti che aveva operato in lui la semplice aggiunta di due valori. Parlava con un tono più dolce, il suo viso sembrava più aperto e pareva veramente che riuscisse ad avere un contatto con le persone come non gli era mai riuscito prima. Ora sono passati tre anni, la libertà non è nemmeno più sulla sua lista e l'intimità tra lui e la moglie è cresciuta in modo incommensurabile.

Noi siamo quello che facciamo ripetutamente.
ARISTOTELE

La vita ha un suo modo di mettere alla prova il nostro impegno verso i nostri valori. Per me tale prova arrivò un giorno in cui stavo salendo a bordo di un aereo e... mi trovai davanti Mr Smith in persona. Sentii dentro di me una rabbia e un'animosità come da almeno due anni non mi capitava di provare, specie perché non lo avevo più visto. Mr Smith si infilò in gran fretta nell'aereo e sedette in un posto di coda. Mentre mi accomodavo al mio posto, sapendo che lui stava dietro, mi passavano varie idee per la testa. Che cosa dovevo fare? Dovevo affrontarlo? Oppure dovevo solo avvicinarmi a lui, fermarmi a fissarlo e umiliarlo? Non sono molto fiero di queste domande che mi posi, ma visto che l'onestà è in testa ai miei valori, vi dico esattamente come è andata.

Subito le mie azioni vennero di nuovo guidate dai miei valori. Come mai? Perché avevo aperto la mia agenda per scrivere qualcosa e vidi la lista dei miei valori, sulla prima pagina. E lessi: "La cosa più importante per me nella vita è essere affettuoso e pieno di calore umano." Mmmmm. "Essere intelligente." Mmmmm. "Essere allegro. Essere onesto. Essere appassionato. Essere grato. Divertirmi. Fare la differenza..." Come potete immaginare, il mio stato d'animo cambiò radicalmente. Evidentemente il mio modulo era stato interrotto. Sotto i miei occhi stava qualcosa che mi ricordava chi ero veramente e che cosa mi importava nella vita. A questo punto diventò ovvio ciò che dovevo fare.

Quando l'aereo atterrò mi avvicinai a Mr Smith con sincerità e calore e gli dissi che, anche se non apprezzavo di certo e non gradivo affatto come si era comportato in passato, avevo deciso di non mantenere più nei suoi confronti un feroce senso di risentimento e che anzi gli auguravo ogni bene. L'ultima cosa che ricordo di lui è la sua faccia sbalordita mentre io giravo i tacchi e mi allontanavo. Che emozione! Anche in una situazione piena di stress ero riuscito ad attenermi ai miei principi. Niente nella vita può uguagliare il senso di appagamento che dà sapere di avere fatto quella che ritenete veramente essere la cosa giusta.

Concedetevi il dono di controllare la forza che forgia il vostro destino. E fate gli esercizi che vi possono chiarire le vostre priorità esistenziali.

È possibile avere dei valori e non sentire di vivere in base a essi? Potete avere un magnifico sistema di valori che dà alla vostra vita una splendida direzione, eppure sentirvi ancora infelici, a meno che non capiate il potere delle...

16
REGOLE:
SE NON SIETE FELICI, IL MOTIVO È QUESTO!

Prefiggetevi uno standard superiore a quello che gli altri si aspettano da voi.

Henry Ward Beecher

Mentre scrivo queste parole, il mio sguardo si volge al profondo Pacifico azzurro, fuori della mia stanza dello Hyatt Regency, nella località di Waikoloa, sull'Isola Grande di Hawaii. Ho appena assistito a qualcosa che non tornerà a verificarsi in America del Nord fino all'anno 2017: un'eclissi totale di sole. Becky e io ci siamo alzati alle cinque e trenta per poter vedere, insieme con migliaia di altri visitatori, questo raro evento astronomico.

Mentre frotte di gente si accalcavano nel luogo di osservazione, mi divertivo a osservare la varietà di persone venute a condividere questa occasione. C'erano tutti: dagli eminenti uomini d'affari alle famiglie in vacanza; dagli scienziati che si trascinavano dietro dozzine di telescopi agli escursionisti che avevano trascorso la notte nelle loro tende, rizzate nei crateri lavici; e bambinetti i quali sapevano che questo era un evento straordinario solo perché glielo avevano detto i genitori. Frotte di persone giunte qui in volo da tutto il mondo, con una spesa di migliaia di dollari, solo per poter assistere a qualcosa che sarebbe durato circa quattro minuti! Che cosa ci stavamo a fare in quel luogo? Volevamo rimanere in un'ombra! Siamo una specie interessante noi uomini, non è vero?

Alle sei e ventotto lo spettacolo aveva avuto inizio. Vi era trepidazione nell'aria, non tanto per l'attesa di vedere l'eclisse quanto per il timore di una delusione. In quella mattina così unica, infatti, si stavano ammassando delle nuvole e il cielo si stava coprendo. Era interessante vedere come la gente affrontasse la possibilità che le sue speranze non si realizzassero. Non erano venuti a vedere semplicemente un veloce passaggio della luna sul sole, ma un'eclissi totale di quattro minuti, durante i quali l'ombra della luna avrebbe completamente occultato i raggi del sole avvolgendoci nell'oscurità. Avevano perfino un nome per questo: totalità.

Alle sette e dieci, le nuvole erano aumentate e si stavano facendo più grandi di minuto in minuto. Improvvisamente, da uno squarcio in quella massa nuvolosa, si affacciò il sole e per un attimo tutti potemmo vedere un'eclissi parziale che la folla salutò con un applauso entusiastico. Ma ben presto le nuvole si richiusero, ammassandosi sempre più dense, oscurandoci completamente la vista. Via via che si avvicinava il momento dell'eclissi totale, dell'oscurità completa, apparve evidente che non saremmo riusciti a vedere la luna coprire il disco del sole.

D'improvviso, migliaia di persone si misero a correre in direzione di un grande teleschermo eretto da una delle tante équipe televisive. E ci sedemmo lì, a guardare l'eclissi sulla rete nazionale, proprio come tutto il resto del mondo! In quei momenti, ebbi modo di osservare una gamma illimitata di emozioni umane. Ciascuno reagiva secondo le proprie regole, le proprie credenze circa ciò che doveva accadere perché potesse sentirsi soddisfatto di questa esperienza.

Un tale alle mie spalle cominciò a imprecare dicendo: "Ho speso quattromila dollari e sono arrivato fin qui, solo per vedere questi quattro minuti in televisione!" Una donna poco distante continuava a ripetere: "Non posso credere che l'abbiamo persa!" Sua figlia, una bambinetta dall'aria intelligente, le rammentava con entusiasmo: "Ma mamma, sta accadendo proprio adesso!" Un'altra donna, seduta alla mia destra, disse: "Non è incredibile? Mi sento così fortunata a essere qui!

Poi accadde qualcosa di drammatico. Mentre osservavamo sul televisore l'ultima scheggia di sole scomparire dietro la luna, in quel preciso istante fummo inghiottiti dal buio. Era totalmente diverso dal calar della notte, quando il cielo si oscura gradatamente. Questa era una tenebra immediata e totale! Inizialmente dalla folla si alzò come un boato, ma poi un profondo silenzio cadde su di noi. Gli uccelli volarono sugli alberi e si zittirono. Fu un momento davvero straordinario. Poi scattò una specie di frenesia isterica. Mentre la gente sedeva al buio, osservando l'eclissi sul teleschermo, alcuni di coloro che si erano portati le macchine fotografiche ed erano ben decisi a non tornarsene a mani vuote cominciarono a scattare fotografie dello schermo. In un attimo, fummo nuovamente inondati di luce, non per il sole, ma per il lampeggiare di tutti quei flash!

Quasi subito dopo essere cominciata, però, l'eclissi totale finì. Per me, l'attimo più drammatico fu l'istante in cui una sottile scheggia di sole scivolò fuori da dietro la luna, riportando immediatamente con sé la piena luce del giorno. Mi resi allora conto che non occorre molta luce per spazzare via le tenebre.

Pochi attimi dopo il ritorno della luce solare, moltissime persone si alzarono e cominciarono ad andarsene. Ero sconcertato. Dopo tutto, l'eclissi era ancora in atto. La maggior parte di loro brontolava lamentandosi di aver fatto tutta quella strada per poi perdersi un'esperienza irripetibile nella vita. Poche anime estasiate, comunque, rimasero a godersi il fenomeno minuto per minuto, eccitate e felici. Il colmo dell'ironia fu che, nel giro di quindici o venti minuti, gli alisei avevano spazzato via tutte le nubi dal cielo, ora azzurro e limpido, e l'eclissi era visibile a chiunque. Ma pochi erano rimasti; quasi tutti avevano fatto ritorno a casa, di pessimo umore. Continuavano a dare a se stessi sensazioni di sofferenza perché le loro speranze erano andate deluse.

Come faccio di solito, cominciai a fare domande alle persone. Volevo scoprire quale fosse stata la loro esperienza dell'eclissi. Molti ne parlarono come della più incredibile esperienza spirituale della loro vita. Una donna incinta si accarezzò il ventre gonfio e mi confidò che l'eclissi aveva creato un senso di legame più profondo con il suo bimbo non ancora nato e che quello era per lei proprio il giusto punto della terra in cui trovarsi. Quale contrasto di convinzioni e di regole ho notato quel giorno!

Quello però che mi colpì come la circostanza più umoristica era che la gente si sentisse così eccitata ed emozionata per qualcosa che in fondo altro non era stato se non quattro minuti di oscurità. Se ci pensate bene non era un fenomeno più miracoloso del sorgere del sole ogni mattina! Vi immaginate se ogni mattina la gente di tutto il mondo si alzasse all'alba per veder sorgere il sole? E se i notiziari nazionali e internazionali seguissero appassionatamente ogni fase dell'evento con resoconti particolareggiati, descrivendo con entusiasmo l'ascesa del sole nel cielo, e tutti trascorressero la mattinata a commentare questo miracolo? Vi immaginate come sarebbero le nostre giornate? E se la televisione iniziasse ogni trasmissione con: "Buon giorno. Ancora una volta, il miracolo si è verificato, il sole è sorto!"? Perché non reagiamo in questo modo? Ci riusciremmo? Potete scommetterci. Ma il problema è che ci siamo abituati. Siamo così avvezzi ai miracoli che accadono ogni giorno intorno a noi, che non li vediamo nemmeno più come tali.

In genere, le nostre norme rispetto a ciò che ha un valore ci impongono di desiderare cose che scarseggiano, anziché apprezzare i miracoli che abbondano. Che cosa aveva determinato le diverse reazioni di queste persone, da quella di un tale che si arrabbiò talmente da distruggere sui due piedi la sua macchina fotografica, a coloro i quali non solamente provarono gioia in quel momento, ma la proveranno ogni volta che racconteranno ad altri dell'eclissi in futuro, tra settimane, mesi e anni?

La nostra esperienza di quella realtà non ha avuto nulla a che fare con la realtà stessa, ma è stata interpretata attraverso la forza dominante delle nostre credenze: cioè secondo le nostre norme circa ciò che doveva accadere perché potessimo sentirci soddisfatti. A queste specifiche credenze che determinano quando proviamo sofferenza e quando proviamo piacere, do il nome di "regole". La mancata comprensione del loro potere può distruggere ogni possibilità di felicità duratura, mentre una loro totale comprensione e utilizzazione può trasformare la vostra vita nella stessa misura di tutti gli altri elementi che abbiamo preso in considerazione nelle pagine di questo libro.

Prima di procedere, consentitemi di farvi una domanda. Che cosa deve succedere perché vi sentiate soddisfatti? Dovete avere qualcuno che vi abbracci, vi baci, faccia l'amore con voi, vi dica quanto vi rispetti e vi apprezzi? Dovete guadagnare un milione di dollari? Dovete fare un bel tiro a golf? O ricevere un riconoscimento dal vostro capo? O raggiungere tutti i vostri obiettivi? Dovete guidare la macchina giusta, andare ai ricevimenti giusti, conoscere le persone giuste? Dovete essere spiritualmente evoluti oppure attendere fino all'illuminazione totale? Dovete correre per otto chilometri al giorno? Insomma, che cosa deve realmente accadere perché vi sentiate soddisfatti?

La verità è che non deve accadere nulla. Non avete bisogno di un'eclissi per essere felici. Potreste sentirvi soddisfatti in questo preciso momento per nessunissima ragione! Pensateci. Se guadagnate un milione di dollari, quel milione di dollari non vi dà alcun piacere. È la vostra regola che dice: "Quando raggiungerò questo obiettivo, allora concederò a me stesso di sentirmi soddisfatto." In quel momento, quando decidete di sentirvi soddisfatti, inviate al vostro cervello un segnale perché modifichi la risposta dei muscoli del vostro viso, del vostro petto, di tutto il vostro corpo, modifichi la vostra respirazione, e modifichi la biochimica del vostro sistema nervoso che provoca in voi quella sensazione che chiamate piacere.

Secondo voi, chi, durante l'eclissi, ha sofferto di più? Sicuramente quelli con le regole più severe circa quanto doveva accadere prima che potessero sentirsi soddisfatti! Indubbiamente ne soffrirono di più gli scienziati e i turisti che si vedevano nelle vesti di scienziati. Molti di loro avevano avuto un fittissimo ordine del giorno, che avrebbero dovuto cercare di espletare in quei quattro minuti, prima di potersi sentire soddisfatti.

Non fraintendetemi; non c'è niente di male nell'impegnarsi a realizzare e fare tutto il possibile. Ma, alcuni anni fa, tracciai una distinzione che cambiò per sempre la qualità della mia vita: fin tanto che strutturiamo la nostra vita in modo tale che la nostra felicità dipenda da qualcosa che sfugge al nostro controllo, proveremo sempre una sofferenza. Dal momento che non intendevo vivere nel timore che la sofferenza potesse nuovamente sconvolgermi e che mi ritenevo una persona intelligente, ridisegnai le mie regole così che ora provo sofferenza o piacere solo quando sento che è giusto in base alla mia capacità di guidare la mia mente, il mio corpo o le mie emozioni. Nel caso specifico, Becky e io ci godemmo immensamente l'eclissi. Comunque, dovevamo essere alle Hawaii per altri motivi (svolgere il mio seminario di tre settimane) perciò essere arrivati qualche giorno prima per osservare l'eclissi era stata per noi una gratificazione.

Ma il vero motivo per cui ce la godemmo non fu che avevamo aspettative limitate; anzi, attendevamo il fenomeno con ansia. La chiave della nostra felicità stava in una regola fondamentale che condividevamo: avevamo deciso che, per quel giorno, la nostra regola era che ci saremmo goduti questo evento, qualsiasi cosa potesse accadere. Non si trattava di non avere aspettative; solo, avevamo deciso che, qualsiasi cosa accadesse, avremmo trovato il modo di apprezzarla.

Ora, vi rendete conto di quale virtuale cambiamento subirebbe ogni vostra esperienza, se adottaste e applicaste costantemente questa regola alla vostra vita? Quando parlo agli altri di questa regola, alcuni rispondono: "Già, certo, ma stai solo abbassando i tuoi standard." Nulla di più lontano dal vero! Adottare questa regola vuol dire anzi elevare i propri standard. Vuol dire attenersi a un più alto standard di divertimento, malgrado le condizioni del momento. Vuol dire che vi siete impegnati a essere abbastanza intelligenti, elastici e creativi da dirigere la vostra concentrazione e le vostre valutazioni in modo tale da consentirvi di sperimentare la vera ricchezza della vita e forse è questa la regola fondamentale.

Nel capitolo precedente avete cominciato a tracciarvi una gerarchia di valori per affinare e definire la direzione della vostra vita. Dovete comprendere che sentirvi o meno in grado di aggiungere i vostri valori dipende esclusivamente dalle vostre regole, dalle vostre credenze circa ciò che deve accadervi perché sentiate di avere successo o di essere felici o di provare amore. Potete decidere di fare della felicità un obiettivo prioritario ma, se la vostra regola per la felicità è che tutto deve andare secondo i vostri piani, vi assicuro che avete scarse probabilità di sperimentare questo valore con una certa continuità. La vita è un evento variabile, quindi le nostre norme devono essere organizzate in modo tale da consentirci di adattarci, crescere, godere. È essenziale comprendere queste credenze inconsce che controllano il momento in cui ci procuriamo della sofferenza e quello in cui ci procuriamo del piacere.

GIUDICE E GIURIA

Tutti noi abbiamo regole e standard differenti che guidano non solo il nostro modo di sentire di fronte alle cose che ci accadono nella vita, ma anche il nostro comportamento e le nostre reazioni in presenza di una determinata situazione. Alla fine, quello che facciamo e diveniamo dipende dalla direzione in cui ci hanno condotto i nostri valori. Ma altrettanto importanti – se non addirittura di più – per determinare le nostre reazioni e il nostro comportamento saranno le nostre credenze in merito a ciò che è bene e a ciò che è male, *ciò che potremmo e ciò che dobbiamo fare*. Sono questi standard e questi criteri precisi quelli che io ho chiamato regole.

Le regole sono la causa immediata di qualsiasi sensazione di sofferenza o di piacere sentiate nel vostro sistema nervoso in qualsiasi momento. È come se nel nostro cervello si fosse costituito un tribunale in miniatura. Le nostre regole personali sono giudice e giuria inappellabili, che determinano se un certo valore è raggiunto o meno, se ci sentiamo bene o male, se ci procuriamo sofferenza o piacere. Se, per esempio, vi chiedessi "avete un bel corpo?" come rispondereste? Dipenderebbe tutto dal fatto che siate o meno convinti di rispondere a una certa serie di criteri che, secondo voi, costituiscono i requisiti necessari per avere un bel corpo.

Ecco un'altra domanda: "Siete grandi amatori?" La vostra risposta dipenderà dalle vostre regole relative a ciò che occorre per essere un grande amatore, dagli standard ai quali vi rifate. Se mi rispondeste: "Sì, sono un grande amatore" scoprirei le vostre regole ponendovi la domanda chiave: "Come sapete di essere dei grandi amatori? Che cosa deve succedere perché sentiate di essere grandi amatori?"

Potreste rispondermi qualcosa come: "So di essere un grande amatore perché quando faccio l'amore con una persona, questa generalmente mi dice che è meraviglioso." Altri potrebbero rispondere: "So di essere un grande amatore perché me lo dice la mia amante." Oppure: "So di essere un grande amatore per via delle reazioni che ottengo dalla mia partner." Altri ancora potrebbero dire: "So di essere un grande amatore perché quando faccio l'amore mi sento bene." (Le reazioni del partner non contano affatto? Mmmm.) O potreste semplicemente rispondermi: "Lo chieda in giro!"

D'altro canto, alcuni non si considerano grandi amatori. Ma è proprio perché non lo sono? O perché le loro regole sono inappropriate? È una domanda importante. In molti casi, le persone non si considerano grandi amatori perché il loro partner non dice loro che lo sono. Il partner può reagire con passione ma, visto che non soddisfa la regola specifica di questo individuo, la persona è certa di non essere un grande amatore.

Il guaio di non provare le emozioni che meritiamo non si limita solo ai rapporti sociali o amorosi. Quasi tutti noi abbiamo regole altrettanto inappropriate per definire il successo, il cambiamento, la sicurezza, l'intelligenza o qualsiasi altra cosa. Nella nostra vita tutto, dal lavoro al gioco, è presieduto da questo sistema di giudice-e-giuria.

La questione è semplice: le nostre regole controllano le nostre reazioni in ogni istante della nostra vita. E naturalmente, come avrete già capito, esse sono state fissate in maniera totalmente arbitraria. Come tanti altri elementi del sistema fondamentale che guida la nostra vita, le nostre norme sono il risultato di un vertiginoso collage di influenze cui siamo stati esposti. Lo stesso meccanismo di punizione e ricompensa che plasma i nostri valori plasma le nostre regole. In effetti, via via che sviluppiamo nuovi valori, sviluppiamo anche credenze circa ciò che occorre per raggiungere questi valori, così che si aggiungono continuamente nuove regole. E, con l'aggiunta di nuove regole, spesso tendiamo a distorcere, generalizzare e cancellare le nostre regole precedenti. Sviluppiamo regole conflittuali. Per alcuni, le regole nascono dal desiderio di ribellarsi contro quelle in base alle quali sono cresciuti.

Le regole che guidano oggi la vostra vita sono ancora valide per gli individui che siete diventati? Oppure vi siete aggrappati a regole che vi hanno aiutato in passato ma che, al presente, vi feriscono? Siete rimasti ancorati a regole inappropriate che risalgono alla vostra infanzia?

> *Qualsiasi sciocco può formulare una regola, e qualsiasi sciocco la osserverà.*
>
> HENRY DAVID THOREAU

Le regole sono una scorciatoia per il nostro cervello. Ci aiutano a provare un senso di sicurezza circa le conseguenze delle nostre azioni; in tal modo, ci consentono di prendere decisioni fulminee sul significato delle cose e sul come dovremmo agire al loro riguardo.

Se ogni volta che qualcuno vi sorride doveste imbarcarvi in una lunga e tediosa serie di calcoli per scoprire ciò che quel gesto significa, la vostra vita sarebbe frustrante. Invece, possedete una regola secondo cui, se una persona vi sorride, allora significa che quella persona è felice, o è cordiale, o forse ha della simpatia per voi. Se invece qualcuno vi guarda in cagnesco, allora si mette in moto un'altra serie di regole relative a ciò che quell'atto significa e a ciò che dovete fare in proposito. Per certuni, se qualcuno li guarda in cagnesco, significa che quella persona è di cattivo umore e va evitata. Altri invece potrebbero avere una regola che dice: "Se qualcuno è di cattivo umore, allora bisogna che io cambi il suo stato d'animo."

SIETE CONFUSIONARI O PERFEZIONISTI?

Ricordo di aver letto una complicata storia nel libro di Gregory Bateson *Steps to an Ecology of Mind*. Era la trascrizione di una conversazione da lui avuta con sua figlia anni prima e ve ne darò qui una parafrasi. Un giorno, sua figlia gli si avvicinò e gli rivolse una domanda interessante: "Papà, come mai le cose si confondono così facilmente?"

"Che cosa vuoi dire con 'confondono', tesoro?" le chiese lui.

"Lo sai, papà," rispose. "Quando le cose non sono perfette. Guarda il mio tavolino, adesso. È pieno di roba. È confuso. E solo ieri sera ho faticato tanto per renderlo perfetto. Ma le cose non rimangono perfette. Si confondono così facilmente!"

Bateson chiese a sua figlia: "Fammi vedere come è quando le cose sono perfette." La bambina spostò ogni cosa sullo scaffale mettendola al posto giusto che le era stato destinato e disse: "Ecco, papà, adesso è perfetto. Ma non vuole rimanerci."

Bateson le chiese: "E se io sposto la tua scatola dei colori di venticinque centimetri? Allora che cosa succede?"

"No, papà," rispose, "adesso è in disordine, è confusa. Comunque, dovrebbe essere dritta, non tutta storta come l'hai messa tu."

Allora lui le chiese: "E se spostassi la tua matita da qui a lì?"

"Adesso stai confondendo tutto di nuovo," rispose.

"E se questo libro rimanesse in parte aperto?" continuò lui.

"Sarebbe confuso anche quello!" rispose.

Bateson allora disse: "Tesoro, non è che le cose si confondono così facilmente. È che tu hai vari modi perché le cose diventino confuse. Ma hai un solo modo perché siano perfette."

La maggior parte di noi si è creata vari modi per sentirsi male e solo pochi modi per sentirsi veramente bene. Non finisce mai di stupirmi il fatto che un numero incredibile di persone abbia regole che vincolano alla sofferenza. È come se le persone avessero una vasta e intricata rete di vie nervose che conduce proprio a quello stato che cercano di evitare, mentre non hanno che una manciata di vie nervose collegate al piacere. Un classico esempio è quello di un tale che frequentava uno dei miei seminari. Era un notissimo dirigente, amato dalla sua comunità per le sue donazioni, padre di cinque figli ai quali, come alla moglie, era molto legato, un uomo in perfette condizioni fisiche, un maratoneta. Gli domandai: "Lei è una persona di successo?" Con immenso stupore di tutti i presenti lui molto seriamente rispose: "No." Gli chiesi: "Che cosa deve accadere perché lei si senta tale?" Ricordate, questa è la domanda chiave che dovete sempre porvi per scoprire le vostre regole o quelle di chiunque altro.

Seguì una litania di rigide regole e requisiti cui egli sentiva di doversi attenere perché la sua vita fosse un successo. Doveva guadagnare uno stipendio di tre milioni di dollari l'anno (attualmente il suo salario netto annuo era di un milione e mezzo di dollari, cui andavano ad aggiungersi due milioni in gratifiche, ma questo non contava), non doveva superare l'8 per cento di grasso corporeo (era al 9 per cento), e non doveva mai sentirsi in disaccordo con i figli (non dimenticate che ne aveva cinque, ciascuno dei quali aveva scelto la propria strada). Che possibilità credete avesse questa persona di sentirsi un uomo di successo quando doveva affrontare tutti questi discutibili e pressanti criteri irrazionali contemporaneamente? Sarebbe mai riuscito a sentirsi un uomo di successo?

In contrasto con lui c'era un altro signore che si era fatto notare da tutti per la sua aria energica e scattante. Sembrava godersi al massimo il seminario e la vita in genere. Gli rivolsi la stessa domanda: "Lei è un uomo di successo?" "Assolutamente sì," mi rispose con un sorriso radioso. Gli domandai quindi: "Che cosa deve accadere perché lei si senta un uomo di successo?" Con un ampio sorriso, lui spiegò: "È semplicissimo. Non ho altro da fare che alzarmi, guardare in basso e vedere che sono sulla terra!" I presenti scoppiarono in una risata omerica. L'uomo continuò: "Ogni giorno sulla terra è un giorno grandioso!" Questa regola è diventata la favorita fra il personale di "Date with Destiny" e oggi la presentiamo in ogni programma per rammentare a ciascuno di noi quanto siamo fortunati nel momento in cui spingiamo via le coperte ogni mattina.

Come quel dirigente che non si sentiva all'altezza delle proprie regole, anche voi potete vincere ed essere tuttavia convinti di stare perdendo perché il segnapunti di cui vi servite è sbagliato, ingiusto. Ingiusto non solamente nei vostri confronti ma anche nei confronti di vostra moglie e dei vostri figli, delle persone con cui lavorate ogni giorno e di chiunque altro vi viva accanto. Se avete elaborato un sistema di regole che vi fanno sentire frustrati, irati, feriti o sfortunati, o se non avete regole precise per sapere quando siete felici, avete successo e così via, queste emozioni si ripercuotono sul modo in cui trattate le persone che vi stanno intorno, come pure sui loro sentimenti quando sono accanto a voi. Inoltre, che ve ne rendiate conto o no, spesso giudicate gli altri in base a una serie di regole che forse non avete mai esternato: non è forse vero che ci aspettiamo sempre che gli altri si conformino alle nostre regole? Se siete troppo severi verso voi stessi correte il rischio di esserlo anche verso gli altri.

Per quale motivo alcuni impongono regole così severe a se stessi e alle persone che più amano? Dipende in gran parte da un condizionamento culturale. Molti di noi credono che, in assenza di regole molto dure, non saremmo in grado di raggiungere il successo, non saremmo motivati a lavorare sodo per arrivare allo scopo. Ma in realtà non è necessario imporsi regole assurdamente difficili per sentirsi spronati. Se una persona si impone delle regole troppo pesanti, troppo faticose, comincerà presto a rendersi conto che, qualsiasi cosa faccia, non potrà mai vincere e allora comincerà giustamente a sentirsi impotente. Naturalmente, desideriamo usare l'attrazione del traguardo, il fascino di un futuro avvincente per spingerci in avanti, ma dobbiamo assicurarci che, alla base di tutto, abbiamo delle regole che ci consentano di essere felici ogni volta che lo vogliamo.

Le vostre regole vi infondono potere o ve lo tolgono?

Dobbiamo elaborare delle regole che ci spronino all'azione, ci facciano sentire felici, ci inducano ad andare avanti, non regole che ci blocchino. Ho scoperto che c'è un numero incredibile di persone, uomini e donne, le quali si impongono regole tali, per i rapporti sociali, da metterle nell'assoluta impossibilità di avere successo in questo campo della loro vita. Per esempio, una regola che alcuni pongono in fatto di amore è: "Se mi ami, allora farai tutto quello che io voglio."

Oppure: "Se mi ami, allora io posso piagnucolare, lamentarmi, brontolare, e tu devi accettarlo." Vi sembrano regole appropriate? Non direi proprio! Sarebbero ingiuste nei confronti di chiunque fosse in rapporto con voi.

Una donna che partecipò ai miei seminari mi disse che desiderava veramente avere un rapporto intimo con un uomo, ma sembrava che non riuscisse mai a mantenere questo rapporto oltre la fase iniziale del "brivido della caccia". Appena le chiesi che cosa doveva accadere perché si sentisse attratta da un uomo, le sue regole aiutarono entrambi a capire immediatamente quale fosse il problema. Perché lei se ne sentisse attratta, un uomo doveva continuare a inseguirla anche se lei lo respingeva. Se l'uomo insisteva a darsi da fare per conquistarla, allora se ne sentiva straordinariamente attratta; per lei, questo significava che era un uomo molto forte.

Ma la cosa interessante era la sua regola numero due. Se l'uomo insisteva per oltre un mese, lei perdeva il rispetto e quindi l'interesse nei suoi confronti. Indovinate che cosa accadeva di solito? Alcuni uomini, anche se respinti, continuavano a farle la corte ma, naturalmente, la maggior parte, dopo un breve periodo, rinunciava, quindi, con loro, non avrebbe mai potuto instaurare un rapporto. Per un certo tempo, dentro di sé, la donna si sentiva attratta dai pochi che persistevano ma, dopo un periodo arbitrario di circa un mese, perdeva ogni interesse nei loro confronti. Aveva scoperto di essere incapace di provare attrazione per un uomo per più di un mese, in quanto nessun uomo era in grado di prevedere il suo complesso schema temporale.

Anche voi avete delle regole altrettanto invalicabili? Alcune persone, per potersi sentire in grado di far fronte a qualsiasi situazione, hanno bisogno di sapere in anticipo quello che accadrà. Altre, per avere fiducia in se stesse in determinati campi, debbono sentire di averne esperienza. Se questa fosse la mia regola per avere fiducia in me stesso non avrei potuto compiere quasi niente di quello che invece ho realizzato nella mia vita! Il mio successo è dovuto in massima parte alla mia capacità di indurre me stesso a sentirmi sicuro di saper fare una determinata cosa pur senza avere indici di riferimento in merito. La mia regola per sentirmi sicuro è: "Se decido di aver fiducia in me stesso, avrò questa fiducia nei confronti di qualsiasi cosa, e questa mia fiducia mi aiuterà a riuscire."

Un'altra regola interessante è quella della competenza. Per alcuni, questa regola suona: "Se ho fatto qualcosa in modo perfetto per un certo numero di anni, allora sono competente." Altri, invece, dicono: "Se l'ho fatta in modo perfetto una volta, allora sono competente." Per altri ancora, il sentirsi competenti consiste nella regola: "Se ho fatto una cosa analoga, allora so di poter fare anche questa, e quindi sono competente."

Vedete quale impatto queste regole possono avere sulla vostra sicurezza, la vostra felicità, il vostro senso di padronanza, la qualità delle vostre azioni e della vostra vita?

ORGANIZZATE IL GIOCO IN MODO DA VINCERE

Nel capitolo precedente, ci siamo soffermati a stabilire dei valori. Ma, come ho già spiegato, se le vostre regole sono impraticabili, non avrete mai la sensazione di aver raggiunto quei valori. Quando cominciai per la prima volta a sviluppare le mie idee circa la possibilità di plasmare il proprio destino, avevo unicamente il concetto dei valori e non delle regole, perciò era del tutto arbitrario che una persona sentisse di essere o meno sulla strada giusta. Il giorno in cui scoprii le regole, cominciai a capire quale fosse la fonte della sofferenza e del piacere nella nostra esperienza. Compresi che le regole sono l'elemento scatenante dell'emozionalità umana e cominciai a riflettere su come usare quelle regole in maniera più efficace.

Come ho detto prima, capii ben presto che la maggioranza delle persone è più predisposta alla sofferenza. Le regole rendono estremamente difficile la sensazione di benessere ed estremamente facile quella di malessere. Ve ne fornisco un esempio calzante. Questi che seguono sono i valori di una donna, che chiameremo Laurie, che partecipò a uno dei primi seminari di "Date with Destiny":

> LA VECCHIA SCALA DEI VALORI DA RAGGIUNGERE
> SECONDO LAURIE
>
> amore
> salute
> sicurezza
> libertà
> successo
> accettazione
> superiorità
> armonia
> rispetto
> integrità
> onestà
> divertimento

A prima vista, sembrerebbero meravigliosi, non vi pare? Pensereste che questa persona è probabilmente affettuosa, sana, portata alla libertà. A un più attento esame, però, possiamo già scorgere alcune sfide. Il terzo valore per Laurie è la sicurezza, e il quarto la libertà. Ma questi due valori vanno bene insieme?

In realtà, questa donna era destinata a una grande sofferenza. Era frustrata in ogni senso della parola e si stava letteralmente trasformando in una reclusa, isolandosi dalla gente. Nessun terapista cui si era rivolta aveva saputo individuarne il motivo. Si basavano tutti sul suo comportamento, le sue paure e le sue emozioni anziché cercare di scoprire in che modo fosse predisposto il suo sistema fondamentale di valutazione per ogni evento ed esperienza della sua vita.

Cominciai quindi a cercare di farle dire quali fossero le sue regole per ciascuno dei suoi valori: "Che cosa deve accadere perché lei senta...?" Perché sentisse amore la risposta fu: "Devo sentire di averlo meritato. Devo sentire che tutte le mie credenze sono accettate e approvate da chiunque io incontri. Non posso sentirmi amata se non sono perfetta. Devo essere una madre straordinaria, una moglie straordinaria." Subito cominciammo a capire il problema. L'amore era in cima alla sua lista di valori, la più grande fonte di piacere che potesse mai provare. Ma le sue regole non le consentivano di concedersi questo piacere se non fosse stata all'altezza di quei complessi criteri che esulavano dal suo controllo! Se dovessimo far dipendere la nostra capacità di sentirci amati dal fatto che tutti accettino le nostre opinioni, proveremmo amore assai raramente, non vi pare? Esistono troppe persone con idee e credenze differenti e, di conseguenza, troppi modi per farci sentire male.

Come possiamo sapere se una regola ci conferisce o ci toglie potere? Ci sono tre criteri fondamentali:

1. *Una regola vi toglie potere se è impossibile da seguire.* Se i vostri criteri sono tanto complessi da non farvi mai vincere al gioco della vita, allora evidentemente la vostra è una regola debilitante.

2. *Una regola vi toglie potere se è qualcosa che non potete controllare per stabilire se è stata o meno rispettata.* Per esempio, se gli altri devono reagire in un certo modo nei vostri confronti o se l'ambiente che vi circonda deve essere in un certo modo, è evidente che la vostra regola vi toglie potere. Un esempio classico è costituito da quelle persone in attesa di osservare l'eclissi, che non potevano essere felici se il tempo atmosferico (qualcosa che sfuggiva al loro controllo) non corrispondeva alle loro specifiche aspettative.

3. *Una regola vi toglie potere se vi fornisce solo pochi modi per sentirvi bene e moltissimi modi per sentirvi male.*

Laurie era riuscita a soddisfare tutti e tre questi criteri di regole debilitanti, non vi sembra? Il dover sentire che tutte le sue credenze fossero accettate e approvate dagli altri era un criterio impossibile. Richiedeva infatti che l'ambiente circostante, qualcosa che non poteva controllare, come le opinioni altrui, la facesse sentir bene. La regola le forniva un'infinità di modi per sentirsi male e nessun modo preciso per sentirsi bene.

Ecco alcune altre regole della sua gerarchia di valori:

VECCHIA SCALA DI VALORI E REGOLE POSITIVI PER LAURIE

Amore: Devo sentire di essermelo guadagnato, che tutte le mie credenze sono accettate e approvate. Non posso sentirmi amata se non sono perfetta. Devo essere una madre e una moglie straordinaria.
Salute: Devo sentire che la mia dieta corrisponde perfettamente ai miei rigorosi standard. Non devo avere alcun dolore fisico. Devo sentire di essere più sana di tutti quelli che conosco e servir loro da esempio.
Sicurezza: Devo essere simpatica a tutti. Devo sentire che chiunque io incontri mi considera una brava persona. Devo essere sicura che non ci sarà un conflitto nucleare. I miei risparmi devono essere superiori a quelli che attualmente ho.
Libertà: Devo poter controllare le mie esigenze di lavoro, orari, retribuzioni, opinioni eccetera. Devo avere una sicurezza economica tale da non dover vivere sotto stress o sotto pressioni di carattere finanziario.

Quante probabilità pensate abbia Laurie di raggiungere uno dei suoi valori, per non parlare di tutti? E le sue regole per la salute? "Devo sentire che la mia dieta corrisponde perfettamente ai miei rigorosi standard." Non solo era vegetariana, ma mangiava unicamente cibi crudi, e ancora non si sentiva perfetta! Che probabilità avete di essere più sani di chiunque altro conosciate? Non molte, a meno che non restiate nei paraggi della sala di terapia intensiva!

> VECCHIA SCALA DI VALORI E REGOLE NEGATIVI PER LAURIE
>
> *Ricusazione*: Mi sento respinta se qualcuno non condivide le mie credenze, se qualcuno apparentemente ne sa più di me.
> *Fallimento*: Sento di aver fallito se qualcuno non crede che io sia una brava persona; se sento di non mantenere abbastanza bene me stessa o la mia famiglia.
> *Ira*: Mi adiro quando ho l'impressione che quello che faccio non venga apprezzato, quando la gente mi giudica senza conoscermi.

Queste regole negative sono ugualmente paralizzanti. Notate quanto sia facile sentirsi male e quanto difficile sentirsi bene. Se è sufficiente che qualcuno non condivida le sue credenze per farla sentire respinta, Laurie andrà incontro a un mucchio di dispiaceri. E quante volte nella vita la gente vi giudica senza conoscervi? Direi che la percentuale si aggira sul cento per cento! Con regole di questo tipo vi immaginate come sarebbe vivere nei suoi panni? Era divorata dalla sofferenza, di cui una delle fonti principali, se osservate le sue regole, era il prossimo. Ogni volta che Laurie si trovava fra la gente, correva il pericolo che le persone non condividessero le sue credenze, o che non la trovassero simpatica, o che la giudicassero. Di conseguenza, evitava di trovarcisi! Infine, a un certo punto, le dissi: "Secondo me, una persona con valori e regole di questo genere si farà venire l'ulcera." "Già ce l'ho," mi rispose lei.

Purtroppo, quella di Laurie non è un'esperienza unica. Certo, alcune delle sue regole sono più pressanti di altre. Ma rimarreste davvero sorpresi nello scoprire quanto ingiuste siano le vostre se cominciaste a esaminarle attentamente! Al seminario di "Date with Destiny" partecipano alcune fra le persone di maggior successo del paese, gente il cui livello di capacità e influenza in campo culturale è senza uguali. Eppure, malgrado la loro esteriore apparenza di successo, molte di loro non provano la contentezza e l'appagamento che meritano. Ed è sempre a causa di conflitti di valori o di regole non appropriate.

La soluzione

La soluzione è molto semplice. Per rendere funzionale la nostra vita non dobbiamo fare altro che stabilire un meccanismo di valutazione che comprenda *regole realizzabili, che rendano facile il sentirsi bene e difficile il sentirsi male*, che ci spingano costantemente nella direzione in cui vogliamo andare. Certo, è utile avere anche qualche regola che ci procuri sofferenza. Ma non dobbiamo esagerare; ci occorre una certa pressione per spronarci. Non posso bere il succo d'arancia fresco se non ho un bicchiere, qualcosa per contenerlo. Tutti abbiamo dei limiti, sia come società sia come individui. Per cominciare, però, dovremmo almeno organizzarci in modo tale da sperimentare più spesso il piacere nel corso della nostra vita. Quando ci si sente sempre bene si tende a trattare meglio gli altri e a portare al massimo il nostro potenziale di esseri umani.

Qual è dunque il nostro obiettivo? Una volta stabiliti i nostri valori, dobbiamo decidere quali prove ci servono per poterci dare piacere. Dobbiamo stabilire delle regole che ci conducano nella direzione dei nostri valori che siano chiaramente applicabili, usando criteri che possiamo controllare personalmente in modo tale da essere noi a suonare la campana, anziché attendere che lo faccia il mondo esterno.

Sulla base di questi requisiti, Laurie modificò l'ordine dei suoi valori e cambiò totalmente le sue regole per raggiungerli. Ecco i suoi nuovi valori e le sue nuove regole.

NUOVA SCALA DI VALORI E REGOLE POSITIVI PER LAURIE

Amore: Provo amore ogni volta che lo esprimo, che lo dono agli altri o che permetto a me stessa di riceverlo.

> *Salute*: Sono sana quando riconosco di sentirmi già benissimo.
> *Divertimento*: Mi diverto quando provo piacere e gioia.
> *Gratitudine*: Mi sento grata quando apprezzo tutto quanto già adesso ho.
> *Libertà*: Mi sento libera quando vivo secondo le mie convinzioni e accetto la scelta di creare felicità per me stessa.

Notate che ora il divertimento è fra i valori prioritari. Questo ha trasformato la sua esperienza di vita, per non parlare dei suoi rapporti con la figlia e il marito. Ma ancora più importanti sono state le modifiche apportate alle sue regole. Cambiare i valori avrebbe limitato il risultato se le regole fossero state inattuabili.

Che cosa ha fatto questa donna? Ha ristrutturato tutta la sua vita così da averne il controllo.

Dobbiamo ricordare che la nostra autostima è legata alla nostra capacità di sentire che abbiamo il controllo degli eventi nel nostro ambiente. Queste regole consentono a Laurie di avere sempre il controllo, automaticamente, senza nemmeno provarci.

Sono attuabili le sue nuove regole circa l'amore? Potete scommetterci! Chi ne ha il controllo? Lei! In qualsiasi momento, può decidere di essere affettuosa con se stessa e con gli altri e ora potrà permettersi di concedersi quell'emozione chiamata amore. Saprà di realizzare i suoi valori più alti. Quanto spesso potrà farlo? Ogni giorno! Ci sono un'infinità di modi per farlo, dal momento che ci sono infinite persone verso cui mostrarsi affettuosa: se stessa, la sua famiglia, i suoi amici, gli sconosciuti.

E che dire della sua nuova regola per la salute? Il bello è che ora non solo è lei a controllare la situazione, perché in qualsiasi momento può riconoscere quanto bene si senta, e non solo è una cosa realizzabile, ma non è forse vero che, se riconosce regolarmente di sentirsi bene, rafforzerà il modulo per diventare più sana?

Laurie, inoltre, adottò altri valori negativi, da evitare. Scelse emozioni che sapeva di dover evitare per poter riuscire: negatività e procrastinazione. Rammentate, vogliamo capovolgere il processo che quasi sempre aziona il nostro meccanismo. Vogliamo rendere difficile il sentirci male e facile il sentirci bene.

NUOVA SCALA DI VALORI E REGOLE NEGATIVI PER LAURIE

Negatività: Evito costantemente di dipendere dall'accettazione altrui per la mia felicità finale e il mio successo.
Procrastinazione: Evito costantemente di aspettarmi la perfezione da me stessa e dagli altri.

Grazie a queste sue nuove regole, Laurie non dipende più dall'approvazione degli altri. La sua regola per la procrastinazione nasce dal fatto che si era resa conto di come l'aspettarsi la perfezione genera sofferenza e, non volendo avviare progetti che avrebbero creato sofferenza, aveva procrastinato. Questi mutamenti di valori e regole hanno modificato l'indirizzo della sua vita verso un livello molto al di là di quanto avrebbe mai potuto immaginare.

Eccovi ora un compito: basandovi sui nuovi valori che vi siete dati nel capitolo precedente, stabilite una serie di regole per i vostri valori positivi che rendano facile il sentirsi bene e una serie di regole per quelli negativi che rendano difficile il sentirsi male. Create un ideale menù di possibilità, ricco di modi per sentirsi bene. Eccovi alcune delle mie regole:

ESEMPIO DI MIEI VALORI E REGOLE POSITIVI

Salute e vitalità: Ogni volta che mi sento concentrato, forte o equilibrato; ogni volta che agisco in modo da accrescere la mia forza, la mia flessibilità o la mia sopportazione; ogni volta che faccio qualcosa che mi porta verso una sensazione di benessere fisico; ogni volta che mangio alimenti salutari o vivo secondo la mia personale filosofia di salute.

> *Amore e calore*: Ogni volta che sono cordiale e disponibile con i miei amici, la mia famiglia o gli estranei; ogni volta che mi concentro su come essere di aiuto agli altri; ogni volta che sono affettuoso con me stesso; ogni volta che il mio stato esistenziale migliora lo stato psicologico degli altri.
>
> *Apprendimento e crescita*: Ogni volta che faccio una nuova distinzione utile; ogni volta che mi spingo oltre ciò che era confortevole; ogni volta che penso a una nuova possibilità; ogni volta che allargo le mie capacità o divento più efficiente; ogni volta che applico una mia cognizione in maniera positiva.
>
> *Conquista*: Ogni volta che mi concentro sul valore della mia vita come se fosse già in atto; ogni volta che mi prefiggo un obiettivo e faccio in modo che si realizzi; ogni volta che imparo qualcosa o creo un valore per me o per altri.

Potreste dire: "Ma questo non è solo un gioco? Potrei addirittura organizzarmi in maniera da ottemperare alla mia regola di salute semplicemente respirando!" Certo, potreste anche basarlo su una cosa così semplice. Idealmente, però, voi stabilite le vostre regole in modo tale che, seguendole, ottenete in misura maggiore ciò che desiderate dalla vita. Potete anche dire: "Non c'è pericolo che io perda il mio impulso verso il successo se manca una motivazione di sofferenza?" Fidatevi di me. La vita vi darà già abbastanza sofferenza. Non avete alcun bisogno di rincarare la dose creandovi una serie di regole che vi fanno sentire a terra tutto il tempo.

In sociologia esiste un concetto noto come "etnocentrismo", che significa che noi cominciamo a ritenere che i valori, le regole e le credenze della nostra cultura siano gli unici validi. Questa è una visuale estremamente limitata, riduttiva. Ogni persona intorno a voi ha regole e valori differenti dai vostri, che non sono né migliori né peggiori dei vostri. La questione principale non è se le regole siano giuste o sbagliate, ma se esse vi conferiscono o vi tolgono potere. In effetti...

Ogni turbamento è un turbamento di regole

Pensate all'ultima volta che qualcuno vi ha turbato. Il vostro turbamento riguardava proprio la persona o piuttosto qualcosa che quella persona aveva fatto o detto o non fatto o non detto e che secondo voi avrebbe invece dovuto fare o dire? Eravate adirati contro quella persona o eravate adirati perché quella persona aveva violato le vostre regole? Alla base di qualsiasi turbamento emozionale voi abbiate avuto rispetto a un altro essere umano, c'è un turbamento di regole. Qualcuno ha fatto o non ha fatto qualcosa che ha violato una delle vostre credenze circa ciò che quella persona poteva o doveva fare.

Per esempio, per alcuni la regola del rispetto è: "Se mi rispetti, allora non alzerai mai la voce con me." Se questa è anche la vostra regola, ogni volta che una persona con cui siete in rapporto si mette improvvisamente a sbraitare, vi sentite mancare di rispetto. E vi arrabbiate perché la vostra regola è stata violata. Ma può darsi che la regola del vostro interlocutore sia: "Se io nutro del rispetto, allora sono sincero per quanto concerne i miei sentimenti e le mie emozioni, buoni, cattivi o indifferenti, e li esprimo con tutta la mia intensità." Riuscite a immaginare quale conflitto possa crearsi fra queste due persone?

Questo era il copione recitato riga per riga da Becky e da me all'inizio della nostra relazione. Avevamo regole totalmente differenti circa il modo in cui dimostrare rispetto per un'altra persona. Perché? Io sono cresciuto in un ambiente dove la mancanza di chiarezza era causa di profonda sofferenza. Se uscivate dalla stanza nel bel mezzo di una conversazione, non ve lo avrebbero mai perdonato. La regola principale era che dovevate rimanere ed esprimere le vostre sincere emozioni, sapendo che avreste potuto sbagliare; ma saresti rimasti fino a che tutto fosse stato risolto.

Becky, invece, era cresciuta in una famiglia dove le regole erano totalmente diverse, anche se altrettanto chiare. Le avevano insegnato: "Se non hai niente di buono da dire, taci; se hai del rispetto per gli altri, non alzare mai la voce con loro; e se qualcuno alza la voce con te, l'unico modo per non perdere il rispetto di te stessa è quello di alzarti e uscire dalla stanza."

Per questa conflittualità fra le nostre regole riguardo al rispetto, Becky e io ci rendevamo la vita reciprocamente impossibile. Per poco non mandammo a monte il matrimonio. Le regole determinano ogni cosa: dove andiamo, che cosa indossiamo, chi siamo, che cosa è accettabile o inaccettabile, chi sono i nostri amici, se siamo felici o tristi praticamente in ogni situazione.

La regola che alcuni hanno per affrontare un turbamento è: "Se ti sto a cuore, allora mi lasci in pace e mi lasci fare a modo mio." Per altri, invece, la regola è: "Se qualcuno è turbato, e quel qualcuno ti sta a cuore, allora intervieni immediatamente cercando di dare il tuo aiuto." Questo crea una conflittualità spaventosa. Entrambi cercano di compiere la stessa cosa, vale a dire rispettarsi e preoccuparsi dell'altro, ma le rispettive regole dettano comportamenti diversi, e le regole interpretative faranno sembrare le loro azioni antagonistiche anziché solidali.

Quindi, se mai vi sentite adirati o turbati nei confronti di qualcuno, ricordate che sono le vostre regole a turbarvi, non il suo comportamento. E questo vi aiuterà a non biasimare quella persona. Potete superare rapidamente il vostro turbamento fermandovi a chiedervi: "Sto solo reagendo o sto affrontando la situazione in modo intelligente?" Poi, parlate a viso aperto con quella persona e dite, per esempio: "Mi spiace di aver reagito in quel modo. È solo che tu e io abbiamo regole diverse circa il modo di affrontare questa situazione. Quello che io mi aspetto è che, se tu mi rispetti, farai... e... So che queste non sono le tue regole. Quindi, per favore, dimmi quali sono. In quale modo esprimi rispetto (amore, affetto, preoccupazione eccetera)?"

Una volta che entrambi conoscete chiaramente le esigenze dell'altro, potete arrivare a un accordo. Chiedete: "Saresti disposto a fare... perché io possa sentire di essere rispettato? Io sono disposto a fare... per te." Qualsiasi rapporto, di affari o personale, può subire una repentina trasformazione semplicemente chiarendo le regole e mettendosi d'accordo per agire di conseguenza. Dopo tutto, come potreste mai sperare di vincere una partita se non conoscete le regole del gioco?

La sfida delle regole mutevoli

Vi è mai capitato di trovarvi in una situazione in cui conoscevate tutte le regole ma, d'improvviso, sono sorte delle eccezioni? La gente ha l'abilità straordinaria di tirare in ballo regole alternative che possono essere in contrasto con tutte le altre. Una buona metafora potrebbe essere questa: tu e io decidiamo di giocare a baseball, io ti chiedo se conosci il gioco e tu rispondi affermativamente e poi elenchi le regole fondamentali: "Si fanno nove turni di battuta, chi segna più *run* vince, devi toccare tutte le basi, segni tre *out* e così via. Se colpisci una palla alta nel diamante e io la prendo al volo, sei fuori. Se la lascio cadere, sei salvo."

Così, cominciamo a giocare. Tutto va a gonfie vele fino alla fine del nono inning, quando il punteggio è pari, io ho due giocatori in campo e uno fuori e colpisco una palla alta verso il diamante. Le mie regole dicono che, se prendi la palla, io sono fuori e la partita è finita, ma, se la lasci cadere, io sono salvo e gli uomini in base hanno la possibilità di segnare e io potrei vincere la partita. Corro immediatamente alla base, tu cerchi di prendere la palla e non ci riesci. Io esulto, sono in base, il mio compagno di squadra segna e io credo di avere vinto la partita. Ma tu vieni da me e mi dici: "Eh, no, tu sei *out*." E io: "Ma di che cosa stai parlando? Tu hai lasciato cadere la palla! La regola dice che se tu lasci cadere la palla, io sono salvo!" Allora tu dici: "Vero, eccetto quando due uomini sono in base e un uomo è fuori. In questo caso, anche se io non prendo la palla, tu sei fuori comunque. È l'unica eccezione."

Protesto: "Non puoi inventarti le regole mentre si gioca!" E tu rispondi: "Non l'ho mica inventata. Si chiama regola dell'*infield fly*; regola dello 'spiovente nel diamante'. La conoscono tutti."

Mi rivolgo ai miei compagni di squadra e loro dicono che non esiste nessuna regola del genere. Tu ti rivolgi ai tuoi compagni e loro naturalmente dicono che la regola esiste. Così finiamo tutti per azzuffarci sulle regole.

Vi è mai capitata un'esperienza del genere in un rapporto

personale? Giocavate secondo tutte le regole e all'improvviso qualcuno ha detto: "Sì, è vero, tranne che in quest'unico caso." E allora siete andati nel pallone e vi siete anche arrabbiati.

La gente è estremamente suscettibile per quanto riguarda le proprie regole. Ciascuno è convinto che la propria sia quella giusta. Le persone si arrabbiano particolarmente quando ritengono che gli altri ne stiano inventando di nuove o le stiano cambiando cammin facendo.

Eppure questa dinamica fa parte di quasi tutte le interazioni con il nostro prossimo.

PROVERBI PARADOSSALI

Rifletti prima di agire	Chi si ferma è perduto
Troppi cuochi guastano il pranzo	Due teste sono meglio di una
La lontananza alimenta l'amore	Lontano dagli occhi, lontano dal cuore
Cane vecchio non impara nuovi trucchi	Non è mai troppo tardi per imparare
L'erba del vicino è sempre più verde	Casa mia, per piccina che tu sia...
Risparmiare è guadagnare	L'ultimo vestito non ha tasche

In realtà, il paradosso di credenze e regole conflittuali è uno dei motivi per cui tante persone si sentono così frustrate nella vita. Nell'ambito di una relazione, uno dei due dice: "Ti amo, tranne quando lasci aperto il tubetto del dentifricio." Oppure: "Ti amo, tranne quando alzi la voce con me." Alcune di queste sottoregole sembrano banalissime, ma possono procurare molti guai. Il modo migliore per affrontare queste situazioni è ricordarvi che le vostre regole non sono basate sulla realtà. Sono puramente arbitrarie. Che voi ci siate abituati e ci teniate molto non significa che esse siano quelle giuste o le migliori. Esse dovrebbero essere stabilite in modo da rafforzare i nostri rapporti, non distruggerli. Ogni volta che una regola ci ostacola il cammino, dobbiamo chiederci: "Che cosa è più importante? Il mio rapporto o le mie regole?"

Supponete che, una volta, in una relazione sentimentale, la vostra fiducia sia stata tradita e che adesso abbiate timore di allacciare un rapporto con qualcun altro. Ora avete una regola che dice: "Se ti avvicini troppo, ti farai male." Al tempo stesso, il vostro valore prioritario è l'amore e la vostra regola è che, per provare amore, dovete accostarvi a qualcuno, stabilire un'intimità con qualcuno. Ora, siete profondamente combattuti: le vostre regole e i vostri valori sono diametralmente opposti. Che cosa potete fare in questa situazione? Il primo passo è quello di rendervi conto che avete delle regole conflittuali. Il secondo passo è quello di collegare una sufficiente sofferenza a qualsiasi regola non vi sia utile e sostituirla con una regola che lo sia.

Soprattutto, se volete avere ottimi rapporti con gli altri, sia a livello lavorativo sia a livello personale, dovete...

ESPORRE LE VOSTRE REGOLE

Se volete prendere le redini della vostra vita, se volete riuscire negli affari, se volete essere un ottimo negoziatore, se volete avere influenza sui vostri figli, se volete essere vicini a vostra moglie, allora cercate di scoprire quali sono le loro regole per un rapporto franco e comunicate le vostre. Non aspettatevi che la gente viva secondo le vostre regole, se non gliele esponete chiaramente. E non aspettatevi che le persone vivano secondo le vostre regole se non siete disposti a scendere a compromessi e a vivere secondo qualcuna delle loro.

Per esempio, all'inizio di un qualsiasi rapporto, una delle prime cose che faccio è far sapere all'altro le mie regole per quella particolare situazione e cercare di scoprirne quante più possibili delle sue. Per esempio, chiedo all'interessato: "Che cosa occorre perché tu sappia che il nostro rapporto funziona? Con quale frequenza dobbiamo comunicare? Che cosa è necessario?"

Una volta parlavo con un mio amico che è anche un personaggio famoso e lui mi confidò che non riteneva di avere molti amici. Gli dissi: "Sei sicuro di non avere molti amici? Vedo che hai intorno un mucchio di persone che ti sono sinceramente affezionate. Forse hai delle regole che eliminano molte persone che potrebbero esserti amiche?" Continuai: "Che cosa deve accadere perché tu senta che ti sono amiche?" "Suppongo," disse, "di non sapere nemmeno quali siano le mie regole a livello conscio."

Dopo averci riflettuto, identificò una delle sue regole principali per l'amicizia; se sei amico di qualcuno, allora parli con lui almeno due o tre volte la settimana. "Questa è una regola interessante," pensai. "Ho amici in tutto il mondo, persone alle quali sono sinceramente affezionato. Ma a volte, anche con i miei migliori amici, può passare un mese o più prima che abbiamo occasione di parlarci, solo per via dei nostri numerosissimi impegni. Spesso, mi trovo ai seminari dalla mattina presto fino a tarda notte e, durante il giorno, posso aver ricevuto fino a cento telefonate. Sono nell'impossibilità materiale di parlare con tutte quelle persone! Eppure, sanno tutti di essere miei amici."

Poi gli chiesi: "Tu mi consideri un tuo amico?" Rispose: "Razionalmente so che lo sei, ma a volte mi sembra di no, perché non parliamo abbastanza spesso." "Caspita, non lo sapevo!" gli dissi. "Se non me lo avessi detto non avrei mai saputo che questo era importante per te. Scommetto che hai un'infinità di amici che sarebbero felicissimi di adeguarsi alle tue regole di amicizia, se solo le conoscessero."

La mia definizione di amicizia è molto semplice: se sei un amico, allora ami una persona incondizionatamente e farai tutto il possibile per aiutarla. Se un amico si rivolge a te quando è nei guai o quando ha davvero bisogno, tu sei lì, a sua disposizione. Passano i mesi, ma l'amicizia non verrà mai meno una volta che avete deciso che qualcuno è veramente amico vostro. Ecco tutto! Non lo mettete più in discussione. Credo di avere moltissimi amici perché le mie regole per l'amicizia sono così facili da soddisfare! Non avete altro da fare che interessarvi a me e volermi bene e io mi interesserò a voi e vi vorrò bene, e così saremo amici.

È importantissimo esporre le vostre regole per qualsiasi situazione della vita, si tratti di amore, di amicizia o di affari. A proposito, anche se chiarite in anticipo tutte le regole, possono ugualmente sorgere dei malintesi? Potete scommetterci. A volte dimenticate di esporre una delle vostre regole, o può anche darsi che non sappiate nemmeno voi, a livello conscio, quali siano alcune di esse. Ecco perché è tanto importante il dialogo continuo. Non date nulla per scontato quando si tratta di regole. Dialogate.

ESISTONO REGOLE CHE NON POTETE INFRANGERE!

Più studio il comportamento delle persone e l'impatto che su di esse esercitano le loro regole, più cresce il mio interesse per una dinamica che ho notato costantemente, e cioè che esistono regole che la gente non violerà mai, e altre che invece è pronta a violare continuamente, recriminando ogni volta ma, ciononostante, continuando a violarle. Qual è la differenza?

Dopo qualche indagine, la risposta è stata chiara: abbiamo una *gerarchia di regole*, proprio come abbiamo una gerarchia di valori. Esistono alcune regole che, se infrante, ci procurerebbero una sofferenza così intensa che non contempliamo nemmeno la possibilità di infrangerle. Lo facciamo molto raramente, seppure lo facciamo. Chiamo queste le "regole limite", di soglia. Se, per esempio, vi chiedessi che cosa non fareste mai, mi indichereste una regola limite. Cioè me ne esporreste una che non oltrepassereste mai. Perché? Perché a essa collegate una sofferenza troppo intensa.

Per contro, abbiamo delle regole che non vogliamo infrangere. Io le chiamo "standard personali". Se le infrangiamo non ci fa piacere ma, a seconda del motivo, siamo disposti a infrangerle a breve termine. La differenza fra questi due tipi di regole è spesso indicata dalle parole *devo* e *dovrei*. Esistono per noi cose che dobbiamo fare, altre che non dobbiamo fare; cose che non dobbiamo fare mai e altre che dobbiamo fare sempre. "Devo" e "non devo mai" sono regole limite; "dovrei" e "non dovrei mai" sono regole di standard personali. E tutte strutturano la nostra vita.

Troppe regole del tipo "devo" possono rendere la vita impossibile. Vidi una volta un programma nel quale venivano intervistate venti famiglie, ciascuna con cinque gemelli. A ogni coppia di genitori fu chiesto: "Qual è la cosa più importante che avete imparato per non impazzire?" La sola, ripetuta risposta fu: "Non avere troppe regole. Con tutti questi corpi in movimento, e tutte queste personalità una diversa dall'altra, se avete troppe regole, finirete con l'impazzire." La legge delle probabilità dice che le vostre regole sarebbero costantemente violate e quindi, per reagire a tutto, vi trovereste sottoposti a uno stress continuo.

Questo tipo di stress si ripercuote su di voi e su chi vi sta intorno. Pensate alle regole che abbiamo oggi, per le donne, nel nostro contesto sociale. Hanno anche un nome: la "sindrome della Superdonna". Oggi sembra che le donne debbano fare tutto, e farlo in maniera perfetta. Non solamente devono prendersi cura del marito, dei figli, dei genitori e degli amici, ma devono avere un corpo perfetto, devono uscire e cambiare il mondo, devono impedire una guerra nucleare e, come se non bastasse, devono essere anche abilissime donne d'affari. Non pensate che avere tanti "doveri" per sentirsi persone di successo potrebbe creare un po' di stress?

Certo, nella società non solamente le donne devono affrontare tutto questo; oggi anche gli uomini e i bambini sono sottoposti a un terribile stress, perché sono aumentate le aspettative. Se siamo oberati da troppi imperativi da rispettare, perdiamo l'entusiasmo e il gusto per la vita; ci rifiutiamo di continuare il gioco. La profonda autostima nasce da sentimenti come quello per il quale siete voi a controllare gli eventi, e non gli eventi a controllare voi. E quando avete una quantità di regole imperative le probabilità che esse vengano violate sono molte.

Quale potrebbe essere una regola del "non dovere mai" in un rapporto? Molti potrebbero dire: "Mio marito (o mia moglie) non deve mai avere una relazione extraconiugale." Per altri, invece, questa è solo una regola del "dovrebbe": "Mio marito (o mia moglie) non dovrebbe mai avere una relazione extraconiugale." Questa differenza di regole contiene in sé la capacità potenziale di creare problemi lungo il cammino? È possibilissimo. In effetti, quando le persone hanno dei turbamenti a livello relazionale, è sempre perché, pur essendosi accordate sulle regole, non si sono accordate sul fatto che si tratti di un "non si deve mai" o di un "non si dovrebbe mai". Occorre non solamente comprendere quale tipo di regole abbia il vostro partner, ma anche tener presente che tanto la regola del "si deve" quanto quella del "si dovrebbe" sono appropriate.

Per raggiungere determinati risultati, è importante avere molte regole imperative per essere sicuri di perseverare, di agire. Per esempio, ho un'amica che è in splendide condizioni fisiche. Quello che è interessante è il complesso di regole che si è imposta riguardo alla salute: ha pochissimi "dovrei" e moltissimi "devo". Le ho chiesto che cosa non deve mai fare se vuol essere sana. Mi ha risposto: "Non devo mai fumare. Non devo mai profanare il mio corpo con delle droghe. Non devo mai abbuffarmi. Non devo mai far passare più di un giorno senza fare ginnastica."

Le ho chiesto poi: "Che cosa devi fare per essere sana?" E, anche in questo caso, la lista era lunga: "Devo fare ginnastica ogni giorno per almeno mezz'ora. Devo mangiare i cibi giusti. La mattina devo mangiare solo frutta. Devo combinare bene i vari cibi che mangio. Ogni settimana, devo fare almeno ottanta chilometri in bicicletta." E l'elenco continuava. Alla fine, le chiesi quali fossero le sue regole del "dovrei". "Dovrei fare più ginnastica," mi rispose. E basta!

Ora; questa signora ha un'amica sovrappeso, la quale, quando le ho chiesto che cosa doveva non fare mai per essere sana, mi ha guardato con aria assente. Non aveva regole assolute del "non devo" nel campo della salute! Aveva però un paio di regole del "devo": doveva mangiare e doveva dormire. Le domandai poi se aveva regole del "dovrei". "Certo," rispose. "Dovrei mangiare meglio; dovrei fare del moto; dovrei curare meglio il mio corpo." Aveva anche un elenco di regole del "non dovrei", per esempio "non dovrei mangiare carne, non dovrei eccedere nel mangiare" e così via. Questa donna aveva molte cose che sapeva non avrebbe dovuto fare ma, dato che aveva pochissime regole del "devo", non si era mai messa nelle condizioni di procurarsi un'intensa sofferenza per essersi comportata in maniera poco salubre. E non era difficile capire perché non fosse mai riuscita a tenere a bada il peso.

Se avete mai procrastinato in qualche cosa, forse usate regole quali "dovrei avviare questo progetto" o "dovrei iniziare un programma di ginnastica". Che cosa sarebbe accaduto se invece aveste deciso "devo avviare questo progetto" o "devo cominciare questo programma di ginnastica" e foste poi andati fino in fondo, condizionando, per così dire, queste regole al vostro sistema nervoso?

Ricordate, tutti abbiamo bisogno di una struttura. Ci sono persone che non hanno regole chiare per capire quando hanno successo. Le regole possono fornirci l'ambiente contestuale per creare valore aggiunto. Le regole possono motivarci ad andare fino in fondo; possono farci crescere e sviluppare. Il vostro obiettivo è semplicemente quello di creare un equilibrio fra le regole del "devo" e quelle del "dovrei", e utilizzarle entrambe nel giusto contesto.

Riassetto delle regole

Cominciate in questo preciso momento a prendere il controllo delle vostre regole, scrivendo le vostre risposte alle seguenti domande. Rispondete nella maniera più esauriente possibile.

1. Che cosa vi occorre perché sentiate di avere successo?
2. Che cosa vi occorre perché vi sentiate amati dai vostri figli, da vostra moglie, dai vostri genitori e da chiunque altro sia importante per voi?

3. Che cosa vi occorre perché sentiate di avere fiducia in voi stessi?
4. Che cosa vi occorre perché sentiate di eccellere in tutti i campi della vostra vita?

Osservate ora queste regole e chiedetevi: "Sono regole appropriate? Ho davvero reso molto difficile la sensazione di star bene e facile quella di star male?" Avete centoventinove cose che debbono accadere prima di sentirvi amati? E solo una o due cose per sentirvi respinti?

Se le cose stanno così, modificate i vostri criteri e stabilite delle regole che vi potenzino. Che cosa occorre alle vostre regole perché possiate sentirvi felici e appagati in questa impresa? Ecco una distinzione critica: stabilite le vostre regole in modo da detenere voi il controllo, in modo che non sia il mondo esterno a decidere se vi sentite bene o male. Fate in modo che sia estremamente facile per voi sentirvi bene ed estremamente difficile sentirvi male.

Per le regole che determinano i vostri valori positivi usate la frase "ogni volta che..." In altre parole, createvi una gamma di possibili modi per sentirvi bene. Per esempio: "Provo amore ogni volta che do amore, ogni volta che trascorro il tempo con le persone che amo, ogni volta che sorrido a una persona nuova, ogni volta che parlo con un vecchio amico, ogni volta che vedo qualcuno fare un gesto gentile nei miei confronti, oppure ogni volta che apprezzo coloro che già mi amano." Vi rendete conto di che cosa avete fatto? Vi siete messi in condizione di vincere la partita disponendo sfacciatamente le carte a vostro favore!

Escogitate miriadi di modi per soddisfare le vostre regole per provare amore; rendete incredibilmente facile sperimentare quel piacere e assicuratevi di includere molti criteri che dipendano unicamente dal vostro controllo, così da non dover dipendere da niente e da nessuno per sentirvi bene. Ogni volta che farete una qualsiasi di queste cose proverete amore, e non solamente adeguandovi a qualche stravagante criterio che potrebbe verificarsi con la stessa frequenza di un'eclissi totale di sole!

A proposito, ho una regola da suggerirvi: mentre fate queste cose, dovete divertirvi! Siate sfacciati; andate oltre i limiti. Per tutta la vita vi siete serviti delle regole per trattenervi; perché ora non divertirvi alle loro spalle? Forse, per provare amore, tutto quello che dovete fare è agitare il mignolo del piede. Sembra assurdo, ma nessuno, me compreso, può decidere meglio di voi che cosa vi dà piacere!

A questo punto, accertatevi di scoprire le regole di chi vi sta intorno. Fate dei sondaggi. Scoprite quali sono le regole dei vostri figli per sentirsi parte della famiglia, per andar bene a scuola, per divertirsi. Scommetto che rimarrete stupiti delle vostre scoperte! Accertatevi delle regole del vostro coniuge; chiedete ai vostri genitori; al vostro capo; ai vostri datori di lavoro.

Una cosa è certa: se non conoscete le regole, siete destinati a perdere, perché prima o poi finirete immancabilmente per violarle. Ma, se conoscete quelle degli altri, potete prevederne il comportamento; potete essere all'altezza delle loro aspettative e quindi arricchire la qualità del vostro rapporto. Ricordate, la regola che più vi conferisce potere è quella di divertirvi, qualsiasi cosa accada.

In questi ultimi capitoli abbiamo appreso quasi completamente i cinque elementi che formano il sistema fondamentale. Conosciamo l'importanza dello stato d'animo, il modo in cui le domande indirizzano la nostra attenzione e la nostra valutazione e il potere di valori e regole nel plasmare la nostra vita. Scopriamo ora il tessuto dal quale tutti questi elementi sono tagliati...

17
RIFERIMENTI:
IL TESSUTO DELLA VITA

> *La mente dell'uomo tesa verso una nuova idea non torna mai alle sue dimensioni originali.*
>
> OLIVER WENDELL HOLMES

Fermo sul ponte di volo, il giovane tenente osservava un jet che sbandava senza controllo sulla portaerei, colpendo, e quasi tagliando a metà con un'ala, un uomo distante solo pochi passi. La sola cosa che gli fece superare l'orrore del momento fu la voce tonante dell'ufficiale al comando che gli gridava: "Qualcuno prenda una scopa e spazzi via quelle budella dal ponte!" Non c'era tempo per pensare. Doveva reagire immediatamente. Lui e i suoi compagni di equipaggio spazzarono i brandelli del corpo del loro camerata dalla pista d'atterraggio. In quell'istante, il diciannovenne George Bush non ebbe altra scelta che imparare ad affrontare la carneficina della guerra. Avrebbe raccontato spesso quell'episodio per descrivere lo shock della morte violenta, e la necessità di essere in grado di affrontarla.

Un'altra esperienza che plasmò la sua vita fu una missione di bombardamento alla quale partecipò non molto tempo dopo la tragedia sul ponte della portaerei. Fu mandato a bombardare la stazione radio di una piccola isola del Pacifico meridionale. Chichi Jima era un campo di prigionieri di guerra diretto da uno scellerato ufficiale giapponese, Matoba, che Bush e il suo equipaggio sapevano avere commesso brutali crimini di guerra contro i prigionieri: atrocità incredibili come, per esempio, divorare alcuni degli uomini e metterne i resti nel rancio che faceva distribuire agli altri prigionieri, informandoli solo dopo che si erano nutriti di carne umana.

Avvicinandosi all'obiettivo, il giovane George Bush era fermamente deciso a isolare quel pazzo distruggendo il suo unico mezzo di comunicazione: la stazione radio. Durante l'accostamento della rotta di sganciamento delle bombe, Bush fu colpito da un attacco nemico. La cabina si riempì di fumo, ma egli era determinato a centrare il suo bersaglio. Negli ultimi secondi riuscì a sganciare la bomba centrando l'obiettivo e distruggendo l'antenna. Diede subito all'equipaggio l'ordine di catapultarsi fuori. Virò di nuovo in direzione del mare ma, quando venne il suo turno di lanciarsi con il paracadute, le cose non andarono secondo il previsto. Andò a sbattere contro la coda dell'aereo ferendosi alla testa, e lacerando in parte il paracadute. Così danneggiato, il paracadute poteva attenuare solo in parte la caduta ma, proprio un attimo prima di toccare l'acqua, Bush si liberò. Lottando per risalire in superficie, con la ferita al capo che sanguinava, annaspò disperatamente in cerca del canotto di salvataggio. Lo trovò ma, una volta a bordo, scoprì che i recipienti metallici contenenti acqua e viveri erano andati distrutti al momento dell'impatto con la coda dell'aereo.

A peggiorare le cose, la corrente lo stava lentamente trascinando verso la spiaggia dell'isola che aveva appena bombardato. Immaginate che fine avrebbe fatto? Mentre il canotto si accostava sempre più alla riva, i suoi timori aumentavano. Poi, improvvisamente, cominciò a vedere qualcosa nell'acqua. In un primo tempo pensò di esserselo sognato, poi si rese conto che si trattava di un periscopio. Stava per cadere prigioniero dei giapponesi.

Mentre però il grosso sottomarino cominciava a emergere, vide che si trattava del *Finback*, un'unità americana! Fu salvato, ma appena in tempo per dover affrontare un ulteriore pericolo. Subito dopo aver ripescato Bush, il sottomarino tornò a immergersi rapidamente perché le navi nemiche si erano avvicinate e avevano cominciato a lanciare bombe di profondità; l'unica cosa che il *Finback* poteva fare era immergersi e restare immobile. L'equipaggio poteva solamente affidarsi al Padreterno e pregare perché gli esplosivi non li distruggessero.

George Bush non solamente sopravvisse a questa esperienza, ma portò anche a termine con successo varie altre missioni di bombardamento, tornando a casa da eroe. Disse che i giorni trascorsi in quel sottomarino erano stati fra i più importanti della sua vita, giorni durante i quali aveva cominciato a riflettere sul destino, su se stesso e sul perché fosse venuto al mondo.

Quale ruolo ebbe questa esperienza nel formare il carattere, l'identità e il destino di George Bush? Chiaramente, costituì il tessuto dal quale vennero ricavati le sue credenze e i suoi valori essenziali, il tessuto che io definisco "esperienze di riferimento" (o, più semplicemente, "riferimenti"), esperienze che avrebbero fatto parte di ciò che, oltre quarant'anni dopo, lo avrebbe portato a divenire presidente degli Stati Uniti. Esperienze che contribuirono anche a plasmare le sue credenze e le sue certezze circa il fatto che il bene deve resistere al male e che, a suo tempo, gli infusero la fiduciosa convinzione che, se avesse dato tutto e non si fosse arreso, avrebbe raggiunto i risultati che voleva, malgrado le difficoltà. Come pensate che questi riferimenti abbiano influenzato le sue decisioni, circa cinque decenni più tardi, quando, seduto nella Sala ovale, meditava su come rispondere alla gratuita invasione da parte di Saddam Hussein del territorio del Kuwait?

Se vogliamo comprendere perché la gente agisce come agisce, un esame delle esperienze di riferimento più significative e pregnanti della sua vita ci fornirà sicuramente degli indizi preziosi. I riferimenti, quinto elemento del sistema fondamentale di un individuo, costituiscono realmente l'essenza, i cubi da costruzione delle nostre credenze, delle nostre regole, dei nostri valori. Costituiscono l'argilla con cui è plasmato il nostro sistema fondamentale. Sicuramente, una persona che abbia sperimentato, e superato, terribili avversità è in possesso di solidi riferimenti con i quali costruire un costante livello di fiducia, una credenza o una fede in se stessa e negli altri, e la capacità di vincere le sfide.

Più i nostri riferimenti sono numerosi e importanti, maggiore è il nostro potenziale livello di scelta. Un numero quantitativamente e qualitativamente maggiore di riferimenti ci consente di meglio valutare il significato delle cose e quello che possiamo fare. Dico "scelta potenziale" in quanto, anche se i riferimenti ci danno gli ingredienti di base per le nostre credenze, spesso non riusciamo a organizzarli in modo tale che essi ci rafforzino. Per esempio, un giovane può avere una straordinaria fiducia e abilità sul campo da football ma, quando si trova a lezione di storia, può non riuscire a trovare in se stesso quel senso di sicurezza che lo aiuterebbe a portare al massimo il suo potenziale in classe, come accade quando si trova ad affrontare l'avversario oltre la metà campo. Se si accostasse al football con lo stesso atteggiamento di sconfitta o di incertezza con cui affronta le lezioni di storia, sarebbe un giocatore incredibilmente inefficiente.

Che cosa determina i riferimenti che usiamo? Chiaramente, il nostro stato emozionale avrà un impatto fondamentale sui "file", cioè sui ricordi, emozioni, sentimenti, sensazioni immagazzinati, che sono a nostra disposizione. Quando siamo in uno stato di apprensione sembra che ci vengano alla mente solo i riferimenti che abbiamo associato a stati di apprensione nel passato, e ci troviamo impastoiati in un cappio ("apprensione" porta a "riferimento di apprensione", che porta ad "apprensione moltiplicata").

Se ci sentiamo feriti da qualcuno, tendiamo ad aprire l'archivio, il "file", e a ricordare ogni precedente esperienza in cui quella persona ci ha ferito, anziché cercare di modificare il nostro stato d'animo, ricordando che cosa in realtà questa persona prova per noi, richiamando alla mente le volte in cui si è mostrata affettuosa e gentile nei nostri confronti. Pertanto, lo stato d'animo in cui ci troviamo determinerà quanto di questo tessuto è a nostra disposizione per costruire una vita qualitativamente valida. Oltre allo stato d'animo, un altro fattore è quello di avere un sistema di riferimento allargato, tale da potenziare il nostro livello di comprensione circa ciò che è possibile e ciò di cui siamo capaci, qualunque sia la sfida che ci si presenta.

Senza dubbio i riferimenti sono uno degli elementi più importanti del nostro processo decisionale. Chiaramente, essi plasmeranno non solo quello che facciamo, ma come ci sentiamo, e chi diveniamo. Confrontiamo le esperienze di riferimento di Saddam Hussein con quelle di George Bush. Sappiamo che il padre di Saddam lo maltrattava fisicamente, che suo zio gli insegnava a nutrire rancore e a odiare la supremazia inglese. Mentre Bush veniva premiato per il suo eroismo, i modelli di comportamento di Saddam furono persone che avevano imparato a controllare gli altri con l'assassinio e la propaganda.

Durante un periodo di quindici o vent'anni, Saddam cercò ripetutamente di defenestrare il leader dell'Iraq, uccidendo chiunque gli sbarrasse la strada. Di conseguenza, egli non vede le battute d'arresto, per cruente che siano, come delle sconfitte; è arrivato a credere che, a lungo andare, finirà sempre con il vincere. Tra parentesi è questa credenza che gli ha consentito di rimanere in carica anche dopo la sua sconfitta nella guerra del Golfo. A quarantadue anni, aveva eliminato i suoi oppositori e assunto il controllo dell'Iraq.

Agli occhi di molti, Saddam è un mostro e la gente spesso si chiede come gli iracheni possano sostenerlo. La risposta è che gli iracheni vedono in Saddam Hussein colui che ha contribuito a capovolgere la situazione del loro paese: ha contribuito a migliorare gli alloggi, le scuole e così via. Per gli iracheni, Saddam è un eroe. La sua immagine si vede dappertutto e, nelle trasmissioni della televisione controllata dallo Stato, la gente può osservare solo il suo lato migliore.

Ma Saddam Hussein è diventato un assassino solamente per i suoi riferimenti ai maltrattamenti subiti da bambino? Assolutamente no. Molti altri, pur venendo da esperienze di riferimento analoghe, sono diventati persone compassionevoli e sensibili le quali, proprio per le sofferenze subite, non permetterebbero mai che altri intorno a loro debbano provarle. Molte di queste persone lottano per aiutare gli altri. È possibile che qualcun altro, che si fosse trovato su quella stessa nave con George Bush, sarebbe rimasto sconvolto dalla morte del commilitone e avrebbe usato quella tragedia come riferimento per convincersi che non vale la pena di vivere o che la guerra non ha mai una giustificazione? Potete scommetterci. Ancora una volta, non sono i nostri riferimenti, ma la nostra interpretazione di essi, il modo in cui noi li organizziamo, a determinare le nostre credenze.

Quali riferimenti ricoprono il ruolo principale nelle nostre esperienze di vita? Tutto dipende dalle cose da cui siamo rafforzati. Saddam fu ricompensato per aver commesso omicidi e distruzioni su vasta scala nel suo cammino verso la guida del suo paese. George Bush fu costantemente motivato e potenziato dalla sua concentrazione sul fare la cosa giusta, fornire il suo contributo, aiutare chi ne aveva bisogno. Questi rafforzamenti hanno contribuito a gettare le basi di destini molto diversi per questi due uomini.

Che cosa sono i riferimenti?

I riferimenti sono tutte quelle esperienze della vostra vita che avete memorizzato all'interno del vostro sistema nervoso, tutto ciò che avete visto, sentito, toccato, gustato o annusato, e che avete riposto all'interno di quel gigantesco archivio che è il vostro cervello. Alcuni riferimenti vengono raccolti consapevolmente, altri inconsciamente. Alcuni sono il risultato di vostre esperienze dirette; altri, di informazioni che avete acquisito da terzi; e tutti i vostri riferimenti, come ogni altra esperienza umana, a volte vengono distorti, cancellati e generalizzati, via via che li inserite all'interno del vostro sistema nervoso. In realtà, avete dei riferimenti anche per cose mai accadute: ogni cosa voi abbiate mai immaginato nella vostra mente viene ugualmente memorizzata e riposta nel vostro cervello, come in un computer.

Molti di questi riferimenti sono organizzati in maniera tale da sostenere delle credenze e, come avete imparato nel capitolo 4, una credenza altro non è se non una sensazione di sicurezza circa il significato di qualche cosa. Se vi ritenete intelligenti è perché avete attivato determinati riferimenti per appoggiare quella sensazione di certezza. Forse, avete avuto l'esperienza di affrontare con successo delle sfide mentali, come per esempio superare un test o condurre bene un affare. Tutte queste esperienze di riferimento operano come le gambe di un tavolo per sorreggere l'idea (o il "piano del tavolo") che voi siete intelligenti.

Dentro di noi abbiamo riferimenti sufficienti a sostenere qualsiasi idea vogliamo: che siamo sicuri e forti oppure che siamo deboli, che siamo altruisti o egoisti. Il segreto è di amplificare i riferimenti disponibili nell'ambito della vostra vita. *Ricercate consapevolmente delle esperienze che allarghino il vostro senso di identità e di capacità e organizzate i vostri riferimenti in maniera che vi conferiscano potere.*

> *Il mondo si può conoscere solo stando nel mondo, e non da dentro un armadio.*
> LORD CHESTERFIELD

Non molto tempo fa venni a sapere che un tale aveva trovato per strada una borsa contenente trentacinquemila dollari in contanti. Ne aveva immediatamente cercato il proprietario e l'aveva restituita. Tutti quelli che vennero a conoscenza di questo episodio vollero congratularsi con quest'uomo il quale, però, si sottrasse ai giornalisti e rifiutò di farsi filmare, affermando reiteratamente e con adamantina fermezza che restituire quel denaro era giusto ed era l'unica cosa che potesse fare. Si scoprì che quei soldi erano i risparmi di tutta la vita di una donna e che, con il suo gesto, egli le aveva probabilmente salvato il futuro, almeno dal punto di vista finanziario; eppure l'uomo rifiuto di assumersene il merito. Perché? Chiaramente i riferimenti del suo passato lo avevano aiutato a sviluppare la credenza che assumersi un merito per aver fatto quello che evidentemente era la cosa giusta, sarebbe stato fuori luogo. La sua decisione di evitare il riconoscimento non fu dovuta a un capriccio; egli possedeva un senso di certezza che solo i riferimenti della sua vita potevano creare.

Pensate ai vostri riferimenti, sia a quelli che ritenete buoni sia a quelli che ritenete cattivi, come a una colossale pezza di stoffa tessuta con le vostre esperienze. Con gli altri elementi del vostro sistema fondamentale, stato d'animo, domande, valori e credenze, ritagliate da questa stoffa un modello che vi consenta di prendere decisioni in merito a ciò che dovete fare. Avete una scorta inesauribile di riferimenti che possono venire disposti in qualsiasi modo vogliate. E ogni giorno arricchite questa scorta. Un elemento importante per misurare l'intelligenza di una persona è il modo in cui questa persona usa il proprio tessuto di riferimenti. Ne ricavate una tenda dietro cui nascondervi o un tappeto magico capace di trasportarvi ad altezze ineguagliate? Scavate consapevolmente nell'esperienza della vostra vita per trarne quei ricordi che più di tutti vi conferiscono potere su basi consistenti?

Come avete appreso nel capitolo 4, probabilmente una delle cose più preziose che i riferimenti fanno per noi è quella di fornirci una sensazione di sicurezza. Senza di essi, vivremmo sempre nel timore o nel dubbio; non potremmo funzionare. Rimarreste turbati se questo libro si alzasse improvvisamente in aria, si allontanasse e andasse a posarsi due metri davanti a voi? L'unico motivo per cui sareste impauriti è che non avete riferimenti per una cosa del genere. Non avete idea di come interpretarne il significato. Perché un bambino pesca in un portacenere, ne tira fuori un mozzicone di sigaretta e comincia a masticarlo? Non è forse perché non possiede riferimenti che gli dicano che è una cosa dannosa? (Naturalmente, anche alcuni adulti non hanno ancora capito che il tabacco fa male!)

Consentitemi di farvi ancora una domanda. Come usate i vostri riferimenti? Li interpretate consapevolmente, in modo che essi vi conferiscano potere, e vi appoggino nel raggiungere i vostri obiettivi? O piuttosto il vostro cervello, automaticamente, si aggancia a esperienze individuali per le quali non avete un punto di forza, e allora nascono in voi credenze del tipo "tutti ce l'hanno con me" od "ogni volta che tento qualcosa vengo messo al tappeto" oppure "non merito di essere amato"?

Il modo in cui usiamo i nostri riferimenti determinerà il modo in cui ci sentiamo, perché qualsiasi cosa è buona o cattiva unicamente in base a ciò con cui la paragonate. Quando una donna d'affari occupa una camera d'albergo, la sua opinione sul fatto che sia o no una bella stanza dipende dai suoi riferimenti passati. Vi assicuro che se prendeste qualcuno che proviene dall'Europa orientale e gli prenotaste una stanza nel motel più a buon mercato degli Stati Uniti, scoprireste che quella persona è eccitatissima all'idea che questo sia un alloggio di prim'ordine. Talvolta perdiamo di vista il fatto che il bello e il brutto sono valutazioni unicamente basate sui nostri riferimenti.

"Date with Destiny" è uno dei miei corsi favoriti perché mi consente ogni volta di vedere come le persone usino i propri riferimenti per plasmare il proprio comportamento. In un complesso questionario che i partecipanti riempiono prima del seminario, debbono elencare cinque esperienze che, a loro giudizio, hanno plasmato la loro vita intera. Essi mi rendono quindi partecipe di alcuni dei loro riferimenti più importanti e mi sorprende vedere quanti diversi significati essi traggano dagli stessi riferimenti. Alcune persone sono state stuprate, sessualmente maltrattate, abbandonate. Altre provengono da famiglie cadute in miseria o distrutte. Eppure, alcune di loro danno a queste esperienze un'interpretazione che le aiuta a formarsi la credenza che la loro vita non vale la pena di essere vissuta, mentre altre se ne servono come motivazione per studiare, migliorare, crescere, condividere, diventare più sensibili.

È vero che Saddam Hussein fu maltrattato da bambino, ma lo fu anche Oprah Winfrey. Questa donna, in gioventù, fu stuprata, violentata, maltrattata, eppure oggi, nel suo show televisivo, influisce ogni giorno su milioni di esistenze. Semplicemente condividendo con gli altri le proprie esperienze, ha aiutato molta gente a rimarginare alcune delle ferite del passato. Milioni di americani la sentono vicina perché sanno che lei comprende; vale a dire, ha riferimenti di sofferenza, proprio come loro.

Ci solleviamo con il nostro pensiero, ci inerpichiamo sulla nostra visione di noi stessi.
ORISON SWETT MARDEN

I riferimenti non si limitano alle effettive esperienze. Nascono anche dall'immaginazione. Ricordate Roger Bannister e il suo miglio in quattro minuti? Nessuno riteneva fisicamente possibile per un essere umano correre il miglio in meno di quattro minuti; eppure, egli si creò un proprio senso di sicurezza mediante riferimenti immaginari. Continuò a visualizzarsi nell'atto di battere il record dei quattro minuti, ascoltando e vedendo se stesso superare quell'ostacolo fino a quando ebbe, ben presto, tanti supporti di riferimento da sentirsi sicuro del successo, sicuro quanto erano sicuri gli altri che fosse un'impresa impossibile.

Non dobbiamo dimenticare che l'immaginazione è dieci volte più potente della forza di volontà. Bannister fu in grado di usare la sua immaginazione come gambe di sostegno per il tavolino della sicurezza e, perciò, riuscì a raggiungere un risultato inaudito in tutta la storia dell'umanità. Il dare mano libera alla nostra immaginazione ci fornisce un senso di sicurezza e una visione che va ben oltre le limitazioni del passato.

Recentemente, il signor Akio Morita mi ha inviato il suo libro, *Made in Japan*. Il signor Morita, un uomo incredibilmente brillante, è il cofondatore della Sony Corporation. Il destino della Sony, proprio come quello di un individuo, è il risultato di una serie di decisioni. Nel suo libro, Morita rivela che una delle decisioni più difficili e importanti che abbia mai dovuto affrontare fu quella di rifiutare l'offerta della Bulova Corporation di acquistare centomila delle sue nuovissime radio a transistor in un'epoca in cui la società non ne produceva nemmeno diecimila al mese. La somma che offrivano era pari a dieci volte il valore di allora della società, eppure, dopo profonda riflessione, Morita rifiutò l'offerta.

Perché? Semplicemente perché la Bulova voleva mettere il proprio nome sulla radio. Egli si rese conto che, anche se accettare l'offerta avrebbe significato, nei tempi brevi, un grosso balzo in avanti per la sua società, in realtà avrebbe promosso il marchio Bulova e non il marchio Sony. I funzionari della Bulova non volevano credere che Morita rifiutasse la loro offerta. Ma Morita spiegò loro: "Fra cinquant'anni, il nome della mia società sarà grande quanto il vostro e io so che la radio che ho creato ci aiuterà a promuovere quel nome."

Naturalmente, tutti i partner di Morita lo presero per pazzo. Come riuscì a crearsi quel senso di certezza che gli consentì di rifiutare un'offerta così allettante e proficua? Immaginò vividamente il futuro della società, creando dei riferimenti dove non esistevano. Concentrò la sua attenzione e visualizzò i suoi obiettivi con estrema chiarezza, poi li sostenne con una fede totale e attiva. Oggi la Sony Corporation non solamente è un'industria leader dell'industria elettronica, con un fatturato annuo di circa trenta miliardi di dollari, ma si è anche diversificata in industrie che vanno fino alla cinematografia (acquistando la Columbia e la Tri-Star Pictures) e alla musica (rilevando la CBS Records e la Columbia House) ed è famosa in tutto il mondo per la qualità dei suoi prodotti.

Se avete fede potete aggrapparvi alla vostra visione anche di fronte a quelli che, in apparenza, sembrano fallimenti. Che cosa sarebbe successo se Thomas Edison avesse gettato la spugna dopo il suo primo tentativo, fallito, di creare la lampadina elettrica? O anche dopo il suo centesimo tentativo? Fortunatamente per noi tutti, egli persistette anche dopo migliaia di tentativi. Avrebbe potuto prendere ciascuno di quei casi come riferimento per sostenere la credenza che la sua invenzione era impossibile. Invece, preferì trasformare ogni tentativo fallito in un riferimento per credere che si stava avvicinando alla soluzione. Ricordatevi, non dovete guidare nel passato affidandovi solo allo specchietto retrovisore. Dovete imparare dal vostro passato, non vivere in esso, e concentrarvi sulle cose che vi conferiscono potere.

La lettura è il cibo della mente

Per quanto concerne i riferimenti, non siete nemmeno costretti a limitarvi alle vostre esperienze personali. Potete prenderle a prestito da altri. Da giovane, decisi di concentrarmi su coloro che ce l'avevano fatta, coloro che avevano avuto successo, avevano dato il loro contributo e avevano influenzato profondamente la vita altrui. E lo feci leggendo le biografie di uomini di successo e imparando che, a prescindere dal loro background e dalle loro convinzioni, quando si attennero al loro senso di sicurezza e diedero costantemente il loro contributo, alla fine raggiunsero il successo. Feci miei i loro riferimenti, formandomi l'intima convinzione di potere realmente plasmare il mio destino.

Ricordate il mio amico, il capitano Gerald Coffee, che fu prigioniero di guerra in Vietnam per oltre sette anni, gran parte dei quali trascorsi in isolamento? Una delle cose che lo aiutò a conservare il suo equilibrio mentale quando il mondo esterno non gli forniva alcun riferimento di gioia fu di ripiegarsi sul suo ricco mondo interiore. Da bambino aveva imparato a memoria racconti e poesie che ripeté a se stesso per creare un ambiente diverso da quello che, giorno dopo giorno, doveva sopportare.

Non c'è bisogno di stare confinati in isolamento per scoprire la bellezza e la forza di coltivare un ricco tesoro di memorie e di riferimenti immaginari. Come potete colmare il vostro scrigno dei tesori? Esplorate la ricchezza della letteratura, dei racconti, dei miti, della poesia, della musica. Leggete, guardate film e videocassette, ascoltate musicassette, frequentate seminari, parlate con la gente e acquistate nuove idee. Tutti i riferimenti hanno un loro potere e non potete sapere quale dei tanti potrebbe cambiare la vostra intera esistenza.

La forza che potete ricavare dal leggere un grande libro è che potreste cominciare a pensare come l'autore. In quei momenti magici durante i quali siete immersi nelle foreste di Arden, siete William Shakespeare; naufraghi sull'Isola del Tesoro, siete Robert Louis Stevenson; in comunione con la natura a Walden Pond, siete Henry David Thoreau. Cominciate a pensare come loro, a sentire come loro, a usare la vostra immaginazione come loro la userebbero. I loro riferimenti diventano i vostri e li portate con voi anche dopo aver chiuso il libro. Questo è il potere della letteratura, di una buona commedia, della musica; questo è il motivo per cui desideriamo costantemente allargare i nostri riferimenti.

Una volta pensavo che andare a teatro fosse una perdita di tempo. Perché? Perché le uniche rappresentazioni che avevo viste erano mal recitate e di una lentezza esasperante. Ma, un giorno, Becky e io decidemmo di andare a vedere il musical *Les Miserables*. Non ho mai visto, letto o ascoltato qualcosa che mi abbia tanto profondamente commosso. Da allora, sono diventato un patito del grande teatro e ogni volta che andiamo a New York, la prima cosa che facciamo è assistere a uno spettacolo.

L'immaginazione è più importante della conoscenza.
ALBERT EINSTEIN

Una delle migliori credenze che ho sviluppato anni fa e che mi ha aiutato a godere ogni esperienza della mia vita è stata l'idea che non esistono esperienze cattive, che qualsiasi cosa mi accada nella vita, si tratti di un'esperienza impegnativa o piacevole, ogni esperienza mi fornisce qualcosa di valido, se la cerco. Se da un'esperienza traggo anche una sola idea o una distinzione, allora quell'esperienza mi fa crescere.

Quando ero ancora studente e cercavo in tutti i modi di racimolare i soldi per frequentare i corsi che ritenevo necessari per il mio personale sviluppo, i miei amici si meravigliavano del fatto che ad alcuni di quei seminari io continuassi a tornare più volte. Spesso mi chiedevano: "Perché torni ad ascoltare sempre le stesse cose?" E inevitabilmente rispondevo che capivo l'importanza della ripetizione e che ogni volta ascoltavo qualcosa di nuovo, anche se la lezione era la stessa, perché io ero cambiato. Inoltre, sapevo che ascoltare e riascoltare qualcosa mi avrebbe alla fine condizionato a servirmi di quella cosa, che la ripetizione è realmente la madre della saggezza. Ogni volta che riesaminavo un programma, facevo qualche distinzione in più o ascoltavo concetti che mi colpivano in maniera differente e mi consentivano di crearmi nuovi riferimenti e, di conseguenza, nuove interpretazioni, nuove azioni e nuovi risultati nella vita.

SERVITEVI DEL PARAGONE PER GUARDARE LA VOSTRA VITA IN PROSPETTIVA

Mentre alcuni riferimenti vi nobilitano e vi danno una visione più elevata, altri vi mostrano un aspetto della vita che preferireste non sperimentare. Ma sono proprio questi i riferimenti che vi aiutano a mantenere in equilibrio la vostra vita. Essi vi offrono un nuovo livello di contrasto, di paragone: per male che vi vadano le cose, è bene ricordare che ad altri vanno peggio.

Nei sette giorni dei miei seminari di base, dedico sempre parte di una giornata a presentare delle persone che hanno attraversato un inferno, dal punto di vista fisico o da quello emozionale, e ne sono uscite trionfanti: i W. Mitchell di questo mondo, o il mio buon amico Mique Davis che, nella sua gioventù da alcolista, decise di gettarsi da un ponte, senza rendersi conto che l'acqua era profonda solo una settantina di centimetri. Restò paralizzato dal collo in giù. Queste persone cominciano a spiegare agli altri, con tutto il cuore, che grande cosa sia la vita, quanto siano felici di vivere, quante cose abbiano potuto compiere. Oppure presento al pubblico il mio buon amico Dax, il quale rimase intrappolato in un incendio, ebbe il corpo completamente ustionato e perse la vista; in seguito, malgrado queste avversità, divenne avvocato ed esercitò la professione.

L'argomento del giorno è quello di stabilire una semplice e profonda convinzione: "Non ho problemi." Rispetto a quegli individui coraggiosi che raccontano pubblicamente la loro storia, tutti gli altri presenti si rendono conto di quanto trascurabili siano le loro contrarietà. Improvvisamente i loro problemi con la moglie, la scuola dei figli, la perdita di un affare o il fatto di non essere riusciti a raggiungere un determinato obiettivo vengono immediatamente ridimensionati.

Possiamo anche ricorrere a nuovi riferimenti per motivarci, per spronarci se cominciamo a sentirci soddisfatti. Se, da un lato, è vero che, per male che vi vadano le cose, c'è qualcuno al quale vanno anche peggio, è anche vero che, per bene che vadano a voi, a qualcun altro vanno anche meglio. Proprio quando credete che la vostra capacità abbia raggiunto il livello massimo, scoprite che qualcun altro è arrivato molto più in alto di voi. E questa è una delle cose positive della vita: ci sprona costantemente a migliorare e a crescere.

La possibilità di avere a disposizione nuovi riferimenti per innalzare i nostri standard non ha limiti, sia che si studino gli insegnamenti di un grande leader spirituale, il quale, malgrado le difficoltà, continua a dare il suo amore, sia che si osservino coloro che hanno ottenuto il successo e ci si renda conto fino a che punto si possa effettivamente arrivare. Non dimenticherò mai il mio primo incontro con Chris Hemmeter, architetto e magnate alberghiero. Becky e io avemmo il privilegio di essere fra le prime persone invitate a visitare la nuova casa di Chris e della sua famiglia, alle Hawaii, una residenza da settanta milioni di dollari, al di là di ogni possibile descrizione. Solo la porta d'ingresso è costata un milione di dollari. Forse per le vostre regole questo è un incredibile spreco di denaro, ma è anche un'esperienza incredibile di ciò che è possibile, in termini di affari o di crescita economica. D'improvviso, il mio castello da quattro milioni di dollari mi è apparso in una nuova prospettiva. Era costato sì e no quanto la porta d'ingresso e la scalinata di marmo della casa di altri! Sicuramente, nella mia vita c'era spazio per pensare più in grande, allargare i limiti, immaginare l'inimmaginabile. La cosa più bella di quell'incontro con Chris e sua moglie Patsy è stato scoprire che sono due persone straordinariamente cordiali e che si servono della loro ricchezza per crearsi un ambiente realmente stimolante.

Usare, quindi, i riferimenti di paragone, di contrasto è uno dei metodi più efficaci per modificare le nostre percezioni e le nostre sensazioni. Se mai comincio a perdere la prospettiva perché mi sembra di lavorare troppo, penso a un uomo che, qualche anno fa, intervenne a uno dei miei seminari. Era una persona dolce e mite che, purtroppo, finì nel posto sbagliato al momento sbagliato. Un giorno (era il suo quarantacinquesimo compleanno), si fermò a un distributore di benzina dove c'erano due individui che proprio quel giorno erano usciti di prigione. In quel breve periodo di ritorno alla libertà, quei due avevano deciso che la vita fuori dal carcere non andava loro a genio e avevano escogitato un piano per tornare in prigione. Avrebbero ucciso il primo automobilista che si fosse fermato a quel distributore. Non importava chi fosse, quanti anni avesse, se fosse un uomo o una donna; avrebbero semplicemente ucciso il primo essere umano che si fossero trovati a tiro. Quando quell'uomo si fermò e scese dalla macchina per riempire il serbatoio, lo assalirono brutalmente e lo picchiarono a morte.

Ora, voi pensate di avere problemi? Quell'uomo lasciava una moglie e quattro figli piccoli. Quella storia mi sconvolse; non riuscivo a crederci. Come si può trarre un significato positivo da un'esperienza che di positivo sembra non avere niente? Non riuscivo nemmeno a immaginare che una cosa del genere potesse accadere alla mia famiglia, e quale effetto avrebbe avuto su di me. Continuavo a chiedermi che aiuto avrei potuto dare. Telefonai immediatamente alla vedova di quell'uomo offrendomi di aiutarla in qualsiasi maniera potessi. Il mio obiettivo primario era di assicurarmi che, da questa esperienza, ella traesse un qualche tipo di significato potenziante per sé e per i suoi figli Sarebbe stato troppo facile servirsene come riferimento per sostenere la credenza che la vita non vale la pena di essere vissuta, che l'umanità è malvagia e distruttiva, che potete fare tutto ciò che è giusto eppure venire falciati come uno stelo d'erba e quindi, perché tentare?

Spiegai a questa donna quanto fosse importante, per amore dei suoi figli che, in questa esperienza, ella riuscisse a trovare un'ombra di significato che, in qualche misura, potesse essere positivo. Quando le chiesi quale significato potesse avere questa esperienza, mi parlò della sua profonda sofferenza ma anche, cosa più importante, del fatto che, quando i giornali avevano pubblicato la notizia, un'incredibile ondata di affetto, sostegno, partecipazione si era riversata su di lei. Aveva ricevuto letteralmente centinaia di offerte di aiuto da parte di gente locale, gente di ogni ceto e grado.

Poi aggiunse: "Capii che se avessi continuato a credere che gli esseri umani fossero distruttivi, o che la vita fosse ingiusta, avrei distrutto me stessa e i miei figli. Così, anche se in questo momento soffro moltissimo, so che tutto ciò dev'essere accaduto per un motivo. Non potrei dimostrarlo, ma me lo dice la mia fede." Questa donna trovò il coraggio di usare la fede come estremo riferimento. La sua disponibilità a credere che debba esserci una ragione, anche se non si capisce quale, le ha fatto superare l'esperienza più dolorosa della sua vita e le ha infuso forza, potere.

Che donna meravigliosa! E quanto sono fortunati i suoi figli! Ella disse loro: "Bambini, voglio che osserviate tutte queste persone e tutto l'amore che ci stanno dando. In realtà la gente è buona. Al mondo esiste anche qualche persona cattiva, e questa persona ha bisogno di aiuto, ma il vostro papà ha sempre creduto in Dio e ora è andato in un posto migliore. Aveva un compito da svolgere mentre era fra noi e il suo tempo era finito; ma non è finito il nostro e dobbiamo approfittarne finché siamo qui. La morte di vostro padre deve servirci a ricordare che, ogni giorno che abbiamo da vivere, dobbiamo viverlo pienamente. E non dobbiamo pensare di averlo perduto, perché lui sarà sempre con noi."

Solo col cuore possiamo vedere esattamente; ciò che è essenziale, è invisibile all'occhio.
ANTOINE DE SAINT-EXUPÉRY

È possibile che quelli che sembrano i peggiori giorni della nostra vita, in realtà siano i più pregnanti per le lezioni che possiamo decidere di trarne? Pensate alle esperienze peggiori che vi siano mai capitate. Riesaminandole adesso, vi viene in mente un qualsiasi modo in cui esse abbiano avuto un qualche impatto positivo sulla vostra vita? Forse siete stati licenziati, imbrogliati, coinvolti in un incidente di macchina ma, da quella esperienza, avete tratto una nuova determinazione o una nuova consapevolezza, che vi ha fatto crescere come persona e ha tangibilmente sviluppato la vostra capacità di dare un contributo.

Mi rendo conto che, in alcune situazioni più che in altre, sia difficile trovare qualcosa di buono ma, a questo punto del libro, non siete più dei novellini e avete allenato i vostri muscoli di potenziamento. Avete appreso a controllare il vostro stato d'animo e a indirizzare la vostra attenzione ponendovi domande migliori. Se siete stati maltrattati da bambini, questo forse vi ha reso più sensibili nei confronti dell'infanzia e vi ha indotto a spezzare la catena dei maltrattamenti; se siete cresciuti in un ambiente coercitivo, ciò vi ha forse indotto a combattere per la libertà altrui; se avete avuto la sensazione di non essere mai stati abbastanza amati, oggi forse siete molto meglio in grado di dare amore. O, forse, proprio quell'evento orribile vi ha indotto a prendere nuove decisioni, a modificare il corso della vostra vita e, quindi, del vostro destino. Forse, i vostri giorni peggiori sono stati, in realtà, i migliori.

Potete obiettare: "No, Tony, ci sono cose nel mio passato che non hanno nessun senso positivo. Non riuscirò mai a superarle; ne soffrirò sempre." Avete pienamente ragione: fino a quando vi aggrapperete alla credenza che vi sia stato fatto un torto, o che avete perduto qualcosa che non potrà mai essere sostituita, sicuramente continuerete a soffrire. Ma, ricordate, la perdita è immaginaria. Nulla scompare nell'universo; cambia solamente forma. Se qualcosa ancora vi ferisce, questo dipende dal significato che voi avete attribuito a quella cosa. Forse, tutto ciò che dovete fare è avere fede e dire: "Anche se non so perché questo sia accaduto, sono disposto ad avere fede. Un giorno, a tempo debito, capirò."

Riferimenti limitati creano una vita limitata. Se volete ampliare la vostra vita, dovete ampliare i vostri riferimenti, ricercando idee e le esperienze che non ne farebbero parte se non le ricercaste consapevolmente. Ricordate: raramente una buona idea cade dal cielo; dovete darvi da fare per cercarla. Idee ed esperienze che vi conferiscano potere vanno ricercate, perseguite.

Un universo di idee e di esperienze

Ampliando i nostri riferimenti creiamo un termine di paragone, sulla cui base valutare la vita e le possibilità. Se avete ingigantito in modo sproporzionato i vostri problemi, pensate a questo: viviamo in una galassia che contiene varie centinaia di migliaia di milioni di stelle. E rendetevi conto che viviamo in un universo in cui ci sono varie centinaia di migliaia di milioni di galassie. In altre parole, solo nella nostra galassia esistono centinaia di migliaia di milioni di soli. E tutti questi soli hanno dei pianeti che vi ruotano intorno! Pensate alla smisurata grandezza dell'universo. Le stelle della nostra galassia compiono una rotazione intorno all'asse della via lattea solo una volta ogni centinaia di milioni di anni. Se pensate all'immensità dell'universo, e poi guardate la durata della vita media di un essere umano (a esser generosi, circa novant'anni) non cambia forse la vostra prospettiva? La durata della vita umana non è che un granello di polvere nel tempo. Eppure, la gente si danna l'anima per cose come il dover pagare la prossima rata dell'ipoteca, che tipo di macchina guida o come andrà la riunione d'affari.

> *Credo che un filo d'erba non sia da meno del lavoro quotidiano compiuto dalle stelle.*
>
> WALT WHITMAN

Cerco continuamente di ampliare e migliorare i miei riferimenti perché credo nel vecchio termine di informatica GIGO: *Garbage In, Garbage Out*. Ogni giorno della nostra vita assorbiamo nuove informazioni, nuove idee, concetti, esperienze e sensazioni. Dobbiamo sorvegliare consapevolmente le porte della nostra mente per essere sicuri che, qualsiasi cosa vi facciamo entrare, arricchirà la nostra vita; che le esperienze che inseguiamo accresceranno la nostra riserva di possibilità. Aiutando i nostri figli a crescere e a sviluppare nuove capacità, dobbiamo guidarli verso esperienze che forniranno riferimenti positivi per il loro futuro, riferimenti che consentiranno loro di sapere che sono in grado di affrontare praticamente tutto.

Al tempo stesso, dobbiamo insegnare loro da che cosa guardarsi. Certe esperienze guastano i nostri riferimenti. Siete un pochino preoccupati quando ascoltate musica come quella dei Geto Boys? Una delle loro ultime canzoni è un *rap* che parla di tagliare la gola a una ragazza e poi far l'amore con il suo cadavere. Non pensate che questo tipo di riferimento, ripetuto in continuazione, potrebbe essere leggermente distruttivo nella mente non solo dei ragazzi ma di chiunque altro? Non dico che, se qualcuno l'ascolta, poi si precipita in strada a fare quanto detto nella canzone; dico semplicemente che è robaccia. Questo vuol forse dire che sono a favore della censura? Assolutamente no.

Penso che la libertà sia una delle cose più belle del nostro paese, ma credo che sia voi sia io, come qualsiasi educatore, abbiamo il diritto e il dovere di sapere che cosa significhino i riferimenti e quale ripercussione essi possano avere sulla qualità della nostra vita.

Ampliate i vostri riferimenti e la vostra vita

Possiamo sempre usare ciò che la vita ci offre per acquisire potere, ma dobbiamo farlo in modo preventivo, educativo. Le mie scelte nella vita hanno origine da un ricco bagaglio di esperienze di riferimento che ho consapevolmente e progressivamente accumulato. Ogni giorno, cerco modi per svilupparmi, per crescere. A trentun anni, ho accumulato letteralmente centinaia di anni d'esperienza. Perché dico questo? Perché il numero di esperienze difficili e arricchenti di cui faccio tesoro in un mese si avvicina a quello che la maggior parte delle persone accumula in molti anni.

Uno dei principali modi in cui ho iniziato a far questo, a cominciare da quando avevo diciassette anni, è stato attraverso le ricche esperienze offerte dai libri. Già da giovanissimo, mi ero convinto che i leader sono dei lettori. I libri potevano trasportarmi in altri paesi dove potevo incontrare personaggi unici come Abraham Lincoln o Ralph Waldo Emerson, di cui avrei potuto servirmi come insegnanti personali. Sapevo inoltre che, nelle pagine di un libro, avrei potuto trovare virtualmente la risposta a ogni quesito. Questa ampiezza di riferimenti, ricavata da centinaia di libri, mi ha fornito innumerevoli scelte circa i modi in cui posso aiutare gli altri. Ho cercato questi riferimenti poiché avevo compreso che, se non avessi dato alla mia mente il nutrimento che essa reclamava, avrei dovuto accontentarmi del cibo offertomi dal ciarpame intellettuale che potevo trovare nelle "briciole sonore" dei telegiornali della sera, o attraverso le opinioni dei quotidiani. Se questa dovesse essere la nostra principale fonte di informazione, allora potremmo aspettarci di ottenere gli stessi risultati che ottiene chiunque altro nella nostra società.

La maniera più efficace per raggiungere una profonda comprensione della vita e della gente, per offrire a noi stessi la più ampia possibilità di scelta, è di esporci al maggior numero possibile di riferimenti. Da ragazzo, mi sentii spinto a cercare la comprensione spirituale quando mi resi conto che, per la maggior parte della mia vita, avevo frequentato una sola chiesa ed ero stato esposto a un'unica filosofia religiosa. Alle superiori, ottenni una borsa di studio di giornalismo per frequentare un corso di due settimane che si teneva alla California Polytechnic State University di San Luis Obispo. Una domenica, ci vedemmo assegnare il compito di scrivere un articolo su un servizio religioso.

Quando cominciammo ad aggirarci nell'area dell'istituto per decidere a quale funzione andare, mi sorpresi a dirigermi verso la chiesa della mia confessione. Ma, lungo la strada, sentii molti miei amici parlare della chiesa mormone, davanti alla quale eravamo appena passati, e di quanto fosse orribile quella gente. Pensai che quelle persone non potevano essere poi così deplorevoli; dovevo vedere che cosa facevano. Assistetti quindi al servizio religioso e vidi che i mormoni amavano Dio quanto lo amavo io. L'unica differenza era che avevano qualche regola leggermente diversa dalle mie.

Da qui ebbe inizio la mia odissea spirituale che si trasformò in un rituale personale per quasi un anno e mezzo. Nel periodo in cui avevo diciotto e diciannove anni, due o tre volte al mese assistevo a un culto totalmente diverso: luterano, cattolico, battista, episcopale, metodista, ebraico, buddhista e così via. Il risultato fu che cominciai a vivere a un livello più spirituale, in cui iniziai ad apprezzare le credenze spirituali del mio prossimo. Anche se non ne condividevo le particolari regole o punti di vista, acquisii un'assai più ampia base di comprensione e capacità di compassione.

Se volete ampliare la vostra vita, datevi da fare! *Ricercate esperienze che non avete mai avuto prima.* Provate a fare i sommozzatori. Esplorate il mondo sottomarino, scoprite che cosa è la vita e come reagite a un ambiente totalmente nuovo. Provate a fare i paracadutisti. Quando siete seduti sul bordo del portellone di un aereo a quattromila metri da terra e sapete che precipiterete per un intero minuto a duecento chilometri l'ora, lanciarvi da quell'aereo richiede una fede assoluta. Non conoscerete che cosa significhi avere fede fino a quando non avrete un riferimento del genere! Imparate a guidare un elicottero. Vi garantisco che questo cambierà per sempre la vostra vita. Prendetevi quattro giorni e andate a una scuola per piloti da corsa. Imparerete più di quanto possiate immaginare sui limiti e sulle possibilità. Trascorrete una serata a un concerto di musica classica, se è una cosa che non fate abitualmente, o a un concerto rock, se è qualcosa che abitualmente evitate. Allargate il vostro livello di scelta. Un giorno andate in un ospedale pediatrico durante l'ora di visita. Sviluppare i vostri rapporti e trovare il modo per mettervi in contatto con vite altrui sono esperienze che vi cambieranno per sempre.

O forse è tempo di immergervi in un'altra cultura e vedere il mondo attraverso occhi che non siano i vostri. Forse è il momento di visitare le isole Fiji e celebrare con gli indigeni una cerimonia *kava*. Oppure partecipate a un giro organizzato dalla vostra locale stazione di polizia; uno di quei giri in cui si rimane seduti dietro, in un'auto di pattuglia, e si vede il proprio quartiere attraverso gli occhi di un poliziotto. Ricordate, se volete comprendere e apprezzare le persone, uno dei sistemi più efficaci è quello di condividere alcuni dei loro riferimenti. Forse è tempo di tornare a scuola, di esplorare l'universo interno studiando biologia o fisiologia, o di comprendere meglio la nostra cultura affrontando sociologia o antropologia. Ricordate: *ogni limite abbiate nella vita è probabilmente frutto di una limitazione dei vostri riferimenti*. Allargate i vostri riferimenti e immediatamente allargherete la vostra vita.

Vi ho suggerito possibilità eccitanti e allettanti tanto per farvi venire l'acquolina in bocca. Ma non è necessario che le mettiate in pratica tutte (o solo alcune) per acquisire nuovi riferimenti. Non è necessario che andiate in Africa per un safari; basta che andiate dietro l'angolo ad aiutare un senzatetto del vostro quartiere a scoprire in voi risorse che non avevate mai saputo di possedere. L'aggiunta anche di un solo riferimento nuovo ci spalanca nuovi mondi. Può trattarsi di una cosa nuova che vedete o sentite, una conversazione, un film, un seminario, qualcosa che leggete proprio nella pagina seguente: non si sa mai che cosa può accadere.

> *L'unico modo per scoprire i limiti del possibile è quello di oltrepassarli spingendosi nell'impossibile.*
> ARTHUR C. CLARKE

Vediamo ora di fare un inventario di alcuni fra i più potenti riferimenti che hanno plasmato la vostra vita. Prendetevi adesso, subito, un minuto per scrivere cinque delle esperienze più pregnanti che hanno fatto di voi quello che siete. Non limitatevi a descrivere queste esperienze ma specificate anche quale impatto esse abbiano avuto su di voi. Se indicate un'esperienza che sembra avervi influenzato negativamente, datene immediatamente un'altra interpretazione, a qualunque costo. Questo può richiedere una certa fede; può richiedere una nuova prospettiva che non avreste mai preso in considerazione prima. Ricordate: nella vita tutto accade per un motivo e uno scopo, e tutto ci è utile. Talvolta occorrono anni, o decenni, prima che ne scopriamo il valore. Ma esiste un valore in tutte le esperienze umane.

Mentre passate in rassegna gli eventi che hanno foggiato in maniera positiva la vostra esistenza, voglio che pensiate a nuovi riferimenti che potrebbe esservi molto utile ricercare. Di quali nuove esperienze avete bisogno? Una buona domanda potrebbe essere questa: "Quali riferimenti mi occorrono per avere veramente successo al massimo livello, per raggiungere ciò che realmente voglio?" Forse ciò che vi occorre è prendere a modello qualcuno che sia effettivamente riuscito a creare dei buoni rapporti; a scoprire alcune sue credenze, alcuni suoi riferimenti che rendono possibile un buon rapporto. O, forse, avete semplicemente bisogno di trovare nuovi riferimenti che vi consentano di apprezzare meglio la vita o farvi sentire che state dando un contributo.

Ora, pensate a quali riferimenti di divertimento potreste

avere. Forse non ne avete bisogno, ma pensate ugualmente a qualche riferimento che potrebbe essere divertente o potrebbe semplicemente farvi sentire bene. Io ho cominciato a studiare arti marziali perché sapevo quale incredibile serie di regole quella disciplina mi avrebbe fornito. Conquistai in otto mesi la mia cintura nera di taekwondo sotto la guida diretta dell'eccellente Gran Maestro Jhoon Rhee, imitandone l'incredibile intensità di concentrazione. Compresi che, se fossi riuscito ad avere l'esperienza di impormi una disciplina così ferrea in quel settore della mia vita, quel riferimento si sarebbe esteso a molti altri settori e così fu. Allora, che cos'altro potreste fare voi?

Una volta escogitato un elenco di grandi riferimenti da acquisire, segnate accanto a ciascuno un limite di tempo e una data. *Decidete il momento* in cui vi dedicherete a ognuno di essi. Quando comincerete a imparare lo spagnolo, il greco o il giapponese? Quando farete quel viaggio in mongolfiera? Quando andrete alla locale casa di riposo per anziani a visitarne gli ospiti? Quando farete qualcosa di insolito e di nuovo?

Quali riferimenti preziosissimi potreste fornire alla vostra famiglia? Forse, accompagnare i vostri bambini al museo di scienze naturali; forse, semplicemente sedervi a parlare dei riferimenti che la famiglia ha già condiviso o riunirsi con i nonni a parlare della loro vita e di ciò che essi hanno imparato. Quali inestimabili riferimenti possiedono questi sessantenni, settantenni, ottantenni, novantenni e oltre rispetto a noi che siamo più giovani!

Uno dei riferimenti più importanti che ho condiviso con la mia famiglia è quello di portare il pranzo del Giorno del Ringraziamento a coloro che non possono, o non vogliono, avere un tetto sopra la testa. Non dimenticherò mai la reazione di mio figlio quando aveva quattro anni. Era la prima volta che Jairek prendeva parte a questa iniziativa e andammo in un parco di Oceanside, in California. Trovammo un vecchio che dormiva per terra in un gabinetto pubblico senza porte, cercando di coprirsi con dei vecchi indumenti che aveva trovato in un bidone della spazzatura. Mio figlio rimase stupito e anche un po' spaventato nel vedere la lunghissima barba di quell'uomo.

Consegnai il cestino con il cibo e altri generi di prima necessità a Jairek e gli dissi: "Va' a darlo a quell'uomo e auguragli un buon Giorno del Ringraziamento." Jairek si accostò cautamente. Entrò nel gabinetto con quel cesto, grande quanto lui e, piano piano, lo posò a terra. L'uomo alzò lo sguardo come se fosse ubriaco o mezzo addormentato. Jairek lo toccò e disse: "Tanti auguri!" D'improvviso, l'uomo saltò in piedi e afferrò la mano di mio figlio. Mi si fermò il cuore in gola e, proprio mentre stavo per precipitarmi verso di loro, quell'uomo prese la manina di Jairek e la baciò, mormorando con voce roca: "Grazie per esserti occupato di me." Ragazzi, che riferimento per un bambino di quattro anni!

Ricordatevi, sono i momenti della nostra vita a plasmarci. Spetta a noi inseguire e creare momenti che ci innalzino e che non ci limitino.

Ora, quindi, smettete di stare in panchina ed entrate nel gioco della vita. Lasciate che la vostra immaginazione si sbizzarrisca con le possibilità di tutte quelle cose che potete esplorare e sperimentare, e cominciate subito. Quale nuova esperienza che amplifichi la vostra vita potreste cercare oggi? Che genere di persona diventerete? Agite e divertitevi a esplorare le possibilità. Scopriamo quale profondo cambiamento opera in noi...

18
IDENTITÀ:
LA CHIAVE DELL'ACCRESCIMENTO

Nulla di grandioso sarà mai compiuto senza grandi uomini, e gli uomini sono grandi solo se sono decisi a esserlo.
CHARLES DE GAULLE

Non c'erano segni sul suo corpo. I comunisti cinesi lo avevano tenuto prigioniero in uno stanzino per oltre venti ore, ma non lo avevano né picchiato né torturato. Gli avevano perfino offerto un paio di sigarette... e, come risultato di quel loro educato colloquio, l'ufficiale reggeva ora un documento scritto di suo pugno nel quale elencava le innumerevoli ingiustizie e gli innumerevoli elementi distruttivi propri del sistema di vita americano, la società capitalistica, e lodava la superiorità e l'umanità etica del sistema comunista. Cosa ancor più importante, il documento scritto da questo ufficiale dell'esercito americano veniva ora diffuso nel suo e negli altri campi di prigionieri di guerra nella Corea del Nord e a tutte le forze americane di stanza nella Corea del Sud. Successivamente, egli avrebbe rivelato segreti militari, denunciato i suoi compagni di prigionia e denigrato con veemenza il proprio paese.

Che cosa spinse quest'uomo a capovolgere completamente la sua visione del mondo e a smantellare le credenze che gli erano state instillate nel corso di tutta una vita? Che cosa lo spinse ad abbandonare quelli che erano stati fino a quel momento i suoi valori essenziali e a diventare collaboratore del nemico? Quale singolo cambiamento può provocare un mutamento così radicale nei pensieri, emozioni e azioni di un individuo?

La risposta sta nel comprendere che egli era stato indirizzato lungo un cammino che lo aveva portato letteralmente a un cambiamento di identità. In quel momento, agiva semplicemente secondo la propria nuova immagine di se stesso.

Attraverso le pagine di questo libro avete esplorato con me la forza d'impatto delle credenze, uno degli elementi basilari del sistema fondamentale che guida ogni nostra valutazione. Le credenze ci guidano a una conclusione e, quindi, ci insegnano che cosa sentire e che cosa fare. Esistono però vari livelli di credenze, con vari livelli di impatto sulla qualità della nostra vita. Alcune sono molto specifiche. Per esempio, le vostre credenze circa un particolare amico determineranno ciò che voi pensate e sentite in merito al suo comportamento e il significato che collegate a qualsiasi cosa egli faccia. Se sapete che vi è affezionato, allora anche se, in un dato momento, vi sembrerà in collera, non metterete in dubbio la sua intenzione ultima. Questa credenza guiderà tutte le vostre interazioni con questa persona. Ma non necessariamente influenzerà i vostri rapporti con un estraneo. Queste credenze influiscono su di voi solamente in un'area specifica della vostra vita: le vostre interazioni con quell'amico.

Esistono però alcune credenze che hanno un'influenza amplificata sulla vostra vita; quelle che io chiamo "credenze globali". Credenze le cui conseguenze sono di assai più ampia portata. Per esempio, le vostre credenze sull'umanità in genere influenzeranno il vostro comportamento non solo nei confronti del vostro amico, ma di tutte le persone che incontrate. Esse eserciteranno un potente impatto sulla vostra carriera, sul vostro livello di fiducia, su voi stessi, sul vostro matrimonio e così via.

Per esempio, le vostre credenze globali circa i concetti di scarsità e abbondanza determineranno il vostro livello di stress e la vostra generosità in fatto di tempo, denaro, energia e spirito. Se ritenete che viviamo in un mondo di scarse risorse, un mondo in cui c'è solamente quel tanto di denaro, di tempo, di amore, allora vivrete costantemente nel timore di non averne abbastanza. Questa tensione influenzerà la vostra opinione sui vicini, i colleghi di lavoro, le vostre capacità finanziarie e le vostre opportunità in genere.

Tuttavia, ancora più potente è l'intima credenza, ultimo filtro per tutte le vostre percezioni. Essa controlla direttamente la coerenza delle vostre decisioni. È la vostra credenza circa la vostra identità.

Ciò che possiamo o non possiamo fare, che consideriamo possibile o impossibile, raramente dipende dalle nostre effettive capacità. Dipende piuttosto dalle nostre credenze in merito a chi noi siamo. In effetti, se mai vi è capitato di non riuscire nemmeno a pensare di poter compiere una determinata cosa, se avete risposto a qualcuno "non potrei mai farlo" o "non sono quel tipo di persona," allora vi siete imbattuti nelle barriere di una identità limitata. Non che questo sia sempre un male, naturalmente. Il non vedervi come un assassino è una distinzione molto importante! Il non vedervi come qualcuno pronto ad approfittarsi degli altri è probabilmente molto utile! L'essenziale è rendersi conto che definiamo noi stessi non solo in base a chi siamo, ma anche a chi non siamo.

In che cosa consiste esattamente l'identità? Semplicemente nelle credenze che usiamo per definire la nostra individualità, ciò che ci rende unici (buoni, cattivi o indifferenti) rispetto agli altri. E *il nostro senso di sicurezza circa chi siamo crea i confini e i limiti entro cui viviamo.*

La vostra capacità è costante ma la misura in cui la usate dipende dall'identità che vi attribuite. Per esempio, se siete sicuri di essere una persona estroversa ed esuberante, attingerete alle risorse di comportamento che corrispondono alla vostra identità. Il fatto che vi riteniate un imbranato o un impulsivo, un vincente o una persona che fa tappezzeria, determinerà istantaneamente le capacità alle quali potete attingere.

Infinite volte i ricercatori hanno dimostrato come le capacità degli studenti vengano fortemente condizionate dalle identità che essi sviluppano per se stessi, in seguito alle convinzioni dell'insegnante circa il loro livello intellettuale. In un esperimento fu detto a un gruppo di insegnanti che alcuni loro studenti erano veramente dotati e che non dimenticassero di metterli continuamente alla prova così da potenziare le loro qualità. Come è facile immaginare, quei ragazzi diventarono i migliori della classe. Ciò che rende significativo questo esperimento è che quegli studenti, in realtà, non avevano dimostrato di possedere un'intelligenza superiore, anzi, alcuni di loro erano stati precedentemente giudicati scadenti. Eppure, la sicurezza nella propria superiorità (instillata in loro dalla falsa credenza di un insegnante) fece scattare la molla che li portò al successo.

L'impatto di questo principio non si limita agli studenti. Il genere di persona che gli altri vedono in voi guida le loro reazioni nei vostri confronti. Spesso, questo non ha niente a che fare con il vostro vero carattere. Per esempio, se una persona vi vede come un imbroglione, anche se siete una persona onesta e vi comportate bene, quella persona cercherà un motivo recondito e negativo dietro ogni vostra azione. Il peggio è che, spesso, anche dopo un cambiamento positivo, consentiamo a coloro che ci circondano, e che non hanno cambiato opinione su di noi, di ancorare nuovamente le nostre emozioni e le nostre credenze ai nostri vecchi comportamenti e alla nostra vecchia identità. Non dobbiamo mai dimenticare che possediamo il terribile potere di influenzare l'identità delle persone che ci sono più care.

È questo il potere esercitato da Marva Collins quando induce i suoi allievi a credere di essere padroni del proprio destino, di essere intelligenti al pari di qualsiasi altro essere umano mai apparso sulla terra.

> *L'effetto migliore delle brave persone si sente dopo che ci siamo allontanati dalla loro presenza.*
> RALPH WALDO EMERSON

Agiremo sempre in funzione di chi crediamo realmente di essere, giusto o falso che sia. Il motivo è che *una delle forze più compulsive dell'organismo umano è il bisogno di coerenza, di costanza.*

Per tutta la vita siamo stati indotti dall'ambiente sociale a collegare una massiccia sofferenza all'incoerenza, e il piacere alla coerenza. Pensateci un momento. Che etichetta appiccichiamo a chi dice una cosa e ne fa un'altra, a chi dichiara di essere in un certo modo e si comporta in un altro? Chiamiamo queste persone ipocrite, volubili, instabili, inaffidabili, di poco spirito, scervellate, eccentriche, indegne di fiducia. Vi piacerebbe essere etichettati in questo modo? Vi piacerebbe pensare di voi stessi queste cose? La risposta è ovvia: un no chiaro e tondo!

Di conseguenza, ogni volta che prendiamo una posizione, specie pubblicamente, e dichiariamo ciò che crediamo, chi siamo o che cosa ci proponiamo di fare, ci sentiamo costretti a rimanere coerenti con quella posizione, senza curarci di quanto quella inflessibilità potrà costarci in seguito.

E, viceversa, saremo più che ampiamente ricompensati se rimarremo coerenti con la nostra identità dichiarata. Come definiamo le persone coerenti? Usiamo termini quali degne di fede, leali, fidate, solide, intelligenti, stabili, razionali, autentiche. Vi piacerebbe che la gente usasse sempre queste etichette per descrivervi? Anche in questo caso la risposta è ovvia: quasi tutti ne sarebbero felici. Quindi, il bisogno di rimanere coerenti diviene irrevocabilmente collegato alla vostra capacità di evitare la sofferenza e conquistare il piacere.

> *Una sciocca coerenza è lo spauracchio delle menti piccole.*
> RALPH WALDO EMERSON

L'effetto Pigmalione funziona anche al contrario. Se vi sentite certi di essere incapaci di apprendere, questa diviene una profezia che si autorealizza. È una cosa molto diversa dal credere che la vostra attuale strategia di apprendimento sia inefficace. Molti di noi si rendono conto che la capacità di mutare la propria strategia è un'impresa semplice e realizzabile, purché si abbia l'insegnante giusto. Però il modificare se stessi, cambiare l'essenza di chi siamo, è considerato da molti pressoché impossibile. La solita risposta, "sono fatto così", è una frase che uccide i sogni e porta con sé la condanna di un problema immutabile e permanente.

Una persona che ritenga di aver sviluppato una dipendenza agli stupefacenti, chiaramente potrà cambiare. Sarà difficile, ma un cambiamento si può fare e potrà durare. Viceversa, una persona che crede di essere tossicodipendente tornerà generalmente a fare uso di droga anche dopo settimane o mesi di astinenza. Perché? Perché crede di essere fatto così. Non ha sviluppato una dipendenza alla droga; è un tossicodipendente. Ricordate quanto detto nel capitolo 4, cioè che, una volta che una persona si convince di qualche cosa, ignorerà e perfino respingerà ogni prova contraria alla sua credenza. Inconsciamente, non crederà di poter cambiare in modo duraturo e questo determinerà il suo comportamento.

Inoltre, esiste spesso un vantaggio secondario in questo processo di conservare un comportamento negativo. Dopo tutto, questo individuo può addebitare la sua tossicodipendenza a fattori indipendenti dalla sua volontà (semplicemente, "è fatto così") invece di affrontare la realtà che drogarsi è una decisione consapevole. A questo si aggiunga la necessità di coerenza insita nel sistema nervoso umano: quella persona tornerà ripetutamente al suo modulo distruttivo perché il rinunciare alla propria identità sarebbe per lei ancor più doloroso degli effetti, chiaramente distruttivi, della droga stessa.

Perché? Perché tutti sentiamo il bisogno di un senso di certezza. La maggior parte delle persone ha una tremenda paura dell'ignoto. L'incertezza implica la potenzialità di essere colpiti dalla sofferenza e noi preferiamo affrontare la sofferenza che già conosciamo, anziché quella dell'ignoto. Così, vivendo in un mondo sempre mutevole, un mondo nel quale siamo costantemente circondati dal flusso di nuove relazioni, di ruoli lavorativi ridefiniti, di condizioni ambientali in mutamento, di un costante flusso di nuove informazioni, l'unica cosa su cui contiamo per rimanere coerenti è il nostro senso di identità. Se cominciamo a domandarci chi siamo, allora non esistono più fondamenta per tutte le conoscenze sulle quali abbiamo costruito la nostra vita.

Se non sapete chi siete, come potrete decidere che cosa fare? Come potrete formulare dei valori, adottare delle credenze o stabilire delle regole? Come potrete giudicare se qualcosa è bene, è male o indifferente? La sfida maggiore per chi vede la propria identità come quella di un tossicodipendente è: in che cosa egli può trasformare la propria identità? In quella di un tossicodipendente in via di guarigione? Questo non modifica la sua identità; semplicemente descrive lo stato in cui attualmente si trova. E neppure la modifica l'espressione "libero dalla droga", in quanto molti vedono questa libertà come uno stato temporaneo e, con un tale modo di descrivere se stesso, chi si è "liberato dalla droga" continua a focalizzarsi sulla droga come un mezzo per definire se stesso. Quando questo individuo sviluppa la convinzione di essere assolutamente pulito, di essere ora cristiano, musulmano, ebreo, o buddhista, o di essere un leader o qualsiasi altra cosa tranne che un "tossicodipendente" o un "ex tossicodipendente" è allora che cambia il suo comportamento. *Via via che sviluppiamo nuove credenze su chi siamo, il nostro comportamento cambierà per sostenere la nuova identità.*

La stessa cosa accade a chi è sovrappeso e la cui credenza è: "Sono una persona grassa." Questa persona può mettersi a dieta e dimagrire in breve tempo ma riacquisterà sempre peso in quanto il suo senso di certezza circa la propria identità guiderà tutti i suoi comportamenti fino a quando essi torneranno a essere coerenti con la sua identità.

Noi tutti tendiamo a conservare l'integrità delle nostre convinzioni a proposito di chi siamo anche quando esse sono distruttive e depauperanti.

L'unico mezzo per creare un cambiamento duraturo per una persona che abbia fatto uso di droghe è modificarne le convinzioni da "sono un tossicodipendente" a "sono un igienista fanatico", o "sono un esempio vivente della transitorietà di qualsiasi problema", oppure "adesso sono..." Quale che sia la nuova identità, deve essere un'identità che non prenderebbe mai nemmeno in considerazione l'uso di droga. E, se le venisse nuovamente offerta, la reazione immediata di questa persona non sarebbe quella di chiedersi se usarla o meno, bensì di dichiarare con assoluta certezza: "Non sono quel genere di persona. Lo ero una volta."

Coloro il cui peso è eccessivo devono trasformare la propria identità da quella di una persona grassa a quella di un individuo vitale, sano e atletico. Questo cambiamento di identità sposterà ogni loro comportamento, dalla dieta all'esercizio fisico, e consentirà loro di crearsi cambiamenti fisiologici duraturi, coerenti con la loro nuova identità. Questo cambiamento potrebbe sembrare una pura e semplice manipolazione semantica ma, in effetti, è una trasformazione, assai più profonda e radicale, della realtà personale.

Infatti, un cambiamento di identità può provocare il cambiamento di tutto il vostro sistema fondamentale. Pensateci. Un tossicomane non ha forse un sistema di valutazione totalmente diverso (gli stati che sperimenta costantemente, le domande che pone, i valori che guidano le sue azioni e i riferimenti che egli organizza in credenze) da quello di chi si considera un leader, un grande amatore, un atleta o un benefattore? È vero che non tutti gli spostamenti di identità sono completi come altri, ma alcuni hanno tale portata che, in un momento, un sistema fondamentale viene letteralmente sostituito da un altro.

Se avete ripetutamente cercato di apportare un particolare cambiamento nella vostra vita e avete sempre fallito, l'ostacolo consiste sempre nel fatto che stavate cercando di creare uno spostamento comportamentale o emozionale non compatibile con la vostra credenza circa chi voi siate. Spostare, cambiare o ampliare l'identità può migliorare rapidamente e radicalmente la vostra vita.

Come si forma l'identità

Come mai, durante la guerra in Corea, il numero dei prigionieri di guerra americani che tradirono i loro compagni fu assai più alto che in qualsiasi altra guerra della storia moderna? La risposta è che i comunisti cinesi, a differenza dei loro alleati nordcoreani, comprendevano il potere di modificare istantaneamente l'identità dei loro prigionieri; non solo le loro credenze e i valori di lunga data, ma anche le loro azioni. Anziché brutalizzare i prigionieri, essi perseguivano tenacemente la loro geniale forma di guerra psicologica, intesa non solamente a strappare informazioni o a creare un'acquiescenza, ma piuttosto a convertire il soldato americano alla loro filosofia politica. Sapevano che, se fossero riusciti a portarlo a una nuova serie di valori e credenze, egli avrebbe considerato futile e distruttivo il ruolo del suo paese in quella guerra, e quindi avrebbe dato loro tutto l'aiuto che chiedevano. Ed ebbero successo. Comprendere ciò che essi fecero può aiutarvi a comprendere come voi siete arrivati alla vostra attuale identità e come potete allargare questa identità e, di conseguenza, tutta la vostra vita, in pochi attimi.

Il compito dei comunisti cinesi era davvero enorme. Come si può cambiare totalmente l'identità di un individuo senza minacce di morte o promesse di libertà? Specialmente sapendo che i soldati americani erano stati addestrati a dire solamente il loro nome, grado e numero di matricola? Il loro piano era semplice: cominciare dal poco e costruire. I cinesi sapevano che, per identificare una persona, ci basiamo sulle azioni di quella persona. Per esempio, come fate a sapere chi è veramente vostro amico? Non lo capite forse dal suo modo di agire o da come tratta gli altri?

Ma il vero segreto dei comunisti era quello di aver capito che noi determiniamo chi siamo, la nostra identità, anche in base alle nostre azioni. In altre parole, guardiamo a ciò che facciamo per determinare chi siamo. I cinesi si resero conto che, per raggiungere il loro obiettivo di alterare le credenze del prigioniero circa la propria identità, non avevano da fare altro che indurlo a compiere cose che un collaborazionista o un comunista avrebbe compiuto.

Nemmeno questo era un compito facile, ma loro capirono che si poteva realizzare se riuscivano a sfiancare il prigioniero di guerra americano con un colloquio che durava dalle dodici alle venti ore, per poi chiedergli una piccola cosa; chiedergli di dire qualcosa come "gli Stati Uniti non sono perfetti" oppure "è vero che nei paesi comunisti non esiste il problema della disoccupazione". Una volta stabilito questo punto d'appoggio, i cinesi cominciavano semplicemente a costruire, poco alla volta. Sapevano che abbiamo tutti bisogno di coerenza. Una volta fatta una dichiarazione alla quale affermiamo di credere, dobbiamo essere disposti a sostenerla.

Allora si limitavano a chiedere al prigioniero di mettere per iscritto qualche aspetto sotto il cui punto di vista l'America non risultava perfetta. Mentre il prigioniero era esausto, gli chiedevano: "Quali altri vantaggi sociali presenta il comunismo?" Entro breve tempo, l'americano avrebbe avuto davanti a sé un documento nel quale non solamente attaccava il proprio paese ma propagandava il comunismo, con un mucchio di ragioni tutte scritte di suo pugno. Ora, doveva giustificare a se stesso perché lo aveva fatto. Non era stato picchiato, né gli erano state offerte ricompense speciali. Aveva solamente fatto dichiarazioni di scarsa importanza indotto dal proprio bisogno di rimanere coerente con quelle che aveva già scritto, e adesso aveva perfino firmato quel documento. Come poteva spiegare la sua disponibilità in questo senso? In seguito, gli avrebbero chiesto di leggere il suo elenco in un gruppo di discussione con altri prigionieri, o perfino di scriverci sopra un intero saggio.

Quando i cinesi diffondevano via radio questi saggi, facendo anche il nome dei prigionieri che li avevano scritti, questi uomini si trovavano d'improvviso marchiati pubblicamente come collaborazionisti. E quando i loro compagni chiedevano perché mai avessero fatto una cosa simile, non potevano difendersi affermando di essere stati torturati. Dovevano giustificare il proprio gesto in modo da conservare il proprio senso di integrità. Da un momento all'altro, avrebbero dichiarato di avere scritto quelle cose perché erano vere! E in quel momento la loro identità sarebbe cambiata. Ora si sarebbero considerati filocomunisti, e così li avrebbero etichettati gli altri, rafforzando la loro nuova identità e trattandoli nello stesso modo in cui trattavano le guardie comuniste.

Ben presto, questa loro nuova identità li avrebbe portati a denunciare apertamente il proprio paese e, per mantenere la coerenza fra le loro dichiarazioni e la loro nuova etichetta, spesso avrebbero cominciato a collaborare ancora più ampiamente con coloro che li avevano fatti prigionieri. Questo era uno degli aspetti più brillanti della strategia cinese; una volta che un prigioniero aveva messo qualcosa per iscritto, non poteva poi in seguito fingere con se stesso che non fosse mai accaduto. Era lì, nero su bianco, scritto di suo pugno, sotto gli occhi di tutti, era qualcosa che lo spingeva "a rendere le sue credenze e la propria immagine coerenti con il suo innegabile gesto".

Prima di giudicare troppo severamente i nostri prigionieri di guerra, però, dovremmo esaminare a fondo noi stessi. Avete scelto consapevolmente la vostra identità o essa è il risultato di ciò che altri vi hanno detto, di eventi particolarmente significativi della vostra vita, e di altri fattori che si sono verificati senza la vostra consapevolezza o la vostra approvazione? Quali comportamenti di coerenza avete adottato che ora vi aiutano a formare la base della vostra identità?

Sareste disposti a sottoporvi a un doloroso espianto di midollo per aiutare un perfetto sconosciuto? Quasi per tutti la prima risposta sarebbe: "Assolutamente no!" Eppure, nel corso di un'indagine condotta nel 1970, i ricercatori scoprirono che, se una persona era indotta a credere che da questo dipendeva la coerenza della sua identità, sarebbero stati in molti a compiere un gesto così altruistico.

L'indagine dimostrò che, quando ai soggetti si chiedeva in un primo tempo di impegnarsi per cose da poco, alle quali poi seguivano due semplici azioni per le quali rifiutarsi sarebbe sembrato contraddittorio con il proprio carattere, molti cominciavano a sviluppare una nuova identità. Cominciavano a vedersi come donatori, come persone incondizionatamente dedite ad aiutare i bisognosi a costo di un sacrificio personale. Una volta accaduto ciò, alla richiesta di midollo osseo queste persone si sentivano obbligate dalla forza della loro nuova identità a sottoporsi all'operazione senza tener conto del tempo, del denaro e della sofferenza fisica che essa comportava. La loro valutazione di se stessi come donatori diventava un riflesso di chi realmente erano. Non esiste influenza più potente dell'identità per plasmare il comportamento umano.

Potreste chiedervi: "Ma la mia identità non è limitata dalla mia esperienza?" No, è limitata dalla interpretazione che date alla vostra esperienza. La vostra identità altro non è se non le decisioni che avete preso a proposito di chi siete, ciò con cui avete deciso di amalgamarvi. Diventate l'etichetta che vi siete imposta. Il modo in cui definite la vostra identità definisce la vostra vita.

La sofferenza estrema. Segni di una crisi d'identità

Coloro che non agiscono in armonia con la persona che ritengono di essere, preparano la scena per quella che la società definisce "crisi d'identità". Quando la crisi li colpisce, essi rimangono istantaneamente disorientati, mettendo in discussione le proprie precedenti convinzioni.

Tutto il loro mondo è capovolto e provano un profondo timore della sofferenza. Questo è quanto accade alle tante persone che sperimentano la crisi della mezza età. Spesso queste persone si identificano con la gioventù, e qualche fattore ambientale come il raggiungimento di una certa età, i commenti degli amici, l'ingrigirsi dei capelli, le porta a temere gli anni che avanzano e la nuova, meno desiderabile, identità che si aspettano di assumere in conseguenza. Così, nello sforzo disperato di mantenere la propria identità, agiscono in modo da dimostrare di essere ancora giovani; comperano macchine veloci, cambiano pettinatura, divorziano, cambiano lavoro.

Se queste persone avessero una profonda conoscenza della loro vera identità, sperimenterebbero ugualmente questa crisi? Credo di no.

Avere un'identità che è specificamente vincolata alla vostra età o al vostro aspetto, alla fine vi procurerà delle sofferenze, poiché queste cose cambiano. Se abbiamo una conoscenza più ampia di chi siamo, la nostra identità non sarà mai in pericolo.

Perfino le aziende possono avere crisi di identità. Anni fa, la gigantesca Xerox Corporation, che produce fotocopiatrici, subì un interessante cambiamento d'immagine. Quando i personal computer emersero come la tecnologia del futuro, la Xerox decise di servirsi della propria potenza per entrare in quel nuovo ed eccitante mercato.

Mise all'opera ricercatori e progettisti e, dopo aver speso circa due miliardi di dollari, presentò una serie di miglioramenti innovativi, compreso il precursore di quello che oggi chiamiamo *mouse*.

Come mai, allora, nella gara dei computer, la Xerox non corre di pari passo con la Apple e la IBM? Sicuramente, uno dei motivi è che, in principio, la sua identità non consentiva all'azienda di puntare in questa direzione. Anche la sua identità "grafica", che si serviva di un paffuto monaco, limitava le sue possibilità di venire identificata come epitome di tecnologia di elaborazione d'avanguardia. Pur simbolizzando la difficile natura del minuzioso lavoro dell'amanuense, quel logo non si adattava a questa nuova avventura nell'alta tecnologia, dove la rapidità era uno dei criteri determinanti. Per quanto riguardava i consumatori, l'identità che la Xerox si era creata come azienda-guida di fotocopiatrici nel mondo non suscitava molta fiducia negli sforzi compiuti dall'azienda per entrare nel mercato dei computer. Aggiungete a questo un'identità grafica che poco aveva a che fare con l'elaborazione rapida delle informazioni e comincerete a capire da dove sono nati alcuni dei problemi della Xerox.

Sia gli esperti di marketing sia gli esperti di grafica vi diranno che l'immagine aziendale è un immenso filtro attraverso cui i consumatori elaborano le informazioni d'acquisto: essi debbono sapere chi siete, che cosa rappresentate e, quando investono grosse somme di denaro, generalmente preferiscono acquistare da un'azienda che identificano con i prodotti. Mentre la Xerox cercava di incorporare questo aspetto della computerizzazione nella propria identità preesistente, altre ditte si proiettavano in primo piano, conquistando il mercato. A questo punto la Xerox decise che, anziché mutare la propria identità, l'avrebbe sfruttata. Avrebbe automatizzato le sue fotocopiatrici e destinato i dollari del programma di ricerca e sviluppo a migliorare ciò che già sapeva fare meglio di chiunque altro.

Oggi la Xerox ha avviato il processo di trasformazione producendo nuove "immagini Xerox", diffondendo immagini pubblicitarie assai dinamiche di programmatori, hardware, software, reti di comunicazione e integrando il messaggio visivo con le parole: "Xerox... The Document Company". Questa identità allargata deve essere inserita nell'ambito del programma Xerox per espandere il suo mercato, ed è ciò che sta facendo in tutti i modi.

> *Nella scrittura cinese, la parola crisi è composta da due ideogrammi: uno rappresenta il pericolo e l'altro rappresenta l'opportunità.*
>
> JOHN F. KENNEDY

Per quasi tutti noi non è necessaria una crisi per farci comprendere che possiamo modificare il nostro atteggiamento ma, a molti, sembra invece minacciosa o impossibile la prospettiva di modificare la propria identità. Distaccarci dalle nostre credenze più radicate a proposito di chi siamo ci procura un'intensa sofferenza e alcuni arriverebbero perfino a uccidersi pur di conservare quelle credenze. Ciò è drammaticamente illustrato nel capolavoro di Victor Hugo, *I miserabili*. Quando il protagonista, Jean Valjean, viene liberato dopo aver scontato la sua pena ai lavori forzati, si trova solo e frustrato. Anche se, durante i molti anni trascorsi in prigionia, ha sempre respinto l'etichetta di criminale (aveva solamente rubato una pagnotta per sfamare la sua famiglia che moriva di fame ed era stato condannato a molti anni di lavori forzati), una volta tornato in libertà scopre che non riesce a trovare un onesto lavoro. È respinto e rifiutato in quanto ex galeotto.

Alla fine, nella sua impotenza, comincia ad accettare l'identità che l'etichetta affibbiatagli dalla comunità gli ha imposto. Ora è un criminale e, come tale, inizia a comportarsi. E quindi, quando un benevolo prete lo accoglie, lo sfama e gli dà asilo per la notte, egli dà corpo alla propria identità criminale rubando la modesta argenteria del suo benefattore. Quando la polizia ferma Valjean nel corso di un controllo di routine, le guardie scoprono non solamente che è un ex galeotto, ma anche che ha con sé gli averi più preziosi del prete, un crimine punibile con i lavori forzati a vita.

Valjean viene posto a confronto con il prete il quale, messo al corrente dei fatti, sostiene fermamente di avergli regalato l'argenteria e rammenta a Valjean che ha dimenticato di prendere anche i due candelabri d'argento. Con ulteriore sorpresa di Valjean, il prete trasforma in verità la sua generosa bugia e lo manda via con l'argenteria perché possa rifarsi una vita.

Valjean deve fare i conti con il gesto del prete. Perché ha avuto fiducia in lui? Perché non lo ha fatto arrestare e mettere in catene? Il prete gli ha detto che era suo fratello, che non apparteneva più al male, che era un uomo onesto e un figlio di Dio. Questa massiccia interruzione di modulo provoca un cambiamento dell'identità di Valjean. Egli strappa i suoi documenti carcerari, si trasferisce in un'altra città, e assume una nuova identità. E, così facendo, cambiano anche tutti i suoi comportamenti. Si trasforma in un leader e si prodiga nell'aiutare il prossimo.

Ma un poliziotto, Javert, si prefigge come unico scopo della vita quello di ritrovare Valjean e assicurarlo alla giustizia. Egli sa che Valjean è malvagio e definisce se stesso colui che consegna il malvagio alla giustizia. Quando Javert finalmente lo rintraccia, Valjean ha l'opportunità di eliminare la sua nemesi, ma, con un gesto magnanimo, gli risparmia la vita. Dopo averlo braccato per tutta la vita, Javert scopre che Valjean è un uomo buono, forse migliore di lui, e non riesce ad affrontare l'eventualità di rendersi conto che, probabilmente, era lui a essere crudele e malvagio. Di conseguenza si suicida gettandosi nei vortici della Senna.

> *La sua suprema agonia fu la scomparsa della certezza, e si sentì sradicato... che cosa spaventosa! L'uomo proiettile, che non conosceva più la sua traiettoria e rimbalzava indietro!*
>
> VICTOR HUGO, *I miserabili*

MA VOI, CHI SIETE?

Qual è il vero significato di tutto questo? Può sembrare tutto molto esoterico, a meno che non cominciamo a definire esattamente noi stessi. Fermatevi dunque un momento per identificare chi siete veramente. Infatti sono molti i modi in cui ci definiamo. Possiamo descriverci in base alle nostre emozioni (sono un amatore, un uomo pacifico, un emotivo), alla nostra professione (sono un avvocato, un medico, un prete), alle nostre qualifiche (sono vicepresidente esecutivo), al nostro reddito (sono un milionario), al nostro ruolo (sono una madre, sono la maggiore di cinque sorelle), al nostro comportamento (sono un giocatore), alle cose che possediamo (possiedo una Ferrari), alle nostre metafore (sono il capo indiscusso, sono l'ultimo della scala sociale), a quelle che sono le nostre valutazioni (sono uno che non vale niente, sono una persona speciale), alle nostre credenze religiose (sono ebreo), al nostro aspetto (sono bello, sono brutto, sono vecchio), ai nostri risultati (sono stata eletta reginetta al ballo studentesco di Spring Valley nel 1960), al nostro passato (sono un fallito), e perfino a ciò che non siamo (non sono uno che si arrende facilmente).

Anche l'identità dei nostri amici e dei nostri colleghi tende a influenzarci. Osservate bene i vostri amici. Quello che voi credete essi siano è spesso un riflesso di chi voi credete di essere. Se i vostri amici sono affettuosi e sensibili, è estremamente probabile che anche voi vi vediate sotto questa luce. Guardate al vostro passato, al vostro presente o al vostro futuro, per definire chi siete esattamente? Anni fa, il mio presente e il mio passato non erano certo molto emozionanti, e quindi amalgamai consapevolmente la mia identità con la visione che avevo di chi sapevo avrei voluto diventare. Non ebbi molto da aspettare; cominciai subito a vivere come quell'uomo.

È molto importante che vi troviate nello stato d'animo giusto, quando rispondete a questa domanda. Dovete sentirvi rilassati, sicuri e curiosi. Se state semplicemente sfogliando questo libro, leggendo in fretta qua e là, o se avete molte distrazioni, non troverete la risposta che cercate.

Fate un bel respiro profondo; ora espirate. Lasciate che la vostra mente sia curiosa, non timorosa, né preoccupata, né alla ricerca della perfezione o di qualsiasi cosa in particolare. Solo, chiedetevi: "Chi sono io?" Scrivete la risposta, poi chiedetevelo di nuovo. Ogni volta che vi rivolgete questa domanda, scrivete qualsiasi cosa affiori e continuate a scavare a fondo, sempre più a fondo. E seguitate a porvi la domanda fino a quando trovate la descrizione di voi stessi che maggiormente vi convince. Come vi definite? Qual è l'essenza della vostra identità? Quali metafore usate per descrivervi? Quali sono i vostri ruoli?

Spesso, se non create questo stato di sicurezza e di curiosità, tutti i timori e le incertezze circa l'identità continueranno a suggerirvi risposte sbagliate. In effetti, se fate di punto in bianco questa domanda a qualcuno ("chi sei?"), senza mettere quel qualcuno nello stato d'animo adatto, otterrete una di queste due reazioni:

1. Uno sguardo attonito. Questo genere di domanda spiazza moltissime persone che non sono mai state chiamate a riflettere seriamente su quale sia la loro risposta.
2. Una risposta superficiale. Questa è una tecnica di evasione al primo tentativo. Potremmo definire questa risposta come il "principio di Braccio di ferro", dove una persona semplicemente ribadisce "sono quello che sono, e basta". Ho notato spesso che, quando ponete a qualcuno una domanda che riguardi la sfera emozionale, la persona non vi risponde prima di essersi posto altre due domande.

Per prima cosa si chiede: "Posso rispondere a questa domanda?" Se una persona non è sicura della propria identità, spesso vi dirà di non sapere o vi darà la prima risposta che gli viene in mente. Talvolta, la gente ha paura a formulare la domanda per timore di scoprire che non ha le idee chiare su questo punto critico della propria vita. E la seconda domanda che porrà a se stessa, prima di rispondere alla vostra, è: "Che cosa ci guadagno? Quale vantaggio personale me ne verrà se rispondo a questa domanda?"

Vi darò io la risposta a queste due domande. Primo, *voi sapete chi siete*. Sicuro, siete in grado di rispondere se solo ci riflettete un momento. Ma dovete essere certi di lasciar emergere liberamente qualsiasi risposta vi venga fuori, e di scriverla. Secondo, il vantaggio di sapere chi siete è *la capacità di potere immediatamente plasmare ogni vostro comportamento*.

Se indugiate, per mettervi nello stato d'animo adatto, darete... *Una risposta ponderata*. Spero che questa sia la risposta che state cercando in questo momento!

Cogito ergo sum.

CARTESIO

Prendetevi dunque un momento per rispondere a una domanda su cui hanno riflettuto filosofi di tutti i tempi, da Socrate a Sartre. Mettetevi in quello stato d'animo di sicurezza, di curiosità. Respirate profondamente. Chiedetevi: "Chi sono io?"

```
┌─────────────────────────────────────────────────────────┐
│                       IO SONO                           │
│  ....................................................  │
│  ....................................................  │
│  ....................................................  │
│  ....................................................  │
│  ....................................................  │
└─────────────────────────────────────────────────────────┘
```

Per aiutarvi a definire voi stessi, ricordate che l'identità è semplicemente ciò che vi distingue da tutti gli altri. Ecco un paio di esercizi che credo vi divertiranno.

1. Se cercaste il vostro nome in un'immaginaria enciclopedia, che cosa vi trovereste scritto? Sarebbero sufficienti tre parole, o la vostra epopea richiederebbe pagine su pagine, o addirittura tutto un volume? Scrivete subito la definizione che trovereste se doveste cercare il vostro nome su quell'enciclopedia.

```
┌─────────────────────────────────────────────────────────┐
│            COME MI DEFINISCE L'ENCICLOPEDIA             │
│  ....................................................  │
│  ....................................................  │
│  ....................................................  │
│  ....................................................  │
│  ....................................................  │
└─────────────────────────────────────────────────────────┘
```

Aspettate un attimo e assimilate le risposte. Quando siete pronti, passate all'esercizio successivo.

2. Se doveste compilare una carta d'identità che rispecchi esattamente chi siete, che cosa ci scrivereste e che cosa omettereste? Accludereste o no una fotografia? Elenchereste i vostri dati essenziali? La vostra descrizione fisica? Le vostre imprese? Le vostre emozioni? Le vostre credenze? Le vostre aspirazioni? Il vostro motto? Le vostre capacità? Prendetevi un momento per descrivere che cosa ci sarebbe su questa carta d'identità e che cosa non ci sarebbe, in modo da mostrare chi realmente siete.

LA MIA CARTA D'IDENTITÀ

....
....
....
....
....

Adesso, rileggete quanto avete scritto, la descrizione che ne emerge della vostra identità, in sostanza la storia della vostra vita. Che effetto vi fa? Spero che vi prendiate qualche minuto per rendervi pienamente conto di chi voi siete, per provare la profonda emozione che si accompagna al riconoscimento. Se notate che la vostra identità crea sofferenza, sappiate che, qualsiasi cosa chiamiate identità, è semplicemente ciò con cui avete deciso di identificarvi, e che potreste cambiare tutto in un momento. Adesso, subito, ne avete la possibilità. In effetti, dopo aver osservato come le identità si evolvano, avrete un'occasione per ampliare la vostra e, quindi anche tutta la vita.

Evoluzione di una identità

Una mia amica, una certa Debra, che tutti considerano ardita e vibrante, recentemente mi ha confidato la storia di come si sia trasformata la sua identità. "Nel periodo della crescita," mi disse, "ero molto imbranata. Non volevo compiere nessun esercizio fisico, o qualsiasi altra cosa in cui potessi farmi male." Dopo aver frequentato alcuni dei miei seminari e aver avuto esperienze nuove (immersione subacquea, camminare sul fuoco, lanciarsi con il paracadute), cominciò a rendersi conto che era in grado di fare queste cose, se si imponeva di farle. Questi riferimenti, però, non erano ancora assemblati in lei in una nuova credenza circa la propria identità. Ora si vedeva semplicemente come "un'imbranata che si era lanciata con il paracadute". La trasformazione non si era ancora verificata ma, a sua insaputa, era stata messa in moto. Debra dice che gli altri le invidiavano quelle conquiste e le dicevano: "Vorrei avere io il fegato di fare quello che hai fatto tu. Come sei coraggiosa!" Quei commenti l'avevano effettivamente colta di sorpresa ma la continua opinione che gli altri avevano di lei l'aveva indotta a mettere in discussione la propria opinione di se stessa.

"Alla fine," raccontò Debra, "cominciai a collegare la sofferenza all'idea di essere imbranata. Sapevo che la convinzione di essere imbranata mi limitava e decisi che non desideravo più essere tale." E non solo: durante tutto questo tempo, la sua psiche aveva lottato con la contraddizione fra il modo in cui la vedevano i suoi amici e il modo in cui lei stessa percepiva la propria identità. Quindi, quando le si presentò l'occasione di lanciarsi di nuovo con il paracadute, colse l'opportunità come un mezzo per passare dalla potenzialità all'attualità, da "ciò che poteva essere" a "ciò che era". Era giunto il momento per spingere la sua identità coraggiosa dall'opinione alla convinzione.

Mentre l'aereo saliva in quota, Debra osservava i componenti meno esperti della sua squadra di paracadutisti che lottavano per controllare la paura e avere l'aria di divertirsi un mondo. E disse fra sé e sé: "Ero anch'io così, ma non sono più quella persona. Oggi, mi divertirò veramente!" Si servì della loro apprensione come termine di paragone con la persona nuova che aveva deciso di diventare. Pensò: "Anch'io reagivo così!" E rimase sorpresa nel rendersi conto di aver compiuto un'importantissima trasformazione. Non era più un'imbranata ma una donna coraggiosa, forte, che stava per divertirsi moltissimo.

Fu la prima a lanciarsi dall'aereo e durante tutta la discesa gridò di felicità, di gioia e di allegria. Non aveva mai provato prima livelli così intensi di pura energia ed eccitazione fisica. Uno dei fattori chiave che può averle dato la spinta per adottare immediatamente la nuova identità era il profondo impegno di essere di esempio agli altri paracadutisti nel suo ruolo di caposquadra. Mi disse: "È come quello che fai tu, Tony. Se tenessi un intero seminario su come superare paure e limitazioni e poi rifiutassi di camminare sul fuoco, la cosa non funzionerebbe. Devi mettere in pratica i tuoi consigli."

La trasformazione di Debra fu totale. Acquisì nuovi riferimenti che iniziarono a smantellare la sua vecchia identità, decise di identificarsi con maggiori possibilità e, quando arrivò il momento, confrontò la sua nuova identità con ciò che non voleva più essere. Era la spinta definitiva che le occorreva per realizzare la trasformazione. La sua evoluzione fu semplice, ma densa di significato. Questo totale cambiamento di identità oggi si ripercuote sui suoi figli, sul suo lavoro e su ogni altra cosa cui Debra si dedichi. Oggi, è veramente un leader coraggioso.

Naturalmente, potete sempre decidere di ridefinirvi. Pensate alla meravigliosa fantasia che pervade il cuore e l'anima di ogni bambino. Un giorno è Zorro, il vendicatore mascherato. Il giorno seguente è Ercole, l'eroe mitico. E oggi è il nonno, il suo eroe in carne e ossa. Cambiare identità può costituire una delle esperienze più gioiose, magiche e liberatorie della vita. Perché mai gli adulti aspettano tutto l'anno che arrivi il giorno di carnevale o le altre occasioni in cui ci si maschera? Sono certo che uno dei motivi è che queste festività ci danno il permesso di uscire da noi stessi e assumere un'altra personalità. In quelle nuove identità possiamo fare cose che normalmente non faremmo; fare cose che vogliamo fare ma che riteniamo non coerenti con la nostra identità.

Il fatto è che potremmo farlo ogni giorno dell'anno! Potremmo ridefinirci completamente, oppure semplicemente decidere di lasciar emergere la nostra vera identità. Come un uomo dai modi cortesi, Clark Kent, abbandona i suoi occhiali e il doppiopetto blu per trasformarsi nel potente Superman, così noi possiamo scoprire una grandissima personalità, superiore ai nostri comportamenti, al nostro passato, a qualsiasi etichetta noi ci siamo dati.

Il potere di reinventarvi

Se la vostra identità non vi appaga pienamente, cominciate a compiere i quattro passi che seguono per reinventare voi stessi.

1. Compilate subito una lista di tutti gli elementi della vostra identità che desiderate avere. E, nel compilare questa lista, rallegratevi del potere che avete in questo preciso momento di cambiare, semplicemente decidendolo. Quali persone hanno le caratteristiche che voi vorreste avere? Possono servirvi da modelli? Immaginate di fondervi in questa nuova identità. Pensate a come respirereste. Come camminereste? Come parlereste? Come pensereste? Come vi sentireste?

CHI SONO IO ADESSO
LA MIA VISIONE ALLARGATA

....
....
....
....

---

2. Se veramente volete allargare la vostra identità e la vostra vita, allora adesso, subito, *decidete consapevolmente chi volete essere*. Entusiasmatevi, tornate bambini e descrivete in dettaglio chi avete deciso di essere oggi. Compilate ora la vostra lista ampliata.

....
....
....
....
....

---

3. Ora elaborate un piano d'azione che potreste seguire e che vi darebbe la consapevolezza di vivere realmente in armonia con la vostra nuova identità. Nell'elaborare questo piano, fate attenzione specialmente con quali amici decidete di trascorrere il vostro tempo. Queste persone rafforzeranno o distruggeranno l'identità che vi state creando?

....
....
....
....
....

Non vi è nulla di più gratificante che vedere qualcuno che espande la propria identità. Una delle più grandi gioie che ho sperimentato in questi ultimi anni è stata osservare la trasformazione di mio figlio maggiore, Tyler, mentre passava da un interesse da neofita nel pilotare con me gli elicotteri al brevetto di pilota di jet e a quello di pilota civile di elicotteri. Come è cambiata la sua autostima quando ha cominciato a rendersi conto che era diventato uno dei pochi che agiscono, rispetto ai molti che parlano, che aveva imparato a dominare i cieli e si era creato la sconfinata libertà che pochi potrebbero mai sperare di provare!

4. Il passo finale è quello di impegnarvi con la vostra nuova identità, comunicandola a chiunque vi stia intorno. Ma la comunicazione più importante è quella che fate a voi stessi. Usate la vostra nuova etichetta per descrivervi ogni giorno: diventerà parte integrante di voi.

Il futuro della vostra identità

Anche dopo aver completato questo esercizio, dovrete continuare ad affinare la vostra identità, espanderla o creare per essa regole migliori. Viviamo in un mondo dinamico, dove le nostre identità debbono espandersi incessantemente per una migliore qualità di vita. Dovete individuare tutto quanto può influenzare la vostra personalità, rendervi conto se vi dà potere o ve ne toglie e assumere il controllo dell'intero processo. Altrimenti, diverrete prigionieri del vostro passato. Sono curioso: a questo punto, siete la stessa persona rispetto a quella che ha iniziato a leggere questo libro?

Personalmente, non smetto mai di ridefinire me stesso e spesso la gente si sorprende della fiducia con cui affronto nuove iniziative. Spesso mi sento chiedere: "Come hai fatto a realizzare tanto nella tua vita?" Credo che in massima parte ciò sia dovuto al fatto che guardo alle cose in maniera diversa dagli altri: mentre molte persone devono essere competenti prima di sentirsi sicure di sé, io decido di sentirmi fiducioso e ciò fa sì che il senso di sicurezza persista fino a quando divento davvero competente. Per questo la mia identità non è limitata dalle mie esperienze passate.

Se doveste chiedermi chi sono oggi (e potrei decidere di cambiare domani!) risponderei che sono un creatore di possibilità, un istigatore di gioia, un catalizzatore di crescita, un costruttore di individui, un produttore di emozioni. Non sono un predicatore o un guru. Sono uno degli esperti della psicologia del mutamento che esistono nel nostro paese. Sono un allenatore, un imprenditore, un marito, un padre, un amante, un amico, un intrattenitore, un personaggio televisivo, un autore di best seller, uno dei più influenti oratori della nazione, cintura nera, pilota di elicotteri, uomo d'affari internazionale, esperto sanitario, difensore dei senzatetto, filantropo, insegnante, una persona che cambia le cose, una forza per il bene, un guaritore, un provocatore... e un tizio qualsiasi, divertente e anticonformista! Mi identifico con gli elementi più alti di me stesso e considero quegli aspetti di me che non sono ancora perfetti come occasioni di crescita, più che come difetti del carattere.

Dobbiamo ampliare la concezione di chi siamo. Dobbiamo assicurarci che le etichette che ci imponiamo non costituiscano dei limiti ma degli accrescimenti, che aggiungiamo a quanto di buono esiste già in noi, poiché diventeremo ciò con cui cominciamo a identificarci. Tale è il potere delle credenze!

> *Se facessimo tutto ciò che siamo capaci di fare, rimarremmo letteralmente sbalorditi.*
>
> THOMAS A. EDISON

A causa del mio impegno a espandere continuamente la mia capacità di apprezzare ogni aspetto della vita, sono sempre alla ricerca di riferimenti unici. Anni fa, decisi di visitare l'obitorio di Bellevue, e la mia vita ne fu trasformata. Ci andai perché il mio amico dottor Fred Covan, primario psicologo del Bellevue Hospital di New York, mi convinse che, per comprendere la vita, bisogna prima comprendere la morte. Becky e io arrivammo al suo ufficio con una certa apprensione. Fred ci rassicurò e ci avvertì di non dire una parola durante quell'esperienza. "Limitatevi a lasciare che essa accada," ci disse, "prendete nota dei sentimenti che essa vi suscita; ne parleremo in seguito."

Non sapendo con precisione a che cosa andavamo incontro, lo seguimmo un po' ansiosi giù per le scale. Ci condusse nel padiglione dei cadaveri non reclamati dove si trovavano quasi esclusivamente corpi di barboni e vagabondi. Quando aprì il primo cassetto frigorifero e tirò giù la cerniera lampo che chiudeva la sacca di plastica che conteneva il cadavere, rabbrividii. Lì, davanti a me, c'era una persona, eppure mi colpì immediatamente un senso di vuoto. Becky rimase scossa quando le parve di vedere quel corpo muoversi. In seguito, Fred ci disse che molti avevano provato la stessa sensazione di Becky, che per tutti noi è difficile avere a che fare con corpi immobili, privi del pulsare della vita.

A mano a mano che apriva gli altri cassetti, provavo ogni volta la stessa emozione: lì non c'era nessuno. C'era un corpo, non una persona. Anche dopo la morte, quegli individui avevano lo stesso peso corporeo di quando erano in vita, ma qualunque cosa essi fossero stati, quale che fosse stata la loro vera essenza, non c'era più. Noi non siamo i nostri corpi. Al momento del trapasso, quella che viene a mancare è sicuramente quell'entità intangibile e imponderabile, quell'essenza di vita che alcuni chiamano spirito, anima. Ritengo che sia altrettanto importante per noi rammentare che, mentre siamo vivi, non siamo i nostri corpi. Come non siamo il nostro passato o i nostri comportamenti del momento.

Quella esperienza mi diede un incredibile senso di gratitudine per il benedetto dono della vita. Improvvisamente cominciai a osservare le persone che avevano gravi menomazioni fisiche, pensando: "Gente, che aria sana hanno!" Niente conta come un piccolo paragone per ricordarci quanto siamo fortunati!

Recentemente i miei sentimenti vennero espressi a parole quando ebbi occasione di incontrarmi con lo scrittore Wayne Dyer. Quel giorno, egli disse qualcosa che incarnava i miei sentimenti. "Noi," mi disse, "non siamo esseri umani che sperimentano un'esperienza spirituale. Siamo esseri spirituali che sperimentano un'esperienza umana." La nostra identità è la chiave di volta di quell'esperienza. Sono convinto che *la nostra vera identità è qualcosa di indefinibile e di assai più grande del descrivibile. Siamo anime, spiriti.* Rammentare chi realmente siamo colloca ogni cosa nella giusta prospettiva, non vi pare? Una volta che agiamo sapendo che siamo esseri spirituali, non ci faremo intrappolare in tutti quei giochetti che ci dividono gli uni dagli altri. Sapremo con profonda convinzione di essere effettivamente legati alla totalità della creazione.

> *Ognuno di noi, inevitabile; ognuno di noi, illimitato; ognuno di noi con il suo diritto in terra; a ognuno di noi è accordato l'eterno significato della terra; ognuno di noi è qui per grazia divina come chiunque altro.*
>
> WALT WHITMAN

La prossima volta in cui vi scoprite a dire "non riuscirei mai a farlo" o "non sono fatto così", riflettete per un attimo sul significato di quanto state dicendo. Avete limitato il concetto che avete di voi stessi? Se è così, avvaletevi di ogni opportunità per allargare la vostra identità. Costringetevi a fare quelle cose che credete di non poter fare e usate le vostre nuove azioni come un riferimento che vi dia la certezza di essere più di ciò che pensate.

Cominciate a domandarvi: "Che cosa posso essere di più? Che cosa sarò di più? Chi sto diventando?" Pensate al vostro elenco di valori e di sogni e, ignorando quanto vi circonda, prendete una risoluzione: "Agirò costantemente come una persona che sta già raggiungendo questi obiettivi. Respirerò in questo modo. Mi muoverò in questo modo. Reagirò alle persone in questo modo. Tratterò la gente con la dignità, il rispetto, la

compassione e l'amore con cui le tratterebbe questa persona."
Se decidiamo di pensare, sentire e agire come la persona che vogliamo essere, diverremo quella persona. Non ci limiteremo a comportarci come quella persona, ma lo diventeremo.

Ora siete a un bivio. È la vera occasione di prendere la più importante decisione della vostra vita. Dimenticate il passato. Chi siete, adesso? Chi avete deciso, ora, di essere realmente? Non pensate a chi siete stato. *Chi siete, adesso? Chi avete deciso di diventare?* Prendete questa decisione consapevolmente. Con attenzione. E con energia.

Ora che abbandoniamo lo studio del nostro sistema fondamentale ricordate questo: non occorre che effettuiate tutti i cambiamenti di cui abbiamo parlato per trasformare la qualità della vostra vita. Sarà sufficiente cambiare una qualsiasi delle cinque aree del sistema. Basterà solamente mutare i vostri interrogativi abituali per mutare il vostro punto focale e, quindi, la vostra vita. Uno spostamento nella vostra gerarchia di valori cambierà immediatamente la direzione della vostra vita. Coltivare stati d'animo vigorosi e potenzianti nella vostra fisiologia cambierà il vostro modo di pensare e di sentire. E basterebbe questo a cambiare la vostra identità. Come basterebbe un cambiamento di alcune delle vostre credenze globali. La ricerca di nuovi riferimenti vi fornirà la materia prima per assemblare una nuova esperienza di chi voi siete. E, senza dubbio, decidere di espandere la vostra identità potrebbe trasformare virtualmente ogni cosa.

So che nel corso della vostra vita ritornerete più volte su queste pagine quando comincerete a reinventare voi stessi, e a definire chi realmente volete essere, rispetto a chi eravate in passato. Giocate! Divertitevi! Scoprite il senso di avventura che si accompagna a una sempre crescente sensazione che l'uomo che siete diviene qualcosa di più, ogni giorno della vostra vita.

Ora, divertiamoci ad affrontare una sfida di sette giorni, in ciascuno dei quali vi darò da fare un breve esercizio per mettere in pratica quanto avete appreso, e fornirvi l'opportunità di cominciare a raccogliere i risultati di qualcuna delle strategie e di qualcuno degli strumenti che vi sono stati forniti. Cominciamo questi sette giorni con...

PARTE TERZA

SETTE GIORNI
PER PLASMARE LA VOSTRA VITA

19
DESTINO EMOZIONALE:
L'UNICO VERO SUCCESSO

Primo giorno

Obiettivo: assumere il controllo delle vostre emozioni costanti e cominciare coscientemente e deliberatamente a riplasmare la vostra esperienza quotidiana di vita.

Non esiste vero successo senza successo emozionale eppure, delle oltre tremila emozioni che possiamo descrivere a parole, l'individuo medio ne sperimenta solo una mezza dozzina nel corso di una normale settimana. Dobbiamo ricordare che questo non rispecchia la nostra capacità emozionale, bensì le limitazioni dei nostri attuali moduli di concentrazione e di fisiologia.

In tutto questo libro abbiamo sempre studiato la padronanza delle emozioni; e avete sviluppato un ampio spettro di strumenti per poter modificare radicalmente e rapidamente qualsiasi emozione desideriate. Ora sapete che, virtualmente, ogni vostro comportamento è motivato da un cambiamento nel vostro modo di sentire. È quindi tempo di mettere a punto un piano efficiente per affrontare i moduli emozionali negativi che sperimentate abitualmente. Ed è altrettanto importante che vi mettiate in condizione di espandere la quantità e la qualità del tempo che trascorrete in stati emozionali positivi. L'arsenale dei

mezzi a disposizione per modificare i vostri stati emozionali è il seguente:

fisiologia	credenze
messa a fuoco	futuro coercitivo
domande	valori
submodalità	regole
vocabolario trasformazionale	riferimenti
metafore	identità
condizionamento neuroassociativo	

Scopo dell'esercizio odierno è semplicemente quello di rendervi consapevoli dei vostri attuali moduli emozionali, e di portarvi a utilizzare quanti degli strumenti sopra elencati sono necessari a garantire che, ogni giorno, plasmiate il vostro destino emozionale.

> *Vedere è credere, ma sentire è la verità.*
> THOMAS FULLER, M. D.

Esercizio odierno

1. Scrivete tutte le emozioni che provate nel corso di una normale settimana.
2. Elencate gli eventi o le situazioni che usate per far scattare queste emozioni.
3. Trovate un antidoto per ciascuna emozione negativa, e servitevi dello strumento appropriato per rispondere al segnale d'azione. Dovete cambiare le parole che usate per descrivere questa esperienza? Dovete cambiare le vostre credenze circa questo stato emozionale? Dovete porvi una nuova domanda? Concentratevi sulla soluzione anziché sui problemi.

Impegnatevi nel corso di questa giornata a sostituire la vecchia emozione limitante con una nuova emozione che vi conferisca potere, e condizionate questo nuovo modulo fino a quando esso divenga costante. Una volta prese le redini delle nostre emozioni, domani cominceremo a padroneggiare il nostro...

20
DESTINO FISICO:
PRIGIONE DI SOFFERENZA
O DIMORA DI PIACERE

SECONDO GIORNO

Obiettivo: come avete imparato a condizionare il vostro sistema nervoso così da produrre i comportamenti che vi daranno i risultati che desiderate, il vostro destino fisico dipende da come voi condizionate il vostro metabolismo e i vostri muscoli perché producano quel livello di energia e di benessere che desiderate.

Il suo obiettivo era quello di battere un record mondiale. Per undici giorni di fila aveva corso per ventuno ore al giorno, dormendo solo tre ore per notte. La sfida mentale era altrettanto grande di quella fisica: doveva spostarsi dal mondo di ogni giorno, in cui era vissuto per tutta la vita, in un mondo dove il suo obiettivo primario era il passo successivo. Aveva dedicato anni di addestramento non solo al suo corpo ma anche alla sua mente. Il suo scopo? Dimostrare l'illimitato potenziale fisico racchiuso in ciascuno di noi. Infrangendo il record precedente, e correndo per più di 1600 chilometri in undici giorni e diciannove ore, a una media di 135 chilometri al giorno, Stu Mittleman dimostrò che, sapendo condizionare sia la mente sia il corpo, un individuo era in grado di raggiungere risultati molto migliori di quanto in genere fosse considerato possibile. Con il suo esempio ha dimostrato che la capacità umana è incredibile e che possiamo adattarci a tutto se ci impegniamo nel modo giusto, un po' alla volta. Scopo di questo capitolo è condividere con voi i segreti fondamentali che permisero a Stu Mittleman di allenarsi per raggiungere quello straordinario risultato.

Per anni ho seguito quelli che consideravo maestri in questi campi e, da oltre un decennio, uno dei punti d'interesse principale della mia vita è stato quello della salute e della forma fisica. Quando iniziai le mie ricerche in questo campo, rimasi confuso dal vortice di opinioni conflittuali espresse da persone che, ugualmente, erano tutte considerate esperte in materia. Per farmi strada in quel dedalo di opinioni il mio criterio principale di valutazione furono i risultati. Coloro che raggiungevano costantemente risultati di qualità erano quelli che emulavo e dai quali imparavo. Proprio come, in campo psicologico, mi riuscì molto difficile dare credito a un medico che dava consigli ai suoi pazienti in fatto di salute ma che, personalmente, era sovrappeso di almeno venti chili, così misi in dubbio la validità dei cosiddetti esperti della buona forma fisica dall'aria emaciata, con un mucchio di acciacchi e scarsissime energie.

Quando per la prima volta sentii parlare di Stu Mittleman e delle sue imprese, rimasi affascinato, particolarmente quando venni a sapere che tutti coloro che avevano assistito al suo straordinario exploit dichiararono che, al termine della sua corsa di 1600 chilometri, appariva in condizioni migliori di quando aveva lasciato la linea di partenza! Non aveva accusato alcun malessere, nemmeno una vescica a un piede! Che cosa gli aveva dato quella incredibile capacità di spingere il suo corpo al limite massimo, riuscendo a sfruttarne al massimo il potenziale senza danneggiarlo?

Certo, Stu si era preparato molto bene per la sua corsa. Aveva varie lauree: in psicologia dello sport, in sociologia e in psicologia sociale, e attualmente sta studiando per laurearsi in fisiologia del movimento alla Columbia University. Ma la cognizione che si dimostrò per lui più preziosa fu sapere che salute e forma fisica non sono la stessa cosa. Una distinzione che Jim Fixx, il famoso autore del libro sulla corsa, non conosceva. Era evidentemente in forma, ma era anche in cattiva salute.

Il fatto che molti non colgano la differenza tra forma fisica e salute è quello che li porta a sperimentare la frustrazione di seguire religiosamente le regole, senza però riuscire a togliersi quei cinque o sei chili di troppo che ancora circondano tenacemente il loro punto vita. E poi si parla di incapacità appresa! Ancora peggiore è la situazione di chi fa dell'esercizio fisico il centro della propria vita, convinto di diventare così più sano; e ogni giorno compie, invece, un nuovo passo avanti verso la stanchezza, la malattia e lo sconvolgimento emozionale.

Che cosa intendo esattamente per differenza fra salute e forma fisica? La forma fisica è la capacità di svolgere un'attività atletica. Mentre, per salute, si intende quella condizione in cui tutti i meccanismi del corpo, nervoso, muscolare, osseo, circolatorio, digestivo, linfatico, ormonale, funzionano in maniera ottimale... Molte persone ritengono che la forma fisica implichi la salute, ma la verità è che le due cose non vanno necessariamente di pari passo. L'ideale è avere entrambe le cose ma, mettendo la salute al primo posto, ne trarrete sempre enormi benefici. Se raggiungete la forma a spese della salute, potreste non vivere abbastanza a lungo da godervi il vostro fisico spettacolare.

L'equilibrio ottimale fra salute e forma fisica si raggiunge addestrando il vostro metabolismo. Proprio come addestriamo la nostra mente e i nostri muscoli. Stu e uno dei suoi allenatori, il dottor Philip Maffetone, hanno dimostrato che noi possiamo realmente addestrare il nostro metabolismo. E lo dimostrano senza ombra di dubbio i risultati ottenuti da Stu: correndo i suoi 1600 chilometri sarebbe sicuramente dovuto arrivare al punto di sentirsi esausto. E invece non gli è mai successo, malgrado i 135 chilometri corsi ogni giorno. Una volta capite le semplici ma profonde distinzioni fatte da Stu, potrete modificare non solamente il vostro aspetto ma anche il vostro livello di energia, la qualità della vostra vita e, infine, il destino fisico che mettete in movimento.

La maggiore differenza fra salute e buona forma si riduce al fatto di capire la differenza fra ginnastica aerobica e ginnastica anaerobica, fra resistenza e potenza. Il termine aerobico significa letteralmente "ossigenazione" e si riferisce a un esercizio fisico moderato protratto per un certo tempo. Il vostro sistema aerobico è il sistema di resistenza e riguarda cuore, polmoni, vasi sanguigni e muscoli aerobici. Se mettete in moto il vostro sistema aerobico con una dieta appropriata e con l'esercizio fisico, brucerete il grasso, che è il vostro principale carburante.

Anaerobico, invece, significa "senza ossigenazione" e si riferisce a quegli esercizi che producono brevi esplosioni di potenza. Il sistema anaerobico brucia come carburante primario il glicogeno e porta il corpo ad accumulare grasso. La capacità del vostro corpo di bruciare grassi dipende in parte da fattori genetici e, in effetti, molti individui nascono già con un sistema altamente aerobico. Sono le persone che noi invidiamo perché sembra possano mangiare di tutto senza aumentare nemmeno di un etto.

In massima parte gli esercizi fisici possono essere aerobici o anaerobici. Il livello di intensità determina quale dei due voi usate. Camminare, fare dello jogging, correre, andare in bicicletta, nuotare, ballare possono portare a entrambi i risultati. Un battito cardiaco più lento rende queste attività aerobiche, uno più accelerato le rende anaerobiche... Generalmente tennis, pallavolo, pallacanestro e simili sono sport anaerobici.

Oggi, quasi tutti gli americani conducono un tipo di vita che li fa vivere in uno stato anaerobico costante, soffocati da stress e da problemi, aggravando spesso questo stato con il tipo di esercizio fisico che scelgono di praticare. Di conseguenza, addestrano il loro metabolismo a essere permanentemente anaerobico, cioè a bruciare glicogeno come principale fonte di energia. Quando i livelli di glicogeno si abbassano troppo, il metabolismo, addestrato a essere anaerobico, si rivolge allo zucchero presente nel sangue come fonte alternativa di carburante. E questo sbilancia immediatamente il livello di salute e di vitalità.

Poiché le vostre esigenze di tipo anaerobico privano il vostro corpo dello zucchero del sangue che potreste impiegare per altri compiti, cominciate a risentirne immediatamente gli effetti negativi. Dal momento che il vostro sistema nervoso richiede l'impiego di due terzi dello zucchero del sangue, il deficit creato dall'esercizio anaerobico può causare problemi neuromuscolari quali emicranie o stati confusionali. Ecco un elenco di sintomi rivelatori direttamente collegati a un eccessivo addestramento anaerobico del vostro metabolismo: stanchezza, ripetuti incidenti durante gli esercizi, abbassamento del tasso glicemico, depressione e ansia, alterata metabolizzazione dei grassi, sindromi premestruali, problemi circolatori, irrigidimento delle giunture.

Viviamo in una società estremamente anaerobica, ipo-ossigenata, e questo fatto sta avendo ripercussioni sulle condizioni sanitarie nazionali. In una società moderna e industrializzata, le persone diventano fisicamente meno attive. Solo pochi decenni fa gran parte del lavoro esigeva sforzo fisico. Oggi, però, abbiamo creato esigenze attive per il nostro corpo per sostituire l'attività che la nostra vita quotidiana non esige più. Questa attività forzata è quella che noi chiamiamo esercizio fisico. Purtroppo molte persone animate" dalle migliori intenzioni, compresi atleti capaci e preparati, diventano meno sani con questo esercizio fisico. Spinti dal desiderio di ottenere i massimi risultati nel minor tempo, molti di noi creano uno squilibrio fra salute e forma fisica e ne pagano le conseguenze.

La soluzione però è semplice. Il segreto di Stu Mittleman è aver capito che salute e forma fisica devono andare di pari passo. Secondo il dottor Maffetone, si arriva a questo comprendendo che:

> ... Ogni programma di esercizio fisico richiede che, per prima cosa, vi creiate una base aerobica, un periodo di tempo durante il quale tutto il vostro programma di esercizio fisico sia basato esclusivamente su un'attività aerobica, evitando qualsiasi esercizio anaerobico. Questo periodo di base può durare da un minimo di due a un massimo di circa otto mesi, durante i quali il vostro sistema aerobico si sviluppa e si potenzia al massimo. A questo periodo base seguono allenamenti anaerobici al ritmo di una, due o tre volte la settimana. Un adeguato sviluppo del vostro sistema aerobico non vi renderà un atleta migliore, ma vi toglierà i cuscinetti di grasso sui fianchi, migliorerà il vostro sistema immunitario e vi darà più energia, conservandovi relativamente al riparo da infortuni. In altre parole, è un metodo per costrui-

re la vostra salute e la vostra forma fisica mediante un appropriato condizionamento del vostro metabolismo per un addestramento aerobico e, al momento giusto, anaerobico.

Creandovi una base aerobica, creerete anche una straordinaria quantità di energia e di resistenza. Ricordate: ampliando la vostra capacità aerobica, ampliate la capacità del vostro corpo di inviare ossigeno (fonte di energia e salute) a ogni suo organo e sistema.

Il problema è che, quasi sempre, le persone cercano di spingersi oltre il proprio ritmo cardiaco ottimale e passano tutto il tempo in esercizi fisici che creano condizioni anaerobiche. Ricordate che, se non vi siete costruiti una base aerobica, tutta la vostra ginnastica anaerobica va a spese della resistenza. Per raggiungere immediatamente uno stato di forma fisica, molti cercano di fare i propri esercizi al massimo del ritmo cardiaco. Tradizionalmente, la formula per stabilire il limite massimo di questo ritmo consiste nel sottrarre dal numero 220 la vostra età. Per una persona trentenne, questo significa un ritmo di 190 battiti. Compiere un'attività fisica a questa intensità per lunghi periodi è una delle cose più distruttive che possiate fare per il vostro corpo: potrete anche raggiungere una buona forma, ma a spese della salute.

A proposito, indovinate un po' chi si è reso colpevole di questo eccesso per molti anni? Proprio io mi sono spinto a raggiungere il ritmo cardiaco massimo: saltavo sulla mia cyclette e pedalavo al massimo per almeno venti minuti. Oppure, dopo non aver corso per varie settimane, andavo a correre per otto chilometri senza un minimo di riscaldamento preventivo. Per parecchi giorni dopo, facevo fatica a camminare ma ero convinto che, con questa disciplina del "non c'è guadagno senza fatica", avrei migliorato la mia salute! Quello che stavo facendo, invece, era solo creare un rapporto di amore-odio con l'attività fisica. La mescolanza di sofferenza e piacere mi spingeva a evitarla fino a quando me lo consentiva la mia coscienza, per poi cercare di riguadagnare il tempo perduto, tutto in una volta.

Da allora ho imparato che, quando cominciate a esercitarvi

a un ritmo che mette immediatamente il vostro corpo in condizioni anaerobiche, può verificarsi un fatto molto grave. Per far fronte all'immediata richiesta di sangue che l'esercizio anaerobico impone ai muscoli che maggiormente ne hanno bisogno, il vostro corpo sottrae sangue da organi essenziali quali fegato e reni. Di conseguenza, a questi organi viene sottratta una grande quantità di ossigeno, il che si ripercuote pesantemente sulla loro vitalità e sulla loro integrità. Continuando di questo passo, si arriva all'indebolimento, al danno, prima lieve, poi molto grave, di tali organi.

Il segreto è addestrare il vostro metabolismo a operare costantemente in maniera aerobica. Il vostro corpo non brucerà grassi se non lo addestrate specificamente a farlo. Così, se volete liberarvi di quei rotoli di grasso intorno alla vita, dovete insegnare al vostro corpo a bruciare grasso, non zuccheri. Ricordate che il principio di Stu e Phil per quanto concerne la funzione aerobica è quello di bruciare i grassi. Uno dei maggiori benefici dell'esercizio aerobico è quello di prevenire l'ostruzione delle arterie che porta alle malattie cardiache, causa principale di decessi negli Stati Uniti (una persona su due).

Alcuni, per il loro zelo di eliminare ogni tipo di grasso dalla loro dieta, portano il proprio corpo a uno stato di emergenza per cui esso comincia ad accumulare più grassi di prima. Commettono l'errore di affamarsi e quando, inevitabilmente, tornano alle loro antiche consuetudini alimentari, accumulano una quantità di grassi maggiore della stessa quantità di cibo che ingerivano prima della dieta e acquistano più peso di quanto ne abbiano perduto! Ecco perché è così diffusa fra noi l'ossessione di perdere "quegli ultimi cinque chili".

Se qualcuno mi dice che vuol perdere cinque chili, gli chiedo: "Cinque chili di che cosa?" Spessissimo, sono persone che fanno esercizi tali da perdere acqua o massa muscolare, non grasso. Potete pesare oggi esattamente quanto pesavate dieci anni fa, ma essere molto meno sani perché ai vostri muscoli si è sostituito il grasso. Il muscolo pesa più del grasso, così, se il vostro peso oggi è lo stesso di dieci anni fa e il vostro corpo è composto di una maggiore quantità di grasso, siete nei guai!

Lei ha bisogno di moto. Mi vada a comperare una bella pizza.

È vero che dobbiamo assumere una quantità limitata di grassi (dal 20 al 30 per cento dell'apporto calorico) ma non vi è niente di meglio dell'esercizio aerobico per abituare il vostro metabolismo a bruciarli. La percentuale di assunzione di grassi non è uguale per tutti, ma dipende dal modo in cui viene metabolizzato il grasso ingerito. Non vi piacerebbe avere quella facoltà, che tanto invidiate negli altri, apparentemente dotati di un metabolismo che brucia grassi? Potete averla anche voi! È solo questione di condizionamento.

Dunque, come potete addestrare il vostro metabolismo a bruciare grassi così da ottenere l'energia, la resistenza e la vitalità per mettere in pratica tutto quanto avete imparato da questo libro e vivere una vita piena? Ho per voi notizie buone e cattive. Cominciamo da quelle buone: potete riuscire nel vostro intento compiendo alcuni semplici passi, giorno per giorno. E adesso, quelle cattive: non potrete ricorrere al tradizionale sistema americano di riempire la vasca, togliere il tappo e nuotare controcorrente! Né ci riuscirete guidando il golf-cart da una buca all'altra. Questi non sono esercizi aerobici. Né otterrete qualcosa passando all'eccesso opposto. Le corse individuali sono un esercizio anaerobico che crea una immediata carenza di ossigeno nelle cellule e addestra il vostro metabolismo a bruciare glicogeno e/o zuccheri del sangue; e il grasso continua ad accumularsi.

L'elemento probabilmente più importante per la salute è l'ossigeno. Ogni giorno, respiriamo circa 9500 litri d'aria per ossigenare i nostri tessuti. Senza questo ossigeno, le cellule si indeboliscono e muoiono. Nel corpo ci sono circa 75 trilioni di cellule, che forniscono acido adenosintrifosforico (ATP), il fattore energetico fondamentale per ogni attività del vostro corpo, sia che stiate respirando, sognando, mangiando o facendo ginnastica. Per sopravvivere, le cellule debbono avere ossigeno con cui bruciare il glucosio producendo ATP per una crescita continua.

Il punto è che non dovete esaurire l'ossigeno durante l'esercizio fisico. Per sapere se da un'attività aerobica siete passati a una anaerobica, ecco un controllo molto semplice: riuscite a parlare mentre state facendo gli esercizi (aerobica) o vi manca il fiato (anaerobica)? Il vostro respiro deve essere udibile ma non pesante. Come vi sentite mentre praticate gli esercizi? Se siete in condizioni aerobiche dovreste sentirvi piacevolmente stanchi. Altrimenti, vi sentirete decisamente a pezzi. Su una scala da 0 a 10, in cui lo 0 corrisponde alla fatica minima e il 10 a quella più intensa, che punteggio segnate? Se superate il 7, siete passati dall'aerobica all'anaerobica; il punteggio ideale dovrebbe essere fra il 6 e il 7.

Per sfruttare appieno la vostra capacità aerobica dovete seguire un particolare allenamento. In primo luogo, è consigliabile avere con sé un monitor per il battito cardiaco. Poi, dovete riscaldarvi gradatamente fino a raggiungere la vostra zona ottimale di allenamento aerobico (cfr. tabella). Con il riscaldamento, otterrete un duplice risultato:

1. *Trasferirete gradualmente nel circolo ematico gli acidi lipidici* accumulati nel corpo, così che potrete usare il grasso anziché i vitali zuccheri del sangue. Questo è importantissimo. Se non vi riscaldate, potrete anche compiere esercizi aerobici, vale a dire con ossigeno nelle cellule, ma non brucerete il grasso.

Durante questa fase di riscaldamento dovrete avere un battito cardiaco pari al 50 per cento del massimo secondo il metodo standard di calcolo.

2. Eviterete i crampi. Questo periodo di riscaldamento dovrebbe durare circa un quarto d'ora, così che il vostro corpo possa fare affluire gradualmente il sangue in quelle zone che ne hanno bisogno anziché sottrarlo bruscamente a organi vitali; circostanza fondamentale, se volete che i vostri esercizi vi diano salute e forma senza arrecare danno al vostro organismo.

Esercitatevi entro i limiti della vostra zona di allenamento aerobico per almeno venti minuti, per arrivare al periodo ideale di mezz'ora, quarantacinque minuti. Il modo migliore per individuare il vostro ritmo cardiaco ottimale è attenervi alla formula seguente:

CALCOLO DEL RITMO CARDIACO OTTIMALE

180 – la vostra età = ritmo cardiaco ottimale (il ritmo, cioè, a cui potete eseguire un esercizio aerobico senza trasformarlo in anaerobico).
Se siete convalescenti da una grave malattia o siete in cura, sottraete altri dieci punti.
Se non avete mai fatto ginnastica o avete subito qualche lesione o diminuito l'intensità del vostro allenamento, oppure vi raffreddate spesso o soffrite di allergie, sottraete altri cinque punti.
Se vi siete esercitati per due anni senza seri problemi o non avete avuto raffreddore o influenza più di una o due volte l'anno, mantenete il ritmo seguito fino a quel momento.
Se vi siete esercitati senza problemi per oltre due anni, progredendo e non riportando alcuna lesione, aggiungete cinque punti.
Prima di iniziare qualsiasi programma di attività fisica consultate il vostro medico.

Prendetevi dai dodici ai quindici minuti per raffreddarvi convenientemente, camminando o eseguendo qualche altra forma di movimento leggero. In tal modo, il sangue non si concentrerà nei muscoli che avete sollecitato. Se vi arrestate bruscamente dopo un esercizio, il sangue non ha modo di defluire per ripulirsi, riossigenarsi e ridistribuirsi; resterà nei muscoli, congestionandoli e aumentando la tossicità nel circolo sanguigno.

Spesso, le persone sono riluttanti a impegnarsi a fondo in un allenamento, perché vi ricollegano una sensazione di eccessiva sofferenza, sia fisica sia psicologica, dovuta alla mancanza di tempo. Ma provateci, e farete due piacevoli scoperte: vi piacerà lavorare in questo modo perché esso produce piacere e non sofferenza; proverete un livello di vitalità fisica mai raggiunto prima.

Se vi preoccupate del tempo che occorre, pensate a come sfruttarlo al massimo. Per esempio, mentre vi riscaldate, ascoltate dei nastri, leggete, guardate il telegiornale, ripassate il vostro questionario mattutino o serale, leggete la vostra gerarchia di valori o regole, oppure mettete a frutto questo tempo in qualsiasi altro modo. Quando chiesi a Stu Mittleman quali raccomandazioni potesse dare per un orario di allenamento, suggerì di cominciare con almeno tre sedute la settimana, con quindici minuti di riscaldamento, venti minuti di allenamento aerobico e quindici minuti di raffreddamento. Via via aumentando la durata delle sedute come mi sembrasse più opportuno.

Vi sto forse suggerendo che l'allenamento aerobico sia l'unico tipo di esercizio che valga la pena di fare? Certamente no. Lo scopo è quello di conquistare salute e forma fisica; potenziare il rendimento oltre che la resistenza. (Ricordate che, ogni volta che agite a un ritmo anaerobico, lo fate a spese della vostra resistenza.) Pertanto, quando cominciate a sviluppare la vostra capacità aerobica, una volta raggiunto un traguardo (in un momento qualsiasi tra il secondo e il quarto mese di esercizio) potete accrescere la vostra potenza aggiungendo degli esercizi anaerobico, per esempio il sollevamento rapido di pesi. Il tutto varia da individuo a individuo e il sistema migliore è quello di dare ascolto al vostro corpo. Se state correndo sulla spiaggia e all'improvviso avete voglia di scattare, fatelo! Sviluppate il vostro buon senso corporeo; imparate a prendere atto della capacità del vostro corpo di affrontare impegni fisici più pesanti.

In effetti, Stu ci assicura che possiamo mantenere e migliorare la nostra resistenza fino a un'età abbastanza avanzata. Non è necessario diventare deboli quando si è vecchi! Non è tanto l'età l'arbitro della nostra salute quanto la nostra aderenza a uno stile di vita che la potenzi. Anche se qualcuno nasce con la predisposizione a bruciare i grassi, o ha la fortuna di essere dotato di velocità o potenza, chiunque può raggiungere resistenza e vitalità decidendo consapevolmente di condizionare la propria biochimica.

La vecchiaia non ci limita; ci libera.
STU MITTLEMAN

La novità più sensazionale è che, come tutti i moduli che procurano piacere, l'esercizio può trasformarsi in una dipendenza positiva. Per quanto possiate, al momento, cercare di evitarlo, probabilmente ve ne sentirete tanto più attratti quando scoprirete come sia piacevole allenarvi come si deve. Le ricerche hanno dimostrato che, se vi esercitate costantemente per un periodo di dodici mesi, acquisirete questa forma di dipendenza positiva per tutta la vita. Anche trascurandolo per un certo periodo, tornerete sempre a un costante regime di esercizio fisico. Il vostro corpo sarà attirato dal piacere della salute, dall'impulso naturale a massimizzare il vostro potenziale fisico. Perché? Perché avrete allenato il vostro sistema nervoso, condizionando il vostro metabolismo a prosperare grazie a questa esperienza. Tutti noi meritiamo quella vitalità fisica che può trasformare la qualità della nostra vita. Il vostro destino fisico è intimamente collegato al vostro destino mentale, emozionale, finanziario e sociale. Anzi, da questo dipenderà se voi avrete un destino!

La fonte della giovinezza

Un totem innegabilmente potente della nostra cultura sono la gioventù e la vitalità fisica. Pensate a quegli anziani che ottennero un nuovo lasso di vita nel film *Cocoon*. Molti vanno a caccia di ciò che ritengono possa prolungare la loro gioventù, mentre la vera fonte di giovinezza già esiste dentro di loro. È conosciuta con il nome di ormone della crescita (HGH) e stimola la crescita dei tessuti, aumenta il tono e la massa muscolare, accresce la flessibilità, irrobustisce i muscoli, stimola la crescita di ossa e organi, contribuisce a mantenere sani i tessuti. Dal momento della nascita fino a circa trent'anni l'HGH entra naturalmente in circolo un'ora e mezza circa dopo che vi siete addormentati e di nuovo la mattina, prima che vi svegliate. (Ho compiuto trentun anni proprio quest'anno e quindi non rientro in questa categoria!) Con il tempo, i livelli di HGH diminuiscono naturalmente. A sessant'anni, circa il 30 per cento delle persone ne produce poco o non ne produce affatto. Si pensa che le donne continuino a secernere l'ormone della crescita anche in età avanzata, e questo è uno dei motivi per cui sono più longeve.

Riceviamo delle iniezioni di questo ormone anche dopo un esercizio fisico pesante o una grave lesione, dato che l'HGH è una sostanza curativa. Oggi è possibile sintetizzarlo in laboratorio e somministrarlo ai bambini affetti da nanismo per stimolarne la crescita. Ma in che modo potete potenziare la vostra capacità naturale di immettere HGH nel vostro organismo? L'unico modo per farlo scattare istantaneamente e continuativamente è mediante un esercizio fisico che fa da detonatore. Ciò significa ripetere più volte un'attività che potete reggere dai 35 ai 45 secondi, come il sollevamento pesi. Esami di laboratorio condotti a Miami, in Florida, hanno dato risultati straordinari. Persone di oltre sessant'anni, che da almeno dieci o quindici anni non hanno fatto niente per tonificare i muscoli, imparano a sollevare i pesi e a creare una massa muscolare equivalente a quella di un ragazzo di ventun anni, acquisendo analoga energia.

Che cosa vuol dire tutto questo? Vuol dire che anche a settanta, ottant'anni, potete avere la stessa forza di quando ne avevate venti o trenta! Non soltanto potete continuare a costruire il vostro fattore di resistenza con la ginnastica aerobica, come abbiamo già visto, ma potete continuare a potenziarvi con brevi, improvvisi scoppi di ginnastica anaerobica. Basta che ricordiate l'altro fattore dell'equazione: date al vostro corpo il nutrimento che gli è necessario. Fate attenzione a non intossicarlo con un eccesso di zucchero, grassi, sale, carne. Questa è una novità importantissima dal momento che, mentre stiamo entrando nel XXI secolo, le statistiche prevedono che il 24 per cento della popolazione americana sarà composto da persone oltre i sessantacinque anni. Se controlliamo il nostro corpo adesso, un americano su quattro non sarà un peso per la società bensì un vigoroso e vitale membro di essa, capace di offrire un valido contributo e di godersi al massimo la vita.

Il corpo umano è il miglior ritratto dell'anima umana.
LUDWIG WITTGENSTEIN

Esercizio odierno

1. Fate distinzione fra salute e forma fisica. L'avete già fatta.
2. Decidete di diventare sani. E spero che abbiate già fatto anche questo.
3. Cercate di capire esattamente a che punto siete. Attualmente, il vostro esercizio è di tipo aerobico o anaerobico? Bruciate grassi o glicogeno? Andate da qualcuno che possa appurarlo o rispondete alle seguenti domande:
   Svegliandovi al mattino vi sentite stanchi?
   Dopo esservi allenati, avete fame?
   Dopo esservi allenati, avete degli improvvisi sbalzi d'umore?
   Malgrado tutti i vostri sforzi, il grasso non vuole ancora sparire?
   Dopo l'esercizio sentite dolori e sofferenza?
   Se rispondete sì a queste domande, è molto probabile che i vostri esercizi siano di tipo anaerobico.

4. Acquistate un monitor cardiaco portatile (il costo non è proibitivo). Sarà uno dei vostri migliori investimenti.
5. Fissate un programma. Condizionate il vostro metabolismo così da bruciare i grassi e produrre livelli consistenti di energia, iniziando un corso di dieci giorni di ginnastica aerobica, secondo le direttive che ho illustrato prima.
6. Nei vostri dieci giorni di sfida, se volete ampliarla, leggete il capitolo: "Energia: il combustibile dell'eccellenza" nel mio primo libro, *Come ottenere il meglio da sé e dagli altri.*
7. Decidete di fare in modo che l'esercizio fisico sia parte della vostra identità. Solo grazie a un impegno prolungato potremo realmente raccogliere i frutti che la vita ci offre.

Ora, cerchiamo di attenerci a uno standard superiore, aumentando la qualità del nostro...

21
DESTINO DI RELAZIONE:
IL LUOGO DA CONDIVIDERE E AMARE

Terzo giorno

Obiettivo: migliorare in maniera tangibile la qualità dei vostri rapporti personali e approfondire il vostro coinvolgimento emozionale con le persone che più vi stanno a cuore, rivedendo i sei principi fondamentali dei buoni rapporti relazionali.

Il successo non ha alcun valore se non abbiamo qualcuno con cui condividerlo: anzi, la nostra principale emozione umana è il legame con altre anime. In tutte queste pagine abbiamo sempre parlato dell'influenza che i nostri rapporti con gli altri esercitano sul carattere, i valori, le credenze e la qualità della nostra vita. In particolare, l'esercizio di oggi ha semplicemente lo scopo di richiamarvi alla mente sei fattori chiave, preziosi per qualsiasi forma di relazione. Rivediamoli brevemente prima che io vi assegni il compito odierno.

1. *Se non conoscete i valori e le regole delle persone con cui siete in rapporto, preparatevi a soffrire.* Le persone possono amarsi ma se, per un motivo qualsiasi, infrangono continuamente le regole di qualcuno che sta loro a cuore, il rapporto subirà stress e turbamenti. Ricordate: qualsiasi attrito abbiate avuto con un altro essere umano, si è trattato di un attrito di regole e, quando si è coinvolti intimamente, è inevitabile che vi sia uno scontro di regole. Conoscendo le regole di una persona, potrete evitare in anticipo queste spiacevoli evenienze.

2. Alcuni fra i maggiori dissapori nell'ambito relazionale dipendono dal fatto che, *generalmente, la gente entra in relazione con gli altri per ottenere qualcosa*; per cercare qualcuno che la faccia sentire bene. In realtà, l'unico modo per far durare una relazione è di vederla come un luogo dove vi recate per dare, e non per ricevere.

3. Come per ogni altra cosa nella vita, *una relazione*, per essere coltivata, *richiede l'attenzione a determinati segnali*, che vanno scoperti. Nel vostro ambito relazionale esistono segnali d'allarme che possono farvi capire di dover affrontare immediatamente un problema prima che vi sfugga di mano. Nel suo libro *How to Make Love All the Time*, una mia amica, la dottoressa Barbara De Angelis, identifica quattro fasi perniciose che possono uccidere un rapporto. Identificandole, possiamo intervenire subito ed eliminare i problemi prima che si trasformino in moduli distruttivi che mettono in pericolo la relazione stessa.

Resistenza: la prima fase di antagonismo in un rapporto è quella in cui cominciate a sentire una resistenza. Virtualmente, chiunque abbia mai avuto una relazione ha attraversato dei momenti nei quali ha provato una resistenza verso qualcosa che il suo partner ha detto o fatto. La resistenza si verifica quando trovate da ridire o vi sentite seccati o un po' estranei nei confronti di quella persona. Magari, a un ricevimento, ha detto una battuta che vi dà noia e che vorreste avesse evitato di pronunciare. Il guaio, naturalmente, è che le persone in genere non comunicano quando provano un senso di resistenza e, di conseguenza, questa emozione continua a crescere fino a raggiungere il...

Risentimento: se la resistenza non è controllata, degenera nel risentimento. Ora non siete solo seccati con il vostro partner, siete arrabbiati. Cominciate a staccarvi da lui, o da lei, e alzate fra voi una barriera emozionale. Il risentimento distrugge l'emozione e l'intimità e questo, all'interno di un rapporto, è un modulo distruttivo che, se incontrollato, non farà che acquistare velocità. Se non viene trasformato o comunicato, porterà al...

Rifiuto: a questo punto, il risentimento si è accumulato in voi a un punto tale che vi scoprite a cercare il modo per mettere il vostro partner dalla parte del torto, ad attaccarlo, verbalmente o non verbalmente. In questa fase, qualunque cosa l'altro faccia vi irrita o vi dà fastidio. Ed è qui che si verifica la separazione, non solamente emozionale, ma anche fisica. Se si consente al rifiuto di continuare, per alleviare la nostra sofferenza, entriamo nella...

Repressione: quando siete stanco di combattere con l'ira che accompagna la fase di rifiuto, cercate di diminuire la sofferenza, ma evitate anche la passione e l'eccitazione. Questa è la fase più pericolosa di un rapporto perché segna il momento in cui gli amanti diventano compagni di stanza, nessuno sa che la coppia ha dei problemi perché non litigano mai, ma non è rimasto alcun rapporto.

Come si possono prevenire queste quattro fasi? La risposta è semplice: parlarne francamente a viso aperto. Assicuratevi che le vostre regole siano conosciute e possano essere rispettate. Per evitare di ingigantire le cose, ricorrete al vocabolario trasformazionale. Esprimetevi in termini di preferenza. Anziché dire "non ti sopporto quando fai così!" dite "preferirei che invece facessi così". Sviluppate delle interruzioni di modulo per evitare il tipo di litigio nel quale non riuscite nemmeno a ricordare il motivo per cui è cominciato, ma sapete solo che dovete vincere.

4. *Fate della relazione una delle massime priorità della vostra vita*, altrimenti, scenderà all'ultimo posto rispetto a tutte le altre cose. Poco per volta, il livello dell'intensità emozionale e della passione scivolerà via. Non vogliamo perdere il potere delle nostre relazioni solo perché restiamo intrappolati nella legge della familiarità, o perché permettiamo alla noncuranza di rendere un'abitudine l'intensa eccitazione e la passione che proviamo verso una persona.

5. Uno dei moduli principali che Becky e io scoprimmo fin dal principio è che *l'essenziale perché il nostro rapporto sia duraturo è concentrarci ogni giorno per renderlo migliore*, anziché concentrarci su ciò che potrebbe accadere se dovesse finire. Ricordiamoci che finiremo per sperimentare qualsiasi cosa su

cui ci concentriamo. E se ci concentriamo sul timore che una relazione finisca, cominceremo, inconsciamente, a sabotarla così da tirarcene fuori prima di esserne troppo coinvolti, e ne soffriremo veramente. Un corollario a questo principio è che, se volete che il vostro rapporto duri, non dovete metterlo in pericolo. In altre parole, non dite mai "se fai questo, me ne vado". Basta una frase simile a creare la possibilità di una separazione. Provoca inoltre un timore destabilizzante. Ogni coppia che ho intervistato, e che aveva un rapporto stabile, ha fatto propria la regola di non mettere mai in discussione, per adirati o feriti che possano sentirsi i partner, la durata o meno della relazione, né minacciare mai di troncarla. Ricordate la metafora della scuola guida per corridoi circa la macchina che sbanda e il muro. In un rapporto, dovete concentrarvi sul dove volete arrivare, non su ciò che temete.

6. *Ogni giorno ricollegatevi a quello che amate nel vostro partner.* Rinforzate il vostro senso di legame e rinnovate i vostri sentimenti di intimità e di unità, chiedendo sempre: "Come ho potuto essere così fortunato da avere te nella vita?" Collegatevi totalmente al privilegio di condividere la vostra vita con quella persona; sentite profondamente questo piacere e ancoratelo continuamente al vostro sistema nervoso. Impegnatevi nella incessante ricerca dei modi per sorprendervi reciprocamente. Altrimenti, subentrerà l'abitudine e ognuno darà l'altro per scontato. Cercate e create quei momenti speciali che possano rendere il vostro rapporto esemplare, leggendario!

> *In un cuore colmo c'è spazio per tutto, e in un cuore vuoto non c'è spazio per niente.*
>
> Antonio Porchia

Esercizio odierno

1. Oggi, trovate il tempo di dialogare con chi vi sta a cuore e scoprite qual è la cosa più importante per ciascuno di voi nel vostro rapporto. Quali sono i vostri valori di coppia più alti e

che cosa deve accadere perché sentiate che quei valori sono stati soddisfatti?
2. Decidete se per voi è più importante amare o avere ragione. Se mai vi scoprite a insistere di aver ragione, infrangete il vostro modulo. Smettete immediatamente e riprendete la discussione più tardi, quando sarete in uno stato d'animo migliore per risolvere il vostro conflitto.
3. Sviluppate un'interruzione di modulo che entrambi accettate di usare quando gli animi si riscaldano troppo. In questo modo, anche se siete furibondi, almeno per un attimo riuscirete a sorridere e a non sentirvi più turbati. Per facilitare le cose a entrambi, usate l'interruzione di modulo più bizzarra o divertente che riuscite a escogitare. Fatene uno scherzo privato, che vi serva da ancora personale.
4. Quando sentite una resistenza, comunicatela ammorbidendola con frasi del tipo: "So che è soltanto una mia idiosincrasia ma, quando fai così, divento un istrice."
5. Pianificate insieme di incontrarvi regolarmente la sera, preferibilmente una volta la settimana o, quantomeno, due volte al mese. Fate a gara per sorprendere il vostro partner inventando le cose più romantiche e divertenti da fare insieme.
6. Non mancate di scambiarvi un lungo bacio ogni giorno!

Per oggi, sono queste le vostre sole incombenze! Agite di conseguenza e divertitevi! Vi assicuro che la ricompensa sarà incommensurabile. Per essere sicuri di impegnarci in un miglioramento costante e continuo, giorno per giorno, sviluppate un piacevole programma per creare il vostro...

22
DESTINO FINANZIARIO: PICCOLI PASSI PER UNA PICCOLA (O GRANDE) FORTUNA

Quarto giorno

Obiettivo: prendere in mano le redini del vostro futuro economico, imparando i cinque elementi fondamentali per raggiungere la ricchezza.

Denaro! Uno degli argomenti più emozionanti della nostra vita. Moltissime persone sono disposte a rinunciare a cose ben più preziose del denaro pur di ottenere più soldi; si spingono ben oltre le loro limitazioni passate, rinunciano al loro tempo con la famiglia e gli amici, si rovinano perfino la salute. Nel nostro contesto sociale il denaro è una potente fonte associata alla sofferenza e al piacere. Troppo spesso lo si usa per misurare le diverse qualità di vita, per ingigantire il divario fra chi ha e chi non ha.

Alcuni cercano di trattare il denaro facendo finta che esso non abbia importanza, ma la pressione finanziaria è qualcosa che colpisce tutti noi, ogni giorno della nostra vita. Specialmente per gli anziani, la mancanza di denaro spesso si traduce in una mancanza di risorse essenziali. Per alcuni, il denaro racchiude un mistero. Per altri, è fonte di desiderio, orgoglio, invidia e anche disprezzo. Ma che cosa è, realmente? È l'artefice di sogni o la radice di tutti i mali? Una fonte di libertà, di potere, di sicurezza? O semplicemente un mezzo per raggiungere un fine?

Nella nostra mente, sappiamo che il denaro altro non è che

una merce di scambio che ci consente di semplificare il processo di creare, trasferire e condividere il valore nell'ambito sociale. È uno strumento pratico che abbiamo creato insieme per avere la libertà di specializzarci nel nostro lavoro senza doverci preoccupare che altri trovino questo nostro lavoro meritevole di baratto.

Abbiamo imparato ad associare alcune delle emozioni più debilitanti a una carenza di questo prodotto di comodo: ansia, frustrazione, timore, insicurezza, preoccupazione, ira, umiliazione, senso d'impotenza, tanto per citarne qualcuna. Come sta accadendo ora nell'Europa orientale i sistemi politici sono stati abbattuti dalla pressione sociale associata alla mancanza di mezzi finanziari. Vi viene in mente qualche paese, qualche ditta o la vita privata di qualche persona che non sia stata toccata dall'esperienza dello stress finanziario?

Molti commettono l'errore di pensare che tutte le difficoltà della vita scomparirebbero se solo avessero denaro a sufficienza. Nulla potrebbe essere più lontano dal vero. In sé e per sé, il fatto di guadagnare più denaro difficilmente rende libera una persona. Ed è ugualmente ridicolo dirci che una maggiore libertà finanziaria e il controllo delle nostre finanze non ci offrirebbe maggiori opportunità per espandere, condividere e creare valori per noi stessi e per gli altri.

Perché, dunque, tante persone non riescono a raggiungere l'agiatezza finanziaria in una nazione dove siamo circondati da una serie di opportunità economiche? Viviamo in un paese dove è possibile dar vita a iniziative del valore di centinaia di milioni partendo dalla piccola idea di un computer assemblato per la prima volta nel garage di casa. Tutt'intorno a noi vediamo esempi di possibilità incredibili, di persone che sanno come creare una fortuna e come conservarla. In primo luogo, che cosa ci impedisce di diventare ricchi? Come può essere che, vivendo in un paese capitalista, dove i nostri antenati morirono per il nostro diritto alla vita, alla libertà, alla ricerca della felicità; dove la riforma economica fornì il maggiore stimolo all'indipendenza; come è possibile, dicevo, che il 95 per cento della popolazione americana, arrivata all'età di sessant'anni, dopo tutta una vita di lavoro, non riesce a mantenersi senza un aiuto dallo stato o dalla famiglia?

Mentre cercavo la chiave alla creazione di una ricchezza duratura, ho scoperto una cosa: creare ricchezza è semplice. Eppure, la maggior parte della gente non ci riesce perché le sue basi finanziarie fanno acqua, a causa di una conflittualità interna di valori e credenze e di una cattiva pianificazione destinata a garantire il crollo finanziario. Questo capitolo non vi fornirà tutte le cognizioni che vi occorrono per controllare la vostra intera vita finanziaria. Ben altro che un capitolo sarebbe necessario! Ma il suo scopo è quello di darvi alcune semplici indicazioni fondamentali che potete usare per assumere immediatamente il controllo di questo settore così essenziale.

Cominciamo a rammentare quale potere abbiano le nostre credenze sul controllo del nostro comportamento. Il motivo più comune per cui la maggior parte delle persone non arriva ad avere il successo finanziario è che esse hanno associazioni miste, contrastanti circa quello che bisogna fare per avere più denaro e quello che significherebbe averne troppo, vale a dire avere più denaro di quanto occorra per mantenere il loro attuale tenore di vita. Come avete visto nel capitolo 5, la vostra mente sa che cosa fare unicamente quando ha una chiara associazione circa ciò che deve evitare e ciò che deve raggiungere. Nel caso del denaro spesso noi inviamo segnali contrastanti e, quindi, otteniamo risultati contrastanti. Ci diciamo che il denaro ci darà la libertà, la possibilità di essere generosi verso coloro che amiamo, l'occasione di fare tutto ciò che abbiamo sempre sognato, l'opportunità di avere tempo libero. Ma, al tempo stesso, possiamo essere indotti a credere che, per accumulare molti soldi, dobbiamo lavorare tanto più duramente e dedicare al lavoro tanto del nostro tempo che, probabilmente, finiremo con l'essere troppo vecchi e troppo stanchi per godercely. Oppure possiamo credere che, se avessimo troppi soldi, diventeremmo dei materialisti o saremmo giudicati o, comunque, qualcuno ce li toglierebbe con l'inganno; quindi, vale davvero la pena di provarci?

Queste associazioni negative non si limitano a noi stessi. Alcuni se la prendono indiscriminatamente con chiunque stia finanziariamente bene e, spesso, partono dal presupposto che, se qualcuno ha fatto un mucchio di soldi, sicuramente li ha accumulati a spese del prossimo. Se provate risentimento nei confronti di un ricco, qual è il messaggio che il vostro cervello vi invia? Probabilmente, qualcosa come: "È male avere troppi soldi." Se questo è il sentimento che nutrite verso gli altri, inconsciamente state insegnando al vostro cervello che, se doveste far soldi, diventereste una persona "cattiva". Provando risentimento per i successi altrui, vi condizionate a evitare proprio quella prosperità finanziaria di cui avete bisogno e che desiderate.

Il secondo, diffusissimo motivo per cui tante persone non riescono mai a controllare il denaro è semplicemente quello che lo ritengono una cosa troppo complicata. Si affidano a un esperto che lo gestisca per loro. Se, da un lato, è un'ottima idea quella di ricorrere a un insegnante esperto (per cui abbiamo creato la nostra azienda finanziaria, il Destiny Financial Service), dobbiamo imparare tutti a comprendere le conseguenze delle nostre decisioni finanziarie. Se dipendete totalmente da altri, per competenti che siano, potrete sempre dare a loro la colpa di quanto accade. Ma, se vi assumete la responsabilità di capire le vostre finanze, potete cominciare a dirigere voi stessi il vostro destino.

Tutto quanto è contenuto in questo libro parte dal concetto che noi siamo in grado di capire come funzionano la nostra mente, il nostro corpo e le nostre emozioni e, pertanto, abbiamo la capacità di esercitare un notevole controllo sul nostro destino. Lo stesso accade in campo finanziario. Dobbiamo capirlo e non farci limitare dalle nostre credenze circa la complessità del mondo della finanza. Una volta che ne avete afferrato gli elementi principali, controllare il vostro denaro è relativamente facile. Quindi, il primo compito che vorrei affidarvi a questo proposito è quello di utilizzare il CNA (condizionamento neuroassociativo) per condizionare voi stessi a raggiungere il successo finanziario. Associatevi con tutte le grandi cose che potreste fare per la vostra famiglia e con la tranquillità mentale che provereste se davvero disponeste di molto denaro.

La terza, fondamentale credenza che impedisce alla gente di raggiungere il successo finanziario e crea un terribile stress è il concetto di insufficienza. La maggior parte della gente è convinta di vivere in un mondo dove tutto è limitato: c'è solo quel tanto di terra disponibile, quel tanto di petrolio, quel tanto di belle case, quel tanto di occasioni, quel tanto di tempo. Con una simile filosofia di vita, perché voi vinciate bisogna che qualcun altro perda. È una partita. Se questo è ciò che credete, l'unico sistema per avere il successo finanziario è quello di comportarsi come i baroni del primo Novecento e accaparrarsi il mercato di un particolare prodotto in modo da ricavarne il 95 per cento mentre a tutti gli altri non rimane che dividersi il rimanente 5 per cento.

Il fatto è, però, che monopolizzare il rifornimento di qualcosa che scarseggia non basta più a garantire una ricchezza duratura. Un mio buon amico è l'economista Paul Pilzer, laureato alla Wharton Business School, il quale è diventato famoso per la sua teoria dell'alchimia. Paul ha recentemente scritto un libro che vi raccomando caldamente e il cui stesso titolo rispecchia la sua credenza fondamentale e le prove di cui dispone per sostenerla: viviamo in un contesto ricco di risorse, che lui chiama, come il suo libro, *Ricchezza illimitata*. Paul sottolinea il fatto che stiamo vivendo un momento straordinario della storia dell'umanità, in cui l'idea tradizionale di ottenere beni materiali che scarseggiano non è più l'arbitro fondamentale della ricchezza. Oggi, è la tecnologia a fornire il valore di un bene materiale e la sua attuale disponibilità.

Quando lo intervistai per la mia rivista su cassette "Powertalk!", Paul mi diede un esempio straordinario, dimostrando come il valore delle risorse e la loro disponibilità siano totalmente controllati dalla tecnologia e che, pertanto, è la tecnologia a determinare il prezzo e il valore di qualsiasi prodotto o servizio. Negli anni settanta, eravamo tutti sicuri che saremmo rimasti senza petrolio. Nel 1973, la gente faceva ore di fila per far benzina e, dopo una sofisticata analisi computerizzata, i maggiori esperti mondiali predicevano che, in tutto il mondo, rimanevano ormai solamente 700 miliardi di barili di petrolio che, al ritmo attuale di consumo, sarebbero stati sufficienti per trentacinque o quarant'anni. Paul disse che, se quegli esperti avevano ragione, allora nel

1988 le nostre riserve di petrolio sarebbero scese a cinquecento miliardi di barili. Eppure, nel 1987, avevamo circa il 30 per cento in più di petrolio di quanto ne avessimo quindici anni prima! Nel 1988, i calcoli dimostrarono che avevamo 900 miliardi di barili, contando solo le riserve accertate ed escludendo, quindi, i quasi duemila miliardi di barili di petrolio in più che oggi, secondo i ricercatori, le nostre tecniche di localizzazione dei giacimenti e di estrazione sono in grado di procurare.

A che cosa fu dovuto questo radicale cambiamento nella quantità di petrolio disponibile? A due fattori: senza dubbio la nostra capacità di scoprire giacimenti petroliferi è stata potenziata dalla tecnologia e la tecnologia ha anche avuto un enorme peso sulla nostra capacità di utilizzare questo petrolio in modo più efficiente. Chi avrebbe mai pensato, nel lontano 1973, che a qualcuno sarebbe venuta l'idea di computerizzare i dispositivi di iniezione che sarebbero stati montati praticamente su ogni automobile negli Stati Uniti, raddoppiando istantaneamente il rendimento delle nostre macchine? E, quel che più conta, questo chip, che sostituiva un carburatore da trecento dollari, ne costava solo venticinque.

Nel momento stesso in cui fu sviluppata, questa tecnologia raddoppiò istantaneamente le scorte effettive di petrolio, capovolgendone la relativa scarsità. In effetti, oggi, il costo della benzina, indicizzato e basato sul migliore rapporto benzina/chilometraggio reso possibile da automobili più efficienti, risulta inferiore, per chilometro, rispetto al prezzo del carburante di tutta la storia dell'automobile. Inoltre, viviamo in un mondo dove, quando una società o un privato cominciano ad avvertire un eccessivo disagio economico, cercano immediatamente fonti alternative per produrre i risultati desiderati. Scienziati di tutto il mondo stanno scoprendo carburanti alternativi al petrolio per il funzionamento di stabilimenti, automobili e persino aerei.

Paul disse che la vicenda dei fratelli Hunt del Texas era un ottimo esempio di come la vecchia strategia di monopolizzare il mercato di determinati prodotti oggi non funzioni più. Quando gli Hunt cercarono di prendere il totale controllo del mercato dell'argento fecero bancarotta. Perché? Uno dei motivi principali è che il maggior consumatore mondiale di argento era la Kodak Corporation, che se ne serviva per i suoi processi di sviluppo. Di fronte all'aumento del prezzo dell'argento, la Kodak cominciò a cercare sistemi alternativi per lo sviluppo fotografico e, come risultato, diminuì la richiesta di argento; il prezzo del metallo crollò e gli Hunt furono annientati.

Alcuni fra gli uomini più potenti della nostra società odierna commettono generalmente l'errore di continuare a operare secondo la vecchia formula per creare ricchezza. Dobbiamo renderci conto che il valore di qualsiasi cosa dipende unicamente dalla tecnologia. La tecnologia può trasformare un prodotto di scarto in una risorsa preziosa. Dopo tutto, ci fu un tempo in cui avere sul proprio terreno un giacimento di petrolio era una maledizione, ma la tecnologia ne ha fatto una fonte di ricchezza.

La vera ricchezza, dice Paul, nasce dalla capacità di praticare quella che egli chiama "alchimia economica", vale a dire la capacità di prendere qualcosa di scarsissimo valore e trasformarla in qualcos'altro, notevolmente più prezioso. Nel Medioevo gli alchimisti cercarono di trasformare il piombo in oro. Non ci riuscirono. Ma, tentando questo processo, gettarono le basi della chimica. Oggi, coloro che sono ricchi sono effettivamente gli alchimisti dei nostri tempi. Hanno imparato a trasformare qualcosa di comune in qualcosa di prezioso e hanno raccolto i frutti economici che si accompagnano a questa trasformazione. Se ci pensate, la straordinaria velocità di elaborazione di un computer in realtà si riduce a ben poca cosa. Dopo tutto, il silicio viene dalla sabbia. Coloro che hanno preso delle idee, dei semplici pensieri, e le hanno trasformate in prodotti e servizi sono sicuramente degli alchimisti. La ricchezza inizia nella mente!

La moderna alchimia è stata la fonte del successo finanziario di alcuni fra gli uomini più ricchi del mondo di oggi, che si tratti di Bill Gates, di Ross Perot, di Sam Walton o di Steven Jobs. Tutte queste persone trovarono il modo di prendere elementi apparentemente di nessun valore (idee, informazioni, sistemi) e organizzarli in maniera tale che molti potessero servirsene. Aggiungendo questo valore, iniziarono a creare giganteschi imperi economici.

Vediamo ora i cinque punti fondamentali per creare una ricchezza duratura. Poi, vi metterò subito al lavoro perché cominciate ad assumere il controllo del vostro destino finanziario.

Il primo segreto è la capacità di guadagnare un reddito superiore a quello che avete mai avuto, la capacità di creare ricchezza. Vi pongo una semplice domanda. Potete guadagnare il doppio di quanto guadagnate adesso, nello stesso spazio di tempo? Potete guadagnare il triplo? O dieci volte tanto? È possibile che riusciate a guadagnare mille volte più di quanto guadagnate oggi, nello stesso lasso di tempo? Certamente, ma a patto che troviate il modo di rendervi mille volte più prezioso per la vostra azienda o per il vostro prossimo.

La chiave della ricchezza è quella di *aumentare il proprio valore*. Se avete più abilità, più capacità, più intelligenza, più cognizioni specialistiche; se potete fare cose che pochi altri possono fare, o se solamente pensate in maniera creativa e date il vostro contributo su grandissima scala, potete guadagnare più di quanto abbiate mai creduto possibile. L'unico, e più efficiente, sistema di potenziare il vostro reddito è quello di trovare il modo di aggiungere costantemente valore alla vita altrui. Per esempio, perché un medico è pagato più di un portiere? La risposta è semplice: il medico aggiunge valore. Ha lavorato sodo o si è sviluppato così da avere più valore, nella misura della sua capacità di aggiungere un valore tangibile alla vita altrui. Chiunque può aprire una porta. Un medico apre le porte della vita.

Perché, nella nostra cultura, gli imprenditori di successo sono così remunerati finanziariamente? Perché aggiungono più valore di chiunque altro. Essi creano due benefici primari. Primo, aggiungono valore ai loro clienti migliorandone la qualità della vita mediante l'uso del loro prodotto. E questo, tra parentesi, è essenziale perché una ditta prosperi. Troppo spesso le aziende dimenticano che la loro vera ragione di essere non è solo quella di avere un profitto; il profitto è certo indispensabile perché un'azienda sopravviva e prosperi, una necessità, come il cibo o il sonno, ma non è il vero scopo. Il vero scopo di qualsiasi impresa è quello di creare prodotti o servizi che migliorino la qualità della vita di tutti i loro clienti. Se si riesce a raggiungere costantemente questo risultato, il profitto è certo. Un'azienda può trarre un profitto a breve termine e scomparire, a lungo termine, se non aggiunge continuamente valore alla vita della gente. E questo vale tanto per le imprese quanto per i singoli.

La seconda cosa che fanno gli imprenditori è che, creando i loro prodotti, creano posti di lavoro. Grazie a quel lavoro, i figli dei dipendenti possono ricevere una migliore educazione e diventare medici, avvocati, insegnanti, operatori sociali, aggiungendo così valore alla società nel suo complesso, per non parlare del fatto che queste famiglie spendono il denaro che guadagnano. La catena del valore continua all'infinito. "Quello che posso fare per questo paese è creare posti di lavoro. In questo sono bravissimo, e Dio sa che ne abbiamo bisogno."

Più valore contribuite a dare, più guadagnerete se vi metterete nella situazione di guadagnare.

La lezione è semplice. Non occorre che siate imprenditori per aggiungere ulteriore valore. Ma quello che dovete fare ogni giorno è ampliare costantemente le vostre conoscenze, la vostra abilità, la vostra capacità di dare di più. Ecco perché l'autodidattica è così importante. Ancora giovanissimo, sono diventato molto ricco per un motivo: padroneggiavo abilità e capacità che potevano istantaneamente migliorare la qualità della vita di chiunque. Come risultato, mi sono arricchito non solo emozionalmente, ma anche finanziariamente.

Se volete guadagnare di più nel posto di lavoro dove siete oggi, uno dei sistemi più semplici è quello di chiedervi: "In che modo posso valere di più per questa azienda? Come posso aiutarla a ottenere di più in minore tempo? In che modo potrei procurarle uno straordinario incremento di valore? Esistono sistemi grazie ai quali potrei aiutarla a diminuire i costi e migliorare la qualità? Quali nuovi metodi potrei elaborare? Quale tecnologia potrei usare per far sì che l'azienda produca in maniera più efficiente i suoi prodotti e i suoi servizi?" Se possiamo aiutare gli altri a ottenere di più con meno, allora davvero conferiamo loro potere e noi stessi acquisteremo potere economicamente.

La ricchezza sta per arrivare... Presto non dovrete più preoccuparvi.

Nei nostri seminari intitolati "Financial Destiny" i partecipanti cercano di escogitare metodi per accrescere il proprio valore e quindi aumentare il proprio reddito. Chiediamo loro di riflettere se per caso dispongano di risorse che non hanno mai usato. La domanda principale che dovete porvi è la seguente: "Come posso contribuire a influenzare un maggior numero di vite? Come potrei farlo a livello più profondo? Come potrei fornire prodotti o servizi qualitativamente migliori?" Inevitabilmente, qualcuno dirà: "Non esiste un modo in cui potrei aggiungere più valore; già adesso, lavoro sedici ore al giorno!"

Ricordate che non vi ho suggerito di lavorare più a lungo né di lavorare meglio. Vi sto solo chiedendo: "Quali nuove risorse potreste impiegare per dare maggior valore agli altri?"

Per esempio, ricordo un massoterapista che nel suo campo

era il migliore a San Diego e che voleva sapere come fare per guadagnare di più, dato che il suo tempo era tutto impegnato. Non poteva curare più di una persona al giorno e le sue tariffe erano già le più alte del settore. Spremendosi le meningi per farsi venire qualche nuova idea, concentrandosi su come avrebbe potuto sfruttare le proprie risorse a vantaggio dei suoi pazienti e degli altri, cominciò a rendersi conto che, se si fosse messo in società con qualcuno che possedesse uno studio di fisioterapia e gli avesse inviato i propri pazienti bisognosi di aiuto, avrebbe potuto ricevere una percentuale per ogni paziente che gli avesse mandato. Oggi ha quasi raddoppiato il suo reddito, lavorando lo stesso numero di ore giornaliere. Non ha fatto altro che trovare il sistema per aggiungere valore sia ai suoi medici sia ai suoi clienti. Dal momento che conosceva bene quei medici e che questi ultimi erano al corrente delle sue terapie, il legame fra loro si rinsaldò costantemente e, da questo processo, egli trasse benefici finanziari.

A Phoenix, in Arizona, una delle principali venditrici di spazi radiofonici è una donna la cui principale strategia di mercato non è semplicemente quella di vendere spazi pubblicitari ma di cercare costantemente l'occasione per promuovere lo sviluppo delle aziende locali. Per esempio, appena viene a sapere che si è deciso di costruire un nuovo centro commerciale, si mette in contatto con i potenziali fornitori del centro e li informa dell'opportunità che sta per presentarsi, consentendo loro di entrare per tempo nel mercato. In seguito, prende contatti con i promotori, si presenta come rappresentante di una stazione radiofonica che lavora costantemente con altri esponenti del loro settore industriale e sottopone alla loro attenzione un elenco dei principali fornitori nel loro campo d'azione.

Con questa strategia questa signora ottiene molti risultati. Aggiunge valore allo spazio radiofonico che gli industriali vorrebbero acquistare per operazioni promozionali. Ha trovato infatti la maniera per dare loro assai più di chiunque altro, così che, in genere, acquistano da lei buona parte, se non tutto, lo spazio pubblicitario radiofonico. Ciò offre loro il motivo di ricambiare valore con valore. È una cosa che non le prende molto tempo, ma che la rende più preziosa per i suoi clienti di qualsiasi altro venditore di spazi della zona e il suo reddito lo dimostra chiaramente.

Anche se lavorate in una grande ditta, potete aggiungere nuovo valore. Ricordo una donna che svolgeva la sua attività come incaricata di rimborsi assicurativi in un ospedale. Si rese conto che le cose procedevano a rilento e, consapevole che l'attività da lei svolta costituiva la vita economica del nosocomio, scoprì che poteva essere molto più efficiente e, potenzialmente, elaborare una quantità di rimborsi assicurativi da quattro a cinque volte superiore a quanto fatto fino a quel momento. Chiese ai suoi superiori se fossero disposti ad aumentarle il salario del 50 per cento se avesse svolto il lavoro di cinque persone. Le risposero che, se avesse dimostrato con una certa continuità di poter produrre quei risultati in un determinato arco di tempo, avrebbero aderito alla sua richiesta. Da quel momento, non solamente questa persona ha aumentato sia l'efficienza del suo lavoro sia il suo reddito, ma ha anche trovato un nuovo motivo di orgoglio.

Per aumentare il reddito che ricevete dalla ditta per cui lavorate vi basterà ricordare che non potete aumentare del 50 per cento la qualità del vostro lavoro e aspettarvi un analogo 50 per cento di aumento del vostro reddito. Un'azienda deve avere un profitto. La domanda che dovete porvi è la seguente: "In che modo posso aumentare da dieci a quindici volte il valore del mio lavoro?" Così facendo, nella maggioranza dei casi vi sarà facile aumentare il vostro reddito.

GRAFICO DEL SISTEMA DI DISTRIBUZIONE DEL FUTURO

Negli anni novanta uno dei sistemi più efficienti per aggiungere valore è quello di capire che, nella società odierna, la ricchezza è creata dalla distribuzione. Prodotti e servizi sono in continuo mutamento, ma coloro che hanno scoperto il modo di prendere qualcosa di enormemente prezioso e distribuirlo in serie, hanno successo. Questo è stato il segreto dell'uomo più ricco degli Stati Uniti, Sam Walton. Si è arricchito creando una catena di distribuzione. La stessa cosa fece Ross Perot con le informazioni EDS. Se riuscite a scoprire il modo di distribuire alla gente qualcosa che già possiede enorme valore intrinseco, o distribuirla a minor costo, allora avete trovato un ulteriore mezzo per aggiungere valore. Aggiungere valore non vuol dire solamente creare prodotti, ma trovare anche un modo per essere certi che un maggior numero di persone abbia un aumento nella qualità della propria vita.

Naturalmente sappiamo perché la gente non se la cava bene finanziariamente. Ha delle credenze limitanti. Ma, cosa ancor più importante, ha una credenza fondamentale: di dover ottenere qualcosa per niente. La maggior parte delle persone, per esempio, si aspetta che il proprio reddito cresca continuamente, un anno dopo l'altro, indipendentemente dall'aumento o meno del contributo da essa dato all'azienda.

I salari dovrebbero essere collegati all'aumento di valore, e noi possiamo facilmente aumentare il nostro repertorio di capacità. Qualsiasi azienda che aumenti continuamente il salario dei suoi dipendenti, senza che essi trovino il mezzo per accrescere il proprio valore, è destinata a trovarsi sempre più nei guai e, alla fine, avrà problemi finanziari o addirittura fallirà. Se chiedete un aumento, dovete trovare il modo di aggiungere al vostro lavoro un valore almeno dieci volte maggiore di quanto chiedete in cambio.

Anche le aziende debbono capire che, dal momento che cercano di investire in apparecchiature, le apparecchiature danno un utile limitato. Come dice Paul Pilzer, la mano d'opera è un capitale. Se qualcuno guadagna cinquantamila dollari l'anno e può produrne cinquecentomila in valore, perché non prendere questa persona, aumentarne le capacità, la specializzazione, il talento, l'attitudine e l'istruzione così che essa possa aggiungere un valore di un milione di dollari? Un investimento di cinquantamila dollari che porta un profitto di un milione di dollari è molto, molto vantaggioso. L'investimento migliore che un'azienda possa fare è quello di promuovere le capacità dei propri dipendenti.

> *La ricchezza nasce dalla capacità dell'uomo di pensare.*
> AYN RAND

Per anni, ho aiutato gente di tutto il paese ad aumentare la qualità della propria vita, prendendo idee che avevano un valore e diffondendole in modo tale che la gente potesse effettivamente servirsene. Creando una tecnologia di cambiamento e diffondendola in maniera incisiva, ho fatto fortuna. Ma la mia fortuna è esplosa un giorno in cui mi sono chiesto: "Come posso raggiungere più persone? Come posso raggiungere le persone anche mentre dormo?" Il risultato di questi interrogativi potenzianti fu che scoprii come allargare la mia influenza in un modo al quale prima non avevo nemmeno pensato: offrire le mie cassette tramite la radiotelevisione.

Questo accadde due anni fa. Da allora, oltre sette milioni di cassette del mio programma *Personal Power* sono state distribuite in tutto il mondo, rendendo note anche agli altri idee e informazioni che continuano ad avere un'influenza sulla gente ventiquattro ore al giorno. I miei soci della Cassette Productions calcolano che, negli ultimi ventiquattro mesi, la quantità di nastro usata per registrare e diffondere il mio messaggio sarebbe sufficiente a circondare venti volte la terra all'altezza dell'equatore! Nel corso di questo processo, ho avuto la gioia di sapere che non solo abbiamo influenzato qualitativamente la vita di tutti coloro che hanno usato le nostre cassette, ma abbiamo anche utilizzato circa settantacinquemila ore di lavoro nel processo di fabbricazione. Senza contare le ore di lavoro di tutti gli altri fornitori.

Avete avuto molti esempi di come l'aggiunta di valore crei ricchezza. La formula è semplice e validissima. Chiedetevi: "In che modo posso aggiungere valore all'ambiente in cui mi trovo?" Nel vostro ambiente di lavoro, chiedetevi: "In che modo ho fatto guadagnare, o risparmiare, denaro alla mia azienda nel corso di questo anno?" Un contributo efficiente arricchisce la vita, quindi non limitatevi ad aggiungere valore unicamente a scopo di lucro personale. In che modo potete aggiungere valore nella vostra casa, nella vostra chiesa, nella vostra scuola, nella vostra comunità? Se riuscite a trovare il modo di aggiungere un valore almeno dieci volte superiore a quello che state cercando, vi sentirete sempre appagati. Pensate a come sarebbe bella la vita se tutti seguissero il vostro esempio.

Il secondo segreto è quello di conservare la vostra ricchezza. Una volta individuata una strategia efficiente per accumulare ricchezza, per guadagnare grosse somme di denaro, come contate di conservarla? Contrariamente a quanto si crede, non potete conservare la ricchezza semplicemente continuando a guadagnare. Tutti abbiamo sentito parlare di quelle persone che hanno ammassato una fortuna per poi perderla nell'arco di una notte, per esempio alcuni atleti che hanno guadagnato somme enormi, creandosi però uno stile di vita per cui hanno perso tutto, una volta che il loro reddito è cambiato. Nel momento in cui hanno cominciato a guadagnare meno, spesso hanno finito con il perdere tutto per far fronte a una serie di esigenze sproporzionate.

Vi è un solo modo per conservare la ricchezza: spendete meno di quanto guadagnate e investite la differenza. Non è un principio molto affascinante ma è senza dubbio l'unico sistema per garantire la vostra ricchezza in tempi lunghi. Quello che non cessa mai di stupirmi, comunque, è vedere che la gente, qualsiasi cifra guadagni, trova sempre il modo di spenderla. Il reddito annuo dei partecipanti ai nostri seminari "Financial Destiny" oscilla dai trentamila ai due milioni di dollari, con una media che si attesta sui centomila dollari. Anche quelli che rientrano nella fascia di reddito più alta spesso sono "al verde".

Perché? Perché le loro decisioni economiche sono tutte a breve e non a lungo termine. Non hanno un piano preciso di spesa né tantomeno di investimento. Sono sull'orlo del precipizio.

L'unico modo possibile di costruirsi una ricchezza è quello di investire ogni anno una data percentuale del vostro reddito. È una cosa che sanno praticamente tutti; tutti abbiamo sentito parlare del vantaggio di risparmiare un minimo del 10 per cento del nostro reddito e investirlo. Ma, a farlo, sono pochissimi e, fatto abbastanza interessante, pochissimi sono ricchi! Il modo migliore per essere certi di conservare la vostra ricchezza è quello di farvi detrarre il 10 per cento dalla vostra busta paga e farlo investire, prima ancora di averlo in mano.

Per conservare la ricchezza, controllate le spese. Non createvi un budget; createvi un programma di spesa. Che cosa ve ne pare, come esempio di vocabolario trasformazionale? Certo, un bilancio ben fatto equivale a un programma di spesa. È un mezzo che consente a voi o a vostra moglie, se siete sposati, di decidere in anticipo *come* volete spendere il vostro denaro, anziché decidere *quanto*. Troppo spesso si presentano delle occasioni e, per la fretta, prendiamo delle decisioni di cui in seguito ci pentiremo. Posso anche dirvi che, se voi e vostra moglie stabilite un preciso piano di spesa mensile per ogni settore della vostra vita, vi risparmierete un mucchio di litigi.

Purtroppo, quasi tutti gli americani vivono al di là dei propri mezzi. Nel 1980, gli americani avevano un debito di oltre cinquantaquattro miliardi di dollari sulle carte di credito. Alla fine del 1988, quel debito si era più che triplicato, arrivando a oltre centosettanta miliardi! Un sistema che garantisce il disastro finanziario? Usate il cervello; spendete meno di quanto guadagnate, e conserverete la vostra ricchezza.

Potreste chiedermi: "Ma i miei investimenti non aumenteranno i miei soldi?" Sì, ma dovete anche fare i conti con l'inflazione. Dovete passare al terzo punto per crearvi una ricchezza duratura.

Il terzo segreto è quello di accrescere la vostra ricchezza. Come? Semplicemente aggiungendo un altro fattore all'equazione che già vi ho esposto. Per diventare ricchi, dovete spendere meno di quanto guadagnate, investire la differenza e reinvestire il frutto sull'interesse composto.

Molti hanno sentito parlare della funzione esponenziale degli interessi composti, ma ben pochi sanno di che cosa si tratta. L'interesse composto vi mette nella condizione per cui il vostro denaro lavora per voi. Quasi tutti noi lavoriamo tutta la vita per alimentare il meccanismo del nostro tenore di vita.. Quelli che hanno successo finanziario sono coloro i quali mettono da parte una certa percentuale del loro denaro, la investono e continuano a reinvestire gli interessi, fino a raggiungere una fonte di reddito sufficiente a soddisfare tutte le loro esigenze senza che debbano mai più lavorare. Questo accumulo di capitale che vi affranca dalla necessità di lavorare è detto "massa critica". Il ritmo secondo cui raggiungere l'indipendenza finanziaria è direttamente proporzionale alla vostra disponibilità a reinvestire i profitti dei vostri investimenti precedenti. In tal modo, la "prole" dei vostri dollari crescerà e si moltiplicherà fino a darvi una solida base economica.

Lasciate che vi faccia un esempio semplice e lampante dei pregi degli interessi composti. Se ripiegate un tovagliolo di stoffa (che ha uno spessore di circa un millimetro) una sola volta, otterrete, ovviamente, uno spessore di circa due millimetri. Ripiegandolo ancora, lo spessore diventerà di quattro millimetri. La terza piegatura lo porterà a otto millimetri, la quarta a sedici e la quinta a trentadue millimetri. Ecco la mia domanda: quante volte dovrete ripiegare questo tovagliolo (cioè "comporlo") prima che il suo spessore raggiunga la luna? Eccovi un indizio: la luna dista circa 380.000 chilometri. Sembra incredibile, ma alla 39^a piegatura lo spessore del tovagliolo avrà raggiunto e superato di gran lunga questa distanza. Alla cinquantesima piegatura, in teoria, lo spessore del vostro tovagliolo sarebbe sufficiente a compiere il percorso dalla terra alla luna, e viceversa, quasi millecinquecento volte! Questa è la forza della progressione geometrica. La gente non si rende quasi mai conto del fatto che una piccola somma di denaro, grazie agli interessi composti, nel tempo, può valere una fortuna.

Potreste dirmi: "Splendido. Mi piacerebbe far aumentare in progressione geometrica i miei investimenti, ma come faccio a sapere in che cosa investire?"

La risposta non è facile. Dovete prima decidere quali sono i vostri obiettivi finanziari. Che cosa volete raggiungere e in quale arco di tempo? Qual è la vostra tolleranza di rischio, il livello di rischio che potete sostenere tranquillamente? Se non avete un'idea chiara dei vostri desideri, delle vostre esigenze e dei vostri potenziali interessi, è difficile stabilire in che cosa investire. Spesso, aspiranti investitori si affidano al consiglio degli esperti finanziari anche se, altrettanto spesso, questi esperti non hanno la minima idea di quali siano le vere esigenze dei loro clienti.

La cosa più importante della vostra vita finanziaria è decidere di comprendere a fondo i vari tipi di investimenti, i loro potenziali rischi e il loro utile. Consiglieri responsabili si assicureranno che i loro clienti capiscano pienamente il tipo di investimenti disponibili e partecipino allo sviluppo del loro personale programma finanziario. Senza un piano preciso di investimento, finirete in bancarotta. Secondo il direttore di un notiziario finanziario, Dick Fabian, "l'evidenza dimostra che gli investitori, quale che sia la cosa in cui investono, per dieci anni non fanno soldi. Esistono varie spiegazioni di una così desolante statistica, fra cui:

- La mancanza di un obiettivo preciso.
- L'andare a caccia di investimenti 'di moda'.
- Affidarsi ai resoconti della stampa finanziaria.
- Seguire ciecamente il consiglio di brokers o di programmatori finanziari.
- Commettere errori emozionali, e così via".

Fortunatamente, le risposte ai vostri quesiti finanziari sono facilmente accessibili. Le trovate nei libri scritti dagli esperti del ramo, dai Peter Lynch ai Robert Prechter, ai Warren Buffet, tutti insegnanti affidabili, che possono aiutarvi a sviluppare un programma che vi consenta di far fronte alle vostre esigenze economiche per tutta la vita. Dal momento che il denaro ha un ruolo così importante nella quantità di sofferenze o di piacere che sperimentate, accertatevi di prendere a modello i migliori finanzieri. Altrimenti, siete destinati a soffrire. Se, invece, vi comportate in questo modo, potrete avere un livello di disponibilità finanziaria infinitamente superiore a quanto abbiate mai sognato.

Ora che avete iniziato seriamente a creare e ampliare la vostra ricchezza, siete pronti per il quarto elemento chiave per il successo finanziario.

Il quarto *segreto è quello di proteggere la vostra ricchezza.* Tanti uomini ricchi, che hanno oggi molto denaro a disposizione, sono tanto, se non più, insicuri di quanto lo fossero quando non ne possedevano. Spesso ci si sente insicuri quando si sa di avere molto da perdere. Perché? Perché si sa che, in qualsiasi momento, qualcuno potrebbe intentare una causa, per motivi sleali o ingiusti, decimando il nostro patrimonio.

Volete sapere che brutta aria tira oggi negli Stati Uniti? Secondo un articolo apparso sul "London Financial Times" del 22 giugno 1991, di tutte le cause intentate nel mondo nel 1988 e nel 1989, un pauroso 94 per cento è stato intentato nei soli Stati Uniti. Ogni anno vengono intentate diciotto milioni di cause; in effetti, in base alle statistiche correnti della American Bar Association, se vivete in California e guadagnate oltre cinquantamila dollari l'anno, c'è almeno una probabilità su quattro che qualcuno vi faccia causa.

Dal punto di vista europeo, sembra che gli americani siano sempre alla ricerca di un capro espiatorio quando qualcosa va storto e, da qui, nasce questo incredibile numero di cause. Sono parole dure ma, purtroppo, corrispondono alla verità. È un atteggiamento che non trova riscontro in nessun'altra parte del mondo e che sta distruggendo la nostra nazione sotto il profilo economico, impegnando tempo, capitali ed energia in modo inutile e improduttivo. Per esempio, come ha recentemente riferito il "Wall Street Journal", un tale che guidava in stato di ebbrezza cercò di spostare il fucile posato sul sedile accanto a lui e accidentalmente fece partire un colpo, rimanendo ucciso. La sua vedova, piuttosto di ammettere che il marito era ubriaco, fece causa ai fabbricanti dell'arma chiedendo un risarcimento di quattro milioni di dollari, sostenendo che il fucile non aveva dispositivi di sicurezza nel caso in cui i guidatori fossero stati ubriachi, e vinse la causa!

Sapere che una ricchezza, costata anni di lavoro, può essere rivendicata da persone che non ne hanno alcun diritto, può rendere nervosa la gente. Questa situazione induce a diffidare dei rischi che l'operazione presenta, e spesso condiziona le decisioni in fatto di investimenti. Ma c'è una buona notizia: esistono vie legali per tutelare i vostri beni, se non siete coinvolti in una causa. La filosofia della tutela dei vostri beni non consiste nell'evitare di pagare i vostri debiti, bensì nel proteggervi da aggressioni ingiustificate. Chi è spinto da un motivo disonesto vi intenterà causa per uno solo di questi due scopi: perché vuole una quota della vostra assicurazione o perché vuole impadronirsi dei vostri beni. Se non vi sono beni da spillare, è molto più difficile per qualcuno ingaggiare un avvocato semplicemente sulla base di un onorario a percentuale sull'eventuale risarcimento danni. Se avrete agito con oculatezza potrete tutelare i vostri beni; e i modi in cui farlo sono chiari e concisi.

Nel mio desiderio di comprendere il meccanismo delle finanze, cominciai a studiare i più importanti personaggi di questo settore e a capire in che modo essi strutturino le loro finanze, così da tutelare i propri beni da rivendicazioni illegittime. Come in ogni altra situazione della vita è importante scoprire ciò che fanno i "giocatori di punta", e imitarne procedure e strategie. Ho dedicato due anni a studiare per comprendere i migliori sistemi di tutela dei beni che esistono negli Stati Uniti per i membri della classe dei liberi professionisti appartenenti alla mia iniziativa di Fortune Management. Un errore comune è quello di credere che la tutela dei propri beni sia qualcosa di misterioso e di disonesto. Il fatto è che proprio l'onestà è la miglior politica. Se, oggi, la tutela dei beni non è la vostra preoccupazione principale, lo diventerà appena comincerete a costruire la vostra fortuna. Sappiate che sono molte le cose che potete fare per cambiare le cose in questo campo.

Il quinto segreto è quello di godervi la vostra ricchezza. Molti sono passati attraverso le prime quattro fasi. Hanno scoperto come raggiungere la ricchezza aggiungendo valore. Hanno scoperto come conservarla, spendendo meno di quanto guadagnano. Hanno imparato l'arte dell'investimento e stanno sperimentando i vantaggi degli interessi composti. Adesso sanno come tutelare i propri beni, ma ancora non si sentono soddisfatti: si sentono vuoti. Ed è perché ancora non hanno capito che il denaro non è un fine, ma solo un mezzo. Dobbiamo accertarci di trovare il modo per condividere il suo effetto positivo con le persone che amiamo, altrimenti il denaro non avrà alcun valore. Quando scoprirete un sistema di contribuzione proporzionato al vostro reddito, proverete una delle gioie maggiori della vita.

Posso assicurarvi che, se non collegherete un certo grado di piacere alla creazione del valore e al guadagno finanziario, non conserverete a lungo il vostro denaro. In gran parte, la gente aspetta di avere accumulato una certa cifra prima di cominciare a godersi la vita. È il modo migliore per insegnare al vostro cervello a collegare una sofferenza alla creazione della ricchezza. Invece, gratificatevi emozionalmente lungo la strada. Ogni tanto, dovete concedervi un "piatto" abbondante (come abbiamo detto nel capitolo 6), facendo a voi stessi una sorpresa così che il vostro cervello impari che guadagnare soldi è una cosa piacevole e gratificante.

Ricordate inoltre che la vera ricchezza è un'emozione, un senso di totale abbondanza. Basta il nostro retaggio a renderci ricchi. Abbiamo il privilegio di godere di grandi opere d'arte non dipinte da noi, di musica che non abbiamo composto, di grandiose istituzioni culturali che non abbiamo edificato. Considerate vostra la ricchezza dei parchi nazionali. Rendetevi conto di essere già ricchi e godetevi quella ricchezza. Essa è parte della vostra abbondanza e questo senso di gratitudine vi aiuterà a crearne dell'altra.

Un'ultima cosa, per concludere: cambiare le vostre credenze e gestire le vostre finanze può costituire un'esperienza straordinariamente gratificante nel vostro sviluppo personale. Impegnatevi adesso a iniziare il processo.

La carità e la forza personali sono gli unici investimenti.
Walt Whitman

Esercizio odierno

1. Esaminate le vostre credenze, notate se ce n'è qualcuna non allineata, cambiatele con il CNA.
2. Avviate un processo, su vasta scala, per aggiungere valore nel vostro posto di lavoro, sia che per questo veniate pagati

o no. Aggiungete dieci volte più valore di quanto fate attualmente e preparatevi agli effetti delle vostre azioni.
3. Impegnatevi a mettere da parte un minimo del 10 per cento del vostro reddito, fatelo dedurre dalla vostra busta paga e investitelo così come avrete programmato.
4. Cercatevi dei buoni maestri. Sia che vi mettiate in contatto con gli esperti del nostro Financial Destiny Group o con il vostro "insegnante" di fiducia, accertatevi che chiunque lavori con voi vi aiuti a mettere a punto un piano particolareggiato, che voi comprendiate bene. Leggete qualche testo di finanza. Ne esistono parecchi che possono insegnarvi come investire in modo intelligente e informato.
5. Se temete che i vostri beni siano minacciati, mettete a punto un piano di protezione.
6. Createvi un bel "piatto" per avviare il processo di collegamento fra piacere e successo finanziario. Per chi potreste fare qualcosa di speciale? Che cosa potete fare per spronare voi stessi a cominciare subito, oggi stesso? E ora siete pronti a...

23
ESSERE IMPECCABILI:
IL VOSTRO CODICE DI CONDOTTA

QUINTO GIORNO

Obiettivo: è possibile che abbiate grandi valori, che tutte le vostre regole siano in grado di sostenerli, che vi poniate le domande giuste e che, malgrado ciò, non stiate vivendo i vostri valori? Se siete onesti con voi stessi, sapete che la risposta è sì. Una volta o l'altra, tutti noi ci siamo fatti dominare dagli eventi, anziché controllare il nostro stato d'animo o le nostre decisioni circa il significato di quegli eventi. *Abbiamo bisogno di un modo diretto per assicurarci di vivere coerentemente con i valori* che ci siamo imposti, e un modo per misurare se, su base giornaliera, raggiungiamo effettivamente o no quel valore.

Arrivato a ventisette anni, quel giovane aveva conseguito enorme successo. Era brillante, colto, e si sentiva padrone del mondo. Ma un giorno si rese conto di una cosa: non era molto felice! Molti lo avevano in antipatia perché lo ritenevano altezzoso e arrogante. Sentiva di non essere più lui a controllare la propria vita, né, tantomeno, il suo futuro.

Decise di riprendere quel controllo prefiggendosi uno standard molto più alto, sviluppando una strategia per raggiungerlo e creando un sistema che gli permettesse di misurare ogni giorno i risultati. Cominciò a individuare dodici virtù, dodici stati d'animo che voleva provare ogni giorno, che avrebbero indirizzato la sua vita nella direzione voluta. Prese il suo diario e vi annotò i dodici stati d'animo, affiancandoli con uno schema di tutti i giorni del mese. "Ogni volta che violerò una di queste virtù," si disse, "farò un segnetto nero accanto a quel valore per quel giorno. Il mio obiettivo è di arrivare a non dover mettere nessun puntino nero sullo schema. Allora saprò che sto realmente vivendo queste virtù."

Era così fiero della sua idea che mostrò il suo diario a un amico, spiegandogli il sistema. L'amico gli disse: "Bellissimo! Solo penso che al tuo elenco di virtù dovresti aggiungere l'umiltà." E Benjamin Franklin si mise a ridere e aggiunse la tredicesima virtù alla sua lista.

Rammento di aver letto questo aneddoto nell'autobiografia di Ben Franklin mentre mi trovavo in un alberghetto di Milwaukee. Avevo una serie intensissima di impegni di lavoro, dovevo tenere varie conferenze alla radio e alla televisione, dovevo firmare dei libri e intervenire a una riunione. La sera precedente a tutti questi impegni decisi: "Va bene, ormai sei in ballo e devi ballare. Se non altro, potrai nutrire la tua mente."

Poco tempo prima, avevo concepito l'idea dei valori e della loro gerarchia, e avevo creato quella che ritenevo un'ottima lista di valori per me stesso, una lista che mi faceva piacere seguire. Ma, riflettendo su quell'altra lista di virtù, quella di Franklin, mi dissi: "Sì, l'amore figura tra i tuoi valori ma, in questo momento, provi amore? Uno dei tuoi valori principali è quello di contribuire, ma stai contribuendo in questo momento?" La risposta era no. Avevo grandi valori ma non stavo misurando se effettivamente li stavo seguendo momento per momento. Sapevo di essere una persona che amava ma, guardandomi indietro, vidi una quantità di momenti nei quali non amavo affatto!

Sedendomi, mi domandai: "In quale stato mi troverei se agissi in modo ottimale? In quale stato mi impegnerò a cominciare ogni singolo giorno, qualsiasi cosa accada? A prescindere dall'ambiente, a prescindere da qualsiasi difficoltà si presenti intorno a me, sarò in questi stati d'animo almeno una volta al giorno!" Gli stati emotivi e comportamentali verso i quali mi impegnavo comprendevano essere amichevole, felice, affettuoso, disponibile, giocoso, incisivo, generoso, stravagante, appassionato e divertente. Alcuni di questi stati corrispondevano ai miei valori, altri no. Ma sapevo che, se effettivamente avessi vissuto questi sentimenti ogni giorno, sarei costantemente vissuto all'altezza dei miei valori. Come potete immaginare, era un processo straordinariamente stimolante!

Il giorno seguente, nel corso dei miei interventi radiotelevisivi, mi posi deliberatamente in tali stati d'animo. Fui felice, amorevole, incisivo, divertente e sentii che quanto andavo dicendo dava un contributo non solo ai miei ospiti ma a tutti coloro che mi ascoltavano o mi guardavano. Scesi poi nel locale centro commerciale per firmare i libri. Quando mi vide, il direttore mi si accostò con espressione desolata per dirmi: "C'è un piccolo problema, Mr Robbins... L'annuncio che lei sarà qui per firmare i libri sarà pubblicato solo domani!"

Ora, se questo fosse accaduto prima che avessi letto l'aneddoto su Franklin, la mia reazione sarebbe forse stata più unica che rara. Ma, tenendo presente la mia nuova lista, pensai: "Mi sono impegnato a vivere in questi stati d'animo qualunque cosa accada. Ecco l'occasione buona per verificare se vivo effettivamente ogni giorno secondo il mio codice personale!" Così, andai al tavolo per le firme e mi guardai intorno. Non c'era nessuno; solo poche persone andavano su e giù per la sala. Come potevo creare eccitazione quando sembrava che non ne esistesse affatto?

La prima cosa che mi saltò in mente fu il termine "sensazionalismo". Dopo tutto, uno degli stati che avevo elencato era quello di essere sensazionale. Presi allora una copia del mio libro, *Come ottenere il meglio da sé e dagli altri*, e cominciai a leggerlo lanciando ogni sorta di interessanti esclamazioni: "Oooooh! Aaaaah! Uau, ma è proprio vero?"

Poco dopo passò una donna che, attirata dal mio entusiasmo per quello che evidentemente doveva essere un libro interessantissimo, si fermò per vedere che cosa stavo leggendo. Mi misi a elencare le lodi di quel libro straordinario, indicandole i brani e le tecniche migliori. Qualcun altro si fermò per vedere che cosa stava succedendo, poi si unirono altri e, entro venti minuti, dalle venticinque alle trenta persone mi si affollavano intorno ad ascoltarmi parlare del grandioso libro che avevo trovato.

Alla fine, dissi: "E sapete qual è il bello? Si dà il caso che io sia un buon amico dell'autore!" Gli occhi della donna che per prima si era avvicinata si illuminarono: "Davvero?" Alzai il libro mostrando il retro della copertina con la mia fotografia e chiesi: "Lo riconosce?" Trattenne il fiato, poi scoppiò a ridere, imitata da tutti gli altri. Mi sedetti e cominciai a firmare le copie del libro.

Quel pomeriggio finì per essere un successo straordinario e ci divertimmo tutti. Anziché lasciare che gli eventi dominassero le mie azioni e le mie percezioni, avevo consapevolmente scelto di vivere secondo quello che oggi definisco il mio "codice di condotta". Ebbi anche l'enorme soddisfazione di vedere che, vivendo in quel particolare stato d'animo, essendo autenticamente me stesso, in quel momento ero all'altezza dei miei valori.

Trasformate il vostro credo in azione.
RALPH WALDO EMERSON

Benjamin Franklin e io non siamo i soli ad avere un codice di comportamento. A che cosa credete si riferiscano i dieci comandamenti? O il giuramento dei boy scout? O il codice di comportamento dei militari americani? E che cosa ne dite del credo del club degli ottimisti?

Uno dei modi per crearvi un vostro codice è quello di esaminare i codici di comportamento già esistenti...

CREDO DEL CLUB DEGLI OTTIMISTI

Promettete a voi stessi...
Di essere tanto forti che nulla possa turbare la vostra serenità.
Di parlare di salute, felicità, prosperità a chiunque incontriate.
Di far sentire ai vostri amici che in essi vi è qualcosa di prezioso.

> Di guardare al lato migliore delle cose e di realizzare il vostro ottimismo.
> Di pensare solo al meglio, agire solo per il meglio e aspettarvi il meglio.
> Di provare per il successo altrui lo stesso entusiasmo che provate per il vostro.
> Di dimenticare gli errori del passato e di impegnarvi nelle più grandi conquiste del futuro.
> Di apparire sempre di buon umore e di regalare un sorriso a qualsiasi essere vivente incontriate.
> Di dedicare tanto di quel tempo a migliorare voi stessi, da non averne affatto per criticare gli altri.
> Di essere troppo liberale per preoccuparvi, troppo nobile per arrabbiarvi, troppo forte per avere paura e troppo felice per ammettere l'esistenza dei guai.

Quando John Wooden, grande allenatore di basket, terminò la scuola media, a dodici anni, suo padre gli consegnò un credo in sette punti. John dice che questo credo ha rappresentato una delle cose che hanno più influenzato la sua vita e la sua carriera. Ed è un credo secondo cui ancora vive ogni giorno.

I SETTE PUNTI DEL CREDO DI JOHN WOODEN
"TRARRE IL MEGLIO DA SE STESSI"

1. Sii fedele a te stesso.
2. Fa' di ogni giorno il tuo capolavoro.
3. Aiuta il tuo prossimo.
4. Dissetati alla fonte di buoni libri.
5. Fa' dell'amicizia una delle belle arti.
6. Costruisciti un riparo per i giorni bui.
7. Prega Dio perché ti guidi e ringrazialo ogni giorno per quanto ti dà.

> *Un buon sermone si predica più con l'esempio che con le parole.*
>
> OLIVER GOLDSMITH

Esercizio odierno

1. Elencate gli stati d'animo che vi siete prefissi di sperimentare ogni giorno per vivere in linea con i vostri principi e i vostri valori più alti. Accertatevi che l'elenco sia abbastanza lungo da dare alla vostra vita la ricchezza e la varietà che meritate e, al tempo stesso, abbastanza breve perché possiate veramente sperimentare questi stati d'animo ogni giorno! Quasi tutti pensano che l'optimum vada da sette a dieci. Quali sono gli stati d'animo in cui vorreste trovarvi sempre? Come vorreste sentirvi? Felice? Dinamico? Cordiale? Socievole? Allegro? Grato? Ardente? Equilibrato? Avventuroso? Divertente? Intraprendente? Generoso? Elegante? Alcuni di questi stati emotivi potrebbero corrispondere a qualche valore cui mirate, altri potrebbero essere cose che, secondo voi, vi consentirebbero di vivere ogni giorno i vostri valori.
2. Una volta compilato il vostro elenco, scrivete accanto a ciascuno stato d'animo una breve frase che descriva in quale modo saprete che a esso vi state uniformando (in altre parole, le vostre regole per quel particolare stato), per esempio "sono cordiale quando sorrido alla gente"; "sono intraprendente quando agisco in maniera assolutamente inattesa e divertente"; "sono grato, quando rammento tutto ciò che di buono ho nella vita".
3. Impegnatevi a provare realmente tutti questi stati d'animo almeno una volta al giorno. Potreste stilare il vostro codice di condotta su un foglietto da mettere nel portafogli, o da tenere sulla vostra scrivania o sul comodino. Di quando in quando, durante il giorno, dategli un'occhiata e chiedetevi: "Quali di questi stati d'animo ho già sperimentato oggi? Quali, non ancora? In che modo potrò sperimentarli prima che la giornata giunga al termine?"

Se vi impegnate seriamente a seguire il vostro codice di comportamento, pensate a come vi sentirete! Non sarete più alla mercé degli eventi; saprete che, qualsiasi cosa accada intorno a voi, manterrete il senso di voi stessi e vivrete secondo l'immagine che avete creato. C'è uno straordinario senso di orgoglio che si accompagna al fatto di mantenersi al massimo livello e di sapere che ogni giorno sarete voi, e voi soli, a determinare come vi sentite, che vi comporterete solo conformemente al massimo livello.

Recentemente, Wayne Dyer mi ha confidato una straordinaria metafora su come la gente attribuisca il proprio comportamento alle pressioni cui è sottoposta. "La pressione non crea un comportamento negativo. Immaginate di essere un'arancia. Quando si spreme un'arancia, quando questa pressione è applicata dall'esterno, che cosa succede? Ne esce il succo, no? Ma l'unica cosa che viene fuori sotto la spinta della pressione è ciò che già c'era dentro l'arancia."

Ritengo che siate voi a decidere che cosa avete dentro, mantenendovi a un alto livello. Perciò, sotto pressione, ciò che viene fuori è "il buono che c'è in voi". Dopo tutto, non potete sempre aspettarvi che ogni cosa vada per il verso giusto. Spetta a voi vivere secondo il vostro codice e aderire al principio del COCOMI per mantenere la vostra rotta. Ricordate, è chi voi siete ogni giorno, sono le vostre azioni, dalle più piccole alle più grandi, che costruiscono il vostro carattere e plasmano la vostra identità.

Una delle azioni più importanti che potete compiere è di imparare a...

24
CONTROLLARE IL VOSTRO TEMPO E LA VOSTRA VITA

Sesto giorno

Obiettivo: imparate a usare il tempo a vostro vantaggio, anziché consentirgli di dominare i vostri livelli di soddisfazione e di stress.

Se mai vi siete sentiti stressati (e a chi non è capitato?) è più che probabile che il vostro stress sia dovuto alla sensazione di non avere il tempo sufficiente per fare quello che volete, al livello qualitativo che vi siete prefissi. Per esempio, potreste sperimentare questa frustrazione perché vi concentrate esclusivamente sulle esigenze del momento: le sollecitazioni, le difficoltà, gli eventi del momento. In queste condizioni di stress e di sovraccarico, la vostra efficienza diminuisce rapidamente. Il rimedio è facile: *assumete il controllo dello spazio temporale su cui vi state concentrando*. Se il presente è stressante, affrontate le difficoltà in maniera più intraprendente concentrandovi sul futuro e sul felice completamento o soluzione dei compiti che vi aspettano. Questa nuova visuale modificherà immediatamente il vostro stato d'animo dandovi proprio le risorse che vi occorrono per capovolgere la situazione del presente.

Molto spesso, lo stress nasce dalla sensazione di sentirsi bloccati all'interno di una particolare cornice temporale. Ciò accade, per esempio, quando una persona continua a pensare al futuro in maniera depotenziante. Potete aiutare questa persona (o voi stessi) portandola a riconcentrarsi su ciò che può controllare nel presente. Altri, chiamati ad accettare una sfida, cominciano a concentrarsi esclusivamente sui loro fallimenti passati. Rimangono nel passato e il loro stress si accentua. Ma, se si spostano nel presente, o anticipano un futuro positivo, il loro stato emozionale potrebbe cambiare immediatamente. Le nostre emozioni, quindi, sono fortemente influenzate dalla cornice temporale entro cui operiamo in quel momento.

Troppo spesso dimentichiamo che il tempo è un'interpretazione mentale del tutto relativa e che l'esperienza che ne abbiamo è quasi esclusivamente il risultato della nostra messa a fuoco mentale. Per esempio, *quanto è lungo il tempo?* Tutto dipende dalla situazione, non vi pare? Fare la fila per più di dieci minuti può sembrare un'eternità, mentre un'ora d'amore passa fin troppo rapidamente.

Le nostre credenze fanno anche da filtro per la nostra percezione del tempo. Per alcuni, a prescindere dalla situazione, venti minuti sembrano avere la durata di una vita. Per altri, un tempo lungo è un secolo. Potete immaginare come queste persone camminino in modo diverso, parlino in modo diverso, guardino ai loro obiettivi in modo diverso; e a quale stress sarebbero sottoposte se dovessero avere rapporti reciproci operando in schemi di riferimento così totalmente diversi? Ecco perché il controllo del tempo è un'abilità di vita. La capacità di adattare la vostra esperienza del tempo è la capacità di plasmare la vostra esperienza di vita.

Per oggi, come esercizio, cerchiamo di esaminare brevemente e applicare tre consigli per non "sprecare" il tempo.

La capacità di distorcere il tempo

Una volta acquisita la capacità di cambiare le cornici temporali, modificando la vostra concentrazione, siete pronti per passare alla seconda grande abilità di dominare il tempo, vale a dire *l'abilità di alterarlo così che un minuto sembri un'ora, o un'ora un minuto.* Non avete notato che, quando siete totalmente presi da una qualche occupazione, perdete la nozione del tempo? Ciò perché non concentrate più la vostra attenzione su di esso. Non lo misurate. Siete concentrati su qualcosa di piacevole e, quindi, il tempo passa più rapidamente. Ricordate che siete voi a tenere le redini. Indirizzate la vostra concentrazione e scegliete consapevolmente la vostra misurazione del tempo. Se guardate continuamente l'orologio, il tempo sembra non passare mai. Ancora una volta, la vostra esperienza del tempo è controllata dalla concentrazione. Come definite l'uso del tempo? Lo trascorrete, lo sprecate o l'ammazzate? È stato detto che "ammazzare il tempo non è omicidio; è suicidio".

UNA QUESTIONE DI IMPORTANZA

Altra distinzione, e forse la più cruciale, è quella di comprendere in che modo l'urgenza e l'importanza controllino le vostre decisioni sul come impiegare il vostro tempo e, quindi, il vostro livello di realizzazione personale. Che cosa intendo dire? Vi farò una domanda: "Vi è mai capitato di sgobbare come un negro, portare a termine tutto ciò che figurava sulla vostra lista di cose da fare, eppure, alla fine della giornata, sentirvi insoddisfatti?" E perché avete fatto tutto quello che in quel momento era urgente e richiedeva la vostra attenzione, ma non avete fatto quello che era importante, cioè le cose che, a lungo termine, avrebbero creato una differenza. E, viceversa, ci sono mai stati dei giorni in cui non avete realizzato molte cose eppure avete avuto l'impressione che fossero giorni importanti? Quelli erano i giorni in cui vi siete concentrati sulle cose importanti, piuttosto che su quelle che richiedevano urgentemente la vostra attenzione.

La nostra vita sembra dominata dall'urgenza. Squilla il telefono, mentre stiamo facendo qualcosa di importante, ma dobbiamo alzare il ricevitore. Dopo tutto, potremmo lasciarci sfuggire qualcosa... Questo è un classico esempio di trattare ciò che è urgente. Oppure, può accaderci di comperare un libro che sappiamo può cambiare la nostra vita, ma di rimandarne continuamente la lettura perché non riusciamo a trovare il tempo, così presi come siamo ad aprire la corrispondenza, fare il pieno di benzina e guardare il telegiornale. L'unico sistema per diventare veramente padroni del vostro tempo è *organizzare la vostra giornata in modo da dedicarne la maggior parte a fare cose che sono importanti, più che quelle urgenti.*

RISPARMIATEVI DEGLI ANNI

Ho imparato che *il metodo più efficace per condensare il tempo è quello di apprendere grazie all'esperienza altrui.* Non potremo mai controllare veramente il tempo finché la nostra strategia fondamentale di conoscenza e di controllo del nostro mondo si baserà su esperimenti ed errori. Imitare chi c'è già riuscito può risparmiarci anni di sofferenza.

Per questo sono un vorace lettore e un attento studente di corsi di perfezionamento, dibattiti e quanto altro messo a disposizione per l'informazione dalla moderna tecnologia, per esempio audio e videocassette. Ho sempre vissuto queste esperienze come necessità, non come accessori, ed esse mi hanno dato la saggezza di decenni di esperienza e del successo che da essa deriva. Vi invito a imparare, più spesso che potete, dalle esperienze altrui e a mettere a frutto tutto ciò che apprendete.

> *Avremo tempo a sufficienza, se solo lo useremo nel modo giusto.*
> JOHANN WOLFGANG GOETHE

Esercizio odierno

1. Per tutta la giornata, cominciate a cercare il modo per modificare le strutture temporali. Ogni volta che avvertite la pressione del presente, fermatevi e cominciate a pensare al futuro in maniera potenziante. Per esempio, pensate agli obiettivi che vi spronano, associatevi completamente con essi. Visualizzate l'immagine, ascoltatela, entrate in essa e prendete nota di come vi sentite. Riportatevi all'interno di

un ricordo che vi è caro: il primo bacio, la nascita di vostro figlio, un momento particolare con un amico. Più svilupperete la vostra capacità di cambiare rapidamente le strutture temporali, maggiore sarà il vostro livello di libertà e la gamma di emozioni che riuscirete a creare dentro di voi, nel giro di un momento. Ripetete l'esperimento fino a quando saprete con certezza di poter ricorrere a questo mutamento di concentrazione per modificare istantaneamente il vostro stato.

2. Imparate a distorcere deliberatamente il tempo. Davanti a qualcosa il cui completamento vi sembra, in genere, richiedere troppo tempo, aggiungete un'altra componente che non solamente affretterà la vostra percezione temporale, ma vi consentirà di fare due cose contemporaneamente. Per esempio, quando corro, ascolto con l'auricolare la mia musica preferita. Oppure, mentre faccio ginnastica guardo il telegiornale.

3. Elencate una serie di cose da fare, che metta al primo posto l'importanza, anziché l'urgenza. Invece di segnarvi una marea di cose da fare per poi sentire di aver fallito alla fine della giornata, concentratevi su ciò che è più importante. Vi assicuro che, in questo modo, proverete un senso di soddisfazione e di compiutezza che è privilegio di pochi.

Naturalmente, dobbiamo sempre trovare il tempo per...

25
RIPOSARSI E DIVERTIRSI;
PERFINO IDDIO
SI PRESE UN GIORNO DI RIPOSO!

SETTIMO GIORNO

Obiettivo: fare un bilancio.

Avete lavorato sodo, e avete faticato. Prendetevi un giorno di vacanza per divertirvi! Siate spontanei, imprevedibili, fate qualcosa che vi porti fuori da voi stessi. Qual è la cosa che vi ecciterebbe di più?

Grande è colui che non perde il suo cuore di bambino.
                                                        MENCIO

Esercizio odierno

1. Programmate qualcosa di divertente e fatelo oppure seguite un impulso improvviso. Qualunque cosa sia, divertitevi!

Domani, sarete pronti per...

PARTE QUARTA
UNA LEZIONE SUL DESTINO

26
L'ULTIMA SFIDA:
CIÒ CHE UNA PERSONA PUÒ FARE

Parva favilla gran fiamma seconda.
Dante

Sapeva di doverli fermare. Con solo ottocento dollari in tasca, Sam LaBudde attraversò con la macchina la frontiera messicana, si fermò sulla banchina dei pescatori a Ensenada e aspettò l'occasione buona.

Portandosi appresso la videocamera per girare qualche filmino amatoriale della sua gita, si atteggiava a sprovveduto turista americano e si offriva come mozzo o macchinista a ogni capitano che attraccava in porto.

Fu ingaggiato come membro temporaneo dell'equipaggio della *Maria Luisa* e, mentre il battello panamense per la pesca del tonno si allontanava dalla costa messicana, LaBudde cominciò segretamente a filmare la vita di bordo. Sapeva che, se lo avessero scoperto, la sua vita sarebbe stata in pericolo.

Alla fine, accadde: furono circondati. Un branco di delfini, noti a molti come "il popolo dell'acqua", cominciò a saltare e a lanciare il caratteristico richiamo accanto alla *Maria Luisa*. La loro natura amichevole li aveva attirati presso il battello; ma, a loro insaputa, anche verso la morte. I pescatori seguirono i delfini, sapendo che, generalmente, i tonni nuotano al disotto di quelle giocose creature. Con un calcolo a sangue freddo collocarono le reti lungo la rotta dei delfini, senza pensare e senza nemmeno preoccuparsi di quanto sarebbe accaduto ai cetacei.

Per cinque ore, LaBudde filmò la carneficina. Uno dopo l'altro, i delfini incapparono nelle reti e, incapaci di liberarsi, salirono in superficie per respirare.

A un certo punto, il capitano tuonò: "Quanti ce ne sono nelle reti!?" Mentre LaBudde si girava per cogliere la carneficina con la cinepresa, sentì un membro della ciurma gridare: "Circa cinquanta!"

Il capitano diede l'ordine di issare le reti. Numerosi delfini giacevano soffocati e senza vita sul ponte scivoloso mentre i marinai li separavano dai tonni e buttavano da parte i loro affusolati corpi grigi. Alla fine, i cadaveri di questi stupendi animali vennero gettati in mare, come sacchi d'immondizia.

La ripresa di LaBudde fornì una prova incontestabile di quanto si andava dicendo da anni; e cioè che centinaia di delfini venivano regolarmente uccisi in una sola giornata di pesca del tonno. Si calcola che oltre sei milioni di delfini siano stati uccisi solo negli ultimi dieci anni. Ridotto a un cortometraggio di undici minuti, il nastro di LaBudde sbalordì gli spettatori con la straziante realtà di quello che gli uomini stavano facendo a queste intelligenti e affettuose creature con cui condividiamo il nostro pianeta. L'uno dopo l'altro, i consumatori di tutta la nazione, indignati, smisero di acquistare tonno, instaurando un boicottaggio che si diffondeva sempre più rapidamente via via che l'attenzione dei media si faceva più intensa.

Esattamente quattro anni dopo che LaBudde ebbe immortalato quella tragedia sulla sua pellicola, nel 1991 la maggiore ditta produttrice di tonno in scatola del mondo, la Starkist, annunciò che non avrebbe più inscatolato tonni pescati con le reti. La Chicken of the Sea e la Bumblebee Seafoods ne seguirono immediatamente l'esempio, diffondendo dopo poche ore comunicati analoghi. Anche se la battaglia non è ancora vinta, poiché battelli stranieri, non soggetti a regole, ancora uccidono sei volte più delfini di quanti ne uccidevano i battelli americani per la pesca del tonno, quella giornata trascorsa da LaBudde sulla *Maria Luisa* servì da catalizzatore per una radicale riforma dell'industria conserviera americana del tonno, salvando la vita a innumerevoli delfini e, sicuramente, contribuendo a ridare un certo equilibrio all'ecosistema marino.

Ogni uomo è un'impossibilità, fino a quando nasce.
RALPH WALDO EMERSON

Quando si parla di problemi sociali e di eventi mondiali, molti si sentono inermi e insignificanti e pensano che, anche se nella loro vita privata non commettessero errori, il loro benessere sarebbe sempre alla mercé delle azioni altrui. Si sentono assediati dalla proliferazione della guerriglia urbana fra bande e dalla violenza criminale, preoccupati per gli enormi deficit dello stato e per la carenza di alloggi, sgomenti per l'effetto serra e l'inesorabile estinzione delle altre specie che vivono sulla terra. Queste persone sono indotte a pensare: "A che cosa serve organizzare nel modo giusto la mia vita e quella della mia famiglia? Qualche pazzo in una posizione di potere potrebbe accidentalmente spingere quel famoso bottone e farci saltare tutti in aria!" Credenze di questo tipo alimentano la sensazione di non avere alcun controllo e di essere impotenti a effettuare modifiche a livello significativo e, naturalmente, portano a quel senso di incapacità appresa caratterizzato dalla frase: "A che scopo tentare?"

Nulla può essere più paralizzante sulla capacità individuale di azione che questa incapacità appresa; è l'ostacolo principale che ci impedisce di modificare la nostra vita o di intervenire perché altri possano trasformare in meglio la loro. Se avete letto fin qui queste pagine, conoscete senza dubbio il mio messaggio fondamentale: in questo preciso momento, avete la facoltà di controllare i vostri pensieri, i vostri sentimenti e le vostre azioni. Forse per la prima volta avete il potere di assumere il controllo del sistema fondamentale che, inconsciamente, vi ha guidati fino a questo punto. Grazie alle strategie e alle distinzioni che avete appreso leggendo queste pagine e facendo gli esercizi del libro, avete risvegliato in voi la convinzione di essere effettivamente padroni del vostro destino, artefici del vostro futuro.

Abbiamo scoperto insieme l'immenso potere che plasma il destino (la decisione) e che le nostre decisioni sull'oggetto della nostra concentrazione, sul significato delle cose e su quello che dobbiamo fare sono quelle che decideranno la qualità del nostro presente e del nostro futuro.

Adesso è ora di servirci del potere delle congiunte decisioni per foggiare il destino della collettività, del paese, del mondo.

La qualità della vita delle generazioni future dipenderà dalle decisioni collettive che oggi prendiamo in merito alla maniera di affrontare i problemi attuali: la diffusione della tossicodipendenza, il disavanzo commerciale, l'inefficienza della pubblica istruzione e le carenze del nostro sistema carcerario.

Concentrandoci unicamente sulle disfunzioni, ci limitiamo a concentrarci sugli effetti, tralasciando le cause di questi problemi. Non ci rendiamo conto che *sono proprio le piccole decisioni che prendiamo ogni giorno a plasmare il nostro destino*. Non dimenticate che, a ogni decisione, segue una conseguenza. Se non prendiamo le nostre decisioni senza una piena consapevolezza, se cioè consentiamo ad altre persone o ad altri fattori del nostro ambiente di pensare in vece nostra, e agiamo senza, quantomeno, prevederne gli effetti potenziali, corriamo il rischio di perpetuare, sia pure involontariamente, proprio quei problemi che maggiormente ci assillano. Cercando di evitare, a breve termine, la sofferenza, spesso finiamo con il prendere decisioni che, a lungo termine, daranno vita proprio a questa sofferenza e poi, quando abbiamo ridisceso per un ulteriore tratto il fiume, ci diciamo che i problemi sono permanenti e immutabili, congeniti al nostro paese.

Probabilmente la più dilagante delle false credenze nutrite dalla maggior parte di noi è il sofisma che solo un intervento sovrumano potrebbe mutare i nostri problemi. Nulla di più falso. La vita è cumulativa. Qualsiasi risultato sperimentiamo nella vita nasce dall'accumulo di una miriade di piccole decisioni che abbiamo preso come individui, come famiglia, come collettività, come società, come specie. Il successo o il fallimento della nostra vita non dipende, generalmente, da un evento disastroso o da una decisione sconvolgente, anche se a volte così sembrerebbe. Il successo o il fallimento sono determinati dalle nostre decisioni e dalle nostre azioni quotidiane. Per lo stesso motivo, allora, sono le decisioni e le azioni quotidiane di ciascuno di noi, che si assume la propria responsabilità a livello individuale, che veramente creeranno una differenza nella nostra capacità di prenderci cura delle nostre classi di diseredati e di vivere in armonia con l'ambiente che ci circonda. Per effettuare mutamenti radicali e di lunga portata nel nostro destino sia di singoli individui sia di società, dobbiamo impegnarci a migliorare in modo continuo e costante, di seguire la disciplina del COCOMI. Solo così potremo realmente creare una differenza duratura.

La soluzione finale

Quale ritenete sia l'elemento comune di tutti i problemi che oggi dobbiamo affrontare come nazione e come mondo? Dal vertiginoso aumento dei senzatetto all'escalation della criminalità, dagli enormi deficit al lento strangolamento del nostro ecosistema, la risposta è che ognuno di questi problemi è stato provocato o messo in moto dal comportamento umano. Quindi, la soluzione di ognuno di questi problemi è *quella di modificare il nostro comportamento*. (Questo comporta il cambiamento del modo in cui valutiamo o prendiamo le nostre decisioni, il che è l'argomento di questo libro.) Non abbiamo un problema droga; abbiamo un problema comportamentale. Le gravidanze adolescenziali non sono provocate da un virus. Sono la conseguenza di un comportamento specifico. La guerriglia fra bande è un problema comportamentale. In ultima analisi, anche la guerra nucleare è un problema comportamentale! Sono state le nostre decisioni a costruire le bombe atomiche e saranno le nostre decisioni a eliminarle. Tutti questi problemi sono il risultato di azioni che singoli individui hanno deciso di intraprendere.

Per esempio, quando un uomo entra a far parte di una banda, quella singola decisione mette in moto tutta una serie di comportamenti e problemi. Con una nuova identità, quella persona si atterrà a uno specifico codice di comportamento che privilegia il valore di cose come la lealtà al gruppo, da cui deriva tutta una serie speciale di regole e comportamenti. Un esempio illuminante degli effetti a lungo termine delle nostre decisioni è la carestia cronica e la mancanza di cibo che uccide tanti esseri umani. L'Organizzazione Mondiale della Sanità ha dimostrato che è possibile nutrire ogni uomo, donna o bambino di questo mondo, eppure ogni giorno quarantamila bambini muoiono di fame. Perché? Ovviamente, le risorse ci sono; ma qualcosa è andato terribilmente storto, non solo nel modo in cui il cibo viene distribuito ma anche nel modo in cui vengono usate le nostre risorse.

Che cosa c'è di straordinario in tutto questo? La buona notizia è che, una volta resici conto che, alla radice di tutti i problemi, c'è il comportamento (e il processo decisionale di cui ci serviamo per metterlo in atto) allora sappiamo che siamo noi a poterlo modificare! Come avete appreso da questo libro, quello su cui abbiamo un controllo assoluto è il nostro mondo interiore (siamo noi a decidere che cosa significhino le cose e come affrontarle) e, in seguito alle nostre decisioni, agiamo in maniera da influenzare il nostro ambiente esterno. Ci sono azioni che tutti noi, ciascuno di noi può prendere all'interno della propria casa, del posto di lavoro, della collettività, in grado di avviare una catena di specifiche conseguenze positive. Tramite le nostre azioni, comunichiamo i nostri valori e le nostre credenze più intime e, attraverso l'influenza mondiale dei nostri mass media, anche le nostre azioni più semplici sono in grado di influenzare e di smuovere gente di tutte le nazioni.

Anche se questo suona incoraggiante per la razza umana, potreste chiedervi: "Che cosa può effettivamente fare l'individuo per cambiare il mondo?" Praticamente tutto! Il solo limite alla vostra influenza è la vostra fantasia e il vostro impegno. La storia del mondo è semplicemente la cronaca di quanto è accaduto a causa delle azioni di un gruppetto di persone comuni, con uno straordinario livello di impegno per creare una differenza. Persone che compirono piccole cose, straordinariamente bene. Decisero che qualcosa doveva cambiare, che toccava a loro cambiarla, che erano in grado di farlo, e trovarono il coraggio di persistere fino a quando scoprirono il modo di farlo. Sono quegli uomini e quelle donne che noi chiamiamo eroi.

Ritengo che voi, io e chiunque altro abbiamo la capacità innata di essere eroi, di compiere passi audaci, coraggiosi e nobili per migliorare la vita altrui, anche quando, nel breve termine, ciò sembri verificarsi a nostre spese. La capacità di fare la cosa giusta, il coraggio di prendere posizione e creare una differenza è ora dentro di voi. La domanda è: quando arriverà il momento, ricorderete di essere un eroe e reagirete generosamente in aiuto dei bisognosi?

> *Non l'ho fatto apposta; hanno affondato la mia nave.*
> JOHN F. KENNEDY
> (quando gli chiesero come fosse diventato un eroe)

Molte persone cercano di evitare perfino l'accenno di un problema o di una sfida, eppure il superamento delle difficoltà è il crogiuolo in cui si forgia il carattere. Molti non scoprono la propria natura eroica fino a quando non si trovano di fronte a una grossa difficoltà o a una situazione per cui la loro vita sia in pericolo e debbano quindi affrontarla perché non c'è altra scelta. La prossima volta in cui vi trovate in un brutto impiccio, decidete di cambiare, di creare una difficoltà in quella situazione e agite, non importa quanto piccola sembri quella differenza al momento. Chi sa quali conseguenze metterete in moto? Identificatevi con la figura dell'eroe, così che possiate agire di conseguenza.

Osservando madre Teresa di Calcutta molti presumono che sia nata per essere eroica. Affermano che è una donna di una spiritualità incredibile e che si è sempre distinta per il suo impegno e il suo altruistico contributo a favore dei poveri. Che sia una donna di un coraggio e una pietà straordinari è vero, ma è anche vero che madre Teresa ha avuto dei momenti cruciali che hanno definito il suo ruolo come quello di una persona che, più di altri, ha dato il suo contributo al nostro tempo. Eppure, madre Teresa non si era prefissa di aiutare i poveri. In realtà, per oltre vent'anni, insegnò ai bambini più ricchi di Calcutta, in India. Ogni giorno osservava i rioni poveri che circondavano il quartiere residenziale in cui lavorava, senza mai avventurarsi fuori dalla sua esigua sfera d'influenza.

Una notte, camminando per la strada, sentì una donna che invocava aiuto. E fu nel momento in cui quella donna morente le cadde fra le braccia che la vita di madre Teresa cambiò per sempre.

Rendendosi conto della gravità delle sue condizioni, madre Teresa la portò di corsa all'ospedale dove le fu detto di sedersi e aspettare il suo turno. Sapeva che la donna sarebbe morta senza un'assistenza immediata, quindi la portò in un altro ospedale. Anche qui, le dissero di attendere; la donna apparteneva a una casta che la rendeva meno importante degli altri pazienti. Alla fine, non sapendo che altro fare, madre Teresa portò a casa sua la donna che, durante la notte, spirò fra le sue braccia amorose.

Per madre Teresa quello fu il "momento della chiarezza"; il momento in cui decise che una cosa del genere non sarebbe mai più accaduta a chiunque fosse alla sua portata. Da quel momento in poi, avrebbe dedicato la propria vita a lenire le sofferenze di chi le stava intorno e, che vivessero o morissero, sarebbero vissuti o morti con dignità. Personalmente, avrebbe fatto tutto quanto era in suo potere perché quelle persone ricevessero un trattamento migliore di quanto avessero mai ricevuto prima, con l'amore e il rispetto che tutti gli esseri umani meritano.

> *Che la parola si diffonda da questo momento e da questo luogo, sia agli amici sia ai nemici, che il testimone passi a una nuova generazione di americani, nati in questo secolo, temprati dalla guerra, disciplinati da una pace dura e amara, fieri del loro antico retaggio, non disposti ad assistere o a permettere il lento disfacimento di quei diritti umani per i quali la nazione si è sempre impegnata e per i quali noi siamo impegnati oggi, nella nostra patria e in tutto il mondo.*
>
> *Che ogni nazione, bene o male disposta nei nostri confronti, sappia che pagheremo qualunque prezzo, sopporteremo qualunque onere, affronteremo qualunque difficoltà, sosterremo ogni amico, ci opporremo a ogni nemico per garantire la sopravvivenza e il successo della libertà.*
>
> JOHN F. KENNEDY

Molti oggi sembrano rifuggire dalla sola idea di essere degli eroi, forse per evitare le responsabilità che, pensano, tale ruolo comporterebbe. E, inoltre, non sono forse queste aspirazioni egoistiche? Non è forse falso ogni eroismo? Dopo tutto, nessuno è perfetto. Oggi viviamo in una società nella quale non solamente trascuriamo gli eroi potenziali, ma denigriamo quelli che abbiamo. Scrutiamo con attrazione morbosa la loro vita, alla ricerca di una crepa nella loro armatura e, alla fine, la troviamo, o la fabbrichiamo. In ogni competizione elettorale, la gente si lamenta della statura morale dei candidati, eppure segue sistematicamente ogni sia pur minima indiscrezione sul loro passato, al punto da concentrarsi sul fatto che un potenziale giudice della Corte Suprema abbia fumato uno spinello, decine di anni fa!

Se giudicassimo i nostri grandi eroi del passato secondo lo stesso rigido criterio con il quale giudichiamo gli eroi del giorno d'oggi, non ne avremmo del tutto! I Kennedy e i King avrebbero avuto non poche difficoltà ad affrontare la mentalità scandalistica di oggi. Sembra che abbiamo tanta paura di essere delusi, da cercare subito qualcosa di sbagliato, così da non essere in seguito "traditi". Fin quando agiremo in base all'ottica che tutti gli eroi hanno piedi d'argilla, chiaramente dovremo ritenere che ci sia qualcosa di sbagliato in ciascuno di noi, che nessuno di noi sia abbastanza buono o abbia ciò che occorre per essere un eroe.

Come definisco un eroe? Un eroe è una persona che offre generosamente il proprio contributo anche nelle circostanze più sfavorevoli; un eroe è un individuo che agisce con altruismo e che chiede a se stesso più di quanto gli altri si aspetterebbero; un eroe è l'uomo o la donna che sfida le avversità facendo ciò che ritiene giusto, malgrado la paura. Un eroe si muove al di là del buon senso di chi sostiene lo status quo. Eroe è chiunque miri a dare un contributo, chiunque sia disponibile a dare un esempio, chiunque viva secondo la verità delle proprie convinzioni. Un eroe mette a punto delle strategie per raggiungere il suo obiettivo e persevera fino a quando esso diventa realtà, mutando il suo approccio, se necessario, e comprendendo l'importanza dei piccoli gesti, compiuti costantemente. L'eroe non è un essere perfetto, perché nessuno di noi lo è. Tutti commettiamo degli errori, ma questo non invalida il contributo che noi diamo nel corso della vita. La perfezione non è eroismo; l'umanità, sì.

La sfida dei senzatetto

Sapendo che in ciascuno di noi arde la scintilla dell'eroismo, che aspetta solo di potersi sviluppare in un grande fuoco, in che modo possiamo affrontare l'immane problema sociale dei senzatetto? La prima chiave per modificare questa situazione è di attenerci a uno standard più alto. Dobbiamo decidere che, come paese più ricco del mondo, non siamo più disposti ad accettare che tanti nostri uomini, donne e bambini siano gettati sulla strada come rifiuti umani.

Nella nostra popolazione, qual è la percentuale dei senzatetto? Al momento in cui sto scrivendo, non sono ancora definitivi i risultati del censimento dei senzatetto nel 1990. In effetti, proprio perché senzatetto (si tratta di persone senza fissa dimora) è difficile ottenere dei dati esatti. In base alle statistiche più comunemente citate, almeno tre milioni di nostri connazionali non hanno una casa, il che, grosso modo, significa che una persona su cento vive per la strada o in un ricovero.

La seconda chiave per affrontare il problema è mutare le nostre credenze. Dobbiamo smetterla di credere che questi problemi siano un malessere permanente che invade il nostro paese e che non vi sia nulla che il singolo possa fare per cambiare le cose. Il sistema per scrollarsi di dosso questa rassegnazione è di adottare la credenza che, come individuo, voi potete fare una differenza e che, in effetti, tutti i grandi movimenti di riforma sono stati portati a termine da individui dediti alla loro causa.

Un'altra credenza che dobbiamo cambiare è che i senzatetto si trovino nella loro attuale situazione in quanto tutti mentalmente squilibrati. Anche in questo caso, le statistiche non possono essere precise, ma si calcola che solo il 16-22 per cento dei senzatetto soffrano di una qualche forma di squilibrio mentale.

Per aiutare veramente queste persone, dobbiamo superare i nostri stereotipi. Nel loro caso, la generalizzazione non ci mette in grado di aiutarli e, senza ombra di dubbio, molti possono essere aiutati.

Per prima cosa, qual è il motivo per cui questa gente non ha un tetto? Oltre al già menzionato squilibrio mentale, fra le altre cause comunemente citate troviamo l'aumento vertiginoso del costo degli alloggi, unito a una diminuzione nei redditi, l'alcolismo o la tossicodipendenza, e il crollo della famiglia americana tradizionale. La verità è che sono tutte ragioni legittime. Ma, alla loro base, ci sono dei sistemi di credenze. Dopo tutto, esiste moltissima gente che è sopravvissuta alle devastazioni dell'alcool e della droga, ha perso la propria casa o non guadagna nemmeno quel tanto che basta a pagare l'affitto o non ha mai sperimentato una vita familiare stabile; eppure, questa gente non si è trasformata in senzatetto.

Qual è la differenza? Tutto si riduce alle credenze, ai valori, all'identità fondamentale di ciascuno. Molti che vivono per le strade possono ritenersi dei senzatetto; altri, invece, possono ritenersi temporaneamente senzatetto. Quindi, cercano delle soluzioni e troveranno il modo di ritornare a un'esistenza tradizionale. Per creare un mutamento a lungo termine in un individuo senzatetto, occorre un mutamento di identità. È questo l'unico modo per produrre un cambiamento duraturo nel suo comportamento.

Dal 1984 lavoro con enti assistenziali per i senzatetto nel South Bronx, a Brooklyn, alle Hawaii e a San Diego, aiutando le persone a trasformarsi da individui senza casa a uomini e donne che danno il loro contributo alla società. Ogni anno, durante i miei corsi, i partecipanti dedicano una serata a varie persone senzatetto per aiutarle a cambiare e a trasformare la loro vita. Spesso, i risultati di una sola di queste ore di interazione sono sorprendenti.

L'esempio più straordinario è quello di un giovane, un certo T.J. Lo incontrammo per la prima volta due anni fa quando lo togliemmo dalla strada invitandolo a cenare con noi purché fosse disposto a raccontarci qualcosa della sua storia. In quel momento, egli dice, era "in orbita". Viveva per la strada da oltre dieci anni e faceva uso di cocaina, metadone e anfetamine.

Dopo aver trascorso un'ora con lui, gli studenti del mio seminario riuscirono a effettuare grandi cambiamenti nelle sue credenze e ad aiutarlo a sviluppare le strategie necessarie a sostenere la sua nuova identità.

Oggi T.J. non solamente non è più un vagabondo e ha smesso di drogarsi, ma è anche una persona che dà un grosso contributo alla società: fa il vigile del fuoco nel Texas. In effetti, negli ultimi due anni, è ritornato fra noi per aiutarci a reclutare e assistere altre persone che si trovano nelle stesse condizioni in cui si trovava lui due anni fa.

Nelle mie interviste ai senzatetto ho scoperto che molti di loro sono esattamente come T.J. Hanno problemi di alcool o di droga o hanno perso la casa e non sanno come affrontare la situazione. In massima parte, i loro guai non sono diversi da quelli di tanti altri. Sono limitati dalle proprie neuroassociazioni; hanno valori che precludono ogni cambiamento; alcune delle loro regole li trattengono dal progredire; la loro identità li vincola alle circostanze limitanti. Poiché la libertà tende a essere uno dei loro valori più alti, si sentono felici, malgrado l'insoddisfazione che provano per il loro ambiente materiale.

Dopo tutto, non sono obbligati a seguire le regole della società ed evitano le pressioni che a esse si associano. Inoltre, si sono creati una intera collettività di amici e spesso si considerano forti perché riescono a vivere di espedienti. Spesso ritengono che ciò tempri il carattere. Ho perfino incontrato degli ex senzatetto che oggi hanno una casa eppure vivono nei ricoveri, in quanto ancora si identificano pienamente con la loro personalità di diseredati.

Con la nostra amicizia e con la nostra assistenza possiamo costituire il ponte fra la dura realtà dei senzatetto e la sfida della responsabilità individuale necessaria a tornare in seno alla società. Noi tutti agiamo in base a ciò che sentiamo di dover fare. Che cosa accadrebbe se faceste amicizia con un senzatetto, e gli offriste nuove esperienze di riferimento? Nuovi riferimenti forniscono il tessuto per nuove credenze e nuove identità. Ricordate, un piccolo sforzo può fare una grossa differenza.

Le sfide che il nostro sistema carcerario deve affrontare

Sfide altrettanto preoccupanti ci vengono dalle nostre carceri. Non occorre essere un genio per rendersi conto che il nostro attuale sistema carcerario è inefficiente, con una percentuale di recidività dell'82 per cento. Di tutti i detenuti federali e statali nel 1986, il 60 per cento era già stato in carcere due o tre volte, il 45 per cento tre volte o più, e il 20 per cento sei volte o più.

Nell'ultimo quinquennio, la nostra popolazione carceraria è aumentata, creando lo stress che viene da un massiccio superaffollamento. Per alleviare la pressione, molti detenuti vengono improvvisamente rilasciati con duecento dollari in tasca, estromessi da un sistema che detestano ma sul quale hanno imparato a far conto per un certo senso di tranquillità e sicurezza.

Chiaramente, non hanno imparato a modificare il loro sistema decisionale. Vivere in un ambiente dove dovete pagare qualcuno per non essere sottoposti a maltrattamenti fisici o a soprusi di carattere sessuale, dove siete costretti a rubare o a unirvi a una banda per sopravvivere, non migliora certo la vostra opinione di voi stessi o del mondo in cui vivete. I carcerati sono costretti a conservare la loro identità criminale per sopravvivere nella collettività carceraria dove riconoscimento e prestigio sono acquisiti attraverso una serie di regole feroci.

Come mi confidò un ex galeotto: "Appena fui rilasciato cominciai a pensare che sarebbe stato meglio rientrare in galera. Dopo tutto, fuori del carcere non conoscevo nessuno. In galera ero rispettato. C'era gente che avrebbe ucciso per me. Fuori, non ero altro che un ex galeotto senza alcun valore." Mandati in un mondo dove non conoscono nessuno, convinti di non potere in alcun modo controllare l'ambiente che li circonda, questi uomini e queste donne spesso, consapevolmente o meno, compiono delle azioni che garantiscano il loro ritorno "a casa".

È possibile interrompere questo ciclo di criminalità? Certo che lo è, se il soggiorno in carcere comporta una sofferenza sufficiente, e lo starne fuori un sufficiente piacere. Se potessimo rieducare queste persone nel modo giusto, la combinazione di questi fattori sarebbe sorprendente. Recentemente, ho intervistato un uomo appena rilasciato dopo aver scontato una condanna a otto anni per tentato omicidio. Quando gli chiesi se avrebbe di nuovo sparato a qualcuno, sorrise e rispose: "Senza pensarci due volte, se qualcuno tentasse di rubarmi la droga." Gli chiesi: "Ma non vuoi evitare di tornare in carcere?" "No! Il carcere non è poi così male. Lì, non dovevo preoccuparmi del mio prossimo pasto. E potevo guardare la televisione. E poi avevo sistemato bene le cose; sapevo come trattare gli altri detenuti, così non avevo mai veramente di che preoccuparmi." La prigione non costituisce un deterrente per il suo comportamento. Semplicemente, quest'uomo non associa la sofferenza al carcere.

Confrontate ora questa esperienza con quella di Frank Abagnale, autore del libro *Prendetemi se ci riuscite*. È famoso in tutto il mondo come "il grande impostore" e si è spacciato via via per un pilota della Pan Am, per l'amministratore di un ospedale, per un assistente del procuratore generale della Louisiana; con i suoi tanti travestimenti ha imbrogliato la gente per milioni di dollari. Oggi, Frank è uno dei massimi esperti di sistemi di sicurezza bancaria e dà il suo contributo alla comunità.

Che cosa lo ha fatto cambiare? La sofferenza. Dopo una delle sue solite imprese, fu arrestato e imprigionato in un carcere francese. Nessuno lo minacciò di maltrattamenti fisici o sessuali, ma la sofferenza fu incredibilmente intensa. Per prima cosa, trascorse tutto il periodo della condanna in una cella scura e totalmente isolata da ogni contatto con il mondo esterno; niente televisione, niente giornali, né radio, né conversazioni con gli altri prigionieri o con le guardie. Secondo, non aveva la minima idea di quando sarebbe stato rilasciato. Non sapeva se sarebbe rimasto lì per sessanta giorni o sessanta anni.

La sofferenza del non sapere, il senso di insicurezza, erano le più severe punizioni immaginabili, e Frank collegò tanta sofferenza a quel suo "inferno in terra", che giurò di non tornarci mai più. E volete sapere una cosa? Non è il solo. Nulla di strano che le carceri francesi abbiano un tasso di recidività dell'1 per cento e spendano ogni anno circa duecento dollari per ogni detenuto (cifra ancor più strabiliante se considerate che gli americani spendono ogni anno circa trentamila dollari per i carcerati e continuano ad avere un tasso di recidività dell'82 per cento).

Sto forse suggerendo che dobbiamo imitare il sistema penale francese? No, sto solo dicendo che, qui da noi, il sistema evidentemente non funziona ed è ora di provare qualcos'altro. Dobbiamo fornire ai nostri prigionieri un ambiente nel quale non debbano sentirsi costantemente minacciati di percosse o aggressioni da parte dei loro compagni di cella ma, al tempo stesso, non possiamo trasformare il carcere nella casa che non hanno mai avuto. Suggerisco che il periodo di detenzione sia indesiderabile, scomodo, e che, durante quel periodo, si debba insegnare a questa gente il modo di rendere il mondo esterno un'esperienza che essi siano in grado di controllare, un'esperienza di piacere e di occasioni, così che, una volta rilasciati, sia qualcosa da desiderare e non da temere. Altrimenti, il comportamento che li ha portati in prigione non sarà mai modificato a lungo termine.

Soprattutto, un detenuto deve sapere che qualcuno si occupa di lui, e si impegna a offrirgli strategie che indirizzeranno la sua vita in una nuova direzione. Non tutti i detenuti sono pronti per il cambiamento, ma quelli che lo sono chiaramente meritano il nostro appoggio.

> *Finché ci sarà una classe inferiore, io le appartengo; finché ci sarà un elemento criminale, io ne faccio parte; finché ci sarà un'anima imprigionata, io non sarò libero.*
> Eugene Victor Debs

E voi, che cosa potete fare? Un gesto semplice ma ricco di significato sarebbe quello di impegnarvi, una volta al mese, ad andare a trovare un detenuto che abbia veramente deciso di cambiare la qualità della sua vita. Diventate per lui un amico affettuoso e affidabile e mostrategli le scelte disponibili. Non dimenticherò mai il rapporto che si instaurò quando mi offrii di andare a visitare un recluso nel carcere di Chino (California).

Grazie alla mia assistenza e al mio incoraggiamento, quest'uomo cominciò a correre anche otto chilometri al giorno, a leggere libri istruttivi e illuminanti, a trasformarsi gradatamente da carcerato a persona stimata. Quando, due anni dopo, fu rimesso in libertà, il senso di legame e aiuto che condividemmo fu una delle esperienze più gratificanti della mia vita.

La sfida della violenza delle gang

Mentre quello della criminalità adulta è un problema davvero scottante dobbiamo anche chiederci in che modo arrestare l'afflusso dei nostri ragazzi nel sistema penale giovanile. Che cosa dire degli insensati omicidi che vengono commessi ogni giorno da bande di giovani nel cuore delle nostre città? L'implacabile ferocia di due bande, originarie di Los Angeles e poi diffuse in tutto il paese, la gang dei Crips e quella dei Bloods, ha fatto pagare un pedaggio incalcolabile alle città in cui vivono, e molti di noi non sanno da che parte cominciare per affrontare questo terrificante problema. Sono certo, però, che una delle prime cose che dovrà accadere sarà di convincere i membri delle bande giovanili a ripensare le loro regole. Ricordate che tutte le nostre azioni nascono dalle credenze più profonde circa quello che dobbiamo o non dobbiamo mai fare o essere.

Recentemente, ho letto un articolo sulla rivista "Rolling Stone" nel quale veniva riassunto un libro sulla vita quotidiana dei membri di una banda. Questo spaccato di vita si riferisce a un corso tenutosi nella sala di un riformatorio chiamato Camp Kilpatrick. Quando agli studenti (appartenenti a varie bande) fu chiesto perché uccidevano la gente, questi snocciolarono lì per lì un elenco di trentasette motivi. Eccovene alcuni fra quelli che ho trovato più sconvolgenti: se qualcuno mi guarda in modo strano; se qualcuno mi chiede da dove vengo; per qualche soldo; se qualcuno cammina in modo buffo; se qualcuno tocca il mio cibo (per esempio, prende una delle mie patatine); per divertimento; se qualcuno mi taglia male i capelli.

Con regole così aberranti, regole che quasi nessun altro condivide all'interno della società, non c'è da meravigliarsi che questi ragazzi e ragazze siano così violenti. Virtualmente, hanno più motivi di chiunque altro per uccidere, e agiscono in conformità alle loro regole. Quello, però, che mi sembrò incoraggiante fu che il moderatore comprese come le domande avessero il potere di indebolire anche le credenze più radicate. Chiese: "Per quali di queste cose saresti disposti a morire? In altre parole, se sapeste che uccidendo qualcuno perché vi ha tagliato male i capelli, morireste anche voi, lo uccidereste ugualmente?"

Con tale domanda, li indusse a rivedere le loro regole e a riconsiderare l'importanza delle cose per cui, in precedenza, sarebbero stati disposti a uccidere. Una volta che ebbe concluso con le sue domande, quei ragazzi avevano radicalmente cambiato le loro regole. Anziché trentasette ragioni per uccidere, ora ne avevano solo tre: autodifesa, difesa della famiglia, difesa della loro associazione (la banda). Quest'ultima rimase solo perché un giovane continuava a credere che questa fosse la cosa più importante della sua vita. Ogni volta che uno dei compagni tentava di dissuaderlo, non faceva che ripetere: "Nessuno di voi mi conosce." La sua identità era una convinzione così vincolata alla sua banda che rinunciare a essa avrebbe voluto dire rinunciare al senso di se stesso, probabilmente l'unica cosa costante nella vita di quel giovane.

Seguendo questa tecnica di domanda e risposta, questo insegnamento viene percepito da molti ragazzi che frequentano il corso. E sta indebolendo i pilastri di riferimento delle credenze distruttive, tanto che i ragazzi non ne sono più tanto certi. Ricordate, ogni comportamento può essere modificato mutando le credenze, i valori, le regole e l'identità. Ovviamente, è necessario per prima cosa affrontare le condizioni che danno vita a queste bande; alla fine, si potrà risolvere anche questo problema modificando il comportamento ai livelli in cui esso conta, caso per caso.

L'ambiente non è più semplicemente una causa che chiama a raccolta la controcultura, ma è salito alla ribalta come un enorme problema nazionale e internazionale. Dopo quattro degli anni più caldi che si siano verificati consecutivamente nella storia, la gente ha cominciato a nutrire serie preoccupazioni circa il riscaldamento del pianeta, il fenomeno provocato dall'eccesso di anidride carbonica intrappolata dalla fascia di ozono, che provoca un aumento di temperatura. Quali ne sono le fonti principali? Intanto, i fluorocarburi contenuti nei condizionatori d'aria e nelle bombolette spray. Poi, altra causa principale dell'effetto serra è la dissennata distruzione e gli incendi delle foreste tropicali dell'America centrale e meridionale. Esse costituiscono l'80 per cento della vegetazione terrestre e da loro dipende il nostro ecosistema.

Gli alberi assorbono le tossine dell'anidride carbonica che noi scarichiamo nell'atmosfera, convertendola in ossigeno respirabile. Gli alberi sono la nostra ultima speranza; senza di essi la vita sulla terra, quale noi la conosciamo, non potrebbe esistere. Queste foreste, inoltre, costituiscono l'habitat per un'infinità di specie di animali e di insetti. Bruciando le nostre foreste pluviali non solamente distruggiamo una fonte di ossigeno e l'habitat di animali e piante, ma scarichiamo nell'atmosfera enormi quantità di anidride carbonica, accelerando gli effetti deleteri del riscaldamento del pianeta.

Perché, malgrado la loro importanza, le foreste pluviali vengono abbattute senza sosta? La risposta è semplicemente una questione di sofferenza e piacere: il denaro. In quei paesi sono stati concessi notevoli sgravi fiscali agli agricoltori perché disboschino il terreno. Forse per far posto a nuove abitazioni? No, certo. Per creare zone di pascolo per il bestiame la cui carne verrà esportata negli Stati Uniti. La nazione importa il 10 per cento del suo fabbisogno di carne bovina dall'America centrale e meridionale. Per soddisfare la richiesta, le foreste tropicali vengono abbattute a un ritmo vertiginoso.

La follia di usare questo territorio come pascolo è una delle decisioni a breve termine più distruttive che l'uomo possa prendere. Stiamo spianando con i bulldozer la fonte stessa della nostra sopravvivenza. Vi rendete conto che, ogni volta che comperate un hamburger fatto con carne di manzo proveniente da quella zona, quel cibo rappresenta la distruzione di duecentocinquanta metri quadrati di foresta tropicale?

Una volta distrutta, non potrà mai essere ripristinata. Inoltre, il tasso corrente di estinzione delle specie è pari a mille per anno, causato dalla distruzione della foresta tropicale, un attacco inconcepibile al nostro ecosistema. Qual è lo scopo di tutto ciò? Unicamente quello di dare al nostro organismo un apporto maggiore di carne, abitudine che la scienza medica ha già stabilito essere direttamente collegata alle due principali cause di decesso nella nostra nazione: le malattie cardiache e il cancro. Il risultato sconvolgente che emerge dai dati statistici è che un americano su due muore per qualche tipo di cardiopatia (avrete più probabilità di sopravvivere affidandovi alla roulette russa che non seguendo la dieta americana standard). Concludendo, possiamo distruggere il nostro ambiente esterno distruggendo anche il nostro corpo!

Volete arrestare la distruzione delle nostre foreste tropicali? Volete concorrere a ristabilire il delicato equilibrio del nostro ecosistema? Oltre a mandare il vostro contributo economico a organizzazioni ambientalistiche come Greenpeace, la cosa più importante che possiate fare è quella di collegare la sofferenza a tutti i vostri comportamenti personali che perpetuano il cattivo utilizzo del nostro pianeta. Certo, un primo passo sarebbe quello di ridurre o eliminare il consumo di carne di manzo. Il boicottaggio funzionò nel caso dell'industria del tonno e può funzionare anche in questo caso. Non stiamo parlando di dollari e centesimi. È in gioco la stessa terra. Sappiate che la decisione che voi prendete circa che cosa mettere in tavola determina, in misura piccola ma innegabile, fattori quali la quantità di anidride carbonica rilasciata nell'atmosfera e il numero delle specie animali e vegetali che ogni giorno si estinguono.

Vediamo ora quale impatto avranno a livello locale le vostre decisioni dietetiche. Forse, come me, vivete in uno stato dove si sta verificando una grave scarsità di acqua. In effetti, è stato detto che, nel ventunesimo secolo, l'acqua sarà l'oro del futuro, una delle nostre risorse più preziose e più scarse. Come può accadere questo su un pianeta che consiste in gran parte di acqua? Possiamo individuarne la causa nella nostra gestione incredibilmente cattiva di questa fondamentale risorsa. Particolarmente, per quanto concerne l'industria della carne. Considerate questo: la quantità di acqua impiegata per allevare un solo bue sarebbe sufficiente a tenere a galla un cacciatorpediniere! In California, ci diamo tutti da fare per risparmiare acqua, per esempio astenendoci dall'annaffiare il prato o applicando limitatori di flusso alle nostre toilette o alle nostre docce. Tutte cose importanti; ma sapevate che occorrono ventimila litri di acqua per produrre circa mezzo chilo di carne di manzo? Questo significa che potete risparmiare più acqua non mangiando questo mezzo chilo di manzo che rinunciando a fare la doccia per un anno! Secondo David Fields, economista della Cornell, e il suo collega Robin Hur: "Ogni dollaro che lo stato versa agli allevatori di bestiame sotto forma di sussidio per l'irrigazione, costa in realtà al contribuente oltre sette dollari, sotto forma di perdite salariali, aumento del costo della vita, e minore reddito." Che cosa si può fare per risparmiare più acqua? La risposta mi sembra ovvia: consumare meno carne.

Ecco qualcos'altro su cui potete riflettere. Lo sapevate che l'industria della carne consuma più energia di qualsiasi altra singola industria degli Stati Uniti? La percentuale delle materie prime che gli Stati Uniti impiegano nella produzione di bestiame è terrificante: un terzo del consumo energetico totale; e il carbon fossile necessario a produrre mezzo chilo di carne di manzo è, grosso modo, di trentanove volte superiore a quello che occorre per produrre l'equivalente valore proteico in soia. Se volete risparmiare energia, sarebbe meglio che andaste a piedi al ristorante dietro l'angolo, invece che in macchina, consumando come carburante le calorie che avete assunto mangiando un quarto di libbra di manzo o di pollo allevati da un'industria così inefficiente dal punto di vista energetico.

Vi preoccupate degli impianti nucleari? Se diminuissimo del

50 per cento il nostro consumo di carne, potremmo eliminare completamente la nostra dipendenza dal nucleare in tutti gli Stati Uniti, riducendo, nello stesso tempo, sensibilmente o completamente la nostra dipendenza dalle importazioni petrolifere.

Un altro problema che ci riguarda tutti è la fame nel mondo. Con 60 milioni di persone che ogni anno muoiono di fame, ovviamente è tempo per noi di esaminare l'efficienza con cui usiamo le nostre risorse. Ricordate: ogni decisione ha le sue conseguenze e, a meno di avere una qualche idea dell'impatto a lungo termine sul nostro pianeta, le nostre decisioni saranno sbagliate.

La quantità di cibo prodotta per ogni ettaro di terra diminuisce sensibilmente quando quel cibo è carne di manzo. Lo stesso appezzamento che produce centoventi chili di carne, ne produrrebbe ventimila di patate, più o meno la differenza fra nutrire una persona e nutrirne centosessanta! Le stesse risorse impiegate per produrre mezzo chilo di carne produrrebbero otto chili di grano. Per alimentare un mangiatore di carne per un anno occorre più di un ettaro di terreno; per un vegetariano con dieta ovo-lattea, duemila metri quadrati e, per un vegetariano assoluto, settecento metri quadrati. In altre parole, poco meno di mezzo ettaro può nutrire venti volte più persone, se queste sono vegetariane! Quarantamila bambini muoiono per fame ogni giorno, eppure potremmo benissimo nutrirli se solo gestissimo le nostre risorse in maniera più efficiente. E non basta: se ogni americano riducesse la propria assunzione di carne del 10 per cento, cento milioni di individui potrebbero essere nutriti grazie alle risorse distolte dall'allevamento del bestiame. Cibo sufficiente a nutrire ogni singolo uomo, donna o bambino affamato che esista sulla faccia della terra (e ne avanzerebbe)!

Infine, una delle più importanti risorse naturali che stiamo depredando a causa della nostra dieta carnivora è il terreno di superficie. Occorrono cinquecento anni alla natura per creare due centimetri di terreno di superficie, e oggi ne abbiamo solo quindici centimetri. La percentuale di terreno perduta in diretta conseguenza dell'allevamento di bestiame è dell'85 per cento. Senza un adeguato spessore di terreno di superficie la nostra catena alimentare crolla e, con essa, la nostra stessa esistenza.

La mia iniziale scoperta della maggior parte delle statistiche qui citate, e dell'impatto devastante che il consumo di carne ha sul nostro ambiente, è avvenuta tramite il mio buon amico John Robbins (che non è mio parente, anche se siamo davvero come fratelli nel nostro impegno di creare una differenza). John ha scritto un libro, *Diet for a New America*, che è stato candidato al premio Pulitzer. Credo che ogni americano desideroso di rendersi conto degli effetti delle proprie decisioni e azioni quotidiane dovrebbe avere in casa questo libro.

Come John spiega chiaramente, la decisione di che cosa mettere in tavola ogni giorno ha profondi effetti a catena, avviando tutta una serie di eventi e attività che plasmano la qualità della vita sulla terra. Potete chiedere: "Come può una persona sperare di capovolgere le sorti di una sfida così immane?" John sostiene che questa battaglia non sarà vinta al Campidoglio o nelle sale dei convegni, ma dai singoli individui: "Dal cliente del supermercato, che si ferma al banco delle carni, prende in mano quella bistecca che costa otto dollari al chilo, e si rende conto di avere fra le dita un inganno molto costoso. Dietro il bollino del prezzo si nascondono le foreste abbattute, il rifornimento di cibo e acqua per i nostri figli, il terreno che lasceremo loro, il loro ambiente futuro. E dobbiamo guardare la bistecca e dire: 'Ha un costo troppo alto.' Il vero potere sta nelle decisioni che prendete al supermercato, nei ristoranti, nella cucina di casa vostra."

Prendete posizione

Prendendo posizione, non solo contribuirete ad arrestare il cattivo uso delle nostre risorse, ma invierete anche un chiaro messaggio alle grandi imprese che vivono sulla carne. In anni recenti, aziende alimentari come la McDonald e la Carl Jr. (Carl Karcher Enterprises) hanno cominciato ad adeguarsi alle nuove tendenze del consumo aprendo ristoranti vegetariani e offrendo altri cibi alternativi. Recentemente, la McDonald ha anche smesso di usare contenitori in polistirolo per i suoi alimenti e calcola di avere ridotto del 25 per cento la produzione di idrocarburi relativamente alle proprie necessità, migliorando notevolmente l'ambiente.

Nella vostra qualità di consumatori, mettete a frutto quanto avete imparato in questo libro per realizzare dei cambiamenti positivi: siate certi di ciò che volete, usate il vostro potere d'acquisto come una leva per interrompere i moduli distruttivi, inducete le aziende a cercare soluzioni alternative e poi rinforzatele in direzione del comportamento che chiedete a esse acquistando di preferenza i loro prodotti e i loro servizi.

DATE UN BUON INSEGNAMENTO AI VOSTRI FIGLI.
SIATE LORO DI ESEMPIO

Come ogni altra sfida, i nostri problemi ambientali richiedono insegnamento e azione per creare dei cambiamenti. Purtroppo, quasi tutti vedono l'insegnamento come qualcosa di legato alla scuola e, appena laureati, o anche prima, smettono di imparare! Quanti docenti, partiti con l'idea di creare una differenza, sono caduti nella trappola della consapevole impotenza, dopo aver cercato di combattere contro politiche amministrative raggelanti e a causa della loro insufficiente preparazione ad affrontare le personalità e i veri problemi della vita che i loro allievi devono affrontare.

Eppure, in tutte le pagine di questo libro, avete appreso l'esistenza di molti modelli di perfezione dai quali possiamo imparare. Quindi, in che modo possiamo creare una differenza? Possiamo assumere un ruolo attivo nel determinare la qualità dell'istruzione dei nostri figli. I loro insegnanti potrebbero trarre vantaggio dalla comprensione del potere delle domande, delle metafore globali, del vocabolario trasformazionale, dei valori, delle regole, dei condizionamenti? Condividete con loro quanto avete appreso e sarete veramente in grado di creare una differenza in questo campo.

La cosa più importante è che dobbiamo insegnare ai nostri figli le conseguenze delle loro azioni. Dobbiamo renderli consapevoli del loro impatto a livello individuale o locale e, per estensione, del loro impatto collettivo a livello mondiale. Non permettete che cadano nella trappola di pensare che le loro azioni non fanno alcuna differenza; se c'è qualcosa che ho cercato di trasmettere con questo libro, è che anche le piccole decisioni e le piccole azioni, costantemente messe in atto, hanno conseguenze di vasta portata.

Uno dei sistemi migliori per essere certi che i vostri figli crescano con un sano senso di autostima è quello di dimostrare che le loro decisioni e le loro azioni, su base continuata, possano operare grossi cambiamenti. In che modo? Dimostrate ciò che è possibile, dando l'esempio. Dimostrate ai vostri figli l'importanza di porre domande potenzianti, vivendo secondo i valori e le regole che avete consapevolmente scelto e ricorrendo a tutte le altre strategie che avete imparato fin qui.

Sono tanti i modi in cui potremmo dare il nostro contributo. Non occorre aspettare fino al momento in cui avremo un progetto grandioso per cambiare il mondo. Possiamo far sentire la nostra influenza in un attimo, facendo le cose più banali, prendendo quelle che spesso sembrano decisioni insignificanti. È proprio vero che quasi tutti i nostri eroi si nascondono dietro a quelli che sembrano gesti banali, compiuti quotidianamente. Guardatevi intorno. Ci sono eroi dappertutto, ma non tributiamo loro gli elogi che meritano perché ogni giorno compiono il loro lavoro. Gli uomini e le donne che, giorno dopo giorno, svolgono la loro funzione di poliziotti sono chiaramente degli eroi.

Ci proteggono, ci danno un senso di sicurezza; eppure molti li guardano come nemici. I vigili del fuoco sono eroi, eppure generalmente non li vediamo in questa luce, a meno che non ci troviamo noi stessi in una situazione di emergenza. Lo stesso principio vale per quelli che guidano le ambulanze, per quelli che ricevono le chiamate di emergenza, per i consulenti nei casi critici e per tutta una schiera di altri eroi sconosciuti.

L'essere preparati può fare una differenza enorme. Per esempio, come vi sentireste se qualcuno avesse un attacco di cuore davanti ai vostri occhi? E se invece foste abilitato al pronto soccorso e sapeste che cosa fare? E se i vostri sforzi per mantenerne attiva la circolazione, anche in assenza di segni di vita, riuscissero effettivamente a salvarlo? Una cosa posso garantirvi: il senso di partecipazione che avreste da quell'esperienza vi darebbe un senso di gratificazione e di gioia quali mai avrete provato nella vita, maggiore di qualsiasi somma potreste mai guadagnare, di qualunque vostra conquista.

Questi sono alcuni degli esempi più spettacolari. Esistono altri modi in cui potete dare il vostro contributo? Potete scommetterci! Potete essere un eroe semplicemente essendo un costruttore di persone, vale a dire, notando la gente che vi sta intorno e dandole appoggio, incoraggiamento o rammentandole chi realmente è. Che cosa ne direste di fare un giro in un negozio di frutta e verdura e, anziché aggirarvi oziosamente fra carciofi e zucchine, regalare a ogni persona che vi passa accanto un cordiale sorriso? E che ne direste di fare un complimento sincero a un estraneo? Potreste in quel momento modificare il suo stato emozionale, così che anche lui potrebbe passare ad altri il sorriso o il complimento. Magari ai figli? Potrebbe quell'unico gesto mettere in moto un processo a catena.

Esistono tanti semplici modi per creare una differenza. Non occorre che salviamo la vita a qualcuno. Ma forse, solo facendo sorridere quel qualcuno, gli salviamo davvero la vita o, quantomeno, lo induciamo a godersi l'esistenza che già possiede. In che modo potreste oggi creare una differenza? Di ritorno dall'ufficio, potreste per esempio fermarvi a casa di un anziano e fare quattro chiacchiere con lui. Come si sentirebbe se gli chiedeste: "Quali sono le lezioni più importanti che ha imparato dalla vita?" Scommetto che avrebbe molto da dirvi! Oppure, potreste fermarvi in un ospedale, andare a trovare un ammalato e rischiarare il suo pomeriggio. Anche se vi limitaste esclusivamente ad ascoltare, sareste un eroe.

Perché tanta gente ha paura di compiere questi piccoli passi per aiutare gli altri? Uno dei motivi più comuni è che si sente imbarazzata a fare qualcosa di cui non è sicura. Teme di essere respinta, o di apparire ridicola. Ma sapete una cosa? Se volete vincere la partita, dovete giocare tutte le vostre carte. Dovete essere disposti a sentirvi sciocchi, a provare cose che potrebbero non funzionare e, se non funzionano, a cambiare il vostro approccio. Altrimenti, come potreste rinnovarvi, crescere, scoprire chi realmente siete?

Un dono di diecimila dollari per il college
o la vostra prima casa

Se vogliamo cambiare la qualità della vita nel nostro paese, dobbiamo chiaramente influire sul sistema di valori di una massa di gente. Il nostro futuro è nelle mani dei nostri giovani. I loro valori saranno un giorno quelli della società. Mentre scrivo queste parole, il presidente Bush ha da poco firmato un documento che offre un'occasione unica ai nostri giovani e alla nostra società nel suo insieme.

Circa due anni fa, incontrai una donna straordinaria che frequentava il mio seminario "Date with Destiny". Si chiama Barbara Mikulski, ed è una delle due senatrici al Congresso degli Stati Uniti. Vedendo il mio desiderio di rendermi utile, mi parlò del National Service Bill alla cui stesura aveva partecipato e che ora è diventato legge; dovreste conoscerlo anche voi. Esso offre un'occasione unica per aiutare i bisognosi e, al tempo stesso, creare un futuro affascinante. Il disegno di legge presenta molte sfaccettature, ma il suo aspetto principale è che offre l'opportunità di lavorare presso un'organizzazione riconosciuta di servizi sociali, guadagnando un buono per diecimila dollari da usare per la loro istruzione universitaria o come acconto per la loro prima casa. Inoltre, i partecipanti possono guadagnare il denaro per le piccole spese; una cifra pari, o leggermente inferiore, al salario minimo. Eccovi alcuni altri punti del programma:

- Un impegno assolutamente volontario per un periodo da due a sei anni, a tempo pieno o parziale.
- Un impegno a prestare servizio per due fine settimana ogni mese, più due settimane nel periodo estivo.

- Un credito di tremila dollari l'anno per ogni anno di servizio che può venire usato per pagare gli studi, oppure versare un acconto, o il saldo, per una casa.
- Nessun termine di età: tutti possono partecipare.
- Una struttura su base di collettività, con particolare accento sull'integrazione dei servizi pubblici o privati.

L'aspetto più importante di questo servizio nazionale è che esso trasformerà i valori di coloro che vi sono coinvolti. Per ottenere quel buono, i giovani proveranno la sensazione di essere utili, aiutando gli anziani, i disabili, i malati terminali, gli analfabeti e così via. Anche se a spingerli ad aderire al servizio nazionale può essere l'incentivo del buono, l'esperienza quotidiana di essere utili al prossimo influenzerà profondamente la loro identità e il loro destino. Una volta sfiorata dalla gratitudine di un altro essere umano, la vita si trasforma per sempre. Immaginate quale sarebbe l'impatto se la maggioranza dei nostri giovani condividesse questa esperienza?

> *Non potete vivere un giorno perfetto senza fare qualcosa per qualcuno che non sarà mai in grado di ripagarvi.*
> JOHN WOODEN

Il maggiore effetto a catena che avrete mai avviato sarà il senso di utilità che si svilupperà in voi. Tutti sentiamo il bisogno di superare i nostri impulsi fondamentali per evitare la sofferenza e conquistare il piacere. Credo che, nel nostro intimo, tutti noi desideriamo fare quel che riteniamo giusto, impegnare la nostra energia, il nostro tempo, le nostre emozioni e il nostro capitale per una causa migliore. Dobbiamo soddisfare le nostre esigenze morali e spirituali anche se, in un primo tempo, questo comporta una sofferenza. Rispondiamo non solo alle nostre esigenze psicologiche, ma anche al nostro imperativo morale di fare ed essere più di quanto ci si possa aspettare. Niente ci dà un più profondo senso di soddisfazione personale che il renderci utili. Dare disinteressatamente è la base dell'appagamento.

Anche se il piano di servizio nazionale promette di fornire una strada per venire incontro a queste esigenze, ha forse il difetto di essere concepito soprattutto per gli studenti universitari. Il giornalista e scrittore William F. Buckley Jr suggerisce che, se si capisse che cosa sono sofferenza e piacere, potremmo reclutare l'aiuto di una fascia assai più ampia della società. Suggerisce anche un sistema di punizione e compenso, tradotto specificamente in incentivi e sanzioni che potrebbero comprendere l'esenzione dalle tasse per i primi diecimila dollari guadagnati da chiunque si offre volontario per il servizio nazionale. Ogni lavoratore degli Stati Uniti finirebbe per avere un reddito di diecimila dollari; quindi, tutti avrebbero un incentivo per svolgere opera di volontariato.

Inoltre, sotto il profilo della sofferenza, Buckley suggerisce l'adozione di una legislazione in base alla quale i giovani potranno aspirare al contributo per gli studenti solo se disposti a dedicare qualche ora la settimana al programma di servizio nazionale. Egli sostiene, con garbo, che guidare un'auto è un privilegio fornito dalla nostra società e non dovrebbe essere esteso a chi rifiuta di rendersi utile alla collettività in genere. Il rilascio della patente di guida, pertanto, dovrebbe anch'esso dipendere dalla partecipazione al servizio nazionale.

Ritengo che questa terza opzione sia un po' troppo estremista e potrebbe ritorcersi contro di noi, ma appoggio pienamente le prime due. Questi incentivi coinvolgerebbero un numero assai maggiore di persone, con maggiore impatto sulla società di quanto ne abbia il programma attuale. Esistono talmente tante organizzazioni alla ricerca di mano d'opera e di altre risorse. Immaginate a quale risultato potrebbero portare incentivi del genere!

Buckley sottolinea che il paese spende oltre trentamila dollari l'anno per ciascun detenuto, trentacinquemila per ciascun membro delle forze armate, tredicimila per i volontari della VISTA, e cinquemila per gli studenti ROTC. È evidente che tutti noi dovremmo promuovere l'adesione al servizio nazionale per il bene della società.

Il pregio di questo programma è che, dando agli altri su base continuativa, noi cominciamo a orientare nuovamente i nostri valori sull'importanza del rendersi socialmente utili. Come paese, se accogliessimo quest'unico valore, il nostro volto potrebbe cambiare, e la nostra influenza sugli altri paesi, ampliarsi. Non limitatevi, però, alla struttura dei programmi appoggiati dal governo. Esistono moltissime organizzazioni con un disperato bisogno di personale esperto, oltre che di risorse finanziarie e fisiche. Pensate che cosa succederebbe se, a prescindere dal fatto di percepire o meno un compenso, tutti gli americani considerassero come loro dovere aiutare gli altri. Vi rendete conto che se ogni cittadino (escludendo i giovanissimi e gli anziani) dedicasse non più di tre ore la settimana a questa attività, la nostra nazione potrebbe fruire di oltre trecentoventi milioni di ore lavorative, di cui c'è un disperato bisogno, dedicate a quelle cause che maggiormente le richiedono? E che se tutti noi contribuissimo con cinque ore del nostro tempo, la cifra salirebbe a mezzo miliardo di ore, per un valore pecuniario di milioni di miliardi? Non pensate che, con questo tipo di impegno, potremmo far fronte a qualche sfida sociale?

Se dedicherete il vostro tempo a una qualsiasi delle seguenti attività elencate nel riquadro della pagina seguente, modificherete radicalmente la vostra percezione di chi siete e vi avvierete a diventare un eroe.

Il dono di un'opportunità:
un invito a dare il vostro aiuto

Come si fa ad accogliere i senzatetto, recuperare i criminali, ringiovanire gli anziani e mobilitare i giovani? Una buona occasione per voi è quella di associarvi a me tramite The Anthony Robbins Foundation. Siamo un ente benefico costituito per creare un gruppo di professionisti interessati al problema, che si sono impegnati a individuare e ad assistere in maniera continuativa persone spesso dimenticate dalla società. Stiamo lavorando attivamente per creare una differenza nella vita dei bambini, dei senzatetto, dei carcerati e degli anziani.

La fondazione si dedica a fornire le migliori risorse per stimolare, istruire, addestrare e sviluppare questi importanti membri della nostra società. L'ho fondata proprio in conseguenza delle mie esperienze personali.

TANTO PER CITARNE QUALCUNO...

Ecco qui di seguito qualche esempio di come potete aiutare gli altri. Una piccola parte del vostro tempo può fare un'enorme differenza. Prendete in considerazione la possibilità di dedicare qualche ora alla settimana, o al mese, a uno dei seguenti settori della vostra collettività:

Programmi per i disabili mentali e fisici
Corsi di ripetizione per materie essenziali
Assistenza diurna
Registrazioni elettorali
Pattugliamento urbano volontario (ronda di quartiere)
Lavoro di biblioteca (risistemazione e catalogazione)
Distribuzione di libri a chi è costretto a letto
Risparmio energetico
Manutenzione dei parchi
Operazioni di ripulitura di quartieri
Educazione antidroga
Telefono azzurro / Telefono amico
Assistenza ai ragazzi difficili
Adozioni internazionali
Programmi di informazione generale
Pronto soccorso
Restauro di quadri e di edifici
Programmi di orfanotrofi
Musei di arte e cultura
Ospitalità di scambio per studenti
Riciclaggio di programmi

Anni fa decisi che dare un contributo non è un obbligo; è un'opportunità per restituire qualche cosa. Quando avevo undici anni, la mia famiglia non aveva denaro sufficiente per permettersi un pranzo tradizionale nel Giorno del Ringraziamento e un ente di beneficenza ci portò il pranzo a casa. Da allora, soccorrere gli affamati e i senzatetto è diventata per me una missione alla quale ho dedicato la vita e, ogni Giorno del Ringraziamento, da quando avevo diciotto anni, ho preparato e consegnato cesti di cibo a famiglie bisognose. Sempre a diciotto anni, mi unii per la prima volta all'organizzazione di sostegno per i carcerati di Chino. Grazie a questa mia attività sociale mi sono creato la fama di filantropo, di persona decisa a creare una differenza, di uomo impegnato. Ciò accrebbe il mio orgoglio, la mia integrità e la mia capacità di dare di più anche agli altri e mi consentì di spingere altri a fare altrettanto.

A seguito della massiccia divulgazione raggiunta dai miei libri, dalle mie cassette e dalle mie apparizioni televisive, ogni giorno ricevo lettere da gente di tutto il mondo che chiede il mio aiuto. Alcune fra le più profonde e toccanti trasformazioni che mi giungono all'orecchio sono quelle che riguardano ex detenuti e persone che non sono più dei senzatetto. Di conseguenza, la fondazione ha inviato gratuitamente una copia delle mie cassette di *Personal Power*, oltre a una copia del mio primo libro, *Come ottenere il meglio da sé e dagli altri*, a tutti gli istituti di pena degli Stati Uniti. Mentre sto scrivendo queste pagine, stiamo contattando tutti i ricoveri per i senzatetto del paese per fare loro la stessa offerta. Ho dedicato il 10 per cento dei diritti d'autore di questo libro per fondare questa rete di distribuzione di cassette. Inoltre, la Anthony Robbins Associates, la concessionaria che mi rappresenta con le videocassette dei miei seminari in tutti gli Stati Uniti, si è impegnata a organizzare due volte l'anno un programma gratuito nelle rispettive zone da tenersi nelle prigioni, nei ricoveri per i senzatetto, nelle scuole superiori e nei centri di accoglienza per gli anziani.

Per creare una differenza non è indispensabile che operiate con la nostra fondazione. Nella vostra collettività esistono organizzazioni che hanno bisogno del vostro aiuto. In effetti, ho concepito la mia per promuovere le organizzazioni locali già esistenti. I nostri membri sono addestrati a creare una notevole differenza nelle persone che istruiscono mensilmente. Anche se ogni sfida richiede un proprio stile di addestramento, esistono dei principi universali. Tutti dobbiamo innalzare i nostri standard, mutare le nostre credenze, e sviluppare nuove strategie per il successo personale. Aiutando gli altri, dobbiamo dare loro una profonda conoscenza di semplici, fondamentali distinzioni, che possono immediatamente migliorare la loro qualità di vita. Spesso, sono persone che hanno bisogno di superare la propria incapacità appresa e sviluppare nuove identità. Ovviamente, esistono tecniche e strategie che costituiscono la spina dorsale della mia tecnologia, e quindi desideriamo che anche tutti coloro che sono coinvolti in questo programma abbiano queste tecniche e queste strategie.

> *Solamente chi ha imparato il potere di un aiuto sincero e disinteressato prova la gioia più profonda della vita: il vero appagamento.*
>
> ANTHONY ROBBINS

Se una semplice suora albanese, con l'unica risorsa della sua fede e della sua dedizione, può influenzare positivamente la vita di tante persone, sicuramente noi possiamo affrontare qualsiasi sfida ci si presenti. Se Ed Roberts può ogni mattina uscire dal suo polmone d'acciaio per scoprire come modificare l'atteggiamento di tutta una nazione verso gli handicappati, e riuscirci, forse anche noi potremmo diventare degli eroi. Se un individuo, da solo, può mobilitare una nazione mediante un filmato e un investimento di ottocento dollari per fermare la strage dei delfini, allora anche noi potremmo mettere in moto qualcosa di importante. Spesso, non sappiamo dove la catena di eventi ci possa condurre. Affidatevi all'intuizione e aprite il vostro cuore; sarete sorpresi nel vedere quali miracoli possono realizzarsi.

Se vi impegnate a dare ogni mese un'ora o due del vostro

tempo, potenzierete la vostra identità e diventerete certi di essere quel tipo di persona che veramente si preoccupa del prossimo e che agisce deliberatamente per cambiare le cose. Scoprirete che, nel vostro lavoro, non avrete problemi, perché avrete visto quali sono i veri problemi. Il turbamento che pensavate di provare perché oggi le vostre azioni hanno registrato un calo, tenderà a scomparire se trasporterete un uomo senza gambe nel suo letto, o terrete in braccio un bambino malato di AIDS.

> *In verità, grande favore può accompagnarsi a un piccolo dono; e prezioso è tutto ciò che ci viene dagli amici.*
>
> TEOCRITO

Una volta che avrete bene assimilato gli elementi di questo libro, la vostra capacità di affrontare le sfide che vi si presentano richiederà minore concentrazione. Ciò che era difficile, diventerà facile. Vi troverete a indirizzare in modo diverso le vostre energie, non più essenzialmente su voi stessi, ma per migliorare quello che accade alla vostra famiglia, nella vostra collettività e, magari, nel mondo intorno a voi. E l'unico modo per realizzare questo con un senso duraturo di appagamento è quello di aiutare gli altri in maniera altruistica. Quindi, non cercate degli eroi; siate voi stessi eroi! Non dovete essere madre Teresa (anche se, volendolo, potreste!).

Comunque, fate dell'equilibrio la vostra parola d'ordine. Ricercate l'equilibrio, più che la perfezione. Molti vivono in un mondo in bianco e nero, nel quale si ritengono o volontari privi di una vita propria, o persone materialiste, ambiziose, alle quali non interessa cambiare le cose. Non cadete in questa trappola. La vita è l'equilibrio fra il dare e il ricevere, fra l'occuparvi di voi stessi e l'occuparvi degli altri. Sì, dedicate un po' del vostro tempo, del vostro capitale, della vostra energia a coloro che davvero ne hanno bisogno, ma siate pronti a dare anche voi stessi. E fatelo con gioia, non con sensi di colpa. Non dovete caricarvi sulle spalle il peso del mondo. Molte più persone sarebbero disposte ad aiutare gli altri se si rendessero conto che,

per farlo, non devono rinunciare a niente. Fate poco e sappiate che può significare molto. Se tutti agissero così, meno persone dovrebbero fare così tanto e più persone sarebbero aiutate!

La prossima volta in cui vedete qualcuno nei guai, invece di sentirvi in colpa perché voi avete tanto e lui no, sentitevi eccitati all'idea di poter fare anche una piccola cosa che potrebbe indurlo a vedere se stesso in modo diverso o, semplicemente, a sentirsi apprezzato o amato. Per far questo, non dovete impegnare tutta la vostra vita. Basta che siate sensibili: imparate a porre alla gente domande nuove e potenzianti; accostatevi alla gente in modo diverso. Cogliete questi attimi di opportunità e il vostro contributo diventerà un piacere e non un peso.

Spesso, incontro persone che vivono nella sofferenza perché si concentrano sempre sulle ingiustizie della vita. Dopo tutto, perché un bambino deve nascere cieco, senza speranze di poter mai provare l'emozione di un arcobaleno? Perché un individuo che non ha mai fatto del male in vita sua deve rimanere vittima di una pallottola vagante? Di alcuni eventi, è impossibile sapere il significato e lo scopo: sono le prove decisive della nostra fede. Dobbiamo credere che ogni essere umano è venuto in terra per imparare lezioni diverse in momenti diversi, che il buono e il cattivo delle esperienze dipende solo dalla percezione umana. Dopo tutto, alcune delle vostre esperienze peggiori sono state, in realtà, le migliori. Vi hanno modellato, forgiato, vi hanno insegnato, hanno sviluppato la vostra sensibilità indirizzandovi su una strada che andrà a influenzare il vostro destino ultimo. Rammentate l'adagio: "Quando lo studente sarà pronto, il maestro arriverà." A proposito, quando ritenete di essere voi il maestro, pensateci due volte, probabilmente sarete voi a imparare qualcosa dalla persona alla quale vi darete la pena di insegnare!

> *Qualcuno dovrebbe dirci, proprio all'inizio della nostra vita, che stiamo morendo. Potremmo così vivere la vita fino all'ultimo, ogni minuto di ogni giorno. Fatelo! vi dico. Qualunque cosa vogliate fare, fatela adesso! I domani sono contati.*
>
> MICHAEL LANDON

Qual è il messaggio? Vivete pienamente la vita finché siete su questa terra. Provate tutto. Occupatevi di voi e dei vostri amici. Divertitevi! Siate folli, siate stravaganti. Portatevi a letto una bella donna (o un bell'uomo). Tanto vale che ve la godiate! Approfittate delle occasioni di imparare dai vostri errori: scoprite la causa dei vostri problemi ed eliminatela. Non cercate di essere perfetti; siate solo un eccellente esempio di essere umano. Trovate costantemente il modo di migliorarvi. Seguite la disciplina del COCOMI; continuate a imparare per tutta la vita. Prendetevi il tempo per stabilire il vostro sistema fondamentale così da vincere la partita della vita. Lasciate che sia la vostra umanità, l'attenzione che avete per voi stessi e per gli altri, a guidarvi nella vita; ma non prendete la vita tanto sul serio da perdere la vostra spontaneità, il piacere che viene dall'essere sciocchi, dall'essere bambini.

Nadine Stair, ottantasei anni, ha espresso questo concetto in modo mirabile:

> Se dovessi rivivere la mia vita, la prossima volta farei più errori, sarei più rilassata, meno intransigente, più svampita di quanto non lo sia stata questa volta. Prenderei sul serio molte meno cose. Coglierei più occasioni, viaggerei di più, scalerei più montagne e nuoterei in più fiumi. Mangerei più gelati e meno fagioli. Forse, avrei più guai; ma meno guai immaginari. Vedete, sono una di quelle persone che è sempre stata riflessiva e sana, ora dopo ora, giorno dopo giorno.
> Oh, ho avuto i miei momenti. Se dovessi tornare a vivere, ne avrei di più. Anzi, cercherei di avere solo quelli: attimi, l'uno dopo l'altro; vivrei pensando all'oggi anziché al domani. Sono stata una di quelle persone che non vanno mai in alcun posto senza portare con sé un termometro, una borsa dell'acqua calda, un impermeabile e un paracadute. Se rivivessi, viaggerei più leggera.
> Se rivivessi, comincerei a girare scalza dall'inizio della primavera fino ad autunno inoltrato. Andrei a più balli, cavalcherei più cavalli da giostra, raccoglierei più margherite.
>
> NADINE STAIR

Come volete essere ricordati? Come giganti fra gli uomini? Cominciate subito ad agire come se lo foste! Perché aspettare di diventare tali nel ricordo? Vivete ogni giorno come se fosse il più importante della vostra vita e sperimenterete gioia a un livello totalmente nuovo. Alcuni cercano di conservare le proprie energie per vivere più a lungo. Non so voi, ma personalmente ritengo che non sia tanto importante quanto viviamo ma come viviamo. Preferisco consumarmi anziché arrugginirmi! Che la fine ci colga mentre stiamo scalando una nuova montagna.

Penso che uno dei più grandi doni che il Creatore ci abbia dato sia quello dell'aspettativa, della suspense. Quanto sarebbe noiosa la vita se sapessimo in anticipo come andranno le cose! La verità è che, nella vita, non sappiamo mai che cosa ci accadrà! Nei prossimi momenti potrebbe accadere qualcosa che potrebbe cambiare istantaneamente l'indirizzo e la qualità della nostra vita. Dobbiamo imparare ad amare i cambiamenti, perché sono l'unica cosa certa.

Che cosa può modificare la vostra vita? Molte cose: un attimo di riflessione e poche decisioni dopo aver letto questo libro potrebbero mutare tutto. Come lo potrebbe una conversazione con un amico, una cassetta, un seminario, un film, o un bel problemone grosso grosso che vi porti ad ampliarvi e ad accrescervi. Questo è il risveglio che cercate. Vivete, quindi, in un atteggiamento di attesa positiva, sapendo che tutto ciò che vi accade, in qualche modo vi arrecherà beneficio.

Sappiate che siete guidati lungo un cammino di infinita crescita e di infinito apprendimento, oltre che di infinito amore.

Infine, prima di lasciarvi, voglio dirvi quanto io vi rispetti e vi apprezzi come persone. Non ci siamo mai incontrati, ma non sembra anche a voi che ci conosciamo da tempo? Non ci siamo mai visti in faccia, ma senza dubbio i nostri cuori si sono toccati. Mi avete fatto il grande dono di permettermi di condividere con voi parte della mia vita e delle mie capacità; spero sinceramente che qualcosa di quanto abbiamo spartito vi abbia colpito in maniera particolare. Se ora userete alcune di queste strategie per migliorare la qualità della vostra vita, mi riterrò davvero fortunato. Spero che rimarrete in contatto con me. Che mi scriverete o che avrò il privilegio di incontrarvi di persona a un seminario o per un caso che faccia incrociare le nostre strade. Non mancate di presentarvi. Sono ansioso di incontrarvi e di ascoltare la storia del successo della vostra vita. Fino a quel momento... ricordatevi di attendervi dei miracoli... perché voi siete un miracolo. Siate tedofori di luce e forza di bene. Ora, passo a voi il testimone. Condividete i vostri doni, le vostre passioni e che Dio vi benedica.

> *Un giorno, quando avremo dominato i venti, le onde, la marea e la forza di gravità, imbriglieremo per Dio le energie dell'amore. Allora, per la seconda volta nella storia della terra, l'uomo avrà scoperto il fuoco.*
>
> THEILARD DE CHARDIN

ROBBINS RESEARCH INSTITUTE

Ogni essere umano è una risorsa insostituibile, di immenso valore. Ci proponiamo di dotare ogni persona della capacità di scoprire un numero illimitato di scelte in ogni azione intrapresa. E operando scelte, ciascuno può attingere alla ricchezza fisica, mentale, finanziaria e spirituale a disposizione di ogni individuo. Possiamo eliminare il dolore inutile che deriva da credenze, strategie o condizioni fisiologiche negative.

Siamo impegnati a trovare l'eccellenza, comprendendo quali siano le iniziative necessarie a produrla e rendendo di pubblico dominio le iniziative stesse. Sebbene nessuno di noi sia in grado di replicare esattamente le realizzazioni dei massimi uomini del mondo, ciascuno può replicarne l'eccellenza. Possiamo mirare a rendere ogni istante migliore del precedente, e possiamo cercare strumenti più efficaci di cui servirci per plasmare il nostro ambiente familiare, sociale, politico e aziendale.

La PNL (programmazione neurolinguistica) è uno strumento di incredibile efficacia, e il nostro Istituto è impegnato a metterlo a disposizione della comunità mondiale, in una con le *Tecnologie della prestazione ottimale*, sulle quali abbiamo compiuto ricerche. Riconosciamo che tutti i cambiamenti avvengono per opera di individui e cerchiamo di migliorare il mondo insegnando ai suoi cittadini a migliorare se stessi. La catena più solida è formata da singoli anelli.

Il Robbins Research Institute organizza seminari personali e professionali su materie che vanno dalla comunicazione in ambito finanziario all'efficacia dell'attività di vendita, dal trattamento delle fobie al miglioramento dei rapporti amorosi. Compiamo inoltre ricerche sui modi di ottenere l'eccellenza sia nella sfera privata che in quella aziendale. Tutti, nella vostra organizzazione, sono in grado di produrre allo stesso livello dei vostri collaboratori più fidati.

PROGETTI DI MODELING / VIDEOTAPE CON PROGRAMMI DI ADDESTRAMENTO INDIVIDUALE E AZIENDALE / INFORMAZIONI DI RICERCA / SEMINARI SULLA SALUTE

INDICE

Ringraziamenti 5
Prefazione 9

PARTE PRIMA
SCATENA IL TUO POTERE

1. Sogni del destino 15
2. Le decisioni: la strada per il potere 31
3. La forza che plasma la vostra vita 60
4. I sistemi di credenze:
   il potere di creare e il potere di distruggere 89
5. Il cambiamento può avvenire in un istante 134
6. Come cambiare qualsiasi cosa nella vostra vita:
   la scienza delle neuroassociazioni 155
7. Come ottenere quello che volete veramente 190
8. Le domande obbligano le risposte 225
9. Il vocabolario del successo 255
10. Il potere delle metafore della vita 289
11. Le dieci emozioni del potere 314
12. La magnifica ossessione.
    Crearsi un futuro stimolante 346
13. I dieci giorni della sfida mentale 388

PARTE SECONDA
PRENDERE IL CONTROLLO: IL SISTEMA FONDAMENTALE

14. L'influenza essenziale:
    il vostro sistema fondamentale — 405
15. I valori della vita: la nostra bussola personale — 429
16. Regole: se non siete felici, il motivo è questo! — 465
17. Riferimenti: il tessuto della vita — 499
18. Identità: la chiave dell'accrescimento — 524

PARTE TERZA
SETTE GIORNI PER PLASMARE LA VOSTRA VITA

19. Destino emozionale: l'unico vero successo — 555
20. Destino fisico: prigione di sofferenza
    o dimora di piacere — 558
21. Destino di relazione:
    il luogo da condividere e amare — 573
22. Destino finanziario:
    piccoli passi per una piccola (o grande) fortuna — 578
23. Essere impeccabili: il vostro codice di condotta — 600
24. Controllare il vostro tempo e la vostra vita — 607
25. Riposarsi e divertirsi;
    perfino Iddio si prese un giorno di riposo! — 612

PARTE QUARTA
UNA LEZIONE SUL DESTINO

26. L'ultima sfida: ciò che una persona può fare — 615

Robbins Research Institute — 652

Finito di stampare nel mese di giugno 2017 presso
Grafica Veneta S.p.A. – Via Malcanton, 2 – Trebaseleghe (PD)
Printed in Italy